조선전기의 의료제도와 의술

연세의학사총서 9

조선전기의
의료제도와 의술

이경록 지음

역사공간

책머리에

십여 년 전에 나는 박사학위논문을 준비하는 중이었다. 학위논문 주제는 고려시대 의료사였지만 초고에서는 조선전기 의료사까지 다루었다. 조선전기까지 포괄해야 고려시대 의료의 역사적 성격이 드러난다고 판단해서였다. 학위논문 심사 과정에서 고려시대 의료사에만 집중하도록 조정된 것은 아쉬운 일이었다.

박사학위논문을 단행본으로 출간한 지 정확하게 십 년이 흘렀다. 그동안 나는 주로 조선전기 의료사에 집중하였다. 여전히 미진했던 주제들, 예컨대 향약과 동아시아의료의 관계나 한국의료사의 발전 양상 등을 다루고자 했기 때문이다. 전근대 의료사를 통사적으로 이해하기 위해서도 조선전기는 피해갈 수가 없었다.

그렇다고 하더라도 두 번째 책을 내는데 이렇게 많은 시간이 소요되리라고는 미처 예상하지 못했다. 학위논문 초고에서 묘사한 조선전기 의료 부문을 깔끔하게 서술하면 된다고 생각했던 것이다. 달리 말하면, 예전에는 서툴게 이해했던 조선시대 의료를 보다 세밀하게 들여다보는 시간이었다고도 할 수 있다. 그 결과물이 이 책이다.

이 책에서는 조선전기 의료사를 의관층(醫官層), 성리학(性理學), 질병(疾病), 약재(藥材)라는 4가지 주제로 나누어 접근한다. 각 주제별로 3편씩 총 12편의 글이 실려 있다. 12편은 모두 지난 십 년 동안 단편 논문으로 발표되었다. 논군에 따라 목차의 배치나 서술의 방향이 미세하게 다른 이유이다. 하지만 이 논문들은 단행본을 염두에 두고 씌여졌으므로 어느 정도 유기적인 구성을 이루고 있다.

논문들을 책으로 묶으면서 중복되거나 불필요한 부분은 가급적 삭제하였다. 엉성하거나 빠진 부분은 최대한 보완하려고 하였다. 누구나 그렇겠지만 삭제하는 과정은 생살을 떼어내는 것처럼 힘든 일이고, 보완하는 작업은 책의 부피를 눈덩이처럼 커지게 만든다. 이 책을 쓰는 동안 나는 전력을 다했다. 아울러 전문적이고 딱딱한 느낌을 누그러뜨리기 위해서 가급적 많은 그림과 함께 지도와 표들을 활용하였다. 내용이 상세해진 만큼 책의 분량이 원래 계획보다 늘어나는 것은 어쩔 수가 없었다.

한국 전근대의료사 전공자가 아니라면 단번에 이 책 마지막 쪽까지 정독하는 일은 쉽지 않을 것이다. 차라리 상세하게 제시한 목차를 훑어본 후에 결론을 먼저 읽는 것이 이 책의 논지를 가늠하는 데는 도움이 될 수 있다. 의료사 전공이 아닌 독자를 위해 사족을 달자면,「몸의 소비: 조선전기의 인육치료」를 먼저 읽도록 권한다. 학회 발표와 학술지 게재 후에 반응이 제일 활발했던 글이다. 약간은 자극적인 소재인 데다 누구나 자신의 의견을 피력하기가 용이한 주제이기 때문이다.

공부하는 사람으로서의 창의적인 연구와 새로운 글쓰기가 앞으로 언제까지 가능한지는 잘 모르겠다. 일찌기 김두종 선생은, 10년 내지 20년의 장기 연구계획을 세운 후에 자신의 힘이 미칠 수 있는 범위를 잘 헤아려 이것저것 집적거리지 말고 한결같이 그 지식을 연구 종합하라고 말한 적이 있다. 만학으로 시작하여 한국의료사에서 뚜렷한 족적을 남긴 김두종 선생은 후학들에게 큰 귀감이 된다. 나 역시 많은 자극을 받고 있다. 더 정진해야겠다는 다짐을 한다.

조선시대 의료사를 해명하는 데 있어서 의학이론 또는 의학사상의 전개는 여전히 불명확한 분야이다. 아마도 이 주제를 둘러싼 논의는 의서들에 관한 연구와 병행되어야 할 것이다. 여기에 대해서도 약간의 글을 쓴 적이 있기는 하지만, 앞으로는 본격적으로 천착해야겠다는 생각을 한다. 한국의료사의 내적인 흐름[底流]을 탐구하는 작업이 될 것이다. 내 스스로 기대된다.

'책머리에'를 쓰는 지금은 최종 교정까지 거의 끝난 상태이다. 이 책의 원고가 아직 출판사로 넘어가기 전에 미리 검토해주신 분들이 있다. 한국중세사 선배 연구자인 김인호 선생님과 한국의료사를 같이 공부하는 오재근 선생님이다. 거친 상태의 초고였는데도 두 분은 치밀하게 살펴주셨다. 사소한 오류들부터 시작해서 목차 변경과 논지 전개에 이르는 전반적인 검토였다. 500쪽 분량의 초고를 한 호흡으로 읽으면서 다듬는 일은 나에게도 부담이었다. 그분들이라고 쉬웠을 리가 없다. 아주 깊이, 감사드린다.

이 책은 '연세의학사총서 9'로 간행된다. 나는 작년 말부터 다시 연세대 의사학과에서 일을 하게 되었다. 오래전에 시작된 인연이 이렇듯이 계속 이어지고 있다. 내 주변의 많은 분들이 보내준 관심과 성원이 고마울 따름이다.

2020년 6월 17일
이경록 쓰다

차례

책머리에   5

서론   16

제1부 조선전기의 의료정책과 의관층의 형성

조선초기 의서습독관의 운영과 활동

1. 머리말   26
2. 의서습독관제도의 실시와 사례   28
   1) 의서습독관의 신설과 그 배경   28
   2) 세종대의 의서습독관들   30
3. 의서습독관제도의 강화와 갈등   39
   1) 단종과 세조의 의서습독관 장려책   39
   2) 성종대 법전으로의 수렴과 사족의 반발   47
4. 의서습독관들의 활동과 그 귀추   53
   1) 의서습독관들의 면모   53
   2) 의서습독관들의 선택과 제도의 쇠퇴   59
5. 맺음말   62

15세기 의료정책의 전개: 통유론과 직분론의 대립과 절충

1. 머리말   65
2. 건국초기의 의료관서 강화   67
   1) 의과의 시행   67
   2) 연이은 의학교육 조치   71
   3) 현직 문신들의 의직 활용   75

3. 세종~성종대 의료진흥정책의 추이	79
1) 의서습독관제도와 통유론의 논리	79
2) 의료진흥정책의 강화에 대한 직분론의 고수	83
3) 의료진흥정책의 법제화와 두 입장의 타협	88
4. 맺음말	94

성종대 이후의 의관층 동향: 관료제와 신분제의 충돌

1. 머리말	97
2. 양인의관층의 성장 방향	99
1) 당상관으로의 승진 시도	99
2) 문반·무반 관직으로의 진출	106
3. 천인의관층의 처지와 목표	112
1) 천인의관층의 입장과 '명분'의 장벽	112
2) 의과 응시자격의 획득과 그 의미	118
4. 맺음말	124

제2부 조선전기의 성리학과 의료의 관계

몸의 소비: 조선전기의 인육치료

1. 머리말	128
2. 인육치료의 연원과 양상	130
1) 비인육치료의 기록과 인육치료의 근거	130
2) 인육치료의 내용과 전개	136
3. 인육치료 유행의 의미	142
1) 사회적 약자에 의한 성행과 보상	142
2) 조선정부의 인육치료 선택과 조장	149
3) 「비호인대」와 성리학적 사유의 침착	155
4. 맺음말	160

조선초기의 성리학적 의료관과 의료의 위상

1. 머리말 　163
2. 생리론: 음양오행이 몸을 이룬다 　165
   1) 천도－음양오행－인체의 이해 　165
   2) 상수학적 본말론과 의학의 말업화 　169
3. 병인론: 질병은 죄악이다 　173
   1) 음양오행의 부조화와 질서의 추구 　173
   2) 삼강오륜의 직분론과 의료의 중시 　178
4. 치료론: 건강하려면 이치에 순응하라 　185
   1) 의학적인 치료와 중앙집권적인 의료정책의 병행 　185
   2) 성리학적 수양론의 대두와 의료인의 천시 　188
5. 맺음말 　192

조선전기 의료기구 개편의 성격과 그 의의

1. 머리말 　195
2. 의료기구 개편의 추이 　197
   1) 태조~태종대의 의료기구 편제 　197
   2) 세종~성종대의 의료기구 변동 　200
3. 의료기구의 운영 양상 　204
   1) 내의원 　204
   2) 전의감 　209
   3) 혜민서 　214
   4) 활인서 　218
   5) 제생원 　222
4. 의료기구 개편의 함의 　226
   1) 사회경제적 의미 　226
   2) 사상적 의미 　234
5. 맺음말 　239

제3부 조선전기의 질병 양상과 그 영향

고려와 조선전기 중풍의 사회사

1. 머리말 244
2. 중풍 지식의 수용 246
   1) 고려전기의 중풍 기록 246
   2) 『신집어의촬요방』의 중풍론 250
3. 중풍 인식의 확산 253
   1) 『향약구급방』의 중풍 처방과 그 연원 253
   2) 여말선초 민간 치료경험의 분출 257
4. 중풍 관념의 정착 262
   1) 『향약집성방』·『의방유취』와 중풍 지식의 보편화 262
   2) 조선전기의 중풍 기록과 중풍 치료의 권력화 267
5. 맺음말 272

『향약집성방』의 편찬과 질병의 창출

1. 머리말 275
2. 『향약집성방』의 편찬 과정 277
   1) 『향약집성방』의 간행 경위 277
   2) 『향약제생집성방』의 전승 285
3. 『향약집성방』의 체재와 질병의 창출 294
   1) 『향약집성방』과 중국 의서들의 편차 294
   2) 『향약집성방』과 질병의 폭증 300
4. 맺음말 311

중종 19~20년의 전염병 창궐과 그 대응

1. 머리말 314
2. 전염병 발생과 관례적 대응 316

1) 발생 양상	316
2) 정례적인 조치와 그 변용	319
3. 전염병 확산과 의료적 대응	326
1) 확산 양상	326
2) 『간이벽온방』의 편찬과 개인의 부각	328
4. 전역병 치성과 정치적 대응	336
1) 치성 양상	336
2) 천인상응론의 강조와 군신 간의 대립	338
5. 맺음말	342

제4부 조선전기의 약재 개발과 활용

조선전기 감초의 토산화와 그 의미

1. 머리말	346
2. 감초의 활용 양상과 재배 착수	349
1) 조선전기 이전의 감초 활용	349
2) 감초 생산의 계기와 배경	354
3. 감초 재배의 갈등과 토산화 성공	363
1) 감초 재배를 둘러싼 갈등	363
2) 감초 토산화의 성공과 영향	370
4. 맺음말	378

세종대 향약 개발의 두 방향

1. 머리말	381
2. 향약 실태의 조사	384
1) 향재의 발견과 토산화 노력	384
2) 『경상도지리지』의 편찬과 전국적인 약재 파악	389

3. 향약 약성의 이해　　　　　　　　　　　　　　　　395
　　　　1) 향재의 비교 연구와 『향약채취월령』　　　　395
　　　　2) 『향약집성방』 향약본초와 향약 이해의 심화　　404
　　4. 향약 증산의 독려　　　　　　　　　　　　　　　417
　　　　1) 『세종실록』 지리지의 특징　　　　　　　　　417
　　　　2) 『세종실록』 지리지 종양약재의 분석　　　　421
　　5. 맺음말　　　　　　　　　　　　　　　　　　　427

위령선을 통해 본 동아시아 본초학의 한 사례

　　1. 머리말　　　　　　　　　　　　　　　　　　　430
　　2. 위령선 치료의 기원과 지식의 축적 과정　　　　432
　　　　1) 신라 승려 기록의 복원　　　　　　　　　　432
　　　　2) 중국에서의 위령선 지식 축적　　　　　　　438
　　3. 한국과 일본에서의 위령선 활용　　　　　　　　445
　　　　1) 고려의 위령선 지식 채용　　　　　　　　　445
　　　　2) 조선의 위령선 이용과 일본으로의 전파　　　451
　　4. 맺음말　　　　　　　　　　　　　　　　　　　461

결론　　　　　　　　　　　　　　　　　　　　　　464

부록

　　1. 조선시대 의서습독관 명단　　　　　　　　　　476
　　2. 『향약구급방』의 중풍 처방과 출전 비교표　　　480
　　3. 중국의 위령선 기록 일람표　　　　　　　　　　483

참고문헌　　　　　　　　　　　　　　　　　　　　485
찾아보기　　　　　　　　　　　　　　　　　　　　499

표 차례		
	• 세조 8년 의서습독관의 시험 규정	42
	• 『경국대전』의 의과 과목과 의학·침구의 취재 과목표	70
	• 고려와 조선의 의료기구 명칭	195
	• 『향약구급방』의 중풍 처방 분류표	256
	• 여말선초 향약 의서의 중풍 처방 분류표	259
	• 『향약집성방』 체재와 향방 일람표	302
	• 중종 19~20년 전염병의 누족 사망자 추이	337
	• 조선왕조실록에 등장하는 감초 기록	355
	• 『태평성혜방』 『향약집성방』 『예방유취』의 적벽리 처방 비교표	360
	• 세종 5년과 세종 12년의 향재와 당재 비교표	387
	• 『세종실록』 지리지의 약재 통계표	419

지도 차례		
	• 중종 19년 1~8월 전염병 발생 지역	320
	• 중종 19년 9월~20년 1월 전염병 발생 지역	320
	• 중종 20년 2~10월 전염병 발생 지역	320
	• 문종 1년의 감초 생산 지역	365
	• 성종 16년의 감초 생산 지역	371
	• 『동국여지승람』과 『신증동국여지승람』의 감초 생산 지역	371
	• 『세종실록』 지리지의 생강 산출 지역	425
	• 『동국여지승람』의 생강 산출 지역	425

차례 15

서론

　14세기 후반으로 가면서 고려의 의료는 한계에 다다르고 있었다. 의료제도에서는 의료관서들의 치폐가 반복되면서 임시기구가 명멸하였고, 의료제도를 운영하는 의직(醫職)들은 피역(避役)을 위한 수단으로 전락하였다. 향약에 대한 관심이 증가함에 따라 향약 의서들이 편찬되고 토산약재가 늘어남에도 불구하고, 이러한 노력들이 아직은 간헐적이었다. 종교사상의 측면에서는 고려사회의 지배이념이었던 불교의 약화와 성리학의 부각이 의료정책의 방향과 의료기구의 구성에 영향을 미칠 수밖에 없었다.
　1392년 개창한 조선과 이전 왕조인 고려의 관계가 연속적인 측면이 강한지, 아니면 단절적인 측면이 강한지에 대해서는 역사학계에서 논의가 계속되고 있다. 하지만 고려후기가 폐단으로만 점철되지 않고 폐단의 개선을 위한 움직임이 뚜렷했던 것도 사실이듯이 새로운 왕조의 등장이 던진 충격파가 찻잔 속의 태풍에만 그치지 않았다는 점도 분명하다. 조선이 개국한 1392년을 필터에 비유한다면 고려의 국가체제는 부(浮)·침(沈)을 경과하면서 필요 없어진 요소들은 점차 소멸하고 유효한 요소들은 더욱 강화되었다.
　고려의 의료를 재편하는 작업 역시 마찬가지였다. 조선에 들어서 신진 의료인력의 양성과 선발을 비롯하여 의료관서의 구축, 향약으로 상징되는 의술의 심화, 새로운 의학이론의 수용 등이 시도되었다. 이러한 변화는 조선의 현실적 여건을 고려하는 동시에 고려시대 의료의 성취를 계승하면서 진행되었다.

이 책에서는 조선전기의 의료제도와 의술을 다룬다. 내가 10년 전에 펴낸 『고려시대 의료의 형성과 발전』(혜안, 2010)의 후속 작업이다. 조선전기 의료제도와 의술의 다양한 측면을 한 권의 책에서 모두 설명하는 것은 쉬운 일이 아니다. 따라서 이 책에서는 이 두 가지 주제의 논의 범위를 다시 좁혔다. 의료제도의 측면에서는 의료기구의 운영을 담당하는 의관층이 어떻게 형성되었는가, 그리고 이러한 의료제도를 구축할 때 그 이면에 들어 있는 성리학의 역할과 영향은 어떠한 것이었는가? 의술의 측면에서는 조선전기 질병의 구체적인 양상은 어떠하였으며, 가장 대표적인 치료 수단이었던 약재 개발은 어떠한 경로를 밟았는가이다.

즉 이 책은 고려시대와 비교했을 때 조선전기 의료에서 핵심적인 요소들의 실체를 파악하는 데 주력한다. 하지만 이 책의 진정한 의도는 의관층(醫官層)·성리학(性理學)·질병(疾病)·약재(藥材)의 실체 파악을 매개로 조선전기의 사람, 그리고 사회집단으로서의 사람들을 이해하는 것이다. 이 연구에서 전근대 의료의 사회적 함의에 초점을 맞추는 이유는 기존의 연구성과에 대한 검토 덕분이다.

한국 중세의료사의 대표적인 선학(先學)들로는 미키 사카에(三木榮), 김두종, 손홍열을 꼽을 수 있다. 이들에 대한 연구사적인 검토를 여기에서 다시 반복할 필요는 없다. 『고려시대 의료의 형성과 발전』에서 정리한 바도 있지만, 이 책 본문에서도 주제별로 언급하고 있어서이다. 이들 선학의 연구에서 한걸음 또는 반걸음이라도 나아가지 않는다면 이 책은 종이를 낭비하는 것에 불과할 것이다. 따라서 선학들의 연구에서 미진했던 부분은 다양한 사료들을 동원하여 분명하게 설명하고, 무엇보다 밝혀진 사실(史實)들을 통해서는 당대 사람들의 구체적인 사유와 행동양식을 드러내야 한다.

이들 선학 이후의 연구들을 살펴보면, 연구자의 관심분야나 전공에 따라 연구범위가 의료제도사, 의학사상사, 의술사, 과학사 등으로 분절되었다. 예를 들자면 의료제도사에서는 국가체제 수립의 일환으로 의료기구 정비를 다루었고, 의학사상사에서는 의료인을 천시하는 경향이 조선초기부터 존재했다고 선험적으로 지적하였다. 의술사에서는 향약의서를 설명하는 데 집중하였고, 과학사에서는 과학기술 발전의 한 갈래로서 의술이 언급되었다. 연구 자료에서도 역사학 전공자들은 문헌 사료들을 중심으로, 한의학 전공자들은 의서들을 위주로 활용하였다. 이제는 주제별로 분산되어온 연구를 통합하고 조선전기의 관련 자료들을 최대한 이용함으로써 논의 수준을 끌어올릴 필요가 있다.

이 책은 4부(部)에 걸친 12편의 글로 구성하였다. 12편의 글은 이미 다음과 같이 발표되었다.

제1부 조선전기의 의료정책과 의관층의 형성

조선초기 의서습독관의 운영과 활동
  (「조선초기 의서습독관의 운영과 활동」, 『연세의사학』 22(1), 2019)
15세기 의료정책의 전개: 통유론과 직분론의 대립과 절충
  (「조선초기 의료진흥정책의 전개: 통유론(通儒論)과 직분론(職分論)의 대립과 절충」, 『연세의사학』 23(1), 2020)
성종대 이후의 의관층 동향: 관료제와 신분제의 충돌
  (「조선전기 의관층의 동향: 관료제와 신분제의 충돌」, 『역사학보』 242, 2019)

제2부 조선전기의 성리학과 의료의 관계

몸의 소비: 조선전기의 인육치료
  (「몸의 소비: 조선전기의 인육치료」, 『의료사회사연구』 4, 2019)
조선초기의 성리학적 의료관과 의료의 위상
  (「조선초기의 성리학적 의료관과 의료의 위상」, 『의료사회사연구』 1, 2018)

조선전기 의료기구 개편의 성격과 그 의의
(「조선전기 의료기구 개편의 성격과 그 의의」, 『의사학』 29(1), 2020)

제3부 조선전기의 질병 양상과 그 영향

고려와 조선전기 중풍의 사회사
(「고려와 조선전기 중풍의 사회사」, 『태동고전연구』 30, 2013)

『향약집성방』의 편찬과 질병의 창출
(「『향약집성방』의 편찬과 중국 의료의 조선화」, 『의사학』 20(2), 2011)

중종 19~20년의 전염병 창궐과 그 대응
(「조선 중종 19~20년의 전염병 창궐과 그 대응」, 『중앙사론』 39, 2014)

제4부 조선전기의 약재 개발과 활용

조선전기 감초의 토산화와 그 의미
(「조선전기 감초의 토산화와 그 의미」, 『의사학』 24(2), 2015)

세종대 향약 개발의 두 방향
(「조선 세종대 향약 개발의 두 방향」, 『태동고전연구』 26, 2013)

위령선을 통해 본 동아시아 본초학의 한 사례
(「고려와 조선 전기의 위령선 활용 -동아시아 본초학의 한 사례-」, 『대동문화연구』 77, 2012)

기존 논문들을 이 책으로 묶으면서, 일부 논문에서는 제목과 목차를 조정하고 중복되는 부분을 정돈하였다. 그리고 본문에서는 문장을 다듬고 오류를 바로잡고 논지를 분명하게 손질하였다. 특히 「세종대 향약 개발의 두 방향」은 중요한 글이어서 내용을 상당히 보강하였다. 기존 논문들과 이 책의 내용이 상충된다면 이 책이 나의 최종적인 견해에 해당한다. 하지만 전반적으로 보건 그동안 피력한 내 견해는 그대로 유지되었다.

제1부에서는 조선전기의 의료정책과 의관층의 형성을 다룬다. 의관(醫官)이 조선전기 의료인들의 대표격이어서이다. 「조선초기 의서습독관의

운영과 활동」에서는 그동안 간략하게 서술되었던 의서습독관(醫書習讀官)을 집중적으로 살피게 된다. 개인 문집까지 동원하여 찾을 수 있는 의서습독관들의 명단을 새로 작성하고, 이들의 행적을 세밀하게 추적할 것이다. 의서습독관제도의 시작과 끝, 그리고 그 취지를 이해하려는 시도이다. 의서습독관을 통해서 조선초기의 의료인 양성정책은 고위관료를 포함한 양인지배층이 담당하는 방향이었음을 밝힌다. 조선전기 의관층 형성에 대한 논의의 실마리이다.

「15세기 의료정책의 전개: 통유론과 직분론의 대립과 절충」에서는 조선 건국에서 성종대까지의 거의 100년 동안 벌어진 의료인 양성정책을 본격적으로 조명한다. 어떤 신분계층의 사람들이 의료인이 될 것인가를 둘러싼 선초의 논의들을 살펴보면 두 가지 입장이 대립하고 있었다. 한쪽은 양인지배층이 조선사회의 전반을 이끌면서 의료까지 담당해야 한다는 통유론(通儒論)이었고, 다른 한쪽은 의학은 잡학(雜學)이므로 유자(儒者)나 문관(文官)이 담당해서는 안 된다는 직분론(職分論)이었다. 그 결과는 의료관서 감독과 의학교육 일부는 사족(士族)이 맡지만 환자 치료, 의서 편찬, 의직 담당 같은 의료의 실행은 전업 의관이 맡는 타협이었다.

따라서 15세기 말 이후에는 전업 의관들이 의료를 담당하게 되었다. 이 전업 의관층의 실제 활동을 탐색하는 글이 「성종대 이후의 의관층 동향: 관료제와 신분제의 충돌」이다. 이 글에서는 흔히 중인층으로 불리게 되는 전업 의관층을 출신에 따라 구분한다. 즉 양인의관층과 천인의관층은 각자의 이해관계가 어떠하였는지, 그리고 조선정부에서는 이들에 대해 어떠한 입장을 취했는지를 추적한다. 의관층을 포함한 각 이해세력들의 갈등과 타협 과정은 국가를 운영하는 관료제와 그 운영원리인 신분제 사이의 충돌로 드러날 것이다. 조선전기 국가 운영상의 갈등 양상과 조정 방식이 의료제도에도 들어 있다는 의미이다.

이어서 제2부에서는 성리학과 의료의 관계에 집중한다. 「몸의 소비: 조선전기의 인육치료」는 조선전기 성리학의 사회적 기능과 의료행위에 대한 문제 제기이다. 이 글에서는 단지(斷指)와 할고(割股)로 대표되는 인육치료가 조선전기에 갑자기 유행하는 현상을 그 문헌적 근거와 역사적 배경을 토대로 짚어본다. 『삼강행실도』를 비롯한 자료들을 분석하여 이러한 현상이 여성·자식·노비와 같은 사회적 약자에 의해 성행되었으며, 인육치료의 성행에는 '성리학의 나라'를 건설하기 위한 조선정부의 의도적인 조장(助長)이 맞물려 있음을 밝힌다. 성리학이 조선 사람들의 정신만이 아니라 육체까지 장악하는 광경이었다.

「조선초기의 성리학적 의료관과 의료의 위상」에서는 제목 그대로 여말선초에 성리학이 의료를 어떻게 인식하였는가를 생리론, 병인론, 치료론으로 세분하여 살핀다. 그리하여 성리학의 사고방식이 조선의 국가체제에서 의료 부문의 위상을 결정하는 데 어떤 논리로 개입하는지를 규명하고자 한다. 조선 개국 이후에 의료관서들이 정비되는 과정을 분석하기 위한 토대 작업이기도 하다.

성종대의 이른바 『경국대전(經國大典)』 체제에서는 조선 일대의 의료제도가 그 골격을 완성하였다. 「조선전기 의료기구 개편의 성격과 그 의의」에서는 내의원을 비롯한 의료관서들의 연혁과 개편 과정을 『경국대전』의 의료 규정들까지 포괄하여 정리한다. 의료기구들의 전반적인 개편 추이를 살펴보면 고려후기 이래의 사회경제적인 변동과 성리학적인 사유방식이 역사적 배경으로 작용하였다. 그런데 성리학에 관한 논문 3편을 제2부에 배치한 이유는, 조선의 지배이념이라고 하더라도 성리학이 의료제도의 구성과 운영을 일방적·선험적으로 결정하는 것은 아니라고 판단하기 때문이다.

제3부에서는 시야를 조선전기의 질병으로 돌린다. 의료사 연구자에게

는 상식이지만, 질병이란 존재할 뿐만 아니라 사회적으로 인식되는 존재이기도 하다. 사회구성원에 의해 특정 질병이 중시되기도 하고, 더 나아가 자연스런 신체 증후들이 갑자기 질병으로 규정되기도 한다는 뜻이다. 여말선초를 거치면서 중풍이 대표적인 질병으로 성장하는 과정을 추적한 글이 「고려와 조선전기 중풍의 사회사」이다. 중풍에 대한 관념이 유입되고 확산되다가 결국 조선 사람들에게 보편화되었는데, 이러한 과정에서 의학지식과 치료를 둘러싸고 권력 관계가 작동하고 있었다.

중풍과 함께 조선전기에 중시되었던 질병이 상한병(傷寒病)이다. 상한병에 대해서도 나는 이미 논문을 작성한 바가 있는데, 그 주된 논지는 다음과 같다. 세종대 『의방유취』에서는 상한병이 중시되었다, 그 이유는 조선 의학자들이 당시 창궐하던 전염병의 통제에는 상한의학(傷寒醫學)이 가장 적합하다고 판단했기 때문이었다. 『의방유취』 상한문(傷寒門)에서는 상한병을 중심에 놓고 전염병과 열병 등을 상한 관련 질병군으로 포함하면서 각종 합병증과 후유증까지 상한병으로 망라하였다. 『의방유취』 전체로 따지자면 많은 질병들 가운데 중풍과 상한이 정점(頂點)에 자리잡고 나머지 질병들은 그 주변과 아래에 배치되는 구조였다, 이처럼 중풍과 상한 중심의 위계적인 질병체계 구축이 바로 『의방유취』의 의학사적인 특징이었다, 위계적인 질병지식의 구축은 전염병을 비롯한 각종 질병들과 백성들을 국가의 의료체계 내로 포섭하려는 조선정부의 의지가 반영된 결과였다(「조선전기 『의방유취』의 성취와 한계 -'상한'에 대한 인식을 중심으로-」, 『한국과학사학회지』 34(3), 2012). 하지만 이 논문은 의서들을 주제로 한 별도의 단행본으로 묶는 게 나을 것 같아서 이 책에서는 수록하지 않았다.

「『향약집성방』의 편찬과 질병의 창출」에서는 세종대의 대표적인 향약의서인 『향약집성방』을 분석한다. 이전 의서들과 비교하면서 여말선초에 부각되던 질병들을 살펴보고, 특히 질병들이 급증한 이유에 대해 논의하려는 것이다. 중풍을 비롯한 질병 숫자가 확대되는 과정은 단순히 의학지식의 확장에 그치는 것이 아니라, 조선 사람들이 의료의 영향권 내로 포섭되는 이른바 의료화(醫療化) 과정이었음에 주목한다.

질병에 대한 세 번째 글인 「중종 19~20년의 전염병 창궐과 그 대응」에서는 조선전기에 가장 심각한 피해를 끼친 1524~1525년의 평안도 전염병을 다룬다. 2년간의 전염병 사망자는 기록된 숫자만 무려 23,000명이다. 시기별로 전염병이 확산되고 피해가 급증하는 과정, 그리고 각 단계별로 시행되는 조선정부의 수습책들을 정리한다. 조선사회의 전염병 양상과 그 대응방식들의 전형을 보여주려는 의도로 작성한 글이다.

마지막인 제4부에서는 조선전기의 약재 개발과 그 활용을 다루었다. 가장 대표적인 질병 치료수단인 약물에 초점을 맞추기 위해서이다. 구체적으로는 약재의 토산화 과정이 조선 사람들에게 어떤 영향을 미쳤는가를 사례로 살핀 후에, 토산약재[鄕材]의 생산과 증대를 위한 세종대의 다각적인 노력을 밝힌다. 이어서 조선을 포함한 동아시아에서 약물 지식이 만들어지고 축적되며 전파되는 장면으로 시야를 넓힌다.

「조선전기 감초의 토산화와 그 의미」는 구체적인 사례 연구이다. 가장 흔한 약재인 감초는 원래 수입약재였다. 조선 세종대에 들어서야 감초의 토산화를 시도하게 되는데, 그 과정은 순탄하지 않았다. 토질 문제 외에도, 감초 재배를 둘러싸고 조선정부와 생산농민들 사이에 이해관계가 충돌한 탓이었다. 약재의 토산화는 한국 의료의 발전 과정을 살피는 주요한 지표이기도 하지만, 사람들 간의 이해관계와 일상의 변모를 보여주는 실례이기도 하다.

본격적으로 조선전기의 약재 생산에 초점을 맞춘 글이 「세종대 향약 개발의 두 방향」이다. 조선에 들어서 토산약재의 활용에 박차를 가하려는 움직임이 강화되는데, 세종대에는 토산약재에 대한 전국적인 전수조사와 약성(藥性)에 대한 연구가 병행되었다. 향약 개발을 위한 두 가지 흐름이 결국 『세종실록』 지리지에서 종합됨에 따라 조선의 약재 생산과 본초학 지식은 한 단계 성장하게 된다. 이 과정을 충실히 복원하기 위해서는 역사서는 물론이고 지리지와 의서들을 충분히 활용할 필요가 있다.

「위령선을 통해 본 동아시아 본초학의 한 사례」는 동아시아에서 약물 지식의 단초 형성과 축적 양상을 다룬 글이다. '위령선(威靈仙)'이라고 부르는 식물이 약물로 인정받는 모습과 그 본초학 지식이 다시 전파되어 각지에 영향을 미치는 과정을 따라간다. 시기로는 삼국에서 조선후기까지, 지역으로는 동아시아 삼국을 모두 아우른다.

이 책의 4개 부(部)에는 각각 3편의 논문이 들어 있다. 각 부의 첫 번째 논문은 주제별로 문제 제기이고, 두 번째 논문이 본론이며, 세 번째 논문은 논의의 확장에 해당한다. 이제, 조선초기 의서습독관을 통해 조선시대 의관층의 형성 과정을 살펴보겠다.

제1부

조선전기의 의료정책과 의관층의 형성

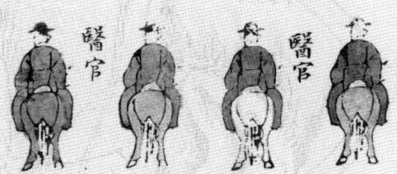

조선초기 의서습독관의
운영과 활동

1. 머리말

　의료사에서 의술을 시행하는 의료인은 흥미로운 주제이다. 의료인에 대한 선발, 그 교육과 활동은 각 시대의 특징을 잘 드러내기 때문이다. 문제는 의료인 연구에 필수적인 사료가 넉넉하지 않은 것이다. 따라서 후대로 갈수록 기록이 풍성해져서 연구는 활성화될 가능성이 높다. 고려보다는 조선의 의료인에 대해서 보다 풍부한 자료를 접할 수 있다. 그렇다고 해서 조선시대의 의료인에 대한 전모가 밝혀진 것도 아니다.

　조선초기에는 의서습독관(醫書習讀官)이란 독특한 제도가 만들어졌다. 그 명칭에 들어 있듯이 의학서적들을 읽고 의학지식을 습득하는 관직이었다. 의료인이 의서를 공부하는 것은 당연한 일인데도 이런 관직을 만들었다는 게 눈길을 끈다. 특히 조선에서는 이미 의료를 직업으로 삼는 의관(醫官)이 존재하고 있음에도 불구하고 별도로 신설된 데다 고려에서는 보이지 않는 제도여서 연구자들에게 적지 않은 주목을 받았다.

　기존의 연구를 통해서 조선정부의 의서습독관 운영 실태를 비롯하여 관련 법규와 강습 의서 목록, 일부 의서습독관들의 활동, 의서습독청의 존재 등이 밝혀졌다. 그리고 조선전기 제도사의 일부로 이 제도가 분석되기도 하고, 서지학적인 관점에서는 습독하는 의서에 주된 관심을 기울이기도 하였다. 그 결과 의서습독관은 조선초기 의료사를 다룰 때 빠져서는 안 되는 사항이 되었다.[1] 의서습독관에 대한 가장 일반적인 평가는 "의서습독관(醫書習讀官)은 세종 때 설치한 것으로, 유능한 의원(醫員)과 유의(儒醫)를 양성하기 위한 조치"라는 것이다.[2] 당연하고도 정당한 평가이지만 조금 더 깊이 천착했으면 하는 아쉬움이 있다.

이 글에서는 의서습독관에 초점을 맞추어 이 제도의 설립 경위와 배경을 비롯하여 그 전개 과정과 의료사적인 의미를 정리하고자 한다. 구체적으로는 의서습독관이 되기 위한 입속 자격과 의서습독관이 된 뒤의 대우, 학습해야 하는 의서들과 시험방식 등을 다룬다. 무엇보다 의서습독관으로 활동했던 사람들의 행적을 통해 그들의 임무와 진로 등을 이해하려고 한다. 이 과정에서 의서습독관들의 명단을 새로 작성하게 될 것이다.

특히 의서습독관제도의 전개 과정을 논의하면서 사료를 단순히 나열하는 데만 그치지 않는다. 의서습독관이란 제도를 둘러싸고는 세 가지 이해 주체의 입장이 검토되어야 한다고 생각한다. 즉 조선 건국세력과 역대

---

1 제1부에서 다루는 의서습독관을 비롯한 조선전기 의료제도사의 주요 연구성과는 다음과 같다(三木榮, 『朝鮮醫學史及疾病史』, 自家出版 1963; 金斗鍾, 『韓國醫學史』, 探求堂, 1966; 孫弘烈, 「世宗朝의 醫療政策」, 『朴性鳳敎授回甲紀念論叢』, 경희대 사학논총간행위원회, 1987; 孫弘烈, 『韓國中世의 醫療制度研究』, 修書院, 1988; 이남희, 「16·17세기 雜科入格者의 前歷과 官路 進出」, 『民族文化』 18, 1995; 金重權, 「朝鮮初 醫書習讀에 관한 研究 -醫書習讀官을 中心으로-」, 『書誌學研究』 15, 1998; 李圭根, 「朝鮮時代 醫療機構와 醫官 -中央醫療機構를 中心으로-」, 『東方學志』 104, 1999; 이남희, 「朝鮮前期 技術官의 身分的 性格에 대하여」(연세대학교 국학연구원 편, 『高麗-朝鮮前期 中人研究』, 신서원, 2001); 이태진, 『의술과 인구 그리고 농업기술 -조선 유교국가의 경제발전 모델-』, 태학사, 2002; 鄭多函, 「朝鮮初期 習讀官 制度의 運營과 그 實態」, 『震檀學報』 96, 2003; 鄭多函, 『朝鮮前期 兩班 雜學兼修官 研究』, 고려대학교 박사학위논문, 2008; 김성수, 「조선시대 儒醫의 형성과 변화」, 『韓國醫史學會誌』 28(2), 2015; 구만옥, 『세종시대의 과학기술』, 들녘, 2016; 박훈평·도준호, 「15-15세기 조선 의학 관료의 신분 변천: 양성이씨 세전 사례를 중심으로」, 『의사학』 27(3), 2018; 신유아, 「조선시대 내의원의 기능과 의관의 지위」, 『역사와 실학』 65, 2018; 여인석 외, 『한국의학사』, 역사공간, 2018).

2 孫弘烈, 『韓國中世의 醫療制度研究』, 修書院, 1988, 20쪽.

국왕으로 이루어진 핵심지배층, 문반관리[文官]로 대표되는 일반 지배층, 그리고 당사자인 의서습독관들이다. 이들 각각의 입장과 대립에 주목할 때 조선시대 의료제도의 형성 과정을 온전히 이해할 수 있을 것이다.

2. 의서습독관제도의 실시와 사례

1) 의서습독관의 신설과 그 배경

의서습독관(醫書習讀官)에 관한 최초의 기록은 다음과 같다. 세종 3년(1421)에 이효지(李孝之)를 비롯한 두세 사람에게 의서를 읽게 하였다는 기사이다.

> 임금은 의원(醫員)이 공부에 힘쓰지 않는 것을 염려하여, 전(前) 직장(直長) 이효지(李孝之) 등 두세 사람에게 명하여 처음으로 궁중에서 의서(醫書)를 읽게 하였다.[3]

짧은 문장이지만 이 기사는 많은 단서를 포함하고 있다. 우선 단종대의 의서습독관 기록으로 보완할 필요가 있다. 즉 효자와 충신이 되기 위해서는 의약(醫藥)을 알아야 하는데 중국에서는 대대로 유의(儒醫)가 의료관서에 종사하고 있다. 조선에서는 삼의사(三醫司, 전의감·제생원·혜민국)에서 의학을 장려하였지만 대대로 의술에 종사하는 전문가가 없고 의관(醫官)들의 실력도 형편이 없다. 그래서 세종이 "의서(醫書)를 습독하는 법을 세워 방서(方書)를 읽게 하여 후하게 권장(勸奬)하였는데 이효신(李孝信)·전순의(全循義)·김지(金智) 같은 무리가 조금 그 방술을 체득하였다."라

---

3 『世宗實錄』卷11, 세종 3년(1421) 4월 8일(경자). "上患醫不精其業, 命前直長李孝之等數人, 始讀醫書于禁內."

는 것이다.[4]

한편 "의서를 강이(講肄)할 습독관을 설치하고, 무반(武班)에도 마땅히 습독관이 있어야 하겠으므로" 무경습독관(武經習讀官)을 설치했다는 기록이 있다.[5] 의서습독관이 무경습독관보다 먼저 설치된 것은 분명한데, 무경습독관에 관한 최초의 기록은 세종 4년(1422) 윤12월 1일로 올라간다.[6] 따라서 앞의 인용문에 나오는 세종 3년(1421)의 이효지가 최초의 의서습독관임을 알 수 있다.[7]

그런데 삼의사의 의관들과는 다른 사람을 의서습독관으로 임명하였다는 것은 무슨 뜻일까? 여기에 대해서는 젊고 똑똑한 사족(士族) 자제를 뽑은 것이라고 세조대의 기록에서 설명하였다. 의업에 종사하는 사람을 늘리고 의술 수준도 향상하기 위함이었다.[8]

세종기 삼의사에서 원래 근무하던 전업 의관들을 혹평한 이유는 의과(醫科)에 합격해도 실력이 형편없다는 인식 때문

子以同知摠制趙啓生爲千秋使○上患醫不精其業命前直長李孝之等數人始讀醫書于禁內○辛丑 上朝豐壤宮○領議政柳廷顯

'이효지 등에게 궁중에서 의서(醫書)를 읽게 하라-.' 『세종실록』에 실린 최초의 의서습독관(醫書習讀官) 기록이다.

---

4 『端宗實錄』卷13, 단종 3년(1455) 1월 25일(신미).
5 『成宗實錄』卷50, 성종 5년(1474) 12월 11일(임진).
6 『世宗實錄』卷18, 세종 4년(1422) 윤12월 1일(갑인)
7 의서습독관의 연원에 대해서 문광철, 정다함, 박훈평은 세종 3년(1421)의 이효지라고 서술하였다(文光哲, 「조선초기 漢學習讀官의 설치와 운영」, 충남대학교 석사학위논문, 1998, 6쪽; 鄭多函, 「朝鮮初期 習讀官 制度의 運營과 그 實態」, 『震檀學報』96, 2003, 39쪽; 박훈평·오준호, 『15-16세기 조선 의학 관료의 신분 변천: 양성이씨 세전 사례를 중심으로」, 『의사학』27(3), 2018, 300쪽). 그리고 김중권은 세종 4년(1422)의 武經習讀官과 함께 시작되었다고 서술하였다(金重權, 「朝鮮初 醫書習讀에 관한 硏究 -醫書習讀官을 中心으로-」『書誌學硏究』15, 1998, 63쪽). 반면 김성수는 세종 16년(1434) 이후로 이해하였다(김성수, 「조선시대 儒醫의 형성과 변화」, 『韓國醫史學會誌』28(2), 2015, 108쪽).
8 『世祖實錄』卷12, 세조 4년(1458) 3월 20일(정미).

이었다. 이 무렵 의과 합격자들은 "제약(劑藥)과 병 다스리는 데는 모두 숙달하지 못하여 진실로 불편하였다."⁹ 심지어 의과에 합격하여 의직(醫職)을 받은 후에는 "모두 시골에 돌아가서 한가하게 놀고 있다."라고 지적당할 정도였다.¹⁰

이러한 배경을 염두에 두고 앞의 인용문을 다시 읽어보면 '전(前) 직장(直長) 이효지(李孝之)'라고 표기한 점이 눈에 들어온다. 당시에 직장(直長)은 여러 관서에 존재하지만, 의료관서인 내약방(內藥房, 내의원)·전의감(典醫監)·제생원(濟生院)·혜민국(惠民局)·동서활인원(東西活人院) 가운데 '직장'이 배치된 곳은 전의감밖에 없다.¹¹ 인용문에서 드러난 세종의 뜻으로 미루어, 이효지는 원래 전의감 직장으로 근무하였고 의학에 소질을 보였을 것이다.

이효지가 의서습독관 시절에 의서를 집중적으로 학습했을 것이라는 점은 의심할 여지가 없다. 2년 뒤에 그의 관직은 '주부(注簿)'로 표기되어 있다.¹² 의료인 양성제도라는 취지에 비추어보면 이효지는 전의감 주부로 근무했을 것이다. 전의감에서 직장은 종7품이고 주부는 종6품이므로 그는 승진해서 의직에 종사한 것이다. 의서습독관으로 지목된 이효지·이효신·전순의·김지 등의 사례를 구체적으로 들여다볼 필요가 있다.

2) 세종대의 의서습독관들

세종 3년(1421)에 의서습독관이 된 이효지(李孝之)는 2년 뒤인 세종 5년(1423)에 전의감 주부로서 현직에 있었다. 이때 그는 문제를 일으켰다. 수

---

9 『世宗實錄』 卷28, 세종 7년(1425) 5월 3일(임신).
10 『世宗實錄』 卷48, 세종 12년(1430) 6월 19일(무자).
11 孫弘烈, 「朝鮮前期의 醫療制度」, 『韓國中世의 醫療制度研究』, 修書院, 1988, 170쪽; 176쪽; 181쪽; 184쪽; 186쪽 참고.
12 『世宗實錄』 卷19, 세종 5년(1423) 3월 16일(정유).

양대모(收養大母)를 간병(看病)한다는 핑계를 대고 원주로 돌아가서 향시(鄕試)를 본 것이다.[13] 한성시(漢城試)에 닿춰 돌아오지 못할 듯하자 벌인 일이었다. 이 사건으로 이효지는 파직되었다.

이효지의 관력(官歷)을 추적해보면, 그는 세종 16년(1434)의 함길도도사(咸吉道都事)를 시작으로 소윤(少尹), 경기경력(京畿經歷) 등을 역임한다.[14] 세종 11년(1429)에 그가 문과(文科)에 합격하여 문반관리[文官]가 되었기 때문에 가능한 일이었다. 『국조문과방목(國朝文科榜目)』에 따르면, 문과에 응시할 당시 그의 신분은 의료와는 관련이 없는 '현감(縣監)'이었다. 그의 아버지는 강원도관찰사와 중추원(中樞院) 부사(副使) 등을 역임한 이맹상(李孟常, 1376~?)이므로, 그는 당연히 과거에 응시할 수 있는 양인(良人) 신분이었다.[15]

따라서 연소하고 총민한 사족(士族)인 이효지는 의서습독관제도의 취지에 맞았다. 의서습독관 재직 후에 전의감 주부로 승진한 그에게는 환자 진료가 직무로 부과되었을 가능성이 크다. 의서습독관의 진료 임무에 대해서는 뒤에서 상세히 검토하겠다. 다만 문과에 합격한 이후에 이효지가 의직에 종사한 기록은 발견되지 않는다.

이효신(李孝信)은 이효지와 유사한 사례이다. 세종 20년(1438) 문과에 합격한 이효신의 신분은 '현감(縣監)'이고 이명(異名)은 이존신(李存信)이며, 본관은 인천(仁川)이라고만 되어 있다.[16] 그런데 『태종실록』에 따르면 태종 14년(1414)에 사망한 이문화(李文和)의 아들 중에 이효신(李孝信)이

---

13 『世宗實錄』卷19, 세종 5년(1423) 3월 16일(정유).
14 『世宗實錄』卷65, 세종 16년(1434) 7월 25일(경자); 卷88, 세종 22년(1440) 2월 7일(경진); 卷89, 세종 22년(1440) 6월 8일(무인).
15 『國朝文科榜目』(서울대학교 규장각한국학연구원, 奎 106), 세종 11년(1429) 己酉年.
16 『國朝文科榜目』(서울대학교 규장각한국학연구원, 奎 106), 세종 20년(1438) 戊午年.

있다.17 이문화는 도승지(都承旨)와 참찬의정부사(參贊議政府事) 등을 역임한 고위관료였다. 어린 나이에 아버지를 여읜 이효신은 문음(門蔭)으로 관직에 진출하여 현감으로 있다가 문과에 합격한 것으로 보인다.

과거에 합격한 이효신은 앞의 인용문에 나왔듯이 의서습독관으로 의술을 체득하여 의관으로 전향했을 가능성이 높다. 왜냐면 세조 1년(1455) 기록에 '감정(監正) 이효신(李孝信)'이라고 되어 있는데,18 감정은 '전의감(典醫監) 정(正, 정3품)'으로 전의감 의관이 도달할 수 있는 최고 관직이기 때문이다. 전의감 정으로 승진하는 데는 꽤 오랜 시간이 소요된다. 이렇게 본다면 이효지와 이효신은 고위관료를 지낸 양인지배층의 아들로서 문과에 합격했다는 공통점이 있는데, 이효신은 문관 대신 의관을 선택했다는 차이점이 있다.

전순의(全循義)도 세종대에 의서습독관을 지낸 후에 의관의 삶을 보냈다. "의가에서 출신하였다[出身醫家]."라거나 "계통이 본래 용천하다[係本庸賤]."라는 서술로 미루어19 그는 권문(權門) 출신도 아니고 문과 합격자도 아니다. 전순의가 처음 등장하는 기록은 세종 22년(1440)에 금성대군의 질병을 치료함으로써 김지(金智)와 함께 상을 받은 것이다.20 왕자를 치료하기 위해서는 상당한 실력을 갖추어야 한다는 점을 고려하면, 전순의는 세종 22년 이전에 의서습독관을 지냈을 가능성이 높다.

전순의는 세종대에서 세조대까지 내의(內醫)로 활동하면서 국왕들을 치료하였다. 따라서 세종·문종·세조가 사망한 후에는 국왕을 제대로 치

---

17 『太宗實錄』 卷27, 태종 14년(1414) 6월 1일(임인). 이문화의 본관은 仁州(仁川의 옛 지명)인데, 『국조문과방목』에 기재된 이효신의 본관도 仁川이어서 두 사람의 본관이 일치한다.
18 『世祖實錄』 卷2, 세조 1년(1455) 12월 27일(무진).
19 『文宗實錄』 卷1, 문종 즉위년(1450) 4월 6일(기묘); 『端宗實錄』 卷10, 단종 2년(1454) 3월 16일(정묘).
20 『世宗實錄』 卷89, 세종 22년(1440) 6월 21일(신묘).

료하지 못했다는 이유로 고신(告身)을 빼앗기는 등의 곤욕을 치렀다. 특히 그는 문종을 침술로 치료하였는데, 문종이 사망하자 몇 달 동안 전의감(典醫監) 청직(廳直)으로 좌천되기도 하였다. 나중에 전순의는 의직에 복귀하여 행전의감정(行典醫監正), 상호군(上護軍), 첨지중추원사(僉知中樞院事), 동지중추원사(同知中樞院事) 등을 역임했다. 그는 세종 27년(1445)부터 시작된 『의방유취(醫方類聚)』 편찬에 참여한 의관들의 선임격이었고,21 후배 의생(醫生)을 가르치기도 하였으며,22 『침구택일편집(鍼灸擇日編集)』·『식로찬요(食療纂要)』·『산가요록(山家要錄)』을 지었다.23

그런데 성종대의 기록에 따르면 전순의는 "정헌대부(正憲大夫, 정2품)에 이르렀어도 일찍이 현직(顯職)에 서용하지 않았다."라고 하였다.24 이때 현직은 동반과 서반의 정직(正職)을 가리킨다. 의관인 그는 우대직인 중추원(中樞院)에 임명되는 것으로 만족해야 했다. 이것은 후술하는 권찬의 사례와 대비된다.

한편 김지(金智)는 앞의 인용문에서 전순의 다음으로 기록된 것으로 보아, 전순의와 비슷한 시기이거나 약간 뒤에 의서습득관이었을 것이다. 김지도 세종 22년(1440)에 전순의와 함께 금성대군을 치료한 공로로 상을 받으면서 기록에 처음 등장한다. 그는 주로 내의(內醫)로 신분이 표기되는데 이것은 그가 내의원(內醫院)에서 근무하였음을 뜻한다. 내의원 의관으로서 그는 안평대군을 비롯한 왕실 가족의 치료에 종사하기도 하고,

---

21 『의방유취』 편찬 참여자 중에서 '醫官'으로 표기된 사람은 全循義·崔閏·金有智이다 (『世宗實錄』 卷110, 세종 27년(1445) 10월 27일(무진)).
22 『世祖實錄』 卷18, 세조 5년(1459) 10월 24일(임신).
23 전순의는 세종 29년(1447)에 金義孫과 함께 『침구택일편집』을 지었다(金斗鍾, 『韓國醫學史』, 探求堂, 1966, 293쪽). 『식료찬요』는 성종 18년(1487)에 발간되었는데, 諸風에서 驚癇에 이르는 45개 病門의 치료법을 다루고 있다(『成宗實錄』 卷202, 성종 18년(1487) 4월 27일(병신); 全循義, 『食療纂要』, 농촌진흥청, 2004).
24 『成宗實錄』 卷282, 성종 24년(1493) 9월 16일(정미).

국왕의 명을 받아 지방 관찰사를 치료하러 가기도 하였다. 특히 그는 단종대에 일본 의관에게 의술을 배우기도 하였다.[25]

김지의 관직은 '행정(行正)'이라고 표기되었다.[26] 이것은 '행(行) 전의감(典醫監) 정(正)'의 의미로 이해된다. 앞서 나왔듯이 전의감(典醫監) 정(正)은 정3품으로서 의관의 최고 지위인데, 행수법(行守法)의 행직(行職)이므로 그의 품계는 2품 이상이었던 것으로 보인다. 그의 최고 관직은 세조대의 첨지중추원사(僉知中樞院事)이다.[27] 그 역시 전순의와 마찬가지로 전의감 정을 거쳐서 중추원에 임명되는 것으로 의직 생활을 마무리지었던 것이다.

그런데 세종대에 의서습독관을 역임한 사람으로는 임원준(任元濬, 1423~1500년)도 있다. 임원준은 스스로 세종 말년에 내의원(內醫院)에서 벼슬하면서 "의서(醫書)를 습독(習讀)하였다."라고 적었다.[28] 사실 양인 출신인 임원준은 세종 26년(1444) 4월에 다른 이를 대신하여 진사시(進士試)에 응시하였다가 발각되어 과거 응시를 금지당하였다. 의술에서 활로를 찾으면서 그는 당시의 권문[權貴]을 찾아다닌 끝에 전의(典醫) 벼슬을 얻었던 것이다.[29]

세종 29년(1447) 무렵을 살펴보면 『의방유취』를 편찬하는 의서찬집청(醫書撰集廳)[醫方撰集]에 서사인(書寫人)들이 배치되어 있었으며, 이들은 포상 대상이 된 상태였다.[30] 『의방유취』의 1차 편집을 맡은 집현전 부

---

25 『端宗實錄』 卷7, 단종 1년(1453) 7월 15일(경오).
26 『世祖實錄』 卷2, 세조 1년(1455) 12월 27일(무진).
27 『世祖實錄』 卷8, 세조 3년(1457) 8월 14일(을사).
28 『成宗實錄』 卷93, 성종 9년(1478) 6월 15일(을사). "世宗末年遘疾, 謬聞臣聰慧, 命仕內醫院, 習讀醫書."
29 『端宗實錄』 卷3, 단종 즉위년(1452) 9월 16일(을사); 『成宗實錄』 卷140, 성종 13년(1482) 4월 15일(계축); 『燃藜室記述』 卷5, 世祖朝故事本末, 任元濬.
30 『世宗實錄』 卷117, 세종 29년(1447) 7월 1일(신묘).

조선초기의 고위관료이자 의학자였던 임원준은 의서습득관 출신이었다. 임원준의 무덤은 경기도 여주에 있다.

교리 김예몽 등이 각종 의서를 분류하면서 서사인들을 동원해서 필사하는 과정이 진행되었을 것이다. 『의방유취』를 베껴 쓴 사람에게 모두 특지(特旨)로 산관(散官)을 더하여 주었다고 하는데,[31] 임원준의 임무가 『의방유취』 편찬 시의 서사(書寫)였던 것으로 짐작된다.

당시 임원준은 의서찬집관(醫書撰集官)으로서 한 자급(資級)이 더해졌는데, 이때 그는 다시 물의를 일으켰다. 서반(西班) 소속의 부사정(副司正)인 그가 세종의 윤허 없이 임의로 동반(東班), 즉 문반(文班)으로 옮기면서 자신의 품계보다 높은 수7품직(守七品職)을 받았던 것이다. 결국 이것이 들통나면서 세종 29년(1447) 9월에 도승지 황수신과 임원준은 동시에 파직되었다.[32]

여기에서 임원준은 서반 군직(軍職)인 '부사정(副司正)'으로 표기되어 있다. 흔히 의서습득관이나 의관들에게는 사과(司果, 정6품), 부사정(副司正, 종7품), 부사맹(副司猛, 종8품), 부사용(副司勇, 종9품)처럼 오위(五衛)

---

31 『文宗實錄』 卷10, 문종 1년(1451) 10월 9일(갑술).
32 『世宗實錄』 卷117, 세종 29년(1447) 9월 7일(병신).

의 군직이 부여되었다. 이 자리는 녹봉을 항상 받지 못하는 관원들이 번갈아가면서 관직과 녹봉을 받도록 만든 체아직(遞兒職)이었다.[33]

기존 연구에 의하면, 습독관은 자신의 본직(本職)을 가진 채로 습독관을 겸하는 경우와 다른 관직이 없는 상태에서 습독관을 본직으로 하는 경우로 구분된다. 전자는 본직에서 녹봉을 받고 승진하는데, 이 경우가 대부분이었다. 반면 후자는 문무과에 막 급제하거나 연소한 의관자제(衣冠子弟)가 해당하며, 이들은 근무 성적에 따라 주로 서반 체아직에 서용되었다. 따라서 서반 체아직은 관직에 서용하였다는 의미보다 급여를 위한 자리로서의 의미가 강하다.[34]

사역원(司譯院)의 사례를 살펴보면 강이관(講肄官)을 권려하기 위하여 군직(軍職)을 받은 자는 반드시 사역원의 품계를 따라 겸임하였다.[35] 군직을 받더라도 사역원에 소속되어 근무하였다는 의미이다. 의서습독관들 역시 부사정 같은 서반의 품계를 띤 이유는 바로 이 자리가 체아직이기 때문이었다.

다시 말하자면, 임원준은 문과(文科)나 의과(醫科)에 합격한 관원이 아닌 상태에서 의서습독관이 된 것이다. 그는 의서찬집청에 배치되어 있으면서 『의방유취』 편찬에 동원되었다. 정식 관원은 아니지만 그의 생활을 보조하기 위해서는 녹봉을 지급할 필요가 있었다. 이에 그는 서반 종7품의 군직인 부사정을 수여받았다. 그런데 이 부사정 자리는 다른 의서습독관들과 교대로 수여받는 체아직이었다. 체아직 가운데 양도목(兩都目)인 경우에는 1월과 7월에 교대되므로, 6개월 후에는 체아직을 박탈당하게 되어 있었다. 체아직은 일종의 단기 계약직이었다. 임원준도 체아직의 운

---

33 체아직에 대해서는 다음 글이 참고된다(申幼兒, 『朝鮮前期 遞兒職 研究』, 서울대학교 박사학위논문, 2013).
34 鄭多函, 「朝鮮初期 習讀官 制度의 運營과 그 實態」, 『震檀學報』 96, 2003, 49~51쪽.
35 『世宗實錄』 卷97, 세종 24년(1442) 8월 1일(무자).

영에서 예외는 아니었을 것이다.

파직된 임원준은 다시 권귀(權貴)에게 청탁하여 문종대에는 내의원에서 정7품인 사정(司正)이 되었다.36 그후 그는 세조 2년(1456) 식년시(式年試)에서 장원한 것을 시작으로 세조 3년(1457) 중시(重試), 세조 12년(1466) 발영시(拔英試), 세조 12년(1466) 등준시(登俊試)에서도 우수한 성적을 거두었다.37 그는 이조참의(吏曹參議), 형조참판(刑曹參判), 공조판서(工曹判書), 의정부(議政府) 우참찬(右參贊)·좌참찬(左參贊) 등을 거쳐 숭정대부(崇政大夫. 종1품) 판중추부사(判中樞府事)를 역임하였다.38 1품에 오르기까지 그는 관리로서 화려한 삶을 누렸으며 서하군(西河君)에 봉해지기도 하였다.39

임원준은 환자 치료에서도 명의로 손꼽히고 있었으며,40 문관으로 재직하는 동안에도 국왕을 진료하는 데 참여하거나 의료진흥방안을 건의하였다. 그는 전의감(典醫監) 제조(提調)와 내의원(內醫院) 제조를 지냈는데41 제조로서 실제로 의학교육을 담당하기도 하였고,42 『창진집(瘡疹集)』을 저술하기도 하였다. 그가 의료분야에서 활약하게 된 배경으로는 의서습독관 시절에 『의방유취』의 참고 의서들을 공부한 것을 빼놓을 수 없을 것이다. 이 무렵의 사족들은 의서습독관이 되는 것을 그리 어색하게

---

36 『端宗實錄』卷3, 단종 즉위년(1452) 9월 16일(을사).
37 『國朝文科榜目』(서울대학교 규장각한국학연구원, 奎 106), 세조 2년(1456) 丙子 式年試; 세조 3년(1457) 丁丑 重試; 세조 12년(1466) 丙戌 拔英試; 세조 12년(1466) 丙戌 登俊試.
38 『世祖實錄』卷26, 세조 7년(1461) 12월 19일(을유); 卷33, 세조 10년(1464) 6월 25일(정미); 卷40, 세조 12년(1466) 10월 19일(정사);『睿宗實錄』卷7 예종 1년(1469) 8월 7일(무오); 8월 22일(계유);『成宗實錄』卷260, 성종 22년(1491) 12월 27일(기사).
39 『成宗實錄』卷222, 성종 19년(1488) 11월 15일(갑술).
40 『世祖實錄』卷2, 세조 1년(1455) 8월 16일(기미).
41 『成宗實錄』卷150, 성종 14년(1483) 1월 21일(갑인); 卷223, 성종 19년(1488) 12월 21일(경술).
42 『中宗實錄』卷32, 중종 13년(1518) 3월 10일(기유).

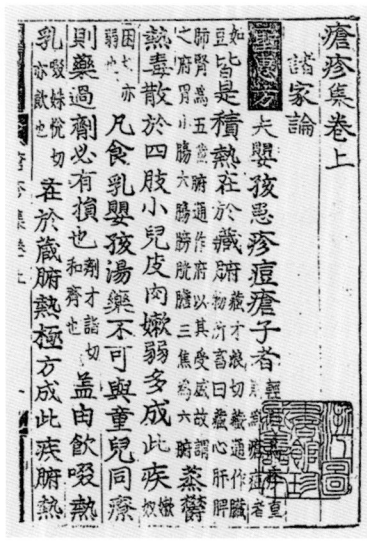
임원준이 저술한 『창진집』

여기지 않았음을 알 수 있다.

세종대의 의서습독관은 두세 명에 불과하였고 정원조차 확정되지 않은 상태였다. 의서습독관은 각자의 공부에 따라 시험을 통과하였으므로 학습 기간도 불규칙하였다. 하지만 초창기 의서습독관제도는 꽤 성공적이라는 평가를 받았다. 즉 세조 5년(1459)에 이극감(李克堪)은 의서를 습독하는 사람들이 모두 문리(文理)를 통달하여 방서(方書)를 익숙하게 안다고 지적하였다.[43]

꽤 성공적이라고 호평받은 의서습독관의 전범은 앞에서 언급했듯이 중국의 유의(儒醫)였다. 그리고 세종 16년(1434) 문관(文官)을 의료관서에 겸직(兼職)시키는 과정에서 병을 진찰하고 약방문을 쓰는 문관들[文人]도 유의(儒醫)라고 불렀다.[44] 이러한 인식들을 감안하면 의서습독관은 국가에서 의도적으로 유의를 양성하는 제도였다.

이상에서 살핀 바와 같이 세종대 의서습독관제도는 양인지배층에게 집중적으로 의학을 교육시킨 후 의직에 전임(專任)시키는 제도였다. 의료인을 증가시키고 의술을 진흥하기 위해서였다. 체아직을 수여하여 녹봉을 지급하면서 적극 장려하였으므로 고위관료의 자제들도 의서습독관으로 분속되었고, 의서습독관 출신들은 의료관서에서 계속 근무하면서 환

---

43 『世祖實錄』卷17, 세조 5년(1459) 9월 4일(계미).
44 『世宗實錄』卷65, 세종 16년(1434) 7월 25일(경자).

자 진로나 『의방유취』 편찬에 참여하였다.[45]

3. 의서습독관제도의 강화와 갈등

1) 단종과 세조의 의서습독관 장려책

단종대에는 의서습독관을 강화하는 두 번의 조치가 연달았다. 우선 단종 2년(1454)에는 의서습독관의 정원을 9명에서 15명으로 늘리되, 젊고 총명한 전의감(典醫監) 생도(生徒)와 자원자 가운데 선발하였다. 의서습독관은 개월 시험을 치러야 했다. 여기에 덧붙여 예조(禮曹)와 전의감 제조가 1월에는 오서(五書)를, 4월·7월·10월에는 사서(四書)를 각각 시험하였다. 성적이 좋으면 서반(西班) 군직을 수여하는데, 의술에 아주 정통하면 동반(東班) 관직을 제수하도록 규정하였다.[46]

이듬해인 단종 3년(1455)의 의서습독관 강화책은 조금 더 진전된 내용을 담고 있다. 의서습독관 정원인 15명 외에도 자원자를 추가로 받고, 의학지식이 있는 문과(文科) 응시자에게는 가산점을 부여하고, 의서에 정통한 임원준과 집현전 학자 4명에게는 의서습독관을 가르치게 하고, 전의감에서 매달 시험하여 임용하고, 삼의사에 결원이 생기면 행수법(行守法)을 적극 활용하여 의서습독관을 의직(醫職)에 임명하고, 뛰어난 의서습독관은 동반에도 특별히 임명하는 것이 골자였다.[47] 몇 달 뒤에 임원준이 의서훈도(醫書訓導) 직임을 띠고 있는 것으로 미루어 이 정책은 시행에 들

---

45 기존 연구에서는 의서습독관이 의관 교육과 의서 편찬을 담당하고, 국왕·왕실 및 대신의 진료를 담당하며, 의료관서의 제조로서 의료정책 결정에 참여하는 것으로 설명하였다(鄭多函,「朝鮮初期 習讀官 制度의 運營과 그 實態」,『震檀學報』96, 2003, 59쪽).
46 『端宗實錄』卷12, 단종 2년(1454) 8월 22일(신축).
47 『端宗實錄』卷13, 단종 3년(1455) 1월 25일(신미).

어간 것을 알 수 있다.⁴⁸ 삼의사에 궐원이 생기는 대로 의서습독관을 적극 임명하는 것은 이들을 임상에 곧바로 투입한다는 의미였다.

단종 2년과 3년의 조치에서는 모두 의서습독관 정원을 확대하면서 이들을 혹독하게 학습시키는 대신 관직으로 보상하였다. 이효지와 임원준의 사례에서 보았듯이, 세종대까지는 의서습독관이 문과(文科)에 합격하지 않는 한 동반으로의 진출은 쉽지 않았다. 이에 반해 단종대에 들어서는 의서습독관의 동반 진출을 허용했다는 점에서 의미가 있다.

그런데 단종대의 기록들을 유심히 살펴보면, 예조의 정문(呈文)에 의거하여 의정부에서 "의술(醫術)은 인명(人命)에 관계되는 바이니, 반드시 의서에 박통(博通)해야 합니다."라고 하였고, 전의감 제조가 "유자(儒者)는 해박(該博)한 것을 귀하게 여기는데, 하물며 의서는 더욱 알지 않을 수 없습니다."라고 하였다. 유의(儒醫)를 양성하려는 단종대의 이 조치들은 수양대군(세조) 측의 의도가 작용했을 가능성이 농후하다. 단종 1년(1453) 10월에 계유정난(癸酉靖難)이 일어난 직후부터 수양대군은 의정부 영의정을 계속 역임하였고, 앞서 나온 임원준은 수양대군의 최측근이었기 때문이다.⁴⁹

확실히 세조는 의서습독관을 비롯한 의료진흥에 관심이 많았다. 그는 재위 2년(1456)에 의서습독청(醫書習讀廳)에서 의서습독관들이 읽을 의서가 부족하자 급히 의서를 공급하였다.⁵⁰ 어느 시점인지는 명확하지 않으나, 의서습독청이라는 별도의 건물을 두어 의서를 보관하면서 의서습독관들이 집중해서 학습한 것을 추측할 수 있다. 세조는 재위 3년(1457), 8년(1462), 9년(1463)에 의서습독관들의 강(講)을 직접 받기도 하였다.⁵¹

---

48 『世祖實錄』卷2, 세조 1년(1455) 8월 19일(임술).
49 『成宗實錄』卷91, 성종 9년(1478) 4월 30일(신유).
50 『世祖實錄』卷5, 세조 2년(1456) 8월 26일(계해).
51 『世祖實錄』卷10, 세조 3년(1457) 11월 17일(정축); 卷29, 세조 8년(1462) 12월 2일(임

의서습독관을 의료진흥의 관건으로 인식한 세조는 재위 8년(1462)에 더욱 강력한 정책을 내놓았다.[52] 이 조치는 굉장히 상세한데, 가장 핵심은 의서습독관 정원을 30명으로 늘리고, 25살 이하의 삼관(三館) 관리와 초시(初試) 합격자 중에서 의서습독관을 강제로 차출하는 것이었다.

삼관(三館)은 성균관(成均館)·교서관(校書館)·승문원(承文院)인데, 여기에는 권지(權知)라는 일종의 임시직이 배속되어 있었다. 문과(文科)에 합격한 후 실직(實職)을 받지 못한 산관(散官)들에게 수여된 자리였다.[53] 권지로 수년 동안 적체되어야 하는 이들을 의서습독관으로 차출하는 결정은, 문과에 합격한 정예 관리들을 의학 발전에 동원하는 방안인 동시에 실직(實職)을 둘러싼 문관 내부의 압력을 줄이는 방안이기도 하였다. 조선정부로서는 나름대로 묘안을 짜낸 셈이었다. 또한 초시(初試), 즉 생원시(生員試)·진사시(進士試)의 합격자들 역시 의서습독관으로 적합한 인재였다. 뒤에서 다루는 권찬이 대표적이다.

세조의 이 조치는 단종 2년(1454)에 전의감 생도와 자원자를 의서습독관으로 받아들인 조치와 대비된다. 세조대에는 의서습독관의 자격이 초시 합격자 이상으로 엄격히 규정되었기 때문이다. 대신 10일 단위로 치는 시험 성적이 좋으면 곧바로 동반(東班)·서반(西班)에 서용해주었다. 반대로 시험 성적이 나쁘면 고신(告身)을 박탈당하였다.

또한 이 조치를 통해 의서습독관들은 "매달 말에 질병 치료와 약재(藥材) 오용(誤用)의 많고 적음을 확인하는데, 이조 당상관·전의감 제조·승지가 함께 마감(磨勘)하여 보고함으로써 승진이나 출척(黜陟)을 시키도

술);卷30, 세조 9년(1463) 2월 1일(경신).
52 『世祖實錄』卷27, 세조 8년(1462) 2월 14일(기묘).
53 鄭求先,「朝鮮前期 官吏任用制度에 대한 一考察 −權知의 別薦과 南行의 官界進出을 중심으로−」,『東國史學』 25, 1991; 원창애,「조선시대 문과 급제자의 관직 진출 양상」,『朝鮮時代史學報』43, 2007.

록" 결정하였다. 의서습독관이 환자를 치료하면서 약재를 사용하는 등의 임상 경험을 적극 쌓아야 한다는 뜻이다. 이와 관련하여 이듬해인 세조 9년(1463)에는 의서습독관 30명이 3개 조로 나누어 3일씩 교대로 내의원에서 근무하였다. 의서습독관들은 의서를 토대로 질병을 진찰하는 등의 업무를 내의원 의원과 똑같이 수행하였다.[54]

세조 8년(1462)의 이 조치는 『경국대전』에 거의 그대로 계승되었다. 다만 『경국대전』에는 의서습독관의 시험 규정이 상세히 수록되어 있지 않은데, 아마도 세조 8년 기록의 규정들과 유사했을 것이다. 이것을 정리하면 〈표 1〉과 같다.

〈표 1〉 세조 8년 의서습독관의 시험 규정[55]

시험 종류	과목	통과 기준	운영방식
배강(背講)	『인재직지방(仁齋直指方)』[直指] 『찬도맥결(纂圖脈訣)』[纂圖]	약(略) 이상	10일마다 약방승지(藥房承旨)·내의원(內醫院) 당상(堂上)이 궐내(闕內)에서 시험함. 도목(都目)에 상관없이 가자(加資)하여 동반(東班)·서반(西班)에 서용(敍用)함. 불통(不通)이 가장 많은 습독관은 고신(告身)을 거두고, 습독(習讀)하여 여러 방서(方書)에 통효(通曉)한 후에 서용함.
임문강(臨文講)	『창진집(瘡疹集)』 『산서(産書)』 『장자화방(張子和方)』[張子華方]	약(略)	
추첨강(抽籤講)	나머지 여러 방서(方書) 중 1종	약(略)	

〈표 1〉에서 배강·임문강·추첨강은 의서 이해를 시험하는 세 가지 방법이다. 배강(背講)은 배송(背誦)이라고도 하는데, 시험관을 등지고 앉아서 의서 본문을 암송하고 해석하는 시험이다. 임문강(臨文講)은 시험관 앞에서 문자 그대로 의서를 펴놓고 보면서 구두(句讀)를 끊어 읽고 해석

---

54 『世祖實錄』 卷30, 세조 9년(1463) 5월 22일(경술). 반면에 손홍열은 의서습독관이 진찰·치료·조제 등의 의료행위를 모두 맡은 것이 아니라, 의원의 조수로서 실습을 한 것이라고 이해한다(孫弘烈, 『韓國中世의 醫療制度研究』, 修書院, 1988, 207쪽).
55 『世祖實錄』 卷27, 세조 8년(1462) 2월 14일(기묘).

하는 시험이다. 임문(臨文) 또는 임강(臨講)이라고도 부른다. 중요한 의서에는 배강을 실시하고, 중요도가 상대적으로 떨어지는 의서에는 임문강을 실시하였다. 추첨강(抽籤講)은 일종의 제비[籤] 뽑기이다. 의서의 특정 부분을 표시한 대나무 찌인 강생(講栍)들을 준비한 후에, 강생들 중 하나를 뽑아서 해당하는 본문을 시험하였다. 강서의 점수인 강획(講畫)은 흔히 통(通)·약(略)·조(粗)·불통(不通) 등으로 매겼다.[56]

〈표 1〉의 의서 가운데 『직지(直指)』는 『인재직지방(仁齋直指方)』을 가리키고, 『찬도(纂圖)』는 세조대에 의원(醫員)의 취재(取才) 과목이기도 하였던 『찬도객결(纂圖脉訣)』을 의미한다.[57] 『창진집(瘡疹集)』은 임원준이 쓴 의서로 두창(痘瘡, 천연두)과 마진(痲疹, 홍역)을 다룬 책이고, 『산서(產書)』는 어느 책인지는 분명하지 않지만 산부인과 의서임은 의심의 여지가 없다. 『장자화방(張子華方)』은 『장자화방(張子和方)』의 오기(誤記)로서 아마도 『유문사친(儒門事親)』을 지칭한 듯하다.[58] 참고로 세조 10년(1464)의 의원 취재 의서와 비교하면[59] 의서습독관과 의원의 시험 과목들이 대략 일치하는 것을 알 수 있다.

이상에서 살핀 바와 같이 단종과 세조대에는 의서습독관제도가 더욱 강화되었다. 의서습독관 정원은 15명으로 늘었다가 30명까지 확대되었으며, 초시 합격자 이상의 젊고 재능 있는 사족들이 입속하였다. 동반(東班)으로 진출할 수 있는 유인책이 제시되었지만, 치료에 종사하는 동시에

---

56 원창애 외, 『조선시대 과거제도 사전』, 한국학중앙연구원출판부, 2014, '講栍'; '講書'; '講畫'; '背誦' 항목 참고.

57 세조 10년의 기록에는 『纂圖脉經』으로 되어 있다(『世祖實錄』 卷33, 세조 10년(1464) 5월 15일(정묘)).

58 張子和는 중국 금나라의 張從正이다. 장종정의 字가 子和이다. 금나라와 원나라의 뛰어난 의학자 4명을 지칭하는 金元四大家 중 한 명인 그는 『儒門事親』을 썼다. 김성수도 『장자화방』을 『유문사친』으로 추정하였다(김성수, 「조선시대 儒醫의 형성과 변화」, 『韓國醫史學會誌』 28(2), 2015, 109쪽).

59 『世祖實錄』 卷32, 세조 10년(1464) 1월 2일(을묘).

10일마다 시험을 봐야 할 정도로 학습강도가 높아졌다. 의서습독관이 되는 일은 결코 쉽지 않았다.

세조대의 의서습독관으로는 김의강(金義綱)·박맹달(朴孟達)·권찬(權攢)·권인(權引) 등이 있다. 먼저 김의강(金義綱)은 김의강(金義剛)이라고도 표기한다.[60] 세조 5년(1459)에 그가 의서습독관으로서 국왕 앞에서 강(講)하였다는 기록이 있으므로,[61] 그 이전에 일정 기간 동안 의서습독관으로서 학습하고 있었을 것이다.

5년 뒤인 세조 10년(1464)에 김의강은 문과(文科)인 온양별시(溫陽別試)에 합격하였는데, 그의 전력(前歷)은 군직(軍職)에 해당하는 '사직(司直)'으로 되어 있다. 합격 내용이 실린『국조문과방목(國朝文科榜目)』에는 그의 할아버지 이름이 수록되지 않았으며, 그의 아버지는 김길호(金吉瑚)로 되어 있다.[62] 김길호에 대해서는 추가 기록이 전혀 발견되지 않는다. 그의 집안은 문지(門地)가 그리 높지 않았던 것 같다.

온양별시는 정확히 세조 10년(1464) 3월 7일에 실시되었다.[63] 그해 7월 27일에 세조가 문관들이 공부해야 할 7개 분야인 칠학(七學)을 설치할 때 김의강은 의학문(醫學門)에 배치된 6명에 포함되었다.[64] 조선정부에서는 의서습독관의 경력을 감안하여 온양별시 합격자인 김의강에게 의학을 계속 공부하도록 배정하였을 것이다.

2년이 흐른 세조 12년(1466)에 김의강은 다시 기록에 등장한다. 청산

---

60 『國朝文科榜目』(서울대학교 규장각한국학연구원, 奎 106), 세조 10년(1464) 甲申 溫陽別試.
61 『世祖實錄』卷18, 세조 5년(1459) 11월 22일(경자).
62 『國朝文科榜目』(서울대학교 규장각한국학연구원, 奎 106), 세조 10년(1464) 甲申 溫陽別試.
63 『世祖實錄』卷32, 세조 10년(1464) 3월 7일(경신).『國朝文科榜目』에 따르면 이류이 장원이며, 양진손을 포함하여 총 13명이 합격한 것이 확인된다.
64 『世祖實錄』卷33, 세조 10년(1464) 7월 27일(무인).

현감(靑山縣監) 김의강과 연안부사(延安府使) 권인(權引)은 의학강이관(醫學講肄官)의 본업(本業)에 전념해야 하므로 지방관에서 불러들인 것이다.[65] 따라서 그는 서울로 올라와서 의료 관련 업무를 맡았을 것이다. 하지만 그는 다시 일반 문관의 길을 걸은 것 같다. 앞서 나온 『국조문과방목』에 따르면 그는 나중에 훈련원(訓鍊院) 판관(判官)을 지낸 것으로 되어 있기 때문이다.

또한 이 기사에는 연안부사 권인(權引)도 의학강이관(醫學講肄官)이어서 본업(本業)에 전념시키고자 교체한 것으로 되어 있다. 그런데 권인은 관력을 조사해보면 의료와는 전혀 관련이 없는 행적을 보인다. 그는 문종대에는 『홍무정운(洪武正韻)』 번역본의 교정에 참여하였으며 세조대에 들어서는 호조정랑(戶曹正郎), 명나라 사신을 접대하는 영접도감(迎接都監) 부사(副使)를 맡았다가[66] 갑자기 세조 12년(1466)에 의학강이관인 연안부사로 등장한 것이다. 이후에 그는 도총부진무(都摠府鎭撫), 의금부진무(義禁府鎭撫), 행부호군(行副護軍), 행사맹(行司猛), 황주목사(黃州牧使)로 기록되어 있을 뿐이다.[67]

박맹달(朴孟達)에 대해서는 거의 기록이 남아 있지 않다. 세조 7년(1461) 기사에 따르면 그는 의서습독관 신분으로 뇌물을 받고 문서를 위조한 일에 가담한 혐의로 처벌을 받았다.[68] 그로부터 20여 년이 지난 성종 14년(1483)에 그는 생원시(生員試)에 합격하였다.[69] 합격 당시에 그의

---

65 『世祖實錄』 卷38, 세조 12년(1466) 4월 7일(정미).
66 『東文選』 卷95, 序 洪武正韻序; 『世祖實錄』 卷14, 세조 4년(1458) 12월 25일(기묘); 卷19, 세조 6년(1460) 3월 3일(경진).
67 『世祖實錄』 卷46, 세조 14년(1468) 6월 28일(병진); 卷47, 세조 14년(1468) 7월 2일(기미); 7월 4일(신유); 『成宗實錄』 卷59, 성종 6년(1475) 9월 16일(임술); 卷123, 성종 11년(1480) 11월 10일(병술).
68 『世祖實錄』 卷25, 세조 7년(1461) 8월 23일(경인).
69 『成化十九年癸卯式二月日生員進士榜目』(Harvard-Yenching Library 소장[K 2291.7 1746(1483)], 한국역대인물종합정보시스템, http://people.aks.ac.kr, 2019년 6월 10일

신분은 유학(幼學)이라고 되어 있어서 그동안 관직을 떠나 있던 것을 알 수 있다. 박맹달의 아버지는 계공랑(啓功郎, 문반 종7품) 박욱(朴郁)으로 사재감(司宰監) 직장(直長)이므로, 평범한 문관 집안이었다고 판단된다. 요컨대 권인과 박맹달은 잠깐 의서습독관이었던 셈이다.

그런데 이 시기 습독관(習讀官)제도로는 의서습독관만 있는 것이 아니었다. 세종 4년(1422)에 무경습독관(武經習讀官)이 시행된 것을 필두로 천문학습독관(天文學習讀官), 한학습독관(漢學習讀官), 이문습독관(吏文習讀官) 등이 차례로 모습을 드러냈다. 즉 습독관제도는 각 분야의 전문가를 배출하려는 조선정부의 구상이었다. 조선에서는 천문(天文)·지리(地理)·의약(醫藥)·복서(卜筮)에 모두 밝은 유자(儒者)를 통유(通儒)라고 불렀다.[70] 유자가 이 모든 분야를 주도하자는 입장을 통유론(通儒論)이라고 정리할 수 있는데, 의서습독관제도는 통유론의 일환이었던 것이다.

15세기 조선은 양인(良人)과 천인(賤人)으로 구성된 양천제(良賤制) 사회로서,[71] 아직은 관직을 둘러싸고 광범위한 계층 이동이 가능하였다.[72] 국가 운영의 주도권을 쥔 이들 광의(廣義)의 양인(良人)을 '양인지배층(良

접속).
70 『世祖實錄』 卷33, 세조 10년(1464) 4월 26일(무신).
71 韓永愚, 『朝鮮前期 社會經濟硏究』, 乙酉文化社, 1983; 韓永愚, 『朝鮮時代 身分史硏究』, 집문당, 1997; 劉承源, 『朝鮮初期 身分制 硏究』, 乙酉文化社, 1987; 원재린, 「조선전기 良賤制의 확립과 綱常名分論」(오영교 편, 『조선 건국과 경국대전체제의 형성』, 혜안, 2004) 참고. 조선초기의 이른바 '신분구조' 논쟁은 이 외에도 다음 글이 참고된다 (李成茂, 『朝鮮初期 兩班硏究』, 一潮閣, 1980; 李成茂, 『朝鮮 兩班社會 硏究』, 一潮閣, 1995; 宋俊浩, 『朝鮮社會史硏究』, 일조각, 1987; 김성우, 「良賤制說의 대두와 조선 초기 사회구조에 대한 새로운 이해」, 『韓國史硏究』 146, 2009; 정두희, 「조선왕조 건국사에 대한 과거의 연구」, 『왕조의 얼굴』, 서강대학교 출판부, 2010; 최이돈, 「조선전기 특권신분과 신분구조」, 『조선전기 신분구조』, 景仁文化社, 2017).
72 조선초기의 개방성, 특히 과거를 통한 광범위한 계층 이동에 대해서는 다음 글이 참고된다(한영우, 『과거, 출세의 사다리』, 지식산업사, 2013). 이 연구에 따르면, 조선전기에 신분이 낮은 급제자의 비율은 태조~정종대의 40.40%에서 태종대 50%로 정점에 오르고, 점차 30%대로 수치가 낮아지다가 연산군대 이후로는 20% 전후를 유지하고 선조대에 16.72%로 끝난다.

人支配層)'이라고 부를 수 있는데, 여기에는 조선의 건국세력을 비롯한 핵심지배층도 포함된다. 이들 양인지배층을 유의(儒醫)로 양성하려는 의서습독관제도는 광의의 양인이 의료를 담당하는 사회를 지향하는 정책이었다. 조선 건국세력과 역대 국왕들은 양인(良人)의 나라를 추구한 것이다.

2) 성종대 법전으로의 수렴과 사족의 반발

세조의 의서습독관정책을 계승한 성종 역시 재위 3년(1472)에 이를 장려하는 규정을 마련하였다. 생원·진사로서 의서습독관이 된 경우에는 의서습독관으로 출사(出仕)한 날을 원점(圓點)으로 인정하여 관시(館試) 응시를 허용하고,[73] 재능이 있는 의서습독관이 체아직에서 물러나 소속이 없을 경우에는 우선 출근하면서 동반·서반이나 전의감·혜민서에 자리가 날 때마다 서용하고, 의서습독관으로서 성적이 떨어지면 현직에 있더라도 초벌(楚罰)을 시행하고, 의술에 밝은 노의(老醫)가 진료할 때는 의서습독관이 따라다니면서 약(藥) 쓰는 법을 익히도록 하였다.[74]

즉 의서습독관에게는 세조대와 마찬가지로 임상이 강조되고 있다. 달라진 점은 성적이 나쁜 의서습독관은 이제 회초리로 종아리를 맞아야 한다[楚罰]는 것이었다. 편달(鞭撻)이라는 말 그대로였다. 성종 3년의 조치는 대체로 성종 16년(1485)의 『경국대전(經國大典)』에 수록되었다.

---

[73] 관리가 되기 위해서는 生員試나 進士試에 합격한 후에 성균관에 입학하여 공부해야 했다. 이들이 가급적 성균관에서 생활하도록 장려하는 조치가 圓點이었다. 아침과 저녁 식사에 모두 참석하면 원점 1점을 얻고, 한 번만 참석하면 반점을 얻게 된다. 원래 원점이란 말은 출석을 표시하기 위해 찍은 둥근 점을 가리킨다. 원점은 300점이 되어야 館試 즉 성균관 儒生들을 대상으로 실시하는 문과의 첫단계 시험에 응시할 자격이 주어졌다(원창애 외, 『조선시대 과거제도 사전』, 한국학중앙연구원출판부, 2014, '館試'; '圓點' 항목 참고). 따라서 본문은 생원·진사 출신인 의서습독관들의 근무기간을 성균관에서 생활한 것으로 인정해준다는 의미이다. 원점 반영이 실행되었음은 다음 기사에서 확인된다(『成宗實錄』 卷53, 성종 6년(1475) 3월 1일(경술)).

[74] 『成宗實錄』 卷16, 성종 3년(1472) 3월 14일(경술).

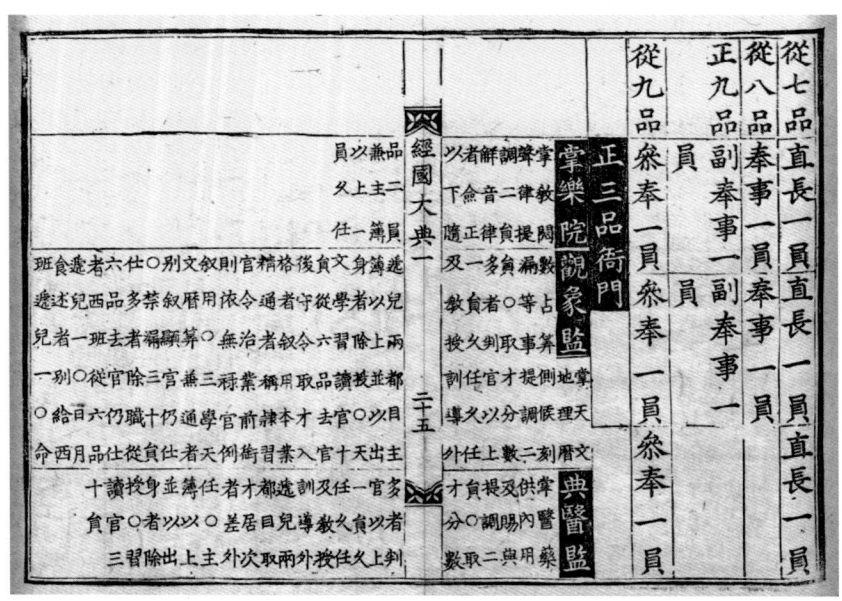

『경국대전』에서 법제화된 의서습독관 규정. 전의감 항목의 마지막 부분에 의서습독관 30명이 배정되어 있다. 이들은 실력이 뛰어나면 동반과 서반의 현관으로 진출할 수도 있었다.

『경국대전(經國大典)』에 따르면 의서습독관 정원은 30명이었다.[75] 성적이 뛰어난 경우에는 동반과 서반의 현관(顯官)으로 진출하되 의직(醫職)을 겸임함으로써 의료에 종사해야 했고, 생원·진사인 의서습독관은 근무일을 원점(圓點)으로 계산해서 관시에 응시하였다. 관시에 합격하지 못하더라도 실력이 있으면 전의감에서 계속 근무하면서 동반과 서반에 우선 임용될 수 있었다.[76]

『경국대전』에서는 의서습독관의 고과(考課) 및 승진도 자세하게 규정하였다. 양도목(兩都目)의 체아직으로 종7품 1명, 종8품 3명, 종9품 4명이 있고, 승진을 위한 근무일수가 900일인데 7품 이하는 450일로 정해져 있었

---

75 『經國大典』卷1, 吏典 京官職 正三品衙門 典醫監.
76 『經國大典』卷3, 禮典 獎勸.

다.⁷⁷ 다시 말하면 의서습독관이 받는 체아직은 종7품(1명)·종8품(3명)·종9품(4명) 등 8과(窠)로서 1월과 7월에 두 차례 인사[兩都目]가 단행되므로, 1년이면 2회(1월과 7월)가 시행되어 16과(8과×2회)의 체아직을 받도록 규정된 것이다.

의서습독관은 현재 관직이 없는 사람[去官]이든 현직 관리이든 누구나 될 수 있으며, 두 부류의 비율은 고정된 것이 아니었다. 물론 현직 관리는 자기의 원래 관서에서 품계와 녹봉을 받으므로 체아직의 대상이 아니다. 현재 관직이 없는 사람만이 체아직을 받을 수 있었다.

가령 의서습독관 30명의 정원 가운데 15명이 현직 관리라면, 그 나머지 15명이 체아직의 대상이 된다. 이 15명이 반년 임기의 체아직 16과를 나누어 가지므로, 모든 사람이 반년씩은 수록(受祿)하고도 1과가 남게 된다. 이 정도의 의서습독관 체아직 숫자는 상의원(尙衣院)의 궁인(弓人)이나 시인(矢人) 같은 잡직에 비하면 아주 넉넉한 편이다.⁷⁸ 의서습독관에 대한 조선정부의 전폭적인 지원을 보여준다.

『경국대전』의 반포 이후에도 성종은 의서습득관제도를 계속 유지하려고 애썼다. 성종 20년(1489)에는 의서습독관을 위한 체아직으로 기존의 부사정(副司正, 종7품) 1명, 부사맹(副司猛, 종8품) 3명, 부사용(副司勇, 종9품) 4명 외에 참직체아(參職遞兒)인 사과(司果, 종6품) 1명을 추가하였고, 의서습독관 30명의 구사(丘史)가 15명으로 줄어든 것을 원래대로 30명으로 늘렸으며, 의서습독관 30명에게 지급하던 음식이 20명분으로 줄어들었던 것도 원래대로 회복시켰다.⁷⁹

『경국대전』이 시행된 후에 변경된 법령을 정리한 것이『대전속록(大典

---

77 『經國大典』卷4, 兵典 番次都目 習讀官.
78 雜職의 軍職遞兒 운영은 다음 글이 참고된다(申幼兒, 『朝鮮前期 遞兒職 硏究』, 서울대학교 박사학위논문, 2013, 180~181쪽).
79 『成宗實錄』卷226, 성종 20년(1489) 3월 7일(을축).

續錄)』이다.『대전속록』은 성종 22년(1491)까지의 법령을 수집한 것으로 성종 23년(1492) 7월에 완성하여 이듬해 5월 7일에 시행하였다. 여기에도 의서습독관 규정이 약간 변경된 채로 등장한다.

> 장려법. …… 내의원의 (현임-인용자) 습독관과 예전 습독관의 경우에는 제조가 매달 3번 고강(考講)한 후 성적[分數]을 살펴서 체아직을 올리거나 내려서 제수한다. 맡은 일에 정통한 경우에는 계품(啓稟)하여 현직(顯職)을 제수한다.[80]

> 내의원 습독관은 10명으로 (체아직은-인용자) 부사직(副司直) 1명, 부사과(副司果) 1명, 부사정(副司正) 1명, 부사맹(副司猛) 1명, 부사용(副司勇) 1명이다. 전의감 습독관은 20명으로 (체아직은-인용자) 사과(司果) 1명, 부사맹(副司猛) 2명, 부사용(副司勇) 3명이다.[81]

『대전속록』에서는 현임 외에 전임 의서습독관도 시험대상으로 삼아서 개방성을 넓혔으며, 전의감에만 배속되어 있던 의서습독관 30명을 내의원 의서습독관 10명과 전의감 의서습독관 20명으로 변경하였다.

그런데 결과적으로 보면 의서습독관제도는『대전속록』이 공포된 성종대가 그 절정이자 쇠락의 시작이었다. 성종대의 상황을 가장 잘 보여주는 사례가 권찬(權攢, 1430~1487년)이다. 권찬은 세조 8년(1462)에 사마시(司馬試, 생원시)를 통과하고 의서습독관으로 보임되었다. 이때 그는 의방(醫方)을 널리 연구하여 학업이 매우 정밀해졌다. 세조 12년(1466)에 권찬은 내의원(內醫院) 주부(主簿)로 제수되면서 의술로 이름을 떨쳤다. 그는 의

---

80 『大典續錄』卷3, 禮典 獎勸. "獎勸. …… 內醫院習讀官, 曾時讀, 提調每朔三度考講, 分數通考, 遞兒職陞降除授. 所業精通者, 啓授顯職."
81 『大典續錄』卷4, 兵典 遞兒. "內醫院習讀官十員, 副司直一, 副司果一, 副司正一, 副司猛一, 副司勇一. 典醫監習讀官二十員, 司果一, 副司猛二, 副司勇三."

직 외에도 공조좌랑(工曹佐郞), 종친부(宗親府) 전부(典簿), 사섬시(司贍寺) 첨정(僉正)에 올랐으며 남이(南怡)의 난을 평정한 데 기여한 공로로 추충정난익대공신(推忠定難翊戴功臣)으로 책봉되었다.[82]

드디어 권찬은 성종 14년(1483)에 공조판서(工曹判書)로 승진하였다. 그런데 공조판서로 제수되는 과정에서 그는 엄청난 반대를 겪어야 했다.[83] 사마시에만 통과하였고 문과(文科)에는 합격하지 못한 탓이었다. 권찬은 무반 소속인 도총관을 지낸 것으로 표기되는데, 이것은 그가 의관으로 간주되어 문반 소속이 아니었기 때문이다. 성종은 "권찬은 비록 문신(文臣)이 아니더라도 사체를 아는 자"라고 반대 여론을 다독이면서 공조판서 임명을 밀어붙였다.

반면 대간(臺諫)으로 대표되는 일반 신하들은 권찬에게 재덕이 없다고 주장하였는데, 그 속내는 과거에 합격한 문신(文臣)이어야 공조판서를 맡을 수 있다는 입장이었다. 이들은 권찬이 의술(醫術)을 업(業)으로 삼은 자이므로 육경(六卿)에 합당하지 않다고 탄핵하였다. 대간들과의 오랜 대립 끝에 결국 공조판서로 임명하는 데 성공하였지만, 성종은 권찬이 "의술로 발적(發跡)한 사람이 아니다."라고 해명해야 했다. 권찬은 의술로 출세한 것이 아니라 일반 관리로서 관력을 쌓아왔다는 의미였다.

권찬의 사례는 의료관서[醫司]를 잡직(雜職)이라 여기는 성종대의 분위기 때문에 벌어진 듯이었다.[84] 성종대에는 의서습독관을 중시하려는 경향과 함께, 다른 한편으로는 신분제 강화 경향도 두드러졌다. 광의(廣義)의 양인(良人)이 15세기 후반에 접어들면서 서서히 양반과 중인으로 분

---

82 『世祖實錄』卷40, 세조 12년(1466) 12월 16일(계축); 『成宗實錄』卷140, 성종 13년(1482) 4월 15일(계축); 卷204, 성종 18년(1487) 6월 11일(기묘).
83 『成宗實錄』卷155, 성종 14년(1483) 6월 28일(기축); 6월 29일(경인); 卷156, 성종 14년(1483) 7월 1일(신묘); 7월 3일(계사); 7월 4일(갑오); 卷174, 성종 16년(1485) 1월 19일(임인); 卷181, 성종 16년(1485) 7월 5일(계축); 7월 6일(갑인).
84 『成宗實錄』卷82, 성종 8년(1477) 7월 17일(임오).

화되어가고 있었으므로, 양인지배층에서 변모한 사족지배층은 자신들을 다른 계층과 강하게 구분짓기 시작한 것이었다.

권찬이 공조판서로 승진할 무렵이었다. 대사헌 채수(蔡壽)는 "대저 벼슬에는 높고 낮은 것이 있고, 직임(職任)에는 가볍고 무거운 것이 있다. 무의(巫醫)와 약사(藥師)와 설인(舌人)은 사대부(士大夫)의 반열(班列)에 끼지 못한다."라고 말하였다.[85] 얼마 뒤인 성종 15년(1484) 기사를 보면 도승지 권건을 비롯한 일반 관료들은 지배층인 자신들을 사림(士林)이라고 부르면서 의관들을 차별하고 있다.

> 의원(醫員)은 처음부터 잡과(雜科)를 거쳐서 진출(進出)한 자이므로, 조종(祖宗) 때부터 사림(士林)의 반열(班列)에 끼지 못한 지 오래되었습니다.[86]

자신들을 '사대부(士大夫)' 또는 '사림(士林)'이라고 특권화하는 이 표현들은 15세기 말 사족들의 직분(職分)에 대한 관념을 잘 드러내고 있다. 채수나 권건은 개인별로 직분과 신분상의 위치가 구분된다고 생각하였다. 이러한 인식은 성리학자로서는 아주 자연스러운 사고방식이기도 하였다. 뒤에서 살펴볼 것처럼 '이일이분수(理一而分殊)' 즉 누구나 그 바탕[理]은 똑같지만 실제로 맡는 사회적 역할[分]은 다르다는 논리였다. 15세기에는 이러한 직분론(職分論)이 다른 한편에서 자리잡고 있었다. 앞에서 의서습독관제도를 계속 장려하면서 처벌규정까지 강화하는 과정을 살폈는데, 이것은 의서습독관으로 임명된 사족들의 반발도 그만큼 컸음을 반증한다.

---

85 『成宗實錄』卷140, 성종 13년(1482) 4월 13일(신해). "昨日又見傳旨, 欲勸勵譯者·醫者, 其能精其術者, 特命擢用於東·西班, 臣等聞之, 益所驚駭. 夫官有高下, 任有輕重. 巫醫·藥師·舌人, 不齒士大夫之列, 而國家勸勵此輩, 不爲不至."

86 『成宗實錄』卷173, 성종 15년(1484) 12월 21일(갑술). "醫員初由雜科, 而進者也, 自祖宗朝, 不得與士林之列, 久矣."

4. 의서습독관들의 활동과 그 귀추

1) 의서습독관들의 면모

현재까지 의서습독관으로 확인되는 사람은 25명이다.[87] 이효지(李孝之)·이효신(李孝信)·전순의(全循義)·김지(金智)·임원준(任元濬)·김의강(金義綱)·박맹달(朴孟達)·권찬(權攢)·권인(權引)·유영정(劉永貞)·백계증(白繼曾)·원주(元注)·곽인화(郭仁和)·반사동(潘士洞)·김균(金筠)·유희임(柳希任)·문목(文穆)·백승수(白承秀)·김계운(金繼雲)·배천석(裵天錫)·임제신(任悌臣)·장징지(張徵之)·금윤선(琴胤先)·이정회(李庭檜)·정습(鄭霫)이다. 이들에 관한 기록과 활동을 정리하면 '〈부록 1〉 조선시대 의서습독관 명단'과 같다.

〈부록 1〉에서는 생몰연대가 명확하지 않은 의서습독관이더라도 활동 시기를 가늠하였다. 즉 나이 추정이 가능한 가족 및 친인척을 기준으로 삼아 1세대를 30년으로 계산하였다.[88] 그리고 의서습독관이 대략 20~25살이라는 점을 감안하여 20살에 의서습독관이 되는 것으로 기준을 잡았다. 따라서 추후 기록이 발견되는 대로 〈부록 1〉은 보완되어야 하지만, 대체적인 추이를 이해하는 데는 별 무리가 없을 것이다. 〈부록 1〉의 1~9번(이효지~권인)은 이미 앞에서 다루었으며, 10번 유영정은 뒤에서 다루기로 한다.[89]

〈부록 1〉의 11번 백계증(白繼曾)과 17번 백승수(白承秀)는 부자(父子) 사이인데, 나란히 의서습독관을 역임하였다. 백승수가 딸의 출생(1528년)

---

[87] 정다함은 의서습독관 9명을 상세히 정리하였는데, 아주 유용하다(鄭多函, 「朝鮮初期 習讀官 制度의 運營과 그 實態」, 『震檀學報』 96, 2003, 52쪽).

[88] 예를 들어 文穆은 연산군 1년(1495)에 태어났고 그 아들인 文應麟은 중종 20년(1525)에 태어났으므로, 이 부자 간에는 정확하게 30년 차이가 난다.

[89] 본문의 의서습독관들에 대한 서술의 근거는 〈부록 1〉에서 제시하는 기록들이다.

보다 1세대(30년) 빠른 연산군 4년(1498)에 태어났다고 추정하면 백승수는 20살인 중종 13년(1518)경에 의서습독관이 되었을 것이다. 백승수의 아버지인 백계증은 다시 1세대가 빠르므로 세조 14년(1468)에 태어나서 20살인 성종 19년(1488)경에 의서습독관이 되었을 것이다. 즉 이들은 15세기 말과 16세기 초에 의직을 세전(世傳)한 사례에 해당한다.[90]

백계증의 아버지인 백상결(白尙潔)은 통례원(通禮院) 봉례(奉禮, 정4품)를 역임하였지만 그 윗대의 세계는 기록되지 않았다. 그리고 백승수의 사돈인 홍우전(洪禹甸)은 충무위(忠武衛) 부사용(副司勇, 종9품)의 무관 말직이었고, 홍우전의 아버지인 홍계종(洪繼宗)은 사포서(司圃署) 별제(別提, 종6품)를 지냈다. 홍우전의 아들이 홍수(洪脩)인데, 홍수의 아들인 홍이상(洪履祥)조차 홍수에 대해서는 "숨은 덕과 지극한 행실이 있었으나 세상에서 알아주는 이가 없었다."라고 서술하였다.[91] 즉 백승수의 집안처럼 홍우전의 집안도 현달(顯達)했다고는 볼 수 없다.

생몰연대가 분명한 원주(元柱, 1463~1499년)는 성종 12년(1481)에 문음으로 장사랑(將仕郞, 문반 종9품)을 제수받고, 성종 21년(1490)에는 의서습독관으로 보임되었다. 그는 승의랑(承議郞, 문반 정6품)까지 차례로 승진했다가 연산군 5년(1499)에 37살로 병사한 것으로 되어 있다. 원주의 할아버지는 지돈녕부사(知敦寧府事) 양간공(良簡公) 원창명(元昌命)이고, 아버지는 용양위(龍驤衛) 부호군(副護軍) 원학(元學)이다. 종4품직인 부호군에는 실직(實職)을 받지 않은 문관과 무관, 음관이 임명되므로 원학은 그다지 두각을 나타낸 사람이 아니다. 즉 원주는 할아버지인 원창명의 문음으로 관직에 진출한 것으로 판단되는데, 그는 현직 관리의 신분으로 의서습독관을 지낸 사례이다. 의서습독관들이 사족 출신이라는 점은

---

90 조선초기의 의관 세전 사례는 다음 글이 참고된다(박훈평·오준호, 「15-16세기 조선 의학 관료의 신분 변천: 양성이씨 세전 사례를 중심으로」, 『의사학』 27(3), 2018).

91 『白沙先生集』 卷3, 墓碣, 贈資憲大夫吏曹判書洪公墓碣銘.

다시 확인이 된다.

곽인화(郭仁和)는 연산군 3년(1497)경에 의서습득관이었다. 자세한 정보는 알려져 있지 않은데, 곽인화의 딸이 김희삼(金希參)과 혼인하였다. 곽인화의 생몰연대도 미상이지만, 사위 김희삼이 태어난 중종 2년(1507)보다 1세대(30년)가 앞선다고 하면, 곽인화는 성종 8년(1477)에 태어나 20살인 연산군 3년(1497)경에 의서습독관이 되었을 것이다. 곽인화는 의서습독관을 지낸 후 승의랑(承議郎, 문반 정6품)까지 승진한 것으로 보인다.

반사동(潘士洞)의 아버지는 부사맹(副司猛, 무반 종8품) 반경(潘涇)이고, 할아버지는 통사랑(通仕郎, 문반 정8품) 반맹강(潘孟江)이다. 반사동은 승문원(承文院) 판교(判校, 정3품) 손번(孫蕃)의 딸과 결혼하였다. 반사동의 생몰연대는 미상이지만, 그의 아들이 중종 3년(1508)에 태어났다. 반사동이 아들보다 1세대 먼저인 성종 9년(1478)에 태어났다고 추정하면 20살 때인 연산군 4년(1498)경에 의서습독관을 지냈을 것이다. 흔히 기록에는 역임한 최고 관직을 표시하는데 반사동은 그냥 의서습독관이라고 되어 있다. 그는 별다른 활동을 한 것 같지는 않으며, 그의 아버지와 할아버지도 평범한 관리였다.

김균(金筠)은 습독관(習讀官) 또는 의학습독관(醫學習讀官)으로 표기되어 있다. 황려든(黃驪縣) 부정(副正) 이종(李悰)이 의서습독관인 김균과 사돈을 맺었다. 즉 이종의 아들인 어모장근(御侮將軍) 부사정(副司正, 종7품) 이귀윤(李貴胤)이 김균의 사위이다. 의서습독관의 딸이 무반과 결혼한 셈이다. 김균의 아버지 김용석(金用石)은 단종 1년(1453)생으로 성종대에 진사에 합격한 사람이었다.[92] 따라서 김균이 1세대(30년) 뒤인 성종 14년(1483)에 태어났다고 추정하면 그는 20살인 연산군 9년(1503)경에 의서습독관이었을 것이다.

---

92 『訥隱先生文集』卷11, 碑銘 碑識附, 故進士潭巖先生金公遺墟碑銘[幷序].

유희임(柳希任)은 의서습독관인 동시에 조봉대부(朝奉大夫)까지 지냈다. 그의 아버지는 종사랑(從仕郞, 문반 정9품) 유정후(柳正厚)이고, 할아버지는 승훈랑(承訓郞, 문반 정6품) 행음성현감(行陰城縣監) 유철산(柳鐵山)이므로 세족(世族)은 아니다. 조봉대부(朝奉大夫)는 종4품이므로, 유희임이 의관으로서 계속 활동했다면 전의감 첨정(僉正, 종4품)에 도달한 것일 수도 있다. 한편 유희임의 아들인 유종인(柳宗仁)이 중종 11년(1516)생이므로, 유희임이 1세대(30년) 전인 성종 17년(1486)에 태어난 것으로 추정하면 그는 20살인 중종 1년(1506)경에 의서습독관이었을 것이다.

문목(文穆, 1495~1571년)은 젊어서 의서습독관이 되었다가 늙어서는 벼슬을 하지 않았다고 되어 있다. 그의 아버지는 종부시(宗簿寺) 주부(主簿, 종6품) 문광보(文光寶)이고, 할아버지는 직장(直長, 종7품) 문혜(文譓)이다. 평범한 문관 집안 출신인 문목은 의서습독관을 역임한 후 관직 생활을 오래 하지는 않은 것 같다. 문목이 15~16세기에 의학자를 많이 배출한 양성(陽城) 이씨(李氏) 집안과 혼인했다는 점이 흥미롭다. 문목이 20살에 의서습독관이 되었다고 가정하면 중종 10년(1515)경에 해당한다.

김계운(金繼雲)의 아버지는 내시교관(內侍敎官, 종9품) 김광국(金光國)이고, 할아버지는 처사(處士) 김세남(金世南)이다. 의서습독관인 김계운(金繼雲)을 중심으로 형은 순릉참봉(順陵參奉, 종9품)이고, 동생은 청림도찰방(靑林道察訪, 종6품)으로 기록되어 있다. 할아버지 김세남의 출생(1462년)을 기준으로 하면 김계운은 2세대(60년) 뒤인 중종 17년(1522)에 태어나서 20살인 중종 37년(1542)경에 의서습독관이 되었다고 추정된다. 반사동·김균·문목과 마찬가지로 김계운도 의서습독관으로만 표기된 것으로 보아, 의서습독관이 최고 관직이었다.

배천석(裵天錫, 1511~1573년)은 행적이 비교적 자세하게 남아 있다. 그는 성균관 진사 배이순(裵以純)의 손자이자 성균관 생원 배헌(裵巚)의 큰 아들이다. 그는 32살이던 중종 38년(1543)에 의서습독관이 되었다. 비교적 늦은 나이였지만, 외종숙인 권벌(權橃)의 추천 덕분에 가능한 일이었다. 그후 배천석은 선교랑(宣敎郞, 문반 종6품)으로 오르고 병절충좌위(秉節忠佐衛) 부사과(副司果, 무반 종6품)로 바뀌었는데 명종 1년(1546)에 벼슬을 그만두었다. 의서습독관이 된 시기를 포함해도 4년에 불과한 관직 생활이었다. 그는 구구한 말직으로는 끝내 어버이를 드러낼 길이 없는데다 멀리 있는 어머니와 할머니를 봉양하기 위해 벼슬을 그만두었다고 한다. 이 무렵에는 의서습독관이 되더라도, 실제 관직에서는 승진의 한계를 느끼고 있음을 잘 보여주는 사례이다.

임제신(任悌臣)은 공조판서(工曹判書, 정2품) 임유겸(任由謙)의 손자이다. 임유겸의 다섯 아들 중 세 아들이 과거에 합격했는데,[93] 과거에 합격하지 못하고 문음으로 관직에 나간 아들이 임간(任幹)이다. 임간은 종5품인 사복시(司僕寺) 판관(判官)까지 지냈으며, 임간의 셋째 아들인 임제신은 의서습독관이 되었다. 임간이 연산군 2년(1496)생이므로 임제신이 1세대(30년) 늦은 중종 21년(1526)에 태어났다고 추정하면 20살인 명종 1년(1546)경에 의서습독관이 되었을 것이다.

장징지(張徵之)는 의서습독관이라는 것 외에는 거의 알려져 있지 않다. 그는 성균진사(成均進士) 이잠(李潛)과 사돈을 맺고 이덕윤(李德胤, 1553~1630년)을 사위로 맞이하였다. 장징지의 딸은 명종 13년(1558)에 태어났으므로, 장징지가 자신의 딸보다 1세대(30년) 빠른 중종 23년(1528)에 태어난 것으로 추정하면 20살인 명종 3년(1548)경에 의서습독관이었을 것이다.

금윤선(琴胤先, 1544~1626년)은 선조 1년(1568)의 의서습독관이다. 아버지 금극인(琴克仁)은 요절하였는데, 금윤선은 25살이던 선조 1년에 처

---

93 『中宗實錄』 卷58, 중종 22년(1527) 4월 24일(경오).

음으로 관직에 나아가 의서습독관이 되었다. 그는 의서습독관이 낮다고 생각하지 않고 열심히 일하였으므로 당대의 명공(名公) 대부분이 그의 재국을 기이하게 여기면서 미관(微官)이라고 얕보지 않았다. 이조판서 홍담(洪曇)이 우승(郵丞, 종6품)을 주려고 하자 곧바로 사직하였다. 임진전쟁 시기에 그는 의병장으로 활동하면서 호군(護軍)과 훈련원(訓鍊院) 정(正)에 제수되었으나 금방 사직하였다. 금윤선의 사례는 의서습독관이 선조대 무렵에 미관말직으로 통념되고 있음을 보여준다.

이정회(李庭檜, 1542~1612년)는 선조 2년(1569)에 의서습독관이었다. 그는 어머니의 권유로 28살이던 선조 2년(1569) 6월에 의서습독관으로 제수되어 적순부위(迪順副尉, 무반 정7품)로 승진했다고 한다. 이어서 승훈랑(承訓郎, 문반 정6품)과 통덕랑(通德郎, 문반 정5품)에 올랐다가 선조 11년(1578)에 모친상을 당했다. 그는 유의(儒醫)로 활동하면서 지방에서 의술을 베풀기도 하였다.[94]

정습(鄭霫, 1556~?)이 아마도 가장 늦은 시기의 의서습독관이었던 것 같다. 이홍유(李弘有)는 선조 38년(1605)에 의서습독관인 정습의 딸과 혼인하였다고 한다. 그런데『만력십육년무자이월이십사일사마방목(萬曆十六年戊子二月二十四日司馬榜目)』에도 정습의 기록이 남아 있다. 명종 11년(1556)에 태어난 정습은 선조 21년(1588) 무자(戊子) 식년시(式年試)에 합격하였고, 그의 아버지는 유학(幼學) 정계생(鄭季生)이었다.[95] 정습이 사마시(진사시)에 합격한 것은 32살 때였는데, 그가 그 이전에 의서습독관을 지냈는지, 진사가 된 후에 의서습독관이 되었는지는 애매하다.

---

94 이정회의 의료 활동은 다음 글이 참고된다(金聖洙,「16세기 鄕村醫療 實態와 士族의 대응」,『한국사연구』113, 2001).

95 『萬曆十六年戊子二月二十四日司馬榜目』(Harvard-Yenching Library 소장[K 2291.7 1746(1588)], 한국역대인물종합정보시스템, http://people.aks.ac.kr, 2019년 6월 10일 접속).

앞서 살폈듯이 진사 신분으로 의서습독관을 지내는 것은 물론 가능하다. 하지만 이 무렵에는 의서습독관이 진사시 합격자들에게 그다지 매력 있는 자리가 아니었다. 반면 위의 방목(榜目)에서 정습의 전력은 '유학(幼學)'이므로 과거 응시 무렵에 그가 관직에 있지 않았던 것도 분명하다. 우선은 앞서 분류하던 대로 정습이 20살이 되던 선조 9년(1576)경에 의서습독관을 지낸 것으로 정리하겠다.

2) 의서습독관들의 선택과 제도의 쇠퇴

이상에서 살핀 바와 같이 〈부록 1〉의 의서습독관들 가운데 16세기에 들어서는 명성을 날리는 사례를 발견하기가 힘들다. 출신 가문의 위상도 권문(權門)이라기보다는 평범한 사족층이었다. 조선후기로 갈수록 문집이나 묘지명 같은 개인 자료가 급증한다. 그럼에도 불구하고 현존하는 자료를 조사한 결과는 〈부록 1〉의 25명에 불과하다. 의서습독관 기록이 희소해지는 것 자체가 의서습독관제도의 침체를 고스란히 반영한다.

이미 세종대에도 의서습독관들의 불평이 있었다. 의서습독관을 거쳐서 전의감 의관이 된다고 한들 밤낮없이 질병을 치료하느라 고생이 막심했기 때문이다. 이들은 제대로 승진도 못하면서 체아직만 교대로 받는 실정이었다.[96]

성종대에 들어서는 의서습독관을 기피하는 움직임이 노골화되었다. 성종대 의서습독관들의 불만은 자신들이 사족임에도 불구하고 경외(京外)의 현관(顯官) 임용은 차단된 채 의료관서에서만 근무해야 한다는 점이었다.[97] 『경국대전』과 『대전속록』의 허용 규정에도 불구하고 의서습독관들에게 동반 진출은 실제로 막혀 있었다.

---

96 『世宗實錄』 卷104, 세종 26년(1444) 6월 21일(기해).
97 『成宗實錄』 卷16, 성종 3년(1472) 3월 14일(경술).

의서습독관제도는 연산군대부터 약화의 징후가 뚜렷했다. 연산군 8년(1502)에는 이미 근수노(跟隨奴)의 선상(選上)을 개혁하기 위해 의서습독관제도의 폐지가 건의될 정도였다.[98] 연산군대에서 중종대까지의 기록을 보면 단지 녹봉을 노리고 의서습독관이 되거나, 뇌물을 주고 의서습독관이 되는 경우가 있으며, 의서습독관이 기생을 끼고 놀다가 적발되기에 이르렀다.[99] 16세기 전반에는 의서습독관들의 모임[契會]도 있었던 것으로 보이지만,[100] 의서습독관 출신들이 당시에 독자적인 세력이나 학파를 이루었는지는 알 수 없다.

의서습독관의 쇠퇴를 상징하는 사례로는 유영정(劉永貞)을 꼽을 수 있다. 의서습독관 출신의 의관인 유영정은 과거를 응시한 데서 보이듯이 사족이 분명하였다. 하지만 비루한 천류[賤隷庸流]라는 평가를 받기도 한 것으로 미루어[101] 그는 한미한 양인이었던 것 같다. 연산군 9년(1503)에 유영정이 동반(東班)에 임명되자 한바탕 논란이 벌어졌다.[102]

유영정을 일반 의관으로 간주한 신하들은 의관을 동반에 임명할 수는

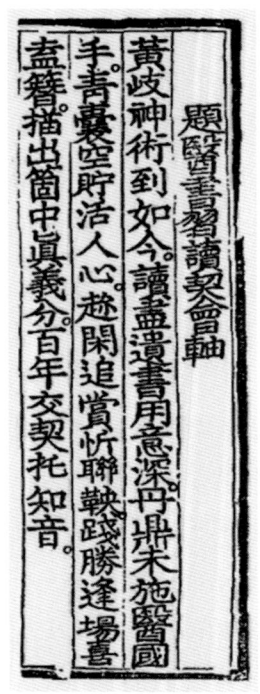

의서습독관 모임에서 쓴 글들의 서문[題醫書習讀契會軸]. 16세기 전반에 의서습독관들의 모임이 존재했음을 시사한다.

---

98 『燕山君日記』卷42, 연산군 8년(1502) 1월 19일(임진).
99 『燕山君日記』卷44, 연산군 8년(1502) 5월 1일(임신);『中宗實錄』卷18, 중종 8년(1513) 8월 16일(신해); 卷43, 중종 16년(1521) 10월 23일(신축).
100 『艮齋先生文集』卷8, 詩, 題醫書習讀契會軸. 저자인 崔演의 생몰연대(1503~1549년)로 미루어 이 글은 16세기 전반의 상황을 묘사한 것이다.
101 『中宗實錄』卷28, 중종 12년(1517) 7월 26일(경자).
102 『燕山君日記』卷50, 연산군 9년(1503) 7월 10일(갑술); 7월 12일(병자).

없다고 반대하였다. 의서습독관은 동반의 현직(顯職)에 진출할 수 있다는 『경국대전』 규정이 사문(死文)에 불과해졌던 것이다. 유영정이 사족 출신이라는 점도 쓸모가 없었다. 오직 중요한 것은 그가 문과(文科) 합격자인가 아닌가, 그리고 그가 현재 의관인가 아닌가였다. 권찬의 사례 이후로는 특지(特旨)가 있어야만 승진이 가능했는데, 신하들은 이것을 빌미로 끝까지 반대하였다. 결국 연산군은 유영정의 동반 임명을 포기했다.

4년 뒤인 중종 2년(1507)에도 유영정은 지방의 현감(縣監)이었는데, "의과로 벼슬길에 나가게 하는 것은 준례가 없다."라는 이조와 병조의 반대로 교체되었다.[103] 이어서 중종 12년(1517) 7월에는 유영정이 대비(大妃)를 치료한 공로로 당상관(堂上官)에 임명되었는데, 아주 길고도 큰 소란이 일었다. 이듬해 초까지 대간들은 당상관 임명을 취소하도록 연이어서 간언하고 중종은 이 간언을 묵살하는 상황이 반복되었다.[104] 결국 이듬해 2월에는 유영정에게 미태(米太) 20석을 하사하는데,[105] 당상관 임명을 철회하는 대신 지급한 은상으로 짐작된다. 유영정은 당대의 명의였으며, 중종 20년(1525)에 그는 『간이벽온방(簡易辟瘟方)』을 김순몽(金順蒙)·박세거(朴世擧)와 함께 편찬하기도 하였다.

유영정의 사례에서 보이듯이 의서습독관의 동반 진출은 실제적인 제도화에 실패하였다. 의서습독관 조문은 『대전속록』 시행 후에 중종 37년(1542)까지 약 50년간의 법령을 정리한 『대전후속록(大典後續錄)』, 숙종 32년(1706) 8월에 완성한 『전록통고(典錄通考)』, 정조 10년(1786)부터 시행한 『대전통편(大典通編)』에도 남아 있다.[106] 하지만 의서습독관들의 활

---

103 『中宗實錄』 卷2, 중종 2년(1507) 윤1월 24일(무진).
104 『中宗實錄』 卷28, 중종 12년(1517) 7월 13일(정해); 7월 25일(기해); 7월 26일(경자); 卷30, 중종 12년(1517) 10월 24일(병인); 11월 4일(병자); 11월 6일(무인); 11월 9일(신사); 卷31, 중종 13년(1515) 1월 2일(임인).
105 『中宗實錄』 卷32, 중종 13년(1518) 2월 2일(신미).
106 『大典後續錄』 卷4, 兵典 遞兒; 『典錄通考』 卷1, 吏典上 正三品衙門 典醫監; 『大典通編』

동은 이미 유명무실해진 상태였다.

의서습독관제도를 둘러싸고는 앞서 언급한 통유론(通儒論)과 직분론(職分論)이 대립하고 있었다. 조선 건국세력과 국왕들은 유의(儒醫)를 인위적으로 양성하여 의료제도를 맡기고자 하였다. 반면, 일반 관리들 혹은 관리후보집단인 양인지배층에서는 자신들이 의료를 담당하는 것은 직분에 어긋난다고 여기고 있었다. 통유론이 '양인(良人)의 나라'를 추구한 반면 직분론은 '오륜(五倫)이 엄연한 나라'를 지향하였다.

다음 글에서 본격적으로 다루는 것처럼 통유론과 직분론의 대립은 15세기 말이 되어서야 타협을 이루게 되는데, 그 과정에서 의서습독관제도 역시 영향을 받을 수밖에 없었다. 이른바 중인층이 의관직을 전담하기 시작하는 16세기에는 사족 출신의 의서습독관이 활동할 여지도 줄어들었다. 결국 법령의 존속에도 불구하고 16세기 말에 의서습독관은 사실상 자취를 감추었다.

5. 맺음말

본문에서는 조선초기 의서습독관제도의 운영과 전개 과정을 살펴보았다. 의서습독관은 양인지배층을 유의(儒醫)로 양성하여 의직을 전임(專任)시키는 제도였다. 이 제도는 세종 3년(1421)에 이효지(李孝之) 등에게 의서를 읽게 하는 데서 시작하였다. 전업 의관들과는 다른 방식으로 의료인을 양성하고 의술을 진흥하기 위해서였다.

의서습독관제도가 조선초기에 실시될 수 있었던 배경으로는 전업 의관들의 실력에 대한 불신이 자리잡고 있었다. 이 때문에 초창기에 의서습

卷1, 吏典 京官職 正三品衙門 典醫監; 卷3, 禮典 獎勸 醫書習讀官.

독관은 전의감 생도나 자원자들로 채웠지만, 세조대 이후로는 현직 문관(文官)이나 초시(初試) 합격자를 차출하기도 하였다.

또 다른 한편으로 의서습독관제도는 무경습독관·천문학습독관·한학습독관·이문습독관 등과 함께 시행되었다. 각 분야의 전문가를 배출하려는 조선초기 정책의 일환이었던 것이다. 조선에서는 천문(天文)·지리(地理)·의약(醫藥)·복서(卜筮)에 고루 밝은 유자(儒者)를 통유(通儒)라고 불렀는데, 의료분야에서의 통유가 바로 유의(儒醫)였고 의서습독관이었다.

의서습독관은 15세기 내내 강화되어 성종대의 『경국대전』과 『대전속록』에 법령으로 수렴되었다. 세조나 성종대에 도달한 내용을 기준으로 하자면, 의서습독관의 정원은 30명이었으며 현직 관원이 아닌 경우에는 서반(西班)의 군직(軍職)을 체아직(遞兒職)으로 제수하여 녹봉을 지급하였다. 이들에게는 구사(丘史)가 딸렸으며, 음식도 제공되었다.

학습내용을 살펴보면 의서습독관은 『인재직지방(仁齋直指方)』·『찬도맥결(纂圖脈訣)』·『창진집(瘡疹集)』·『산서(産書)』·『장자화방(張子和方)』 등을 암송할 정도로 익혀야 했다. 의서 습득 외에도 이들은 임상에 숙련되어야 했으며 10일 단위로 시험을 치러야 했다. 뛰어난 의서습독관은 동반·서반의 현직으로 진출할 수도 있었지만, 실력이 형편없는 경우에는 형편없는 대우를 받아야 했다. 고신(告身)이 박탈되거나 심지어 체벌까지 실시되었다.

현재까지 파악된 의서습독관은 25명이다. 이들은 사족 출신이었으므로 과거를 응시하는 데 지장이 없었고, 이효지나 김원준처럼 실제로 문과에 합격하기도 하였다. 물론 이효신이나 권찬처럼 의관으로 남는 경우도 있었다. 의서습독관의 업무는 의서 습득을 비롯하여 의직 담당, 의서 편찬, 환자 진료 등 의료제도 전반의 운용이었다. 원래의 정책 목표를 달성했다고 평가할 수 있다.

15세기 말에는 의서습독관을 경시하는 경향이 강해졌다. 광의의 양인층이 점차 양반과 중인으로 분화되면서, 의서습독관이 위치한 의료부문은 지배층에게 적합한 직분이 아니라는 사고방식이 강화되어서였다. 의서습독관제도를 입안하고 실행한 조선의 건국세력과 역대 국왕들의 입장이 통유론(通儒論)이라면, 사회적 역할의 측면에서 의료부문을 전업 의관들의 영역이라고 간주하는 일반 신하들과 사족들의 입장은 직분론(職分論)이라고 정리할 수 있다.

결국 『경국대전』과 『대전속록』이 만들어진 성종대에 이미 의서습독관제도는 정점을 지나고 있었다. 공조판서로 제수되는 과정에서 엄청난 반대에 부딪힌 권찬의 사례가 의서습독관의 운명을 예고하였다. 그 결과 연산군대 이후에는 의서습독관제도가 급속히 쇠퇴하였고 16세기 말에는 거의 소멸하였다.

15세기 의료정책의 전개:
통유론과 직분론의 대립과 절충

1. 머리말

　질병 치료를 담당하는 의료인은 의료의 핵심적인 요소이다. 국가의 의료제도는 의료관서를 중심으로 구축되므로, 이를 운영하는 의관(醫官)은 의료인 중에서 양성, 선발, 배치되기 마련이었다. 만약 국가를 건설한 경우라면 의료관서와 의관은 기존의 의료제도에 대한 반성을 토대로 새로 마련될 수밖에 없었다.

　조선초기 국왕들과 건국세력은 고려말의 의료제도를 비판적으로 바라보았다. 고려의 정식 의료기구는 제대로 운영되지 못하여 전의감 중심으로 축소되고 있었고, 임시기구는 치폐를 반복하는 상황이었다. 의관들 자리는 피역(避役)을 꾀하는 지방의 향리(鄕吏)들이 차지하였으나 그들의 실력은 형편없고 의직에 전념하지도 않는 지경이었다.

　고려말 의료의 난맥상을 목도한 조선의 건국세력은 의료제도의 정비와 강력한 의학장려책을 추진하였다. 조선정부가 의료정책을 구상할 때 제기되는 근본적인 문제는 누가 의관(醫官)이 될 것인가였다. 즉 의료제도의 운영을 누구에게 맡길 것인가?

　조선에서 의관이 되는 길은 네 가지였다. 오롯이 실력의 결과인 특채를 비롯하여 의서습독관(醫書習讀官) 재직, 의과(醫科) 합격, 취재(取才) 통과였다. 특채로 의관이 되는 경우는 전시기에 걸쳐 나타났는데 선초의 양홍달이나 명종대의 임언국 같은 사람이 대표적이었다. 의서습독관제도는 성종대를 정점으로 16세기에 들어서 점차 소멸하므로, 의관이 되는 가장 일반적인 방법은 의과 합격과 취재 통과였다. 의과가 취재보다 중시되었음은 두말할 나위도 없다.

일반적으로 조선에서는 중인층으로 고정된 의관들이 의료를 담당하였다고 이해하고 있다. 하지만 선초의 의관들을 조사해보면, 세종 20년(1438) 문과에 합격하고도 의관의 길을 선택한 이효신(李孝信)의 사례가 있다. 앞글에서 살핀 것처럼 그는 전의감(典醫監) 정(正, 정3품)까지 도달하였다. 게다가 이효신은 도승지와 참찬의정부사 등을 역임한 고위관료 이문화의 아들이었다. 그뿐만 아니었다. 조선초기에는 의서습독관을 거쳐 의관으로 활동하려면 양인(良人)들만 가능하였다. 따라서 중인층이 주로 의관이 되는 것은 의료 관련 주체들 간의 대립을 통한 타협의 결과였다. 그 타협 과정에 100년이 소요되었다.

기존의 연구를 검토해보면 흔히 의직(醫職)의 가치에 대한 평가와 의료인의 대우에 대한 평가를 동일시한다. 이를테면 의직을 천시하는 것과 의료인을 천시하는 것을 혼용한다. 하지만 이 두 가지는 관련되어 있으나 분명히 다른 측면이다. 국가체제 내에서 살펴볼 때 의직의 위상은 핵심적인가[本] 사소한가[末]로 구분할 수 있고, 의료인의 지위는 존귀한가[貴] 비천한가[賤]로 구분할 수 있다. 15세기에는 이를 둘러싼 이해관계들이 서로 대립하면서 타협점을 찾아간다.

이 글에서는 15세기에 초점을 맞추어 의료진흥정책의 시행을 면밀하게 추적하려고 한다. 주요사건으로는 건국 직후의 의과 시행과 양가 자제 교육부터 태종대 현직 문신들의 활용, 세종대 의서습독관의 시행, 세조대 칠학(七學)의 운영, 성종대『경국대전』규정으로의 수렴과 그 추이 등을 다룬다. 이 사건들의 전개에서는 통유론(通儒論)과 직분론(職分論)이 첨예하게 대립하였으며, 이 양측의 타협으로 조선시대 의관층이 형성되었음을 논의할 것이다.

2. 건국초기의 의료관서 강화

1) 의과의 시행

의료관서 운영에 가장 필수적인 것은 의과(醫科) 시험 실시였다. 의과에 관한 최초의 규정은 건국하자마자 제정된 입관보리법(入官補吏法)이었다. 관리가 되는 7개의 경로 가운데 하나로 의과가 규정된 것이다.[1] 이듬해인 태조 2년(1393) 의학(醫學)에 능통한 사람을 시험하여 의직(醫職)에 충원하자는 건의에 이어서 실제로 태조 6년(1397)에는 의과를 실시하여 의관(醫官) 8명을 선발하였다.[2]

하지만 조선초기의 의과 합격자에 대해서는 자세히 알려져 있지 않다. 『의과방목(醫科榜目)』에서도 훨씬 후의 의과 합격자들을 싣고 있다. 의과 시행에 대해서는 성종대의 『경국대전』을 통해서야 대체적인 윤곽을 알 수 있다.

『경국대전』에 따르면 전의감은 정3품 정 1명, 종3품 부정 1명, 종4품 첨정 1명, 종5품 판관 1명, 종6품 주부 1명·의학교수 2명, 종7품 직장 2명, 종8품 봉사 2명, 정9품 부봉사 4명·의학훈도 1명, 종9품 참봉 5명 등 21명으로 구성되어 있다. 이 가운데 종6품 주부 이상, 즉 참상관(參上官)으로

---

1 『太祖實錄』卷1, 태조 1년(1392) 8월 2일(신해).
2 『太祖實錄』卷4, 태조 2년(1393) 7월 14일(정사); 卷11, 태조 6년(1397) 2월 22일(을사).

는 의과 합격자만이 승진할 수 있었다.³ 아울러 의학교수와 의학훈도는 의과 합격자 중에서 임용되므로⁴ 의관으로 근무하는 데 의과 합격은 아주 중요하였다.

의과에 응시하기 위해서 교육을 받는 '의학(醫學)'의 생도가 전의감에는 50명, 혜민서에는 30명이 있었다. 지방 의학 생도의 경우에 부(府)는 16명, 대도호부(大都護府)·목(牧)은 각 14명, 도호부(都護府)는 12명, 군(郡)은 10명, 현(縣)은 8명이 배정되었다.⁵ 전국의 생도 숫자가 꽤 많다. 반면 의과는 3년마다 시행하여 9명만 뽑는 것이 원칙이었다. 그뿐만 아니라 의과는 원래 천인(賤人)들이 응시할 수 없었다. 의과 통과 역시 등용문이라 할 만했다.

의과의 수석 합격자는 종8품에 서용되었는데, 합격자의 품계 규정으로 보아 현직에 있다가 의과에 합격하는 경우들이 있었다.⁶ 의과에 대한 『경국대전』의 규정은 다음과 같다.

> 의과(醫科) 초시(初試). 인원수. 18명〔전의감에서 명단을 관리하여 시취(試取)한다〕. 강서(講書). 『찬도맥』·『동인경』〔송(誦)으로 한다〕·『직지방』·『득효방』·『부인대전』·『창진집』·『태산집요』·『구급방』·『화제방』〔『화제지남』은 송(誦)으로 한다〕·『본초』·『경국대전』〔임문(臨文)으로 한다〕.
> 의과 복시(覆試). (인원수) 9명〔본조(예조-인용자)에서 전의감 제조와 함께 명단을 관리하여 시취한다〕. (강서) 초시와 같다.⁷

---

3 『經國大典』卷1, 吏典 京官職 正三品衙門 典醫監.
4 『經國大典』卷1, 吏典 京官職 正二品衙門 六曹.
5 『經國大典』卷3, 禮典 生徒.
6 『經國大典』卷1, 吏典 諸科. 『잡과방목』을 분석해보면, 잡과 합격자 중에는 현직자가 많았고, 현직자가 아니더라도 생도·전함·의생 등 잡과 기술학을 수습하고 있는 부류가 많았다(이남희, 「16·17세기 雜科入格者의 前歷과 官路 進出」, 『民族文化』 18, 1995, 278쪽).
7 『經國大典』卷3, 禮典 諸科. "醫科初試. 額數. 十八人〔典醫監錄名試取〕. 講書. 纂圖脉·銅

이 규정에서 보이듯이 초시 합격자 18명은 전의감에서 선발하고, 복시에서는 예조와 전의감에서 주관하여 9명을 최종 합격시켰다. 시험 과목은 초시와 복시가 동일했으며『찬도맥(纂圖脉)』을 비롯한 12과목이었다. 그리고 의과와 함께 의관 선발의 통로였던 의학(醫學) 취재(取才)와 침구의(針灸醫) 취재 규정도『경국대전』에 실려 있다.

취재 규정에 따르면 1월·4월·7월·10월에 예조와 전의감 제조가 시행하였다. 교과목은 의과와 비슷하지만 더 많다.[8] 약칭으로 기록된 의서들은 그

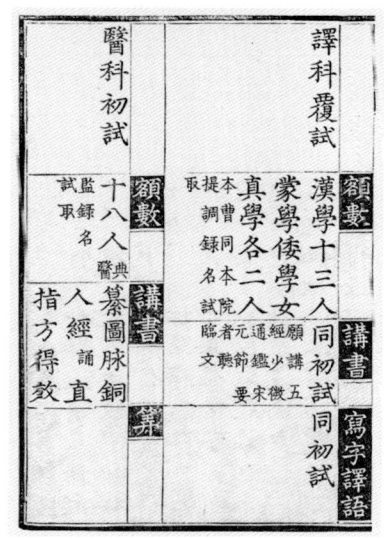

의과 시험을 규정한『경국대전』기록. 주요 의서는 암송해야 했다. 쉽지 않은 시험이었지만, 의과에 합격해야 거침없이 의관으로 성장할 수 있었다.

실체를 추정하기가 쉽지 않은데, 다행스럽게도『경국대전주해(經國大典註解)』에서 이 의서들의 저자를 설명하고 있다.[9] 의과와 취재의 시험 규정을 정리하면 〈표 1〉과 같다.

人經[誦]·直指方·得效方·婦人大全·瘡疹集·胎産集要·救急方·和劑方[指南則誦]·本草·經國大典[臨文]. 醫科覆試. (額數)九人[本曹同本監提調錄名試取]. (講書)同初試."

8 『經國大典』卷3, 禮典 取才."取才諸學四孟月, 本曹同提調取才. 舞提調處, 則同該曹堂上官取才. [醫學纂圖脉·銅人經〈已上誦, 年五十歲以上則背講. 凡醫學誦者同〉·瘡疹集·直指方·救急方·婦人大全·得効方·胎産要要·和劑方·本草·資生經·十四經發揮〈已上臨文〉, 針灸醫纂圖脉·和劑指南·銅人經〈已上誦〉·直指脉·針經指南·子午流注·玉龍歌·資生經·外科精要·十四經發揮·針經摘英集〈已上臨文〉]."

9 『經國大典註解』後集, 禮典 春官 宗伯, 取才條."取才條. 纂圖脉西晉王叔和撰. 銅人經宋王惟一撰. 瘡疹集·胎産集要本國任元濬撰. 直指方·直指脉宋楊士瀛撰. 救急方本國人撰. 婦人大全·外科精要宋陳自明撰. 得効方元危亦林撰. 和劑方, 宋大觀中, 詔通醫刊正藥局方書, 閱歲書成, 庫部郎中陳師文等校正. 本草宋唐愼微撰. 資生經宋王執中撰. 十四經發揮元滑壽撰. 和劑指南, 宋寧宗時, 許洪校正和劑局方, 又著和劑指南. 針經指南·子午流注, 金寶傑字漢卿著針經指南, 又著子午流注."

〈표 1〉『경국대전』의 의과 과목과 의학·침구의 취재 과목표[10]

번호	과목	저자	의과 시험방식	취재 시험방식		비고
				의학	침구의	
1	『찬도맥(纂圖脉)』	서진(西晋) 왕숙화(王叔和)	송(誦)	송(誦), 50세 이상은 배강(背講)	송(誦)	『찬도맥결』
2	『동인경(銅人經)』	송(宋) 왕유일(王惟一)	송(誦)	송(誦), 50세 이상은 배강(背講)	송(誦)	
3	『직지방(直指方)』	송(宋) 양사영(楊士瀛)	임문(臨文)	임문(臨文)		『인재직지방』
4	『득효방(得效方)』	원(元) 위역림(危亦林)	임문(臨文)	임문(臨文)		『세의득효방』
5	『부인대전(婦人大全)』	송(宋) 진자명(陳自明)	임문(臨文)	임문(臨文)		『부인대전양방』
6	『창진집(瘡疹集)』	조선(朝鮮) 임원준(任元濬)	임문(臨文)	임문(臨文)		조선의 의서
7	『태산집요(胎産集要)』	조선(朝鮮) 임원준(任元濬)	임문(臨文)	임문(臨文)		조선의 의서
8	『구급방(救急方)』	조선인(朝鮮人)	임문(臨文)	임문(臨文)		조선의 의서
9	『화제방(和劑方)』	송(宋) 진사문(陳師文)	임문(臨文)	임문(臨文)		『태평혜민화제국방』
10	『본초(本草)』	송(宋) 당신미(唐愼微)	임문(臨文)	임문(臨文)		『경사증류비급본초』
11	『경국대전(經國大典)』		임문(臨文)			조선의 법률서
12	『자생경(資生經)』	송(宋) 왕집중(王執中)		임문(臨文)	임문(臨文)	『침구자생경』
13	『십사경발휘(十四經發揮)』	원(元) 활수(滑壽)		임문(臨文)	임문(臨文)	
14	『화제지남(和劑指南)』	송(宋) 허홍(許洪)	송(誦)		송(誦)	
15	『직지맥(直指脉)』	송(宋) 양사영(楊士瀛)			임문(臨文)	
16	『침경지남(針經指南)』	금(金) 두걸(竇傑)			임문(臨文)	
17	『자오유주(子午流注)』	금(金) 두걸(竇傑)			임문(臨文)	
18	『옥룡가(玉龍歌)』				임문(臨文)	원(元) 왕국서(王國瑞)의 의서
19	『외과정요(外科精要)』	송(宋) 진자명(陳自明)			임문(臨文)	
20	『침경적영집(針經摘英集)』				임문(臨文)	저자 미상의 송원대(宋元代) 의서

이 표를 살펴보면 조선시대 의과 과목은 송나라 의서가 대부분이다. 송의학이 당시 조선의 주류의학이었음을 한눈에 알 수 있다. 금나라와 원나라의 의서가 일부 들어 있기는 하지만, 금원사대가(金元四大家)의 수용에도 불구하고 의과 시험에 금원 의학은 큰 영향을 미치지 못하고 있다. 그리고 조선의 의서 3종(『창진집』·『태산집요』·『구급방』)이 의관 시취에 사용될 정도로 중시되는 모습은 고려의 의과에서 자국 의서가 사용되지 않았던 것과는 대비되는 발전상이다. 시험과목에는 『경국대전』도 포함되었는데, 관리(의관)가 되기 위한 필수 과목이기 때문일 것이다. 이 시험과목들은 고려시대 의학과 조선시대 의학의 차이를 보여주고 있다.[11]

이상의 의과 시험 내용은 조선 건국으로부터 100년 정도 흐른 성종대의 상황이다. 이제 다시 건국 직후로 돌아가서 의과 외의 의학교육 진흥 시책들을 살펴볼 필요가 있다.

2) 연이은 의학교육 조치

조선 건국에 참여한 사람들 가운데는 의료에 관심을 가진 고위관료들이 많았다. 정도전, 권근, 조준, 김사형, 권중화, 김희선 등이 대표적이었다. 국왕을 보좌하여 조선의 의료진흥정책 방향을 결정한 사람들이었다. 이들은 제생원(濟生院)의 설치에 발벗고 나섰고, 의관 선발에 관여했으며, 『진맥도결(診脈圖訣)』·『향약제생집성방(鄕藥濟生集成方)』 등의 편찬과 간행에 참여하였다.

조선에서는 건국 후 6년이 지날 때까지도 '서울 안에 의원이 많지 않

---

10 『經國大典』 卷3, 禮典 諸科; 取才; 『經國大典註解』 後集, 禮典 春官 宗伯, 取才條.
11 고려시대 의업(의과)은 철저하게 唐의 제도를 고집하였다. 고려시대 의업인 醫業式과 呪噤業式에 대해서는 다음 글이 참고된다(이경록, 『고려시대 의료의 형성과 발전』, 혜안, 2010, 215~216쪽).

은' 형편이었다.¹² 건국 직후부터 의료인 양성에 적극 뛰어든 배경이었다. 태조 2년(1393) 1월에는 전라도 안렴사(按廉使) 김희선(金希善)이 중요한 건의를 하였다.

> 외방(外方)에는 의약(醫藥)을 잘 아는 사람이 없습니다. 원컨대 각 도에 의학교수(醫學敎授) 한 사람을 보내어 계수관(界首官)마다 하나의 의원(醫院)을 설치하고, 양반(兩班) 자제(子弟)들을 뽑아 모아 생도(生徒)로 삼으소서.¹³

지방 거점인 계수관마다 의원(醫院)을 설치하고, 양반 자제를 선발하여 의학교수관이 의약(醫藥)을 가르치자는 건의였다. 건의한 지방 의학교육이 고려와 흡사해 보이지만, 생도 신분은 다르다. 고려에서는 향리 출신인 약점사(藥店史)가 의료를 담당하였다. 태조 6년(1397)에 각도 의학교수관(醫學敎授官)의 능력을 보고하도록 한 데서¹⁴ 의학교육이 실행되고 있음을 확인할 수 있다. 또한 태조 7년(1398)의 『향약제생집성방』 서문(序文)에도 지방의 의학원(醫學院)이 언급되는 것으로 미루어,¹⁵ 조선초기 지방 의학교육의 원형은 김희선의 제안에 따라 마련되었다.

김희선의 건의로부터 몇 달이 지난 태조 2년(1393) 10월에는 병학(兵學)·율학(律學)·자학(字學)·역학(譯學)·의학(醫學)·산학(算學)의 육학(六學)이 설치되었다. 이때 설립된 의학(醫學)에서는 양가(良家) 자제(子弟)에게 의학교육을 시켰다.¹⁶ 문맥으로 보아 서울에 육학을 설치한 것이 틀림없다. 지방과 중앙에서 '양반(兩班) 자제(子弟)'나 '양가(良家) 자제'

---

12 『太祖實錄』 卷12, 태조 6년(1397) 12월 19일(정유).
13 『太祖實錄』 卷3, 태조 2년(1393) 1월 29일(을해). "外方無通曉醫藥者. 乞於各道遣醫學敎授一員, 每於界首官, 置一醫院, 選聚兩班子弟, 以爲生徒."
14 『太祖實錄』 卷12, 태조 6년(1397) 8월 23일(임인).
15 『陽村先生文集』 卷17, 序類 鄕藥濟生集成方序.
16 『太祖實錄』 卷4, 태조 2년(1393) 10월 27일(기해).

즉 관직을 지닌 지배층의 자제들이 의학을 공부하는 구조였다. 이들이 관리로 등용될 경우에는 당연히 의직(醫職)에 종사할 터였다.

태조 6년(1397) 봄에는 의흥삼군부(義興三軍府)에 사인소(舍人所)를 설치하고 대소 양반(兩班)의 친인척에게 경사(經史)와 병서(兵書) 등을 교육시켰다.[17] 이 사인소에 대해서는 권근이 자세하게 말하였다. 태조가 대소 신료(臣僚) 및 한량(閑良)의 아들·아우·조카·손자·사위들을 교육시켜 발탁에 대비하도록 지시하자, 수개월간 세족(世族)의 자제 수백 명을 찾은 후 사인소를 삼군부(三軍府)에 창설하고 경학(經學)·병학(兵學)·율학(律學)·산학(算學)·의술(醫術)·사예(射藝)의 육학(六學)을 구성하였다는 것이다.[18]

이 기사를 보면 사인소 육학의 하나인 제생지당(濟生之堂)[濟生]에서는 의술(醫術)을 가르쳤다. 교육 대상으로 성인[成童] 자제를 지목했으므로, 관리로 곧바로 등용할 것을 전제로 운영하고 있음을 알 수 있다. 특히 생도를 '세족의 자제[世族之胄]' 또는 '공경·대부로부터 사(士)의 자제[公卿大夫至於士之子弟]'라고 명기한 것으로 미루어 지배층에게 의직을 맡기려는 태조의 구상이 잘 드러난다.

그런데 이 사인소에 설치된 육학이 태조 2년(1393)의 육학과는 어떤 관계인지가 분명하지 않다. 태조 2년의 육학을 발전시키려는 국왕의 뜻을 받들어 태조 6년(1397)에 기구를 개편한 것일 수도 있다. 어찌되었거나 편제로 보아 두 육학 사이의 연관성은 아주 강하다. 태조 2년과 태조 6년의 육학에서는 병학(兵學)·율학(律學)·의학(醫學, 醫術)·산학(算學)이 일치하며, 교육 대상도 '양가 자제'와 '공경·대부로부터 사(士)의 자제'로 공통된다. 반면 자학(字學)·역학(譯學)은 태조 2년의 육학에만 있으며, 경학

---

17 『太祖實錄』 卷11, 태조 6년(1397) 1월 24일(정축).
18 『陽村先生文集』 卷12, 記類 義興三軍府舍人所廳壁記.

(經學)·사예(射藝)는 태조 6년의 육학에만 있다.

 육학 가운데 경학(經學)은 유학(儒學)을 교습하는 기관이 분명한데, 병학이나 의학 등의 다른 교육기관과 병립(竝立)하는 점이 주목된다. 유학교육을 다른 분야보다 우위에 놓지 않았다는 점은 육학 모두의 직임을 지배층이 맡아야 한다는 인식을 드러낸다.

 이처럼 건국 직후부터 중앙과 지방에 육학과 의학원을 설치한 이유는 의료 인력의 원활한 수급이 요구되어서였다. 그런데 고려말에 지방으로 쫓아낸 향리 자제 대신에 새로 지배층 자제들에게 의직을 맡기려는 움직임이 커졌던 데에는 여말선초 의관들의 수준이 높지 않다는 인식이 깔려 있었다.[19] 조선초에 명의로 손꼽혔던 양홍달(楊弘達)과 조청(曹聽) 같은 의관도 약방서(藥方書)에 밝지 못한 실정이었으며,[20] 의서를 제대로 읽지도 않는 의관들이 마음대로 진료하다가 인명을 손상시켰다.[21] 의관들의 지식은 유신(儒臣)들에 못미친다는 인식이 팽배했으므로 유의(儒醫), 즉 의학적 소양을 갖춘 유자(儒者)의 필요성이 대두하고 있었다.

 물론 육학의 편제에서 보이듯이 지배층에게 의학교육만이 요구된 것은 아니었다. 정도전은 「서적포(書籍鋪)를 설치하자는 시(詩)」의 머리말에서 선비[士]는 경(經)·사(史)·자서(子書)·제가(諸家)·시문(詩文)과 의방(醫方)·병(兵)·율(律)의 서적에 이르기까지 모두 읽어야 한다고 주장하였다.[22] 새로운 국가의 시작에 걸맞은 포부인 동시에, 유자가 모든 종류의

---

19 향리 출신의 의관 사례가 없지는 않다. 세종대의 裵尙文은 김해부 아전 출신으로 항상 內藥房(내의원)에 근무하면서 정3품에 이르렀다. 배상문 아버지의 나이가 88세라는 것으로 미루어 배상문은 태종대 후반경부터 세종대까지 활동한 것으로 판단된다(『世宗實錄』卷120, 세종 30년(1448) 4월 19일(갑술)).
20 『太宗實錄』卷29, 태종 15년(1415) 1월 16일(을묘).
21 『世宗實錄』卷108, 세종 27년(1445) 5월 22일(을미).
22 『三峯集』卷1, 七言古詩 置書籍鋪詩幷序. 정도전은 儒·吏의 일치를 주장하면서 儒者는 과학기술에 대한 지식을 가져야 한다고 여겼다(韓永愚, 『鄭道傳思想의 硏究』, 서울大學校出版部, 1989, 120~122쪽 참고).

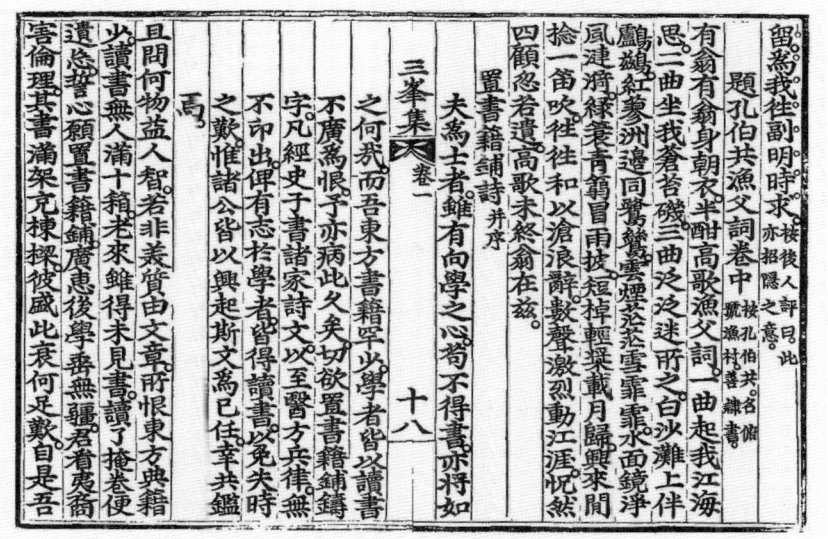

「서적포를 설치하자는 시(詩)」의 머리말[置書籍鋪詩幷序]. 정도전은 유자(儒者)가 과학기술에 대한 지식을 가져야 한다고 여겼다.

도서를 읽어 세상의 문물을 이끌자는 의욕이 넘친다. 이것을 정도전은 사문(斯文)을 흥기하는 일, 즉 유교국가를 세우는 것이라고 적었다.

3) 현직 문신들의 의직 활용

태조대의 의료정책이 양반 자제, 즉 관리후보집단에 대한 의학교육에 집중되었다면, 태종과 세종대에는 현직 문신을 의직(醫職)에서 두루 활용하는 방안이 도입되었다. 태종 6년(1406)에는 전직 관리와 현직 관리를 교육하는 십학(十學)이 설치되었는데, 십학에는 의학(醫學)도 포함되어 있었다.[23] 태종 12년(1412)에는 십학에 제조(提調)를 두었는데,[24] 이때 당

---

23 『太宗實錄』卷12, 태종 6년(1406) 11월 15일(신미); 卷22, 태종 11년(1411) 11월 1일(무오).

24 『太宗實錄』卷24, 태종 12년(1412) 10월 17일(기사); 『世宗實錄』卷2, 세종 즉위년(1418) 12월 17일(임진).

연히 의학제조(醫學提調)도 임명되었을 것이다.25 제조나 도제조가 의료관서에만 존재하는 것은 아니지만, 의학제조의 임명 조치는 노성한 관리들이 의료관서의 책임자로 부임하는 계기가 되기 때문에 중요하다. 후대의 전개 과정을 살펴보면 전의감 제조(提調)는 약재 출납, 의관의 전최(殿最), 의생들을 시험하는 일을 맡은 중요한 자리였다.

고위관료들의 의학제조 임명과 비슷한 시기에 문반관리들도 의료관서에 겸관(兼官)으로 임명되었다. 태종 12년(1412)에는 전의감·혜민국·제생원 등의 직임은 무거운 것이라고 지적하면서 젊고 재주 없는 자 대신 나이와 직책이 모두 높은 자를 골라서 행직(行職)으로 겸차(兼差)하였다.26 행수법(行守法)에 비추어보았을 때, 행직(行職)은 의료관서의 관직보다 높은 품계를 지닌 문반이 파견된다는 것을 의미한다. 따라서 중견 문반관리[文官]를 겸관으로 임명하여 전의감 등 의료관서들의 운용을 맡기는 조치였다.

더 나아가 세종대에는 문관(文官) 중에서 유의(儒醫)를 전의감 등에 겸관(兼官)으로 파견하여 약을 쓰는 임상과 의학교육을 담당시켰다. 즉 세종 16년(1434)에 다음과 같은 이조의 건의가 수용되었다.

> 의술은 모름지기 음양오행(陰陽五行)의 생극소식(生克消息) 이치를 연구하여 아는 자라야 능히 병을 진찰하고 약을 쓸 수 있습니다. 또 옛날 좋은 약방문이 유의(儒醫)의 손에서 많이 나왔으니, 이치에 통달한 문인(文人)이 겸하여 의술을 다스림은 옛날에도 그 예가 있습니다. 전의감(典醫監)에 겸정(兼正)·겸부정(兼副正)·겸판관(兼判官)·겸주부(兼主簿)를 각 한 사람씩 더 설치하소서.27

---

25 의료관서의 제조에 대해서는 다음 글이 참고된다(孫弘烈, 『韓國中世의 醫療制度研究』, 修書院, 1988, 264~267쪽; 최이돈, 「조선초기 提調制의 시행과정」, 『규장각』 48, 2016).
26 『太宗實錄』 卷24, 태종 12년(1412) 12월 4일(을묘).
27 『世宗實錄』 卷65, 세종 16년(1434) 7월 25일(경자). "醫術須究知陰陽五行生克消息之理

이 기사에 따르면 진찰하고 약방문을 쓰는 것은 옛날부터 음양오행의 이치에 밝은 유의들의 몫이었다. 옛 방식을 따라 이제 문관을 투입하기로 한 것이다. 전의감에 일부러 겸정·겸부정·겸판관·겸주부 자리를 만든 것은 세종의 강한 의중 때문이었을 것이다. 무엇보다 문관을 유의(儒醫)와 등치하는 서술이 인상적이다. 또한 세종 22년(1440)에도 유신(儒臣)을 교수관으로 임명하여 의생(醫生)과 의원(醫員)을 계속 교육시켰다.[28]

원래 유의(儒醫)란 자발적으로 의학에 관심을 갖는 유자(儒者)들을 의미했다.[29] 하지만 조선초기에는 의서습독관제도를 비롯한 의료진흥정책이 시행되면서 그 개념이 약간 달라졌다. 이 당시 유의는 주로 의료전문가로 양성되어 의료제도의 운용 즉 의직 수행, 환자 치료, 의학교육, 의서 편찬까지 모두 담당하는 문신관료들을 지칭했다.

태종대와 세종대에 활동한 유순도(庾順道)는 문반관리로서 의료를 담당한 사례에 해당한다. 유순도는 "비록 유학에 종사하는 자이나 순전히 음양술수(陰陽術數)와 의술(醫術)로 진출한 자였다."라는 평가를 받은 인물이었다.[30] 의학과 관련하여 그는 태종에게서 중국에 가서 의방(醫方)·오행복서(五行卜書)와 염금책(捻金冊)을 사가지고 오라는 명령을 받았다.[31] 유순도가 의료관서에서 근무한 명시적 기록을 찾을 수는 없으나, 그가 내직(內職)과 외직(外職)을 두루 경험하면서 의료관서의 겸관(兼官)으로 활

者, 乃能診病投藥. 且古之良方, 多出儒醫之手, 則通理文人, 兼治醫術, 古有其例. 加設典醫, 兼正, 兼副正, 兼判官, 兼注簿各一."

28 『世宗實錄』卷90, 세종 22년(1440) 7월 28일(무진).
29 儒醫는 중요한 개념이다. 이에 대해서는 다음 글이 참고된다(金斗鍾, 『韓國醫學史』, 探求堂, 1966, 435~436쪽; 成昊俊, 「儒醫 의학의 사상적 배경에 관한 이해」, 『大韓韓醫學原典學會誌』 16(1), 2003; 김성수, 「조선시대 儒醫의 형성과 변화」, 『韓國醫史學會誌』 28(2), 2015).
30 『世宗實錄』卷27, 세종 7년(1425) 3월 29일(기해). "順道雖儒者, 而專以陰陽術數與醫術進者也."
31 『太宗實錄』卷34, 태종 17년(1417) 12월 14일(을미).

동했을 가능성은 크다.

한편 세종대의 문관들은 의서 편찬도 담당하였다. 세종대의 주요 의서로는 『향약집성방(鄕藥集成方)』과 『의방유취(醫方類聚)』가 꼽힌다. 『향약집성방』의 편찬에는 집현전 직제학 유효통(兪孝通), 전의 노중례(盧重禮), 부정 박윤덕(朴允德)이 참여하였고[32] 『의방유취』 편찬에는 집현전 부교리 김예몽(金禮蒙), 저작랑 유성원(柳誠源), 집현전 직제학 김문(金汶)·신석조(辛碩祖), 부교리 이예(李芮), 승문원 교리 김수온(金守溫)이 참여하였다.[33] 이들은 집현전(集賢殿)과 승문원(承文院)에서 근무하다가 세종의 지시에 따라 의서 편찬에 동원된 관리들이었다. 학문에 밝은 젊은 문관들을 의학자로 활용했던 것이다.

그런데 세종 27년(1445) 10월 기사에는 양가(良家)의 자제(子弟)들과 문관들의 반응이 담겨 있다. 집현전 학자들이 동원되어 『의방유취』 편찬을 막 시작한 무렵의 기록이다.

> 세자가 또 말하기를, "…… 지난번에 양가(良家)의 자제(子弟)로서 나이 젊고 총민(聰敏)한 자 약간을 뽑아서 그 업을 익히게 하였다. 그러나 이들이 의업(醫業)을 천하게 여기고 다투어 서로 면하기를 꾀하니, 지금 등과(登科)한 자로 하여금 익히게 하려고 하는데 어떠한가?"라고 하였다. 황수신(黃守身)이 아뢰기를, "등과한 자는 좋은 벼슬을 고루 거치려고 하는데, 지금 의업을 익히게 하면 반드시 마음을 쓰지 않을 것입니다. 옛날에 등과한 사람으로 한학강이생(漢學講肄生)을 시켰는데 효과가 있지 않았으니, 이것이 그 경험입니다."라고 하였다.[34]

---

32 『世宗實錄』 卷60, 세종 15년(1433) 6월 11일(임진).
33 『世宗實錄』 卷110, 세종 27년(1445) 10월 27일(무진).
34 『世宗實錄』 卷110, 세종 27년(1445) 10월 20일(신유). "世子又曰 …… 向者擇良家子弟 年少聰敏者若干人, 俾習其業. 然此輩以醫業爲賤, 爭相窺免, 今欲使登科者習之, 何如. 守身曰, 登科者, 固欲揚歷華秩, 今令習醫, 必不用心. 昔漢學講肄生, 以登科者爲之, 未有其効, 此其驗也."

태조대 이래로 의학을 장려하는 시책들이 쏟아졌는데, 양가(良家) 자제(子弟)들은 의업(醫業)을 백안시하고 이미 등과(登科)한 자는 의직을 내켜 하지 않는다는 것이다. 과거에 합격한 문관(文官)이나 관리후보층인 양가의 자제들이 의료에 종사하는 것을 꺼린 이유는 자신들은 문반으로 활동하는 것이 출세에 유리하다고 인식한 탓이었다.

결국 세종 28년(1446)에는 겸관제(兼官制)를 혁파하였다. 삼의사(三醫司)에서 겸관(兼官)하는 문관은 대부분이 육조(六曹)의 낭관(郎官)인데 사무가 번거롭고 바빠서 의직 업무를 처리할 여가가 없다는 이유였다.[35] 낭관 같은 일반 군관들이 모두 유의(儒醫)일 수는 없는 일이었다. 문관들은 자신들의 고유 업무가 아니라는 이유로 의직 업무를 태만하였다. 문관들은 의료진흥정책에 대해서 반대 의견을 분명히 표시한 셈이었고, 이로써 겸관제는 제도화에 실패하였다.

3. 세종~성종대 의료진흥정책의 추이

1) 의서습독관제도와 통유론의 논리

방금 서술한 바와 같이 국초 이래 조선에서는 노성한 관료들을 의료관서의 제조로 임명하고, 중견 관리들에게는 의료관서의 겸직을 지시하였으며, 집현전과 승문원의 학자들은 의서 편찬에 동원하였다. 직위의 고하를 감안하면서 현직 관리들에게 적당한 의료업무를 맡긴 것인데, 세종은 여기에서 한 걸음 더 나아갔다. 세종 3년(1421)에 의서습독관(醫書習讀官)을 신설한 것이다. 앞글에서 살핀 바와 같이 이효지(李孝之) 등에게 궁

---

35 『世宗實錄』卷111, 세종 28년(1446) 1월 29일(정유).

중에서 의서를 읽게 하였다.36 세종은 의료인을 늘리는 동시에 의술이 정밀해지도록 젊고 총민(聰敏)한 사족(士族)의 자제를 의서습독관으로 선발하였다. 고위관료였던 이맹상의 아들로서 전의감 직장으로 일한 적이 있는 이효지는 의서습독관에 적합한 사람이었다.

현재까지 의서습독관으로 확인되는 25명 가운데 전순의·임원준·권찬은 명의로 손꼽히는 사람들이었다. 임원준은 문과에 합격하여 의료정책을 주도하면서 1품까지 승진하였다. 이들은 의서 편찬에도 관여하였다. 전순의는 『침구택일편집(鍼灸擇日編集)』·『식료찬요(食療纂要)』를 지었고, 임원준 역시 『창진집(瘡疹集)』을 저술하였으며 의관 교육을 담당하기도 하였다. 초기에는 의서습독관 정원조차 확정되지 않은 상태였지만 의서습독관제도는 꽤 성공적이라는 평가를 받았다.

이상의 과정을 통해서 한편으로는 현직 관리를 의직에서 활용하면서, 다른 한편으로는 장차 의직을 담당할 유의(儒醫)를 의서습독관제도로 양성한다는 의료진흥정책이 완성되었다. 여러 차례의 변동에도 불구하고, 의서습독관제도의 기본방침은 사족(士族)을 임용하여 집중적으로 의학을 교육시킨 후 의직에 전임(專任)시키는 것이었다. 유의에게 의료제도의 운용을 일관되게 맡기자는 이러한 입장은 통유론(通儒論)이라고 정리할 수 있다.

통유(通儒)는 우유(迂儒, 우활한 유자) 또는 수유(竪儒, 더벅머리 선비)에 대비되는 개념이다.37 세조의 설명에 따르면 "무릇 유자(儒者)라 하더라도 천문(天文)·지리(地理)·의약(醫藥)·복서(卜筮)를 모두 알아야만 비로

---

36 의서습독관제도에 대해서는 이 책 제1부 「조선초기 의서습독관의 운영과 활동」 참고. 여기에서는 의서습독관에 대한 전거 제시를 생략한다.
37 『世宗實錄』卷39, 세종 10년(1428) 2월 20일(임신); 卷127, 세종 32년(1450) 1월 18일(갑오).

소 통유(通儒)"였다.³⁸ 이극감은 의방(醫方)에 밝은 통유에게 『의방유취』 교정을 감독시키자고 건의하였다.³⁹

물론 통유론의 범위에 의학만 포함되는 것은 아니었다. 예컨대 풍수학(風水學)에 대해서도 세종은 유자(儒者)가 배워서 밝게 알아야 하는 분야라고 이야기하였다.⁴⁰ 의서습독관제도는 무경습독관(武經習讀官)이나 한학습독관(漢學習讀官)을 운영하는 과정과 병행되었으므로, 조선초기 각 학문 분야의 전문가를 양성하는 정책의 일환이었다.⁴¹

앞서 언급한 태조대의 의학교육에서 지방의 '양반 자제'와 중앙의 '양가 자제'는 그 실체가 동일하다. 지배층이 포함된 광의(廣義)의 양인(良人)이다. 조선 건국 초에는 후대처럼 양반과 중인의 구분이 엄격하지 않았으며, 양인이라 부르는 다수의 공민(公民)이 주도하는 국가를 건설하려고 했던 것이다. 양천제(良賤制)를 기반으로 일원적인 중앙집권체제를 구축하려고 했던 이 시기에 사족(士族)은 '관직자와 그 가족'으로서 양인(良人) 유력자층이었을 뿐이다. 그후 국역체제가 이완 조짐을 보이는 15세기 말에 사족이 일정한 신분층을 지칭하게 된다.⁴²

양인(良人)의 나라를 지향하는 조선 건국세력은 고려말에 향리 출신 의료인의 수준이 너무 낮은데다 의료관서는 경황없이 부침하는 광경을 직접 지켜보았다. 의료분야에 대한 고민의 결론은 의학 공부 및 의료기구

---

38 『世祖實錄』卷33, 세조 10년(1464) 4월 26일(무신). "上又論術數之學, 謂右承旨李坡曰, 凡爲儒者, 盡曉天文, 地理, 醫藥, 卜筮而後始可謂之通儒, 汝其能之乎."
39 『世祖實錄』卷17, 세조 5년(1459) 9월 4일(계미).
40 『世宗實錄』卷61, 세종 15년(1433) 7월 27일(무인)
41 鄭多函, 「朝鮮初期 習讀官 制度의 運營과 그 實態」, 『震檀學報』95, 2003 참고.
42 기존 연구에서는 사족이 일정한 신분층을 지칭하게 된 시기를 16세기 전반으로 이해하고 있다(김성우, 「조선시대 '사족'의 개념과 기원에 대한 검토」(강만길 편, 『조선후기사 연구의 현황과 과제』, 창작과 비평사, 2000); 김성우, 「良賤制說의 대두와 조선초기 사회구조에 대한 새로운 이해」, 『韓國史硏究』 146, 2009; 정재훈, 「조선중기 사족의 위상」, 『朝鮮時代史學報』 73, 2015 참고).

운영이야말로 지식 습득을 업으로 삼고 합리적 사고방식이 체화된 사대부에게 적합하다는 것이었다.

당시 양인의 나라를 건설하려는 움직임이 국왕에게만 해당되는 것은 아니었다. 앞서 언급했듯이 이효지는 조선초기에 강원도관찰사와 중추원 부사 등을 역임한 이맹상의 아들로서 전의감 직장으로 근무하였고, 도승지와 참찬의정부사 등을 역임한 이문화의 아들인 이효신은 의서습독관을 지낸 후 의직에 전념하였다. 『잡과방목(雜科榜目)』에 기재된 '유

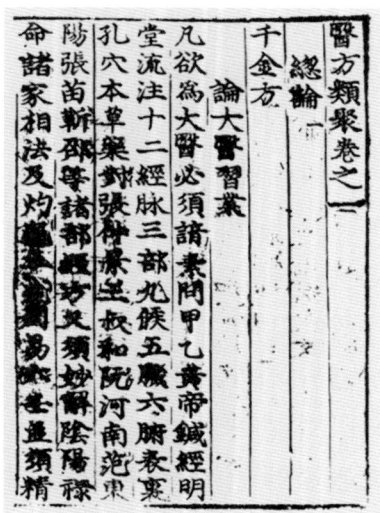

'대의(大醫)가 되려면 『황제내경소문』을 비롯한 의서는 물론이고 유교의 오경과 역사서와 제자백가, 불경, 장자, 노자를 두루 읽으라.' 『의방유취』의 첫 문장이다.

학(幼學)'의 분포에 대한 연구에 따르면, 문신으로 기술직에 종사하는 사례가 꽤 많았다.[43] 15세기에는 양인지배층(良人支配層)에서도 의관을 포함한 기술관의 충원이 이루어졌다는 증거이다.

다른 한편으로 성리학의 논리 측면에서 보더라도 국가체제를 정비하여 백성들의 질병을 치료하고 국가의 병리를 해결하는 일은 '대의는 국가를 치료한다[大醫醫國]'라는 표현에 부응하였다.[44] 대의론(大醫論)과 관련해서는 세종대에 편찬된 『의방유취』의 첫 문장이 인상적이다. 대의(大醫)가 되려면 『황제내경소문(黃帝內經素問)』을 비롯한 의서는 물론이고 유교의 오경(五經)과 삼사(三史)의 역사서와 제자백가(諸子百家)·불경(佛

---

43 이남희, 「朝鮮前期 技術官의 身分的 性格에 대하여」(연세대학교 국학연구원 편, 『高麗-朝鮮前期 中人研究』, 신서원, 2001, 289쪽).
44 이 책 제2부 「조선초기의 성리학적 의료관과 의료의 위상」 참고.

經)·장자(莊子)·노자(老子)를 두루 읽으라고 당부하였다.[45] 모든 종류의 서적을 읽어야 한다고 주장한 정도전의 생각과 『의방유취』의 문장은 깜짝 놀랄 만큼 일치한다. 대의가 되기 위해서는 박학다식한 유의(儒醫)가 되어야 하는데, 유의는 바로 의료분야의 통유였던 것이다.

그런데 조선정부에서 통유를 지향한다고 해서 의직에 유자(儒者) 또는 문관(文官)만 봉직한 것은 아니었다. 태조 6년(1397) 잡과인 의과(醫科)가 실시된 이래로, 역과(譯科)·의과(醫科)·음양과(陰陽科)·율과(律科)는 갑오경장(1894년) 때까지 계속 시행되었다.[46] 즉 조선초기에는 의서습독관이 의료관서의 중추를 맡되, 의과를 통과한 의관들은 의직에서 실무를 담당하는 중층구조를 지향하였던 것이다.[47]

2) 의료진흥정책의 강화에 대한 직분론의 고수

세종대 이후에도 의료를 진흥하려는 노력은 지속되었다. 단종은 예조(禮曹)와 삼의사(三醫司) 제조(提調)에게 의관·의학 생도 및 자원한 의관자제(衣冠子弟) 10명을 정밀하게 선발하도록 지시하였다.[48] 의학교육의 내실을 기하기 위해 교육 대상을 여전히 양반 자제로 설정하는 점이 눈길을 끈다.

단종 2년(1454)과 단종 3년(1455)에는 의서습독관을 강화하는 조치들이 연달았다. 정원을 늘리고 매달 고강(考講)하면서 체아직(遞兒職)으로라도 우선 임용하되 동반(東班)에도 특별히 임명하는 것이 골자였다. 두 조치는 모두 의서습독관의 규모를 확대하면서 동반 진출을 허용하는 장

---

45 『醫方類聚』卷1, 總論[一] 千金方 論大醫習業.
46 李成茂, 『韓國의 科擧制度』, 集文堂, 2000; 이남희, 「잡과의 전개와 중인층의 동향」, 『한국사시민강좌』 46, 2010 참고.
47 醫科를 비롯한 雜科보다는 文科의 위상이 월등히 높았다(『太宗實錄』卷1, 태종 1년(1401) 6월 4일(신유)).
48 『端宗實錄』卷3, 단종 즉위년(1452) 9월 9일(무술)

려책이었다.

　세조 역시 의서습독관의 강(講)을 직접 받기도 할 정도로 의료진흥에 관심이 많았다. 세조 4년(1458)에는 의료 분과를 전문과로 나누어 운영하고, 문신(文臣)이 의학을 익히는 것을 골자로 하는 의학(醫學) 고강법(考講法)을 실시하였다. 이에 따라 새로 의서습독관이 된 사람도 전문과별로 분속(分屬)하도록 규정되었다.[49]

　이로부터 2년 후 의학(醫學)의 취재(取才)가 전문과 대신 옛날 방식으로 복구되지만,[50] 의학 장려에 대한 세조의 완강한 태도는 시종일관이었다. 세조 8년(1462)에는 의서습독관을 30명으로 늘리면서 아예 삼관(三館)의 관리와 초시(初試) 합격자 중에서 의서습독관을 강제로 차출하였다. 실제로 이듬해에 의서습독관 30명은 3개 조로 나누어 내의원에서 근무하면서 내의원 의원과 똑같이 진료를 담당하였다.

　이 무렵에는 의서습독관이 관직을 받은 후에 태만해져서 연고를 핑계로 그만두려고 엿보기도 하였다. 의서습독관 자리가 관직을 구하는 통로로 활용되기도 했던 것이다. 그러자 세조는 의서습독관이 다른 길로 진출하지 못하게 하고, 현관(顯官)이 되거나 과거에 합격한 경우에도 그대로 의료 관직에 종사하도록 규정하였다.[51]

　조선초기 의료진흥정책의 전개 과정에서 세조 10년(1464) 8월 6일은 아주 중요한 날이다. 이날 국왕과 신하가 정면으로 충돌했기 때문이다. 이 일의 발단은 며칠 전인 7월 27일의 '칠학(七學)' 설치였다. 관리들이 공부해야 할 분야를 7개, 즉 천문문(天文門)·풍수문(風水門)·율려문(律呂

49　『世祖實錄』卷12, 세조 4년(1458) 3월 11일(무술).
50　『世祖實錄』卷20, 세조 6년(1460) 5월 24일(기해).
51　『世祖實錄』卷12, 세조 4년(1458) 3월 20일(정미). "乞自今習讀官或歸養老親或身病或在喪終制者, 竝令還仕, 然後方許敍用, 使不得由他路以進, 或授顯官或登科第, 亦令仍治本業, 每當遷轉, 兼考提調殿最, 以憑黜陟."

門)·의학문(醫學門)·음양문(陰陽門)·사학문(史學門)·시학문(詩學門)으로 나눈 다음에 젊은 문신(文臣) 6명씩을 배정하여 학습하도록 지시한 것이다. 의학문에는 이수남(李壽男)·손소(孫昭)·이길보(李吉甫)·김의강(金義綱)·이익배(李益培)·유문통(柳文通)이 배치되었다.52 그러자 사학문에 배정된 김종직(金宗直)이 8월 6일에 윤대(輪對)하는 것을 계기로 세조의 면전에서 직접 비판했다.

> 지금 문신을 천문(天文)·지리(地理)·음양(陰陽)·율려(律呂)·의약(醫藥)·복서(卜筮)·시사(詩史)의 칠학(七學)에 나누어 닦게 합니다. 그러나 시사(詩史)는 본래 유자(儒者)의 일이지만, 그 나머지 잡학(雜學)이야 어찌 유자들이 마땅히 힘써 배울 학(學)이겠습니까? 또 잡학은 각각 업(業)으로 하는 자가 있으니, 만약 권징(勸懲)하는 법을 엄하게 세우고 다시 교양을 더한다면 자연히 모두 정통할 것입니다. 그 능통하는 데에 반드시 문신이라야만 좋은 것이 아닙니다.53

이에 세조는 이 분야들이 뒤떨어져 있기 때문에 문신들을 시킨 것이라고 설명하면서 세조 자신도 젊은 시절에 공부한 적이 있었다고 되받았다. 결국 세조는 "김종직은 경박(輕薄)한 사람이다. 잡학(雜學)은 나도 뜻을 두는 바인데, 김종직이 이렇게 말하는 것이 옳은가?"라고 화를 내면서 김종직을 파직하고 사학문에서 내쫓았다.

칠학이 실행된 지 한 달이 지난 8월 25일에 율려문의 어세공(魚世恭)은 『율려신서(律呂新書)』로, 의학문의 이길보는 『황제내경소문(黃帝內經

---

52 『世祖實錄』 卷33, 세조 10년(1464) 7월 27일(무인).
53 『世祖實錄』 卷34, 세조 10년(1464) 8월 6일(정해). "今以文臣分隸天文·地理·陰陽·律呂·醫藥·卜筮·詩史七學. 然詩史本儒者事耳, 其餘雜學, 豈儒者所當力學者哉. 且雜學各有業者, 若嚴立勸懲之法, 更加敎養, 則自然咸精. 其能不必文臣然後可也."

素問)』으로 세조에게 강(講)을 바쳤다.[54] 앞서 세종 27년(1445)에는 과거 합격자에게 의학을 공부시키려고 했다가 그만두었는데, 세조는 삼관의 관리들이나 칠학에 배정된 현직 문신들을 통해 이것을 실행한 것이었다.

사실 세조는 이미 자신의 통유론을 분명히 밝힌 바가 있었다. 문과(文科) 중시(重試)에 합격한 이영은(李永垠)에게 "그대는 마땅히 정미(精微)한 학문을 더욱 연구하되, 천문(天文)·지리(地理)·의약(醫藥)·복서(卜筮)는 모두 유학자(儒學者)가 폐(廢)하지 않는 바이니, 그대는 이를 힘쓰라."라고 당부하였다.[55] 세조는 의학(醫學)·산학(算學)을 비롯하여 모든 잡학(雜學)이 중요하다고 인식한 사람이었다.[56]

의서습독관제도 확대는 물론이고 문관들을 아예 배정하여 다양한 분야를 진흥하겠다는 세조의 견해가 통유론(通儒論)을 대표한다면 김종직의 견해는 직분론(職分論)을 대표한다. 김종직은 의학이 잡학(雜學)이므로 유자(儒者)들이 배울 분야가 아니라고 반론하였다. 그는 문관들이 의학을 배워 관의(官醫)로 활동할 필요를 느끼지 못한 것이다.

김종직이 국가 운영에 관해 깊게 다룬 글은 남아 있지 않지만, 「밀양 향

서거정이 쓴 「수직론」이다. 그는 직분을 지키는 것이 중요하다고 주장하였다.

---

54 『世祖實錄』卷34, 세조 10년(1464) 8월 25일(병오).
55 『世祖實錄』卷6, 세조 3년(1457) 2월 9일(계묘). "上又謂永垠曰, 盛名之下, 其實難副. 爾之盛名在予, 爾當益究精微之學, 至於天文地理醫藥卜筮, 皆儒者所不廢, 爾其勉之."
56 『世祖實錄』卷30, 세조 9년(1463) 5월 30일(무오).

교의 제자(諸子)에게 주는 편지」에서는 모든 문제의 해법을 교육에서 찾았다. '학교[鄕校]에서 성리(性理)의 학문을 강구(講究)하여 효제충신(孝悌忠信)에 힘쓴다면, 오륜(五倫)이 각각 그 차례를 얻고 사민(四民)이 각각 자기의 업(業)에 안주한다[五倫各得其序, 四民各安其業]'는 인식이었다.[57] 사림파(士林派)의 선두로서 성리학에 몰두한 김종직이 오륜이 엄격한 사회질서와 사(士)·농(農)·공(工)·상(商)의 사민이 각자의 역할에 충실한 사회를 꿈꾼 것은 분명하다.[58] 현직 문관들은 물론이고 관리후보직단인 사족까지 의료인으로 양성하려는 통유론에 반대하는 입장은 김종직에게만 한정된 것이 아니었다.

김종직의 직분론은 같은 시기에 활동한 양성지(梁誠之)에게서도 전형적으로 보인다. 양성지가 성종 2년(1471)에 쓴「편의삼십이사(便宜三十二事)」는 국왕에게 바친 글이다. 그는 무릇 책을 읽는 사람은 유자(儒者)가 되고 활쏘기를 배우는 사람은 무장(武將)이 되며, 천문(天文)·지리(地理)·의약(醫藥)·복서(卜筮)에 이르기까지 각각 업(業)으로 삼는 사람이 있다고 하였다.[59] 양성지도 유자와 의원(醫員)은 직분의 차이가 분명하다고 국왕에게 말한 것이다. 또한 15세기 말에는 이런 글도 저술되었다.

나라를 다스림에 있어서 공경재집(公卿宰執)은 공경재집의 일을, 근시대간(近侍臺諫)은 근시대간의 일을, 설어복종(褻御僕從)은 설어복종의 일을, 부사서도(府史胥徒)는 부사서도의 일을 각각 직으로 삼는다. 각각 그 직분을 직으로 삼으면, 관의 일이 다스려지고 나라가 다스려진다. …… 그러니 군자는 직분을

---

57 『佔畢齋文集』 卷1, 書 與密陽鄕校諸子書.
58 金泰永,「初期 士林派의 性格에 대하여 -金宗直을 中心으로-」,『慶熙史學』 6·7·8, 1980; 엄연석,「김종직 경학사상의 성리학적 경향과 경세론」,『泰東古典研究』 37, 2016 참고.
59 『訥齋集』 卷4, 奏議 便宜三十二事. "一. 嚴復戶. 臣竊見凡人如讀書爲儒, 學射爲武, 以至天文·地理·醫藥·卜筮, 各有所業."

지키는 것이 귀중하다.⁶⁰

위의 글은 연산군 5년(1499)에 서거정(徐居正)이 쓴「수직론(守職論)」이다. 그는 신분계층의 차이에 따른 관직의 분업을 직분의 개념으로 잘 설명하였다. 김종직과 양성지와 서거정의 직분론은 15세기 말 일반 관리들의 보편적인 인식으로 간주해도 무방하다.

이상에서 논의한 통유론과 직분론 양측의 신분은 모두 사족(士族)이었다. 하지만 후자인 일반 사족층이 자신들의 이해관계에 보다 더 충실하다면, 전자인 핵심지배층은 국가를 유연하게 운영하려는 경향을 견지하였으므로 관리들을 능력에 따라 기용하려고 하였다. 양반관료를 지향하는 일반 사족층은 직분론을 무기 삼아 다른 집단을 배제하면서 이른바 사림파로 성장해갔다. 반면에 핵심지배층은 '훈구척신(勳舊戚臣)'이라는 원래 뜻대로 건국과 국가 운영에 오랫동안 공을 세웠고 국왕과 운명공동체인 집단이었으므로 정책결정집단답게 국가체제와 의료부문의 관계를 전향적으로 결정할 수 있었다.⁶¹ 따라서 사족이라고 통칭하더라도 그 내부는 세분되어 있었다.

3) 의료진흥정책의 법제화와 두 입장의 타협

의학을 진흥하려는 조선정부의 정책은 성종대에도 이어졌다. 앞글에서

---

60 『燕山君日記』卷32, 연산군 5년(1499) 1월 22일(임오)."至於治國, 公卿宰執職公卿宰執, 近侍臺諫職近侍臺諫, 替御僕從職替御僕從, 府史胥徒職府史胥徒. 各職其職. 則官事理, 而國治矣. …… 是故, 君子貴守職."
61 이른바 勳舊派에 대한 비판의 문제점은 개개인의 비리를 집단의 비리로 등치하는 것이다. 도덕론의 관점에서 나온 비판이 당시 훈구파의 정치적 역할까지 백안시하게 만든다. 오히려 훈구파의 역사적 과오는 물러가야 할 시기에 자리를 지키고, 변화되어야 할 시점에 옛 방식을 고수했다는 점이다. 아마도 계유정난이 발발하지 않았더라면 세종대 집현전의 신진세력이 고위관료로 성장하면서 점차 권귀화되었을 것이다. 세조정권에 적극 참여했다는 윤리적인 비난을 제외하면, 신숙주의 행적이 조선 건국 후의 신진세력에게는 가장 전범이 되는 길이었을 수도 있다.

다루었듯이 성종 3년(1472)에는 의서습독관의 동반 진출을 허용하는 동시에 의서습독관이 노의(老醫)를 따라다니면서 약(藥) 쓰는 법을 배우도록 명시하였다.

의서습독관 규정들은 대체로『경국대전』(성종 16년, 1485)에 수록되었다. 의서습독관 30명에게 의서를 강독시켜 의료전문가로 양성하는 내용이었다. 성종 22년(1491)까지의 법령을 수집한『대전속록(大典續錄)』에서는 현임 외에 전임 의서습독관도 시험대상으로 삼도록 하였으며, 전의감에만 배속되어 있던 의서습독관 30명이 분리되어 내의원 습독관 10명과 전의감 습독관 20명으로 바뀌었다. 세종대에 시작되어 단종·세조·성종을 거치면서 이루어진 의서습독관 장려책이 법제화된 것이었다.

하지만『경국대전』과『대전속록』이 공포되는 성종대가 의료진흥정책의 분기점이자 새로운 변화의 시작이었다. 이 무렵에는 양반사족 출신들이 의서습독관직을 기피하는 경향이 노골화되었다. 단종 2년(1454) 이래로 성적이 좋은 의서습독관에게는 동반(東班)을 제수하도록 허용하였고『경국대전』에도 이 내용이 수록되었지만, 현실은 달랐다. 사족 출신인 의서습독관들은 자신들의 정체성에 어울리는 자리로 의관보다는 문반(일반관직)을 선호하였다. 15세기 전반에 고위관료의 아들인 이효지나 이효신이 의직에 종사했던 것과는 확연히 달라진 분위기였다.

성종대 무렵부터 조선은 이른바 양천제(良賤制) 사회에서 사족(士族) 사회로 전환되었다. 조선초기에 존재하던 광의의 양인이 서서히 양반과 중인으로 분화되면서 이들 양반사족이 다른 계층을 배제해나가는 모습이 '사림(士林)'이라는 표현 속에 들어 있다. 이에 따라 15세기 말에는 국가 운영의 주도권이 양인지배층(良人支配層)에서 사족지배층(士族支配層)으로 바뀌었다. 특히 사림계의 관료들이 진출하면서 의학을 이른바 잡학(雜

15세기 의료정책의 전개: 통유론과 직분론의 대립과 절충 89

學)으로 간주하는 경향이 확산되었다.[62]

이런 분위기에서는 직분론이 통유론을 압박할 수밖에 없었다. 예를 들면 현직 문신의 의직 겸직도 사라졌다. 중종은 통유론을 앞세워 천문(天文)·지리(地理)·명과(命課)·의학(醫學)의 직책에 합당한 문관(文官)을 겸관으로 임명했다가 영의정인 정광필에게서 "요즘 잡술을 겸임한 사람들이 여론으로 인하여 이 업무에 전혀 종사하지 않고, 또한 가서 사람들을 가르치지 않는다고 합니다. 이는 무익하기 이를 데 없습니다."라는 반대에 직면하였다.[63]

의서습독관으로 대표되는 통유론이 퇴조하게 된 데는 여러 가지 이유가 있다. 첫째, 전도유망한 양반 자제들을 의서습독관이나 일반 의관으로 끌어들일 유인요소가 점점 사그라들었다. 성종대 이후에 의서습독관 출신들은 승진에도 명백한 제한이 생겼다. 사족 출신으로 의서습독관을 거친 유영정은 연산군 9년(1503)에 동반 임명이 좌절되었다. 『경국대전』에 비추어보면 탁월한 성적을 낸 유영정은 동반의 현직에 임용이 가능했지만, 신하들은 특지(特旨)가 없다는 점을 물고 늘어졌던 것이다. 권찬 이후로는 특지가 있어야 동반으로 승진할 수 있었다. 즉 의서습독관의 동반 진출은 『경국대전』의 허용 규정에도 불구하고 끝내 제도화에는 실패했다고 평가할 수 있다.

둘째, 유자(儒者)들 내부에서는 어차피 의학이 기본 소양이라는 인식이 강했다. 그들은 『소학(小學)』에서 의술(醫術)을 배워야 한다고 한 주희(朱熹)의 말을 명심했으며, 의서에 사용하는 문자(文字)는 경서(經書)와 같지

---

62 韓永愚, 『朝鮮前期 社會經濟研究』, 乙酉文化社, 1983; 김성우, 「良賤制說의 대두와 조선 초기 사회구조에 대한 새로운 이해」, 『韓國史研究』 146, 2009 참고.
63 『中宗實錄』卷68, 중종 25년(1530) 5월 2일(신묘). "光弼曰, 近來雜術兼任之人, 以有物論, 專不爲業, 亦不往誨云. 此乃無益之甚也."

않으므로 반드시 별도로 공부해야 한다고 여겼다.64 의료진흥정책으로 압박하지 않더라도 대대로 의학에 밝은 고위관료들의 등장이 당연한 이유였다.

중종대와 명종대에 활동한 안현(安玹)은 약리(藥理)에 정통하여 구고고(救苦膏) 같은 약을 조제(調製)하거나 중종의 치료에 동참(同參)할 정도여서,65 통유(通儒)라는 표현에 딱 어울리는 사람이었다. 안현을 비롯하여 황자후(黃子厚)·허종(許琮)처럼 의약(醫藥)에 밝은 고위관료들이 의료관서의 제조를 맡으면서 통유와 전업 의관의 협업 정도면 충분하다는 공감대가 만들어졌다. 후대의 이른바 '동참(同參)'이라고 부르는 협업체제의 실마리였다.

셋째, 무엇보다 의서습독관들의 대안이 떠오르고 있었다. 의과에 합격한 전업 의관들이 15세기 후반으로 접어들면서 전문가집단으로 성장한 것이었다. 이미 세종 22년(1440)에는 약리에 정통한 3품 의관을 교관(敎官)으로 차임하도록 한 데 이어서, 단종 즉위년(1452)에 이선제(李先齊)는 의생 실력을 향상시키는 방책으로 의서에 밝은 노련한 의관[知醫書老醫]에게 매일 강의하도록 건의하였다.66 의관들의 성장을 반영하여 성종 12년(1481)에는 성종이 의관의 당상관 승진을 제도적으로 보장하려고 시도하기도 하였다.67

의관 가운데는 의서를 편찬할 정도의 실력을 갖춘 이도 등장하였다. 노중례의 『태산요록(胎産要錄)』,68 허저의 『의방요록(醫方要錄)』,69 김순몽·

---

64 『明宗實錄』 卷14, 명종 8년(1553) 3월 2일(무인).
65 『中宗實錄』 卷102, 중종 39년(1544) 4월 26일(갑오).
66 『世宗實錄』 卷90, 세종 22년(1440) 7월 28일(무진); 『端宗實錄』 卷4, 단종 즉위년(1452) 12월 25일(계축).
67 『成宗實錄』 卷136, 성종 12년(1481) 12월 16일(병진).
68 『世宗實錄』 卷63, 세종 16년(1434) 3월 5일(임오).
69 『成宗實錄』 卷230, 성종 20년(1489) 7월 25일(신사); 卷274, 성종 24년(1493) 2월 15

유영정·박세거의 『간이벽온방(簡易辟瘟方)』이 대표적이었다.[70] 임상에서도 명의(名醫)로 꼽히는 의관들이 많아졌다. 이미 세조대에는 김상진이 첨지중추원사(僉知中樞院事)로 승진하였는데,[71] 그는 성종대에도 최고 의관이었다.[72] 이 무렵 의관인 송흠·하종해·박세거·김홍수 등도 확실하게 명의로 인정받고 있었고,[73] 명종대 이후로는 유지번·김윤은·양예수가 명성을 떨쳤다.[74] 전업 의관들의 실력이 높아지면서 사족 출신들에게 의직 운용이나 임상을 맡길 필요가 줄어든 것이다.

그런데 사림파로 대표되는 사족지배층의 등장에도 불구하고 통유론이 일방적으로 사라진 것은 아니었다. 의술에 밝았던 임원준은 성종대에 이르러 '잡술에 종사한다[治雜術]'는 비판을 받았다. 이에 대해 임원준은, 옛날의 재상(宰相) 중에는 글에만 능통한 것이 아니라 직접 약재(藥材)를 제조(劑調)하여 인명(人命) 구제에 힘쓴 이가 한두 사람이 아니었다고 반박하였다.[75] 즉 의학은 재상이 마땅히 익혀야 할 지식이라는 통유론의 주장이었다.

앞서 언급했듯이 통유론은 의학분야에만 한정된 주장이 아니었다. 성종대에 한학습독관(漢學習讀官)과 이문습독관(吏文習讀官)을 지낸 똑똑한 유생(儒生)들에 대한 평가가 중종대 기록에 남아 있다. 유생들이 초시

일(경술).
70 『簡易辟瘟方』, 簡易辟瘟方序. "特命行副護軍臣金順蒙·禮賓寺主簿臣劉永貞·前內醫院正臣朴世擧, 抄諸方治瘟之法, 纂爲一篇."
71 『世祖實錄』卷34, 세조 10년(1464) 11월 4일(계축).
72 『成宗實錄』卷7, 성종 1년(1470) 9월 23일(무술).
73 『成宗實錄』卷233, 성종 20년(1489) 10월 21일(을사); 『中宗實錄』卷19, 중종 9년(1514) 1월 10일(갑술); 卷31, 중종 12년(1517) 12월 8일(기유); 卷47, 중종 18년(1523) 2월 28일(기해).
74 『明宗實錄』卷23, 명종 12년(1557) 7월 12일(계해). 명종 사망 무렵에는 양예수도 신진 의관으로서 명성을 떨치기 시작하였다.
75 『成宗實錄』卷93, 성종 9년(1478) 6월 15일(을사).

합격 후에 습독관이 되었다가 과거에 급제해서는 승문원(承文院)에 서용되고, 재상(宰相)이 되어서는 승문원(承文院) 제조(提調)에 제수됨으로써 외교에 이바지하였다는 것이다.[76] 15세기 조선에서 통유론의 효용성을 무조건 부정할 수는 없는 것이었다.

반면 직분론을 고집한다고 해서 사족지배층이 통유론을 완전히 외면한 것도 아니었다. 크게 보자면 의료분야의 업무로는 의학교육을 비롯하여 의직 수행, 의서 편찬, 환자 진료 등을 꼽을 수 있다. 의학교육의 경우에는 문관(文官)의 역할이 절실하기도 했지만, 문관들도 교육은 자신들의 역할이라고 인식하였다. 의학을 포함한 지식의 습득은 유자들의 기본 소임이었기 때문이다. 허종(許琮)이 의사제조(醫司提調)를 역임한 시기에는 김순몽과 하종해가 배웠고,[77] 혜민서에는 의학교육을 담당하는 의학교수(醫學敎授)로 문관 1명이 계속 배치되어 있었다.[78] 따라서 문관들에 의한 의학교육은 일부이지만 지속되었다.

의직 수행과 관련하여, 사족들은 의료관서의 제조직을 유지하였다. 의료관서를 감독하는 것은 직분론에도 부합하는 일이었으며, 무엇보다 제조는 담당 의료관서에 대한 인사권을 가지고 있어서 포기할 수 없었다. 송흠이나 하종해 같은 의관들에게 혜민서 제조는 양보하더라도 전의감 제조는 끝까지 문관들의 차지였다.[79]

이 글 머리말에서는 국가체제에서 의직의 위상과 의료인의 지위는 구분되어야 한다고 서술하였다. 의직의 위상은 핵심적인가[本] 사소한가[末]로 구분되고, 의료인의 지위는 존귀한가[貴] 비천한가[賤]로 구분된

---

76 『中宗實錄』卷51, 중종 19년(1524) 8월 12일(갑진).
77 『中宗實錄』卷32, 중종 13년(1518) 3월 10일(기유).
78 『經國大典』卷1, 吏典 京官職 從六品衙門 惠民署.
79 『中宗實錄』卷19, 중종 9년(1514) 1월 8일(임신);『燕山君日記』卷9, 연산군 1년(1495) 9월 26일(병오); 9월 29일(기유).

다. 통유론에서는 의직이 국가체제에서 핵심적인 요소이므로 양인지배층에서 의료를 담당해야 한다고 주장하였다. 역대 국왕들을 포함하여 조선의 건국세력과 핵심지배층의 입장이었다.

반면 직분론에서는 의직이 사소한 말업(末業)에 해당하므로 전업 의관들에게 담당시키면 충분하다고 주장하였다. 대다수의 일반 관리들과 관리후보집단인 양인지배층의 입장이었다. 이 두 가지 입장은 15세기 내내 대립하면서 절충점을 찾아갔다. 그 결론은 의직을 필수적인 영역으로 존중하되 전업 의관들에게 맡긴다는 것이었다. 즉 진료로 상징되는 의직 업무는 전업 의관들에게 맡기면서, 의료정책을 비롯하여 의료관서 감독과 의학교육의 일부는 양반사족이 담당한다는 내용이었다.

15세기가 저물어가는 성종 24년(1493)에 예조판서 성현(成俔)은 "신은 천문(天文)·지리(地理)·복서(卜筮)·의약(醫藥)·통역[譯語] 등의 일체의 잡술(雜術)은 치도(治道)에 도움이 되지 아니하는 것이 없으므로 그중에서 하나도 빼어놓을 수가 없을 것이라고 생각합니다. 조종조(祖宗朝)로부터 제학(諸學)을 동반(東班)의 직임(職任)으로 삼고 과거(科擧)제도까지 설치한 것은 그 임무를 중요하게 여겼기 때문입니다."라고 말하였다.[80] 성현의 이 발언에는 조선 건국 이래 100년에 걸친 두 입장 사이의 타협안이 담겨 있다.

4. 맺음말

본문에서는 조선초기 의료정책의 입안과 실행, 의학의 학습과 환자의

---

80 『成宗實錄』卷282, 성종 24년(1493) 9월 1일(임진). "臣意以爲, 天文·地理·卜筮·醫藥·譯語一切雜術, 莫不有補於治道, 闕一不可. 自祖宗朝以諸學爲東班之職, 至設科第, 所以重其任也."

치료 같은 의직 수행을 누가 담당할 것인가를 둘러싼 의료진흥정책을 살펴보았다. 건국 직후부터 정도전을 비롯한 건국주도세력과 태조는 의료인을 양성하기 위한 두 가지 방안, 즉 의과 시행과 지배층 자제에 대한 의학교육을 시행하였다. 구체적으로는 지배층 자제들을 대상으로 삼아 지방에는 의학원을 설치하고 서울에는 육학을 설치하여 의학을 교육시켰다. 의료 인력의 원활한 수급을 위한 조치였다. 유자(儒者)가 모든 지식을 습득하여 세상의 문물을 이끌어가자는 강한 의욕이었다.

이어서 현직 관료들까지 의료 업무에 동원하였다. 고위관료를 의료관서의 책임자인 제조로 임명하고, 중견 문신들은 겸관제(兼官制)를 활용하여 의직에 투입하며, 집현전과 승문원의 관리들은 의서 편찬에 동원하였다. 이에 대해 신하들은 업무의 과중을 이유로 겸관에 소극적이었다. 일반 관리인 문반들은 의직을 자신들의 업무가 아니라고 간주한 것이다. 결국 세종이 의욕적으로 추진한 겸관제는 제도화에 실패하였다.

그럼에도 조선정부에서는 의료진흥정책을 강화해나갔다. 대표적인 조치가 세종 3년(142) 의서습독관(醫書習讀官)제도의 시행이었다. 의서습독관의 내용과 성격은 세종대부터 『경국대전』(성종 16년, 1485)까지 60여 년 동안 변동하였다. 의서습독관은 통유론(通儒論)에 근거하여 국가에서 의료전문가인 유의(儒醫)를 양성하는 제도였다. 하지만 유자(儒者)가 모든 분야에 능통해야 한다는 통유론에 대한 일반 문관들의 반발은 더욱 심해졌다.

이에 조선정부에서는 의서습독관 정원을 늘리고 동서반 진출을 허용하는 등의 장려책을 실시하였다. 아울러 세조는 칠학(七學)을 설치하고, 현직 문반 가운데 똑똑한 6명을 의학문(醫學門)에 배치하여 의학을 배우도록 하였다. 그러나 세조와 정면으로 맞부딪힌 김종직의 사례에서 보이듯이 일반 문관들의 입장은 직분론(職分論)의 고수였다. 양성지도 똑같이 직분론을 주장하였고, 얼마 뒤에는 서거정도 「수직론(守職論)」을 저술하였다. 한마디로 자기에게 부여된 자리에 만족하면서 주어진 직임을 완수하자는 논리였다.

결국 성종대까지 보완된 의료진흥정책은 『경국대전』과 『대전속록』의 규정으로 수렴되었다. 하지만 양반사족들은 의서습독관이 되는 것조차 꺼림으로써, 의료의 담당자가 되는 것을 거부하였다. 국초에 꿈꾸었던 양인의 나라는 어느덧 계층 분화로 인해 실현되기 어려운 지경이었다. 의서습독관제도 역시 연산군대 이후에는 급속히 쇠퇴하였고 『대전속록』의 의서습독관 규정은 사문화되었다. 한편 15세기를 거치면서 의과에 합격한 의관들이 의서를 편찬할 정도로 실력을 쌓고, 명의로 손꼽히는 경우들도 늘면서 의서습독관의 자리를 대체하였다.

이렇게 본다면 조선초기 국왕들과 건국주도세력을 포함한 핵심지배층의 입장은 유자(儒者)가 통유(通儒)가 되어 의료를 담당하자는 것이었다. 반면에 일반 문관이나 관리후보층인 양반사족의 입장은 계층 간의 직분(職分)이란 게 엄연하므로 사족이 의직을 담당할 수는 없다는 것이었다. 그 결과 의직은 필수적이지만 그 운영은 의관에게 맡기자는 데 통유론과 직분론이 합의하였다. 의료관서의 감독과 의학교육의 일부는 사족이 맡되 환자 치료, 의서 편찬, 의직 수행 등은 전업 의관들이 맡는 타협이었다. 그 결과 15세기 말 이후에는 통유론이 퇴조하면서 전업 의관들이 의료를 담당하게 되었다.

성종대 이후의 의관층 동향: 관료제와 신분제의 충돌

1. 머리말

조선초기에 의료제도를 담당하는 의관들은 기존의 의관들을 대거 축출한 상황에서 충원되었다. 무엇보다 의관은 실력을 우선으로 선발하였다. 조선 건국 직후 의약에 밝은 지방 사람들을 방문하여 발탁에 대비하면서, 통정대부 이하의 향리를 고향으로 복귀시킨 것이 대표적이었다.[1] 통정대부는 정3품이므로 의료관서에 있던 대부분의 향리 출신 의관을 지방으로 되돌려보낸 셈이었다.

그런데 조선초기 의료정책의 특징은 신분 고하를 막론하고 의관으로 활용하는 것이었다. 현직 문반관리[文官]에서 천인(賤人)까지 모두 의관으로 활동했다는 뜻이다. 다양한 출신들의 병존은 신분과 직역의 일치를 지향하는 신분제의 운영원리와 충돌할 여지가 있었다. 조선전기 내내 의관층의 범위와 대우를 둘러싸고 논란이 지속되었던 이유이기도 하다.

본문에서 다루겠지만 조선전기에는 의관에 대한 입장이 행위주체별로 상이하였다. 예컨대 '의료는 국가운영에 필수적인 부문이므로 의관들에게 동반·서반의 사로(仕路)를 열어줘야 한다'는 국왕의 입장과 '사족과 의관은 다르다'는 일반 관료들의 입장이 대립하였다. 또한 사안별로도

1　『太祖實錄』卷2, 태조 1년(1392) 9월 24일(임인).

이해관계에 따라 주장이 달라졌다. 천인 출신 의관들의 서얼 허통까지 찬성했던 고위관료들도 정작 육조·중추부에 양인 출신 의관들이 진입하는 데는 아주 격렬하게 반발하였다. 동반·서반의 고위관직을 둘러싼 경쟁 때문이었다.

그동안의 연구에서는 조선초기 의료기구의 편제, 의학 생도들의 입속(入屬)과 의과(醫科)·취재(取才)의 시행, 의관들의 다양한 임무 등에 초점을 맞추었다. 이를 통해 의관의 선발과 대우에 대한 기본적인 이해는 마련되었다. 하지만 조선정부에서 다양한 출신들을 의관으로 충원한 정책적인 이유나 이를 둘러싼 이해주체별 입장에 대해서는 본격적으로 검토되지 않은 상태이다. 달리 표현하자면 조선시대 의관은 흔히 대표적인 중인층(中人層)으로 설명되는데, 의관층의 사회적 형성 과정에 대한 깊은 논의가 필요한 것이다.[2]

앞글에서는 조선초기에 전업 의관들이 등장하는 과정을 정리하였다. 이 글에서는 성종대 이후 전업 의관들의 실제 활동을 살펴보려고 한다. 특히 의관층 내의 신분에 따른 각자의 이해관계와 이를 달성하기 위한 노력을 계기적으로 추적할 것이다. 의관층은 조선사회의 변동과 조선정부의 정책 변화에 조응해서도 요동할 수밖에 없었다. 이처럼 요동치는 과정에서는 의관층과 의관층을 둘러싼 여러 이해세력의 갈등과 타협이 필수적이었는데, 이 과정은 조선정부에게 딜레마였다. 국가를 운영하는 관료제와 그 운영원리인 신분제 사이에 충돌이 발생하는 지점이었기 때문

---

[2] 중인층에 대해서는 다음 글이 참고된다(韓永愚,「朝鮮時代 中人의 身分·階級的 性格」,『한국문화』9, 1988; 이성무,「조선시대 신분구성과 그 특성」,『朝鮮時代史學報』39, 2006; 김성우,「良賤制說의 대두와 조선 초기 사회구조에 대한 새로운 이해」,『韓國史硏究』146, 2009; 연세대학교 국학연구원 편,『高麗-朝鮮前期 中人硏究』, 신서원, 2001; 이남희,「잡과의 전개와 중인층의 동향」,『한국사시민강좌』46, 2010; 송만오,「系譜資料를 통해서 본 조선시대 中人의 사회적 지위」,『한국학논집』44, 2011; 김두헌,『조선시대 기술직 중인 신분 연구』, 景仁文化社, 2013; 최이돈,『조선전기 신분구조』, 景仁文化社, 2017).

이다. 따라서 이 글에서는 의관층의 변동 과정을 통해 조선전기 국가체제 내의 모순(矛盾)을 보여주고자 한다.

2. 양인의관층의 성장 방향

1) 당상관으로의 승진 시도

조선 건국 직후의 의관(醫官)으로는 개국공신인 전의감(典醫監) 고여(高呂)나 태종대에 이미 '늙은 의관[老醫]'으로 불렸던 검교한성윤(檢校漢城尹) 김지연(金之衍) 등이 있다.3 이들을 포함한 상당수의 의관들은 이름만 알려져 있을 뿐이지만, 태조대 의과 시험 이후로는 의관들도 늘어났다. 의과 응시는 양인이어야 가능했으므로 의관 중에는 양인이 많았다.

예컨대 태종 1년(1401)에 의부(義婦)로 칭송된 구고(九皐) 임씨(林氏)는 전의감(典醫監) 부정(副正)인 임영순(林英順)의 딸이다. 윤회(尹淮)의「하의부임씨시서(賀義婦林氏詩序)」에 따르면, 그녀는 사족(士族) 출신으로서 통례문(通禮門) 봉례랑(奉禮郎)인 박조(朴慥)와 혼인하였다.4 의관인 임영순의 활동 시기는 정확하지 않고, 의과 합격 여부도 불분명하지만 사족, 즉 지배층의 일원으로서 의직(醫職)을 담당한 것은 분명하다.

조선초기에 최고의 명성을 누린 의관으로는 노중례(盧重禮)가 있다. 노중례는 '의원을 직업으로 삼았다[業醫]'고 하는데, 이것은 그가 문과(文科) 합격자가 아님을 드러낸다. 그가 의서 편찬에 종사한 것을 감안하면, 그는 의과(醫科) 합격자로서 의학 연구에 전념했던 것으로 짐작된다. 또한 노중례의 졸기(卒記)에서는 그가 미천(微賤)한 출신이라고 강력하게

---

3 『太祖實錄』卷1, 태조 1년(1392) 8월 20일(기사); 『太宗實錄』卷24, 태종 12년(1412) 9월 9일(신묘).

4 『東文選』卷93, 序 賀義婦林氏詩序.

암시되어 있으므로, 그의 가문은 권문(權門)이 아니다. 하지만 천인 출신인 경우에는 승진 기사나 세평(世評)을 통해 그 정보가 수록되는데, 노중례는 첨지중추원사(僉知中樞院事)로 승진할 때까지도 전혀 그러한 내용이 보이지 않는다. 따라서 의직에 투신하여 당상관(堂上官)까지 오른 노중례는 한미한 사족[寒族], 즉 광의의 양인(良人) 출신이었다.[5]

한족(寒族)만이 의직에 종사한 것은 아니었다. 태종대의 전의감 주부 박윤덕(朴允德)은 면성군(沔城君) 한규(韓珪)의 사위였고,[6] 세종대에 전의감 제조(提調)로서 의료정책에 깊숙이 관여한 황자후(黃子厚)는 의술에 밝은 고위관료였다. 특히 세종 3년(1421)에 실시된 의서습독관(醫書習讀官)제도는 사족(士族)을 교육하여 임상까지 담당시키는 조치였다. 고위관료의 자제들이 의관으로 양성되었던 것이다. 또한 세조 8년(1462)에 사마시(司馬試)를 통과한 권찬(權攅)도 문과 대신 의서습독관을 거쳐 의관이 되었다.

크게 보아 조선초기는 양천제(良賤制) 사회였는데, 이 광의의 양인층이 두루 의료에 종사하고 있었음을 알 수 있다. 성종대 무렵에는 의료진흥이라는 의서습독관들의 역할이 어느 정도 마무리되었다. 그리고 15세기 후반으로 접어들자 고위관료들이 제조(提調)를 맡고, 현직 문관들이 의학교육의 일부를 맡는 방향으로 정책이 조정되었다.

따라서 앞에서 살펴본 바와 같이 의료업무 즉 의직 수행, 환자 치료, 의학 교육, 의서 편찬 등은 전업 의관층이 담당하게 되었다. 전업 의관층은

---

5 『世宗實錄』卷108, 세종 27년(1445) 4월 25일(무진); 『文宗實錄』卷12, 문종 2년(1452) 3월 11일(갑진). 노중례의 世系를 비롯하여 생애와 활동은 다음 글이 참고된다(이민호·안상영·권오민·하정용·안상우, 「世宗代의 醫官 盧重禮의 삶과 醫史學에의 貢獻 -鄕藥 및 産婦人科 醫學의 發展과 관련하여-」, 『韓國韓醫學研究院論文集』 14(2), 2008).

6 『太宗實錄』卷34, 태종 17년(1417) 8월 20일(계묘).

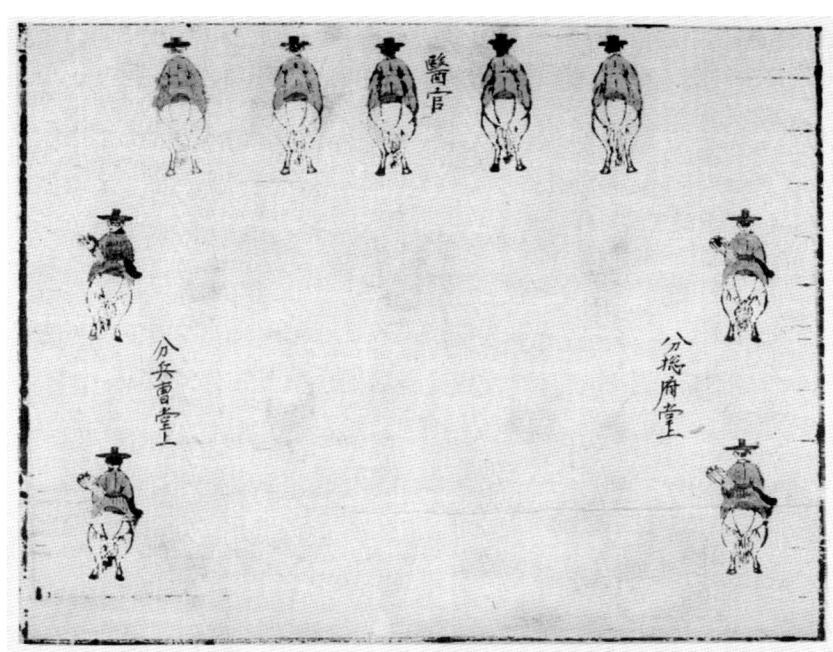

의관들이 말을 타고 행차를 수행하고 있다. 고종 18년(1881) 「순종순명후가례도감의궤(純宗純明后嘉禮都監儀軌)」의 일부이다. 서울대학교 규장각한국학연구원 소장이다.

일반양인 출신들과[7] 천인 출신들로 구성되었다. 천인 출신인 양홍달과 양인 출신인 노중례가 함께 진평대군(晉平大君)을 치료한 데서 이들이 나란히 근무하는 모습을 볼 수 있다.[8] 두 사람 중에는 양홍달이 훨씬 선배였지만 신분은 노중례가 높았다.

---

7 본문의 일반양인은, 權門 출신은 아니지만 광의의 양인으로서 문반·무반 관직에 진출하지 않은 양인들을 가리킨다. 물론 고관자제로서 醫科에 합격한 경우는 조선초기에 꽤 많았으며, 드물지만 선조 때까지도 발견되드로(韓永愚,「朝鮮時代 中人의 身分·階級的 性格」,『한국문화』9, 1988, 202~203쪽) 양인 가운데 오직 寒族만이 양인의관이 되는 것은 아니었다. 하지만 대체적으로는 집안의 門地가 낮은 이들이었는데, 본문에서는 이들을 '양인의관'으로 설정한다. 단종대에는 전의감의 의학 생도 가운데 의서습독관을 충원하도록 규정하였다(『端宗實錄』卷12, 단종 2년(1454) 8월 22일(신축)). 의서습독관은 士族이어야 했으므로, 이 기록은 의학 생도 중에 양인들이 존재했음을 증명한다.

8 『世宗實錄』卷53, 세종 13년(1431) 9월 23일(갑신).

양홍달이나 노중례 외에도 전순의(全循義)·권찬(權攢)·송흠(宋欽) 등 명의로 손꼽히는 의관들이 계속 배출되었다. 이들은 의학교육을 일부 담당하기도 하고,[9] 의서를 편찬하면서 전문가로서의 역량을 키워나갔다. 그리고 후술하듯이 의관들은 상소를 통해서 자신들의 입장을 적극 개진하게 된다.

　전업 의관층의 욕망에 대해서 이선제(李先齊)는 누구나 이름을 날리고 이익을 구하려고 힘쓴다고 표현하였다.[10] 이러한 출세와 부귀는 의관들의 지위가 상승함으로써 획득할 수 있는 것이었다. 여기에서 살피는 양인 출신 의관들의 경우에는 전의감·혜민서 등의 의학 생도로 있다가 의과·취재를 통해 의관이 되는 것이 일반적이었다. 물론 의과에서는 3년 단위로 9명밖에 선발하지 않았고, 의관이 된 후에도 1월·4월·7월·10월에는 계속 시험에 통과해야 했다.[11]

　의직 가운데 전의감 판관(判官), 혜민서 직장(直長) 등은 3년가량 근속하는 구임(久任)으로 운영되었지만 대부분의 의직은 교대로 녹봉을 지급받는 체아직(遞兒職)이었다.[12] 나중에는 구임관(久任官)도 취재를 거쳐야 했다.[13] 의관들은 흔히 전함(前銜)·권지(權知)로 산관직(散官職)에 머물렀다.[14]

　하지만 체아직보다 더 큰 문제는 의관들의 승진이 3품으로 제한된다는 점과 의직 이외의 다른 관직으로 진출하기가 아주 어려웠다는 점이었다.

---

9 『世宗實錄』 卷90, 세종 22년(1440) 7월 28일(무진).
10 『端宗實錄』 卷4, 단종 즉위년(1452) 12월 25일(계축).
11 『經國大典』 卷3, 禮典 諸科 醫科;『世宗實錄』 卷28, 세종 7년(1425) 5월 3일(임신);『世祖實錄』 卷12, 세조 4년(1458) 3월 11일(무술).
12 『經國大典』 卷1, 吏典 京官職 正三品衙門 典醫監; 從六品衙門 惠民署;『世宗實錄』 卷104, 세종 26년(1444) 6월 21일(기해).
13 『成宗實錄』 卷10, 성종 2년(1471) 4월 5일(정미).
14 孫弘烈, 『韓國中世의 醫療制度研究』, 修書院, 1988, 277~280쪽 참고.

즉 조선에서 가장 대표적인 의료관서인 내의원과 전의감은 3품아문이었으며, 의과 합격자는 의료관서에서 근무하도록 규정되어 있었다.[15] 『경국대전』에서 법제화되어 있듯이 의관으로서 도달할 수 있는 최고의 자리는 3품 당하관(堂下官)인 내의원 정(正)과 전의감 정(正)이었다.[16]

다시 말하면 양인의관들의 경우에는, 관품(官品)으로는 3품 당상관(堂上官) 이상으로 승진하고, 관직(官職)으로는 동서반(東西班) 특히 동반의 현직(顯職)을 제수받는 것이 목표였다.[17] 현직은 기술관서가 아닌 의정부(議政府)·육조(六曹)·삼사(三司) 등의 9품 이상의 일관 관직이다.[18]

우선 관품에 대해 살펴보자면 성종대에 들어서 의관들이 당상관으로 승진하는 사례들이 연이어 일어났다. 성종 9년(1478)에는 의관인 차득참(車得驂)이 3품 당상관으로서 혜민서 부제조가 되자 논란이 벌어졌다. 사헌부에서는 부제조에 의관을 임명할 수 없다고 반대하였으나 성종은 의방(醫方)을 아는 사람을 등용해야 한다고 반박하였다.[19]

이듬해에는 제안대군(齊安大君)의 창진(瘡疹)을 치료한 오경륜(吳敬倫)을 가자(加資)하여 당상관으로 승진시켰다. 10여 일 동안 대사헌·대사

---

15 『世宗實錄』卷100, 세종 25년(1443) 5월 8일(임술); 『成宗實錄』卷136, 성종 12년(1481) 12월 16일(병진).

16 『經國大典』卷1, 吏典 京官職 正三品衙門 內醫院; 典醫監.

17 『成宗實錄』卷282, 성종 24년(1493) 9월 19일(경술). 의과와 혁관은 관직에 진입하는 경로가 달랐다. 『경국대전』에도 규정되어 있듯이 의직은 의과와 취재를 통해 의관이 충원되지만, 혁관은 기본적으로 문무과와 문음 출신이 임명되었다.

18 본문에서 다르는 동반으로의 진출 과정은 대체로 동반 현직을 의미한다. 의료관서인 내의원·전의감 혜민서도 東班에 해당하지만 기술관서이드로 顯職으로 분류되지는 않는다(『成宗實錄』卷139, 성종 13년(1482) 3월 11일(기묘). 현직은 六曹와 議政府 등 동서반의 정직을 통칭한다(『成宗實錄』卷282, 성종 24년(1493) 9월 16일(정미); 『明實錄』卷15, 경종 8년(1553) 11월 2일(갑진). 반면 顯官은 문음의 특권이 부여되는 관직이다. 2품 이상의 특권 관품과 3품 이하의 몇몇 淸要職이 여기에 해당하는데, 문음과 충순위 입사 등의 신분적 특권을 자손데게 미치는 집단이다(崔異敦, 「朝鮮前期 顯官과 士族」, 『歷史學報』184, 2004).

19 『成宗實錄』卷94, 성종 9년(1478) 7월 4일(계해).

간을 비롯한 대간들이 계속 반대하였으나, 성종은 옳지 않은 간언이라면서 승진을 강행하였다.[20] 차득참이나 오경륜의 승진은 아직 예외적인 경우에 불과하였다. 성종은 아예 의관의 당상관 승진을 제도적으로 보장하고자 신하들과 장시간 논의를 벌이게 된다.

성종 12년(1481) 12월에서 이듬해 4월까지 의관의 당상관 승진을 제도화하려는 성종의 입장 대(對) 의관의 당상관 승진을 원칙적으로 금지하려는 관료들의 입장이 부딪혔다.[21] 성종은 의술의 현실적 필요성을 중시하였으므로 의관들의 지위 상승이 불가피하다고 여겼다. 반면 신하들은, 의관은 미천하므로 동반·서반에 등용하지 말고 분수에 맞게 쓰자고 주장하였다. 결국 성종은 자신의 명령을 철회하였다. 상법(常法)으로 규정하지는 않지만, 실력이 탁이(卓異)한 경우에는 예외적으로 당상관에 탁용(擢用)하는 것으로 결론지어졌다.

대사헌 채수(蔡壽)는 이 논의 과정에서 의자(醫者)의 무리는 미천(微賤)하므로 사족(士族)이 아니라고 주장하였다. 대저 동반·서반의 양반(兩班)은 삼한세족(三韓世族)으로서 모두가 과거[科目]를 통과한 집단이라는 설명이었다.[22] 3품 이상의 당상관은 양반만이 누리는 관품이라고 인식한 것이었다. 양반이 되려면 두 가지 요건, 즉 세족(世族)이라는 문지(門地)와 문무과(文武科)의 합격이 필요하다는 사고방식은 일반 관리들에게 자연스러웠다. 성종 15년(1484)에도 '어떤 족계(族系)인지와 문무과와 의과 중 어느 과거 출신(出身)인가를 따져야 한다'는 표현이 되풀이된다.[23]

---

20 『成宗實錄』卷112, 성종 10년(1479) 12월 1일(임자); 12월 2일(계축); 12월 3일(갑인); 12월 9일(경신); 12월 13일(갑자).
21 『成宗實錄』卷136, 성종 12년(1481) 12월 16일(병진); 卷140, 성종 13년(1482) 4월 11일(기유); 4월 12일(경술); 4월 13일(신해); 4월 14일(임자); 4월 15일(계축); 4월 18일(병진); 4월 28일(병인).
22 『成宗實錄』卷140, 성종 13년(1482) 4월 13일(신해).
23 『成宗實錄』卷173, 성종 15년(1484) 12월 21일(갑술).

두 가지 요건 중에서는 세족·사류라고 부르는 신분이 훨씬 중요하였다. 15세기 말에 들면서 사족지배층은 자신들을 사류(士類)라고 규정하면서 의관이 포함된 잡류(雜類)를 끊임없이 배제해나가고 있었다. 그들은 의관에 대한 권장방법으로 녹봉(祿俸)을 넉넉하게 지급하거나 상사(賞賜)를 융숭하게 내리면 충분하다고 생각하였다.[24] 후일 박세거 등의 당상관 승진 사례들을 살펴보면, 문과(文科)에 합격하지 못해도 당상관 승진을 용인하지만 천인의관일 경우에는 극렬하게 반대한다.

그런데 당상관 승진을 제도화하는 조치를 철회한 성종이 의관을 중시하는 입장은 여전히 고수하였다.[25] 성종은 권찬(權攢)에 대해 평가하면서 "권찬이 비록 과거(科擧) 출신(出身)은 아니나 재상을 어찌 모두 문신(文臣)만을 쓰겠는가?"라고 지적하였다.[26] 국가체제에서 의료부문은 필수이므로 의관들의 재상 승진까지도 보장해야 항구적인 체제 안정을 꾀할 수 있다는 입장이었다.

성종의 인식을 조금 더 자세히 검토해보면 그가 의관의 당상관 승진을 추진한 이유는 두 가지였다. 즉 성종은 차맹강(車孟康)이나 정흥지(鄭興智)는 의술이 정교하여 공을 세운데다, 이들이 당상관으로 승진되어야 나중에 의관들을 권장할 수 있다고 주장하였다.[27] 현실의 공적을 포상하는 측면과 미래의 공적을 유도하는 측면이 있었던 것이다. 이 주장의 저변에는 "만일 속절없이 의술을 천한 기술로 여기게 된다면 사람들이 반드시

---

[24] 『成宗實錄』卷221, 성종 19년(1488) 10월 3일(계사). 당시 기록에서는 사류인지 잡류인지에 따라 "덕이 성대하면 벼슬로써 성대하게 하고, 공이 성대하면 賞으로써 성대하게 한다[德懋懋官功懋懋賞]."라는 주장이 흔히 등장한다(『成宗實錄』卷112, 성종 10년(1479) 12월 3일(갑인)). 이 표현은 『書經』「仲虺之誥」에 나온다.

[25] 성종대의 의료정책에 대해서는 다음 글이 참고된다(이숙경, 「조선 성종의 향약활용과 의료정책」, 『韓國人物史研究』 18, 2012).

[26] 『成宗實錄』卷181, 성종 16년(1485) 7월 6일(갑인).

[27] 『成宗實錄』卷221, 성종 19년(1488) 10월 3일(계사); 卷233, 성종 20년(1489) 10월 26일(경술).

하려고 하지는 않을 것"이라는 인식이 깔려 있었다.

국왕과 신하들의 두 가지 입장은 팽팽하게 대립했으므로 의관을 당상관으로 임명할 때마다 갑론을박이 벌어지면서 임명이 강행되거나 철회되었다. 전반적으로 보자면 '상법(常法)으로 규정하지는 않지만 탁용(擢用)한다'는 결론대로 당상관 임명 사례가 점증하게 된다. 이미 성종대에 당상관으로 승진한 의관들이 많이 배출되었다. 차득참, 오경륜, 권찬, 송흠, 차맹강, 정홍지 등이 그 예이다.[28] 성종대 이후로는 양인의관의 당상관 임명이 거의 관례화되었다. 예컨대 중종은 중전과 세자를 위해서는 당상관 의관이 더 필요하다는 논리를 내세워 김순몽을 당상관으로 임명한다.[29]

이것은 의관의 승진 한도를 3품 당하관으로 규정한 『경국대전(經國大典)』의 규정을 넘어서는 것이었다. 성종 16년(1485)부터 시행된 『경국대전』은 조선 건국 이래 100년에 가까운 제도 정비의 결과물이었다.[30] 그런데 의관에 대한 당상관 금지 규정은 이미 성종대에 흔들리고 있었고, 중종대에 들어서는 의관의 당상관 승진이 자연스러워졌다. 양인의관들로서는 법률의 규제와 양반사족의 견제를 뛰어넘는 성취였다.

2) 문반·무반 관직으로의 진출

관품(官品)이 관리들의 위계를 표시하는 데 비해서 관직(官職)은 관리들이 실제로 배치되는 자리를 표시한다. 관서별로 관직 정원은 제한되어 있으므로 관직을 둘러싼 경쟁은 그만큼 치열할 수밖에 없다. 의관들이 다른 관직[他官]으로 진출하는 경로는 크게 동반의 실직(實職)과 서반의 군

---

28 『成宗實錄』 卷94, 성종 9년(1478) 7월 4일(계해); 卷112, 성종 10년(1479) 12월 1일(임자); 卷155, 성종 14년(1483) 6월 28일(기축); 卷216, 성종 19년(1488) 5월 20일(계미); 卷220, 성종 19년(1488) 9월 30일(경인); 卷233, 성종 20년(1489) 10월 21일(을사).
29 『中宗實錄』 卷62, 중종 23년(1528) 7월 28일(정유).
30 오영교 편, 『조선 건국과 경국대전체제의 형성』, 혜안, 2004.

직(軍職)으로 나뉜다. 고위직으로 승진하는 경우를 보면, 예외적으로 동반의 육조에 진출한 권찬의 사례가 있으며, 보다 일반적으로는 서반 1품 아문인 중추부에 진출하게 된다.

의관으로서는 처음으로 당상관이 된 노중례는 이미 세종대에 첨지중추원사(僉知中樞院事)가 되었다.³¹ 그 이후 단종대에 박하(朴河)·노정(盧定)·김귀흥(金貴興)은 그 족파(族派)가 동반(東班)에 적합하다는 이유로 동반 관직에 임명되기도 하였다.³² 이 기사에는 자세한 내용이 기록되어 있지 않은데, 아쉽게도 이들은 관력(官歷)도 거의 남아 있지 않다.³³ 성종 14년(1483)에는 의관인 권찬이 공조판서에 올랐다. 이듬해에 성종이 의학 장려법을 묻자 권찬은 의관을 동반(東班)·서반(西班)의 현직(顯職)에 서용(敍用)하자고 건의하였다. 하지만 다른 신하들의 반대로 채택되지는 못하였다.³⁴

양인의관층의 타관(他官) 진출 허용에 대한 집중적인 논의는 성종 24년(1493) 9월에 이루어졌다.³⁵ 의관들의 상소가 발단이었다. 성종은 의술이

양인의관층의 타관(他官) 진출을 허용할 것인가, 금지할 것인가? 성종 24년(1493) 9월 16일의 기록이다. 이날부터 치열한 논의가 시작되었다.

---

31 『世宗實錄』 卷108, 세종 27년(1445) 4월 25일(무진).
32 『端宗實錄』 卷7, 단종 1년(1453) 9월 27일(경진).
33 『成宗實錄』 卷91, 성종 9년(1478) 4월 13일(갑진); 4월 16일(정미).
34 『成宗實錄』 卷173, 성종 15년(1484) 12월 19일(임신); 12월 21일(갑술).
35 『成宗實錄』 卷282, 성종 24년(1493) 9월 16일(정미); 9월 17일(무신); 9월 18일(기유); 9월 19일(경술); 9월 20일(신해); 9월 21일(임자); 9월 25일(병진); 9월 26일(정사).

뛰어난 의관을 동반·서반의 현직에 임명하도록 제도화하려고 하였다. 이에 대해 사헌부·사간원·의정부에서 "입법(立法)은 불가하다."라는 극심한 반대가 빗발쳤다.

그러나 성종은 사로(仕路)를 허용해달라는 의관들의 상소에 동조하였다. 성종은 과거(科擧)에 합격하지 못한 자라도 의술에 정통하면 '벼슬에 오르는 계단'을 장려하려고 한다는 뜻을 분명히 밝혔다. 하지만 신하들은 이 법을 세운다면 자손 만세에 폐단이 될 것이라는 입장을 굽히지 않았다. 결국 의술에 정통할 경우에는 특지(特旨)로 현직에 임명하되 법전에는 수록하지 않는 것으로 매듭지어졌다. 성종 12년의 당상관 승진 논의와 비슷한 결론이었다. 실제로 연산군대에 유영정이 동반에 서임되자 신하들이 국왕의 특지를 요구하였음은 앞서 설명한 바와 같다.

의정부 대신들과 대간들이 의관들의 타관 진출을 극력 반대하는 이유는 두 가지였다. 의업(醫業)이란 의관 집안에서 대대로 계승해야 하기 때문이라는 것이 하나의 이유였다.[36] 의관들은 의직에만 종사해야 한다는 직분론이었다. 또 다른 이유는 공기(公器)인 관직을 의관에게 함부로 지급하면 그 관직이 진흙처럼 천해진다는 것이었다.[37] 흔히 의관들이 타관으로 진출하는 경우에는 중추부(中樞府) 관직을 제수받았다. 중추부에서 회좌(會坐)할 때는 당상관들이 품계에 따라 앉아야 하는데 비천(卑賤)한 의관이 명망 있는 재상(宰相)보다 윗자리에 앉는 것은 재상을 대우하는 취지와 어긋난다는 주장이었다.[38]

실례를 살펴보면 성종 19년(1488)에 송흠(宋欽)이 첨지중추부사(僉知中樞府事)로 임명되자, 언관들은 '직임이 없는 문무(文武)의 당상관(堂上

---

36 『中宗實錄』 卷3, 중종 2년(1507) 5월 3일(을사).
37 『成宗實錄』 卷242, 성종 21년(1490) 7월 16일(병인).
38 『成宗實錄』 卷221, 성종 19년(1488) 10월 1일(신묘).

官)을 첨지중추부사로 임명한다'라는『대전(大典)』규정을 근거로 반대하였다.[39] 원래 중추부 관직이란 직임이 없는 문반·무반의 재상을 위한 자리라는 주장은 그 이후에도 반복된다.[40] 연산군을 치료한 송흠·김흥수가 중추부에 임명되자 원상(院相) 정괄(鄭佸)은 훨씬 솔직하게 반대 이유를 밝혔다.

> 중추부는 의정부와 같은 자리이니, 잡류(雜類)가 들어가도록 할 수 없습니다. 지금 송흠·김흥수를 동지(同知, 동지중추부사 – 인용자)로 삼는다면 전임 재상은 까닭 없이 산관(散官)이 됩니다.[41]

의관들의 중추부 입성은 문반·무반 고위관료들의 자리를 밀어내게 된다는 이야기였다. 고세보(高世輔)·김공저(金公著) 같은 의관이 중추부에 있느라 무반 당상관들이 영향을 받게 되는 식이었다.[42] 이미 성종 13년 (1482)에 대사헌 채수는 의관들이 "망령되게 옛 사례[古例]를 인용하여 스스로 현관(顯官)을 차지하려고 한다."라고 경고하였는데,[43] 이는 의관들의 지위 상승 욕구에 대한 직접적인 제어였다.

게다가 의관들이 공조판서나 중추부 같은 고위관직에만 진출하는 것은 아니었다. 문반 이직(吏職)으로 진출하는 것은 일반 문반들과의 관직 경쟁을 야기하였다. 의관들을 현직(顯職)에 서용하려 할 때마다 대간들은 심하게 반발하였다. 그 표면적인 근거는 세조대에 전순의(全循義)가 정2품 정헌대부에 이르렀어도 육조와 의정부의 현직에는 서용하지 않았다는

---

39 『成宗實錄』卷216, 성종 19년(1488) 5월 20일(계미).
40 『中宗實錄』卷2, 중종 2년(1507) 1월 27일(신축).
41 『燕山君日記』卷5, 연산군 1년(1495) 5월 11일(계사). "中樞府與議政府齊等, 不可使雜類居之. 今以宋欽·金興壽爲同知, 則前任宰相, 無故作散."
42 『中宗實錄』卷2, 중증 2년(1507) 1월 27일(신축).
43 『成宗實錄』卷140, 성종 13년(1482) 4월 13일(신해).

전례(前例)였다.⁴⁴ 중종대에 들어서도 유영정(劉永貞)이 현감(縣監)으로 임명되자 이조·병조에서 "의과로 벼슬길에 나가게 하는 것은 준례가 없다."라고 반대하여 교체되었다.⁴⁵ 하지만 속내를 들여다보면, 조정의 정직(正職)은 양과(兩科)나 문음(門蔭)이나 천거(薦擧)로 관리가 된 사대부(士大夫)들을 위한 자리라는 주장이었다.⁴⁶

하지만 연산군대 무렵에는 이미 분위기가 바뀌었다. 내의원(內醫院)의 신경종(申敬宗) 등은 동반 진출을 허용해달라고 상언(上言)하였다.

> 의술(醫術)은 다른 잡과(雜科)에 비할 바가 아닌데도 사로(仕路)에 통하지 못하므로, 비록 뜻을 가진 자라도 다 업으로 삼기를 부끄러워하여 재주를 성취하는 자가 거의 없으니, 국가가 도타이 권하는 본의에 어긋납니다. 또 산원(算員)·율원(律員)은 본디 직분(職分)에 관계됨이 신 등과 서로 높거나 낮지 않은데도 산(算)·율(律)은 다 천거하여 서용(敍用)이 됩니다. 신 등은 어약(御藥)을 가까이 모시는 직임으로서 사판(仕板)에 서록(敍錄)되지 못하오니, 신은 참으로 매우 한스럽습니다. 바라옵건대 전하께서는 산·율의 예에 따라 이직(吏職)에 참용(參用)토록 허락하시어 사로를 틔워 주소서.⁴⁷

이 상언을 받은 연산군은 삼공(三公)에게 의논하도록 하였는데, 산원·율원과 마찬가지로 의관에게도 사로를 허용하자는 데 모두 동의하였다. 양인의관층의 타관 진출 양상을 보면 성종과 연산군대에는 사례별로 임

---

44 『成宗實錄』 卷282, 성종 24년(1493) 9월 16일(정미).
45 『中宗實錄』 卷2, 중종 2년(1507) 윤1월 24일(무진).
46 『明宗實錄』 卷30, 명종 19년(1564) 12월 24일(임진).
47 『燕山君日記』 卷57, 연산군 11년(1505) 2월 14일(경오). "醫術非他雜科之比, 而不通仕路, 故雖有志者, 皆恥爲業, 成才者蓋寡, 有乖國家敦勸之意. 且算員·律員本系職分, 與臣等不相上下, 而算·律則皆得薦敍. 臣等以近侍御藥之任, 不敍仕版, 臣實痛恨. 伏願殿下, 依算·律例許令參用吏職, 以通仕路."

명이 강행되기도 하고 취소되기도 한다.[48] 중종대부터는 의관들의 중추부 관직 임명이 한층 빈번해지고 신하들의 반발도 한결 누그러진다. 고세보·김공저·하종해·길순몽 등의 사례에서 잘 드러난다.[49] 이미 중종대에는 간원(諫院)에서도 '술업(術業)에 정통한 잡류(雜類)를 사류(士類)에 끼게 한 것은 권장하기 위한 뜻'이라고 인정하였고, '동반에 서용된 의관은 의료관서의 교수(敎授)를 겸하는 것이 규례'였다.[50]

명종대에 들어서는 당상관 품계나 동서반 실직을 수여받는 의관들이 흔해졌다. 의관 김윤은(金允誾)은 사옹원 주부였다가 세자를 치료한 공로로 당상관으로 승진하였고, 손사균(孫士鈞)·양예수(楊禮壽)·김세우(金世佑) 등 의관 3명은 동시에 동반의 상의원(尙衣院) 판관(判官), 예빈시(禮賓寺) 판관(判官), 사옹원(司饔院) 주부(主簿)로 진출하였다.[51] 오랫동안 어의(御醫)로 활동하면 으레 동반에 서용된다고 할 정도였다.[52]

이처럼 양인의관층은 의직 3품 당하관의 한계를 뛰어넘고자 하였다. 성종대에는 의관들이 성취할 수 있는 관품과 관직의 두 측면에 대해서 집중적인 논의가 이루어졌다. 그 결과 사족지배층 우위의 신분제(身分制)는 고수하면서도 특지(特旨)의 형식으로 예외적인 지위 상승의 문을 열어두게 되었다. 따라서 성종대 이후로는 양인의관들이 당상관으로 승진하는

---

48 『成宗實錄』 卷94, 성종 9년(1478) 7월 4일(계해); 卷155, 성종 14년(1483) 6월 28일(기축); 卷216, 성종 19년(1488) 5월 20일(계미); 卷222, 성종 19년(1488) 11월 15일(갑술); 卷249, 성종 22년(1491) 1월 17일(갑오); 卷250, 성종 22년(1491) 2월 20일(병인); 卷255, 성종 22년(1491) 7월 3일(정축); 『燕山君日記』 卷5, 연산군 1년(1495) 5월 11일(계사); 卷9, 연산군 1년(1495) 9월 16일(병신); 9월 29일(기유).
49 『中宗實錄』 卷2, 중종 2년(1507) 1월 27일(신축); 卷47, 중종 18년(1523) 2월 28일(기해); 卷62, 중종 23년(1528) 7월 28일(정유).
50 『中宗實錄』 卷27, 중종 11년(1516) 12월 1일(정미); 卷51, 중종 19년(1524) 8월 12일(갑진).
51 『明宗實錄』 卷23, 명종 12년(1557) 8월 19일(기해); 卷30, 명종 19년(1564) 12월 24일(임진).
52 『明宗實錄』 卷34, 명종 22년(1567) 4월 25일(경술).

경우가 빈번해졌으며, 중종대 즈음부터는 중추부 관직이나 문반 실직을 제수받는 사례도 늘어났다.

이 과정에서 성장해가려는 의관들과 기존 질서를 옹호하려는 문반·무반들 사이에는 관직 경쟁이 존재하였다. 당시에 일반 관리들이 의관들을 잡류(雜類)로 간주함으로써 신분제 논리를 강조하는 것은 나름의 사정이 있었다. 동반·서반 현직에 대한 자신들의 이해관계를 지키기 위해서였다. 관직과 관품 수여에 활용된 특지(特旨)는 일종의 타협책으로서 양인의관층의 지위 상승 수단이었다.

3. 천인의관층의 처지와 목표

1) 천인의관층의 입장과 '명분'의 장벽

조선초기부터 천인에게는 취재를 통해서 의관이 되는 길이 열려 있었다. 일찍이 천인 출신인 양홍달(楊弘達)과 양홍적(楊弘迪), 그리고 양홍달의 아들들인 양제남(楊濟南)과 양회남(楊淮南)은 의술로 명성을 날렸다.[53] 이들이 양인과 함께 근무하게 되면 불편한 상황이 연출되기도 하였다. 예를 들자면, 정종대에 양홍달·양홍적이 궁고(宮庫) 별좌(別坐)가 되자 감찰(監察)들이 이들을 천인이라고 지목하면서 함께 앉으려고도 하지 않았던 것이다.[54]

게다가 서얼(庶孼)의 의직 참여를 완전히 제도화하는 조치들은 갈등의 소지가 되었다. 그 시작은 태종 14년(1414) 6월 28일에 일어났다. 2품 이상 관리의 천첩 아들에게 영구히 양민이 되는 것을 허락하면서 관직을 받

---

53 『太宗實錄』 卷7, 태종 4년(1404) 5월 17일(정사); 『世宗實錄』 卷53, 세종 13년(1431) 9월 8일(기사).
54 『定宗實錄』 卷1, 정종 1년(1399) 3월 13일(갑신).

도록 한 것이다.⁵⁵ 이듬해에는 종친과 각품 관리의 서얼들이 현관(顯官)을 제외한 관직들에 진출하였는데, 이때 삼의사(三醫司)의 의직을 한품서용(限品敍用)하게 되었다.⁵⁶

서얼들의 관직 진출 규정은 세종 28년(1446)에 더욱 정교해졌다. 적실(嫡室)에서 아들이 없는 2품 이상 관리의 경우에는 승중(承重)한 천첩(賤妾)의 장자·장손에게, 적실에서 아들이 있는 경우에는 양첩(良妾)의 중자(衆子)·중손(衆孫)에게 전의감(典醫監)·제생원(濟生院)·혜민국(惠民局) 등에 입속(入屬)하도록 규정한 것이다.⁵⁷ 고위관료들의 첩자(妾子)에게 사로(仕路)를 열어주는 조치였다. 『경국대전』에서도 서얼들은 전의감 등에서 한품서용하도록 규정되었는데, 양첩 소생 천인인지 천첩 소생 천인인지에 따라 승진에 제한이 있었고, 아버지의 관직도 이들의 승진 범위와 직결되었다.⁵⁸

서얼들의 관직 진출 규정이 만들어진 계기는 2품 이상 고위관료들의 후사(後嗣)를 해결하기 위해서였다.⁵⁹ 태종 5년(1405)부터 2품 가선대부 이상은 특권 관품이 되면서, 문음(門蔭)·추증(追贈) 등의 신분상 특권과 관전(寬典)에 따른 재판·계문치죄(啓聞治罪) 등의 사법상 특권을 부여받았다.⁶⁰ 특권신분이 된 고위관료들의 자식(서얼) 사랑이 신분제의 폐쇄성

---

55 『太宗實錄』卷27, 태종 14년(1414) 6월 28일(기사); 『世宗實錄』卷45, 세종 11년(1429) 8월 26일(경자); 卷47, 세종 12년(1430) 2월 19일(경인); 卷77, 세종 19년(1437) 6월 23일(신사).
56 『太宗實錄』卷29, 태종 15년(1415) 6월 25일(경인); 『明宗實錄』卷15, 명종 8년(1553) 11월 2일(갑진).
57 『世宗實錄』卷114, 세종 28년(1446) 10월 19일(계축).
58 『成宗實錄』卷10, 성종 2년(1471) 6월 8일(기유); 『經國大典』卷1, 吏典 限品敍用.
59 『世宗實錄』卷47, 세종 12년(1430) 2월 19일(경인); 卷114, 세종 28년(1446) 10월 19일(계축); 『燕山君日記』卷25, 연산군 3년(1497) 7월 3일(임인).
60 최이돈, 「조선 초기 특권 관품의 정비과정」, 『朝鮮時代史學報』67, 2013.

을 스스로 무너뜨리는 방아쇠로 작용하는 형국이었다.[61]

조선초기의 국왕들은 천인 출신 의관까지도 등용하는 것을 모두 당연시하였다.[62] 태조가 천인 출신인 양홍달을 중용했듯이, 정종은 국가에 공이 있는 천례(賤隷)는 허통(許通)해야 한다고 지시하였으며, 태종은 의관 김지연(金之衍)이나 양홍달을 검교직(檢校職)으로 우대하는 조치를 끝내 고수하였다.[63] 세종 역시 양홍달의 아들인 양제남을 3품으로 승진시키는 방안을 강구하였다.[64]

특히 세종의 발언이 강경하였다. 세종은 관질(官秩)을 기준으로 삼으면 아버지가 아들 아래에 있을 수 있듯이, 천인이 본주인인 사족보다 위에 있는 것도 괴이하지 않다는 입장이었다.[65] 그 결과 천인의관들의 관직 진출에 대해서 사족에 해당하는 일반 관리들은 반발하고 국왕들은 그 반발을 억누르는 상황이 반복되었다.

국왕들과 건국주도세력·고위관료 등의 핵심지배층은 국가를 융통성 있게 운영하려는 태도를 견지하였으므로 천인까지도 능력에 따라 기용하였다. 또한 고위관료들로서는 자신들의 서얼에게 앞날을 열어주는 문제여서 천인의관의 활동을 긍정하였다. 고위관료들의 입장에서는 천인의관들이 관직에 진입한다고 해서, 자신들과 천인의관들 사이에 직접적인 관직 경쟁이 촉발되는 것도 아니었다. 사족이나 문관(文官)으로 지칭되는 일반 지배층이 의관들의 동서반 진출에 예민했던 것과는 대비된다.

---

61 고려말의 중혼으로 인한 서얼 문제가 조선초기에는 심각한 현안으로 대두되었다. 태종은 서얼의 한품서용을 통해 이 문제를 법제적으로 정리하였다.
62 고려말 이래로 천인을 국가의 '국민'으로 인정하려는 강한 움직임이 존재하였다(최이돈, 「조선초기 賤人天民論의 전개」, 『朝鮮時代史學報』 57, 2011).
63 『定宗實錄』 卷1, 정종 1년(1399) 3월 13일(갑신); 『太宗實錄』 卷1, 태종 1년(1401) 5월 1일(기축); 卷11, 태종 6년(1406) 5월 12일(신축).
64 『世宗實錄』 卷53, 세종 13년(1431) 9월 8일(기사).
65 『世宗實錄』 卷47, 세종 12년(1430) 2월 19일(경인).

그런데 천인의관들에게 초점을 맞춰보면 의료관서 내에서는 여러 층위의 갈등이 겹쳐 있었다. 우선 천인의관이라고 하더라도 양첩(良妾) 소생 천인과 천첩(賤妾) 소생 천인 사이부터 갈등이 내재해 있었다. 성종개에 전의감 등에서는 천첩 소생과 함께 근무하는 것을 부끄럽게 여긴다는 지적이 있어서 양첩 소생만을 근무하도록 결정하였다.66 법적으로도 양첩 소생과 천첩 소생 사이에 차별이 있었다는 점은 『경국대전』의 규정에서 언급한 바와 같다.

천인(賤人) 출신 의관과 양인(良人) 출신 의관 사이에도 긴장이 없을 수는 없었다. 양인의관인 송흠은 천인의관들에 대한 적대감을 노골적으로 드러냈다. 국초에는 재주와 학식이 있는 사대부가 문과·무과에 떨어지면 의직에 투신하여 명의(名醫)가 되었지만, 천출(賤出) 서자들이 의료관서에 폭주해서 소속되자 존비귀천이 흐려지면서 사대부가 수치로 여겨 달아났다는 설명이었다.67 앞서 살폈듯이 첨지중추부사에 임명된 후에, 언관들로부터 첨지중추부사는 문무(文武)의 당상관 자리라고 반대를 당한 송흠이 정작 천인의관층의 진출에는 반대하는 것이 현실이었다. 양인의관들로서는 의료관서에 대한 사회적 낙인이 천인의관 때문에 생긴다고 여겼던 것이다. 이를 간파한 어세겸 등은 양인의관들이 천인의관의 진출을 막는 것은 문무과 출신들과 맞먹으려는 의도라고 맹비난하였다.68

의료관서에 근무하는 천인의관들에 대한 일반 문관(文官)들의 입장도 호의적일 리는 없었다. 사대부가 천인의관들과 나란히 근무하는 것을 수치로 여긴다는 인식은 송흠 한 사람만의 의견이 아니었다. 첩의 소생은 사대부(士大夫)와 같은 반열이 될 수 없다는 표현은 빈번하다.69 천인들과

---

66 『成宗實錄』卷139 성종 13년(1482) 3월 11일(기묘).
67 『燕山君日記』卷25 연산군 3년(1497) 7월 3일(임인).
68 『燕山君日記』卷26 연산군 3년(1497) 8월 5일(갑술).
69 『成宗實錄』卷8, 성종 1년(1470) 12월 19일(임술).

사대부가 함께 있는 것은 흔히 '훈유(薰蕕)' 즉 향기나는 풀과 악취나는 풀이 뒤섞인 것과 같다고 비유되곤 하였다.70

따라서 천인의관들은 자신들의 실력으로 승진하지 않으면 안 되었다. 천인의관으로 확인되는 사람은 행전의감(行典醫監)을 거쳐 검교한성윤을 제수받은 양홍달과71 그 가족(양홍적·양제남·양회남)을 비롯하여 신보종(申輔宗)·이계산(李繼山)·강대생(姜帶生)·박세거(朴世擧)·유지번(柳之蕃) 등이다. 우선 신보종은 성종대에 의관으로 오래 근무한 데다 인수대비(仁粹大妃)의 치료에 공을 세웠다. 하지만 자급을 더하게 되면 당상관이 된다는 반대에 부딪히자 그는 안마(鞍馬)를 하사받는 데 그쳤다.72

이계산은 단편적인 기록만이 보일 뿐이지만,73 강대생은 조금 더 자세한 관력을 알 수 있다.74 인수부윤(仁壽府尹) 강주(姜籌)의 양첩(良妾) 소생인 강대생은 예종대에 통례원(通禮院) 인의(引儀)로 임명되었다. 당시에도 동반직이어서 논란이 되었는데, 첩의 소생이어서 그후에 서반(西班)으로 보내어졌다. 그리고 성종 1년(1470)에 강대생이 동반인 풍저창(豐儲倉) 주부(主簿)로 제수되면서 다시 한번 아주 크게 논란이 벌어졌다. 성종은 강대생이 예종대에 이미 허통되어 동반에 임명된 적이 있다는 이유로 제수를 강행하였지만 얼마 뒤에는 결국 임명을 철회하였다. 박세거와 유지번의 사례는 뒤에서 계속 다루겠다.

---

70 『成宗實錄』卷82, 성종 8년(1477) 7월 17일(임오).
71 『太宗實錄』卷1, 태종 1년(1401) 5월 17일(을사); 卷11, 태종 6년(1406) 5월 12일(신축).
72 『成宗實錄』卷294, 성종 25년(1494) 9월 7일(임진); 9월 10일(을미);『燕山君日記』卷26, 연산군 3년(1497) 8월 5일(갑술).
73 『世祖實錄』卷2, 세조 1년(1455) 12월 27일(무진);『成宗實錄』卷38, 성종 5년(1474) 1월 4일(경인);『燕山君日記』卷26, 연산군 3년(1497) 8월 5일(갑술).
74 『世宗實錄』卷102, 세종 25년(1443) 11월 24일(을해);『睿宗實錄』卷6, 예종 1년(1469) 7월 6일(정해);『成宗實錄』卷8, 성종 1년(1470) 12월 6일(기유); 12월 9일(임자); 卷10, 성종 2년(1471) 6월 8일(기유).

천인의관들의 승진이나 신분상승을 가로막는 데 동원되는 가장 일반적인 근거는 바로 '명분(名分)'이었다. 천례(賤隷)의 무리가 동반(東班)의 품계에 제수되어 사대부(士大夫)의 길과 동일해지는 것은 명분의 손상이라고 간주되었다.[75] 중종 24년(1529)에 홍문관 부제학 유여림(兪汝霖) 등은 다음과 같이 상소하였다.

> 명분(名分)이 엄하지 않으면, 아랫사람이 윗사람을 능멸하고 천한 사람이 귀한 사람을 방해하며, 기강이 날로 무너져 사유(四維, 예의염치 – 인용자)가 서지 않아서, 나라가 나라답지 않게 될 것입니다.[76]

명분이 엄격하지 않으면 천한 사람이 귀한 사람을 방해하여 결국 나라가 망한다는 설명이었다. 사회의 기강인 명분이란 귀(貴)·천(賤)이자 적(嫡)·서(庶)인데 이 존비(尊卑)를 구별짓는 것이 예(禮)이므로 예가 곧 명분이고 적서의 구분이었다.[77] 성리학에서 주장하는 상하의 귀천과 적서의 위계는 조선전기에 천인의관층을 억제하고 신분질서를 유지하는 강력한 논리였다.

이상에서 살핀 것처럼 후사를 염려하는 고위관료들의 적극적인 태도 덕분에 서얼들은 태종대 이래로 의료관서에 진출할 수 있었다. 천인의관들은 신분상승을 추진하였지만 사족지배층은 '명분'의 논리를 앞세워 이들을 억눌렀다.

---

75 『成宗實錄』 卷8, 성종 1년(1470) 12월 19일(임술); 『明宗實錄』 卷12, 명종 6년(1551) 9월 28일(계축).
76 『中宗實錄』 卷65, 중종 24년(1529) 4월 17일(임오). "名分不嚴 則下而凌上, 賤而妨貴, 紀綱日壞, 四維不立, 而國非其國矣."
77 『明宗實錄』 卷25, 명종 14년(1559) 7월 4일(계유); 卷31, 명종 20년(1565) 10월 10일(계유).

2) 의과 응시자격의 획득과 그 의미

천인의관의 입장에서 양인의관과의 격차를 줄이는 방법은 의과 응시자격을 똑같이 획득하는 것이었다. 의과에 합격할 경우에는 양인의관들과 마찬가지로 의료관서에서 3품까지 승진할 수 있어서였다. 천인의관층에게는 법률로 금지된 의과 응시가 큰 장벽이었고, 이 장벽을 넘으려는 노력은 몇 차례에 걸쳐 진행되었다.

우선 연산군 3년(1497) 7월에 이공(李拱)의 첩자(妾子) 이칭수(李稱壽)가 의과를 보게 해줄 것을 상소하면서 찬반 논의가 분분해졌다. 한 달을 넘긴 토론 끝에 의과 응시가 허용되었다. 서얼을 의료관서에 속하게 하였으니, 이칭수가 의과를 보지 못할 이유가 없다는 것이었다.[78] 이칭수는 실제로 연산군 4년(1498)에 의과에 합격하였으며,[79] 연산군 10년(1504)에는 경기심약(京畿審藥)으로 활동하고 있다.[80]

하지만 이칭수의 상소에 대한 조치가 모든 서얼의 잡과 응시 허용은 아니었던 것 같다. 중종 4년(1509)에는 서얼인 전의감 주부(主簿) 신희호(申希浩) 등이 잡과 응시를 다시 진

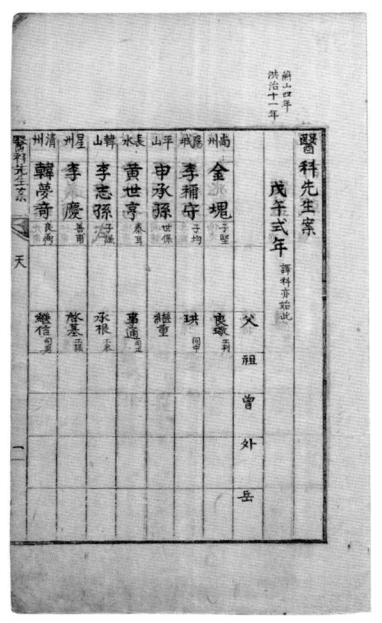

의과 합격자를 기록한 『의과선생안(醫科先生案)』. 연산군 4년(1498) 첩자(妾子)의 신분으로 의과에 합격한 이칭수는 경기심약 등으로 활동하였다.

---

78 『燕山君日記』 卷25, 연산군 3년(1497) 7월 2일(신축); 7월 3일(임인); 7월 26일(을축); 卷26, 연산군 3년(1497) 8월 5일(갑술).
79 『醫科先生案』(서울대학교 규장각한국학연구원, 古7606-1) 戊午式年.
80 『燕山君日記』 卷55, 연산군 10년(1504) 9월 8일(을미).

소(陳疏)했기 때문이다. 이들의 진소도 허용되었다.[81] 법제적으로 보았을 때 2품 이상 문구 관료의 첩증현손(妾曾玄孫)이 잡과 응시를 허용받는 것은 중종 38년(1543)에 편찬된 『대전후속록(大典後續錄)』에서였다.[82]

의과 응시 허용은 이칭수나 신희호 등 천인의관들이 지위 상승을 위해서 노력한 결과였다. 천인의관층의 의과 응시가 제도화됨으로써 천인층은 관료사회의 한 축으로 인정받게 되었다. 더이상 천인은 피지배신분이나 시혜(施惠)의 대상으로만 존재하는 것이 아니었다.

물론 이러한 결과는 국왕들과 고위관료 등의 핵심지배층이 동조함으로써 가능하였다. 핵심지배층의 입장에서 보았을 때, 천인들을 포용함으로써 사실상 모든 신분의 관직 참여를 보장하는 이유는 국가체제의 안정을 위해서였다. 삼의사(三醫司) 의관이 된 사대부의 첩자손(妾子孫)도 문무백관에 해당하므로 자신들의 품계에 맞게 선조의 제사를 받드는 것이 마땅하다는 논리였다.[83] 관료제 내로 포섭된 천인에게는 그에 합당한 의무가 요구되었던 것이다.

그런데 관료제의 확대 과정과는 반대로 조선사회는 신분제가 강화되어가고 있었다.[84] 앞서 언급했듯이 15세기 말에 조선사회의 지배층은 점차 양반과 중인으로 분화하면서, 양반·중인·평민·천민의 신분 구분이 명확해져갔다. 양반층은 중인층을 비롯한 나머지 신분들을 적극적으로 배제하면서 사족지배층사회를 구축해나갔다. 따라서 의료부문에서는, 천인의관까지 포용하려는 관료제의 확대가 사회 전반의 신분제 강화 경향과

---

81 『中宗實錄』卷8, 중종 4년(1509) 4월 1일(임술).
82 『大典後續錄』卷3. 禮典 諸科. 이남희, 「朝鮮前期 技術官의 身分的 性格에 대하여」(연세대학교 국학연구원 편, 『高麗-朝鮮前期 中人硏究』, 신서원, 2001, 275~279쪽).
83 『明宗實錄』卷20, 명종 11년(1556) 2월 19일(무신).
84 16세기 이후 조선의 유교화는 다음 글이 참고된다(계승범, 『중종의 시대 -조선의 유교화와 사림운동-』, 역사비평사, 2014; 송웅섭, 「중종대 사대의식과 유교화의 심화 -『중종의 시대』의 사대와 유교화에 대한 이해-」, 『朝鮮時代史學報』74, 2015).

충돌하고 있었다. 조선정부에서는 이미 성종대에 이러한 딜레마를 인식하고 있었다. 예조에서는 의료관서에서 발생하는 문제점을 다음과 같이 지적하였다.

> 삼사(三司, 사역원·관상감·전의감 – 인용자)는 정3품의 아문으로서 동반(東班)의 열(列)에 들어있는 곳인데, 양인(良人)과 천인(賤人)이 서로 섞여 있는 것은 매우 마땅치 않습니다.[85]

이러한 상황에서는 지배구조를 지탱하는 안전장치가 필요하였다. 양인과 천인이 완전히 평등해지는 것은 지배층이 원하는 바가 아니어서였다. 천인들의 활동 공간을 의료관서로 한정하면서 동반 진출을 엄격하게 금지한 이유였다.

천인의관인 박세거(朴世擧)는 내의원(內醫院) 직장(直長)으로 두각을 드러낸 뒤에 중종 24년(1529)에 동반 종6품인 통례원 인의(引儀)로 임명되었다가 서얼이어서 임명이 좌절되었다.[86] 그후 그는 서반 군직으로 간주된 동지중추부사와[87] 첨지중추부사에 차례로 임명되기도 하였지만, 평생 내의원 의관으로 임상에 종사하면서 종2품 가의대부(嘉義大夫)까지 승진하였다.[88] 이보다 앞서 중종 15년(1520)에 양인의관인 김순몽이 인의로 근무하다가 판관(判官)으로 승진했을 때와는 분위기가 달랐다.[89] 이때 다음과 같이 수교(受敎)함으로써 천인의관들의 동반 진출에 대한 처리 원

---

85 『成宗實錄』 卷139, 성종 13년(1482) 3월 11일(기묘). "三司, 則以正三品衙門, 廁於東班之列, 而良賤相混, 至甚不當."
86 『中宗實錄』 卷57, 중종 21년(1526) 8월 26일(정축); 卷65, 중종 24년(1529) 5월 2일(병신); 5월 7일(신축).
87 『中宗實錄』 卷73, 중종 28년(1533) 2월 11일(갑신); 2월 12일(을유).
88 『明宗實錄』 卷3, 명종 1년(1546) 5월 1일(병진).
89 『中宗實錄』 卷41, 중종 15년(1520) 11월 9일(계해); 11월 18일(임신); 11월 25일(기묘).

칙이 세워졌다.

> 전일 이조(吏曹)에서, 의원(醫員)들 가운데 의술이 정밀하고 익숙하여 공효가 가장 현저한 사람을 특별히 추천하여 서용할 일로 의정부에 신보(申報)하였습니다. 그랬더니 의정부에서는 족속의 계보(系譜)를 고찰하지 않고 모두 현직(顯職)의 길을 허통(許通)하는 점은 곤란하다고 여겼습니다. 따라서 그 가운데 내외(內外) 족속의 계보에 흠이 없고 의술이 정밀하고 익숙한 사람이 있으면 특별히 추천하여 서용할 것으로 이미 수교(受敎)했습니다.[90]

인용문에 보이듯이 의관이 동반 현직에 임용되려면 의술에 정통한 것만으로는 충분하지 않으며, 가계(家系)에 흠결까지 없어야 가능했다. 박세거 같은 천인의관들의 동반 진출은 사실상 막혀 있었다. 명종 1년(1546)에는 천인의관인 유지번(柳之蕃)을 내금위장(內禁衛將)으로 삼자 대간들이 반대하여 임명이 철회되었다. 반대하는 논리는 사족이 의관 아래에서 근무할 수는 없다는 것이었다.[91] 결국 유지번은 당상관을 거쳐서 종2품 가의대부까지는 승진하지만[92] 동서반의 실직은 맡지 못한 채 내의원 의관으로서 일생을 마쳤다.

16세기 내내 천인의관이 동반에서 실직을 얻는 것은 아주 어려웠다. 15세기 후반 이래 정치를 주도하기 시작한 이른바 사림파는 신분제를 옹호하는 입장이었다. 이 때문에 중종대 이후 서얼은 의과에 합격하였어도 서얼이라는 꼬리표가 계속 붙어 있었다. 시권(試券)에는 '모관(某官) 모속(某屬)의 양첩자(良妾子)'라고 쓰고 합격증인 백패(白牌) 및 홍패(紅牌)에

---

[90] 『中宗實錄』卷65, 중종 24년(1529) 5월 2일(병신). "吏曹, 前以醫員中, 術業精熟, 功效最著, 特薦敍用事, 報議政府. 政府以不考族係, 幷遷顯職爲難. 其中若有內外族係無疵者, 術業精熟者, 特薦敍用事, 已受敎矣."
[91] 『明宗實錄』卷3, 명종 1년(1546) 6월 7일(임진).
[92] 『明宗實錄』卷3, 명종 1년(1546) 4월 11일(정유); 卷31, 명종 20년(1565) 10월 9일(임신).

도 '모인(某人)의 양첩자 및 양첩손'이라고 기입하며, 방목(榜目)에도 적서를 구별하여 사족(士族)과 혼동되지 않도록 규정하였다.[93] 또한 양인의 관과 달리 천인의관은 의학교수가 될 수 없었다.[94]

나아가 "삼의사(三醫司)는 잡과천류(雜科賤類)이다."라는 단적인 표현처럼 사족지배층은 의직이 잡류(雜類)·잡직(雜職)이라는 사회적 통념을 만들어갔다.[95] 이러한 통념은 갑자기 생긴 것이 아니었다. 의사(醫司)·율원(律院)·역학(譯學) 등은 모두가 잡직(雜職)이라는 인식이 이미 성종대부터 형성되고 있었다.[96] 천인들의 관직 진출에 대한 사족지배층의 대응은 천인의관들을 의료관서 내에 가둬둔 채 의직(醫職)을 천시(賤視)하는 것이었다.

요컨대 조선전기 의관층의 변동 과정에서는 관료제와 신분제가 충돌하면서 절충을 모색하였다. 사림파로 대표되는 사족지배층이 의관층의 성장을 외면할 수는 없었다. 이들은 양인의관의 동반 진출에는 상대적으로 너그러웠던 반면에 천인의관의 동반 진출은 엄격히 제한하려고 하였다. 그리고 관품과 관직을 구분해보면, 의관들에게 당상관 등의 관품은 용인하더라도 관직 수여는 철저하게 억제하였다.[97]

반면 의관들로서는, 사족지배층에 의해 중인층으로 점차 고착되는 상황을 감내하면서도 전문가 집단으로서의 위상을 확보해나갔다. 기존 연구에서는 흔히 의관의 사회적 지위가 비교적 높았다거나 의업은 천시되었다고 설명한다. 의관의 사회적 지위가 높다는 말은 '잡직의 틀' 내에서 상대적으로 높다는 말이다. 이 시기에 의관층이 사족지배층에는 미치지

---

93 『明宗實錄』卷17, 명종 9년(1554) 8월 25일(계사).
94 『中宗實錄』卷101, 중종 38년(1543) 7월 4일(정미).
95 『明宗實錄』卷3, 명종 1년(1546) 6월 7일(임진).
96 『成宗實錄』卷82, 성종 8년(1477) 7월 17일(임오).
97 이남희, 「잡과의 전개와 중인층의 동향」, 『한국사시민강좌』 46, 2010 참고.

못하는 중인층으로 제한된다는 의미이기도 하다.

또한 의업이 천시되었다는 평가도 상대적인 의미일 뿐이다. 천인의 입장에서 보자면 고려에서는 꿈도 꾸지 못했던 의직 진출이 조선에서는 가능해졌다. 따라서 '의업의 천시'는 사족지배층의 입장에서 나온 관념이다. 천인의 입장에서는 의직이 신분상승을 약속하는 희망이었으므로, '의업이 중시된다'는 평가도 가능해진다.

천인의관들의 족쇄는 사회 전반의 변화와 함께 조금씩 풀릴 수가 있었다. 가장 두드러진 계기는 명종 8년(1553)의 서얼 허통(許通)이었다.[98] 이번에도 서얼들이 상소를 올렸다.[99] 논의를 통해서 양첩의 소생이 양처를 취한 경우에는 손자에 이르러 허통하고, 천첩의 소생이 양처를 취한 경우에는 증손에 이르러 허통하되, 현직(顯職)에는 서용하지 말도록 방침을 정하였다.[100] 그러자 동반에 서용될 계책으로 천인의관들이 내의원에 소속될 기회를 노릴 정도였다.[101]

17세기 이후에는 의관들의 당상관 승진과 동반 진출이 훨씬 자유로워졌다. 동반의 현관에 임용되는 의관들의 사례가 늘었을 뿐만 아니라, 특히 경기지역의 지방관으로 임용되는 의관들이 급증하였다. 서얼 출신인 허준은 1품까지 오른 입지전적인 인물이었다.[102]

---

98 『明宗實錄』卷15, 명종 8년(1553) 10월 7일(경진).
99 『明宗實錄』卷15, 명종 8년(1553) 11월 2일(갑진).
100 서얼에 대한 차별과 허통은 다음 글이 참고된다(李泰鎭, 「庶孼差待考 -鮮初 妾子 '限品敍用'制의 成立過程을 中心으로-」, 『歷史學報』27, 1965; 崔異敦, 「조선 초기 서얼의 차대와 신분」, 『歷史學報』204, 2009; 朴京男, 「16·17세기 庶孼許通 上疏文 연구」, 『한국한문학연구』52 2013; 박헌순·남지만·하현주 옮김, 『통색촬요(通塞撮要)』, 한국고전번역원, 2016).
101 『明宗實錄』卷34, 명종 22년(1567) 4월 25일(경술).
102 金斗鍾, 『韓國醫學史』, 探求堂, 1966, 427~430쪽; 이남희, 「16·17세기 雜科入格者의 前歷과 官路 進出」, 『民族文化』18, 1995, 278~279쪽; 이규근, 「조선후기 內醫院 醫官 연구 -『內醫先生案』의 분석을 중심으로-」, 『朝鮮時代史學報』3, 1997, 25~45쪽; 金良洙, 「조선시대 醫員實態와 지방관진출」, 『東方學志』104, 1999, 210~227쪽; 김호, 『허

흔히 조선시대의 의관을 대표적인 중인층이라고 이해한다. 그런데 양인의관과 천인의관으로 구성된 의관층은 이상에서 논의한 바와 같이 유동적인 계층이었다. 이렇게 형성된 '중인' 역시 변동성이 많은 개념이었다. 중인은 영구불변하는 존재가 아니었으므로 17세기 이후에도 계속 변화하였으며, 의관층은 신분제사회를 내부에서 뒤흔드는 도화선이 될 수 있었다.

4. 맺음말

조선초기의 의직에는 고위관료·일반 문관·사족·한족 등으로 통칭되는 광의의 양인층이 적극 참여하고 있었다. 하지만 15세기 후반에 이르게 되면 의료 업무는 전업 의관층이 맡게 되었다. 본문에서는 조선전기 전업 의관층을 양인 출신 의관과 천인 출신 의관으로 구분하여 그들의 성장 과정을 살펴보았다. 조선시대 의관층의 형성 과정이었다.

양인의관층은 3품 당상관 이상으로 승진하고자 노력하면서 문반·무반 관직으로의 진출을 도모하였다. 양인의관들의 성장은 문반·무반들과의 관직 경쟁을 불러일으켰다. 그 결과 사족지배층 우위의 신분제(身分制)는 고수하면서도 특지(特旨) 형식으로 지위 상승의 문은 열어두는 절충안이 마련되었다. 성종대 무렵부터는 양인의관들의 당상관 승진이 흔해졌으며, 중종대 무렵부터는 중추부를 비롯한 동반·서반의 실직을 받는 경우도 많아졌다.

천인의관층은 후사를 염려하는 고위관료들의 적극적인 태도 덕분에 건국 직후부터 의직에 진입하고 있었다. 양인의관보다도 불리한 여건이

준의 동의보감 연구』, 일지사, 2000, 97~106쪽.

었던 천인의관들의 신분상승 노력을 사족지배층은 '명분(名分)'의 논리로 억눌렀다. 하지만 연산군대 이래 천인의관층은 의과(醫科) 응시자격을 획득하기 위해 부단히 노력하였다. 중종대에는 드디어 의과를 통해 의관이 되는 제도가 만들어졌다. 이것은 천인까지 포용하는 관료제(官僚制)의 확대를 의미하는 것이지만, 그 과정에서 사족지배층은 의업(醫業)에 대한 천시(賤視) 관념을 보편화시켰다.

이렇게 조선전기에 의관층의 변동을 둘러싸고는 관료제와 신분제가 대립하면서 타협점을 찾아가고 있었다. 의료를 중시하는 관료제론은 양인의관들의 동반·서반 진출과 천인의관들의 의과 응시를 모두 허용하는 입장이었다. 조선전기의 국왕들과 고위관료 같은 핵심지배층이 여기에 해당하였다. 모든 의료인을 관료제 내로 포섭하자는 것으로, 의관을 동반·서반 현직에 임명하자는 권찬의 주장과 『대전후속록』에 규정된 천인의관의 의과 응시 허용이 대표적이었다.

신분제론은 양인의관의 의과 응시는 기존대로 허용하지만, 양인의관들의 동반 진출과 천인의관들의 의과 응시는 모두 반대하는 입장이었다. 일반 문반들과 관리후보집단인 사족지배층이 여기에 해당하였다. 신분제론의 지향은 양반·중인·평민·천민의 분화에 상응하여 네 신분의 경계를 '명분(名分)'에 입각하여 구분함으로써 조선사회를 유지하고 자신들의 이해관계도 확보하는 것이었다. 즉 의관층의 동반 진출이나 당상관 승진을 반대하는 이 입장의 배경으로는 한정된 관직을 두고 의관들과 경쟁해야 하는 상황도 자리잡고 있었다.

의관들로서는 전문가 집단으로서의 위상은 확보하되 사족지배층에 의해 중인층으로 고착되는 상황을 감내해야 했다. 하지만 자세히 들여다보면, 천인의관들은 의과를 통해 의관이 됨으로써 중인층으로의 입성이 제도적으로 가능했다. 그리고 중인층으로 간주된 양인의관들은 당상관이나 동반·서반 실직에 진출함으로써 중인층의 한계를 뚫고 지배층으로의 성장이 가능하였다.

　양인과 천인으로 구성된 조선전기 의관층은 신분제사회 내에서 특이한 존재였다. 의관층은 신분 간 이동이 완전히 막혀 있지는 않은 직업군이었다. 이러한 개방성은 전업 의관층의 실력과 노력에 의해 성취된 것이었고, 의관층은 조선사회의 편제원리인 신분제의 변동성을 잘 드러내고 있다.

제2부

조선전기의 성리학과 의료의 관계

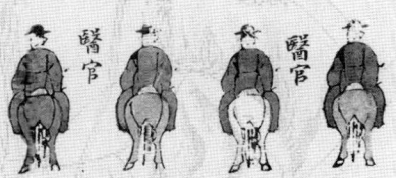

몸의 소비:
조선전기의 인육치료

1. 머리말

　인간이 인간을 먹을 수 있는가? 물론이다.

　일반적으로 동물들이 자기 종족을 잡아먹는 동종포식은 흔하지 않다. 그렇다고 해서 동종포식이 전혀 발생하지 않는 것은 아니다. 암컷 사마귀가 교미 후에 수컷을 잡아먹는 현상은 널리 알려진 동종포식의 예이다. 인간 역시 다양한 이유로 인간을 먹었다. 식인(食人)에 관한 기록은 한국사에서도 드물지 않은데, 질병에 걸린 경우에도 나타난다.

　이 글에서 사용하는 '인육(人肉)치료'는 질병 치료를 목적으로 살아 있는 인간의 신체 일부를 섭취하거나 활용하는 행위를 가리킨다. 손가락을 자르는 단지(斷指)나 넓적다리 살을 자르는 할고(割股)가 대표적이다.[1]

　단지와 할고는 근현대까지도 드물지 않았다. 백범(白凡) 김구(金九, 1876~1949년)의 아버지는 어린 시절 별명이 효자였다. 어머니가 돌아가시려고 하자 자신의 왼손 무명지(無名指)를 잘라서 어머니 입에 피를 흘려 넣어 소생시켰기 때문이다.

1　요즘은 살아 있는 인간의 신체에 대한 훼손은 당연히 처벌 대상이다. 검사·치료·출산 등의 과정에서 발생하거나 적출되는 인체조직물, 즉 인체의 조직·장기·기관·신체의 일부, 혈액·고름 및 혈액생성물(혈청, 혈장, 혈액제제)은 의료폐기물로 분류되어 처리된다. 태반이나 줄기세포 같은 인체조직은 미용 혹은 의료상의 목적으로 사용되기도 하는데, 「생명윤리 및 안전에 관한 법률」 등을 통해서 엄격하게 관리된다.

시간이 흘러 김구가 성장한 후에 김구의 아버지가 위독해졌다. 김구는 아버지의 어린 시절을 본받기로 한다. 하지만 자신이 단지한 모습을 보게 되면 아버지가 마음 아파할까봐 할고를 하기로 결심하였다. 김구는 자기 넓적다리 살을 한 점 벤 후에 피를 받아 아버지 입에 흘려 넣었다. 살은 불에 구워서 약이라고 하여 아버지에게 드렸다. 그럼에도 효험이 없었다.

효험이 없는 이유가 피와 살의 분량이 적은 탓이라고 판단한 김구는 다시 칼을 들어서 먼저보다 더 크게 살을 베리라 작정하고 어썩 떴다. 그런데 너무 아팠다. 결국 그는 벤 상태에서 살점을 떼어내지는 못한다. 김구는 할고가 효자나 할 일이지 자신 같은 불효로는 못할 일이라고 자탄하였다. 아버지가 돌아가신 후 그는 독신 상제로 조문객을 대하자니 상청(喪廳)을 비울 수는 없는 데다, 설한풍에 살이 에어서 다릿살을 벤 것을 후회하는 생각까지 났다고 회고하였다.[2]

단지와 할고는 이렇듯이 쉬운 일이 아니다. 하지만 단지와 할고 기록이 조선전기에는 꽤 많이 등장한다. 유행이라고 부를 만한 현상이었다. 인육치료의 유행은 그 사회적인 맥락을 검토해야 올바르게 이해될 수 있다. 조선전기라고 해서 위급한 환자가 특별하게 급증했을 리는 없어서이다. 인육치료의 증가는 조선전기에 인육치료를 유행시킨 사람들과 인육치료를 실행한 사람들의 이해관계가 맞아떨어져야 가능하다.

이 글에서는 이 인육치료의 기록들부터 시작해서 조선전기의 인육치료 양상을 살펴보고 그 의학적인 배경과 역사적인 배경을 추적하려고 한다. 이를 토대로 인육치료가 유행하게 된 이유를 인육치료를 실천한 사람들의 입장과 이를 조장한 조선정부의 입장을 통해서 접근할 것이다. 더 나

---

2 김구, 『백범일지』, 동문출판사, 1987, 19쪽; 122~123쪽. 三綱의 유지 강화를 위하여 일제하에서도 단지할고가 사회적으로 장려되는 양상에 대해서는 다음 글이 참고된다(주영하, 「근대적 인쇄기술과 '삼강'의 지식 확산」(주영하·옥영정·전경목·윤진영·이정원 지음, 『조선시대 책의 문화사 -삼강행실도를 통한 지식의 전파와 관습의 형성-』, 휴머니스트, 2008)).

아가 인육치료를 둘러싼 당시의 논란을 사상적인 측면에서 검토함으로써 성리학적인 사고방식이 어떻게 조선 사람들의 몸까지 지배하게 되었는지를 밝히고자 한다.[3]

2. 인육치료의 연원과 양상

1) 비인육치료의 기록과 인육치료의 근거

먼저 인육치료와 유사해 보이는 두 가지의 인육·인체유래물의 사용부터 간단히 살펴보겠다.[4] 첫째, 비의료목적의 인육 섭취가 있었다. 흔히 우리가 이야기하는 '식인(食人)'으로서, 기아를 해결하기 위한 행위이다. 고구려·백제·신라에서는 흉년이 들거나 전쟁으로 인해 고립되었을 때 식

---

[3] 치료 목적의 식인문화를 포함한 동서양의 식인풍습(Cannibalism)에 대한 전반적인 설명과 의미에 대해서는 다음 글이 참고된다(한스 아스케나시 지음, 한기찬 옮김, 『식인문화의 수수께끼』, 청하, 1995; 김택민, 『난세의 극단 식인의 시절』, 신서원, 2006; 이상희·윤신영, 『인류의 기원』, 사이언스북스, 2015; Bill Schutt. *Eat me -A natural and unnatural history of Cannibalism*. Wellcome collection, 2017). 비서구지역에서 식인풍습이 만연한다는 관념은 서구의 일방적인 식민주의의 산물이라는 점과 이에 대한 반성에 대해서는 다음 글이 참고된다(Shirley Lindenbaum. "Thinking About Cannibalism." *Annual Review of Anthropology* 33, 2004; 프랜시스 바커·피터 흄·마가렛 아이버슨 엮음, 이정린 옮김, 『식인문화의 풍속사』, 이룸, 2005; 유연지, 「15세기 말~16세기 중남미 원주민의 카니발리즘 기록에 대한 비판적 고찰」, 이화여자대학교 석사학위논문, 2012; 임호준, 『즐거운 식인 -서구의 야만 신화에 대한 라틴아메리카의 유쾌한 응수-』, 민음사, 2017). 중국에서의 인육치료에 대해서는 다음 글이 참고된다(邱仲麟, 「人藥與血氣 -「割股」療親現象中的醫療觀念」, 『新史學』 10卷 4期, 1999; 陳秀芬, 「從人到物 -『本草綱目·人部』的人體論述與人藥製作」, 『中央研究院 歷史語言研究所集刊』 第88本 第3分, 2017). 그리고 전근대 유럽에서의 광범위한 屍療(Corpse medicine) 양상에 대해서는 다음 글이 참고된다(Richard Sugg. "Corpse medicine: mummies, cannibals, and vampires." *The Lancet* 371, 2008; Bess Lovejoy. "A Brief History of Medical Cannibalism -Curing what ails us with mummy, blood jam, and human fat-". *LAPHAM'S QUARTERLY*, November 7, 2016).

[4] 인체유래물은 인체로부터 수집하거나 채취한 조직·세포·혈액·체액 등의 인체구성물 또는 이들로부터 분리된 혈청·혈장·염색체·DNA·RNA·단백질 등을 의미한다(「생명윤리 및 안전에 관한 법률」 제2조 제11항).

인하는 사례들이 자주 보인다.[5] '흉년이 들어 백성들이 서로 잡아먹었다'
는 기록이 상투적으로 들릴 정도이다. 단백질이 궁핍한 부모의 봉양을 위
한 할고도 흔했다. 신라의 신효거사(信孝居士)는 고기가 없으면 식사를
하지 못하는 어머니를 위해 자신의 넓적다리 살을 베어서 바쳤다. 상덕
(向德) 역시 곡식이 귀해지자 자기 다릿살을 베어 아버지를 봉양하였다.[3]

고려에서도 마찬가지였다. 흉년으로 굶주리다가 사람들이 서로 잡아먹
는 기록들이 꽤 보인다. 예컨대 김황원(金黃元)은 요(遼)에 사신으로 가던
중에 북쪽지방에서 흉년으로 사람들이 서로 잡아먹는 광경을 보자 창고
를 열어서 진휼하도록 상서(上書)하였다.[7] 심지어 자기 자식을 먹거나 인
육(人肉)을 판매하는 기사들도 있다.[8] 물론 전쟁 중에 시체를 먹는 경우는
말할 것도 없다.[9]

벼락부자가 되기 위한 인육 강탈도 있었다. 고려 우왕대에 한천군(漢川
君) 왕규(王瞡)의 집이 벼락을 맞았다. 벼락을 맞은 집 물건을 가지면 부
자가 된다는 속설 때문에 장안 사람들이 몰려들어 왕규 부부의 몸에서 살
점마저 떼어갔다.[10]

조선이라고 예외는 아니었다. 세종 29년(1447) 11월 25일에 황해도 관
찰사인 이계린(李季疄)이 파면되었다. 10일 전에 그가 "금년 봄에 기근이
너무 심하여 사람 고기를 먹는 자까지 있었다."라고 보고하면서 조정이

---

5 『三國史記』卷17, 高句麗本紀5, 봉상왕 9년(300); 卷18, 高句麗本紀6, 소수림왕 8년
(378); 卷18, 고국양왕 6년(389); 卷23, 百濟本紀1, 온조왕 33년(15); 기루왕 32년
(108); 卷24, 百濟本紀2, 비류왕 28년(331); 卷26, 百濟本紀4, 동성왕 21년(499); 卷47,
列傳7, 奚論.
6 『三國遺事』卷3, 塔像4, 臺山月精寺五類聖衆;『三國史記』卷9, 新羅本紀9, 경덕왕 14년
(755).
7 『高麗史節要』卷8, 예종 12년(1117) 6월.
8 『高麗史』卷55, 五行3, 충렬왕 13년(1287) 3월; 卷19, 世家19, 명종 3년(1173) 4월.
9 『高麗史節要』卷12, 명종 5년(1175) 6월; 卷17, 고종 46년(1259) 1월.
10 『高麗史節要』卷30, 우왕 2년(1376) 7월.

발칵 뒤집어졌다. 그런데 조정에서는 이 보고를 허망한 것으로 판단하고 이계린이 거짓 보고를 하였다는 이유로 파면한 것이었다. 조정에서 이계린의 직첩을 박탈하자 당시에 혹자는 다음과 같이 말하였다.

> 예로부터 흉년의 굶주린 때에 사람들이 서로 잡아먹는 일은 역사책에 나타나 있어서 오늘날만 그러한 것이 아니다. 더구나 황해도는 여러 해 흉년이 든데다가 병인년(세종 28년, 1446년)에 더욱 심해서 죽은 사람이 서로 깔리게 되었다. 사람끼리 서로 잡아먹는 일은 괴이할 것이 없는 형편인데, 조정에 있는 대신들이 일찍이 백성을 구제해서 굶어 죽은 송장이 없게 하지 아니하고, 도리어 말한 사람을 모함하여 위에 알리는 길을 막게 함은 어찌된 일인가?[11]

조선에서도 기근으로 인한 식인은 빈번하였다. 하나의 사례를 추가하자면 중종 8년(1513)에는 함경도 북청(北靑) 등 8개 읍에 기근이 더욱 심해져서 처자를 파는 경우가 있었으며, 들에서 죽은 자가 있으면 그 고기를 먹으면서 굶주린 배를 채우다가 얼마 후에 따라 죽곤 하였다.[12]

둘째, 의료 목적이기는 하지만, 살아 있는 사람의 신체는 아닌 인체조직물이나 인체유래물을 사용하는 경우가 있다. 원래 고려시대의 『향약구급방(鄕藥救急方)』에서는 "짐승의 생명을 끊는 것을 싫어하므로 지금은 자세한 설명을 더하지 않는다."라고 하여 생명을 해치는 것을 조심스러워 하였다.[13] 조선초기의 『의방유취(醫方類聚)』 첫부분에서도 인체유래물과 동물을 치료에 사용하는 것에 대해서 『천금방(千金方)』을 인용하는 형식으로 거부감을 보였다.

---

11 『世宗實錄』 卷119, 세종 30년(1448) 1월 20일(정미). "自古凶年飢歲人相食, 著在史冊, 匪獨今時. 況黃海道年比不登, 而丙寅尤甚, 死者相枕. 人之相食, 無足怪. 廟堂大臣曾不救民, 使免於餓莩, 反陷言者, 以蔽聰明, 何哉."
12 『中宗實錄』 卷18, 중종 8년(1513) 5월 11일(무인).
13 『鄕藥救急方』 中卷, 耳. "惡傷物命, 今不具注."

다른 것에게 손해를 입혀서 자기를 이롭게 하는 일은 사람 마음에 한결같이 꺼려하는 것인데, 하물며 사람에게 손해를 입힐 수가 있겠는가? 무릇 생명을 죽여 생명을 구하고 산 것을 없애서 죽어가는 것을 되살리는 셈이니, 내가 지금 이 방서(『천금방』-인용자)에서 생명 가진 것을 약으로 사용하지 않는 것은 진실로 이 때문이다.[14]

하지만 의서의 편찬 원칙과 실제는 달랐다. 『향약구급방』과 『의방유취』 등에서는 다양한 동물들의 각종 부위를 약물로 사용하였다. 조금 더 구체적으로 제시하자면, 세종대에 편찬된 『향약집성방(鄕藥集成方)』에는 치료용 약물을 「제품약석포제법도(諸品藥石炮製法度)」라는 항목에서 정리하고 있다. 이 가운데 인체와 연관된 약물로는 혈여(血餘, 건강한 사람의 머리카락), 난발(亂髮, 성인[常人]의 머리카락), 인뇨(人溺, 소변), 인유즙(人乳汁, 사람의 젖), 두구(頭垢, 머리때 또는 비듬), 인아치(人牙齒, 사람의 치아), 인시(人屎, 대변), 요백은(溺白垽, 오줌버캐), 부인월수(婦人月水, 생리혈), 완곤즙(浣褌汁, 속옷 빤 물?), 인구중연급타(人口中涎及唾, 침), 회임부인조갑(懷姙婦人爪甲, 임산부의 손발톱), 천령개(天靈蓋, 해골), 인자(人髭, 수염), 포(胞, 태반), 부인곤당(婦人褌襠, 여성의 속곳), 남자음모(男子陰毛, 남성의 음모), 사인침급석(死人枕及蓆, 사망자의 베개와 자리), 부의대(夫衣帶, 남편의 옷가지), 의중고면서(衣中故綿絮, 옷속의 오랜 솜), 신생소아제중시(新生小兒臍中屎, 신생아의 배냇똥)가 있다.[15]

위의 다양한 인체유래물 가운데 포(胞)의 활용을 예로 들어보자. 포는 출산 시에 배출되는 태반을 가리킨다. 얇게 저민 후에 건조하는 등의 가

---

14 『醫方類聚』卷1, 總論1 千金方. "損彼益己, 物情同患, 況於人乎. 夫殺生求生, 去生更遠, 吾今此方所以不用生命爲藥者, 良由此也."
15 『鄕藥集成方』卷.6, 諸品藥石炮製法度 人部; 卷81, 人部(金信根 主編, 『韓國醫學大系』, 여강출판사 영인 1992). 역대 중국의서에서 인체유래물이 약물로 사용되는 과정에서 대해서는 다음 글이 참고된다(陳秀芬, 「從人到物 -『本草綱目·人部』的人體論述與人藥製作」, 『中央硏究院 歷史語言硏究所集刊』第88本 第3分, 2017. 592~597쪽).

출산시에 배출되는 산모의 태반을 가공한 약재가 인포(人胞)이다. 또는 자하거(紫河車)라고도 부른다.
출처: 한국전통지식포탈

공 과정을 거친 태반을 인포(人胞) 또는 자하거(紫河車)라고 부른다. 『의방유취』에 따르면, 자하거는 노채(勞瘵)·허손(虛損)·골증(骨蒸) 등의 질병을 치료하는 데 환자 몰래 먹이도록 주문하고 있다.16 실제로 종기[瘡]로 혹독하게 고생 중인 중종에게는 자하거가 처방되었는데, 내의원 의관들은 중종 몰래 이 약을 복용시켰다.17

하지만 어떠한 의서에서도 살아 있는 인체를 이용한 치료법은 제시되어 있지 않다. 다만 논란이 되는 문장이 수록된 의서가 딱 하나 있다. 『신당서(新唐書)』 효우(孝友) 열전에 인용된 『본초습유(本草拾遺)』 기록이다. 『신당서』에는 위급한 환자로 인한 가족의 절박함을 인육치료로 유인하는 표현이 등장한다.

> 당(唐)나라 때에 진장기(陳藏器)가 저술한 『본초습유(本草拾遺)』에서는 "인육(人肉)으로 파리한 질병[羸疾]을 치료한다."라고 하였다. 이로부터 민간에서는 부모의 질병에 넓적다리 살을 베어 드리는 경우가 많아졌다.18

바로 이 인용문이 인육치료에 대한 유일한 의서 관련 기록이다. 8세기에 저술된 『본초습유』는 현재 전해지지 않는다. 본초학 서적에 인육치료

---

16 『醫方類聚』 卷215, 婦人門10 勞瘵 婦人大全良方 河車圓.
17 『中宗實錄』 卷73, 중종 28년(1533) 2월 11일(갑신).
18 『新唐書』 卷195, 列傳120 孝友. "唐時陳藏器著本草拾遺, 謂人肉治羸疾. 自是民間以父母疾, 多刲股肉而進."

가 등장하는 것도 의외인데다, 이 문장은 그 이전의 의서에서는 보이지 않는 표현이기도 하고 선언문같이 아주 짧다. 그런데 이 짧은 문장이 오랫동안 할고에 대한 근거가 되었다. 인육치료에 대해서 의학적인 근거는 없으나, 『본초습유』라는 의서(醫書)의 근거는 있는 셈이었다.

『신당서』에는 위 인용문에 이어서 "누추한 거리에 살면서 지식과 예의를 갖추지 못했더라도 부모를 섬기느라 자기 몸을 버리는 행동이 성심(誠心)에서 나왔다면 충분히 칭찬할 만하다. 따라서 17~18명의 사례를 나열한다."라고 하였다.[19] 의학적인 치료가 불가능한 상황에서의 단지할고는 '성심'의 산물이므로 치료효과를 기대할 수 있다는 논리였다. 인육치료가 일단 전파되기만 하면 사라지지 않는 이유는, 환자 가족의 절박함에다 17~18명의 치료 성공 경험까지 제시되었기 때문이다.

환자 가족의 절박함은 환자의 고통과 질병을 자기 몸으로 대신한다는 심리로 표출되었다. 흔히 고려나 조선에서는 환자 대신 자기가 아프겠노라고 절대자에게 기원하였다. 승려인 정각국사(靜覺國師)는 국왕이 질병에 걸리자 자기 몸에 옮기기를 기원하였다.[20] 노순(盧珣)은 병든 할아버지를 위해서 자기가 대신 죽기를 북두칠성에 기도하였다.[21]

시기를 거슬러 올라가 문헌 기록을 찾아보면 중국 주(周)나라 주공(周公)의 사례가 가장 유명한 전형(典型)이다. 무왕(武王)이 질병에 걸리자 동생인 주공은 자신이 대신 그 질병으로 죽겠다고 간절히 기도함으로써 무왕의 질병이 낫게 되었다고 한다.[22] 고통을 대신하려는 심리는 환자 보

---

19 『新唐書』卷195, 列傳120 孝友. "委巷之陋, 非有學術禮義之資, 能忘身以及其親, 出於誠心, 亦足稱者. 故列十七八焉."
20 朝鮮總督府 編, 『朝鮮金石總覽』上, 「長淵 華藏寺靜覺國師塔碑」.
21 『新增東國輿地勝覽』卷24, 慶尙道 醴泉郡 孝子, 盧珣.
22 『書經』周書, 「金縢」.

호자로서 자연스러운 감정이므로[23] 요즘이라고 해도 크게 낯설지는 않다. 따라서 인육치료가 환자에 대한 애정의 산물임은 분명하다. 인육치료는 심리적인 차원이지만 어느 정도의 치유효과도 있었을 것이다.

2) 인육치료의 내용과 전개

가장 일반적인 인육치료법은 살아 있는 사람의 피와 살과 뼈를 환자에게 먹이는 것이다.[24] 단지(斷指)는 주로 넷째 손가락인 무명지를 잘랐다. 칼이나 도끼로 단지하는 과정에서 뿜어져 나오는 피는 곧바로 환자 입에 흘려 넣거나 술이나 국에 타서 환자에게 복용시켰다. 그리고 단지한 손가락의 살이나 할고(割股)한 넓적다리의 살은 구워서 환자에게 먹였다. 또는 살을 얇게 다져 밀가루와 섞어 환(丸)을 만들기도 하고, 얇게 저민 살을 국에 넣고 끓여서 치료에 사용하기도 한다.

한편 뼈는 갈아서 뼛가루[骨粉]로 만들거나 불에 태워 뼛재[骨灰]를 만들어 탕제(湯劑)에 타서 환자에게 마시도록 하였다. 경우에 따라서는 자른 손가락 그대로 그늘진 곳에서 말려 가루로 만든 후에 술에 타서 환자에게 먹였다.

우리나라의 단지할고 치료 사례로는 고려 명종 15년(1185)의 위초(尉貂) 기록이 가장 오래되었다. 아버지의 악질(惡疾)을 치료하기 위해서 위초가 자신의 넓적다리 살을 베어 만두 속에 넣어 먹인 것이다. 위초를 포상하기 위한 논의 과정에서 한문준과 문극겸 등은 중국 당(唐)나라의 이홍(李興)이 자기 아버지의 질병을 치료하려고 할고한 것을 거론하였다.

---

23 『端宗實錄』卷12, 단종 2년(1454) 8월 17일(병신);『浩亭先生文集』卷1, 詩, 贈經德朴先生仁壽.
24 다음 기록들에서 단지할고의 다양한 사례를 살필 수 있다(『世宗實錄』卷7, 세종 2년(1420) 1월 21일(경신);『端宗實錄』卷12, 단종 2년(1454) 8월 17일(병신);『成宗實錄』卷10, 성종 2년(1471) 6월 23일(갑자);『明宗實錄』卷18, 명종 10년(1555) 3월 29일(갑자)).

당나라에서 정문(旌門)을 세워 이홍을 표창하였듯이 고려에서도 정문을 세워 위초를 표창하고 서책(書冊)에 기록하여 후세에 알리기로 하였다.[25]

당나라 이홍에 관한 내용은 유종원(柳宗元)의 「수주안풍현효문명병서(壽州安豐縣孝門銘並序)」에 들어 있는데, 이 글은 앞서 언급한 『신당서』 효우 열전에도 수록되어 있다.[26] 한문준 등의 말을 기록한 『고려사』의 문장이 『신당서』의 문장과 일치하는 것으로 미루어, 고려에서는 『신당서』를 통해 이미 할고에 대한 내용과 이홍의 사례를 파악했을 것이다.[27]

게다가 위초는 거란의 유종(遺種)이라고 기록되어 있다. 중국에서 귀화한 위초로서는 치료를 위한 할고가 완전히 낯선 치료방식은 아니었을 것이다. 그리고 위초에게 할고를 권한 사람은 당시의 의원(醫員)이었다. 고려의 의료인 사이에서는 할고의 효과에 대한 지식이 어느 정도 전파되어 있음을 전제로 한다.

이어서 40년 정도 뒤에 할고가 다시 시행된 기록이 있다. 고종 11년(1224)에 환과고독(鰥寡孤獨)과 독폐질(篤廢疾)에게 물품을 하사하는데, 검교장군(檢校將軍) 위소(魏詔)는 할고하여 어머니의 병을 고쳤으므로 특별히 물품을 더 하사하였다는 것이다.[28]

반면에 고종 33년(1246)의 기록에 등장하는 서릉(徐稜)은 기꺼이 할고를 감당할 효자였다. 어머니의 목에 생긴 독종을 낫게 하려는 서릉의 정성이 하늘을 감동시켜서 살아 있는 개구리가 약탕기 안으로 떨어졌다고 한다. 그런데 의원이 서릉에게 할고를 권하는 말이 없는 것을 보면 아직까지

---

25 『高麗史節要』 卷13, 명종 15년(1185) 12월; 『高麗史』 卷121, 列傳34, 尉貂.
26 柳宗元, 「壽州安豐縣孝門銘並序」(『全唐文』 卷0584); 『新唐書』, 卷195, 列傳120 孝友.
27 고려에서는 『唐書』를 소장하고 있었으며, 이 책은 조선정부에도 그대로 이관되었다 (『高麗史』 卷7, 世家7, 문종 10년(1056) 8월; 『太宗實錄』 卷24, 태종 12년(1412) 8월 7일(기미)).
28 『高麗史』 卷22, 世家22, 고종 11년(1224) 10월.

할고가 보편적인 인육치료방식은 아닌 듯하다.29 서릉은 장성현(長城縣)에 살았는데, 할고 지식이 지방까지 전파되지는 않았을 가능성도 있다. 즉 할고 지식에 대해서 서울과 지방 간에 격차가 있었을 수 있다.

중국의 할고 지식이 고려와 조선으로 점차 유입되었음을 다시 확인시켜주는 사례가 설장수 가족의 경우이다. 널리 알려져 있듯이 설장수(偰長壽, 1341~1399년)는 위구르인으로 아버지 설손(偰遜)을 따라 고려 공민왕 7년(1358)에 귀화하여 조선초기까지 활동하였다. 그런데 설손의 조부인 설문질(偰文質)은 10살이었을 때 할고하여 떼어낸 살점으로 자기 어머니를 고쳤다.30 시간을 따져보면 설문질의 할고는 13세기에 중국에서 있었던 일이며, 이 이야기는 설장수 가족의 귀화와 함께 고려에 전해져서 이직(李稷, 1362~1431년)의 찬시(讚詩)에 수록된 것이다. 이상의 기록들을 살펴보면 할고의 연원은 중국이라고 이해해도 무방하다.

한편 치료를 위한 최초의 단지 기록은 조선 태종 8년(1408)의 충개(蟲介)라는 여자 이야기다. 가주(嘉州)의 16살 처녀인 충개는 어머니가 악질(惡疾)에 걸렸는데, "산 사람의 뼈를 먹이면 치료할 수 있다."라는 말을 듣고 오른손 무명지를 잘라서 가루로 만들어 먹여서 낫게 하였다.31 이어서 태종 12년(1412)에는 안주(安州)의 12살 먹은 조존부(趙存富) 역시 자기 어머니의 간질(癎疾)에 "산 사람의 뼈로써 치료할 수 있다."라는 말을 듣자 오른손 무명지를 잘라서 낫게 하였다.32 앞서 말한 『신당서』에는 단지하는 기록들도 수록되어 있다.33 단지 역시 중국에서 전래된 치료법이 분

---

29 『高麗史』 卷121, 列傳24, 徐稜; 『高麗史節要』 卷16, 고종 33년(1246) 12월.
30 李稷, 홍순석 외 3인 옮김, 『國譯 亨齋李稷先生詩集』, 성주이씨 문경공파종회, 1998, 61~62쪽.
31 『太宗實錄』 卷15, 태종 8년(1408) 3월 7일(병진).
32 『太宗實錄』 卷24, 태종 12년(1412) 12월 1일(임자).
33 『新唐書』 卷195, 列傳120 孝友, 萬敬儒; 章全益.

명하다.

이러한 단지와 할고 사이의 활용 비중을 따져보면, 고려 이전에는 위에서 제시한 것처럼 할고 기록이 많은 데 비하여 조선에 접어들어서는 단지 기록이 월등하게 많아진다. 조선에서 인육치료의 성행은 국왕별로 다르다. 인육치료를 의미하는 '단지(斷指)'·'할지(割指)'·'할고(割股)'와 인육치료와 연관되는 '상분(嘗糞)'을 조선왕조실록에서 검색해보면 세종대에 관련 기록들이 본격적으로 등장하며 성종·중종·경종·광해군대에 기록이 증가한다. 이 검색 결과의 다소(多少)가 곧바로 인육치료 유행시기의 직접적인 근거는 아니지만, 이들 국왕대에 인육치료가 주목받는 분위기였다는 점은 충분히 수긍이 된다.[34]

인육치료에 등장하는 환자와의 관계를 살펴보면 부모를 위해서 자식이 단지할고하는 사례가 압도적으로 많다. 또한 남편을 위해서 부인이 단지할고하는 사례는 드물지만 존재한다. 군주를 위해 신하가 단지할고하는 사례는 발견되지 않는다. 의식적이든 무의식적이든 인육치료는 가족관계일 때 실행한다는 관념이 내재되어 있는 것이다.[35]

그런데 위의 서술을 뒤집으면 흥미로운 상황이 펼쳐진다. 자식이나 부인이나 신하를 위해서 단지할고하는 부모나 남편이나 군주는 전혀 없다. 단지할고가 조선에서는 효도(孝道)를 위한 행위이거나 정렬(貞烈)을 위한 행위로서만 나타났던 것이다. 자식·손주와 부인만이 단지할고를 한다는 뜻인데, 이것을 당시 자료에서는 '효우(孝友)와 절의(節義)가 특이한

---

34 인육치료가 행해진 정확한 연도는 확인이 불가능한 경우가 많다. 인육치료에 대한 표창은 인육치료가 행해진 시기보다 나중에 시행되며, 『세종실록』 지리지와 『신증동국여지승람』 등의 인육치료 기록은 과거 기록을 모은 것이어서 어느 국왕대의 일인지조차 애매한 경우가 태반이다.
35 중국의 사례를 살펴보면 할고는 혈연으로 맺어진 가족 간에 시행되었으며, 血氣相補와 血氣相連의 관념이 그 특징이다(邱仲麟, 「人藥與血氣 －「割股」療親現象中的醫療觀念」, 『新史學』 10卷 4期, 1999, 96~111쪽).

경우'라고 표현하였다. 인육치료의 이러한 일방적인 속성의 의미는 조금 뒤에서 본격적으로 다루도록 하겠다.

부모·조부모를 위한 자식·손주의 인육치료가 압도적이었으므로 어린 나이에 단지할고를 하는 이들이 꽤 많았다. 심지어 8살,[36] 9살,[37] 11살,[38] 12살의[39] 어린이들이 포함되었다. 나이에 비례하여 효심이 깊어지는 것은 아니지만, 8살 어린이가 단지할고를 하는 것이 자기 자신만의 온전한 판단의 결과라고 이해하기는 어렵다.

단지와 할고를 이용한 치료의 범위는 조금씩 확대되었다. 초기에는 광질(狂疾)이라고 부르는 전광병(顚狂病)이나[40] 간질(癎疾)에[41] 사용되었다가 예후가 좋지 않은 모든 종류의 질병을 의미하는 악질(惡疾)로 점차 확장되었다. 여기에 복병(腹病),[42] 흉복통(胸腹痛), 학질(瘧疾), 여역(癘疫)[厲],[43] 고창병(鼓脹病),[44] 현훈증(眩暈症)[45] 등이 지속적으로 추가되었다. 인육치료의 범위에는 전염병도 포함되었는데, 위의 학질·여역 외에 나병(癩病)도 해당되었다.[46] 나병 환자가 치료를 위해서 산 사람의 신체 일부를 먹는다는 민간의 속담 내지 괴담의 근거가 여기에 있었다. 이 외에 단

---

36 『新增東國輿地勝覽』卷25, 慶尙道 龍宮縣 新增 孝子, 鄭珊瑚.
37 『世宗實錄』卷22, 세종 5년(1423) 11월 17일(갑오); 卷85, 세종 21년(1439) 4월 3일(경진); 『明宗實錄』卷32, 명종 21년(1566) 1월 19일(신해).
38 『新增東國輿地勝覽』卷31, 慶尙道 安陰縣 孝子, 朴仁孫; 趙貴千.
39 『世宗實錄』卷43, 세종 11년(1429) 3월 14일(경신); 『中宗實錄』卷3, 중종 2년(1507) 8월 19일(경인); 『新增東國輿地勝覽』卷55, 平安道 順天郡 孝子, 卜台.
40 『世宗實錄』卷16, 세종 4년(1422) 6월 27일(임자); 卷27, 세종 7년(1425) 3월 23일(계사).
41 『太宗實錄』卷24, 태종 12년(1412) 12월 1일(임자).
42 『新增東國輿地勝覽』卷3, 漢城府 孝子, 洪戒山.
43 『明宗實錄』卷27, 명종 16년(1561) 윤5월 21일(경술).
44 『明宗實錄』卷30, 명종 19년(1564) 윤2월 2일(을해).
45 『明宗實錄』卷32, 명종 21년(1566) 1월 19일(신해).
46 『成宗實錄』卷15, 성종 3년(1472) 2월 29일(병신).

독(丹毒)에는 사람의 피를 바르면 낫는다는 기록도 있다.⁴⁷

사전적으로 단지할고는 손가락[指](주로 무명지)과 넓적다리[股]를 자르는 것을 의미한다. 하지만 인육치료에서는 상황에 따라 중지(中指)나⁴⁸ 발가락[足指]을⁴⁹ 자르기도 하였으며, 간(肝)이나 쓸개[膽]를 섭취하는 것으로도 확대되었다. 그런데 환자는 위중하지만 인육치료에 사용하는 손가락을 구할 수 없는 경우가 있었다. 당시에 간과 쓸개는 살아 있는 사람의 몸에서 적출할 수 없는 장기이기도 하다. 이 경우에는 어떤 일이 벌어지는지를 헌부에서는 다음과 같이 보고하였다.

> 근래에 악질(惡疾)에 걸린 사람들이 산 사람의 간(肝)·쓸개[膽]와 손가락을 먹으면 곧 낫는다고 여기면서 오작인(仵作人)에게 많은 값을 주고 걸인을 사들이는데, 이러한 풍조가 크게 일어나고 있습니다. 반송방(盤松坊)에 있는 고(故) 관찰사 유세침(柳世琛) 집의 10여 살 된 아이종을 어떤 사람이 산속으로 유인하여 두 손가락을 끊고, 그 흔적을 없애기 위하여 온몸을 찔러 상처를 입히니 거의 죽게 되었다가 요행히 살아났습니다.⁵⁰

이처럼 조선에서는 아이를 유괴하여 손가락을 자르는 일이 벌어졌다. 심지어 3살 된 어린이의 손가락을 잘라갈 정도였다.⁵¹ 음창 치료를 위해서 쓸개를 적출하느라 걸인들을 죽이는 바람에 4~5년 동안 길거리에 걸인이 한 명도 없었다는 말까지 나왔다.⁵² 납치와 살인은 조선시대 인육치

---

47 『世宗實錄』 卷57, 세종 14년(1432) 9월 13일(무진).
48 『端宗實錄』 卷7, 단종 1년(1453) 7월 16일(신미).
49 『明宗實錄』 卷18, 명종 10년(1555) 3월 29일(갑자).
50 『中宗實錄』 卷72, 중종 27년(1532) 3월 18일(정묘). "近來人有得惡疾者, 以爲食生人肝膽手指則卽愈, 多給價仵作人, 丐乞人而買之, 故此風大作. 盤松坊居卒觀察使柳世琛家, 十餘歲僮, 有人誘到山間, 斫取兩手指, 欲滅其迹, 滿身刺傷, 幾死而幸生."
51 『明宗實錄』 卷4, 명종 1년(1546) 11월 25일(무인).
52 『明宗實錄』 卷32, 명종 21년(1566) 2월 29일(신묘).

료의 가장 어두운 단면이었다.

3. 인육치료 유행의 의미

1) 사회적 약자에 의한 성행과 보상

조선전기에는 인육치료 기록이 증가한다. 세종을 비롯하여 단종·성종·중종·명종대에 전국적으로 효자·절부에 대한 조사와 표창이 시행되었다.[53] 여기에는 인육치료 관련 기록도 상당히 많이 수집되어 있다. 예를 들자면, 황해도 봉산군의 김덕련(金德連)과 충청도 부여현의 서공(徐恭), 예산현의 이개우(李開祐), 경상도 경주의 허조원(許調元), 언양현의 박효원(朴孝元), 김해부의 송윤화(宋允和) 등은 그 어버이가 몹쓸 병에 걸리자 모두 자신들의 손가락을 잘라서 병을 낫게 만들었다.[54]

조선전기 인육치료 기록의 공통점은 크게 두 가지이다. 하나는 단지할고 주체의 대다수가 여성·자식·노비라는 점이고, 다른 하나는 이들에게 경제적인 측면과 사회적인 측면의 보상이 이루어지고 있다는 점이었다.

우선 단지할고는 노비와 여성들에 의해 압도적으로 많이 실시되었다. 불과 14살이었던 경성(鏡城)의 관노(官奴) 연이(連伊)는 아버지의 급질(急疾)에 자기 손가락을 끊어서 치료하였다.[55] 연이처럼 나이가 어린 데다 여성 노비라면 사회적 약자의 대표격이다. 보다 자세한 사례로는 세종 4년(1422) 김사월(金四月)의 효행을 꼽을 수 있다.[56]

---

53 『世宗實錄』卷7, 세종 2년(1420) 1월 21일(경신); 『端宗實錄』卷12, 단종 2년(1454) 8월 17일(병신); 『成宗實錄』卷15, 성종 3년(1472) 2월 29일(병신); 『中宗實錄』卷57, 중종 21년(1526) 7월 3일(갑신); 『明宗實錄』卷18, 명종 10년(1555) 3월 29일(갑자).

54 『端宗實錄』卷12, 단종 2년(1454) 8월 17일(병신).

55 『世宗實錄』卷105, 세종 26년(1444) 윤7월 8일(을유).

56 『世宗實錄』卷16, 세종 4년(1422) 6월 27일(임자); 『新增東國輿地勝覽』卷53, 平安道

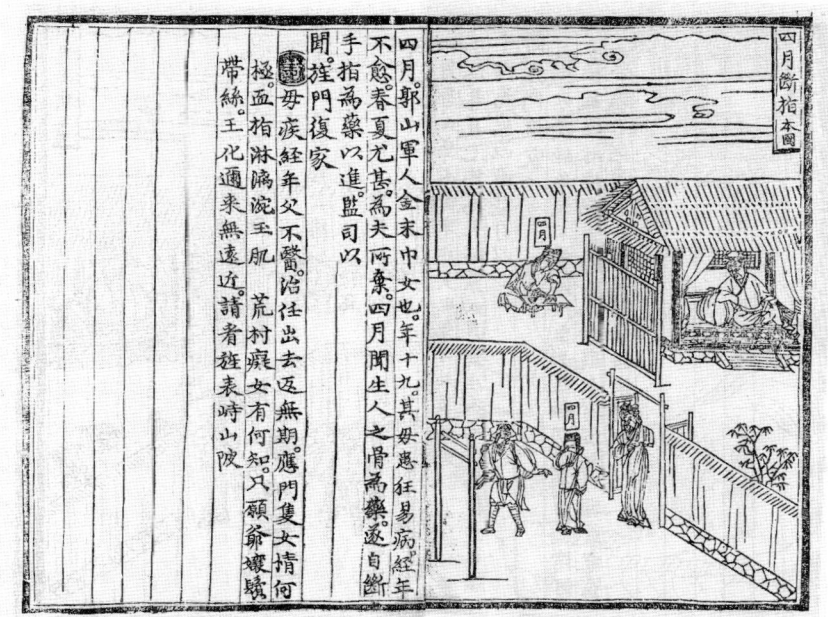

『삼강행실도』에 기록된 사월(四月)이 이야기. 전광병(顚狂病)에 걸린 어머니를 버리고 아버지가 떠나는 모습, 이어서 사월이가 병든 어머니를 위해 자신의 왼손 무명지를 자르는 모습이 순서대로 그려져 있다. 『삼강행실도』를 보고 읽으면서 사월이를 본받으라는 조선정부의 뜻이었다.

평안도 곽산에 사는 김사월의 어머니는 전광병(顚狂病)에 걸려서 남편에게 버림받았다. 치료법을 이리저리 구하던 김사월은 살아 있는 사람의 뼈를 부수어 먹으면 즉효라는 술사(術師)의 말을 듣게 되었다. 그녀가 곧바로 자신의 왼손 무명지를 잘라서 빻은 다음에 국에 타서 먹이자 어머니의 병이 드디어 나았다.

이 사실을 관찰사에게서 보고받은 세종은 정려(旌閭)하고 부역을 면제하였다[復家]. 정려는 정표문려(旌表門閭)의 줄임말로서 효자나 절부를 위하여 홍문(紅門)·패방(牌坊)을 설치하거나 편액(扁額)을 거는 것이다.[57]

郭山郡 孝子, 四月.
57 朴珠, 『朝鮮時代의 旌表政策』, 一潮閣, 1990 참고.

김사월의 경우에는 큰 길가에 '효녀 사월의 문[孝女四月之門]'이라는 석표(石表)를 세워서 오가는 사람들이 볼 수 있도록 만들었다.

석표를 세운 덕분에 중국 사신이었던 예겸(倪謙)과 진감(陳鑑)은 이 석표를 보고 글을 남기기도 하였다. 예겸은 인육치료가 지극한 효성으로 신명을 감동시키는 것이라고 적었다. 진감의 글에 따르면, 효는 배우지 않아도 행해야 하는 덕목이어서 효가 지극하면 몸을 손상할 수도 있다고 서술하였다. 즉 의학적인 근거가 없다는 것은 누구나 알고 있으나 지극한 효성으로 단지할고를 한다는 말이었다.

김사월 가족의 사례는 조선시대의 아이러니를 잘 보여준다. 그녀의 어머니는 전광병에 걸렸다는 이유로 남편에게 쫓겨났는데, 여성의 '악질'은 칠거지악(七去之惡)의 이혼사유에 해당하므로 당시로서는 당연하게 여겨졌을 것이다.[58] 그런데 그녀의 자식인 김사월이 어머니의 '악질'을 치료한 것은 지극한 효성으로서 표창되었다. 악질에 대한 인육치료는 남편이 아니라 딸에게 맡겨진 것이다. 이러한 사례는 김사월에게만 한정된 것이 아니다. 문화현의 유씨(柳氏) 역시 악질에 걸린 어머니를 위해서 자신의 손가락을 불태워 드림으로써 치료하였다.[59]

그리고 경원의 양녀(良女) 잉화이(仍火伊)는 남편이 전질(癲疾)로 고생하자 단지하였고 무안현의 자비(自妃)도 악질에 걸린 남편을 위해 단지하여 완전히 낫게 만들었다.[60] 악질에 걸린 부인을 위해 남편이 단지하는 경우는 없었다. 이와 관련하여 『명종실록』에서는 다음과 같이 주목되는 사평(史評)을 수록하였다.

---

58 성종대에 왕실에서도 제안대군의 부인 역시 惡疾이라는 이유로 이혼을 당한 사례가 있다(『成宗實錄』卷112, 성종 10년(1479) 12월 21일(임신)).
59 『新增東國輿地勝覽』卷42, 黃海道 文化縣 新增 孝子, 柳氏.
60 『世祖實錄』卷17, 세조 5년(1459) 7월 30일(기유); 『新增東國輿地勝覽』卷36, 全羅道 務安縣 烈女, 自妃. 『삼강행실도 열녀편』에 보이는 여성의 신체 희생과 성적 종속에 대해서는 다음 글이 참고된다(강명관, 『열녀의 탄생』, 돌베개, 2009, 119~181쪽).

대저 자식이 부모에게 있어서나 아내가 지아비에게 있어서나 의리는 똑같은 것이다. 만일 크게 무도(無道)한 사람이 아니라면 죽느냐 사느냐 하는 즈음에 당해서는 심정이 절박해지는 법이므로 반드시 해보지 않는 일 없이 모두 해보려고 하여, 자신의 신체(身體)나 발부(髮膚)를 생각하거나 아낄 겨를이 없게 되는 것이다. 그렇다면 할고(割股)하거나 단지(斷指)하는 것이 모두 다 그다지 귀중할 것은 없는 것이고, 또한 자식된 사람이나 아내된 사람으로서는 자기 스스로가 그만둘 수 없는 일인 것이다.[61]

위 인용문에서는 인육치료를 인간의 본성으로 규정하였다. 그런데 의급함은 자식이나 아내에게도 생겼을 것이지만, 이 글에서는 부모와 남편의 위급함에만 단지할고를 적용하였다. 이러한 인식 하에서는 부모가 자식을 위해 단지하거나 남편이 아내를 위해 할고하는 경우가 전혀 없는 것이 당연하였다.

조선초기부터 단지할고가 중시되었지만 인육치료를 시행한 사람들의 사회적 지위는 그리 높지 않았다. 조선전기에는 지배층에 해당하는 양반 사족과 왕실의 단지할고 사례가 거의 보이지 않는다. 기껏해야 단종대의 '전 부사정(副司正) 김맹방(金孟倣)'과 김맹방의 아들인 성종대의 '유학(幼學) 김호인(金好仁)' 정도이다.[62] 종실로서 단지하는 사례는 명종대에야 등장한다. 어머니를 위해 단지한 덕인부수(德人副守) 이용수(李龍壽)였는데, 그는 일반 양인에 가까운 종실이었다.[63]

이보다 앞서 인종이 위중해지자 중궁이 단지하여 피를 바치려 한 적도 있었다. 이때 영의정 등이 "손가락을 자르는 것은 이 증세에 보탬이 되지

---

[61] 『明宗實錄』卷18. 명종 10년(1555) 3월 29일(갑자). "夫子之於父母, 妻之於夫, 其義一也. 若非大無道之人, 則當死生之際, 其情之迫切, 必欲其無所不至, 而不暇顧惜吾之髮膚肢體也. 然則其所以爲之割肱斷指者, 皆不足深貴, 而亦爲人子爲人妻之所不容自已者也."
[62] 『端宗實錄』卷13, 단종 3년(1455) 2월 29일(을사);『成宗實錄』卷10, 성종 2년(1471) 6월 23일(갑자).
[63] 『明宗實錄』卷26, 명종 15년(1560) 5월 24일(기축).

않는다."라고 주장하여 중지시켰다.[64] 따라서 인육치료는 별다른 의학적 수단을 갖지 못한 이른바 아랫사람들의 질병 대응법이었으며, 이들의 '성심'이 하늘을 감동시킨다는 논리로 포장되었다. 요컨대 인육치료는 사회적으로 불리한 집단이었던 여성, 자식, 노비 등에게 일방적으로 부과되는 의무였던 것이다.

다음으로 단지할고를 한 이들에게는 곡식과 베의 지급을 비롯하여 다양한 보상이 이루어졌다. 정표문려(旌表門閭)가 대표적인 명예 수여라면 잡역(雜役)을 면제하는 복호(復戶)나[65] 신역(身役)의 면제는 노비나 향리에 대한 경제적인 보상이었다.[66] 인육치료에 대한 보상은 그 효도의 정도에 따라 물건 하사 → 정문(旌門) → 정문복호(旌門復戶)의 순서로 커졌다. 아주 드물지만 단지할고를 한 남성 양인 혹은 전직 관리들에게는 토관직(土官職)을 수여하거나[67] 현직(顯職)까지 등용하도록 지침을 세우기도 하였다.[68]

이러한 인육치료에 대한 포상은 법전으로도 보장되었다. 이미 세종대에 효자(孝子)와 순손(順孫)을 포상(褒賞)하는 법이 『원전(元典)』에 실려 있었다.[69] 세조대에도 국전(國典)으로 인육치료에 대하여 정문복호하였다.[70] 동일한 법전 내용인지는 분명하지 않으나 성종대에는 "효우(孝友)와 절의(節義)가 특이한 자는 벼슬 혹은 물건으로 상을 주고, 더욱 특이한

---

64 『仁宗實錄』 卷2, 인종 1년(1545) 6월 29일(경신).
65 『成宗實錄』 卷232, 성종 20년(1489) 9월 21일(병자).
66 『端宗實錄』 卷12, 단종 2년(1454) 8월 17일(병신).
67 『端宗實錄』 卷7, 단종 1년(1453) 7월 16일(신미).
68 『世宗實錄』 卷59, 세종 15년(1433) 1월 18일(임신);『明宗實錄』 卷26, 명종 15년(1560) 5월 24일(기축).
69 『世宗實錄』 卷94, 세종 23년(1441) 10월 22일(을유).
70 『世祖實錄』 卷17, 세조 5년(1459) 7월 30일(기유).

자는 정문(旌門)·복호(復戶)한다."라는 『대전(大典)』의 조문이 있었다.[71] 그리고 조선후기인 숙종 32년(1706) 8월에 완성된 『전록통고(典錄通考)』에서도 다음과 같이 규정되었다.

> 장권(奬勸). ○ 효도(孝道)하거나 우애(友愛)한 자 및 절의(節義)를 지킨 자에 대해서는 연말마다 예조에서 왕에게 보고하여 권장한다. 예를 들어 효자(孝子), 조부모를 잘 받들어 모시는 손자[順孫], 절개를 지키는 부인[節婦], 나라를 위해 죽은 자의 자손, 친족 사이에 화목한 자, 환난(患難)을 구제한 자 등이다. ○ 상으로 관직이나 물품을 주되, 특출한 자에게는 정문(旌門)을 세워주거나 복호(復戶)를 준다. 신의를 지킨 아내에게도 복호를 준다.[72]

포상은 당사자가 사망한 경우에도 실시되었다. 명종은 "참으로 충효하고 우애하는 사람이 있으면 마땅히 중한 상을 내려야 할 것이니, 비록 사람은 죽었을지라도 잊어서는 안 된다."라고 지시하였다.[73] 이듬해 기사에 따르면, 사비(私婢) 막덕(莫德)은 죽은 남편의 제사에 성심을 다하였는데, 평생 모시던 어머니가 세상을 떠나자 슬픔이 지극해져서 죽고 말았다. 그런데 조선정부에서는 복호하고 상물(賞物)을 내렸다.[74] 이미 막덕은 사망했으므로 그 후손에게 포상이 전해진 경우로서, 사후까지 포상이 실행되었던 것이다.

이 때문에 이득을 노리고 단지할고를 하는 자들이 있다는 비판이 당시

---

71 『成宗實錄』卷15, 성종 3년(1472) 2월 29일(병신). "孝友節義持異者, 賞職, 或賞物, 尤異者旌門復戶."
72 『典錄通考』, 禮典 中, 奬勸, [大典], [孝友節義]. "奬勸. ○孝友·節義者, 每歲抄, 本曹錄啓奬勸. 如孝子·順孫·節婦·爲國亡身者子孫·睦族·救患之類. ○賞職或賞物, 尤異者, 旌門·復戶. 其妻守信者, 亦復戶."
73 『明宗實錄』卷26, 명종 15년(1560) 5월 24일(기축). "苟有忠孝友愛之人, 則所當重賞, 雖沒身不可忘也."
74 『明宗實錄』卷27, 명종 16년(1561) 윤5월 21일(증술).

에도 나왔다. 그런데 조선에서는 물질적인 보상만이 효도의 대가가 아니었다. 이들 가운데에는 본심(本心)으로 한 것이 아니라 "명예(名譽)를 구하기 위해서" 한 자도 많을 것이라고 지적되었다.[75]

태종 16년(1416)에 김극일(金克一)은 어머니 몸에 종기[疽]가 나자 그 피를 빨아내어 낫게 만들었다. 중국 전국(戰國)시대의 오기(吳起)가 부하 군사의 종기를 빨아서 고친 데서 연저(吮疽)라는 표현이 나왔다. 그리고 중국 주(周)나라의 유하(柳遐)는 어머니의 종기를 빨아서 완치시켰는데,[76] 김극일도 실제로 행한 것이다.

4년 뒤인 세종 2년(1420)에 아버지가 병환으로 심하게 설사하자 김극일은 아버지의 대변을 맛보고는 위험한 줄 알았다. 환자의 예후를 살피기 위하여 환자의 대변을 맛보는 것이 상분(嘗糞)이라는 독특한 관찰법이다. 이 글에서 주로 다루는 『삼강행실도』나 조선전기에 널리 읽힌 『소학(小學)』에 따르면, 대변 맛이 달면 위험하고 대변 맛이 쓰면 쾌유될 가능성이 높다.[77] 상분은 효성을 드러내는 실례로 조선에서도 자주 거론되었다.

김극일의 효도방식인 연저와 상분이 직접적인 인육치료는 아니었다. 하지만 김극일의 아들인 김맹(金孟)은 아버지의 효성을 드러내는 글을 김종직(金宗直)에게 부탁하였다. 성종 13년(1482) 봄에 김종직이 쓴 「김처사효문명(金處士孝門銘)」이 그 글이다.[78] 또한 김극일의 효도가 알려지자 세조 10년(1464)에 정문(旌門)이 세워졌으며, 그의 효행은 『신증동국여지승람』과 『속삼강행실도』에도 수록되었다.[79]

---

75 『明宗實錄』 卷18, 명종 10년(1555) 3월 29일(갑자).
76 『三綱行實圖 孝子篇』(세종대왕기념사업회, 1982), 柳遐孝德.
77 『三綱行實圖 孝子篇』(세종대왕기념사업회, 1982), 黔婁嘗糞; 『三綱行實圖 烈女篇』(세종대왕기념사업회, 1982), 王氏經死; 『小學』, 善行.
78 『佔畢齋文集』 卷2, 金處士孝門銘.
79 『新增東國輿地勝覽』 卷26, 慶尚道 淸道郡 孝子, 金克一; 『續三綱行實圖』, 孝子圖, 克一馴虎.

김맹은 아버지의 효행을 드러냄으로써, 어쩌면 물질적 보상보다도 더 중요한 자기 집안의 사회적 권위를 획득해 나간 것이다. 김맹의 아들이자 김종직의 제자인 김일손(金馹孫)도 효자의 자손이라는 자부심을 품지 않았을 리 없다. 요컨대 조선전기에는 인육치료와 효행에 대한 경제적 사회적 보상이 탐낼 만했다는 의미이다.

2) 조선정부의 인육치료 선택과 조장

세종은 즉위하자마자 효자(孝子)·절부(節婦)·의부(義夫)·순손(順孫)을 찾아 아뢰게 하였다. 보고된 수백 명 가운데 41명이 다시 선발되어 상을 받았는

김극일의 효행을 글과 그림으로 기록한 『속삼강행실도』. 한글로도 설명을 덧붙였다.

데, 이때만 해도 단지할고는 보이지 않는다. 민간에서 병에 걸리면 의원에게 치료받는 게 일반적이었다.[80] 앞서 살핀 것처럼 태종대에 단지 기사가 있기는 하지만 세종 즉위 무렵까지도 단지할고는 흔하지 않았다.

그런데 세종대 초반에는 사회문제로 비화하는 강상(綱常) 문제가 많았다. 세종 6년(1424)에 벌어진 사건으로만 한정하더라도 남편을 죽인 보배(寶背)와 상전의 아들을 때려죽인 이봉(李奉)을 능지 처사하였고,[81] 아비를 때린 김신의(金臣義)의 목을 베었으며,[82] 남편과 상전을 음모하여 죽인

---

80 『世宗實錄』 卷7, 세종 2년(1420) 1월 21일(경신).
81 『世宗實錄』 卷25, 세종 6년(1424) 8월 21일(계해).
82 『世宗實錄』 卷25, 세종 6년(1424) 8월 26일(무진).

자들에게 무더기로 사형을 집행하였고,[83] 정을손(丁乙孫)의 독살에 관련된 딸과 부인을 능지처사하였으며,[84] 부모를 구타한 흔만(欣萬)을 참형에 처하였다.[85]

그러다가 세종 10년(1428)에는 김화(金禾)가 아버지를 죽이는 사건까지 벌어졌다.[86] 큰 충격을 받은 세종은 효제를 돈독히 하고 풍속을 후하게 이끌 방책을 논의하였다. 백성을 교화하자는 이 논의는 『삼강행실도(三綱行實圖)』편찬의 직접적인 계기가 되었다. 효도에 민감했던 세종은 인육치료도 긍정하였다.

세종은 "손가락을 자르는 유(類)에 이르러서는 비록 정도(正道)에 부합하지 않으나, 그 어버이를 위하는 마음은 절실한 자인즉 취하는 것이 옳겠다."라고 말하였다.[87] 단지가 약간 지나친 면이 있으나 환자 가족의 절절한 마음은 인정해야 한다는 뜻이었다. 이미 두 달 앞서 세종은 병든 아버지를 위해 스스로 단지한 김효량(金孝良)과 자기 팔에서 뽑은 피를 아버지의 단독(丹毒)에 발라서 치료한 임유(任柔)를 표창한 바가 있었다.[88] 단지를 불효라고는 전혀 생각하지 않는 세종의 평가는 인육치료에 대한 조선정부의 입장을 예고한 것이었다.

앞서 살폈듯이 세종을 비롯하여 단종·성종·중종·명종대에는 효자·절부의 조사와 선양이 대대적으로 시행되었다. 그런데 조선정부에서는 신역(身役) 면제 조치가 단지(斷指)·할복(割腹)하는 이들을 높여주고 권장하는 취지라는 점을 분명히 인식하고 있었다. 신역 면제 같은 조치들을

---

83 『世宗實錄』卷25, 세종 6년(1424) 9월 21일(계사).
84 『世宗實錄』卷26, 세종 6년(1424) 12월 6일(정미).
85 『世宗實錄』卷26, 세종 6년(1424) 12월 22일(계해).
86 『世宗實錄』卷42, 세종 10년(1428) 10월 3일(신사).
87 『世宗實錄』卷58, 세종 14년(1432) 11월 28일(계미). "其爲親惑於佛事, 惑於巫覡, 以至斷指之類, 雖不合於正道, 然其爲親心切者則取之可也."
88 『世宗實錄』卷57, 세종 14년(1432) 9월 13일(무진).

다른 사람들이 보게 되면 모두가 감화될 것이라고 하였다.[89] 한마디로 조선정부는 효행이나 절의를 장려하기 위해서 인육치료라는 자극적인 방식을 선택한 것이었다.

  역대 조선정부에서는 인육치료의 사례를 치밀한 기록으로 남겼다. 우선 '우매한 백성'의 교화를 위해 간행한 책이 세종대의 『삼강행실도(三綱行實圖)』였다. 『삼강행실도』는 세종 14년(1432)에 설순(偰循) 등이 왕명으로 편찬하였으며, 『삼강행실도』를 축약하고 언해를 덧붙여서 성종 12년(1481)에는 『삼강행실도언해(三綱行實圖諺解)』를 간행하였다. 중종 9년(1514)에 신용개(申用漑) 등이 그 속편으로 『속삼강행실도(續三綱行實圖)』를 편찬한 뒤에, 광해군 9년(1617)에는 유근(柳根) 등이 『동국신속삼강행실도(東國新續三綱行實圖)』를 펴냈다.[90] 여기에 등장하는 세종·성종·중종·광해군 등의 국왕들과 단지할고의 표창 기록은 상관성이 높은데, 이것은 단지할고와 『삼강행실도』가 긴밀한 관계임을 시사한다.

  세종대 『삼강행실도』 서문에서는 귀천을 가릴 것 없이 부녀까지도 교육해야 한다고 서술하였다. 교훈을 쉽게 배우도록 삽도(揷圖)를 넣어 『삼강행실도』를 편찬한 이유였다. 『삼강행실도』에서 수록한 효자 항목은 모두 111개이다. 이 가운데 '효신여묘(孝新廬墓)' 항목은 제목만 있고 삽도와 내용이 없다.

  효자 항목에 등장하는 중국인 효자·효녀는 108명인데, 단지할고와 관

---

89 『明宗實錄』 卷3, 명종 1년(1546) 3월 9일(병인).
90 『삼강행실도』류의 간행 경과와 그 성격에 대해서는 다음 글이 참고된다(金勳埴, 「『三綱行實圖』 보급의 社會史的 고찰」, 『震檀學報』 85, 1998; 주영하·옥영정·전경목·윤진영·이정원 지음, 『조선시대 책의 문화사 -삼강행실도를 통한 지식의 전파와 관습의 형성-』, 휴머니스트, 2008; 강명관, 「『삼강행실도』-약자에기 가해진 도덕의 폭력」, 『한국고전여성문학연구』 5, 2002; 강명관, 『열녀의 탄생』, 돌베개, 2009; 이상민, 「조선 초 '칙찬권계서(勅撰勸戒書)'의 수용과 『삼강행실도』 편찬」, 『韓國思想史學』 56, 2017).

련되는 사람은 2~3명에 불과하다.[91] 반면 삼국에서 조선까지의 효자·효녀 23명에서 단지나 할고를 한 사람은 8명이다.[92] 봉양을 위한 할고까지 포함한 숫자이기는 하지만, 『삼강행실도』에서 자국의 단지할고 경험을 의도적으로 부각하고 있음을 알 수 있다.

실제로도 『삼강행실도』를 읽은 후에 단지했다는 기록들이 후대에 보인다. 중종대 신명화(申命和)의 아내 이씨(李氏)와 유학(幼學) 유인석(劉仁碩)이었다.[93] 세종이 밝힌 편찬 목적은 『삼강행실도』의 반포 교서에 나타나 있다. 바로 아들·신하·부부가 각자의 도리에 충실한 지치(至治)의 구현이었다.

> (『삼강행실도』의 편찬으로 – 인용자) 아들된 자는 효도를 다할 것을 생각하고, 신하된 자는 충성을 다할 것을 생각하며, 남편된 자와 아내된 자도 모두 자기의 도리를 다하게 되어, 사람들은 의리를 알고 스스로 새롭게 하려는 뜻을 진작(振作)할 것이니, 교화(敎化)가 행하여지고 풍속이 아름다워져서 더욱 지치(至治)의 세상에 이르게 될 것이다.[94]

또한 효우와 절의의 사례는 『동국여지승람(東國輿地勝覽)』과 『신증동국여지승람(新增東國輿地勝覽)』에도 치밀하게 수록하였다. 성종 12년(1481)에 완성된 『동국여지승람』에서는 아예 '효자'편을 설정하였고, 중종 25년(1530)에 증보된 『신증동국여지승람』에서는 누락된 효자를 추가하였다. 효자 기록에 대한 조선정부의 강한 관심을 느낄 수 있다. 『신증동

---

91 『三綱行實圖 孝子篇』(세종대왕기념사업회, 1982), 義婦割股; 明達賣子; 劉氏孝姑.
92 『三綱行實圖 孝子篇』(세종대왕기념사업회, 1982), 向德刲髀; 聖覺養母; 尉貂割股; 蟲介斷指; 石珍斷指; 貴珍斷指; 恩時斷指; 四月斷指.
93 『中宗實錄』卷57, 중종 21년(1526) 7월 15일(병신); 7월 25일(병오).
94 『世宗實錄』卷64, 세종 16년(1434) 4월 27일(갑술). "爲人子者思盡其孝, 爲人臣者思盡其忠, 爲夫爲婦亦皆盡道, 人知義方, 振起自新之志, 化行俗美, 益臻至治之風."

국여지승람』의 효자나 열부 기록 가운데에는 복병(腹病)·광질(狂疾)·악질(惡疾)에 다릿살이나 손가락을 잘라서 환자에게 먹이는 이야기가 부지기수이다.

그런데 소수이기는 하지만 인육치료에 실패한 기록들도 남아 있다. 『묵재일기(默齋日記)』에 따르면, 이문건의 손녀인 숙희는 명종 13년(1558)과 명종 17년(1562)에 할머니가 위중해지자 대변을 맛보았을 뿐만 아니라 스스로 할고한 후에 넓적다리 살을 구워서 할머니에게 먹였다. 하지만 도려낸 부위가 패인 채 새살이 돋지 않고 덧나는 바람에 고생하였다.[95] 그리고 『규열록(閨烈錄)』에는 공주(公州)에 사는 노비의 부인 한씨(韓氏)가 남편의 전염병에 손가락 피를 내어 남편 입에 떨어뜨렸지만 죽었다는 내용이 있다.[96] 머리말의 『백범일지』에서 언급했듯이 김구도 할고를 하였지만 아버지의 죽음을 막지는 못하였다.

인육치료에 실패한 이 세 가지 기사의 공통점은 개인 기록이라는 점이다. 반면 조선왕조실록을 비롯하여 『삼강행실도』·『신증동국여지승람』 등의 관찬 기록에서는 인육이 질병 치료에 효과적인 것으로 묘사된다. 인육치료를 통한 심리적인 치유효과가 반드시 완쾌를 보장하는 것은 아니다. 하지만 관찬 기록에서는 성공사례만 모여 있다. 관찬 기록은 인육치료를 적극 홍보하려는 목적에 맞춰 편찬되었다고 하지 않을 수 없다.

더 나아가 관찬 기록의 지극한 효성 사례에는 믿기 어려운 일들도 포

---

[95] 『默齋日記』 명종 17년(1562) 2월 4일; 4월 23일. 『묵재일기』에 대해서는 다음 글이 참고된다(金炫榮, 「『默齋日記』解題」, 『默齋日記』 下, 국사편찬위원회, 1998; 김현영, 「16세기 한 양반의 일상과 재지사족 -『묵재일기』를 중심으로-」, 『朝鮮時代史學報』 18, 2001; 金聖洙, 『16世紀 鄕村醫療實態와 士族의 對應 -『默齋日記』에 나타난 李文楗의 사례를 중심으로-』 경희대학교 석사학위논문, 2001). 이문건의 『묵재일기』는 최근에 번역본이 잇따라 출간되었다(김인규 옮김, 『역주 묵재일기』 전4권, 민속원, 2018; 정긍식 외 옮김, 『국역 묵재일기』 전6권, 경인문화사, 2019).

[96] 이규상, 민족문학사연구소 한문분과 옮김, 『18세기 조선인물지 幷世才彦錄』, 창작과비평사, 1997, 240쪽.

함되어 있다. 예를 들면 김응벽과 김세온의 경우였다.[97] 김응벽이 부모상을 당하여 여묘살이를 할 적에 10여 일간 장맛비가 계속되었다. 어느 저녁 아버지 무덤에서 김응벽의 이름을 부르는 소리가 세 번 들렸다. 그 소리를 듣고 놀란 김응벽이 무덤 위로 올라가 방황하던 즈음에 북산(北山)이 무너져 여막을 덮쳤다.

한편 김세온은 아버지 무덤 곁에서 여묘살이를 하면서 3년 동안 동구(洞口)를 나가지 않았다. 어느 저녁 호랑이가 와서 으르렁거리자 김세온이 호랑이를 향하여 "효심이 지극하지 못하고 제사가 불결했던가? 네가 어찌하여 여기에 왔는가?"라고 자책하니, 호랑이가 즉시 머리를 숙이고 물러갔다. 이어서 시제(時祭)를 지낼 적에 제육(祭肉)을 준비하기가 어려워 김세온이 하늘을 우러러 통곡하자 호랑이가 노루를 잡아다가 무덤 앞에 두고 갔다. 부모에 대한 효성이 김응벽의 생명을 구하였고, 호랑이도 김세온의 효심에 감동하였다는 미담이었다.

그런데 인육치료 기록은 연산군대에 갑자기 희소해진다. 기록에 따르면, 연산군은 스스로 자신의 소행이 부도(不道)함을 알고 내심 부끄러워하였으며 인도(人道)를 혼란시켜 자기와 같게 만들려고 하였다. 그는 사대부의 친상(親喪)을 단축하였고, 효행이 있는 사람을 궤이(詭異)하다고 죽였다. 그 결과 삼강(三綱)이 끊어지고 이륜(彝倫)은 소멸되었다고 평가받고 있다.[98] 연산군대에 사회가 혼란스러워진 것은 분명하다. 인육치료 관련 기사가 연산군대에 급감하는 현상은 조선정부의 의지와 인육치료 사이의 깊은 연관성을 반증한다.

따라서 연산군이 폐위된 후 중종대에는 인육치료 사례가 다시 빈번하게 수집되었다. 중종대에는 효자(孝子)와 열부(烈婦)에 관한 기록이 속출

---

97 『明宗實錄』卷27, 명종 16년(1561) 윤5월 21일(경술).
98 『燕山君日記』卷63, 연산군 12년(1506) 9월 2일(기묘).

한다.⁹⁹ 명종대에도 그 증가 추이는 이어진다.¹⁰⁰ 요컨대 조선정부에서는 다양한 포상 외에도 관찬 기록을 통해서 주도적으로 단지할고를 조장하였는데, 그 이유는 '지치(至治)의 세상'을 건설하기 위해서였다.

3) 「비호인대」와 성리학적 사유의 침착

고려시대에 단지할고만 있었던 것은 아니었다. 환자의 주위 사람들이 팔뚝에 불을 붙이는 연비(燃臂) 기록도 보인다. 널리 알려져 있듯이 연비는 불교에 기반한 치유법이다. 연두(燃頭)라고 해서 머리에 불을 붙이기도 하였다.

고려 충렬왕 15년(1289)에 전박사(前博士) 강후(康煦)가 죽었다는 말을 들은 세자(나중의 충선왕)는 "이 사람은 머리를 불태우고 팔뚝을 불태워 왕의 병을 구한 자가 아니냐?"라고 물었다.¹⁰¹ 중들이나 하는 짓이지 군자가 할 일이 아니라고 비판한 것이다. 고려후기에 들어서 연비가 적당하지 않다는 새로운 의료관이 등장하는데, 고려시대사를 편찬한 조선초의 학자들이 이 의료관에 동의하여 충선왕의 세자 시절 에피소드를 수록한 것으로 이해된다.

절박할 때는 종고에 매달리기 쉬우므로 조선초기까지도 왕실에서 연비하는 사례는 몇 차례 등장한다.¹⁰² 하지만 전반적으로 보면, 고려에서는 연두연비(燃頭燃臂)였다가 조선에서는 단지할고(斷指割股)로 넘어가는 경향이 뚜렷하다. 세종대에 단지할고가 확대되는 양상을 예조판서 신상

---

99 『中宗實錄』 卷62, 중종 23년(1528) 8월 21일(경신).
100 『明宗實錄』 卷18, 명종 10년(1555) 3월 29일(갑자); 卷25, 명종 14년(1559) 4월 1일(임인); 卷27, 명종 15년(1561) 윤5월 21일(경술); 卷32, 명종 21년(1566) 1월 19일(신해).
101 『高麗史節要』 卷21, 충렬왕 15년(1289) 5월.
102 『太宗實錄』 卷15, 태종 8년(1408) 1월 28일(정축); 卷25, 태종 13년(1413) 5월 6일(갑신); 『世宗實錄』 卷111, 세종 28년(1446) 3월 15일(임오).

(申商)은 다음과 같이 설명하였다.

> 오늘날에는 모두 삼년의 상[三年之喪]을 행하고, 여묘(廬墓)하는 자도 많이 있으며, 혹은 손가락을 끊어서 병친(病親)에게 약으로 드리기도 하며, 혹은 불사(佛事)를 행하지 아니하고 한결같이 『가례(家禮)』를 따른다.[103]

연두연비가 자기 몸을 희생하는 데 그친다면 단지할고는 희생한 자기 몸을 환자에게 먹인다는 점에서 달랐다. 자기희생을 극단까지 밀어부친 것이다. 인용문에 나와 있듯이 불교적인 방식에서 유교적인 방식으로의 변화였다.

그렇다면 조선초기의 치료에서 단지할고가 강화되는 과정을 사상적인 측면에서 면밀히 살펴볼 필요가 있다. 사실 단지할고는 조선초기부터 논란이 있었다. 효도는 누구나 쉽게 할 수 있어야 하기 때문이었다. 상정소(詳定所)에서는 단지하거나 6년 동안 시묘(侍墓)하는 일은 궤격(詭激)하므로, 평상시의 행동거지를 기준으로 효자·순손·절부를 정문(旌門)·서용(敍用)·복호(復戶)하자고 건의하였다.[104] 의정부에서도 "손가락을 끊는 일은 지나친 일이오니, 반드시 이렇게 한 뒤라야 효(孝)가 되는 것이 아닙니다. 효도하는 마음이 순수하고 지극하여 어버이 뜻을 순종하여 즐겁게 하여드리고, 남들이 이간하는 말이 없어 사람됨이 특히 뛰어난 자에게는 더욱 포상함이 마땅합니다."라고 제안하였다.[105]

---

[103] 『世宗實錄』 卷58, 세종 14년(1432) 11월 28일(계미). "今則皆行三年之喪, 廬墓者比比有之, 或折指以藥病親, 或不作佛事, 一從家禮." 조선초기까지 광범위하게 행해지던 佛敎의 喪祭禮가 『朱子家禮』의 보급을 통해 儒敎的 喪祭禮로 변모하는데, 고려시대의 『孝行錄』에 보이던 불교적 효행 사례들이 조선의 『三綱行實圖』에서는 빠져 있다(金勳埴, 「『三綱行實圖』 보급의 社會史的 고찰」, 『震檀學報』 85, 1998, 250~251쪽).

[104] 『世宗實錄』 卷59, 세종 15년(1433) 1월 18일(임신).

[105] 『世宗實錄』 卷94, 세종 23년(1441) 10월 22일(을유). "斷指則過常之事, 不必如是而後以爲孝也. 至如孝心純至, 順悅親意, 人無間言, 特異於人者, 則尤宜褒獎."

더 나아가 정창손은 효자란 타고난 자질에 따라 나타날 뿐이라고 주장하였다. 그러나 세종은 백성들이 교화가 가능하며 효자는 만들어진다는 입장을 고수하였다. 세종은 『삼강행실도』를 반포하면 어리석은 남녀가 모두 쉽게 깨달아서 충신·효자·열녀가 반드시 무리로 나올 것이라고 확신하였다.[106] 이미 언급한 것처럼 세종대에 흔만은 참형을 당하였다. 흔만이 부모를 구타한 이유로는 그가 배우지 못한 '우매한 백성[愚民]'이어서 분노를 참지 못한 탓이라고 설명되었다.[107] 『삼강행실도』의 간행과 단지 할고의 표창 역시 백성들의 교화를 위한 특단의 조치였다는 것은 앞서 다룬 바와 같다.

단지할고에 대한 15세기 후반의 인식을 가장 잘 보여주는 글은 김일손(金馹孫, 1464~1498년)의 「비호인대(非鄠人對)」이다.[108] 한유(韓愈)가 쓴 「호인대(鄠人對)」를 비판한다는 제목의 글이다. 원래 중국 당(唐)나라의 호현(鄠縣)에 사는 어떤 사람이 어머니의 병환에 자기 넓적다리 살을 베어 먹여 낫게 하였다. 이 소식을 들은 영윤(令尹)이 정문(旌門)을 세워주고 호세(戶稅)도 면제해주었다. 「호인대」에서 한유는 단지와 할고처럼 자기 사지(四肢)를 헐어서 봉양한다는 것은 전거도 없고 불효한 짓이라고 비판하였다.

반면에 김일손은 무슨 짓을 해서라도 부모의 병을 고치는 게 효도이며 자기 몸을 아끼는 것은 이기적이라고 생각하였다. 「비호인대」에서 그는 군자가 역란에 몸을 아끼지 않는 것이 가정에서는 효(孝)이고 국가에서는 충(忠)이라고 주장하였다. 김일손은 자기 주장을 뒷받침하기 위해 이미 『신당서』에도 인육으로 치료하는 전례가 있다고 제시하였다. 그의 견

---

106 『世宗實錄』 卷103, 세종 26년(1444) 2월 20일(경자).
107 『世宗實錄』 卷26, 세종 6년(1424) 12월 22일(계해).
108 『濯纓先生文集』 卷1 雜著 非鄠人對.

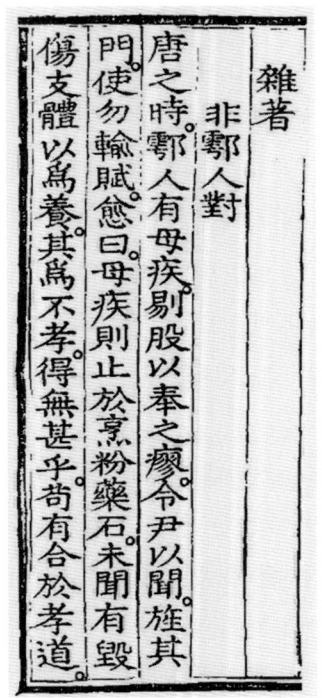

'부득이한 사정이 있을 때는 자기 몸을 군부(君父)에게 바치는 행위도 홍모(鴻毛)보다 가벼운 일인데, 하물며 넓적다리 살쯤이랴.' 단지할고에 대해 김일손이 쓴 「비호인대」이다. 그는 앞서 나온 김극일의 손자이다.

해는 "부득이한 사정이 있을 때는 자기 몸을 군부(君父)에게 바치는 행위도 홍모(鴻毛)보다 가벼운 일인데, 하물며 넓적다리 살쯤이랴."라는 문장으로 요약된다. 김일손은 아주 강하게 단지할고를 옹호하면서 효를 위해서는 몸을 자르라고 강권한 것이다. 김일손의 주장에 대해서 유희춘(柳希春)은 「비호인대」가 뛰어난 글이라고 평가하였다.[109]

물론 모든 사람이 김일손의 주장에 찬동한 것은 아니었다. 이황(李滉)은 「비호인대」를 반대하면서 한유의 입장을 지지하였다. 이황의 제자인 우성전(禹性傳)도 마찬가지였다.[110] 이러한 반론에도 불구하고 조선정부에서는 인육치료에 대한 세종의 긍정적인 인식과 「비호인대」의 주장을 그대로 계승하였다. 앞서 인용하였듯이 명종대의 사평(史評)에서도, 환자가 위급한 지경에 빠지면 환자의 자식은 자기 신체를 아낄 겨를이 없게 된다고 하였다. 「비호인대」와 완전히 동일한 인식이었다.

본질적으로 인육치료는 부모에 대한 애정을 '효(孝)'라는 관념으로 정형화한 것이다. 원래 몸은 부모에게 받은 것이므로 감히 훼손하지 않는

---

[109] 『眉巖先生集』 卷6, 日記 刪節 ○上經筵日記別編, 戊辰下.
[110] 『退溪先生文集』 卷32, 書, 答禹景善問目.

것이 효의 시작이었다.[111] 그런데 부모의 질병에 자식이 단지할고하는 행위는 일종의 권도(權道)로서 정당화되었다. 부모를 섬기기 위한 몸의 훼손은 효도의 중도(中道)가 아니지만, 자식의 떳떳한 도리이며 민심을 감동케 한다고 지적되었다.[112] 나아가 조선정부는 경제적·사회적 보상체계를 작동시키면서 효도를 독려하였다. 부모에 대한 효성(孝誠)이 국왕에 대한 충성(忠誠)으로 확장된다는 성리학적인 발상은[113] 정철형(鄭鐵衡)-정식(鄭軾)-정문창(鄭文昌) 집안의 표창 사례에서 잘 살필 수 있다.

정문창은 조부상에 대해서는 3년상을 치르지 않아도 되었다. 하지만 그는 아버지를 좇아서 3년 동안 조부상을 심상(心喪)하였다. 정문창의 아버지인 정식도 국왕이 승하하자 "백성은 군(君)·사(師)·부(父)에 대해서 하나같이 섬겨야 하므로, 임금의 상(喪)에 삼가지 않을 수 없다."라고 하면서 심상 삼년을 마쳤다. 그리고 정문창의 할아버지인 정철형도 뛰어난 효행으로 정문(旌門)이 세워졌고, 정철형의 딸 정씨(鄭氏)도 절부(節婦)로 정문이 내려졌다. 정문창의 집안은 여러 세대에 걸쳐 효의(孝義)를 계속 배출한 것으로 『명종실록』에 기록되었다.[114]

다시 말하면 성리학에서 사회질서란 삼강오륜(三綱五倫)으로 집약된다.[115] 삼강을 지키기 위해서는 효와 충이 필요하였다. 그리고 효와 충은

---

111 『孝經』「開宗明義章」, "身體髮膚受之父母, 不敢毀傷孝之始也."
112 『世宗實錄』 卷10, 세종 2년(1420) 10월 18일(계축).
113 『世宗實錄』 卷56, 세종 14년(1432) 6월 9일(병신). 『삼강행실도』에 나타난 부자관계[孝]와 군신관계[忠]의 일치화에 대해서는 다음 글이 참고된다(金勳埴, 「『三綱行實圖』 보급의 社會史的 고찰」, 『震檀學報』 85, 1998, 263~265쪽). 『孝經』에 보이는 '효도가 충심으로 옮겨갈 수 있다[孝可移於忠]'는 관념이 『삼강행실도』에서는 효자가 충성에도 힘쓰는 행위로 구체화되는데 이 忠孝雙全의 사례는 20여 건에 달한다(정호훈, 「전쟁의 기억과 정치론, 『동국신속삼강행실도(東國新續三綱行實圖)』」, 『韓國思想史學』 58, 2018, 125~128쪽).
114 『明宗實錄』 卷32, 명종 21년(1566) 1월 19일(신해).
115 『世宗實錄』 卷56, 세종 14년(1432) 6월 9일(병신). "集賢殿新撰三綱行實以進. 序曰, 天下之達道五, 而三綱居其首, 實經綸之大法, 而萬化之本源也."

연결되어 있으므로, 목숨을 초개처럼 여겨 인육을 아끼지 않는 효자에 대한 표창은 충신을 양성하는 길이기도 하였다. 이런 점에서 흔히 쓰이는 '신자(臣子)'와 '군부(君父)'는 충(忠)과 효(孝)를 결합한 표현이었다.

그런데 『삼강행실도』 반포 교서에 따르면 삼강이 어그러지는 이유는 군주·부모·남편의 잘못이 아니라 신하·자식·아내의 잘못이었다.[116] 따라서 가족을 위해서, 국가를 위해서, 삼강이라는 성리학적 사회질서를 위해서 몸을 희생하여 충효(忠孝)하는 임무는 신하·자식·아내에게 부여되었다. 이처럼 유교사회의 건설을 위한 초석으로는 아랫사람이라 불리는 백성들이 동원되었는데, 이 백성들은 자신들의 효성(孝誠)과 정렬(貞烈)을 증명하기 위해서 인육치료까지 무릅써야 했다.[117]

이상에서 살핀 바와 같이 조선전기에 인육치료를 장려한 조선정부와 이를 실천한 사람들은 모두 자기 입장에서 인육치료에 접근하고 있었다. 인육치료의 유행에는 효우·절의로 유지되는 국가체제와 성리학의 나라를 건설하려는 욕망이 한편에 자리잡고 있었고, 경제적 이득과 명예를 노리는 사회적 약자의 욕망이 다른 한편에 자리잡고 있었다. 즉 양측 모두를 움직이게 만든 힘은 욕망이었다.

4. 맺음말

본문에서는 조선전기의 인육치료에 대해서 그 연원과 배경을 비롯하

---

116 『世宗實錄』 卷64, 세종 16년(1434) 4월 27일(갑술). "世道旣降, 淳風不古, 天經人紀, 浸以失眞, 臣不能盡臣道, 子不能供子職, 婦不能全婦德者, 間或有之, 良可嘆已."
117 조선후기로 갈수록 단지나 할고, 정조를 위한 자살 같은 신체 훼손이 효자와 열녀의 이름으로 증가하였다(이정주, 「전국지리지를 통해 본 조선시대 忠, 孝, 烈 윤리의 확산 양상」, 『韓國思想史學』 28, 2007 참고).

여 유형이 갖는 함의를 살펴보았다. 환자가 위급한 지경에 빠졌을 때 조선에서는 단지(斷指)와 할고(割股)로 대응하는 경우가 많았다. 단지할고는 중국에서 전래된 질병 대응법으로 그 문헌적인 연원은 『신당서』에서 인용한 『본초습유』 기록이었다.

원래 단지할고는 무명지나 넓적다리를 잘라서 환자에게 먹이는 인육치료법이었다. 하지만 중지나 발가락을 자르기도 하였고, 간이나 쓸개를 섭취하는 것으로도 확대되었다. 치료 목적의 가장 오래된 할고는 고려 명종 15년(1185)의 위초(尉貂) 기록이며, 최초의 단지 기록은 조선 태종 8년(1408)의 충개(蟲介) 기록이었다. 단지할고의 치료 범위는 간질(癎疾)·광질(狂疾)을 비롯하여 악질(惡疾)·복병(腹病)·흉복통(胸腹痛)·학질(瘧疾)·여역(癘疫)·고창병(鼓脹病)·현훈증(眩暈症)·나병(癩病)·단독(丹毒) 등으로 계속 넓어졌다.

단지할고를 하는 연령층을 따져보면 8살이나 9살의 어린이들도 포함될 정도로 다양했다. 조선에서 인육치료는 사회적으로 불리한 집단이었던 여성·자식·노비 등이 주로 실행하였다. 즉 인육치료를 실행하는 입장에서 생각해보자면, 심각한 질병에 걸린 가족이 적절한 치료를 못 받는 경우에는 단지할고가 거의 유일하게 남아 있는 선택이었다.

의원을 비롯한 주위 사람들이 알려주는 이야기에 따르면, 단지할고만 하면 환자를 살릴 수가 있었다. 국가에서 반포하는 『삼강행실도』를 보더라도 단지할고는 환자를 살리는 효과가 뚜렷하였다. 가끔은 김응벽이나 김세온처럼 환상적인 이야기도 들려왔다. 게다가 단지할고를 할 경우에는 국가로부터 경제적이고 사회적인 보상까지 뒤따랐다. 법적으로 보장된 이 보상은 설령 자기가 죽는다고 하더라도 후손에게 남겨질 것이었다. 따라서 단지할고는 각자의 자발적인 선택처럼 보이지만 이들 사회적 약자에게는 강요되고 있었다고 할 수 있다.

한편 조선정부로서는 효행이나 절의를 장려하기 위해서 인육치료라는 자극적인 방식을 선택하였다. 포상과 관찬 기록을 통해서 단지할고를 조장한 이유는 '지치(至治)'라고 표현되는 성리학의 나라를 건설하기 위해서였다. 단지할고에 대한 세종의 긍정적인 인식을 필두로 김일손의 「비호인대」와 『명종실록』의 사평(史評)은 이러한 입장을 잘 보여준다.

되짚어보면 세종대 초기에는 존속살인 등으로 사회기강이 위협받는 형국이었다. 효자가 충신이 된다고 생각했던 조선정부로서는 인육치료를 부각하였고 민심을 적극 유도하는 방안을 마련하였다. 요즘식으로 말하면, 특정한 캠페인의 성공을 위해서 공격적인 마케팅과 충격적인 광고를 대대적으로 집행해야만 했다.

김웅벽과 김세온의 효행을 스토리텔링 방식으로 가공하는 것이 공격적인 마케팅이라면, 단지와 할고를 통한 다양한 치료 사례는 매번 내용이 바뀌는 충격적인 광고였고, 단지할고 사례를 책으로 묶은 『삼강행실도』·『신증동국여지승람』 등은 전국 단위의 대대적인 전파수단이었다. 인육치료를 통해서 질병도 낫게 하고 보상도 받는 해피엔딩 스토리를 만들어내었던 것이다. 그렇다면 이 특정한 캠페인의 이름은 무엇인가? 책 이름에도 나와 있듯이 '삼강(三綱)'이 반듯한 나라의 건설이었고, 당시의 표현으로는 '지치(至治)'의 실현이었다.

이 글의 제목인 '몸의 소비'는 본문에서 서술하였듯이 두 가지 의미를 띤다. 하나는 질병에 걸렸을 때 조선전기에는 인체를 치료용 약물로 소비하였다는 것이다. 다른 하나는 성리학의 나라를 건설하기 위해서 조선에서는 백성들의 몸을 소비하였다는 것이다. 다시 말하면 성리학의 사고방식이 글자 그대로 사람의 뼈를 갈고, 피를 뽑아내고, 살을 발라낸 것이다. 성리학은 조선 사람들의 정신을 지배할 뿐만 아니라 몸까지 장악해나갔다.

조선초기의
성리학적 의료관과 의료의 위상

1. 머리말

앞글에서는 조선전기의 인육치료를 살펴보았다. 성리학이 조선 사람들의 몸까지 지배해 나가는 과정이었다. 조선에서 성리학은 건국의 이념이자 운영원리였다. 성리학의 사유방식은 조선사회의 모든 부면에 걸쳐 투영되었으며, 의료 역시 예외가 아니었다.

하지만 성리학적인 의료관의 구체적인 논리에 대해서는 아직 제대로 해명되지 못한 상태이다. 예를 들자면 조선의 개국공신인 이민도(李敏道)는 의약(醫藥)에 능숙하다고 교서에 기록되는 것을 부끄러워하였다.[1] 조선초기부터 대민의료가 중시되었음에도 불구하고 의료인이 천시되는 상반된 현상들을 어떻게 설명할 것인가?

이 글에서는 '의료의 중시'와 '의료인의 천시'라는 여말선초의 두 현상을 일관되게 설명하기 위해 성리학적 의료관의 논리구조와 그 실행 양상을 검토하려고 한다. 여말선초의 성리학적 의료관에 대한 연구는 조선시대 의료제도와 의학이론의 근간을 탐구하는 과정이기도 하다.

본문에서는 조선초기의 성리학적인 의료관을 인체 이해에 대한 생리론(生理論), 질병 원인에 대한 병인론(病因論), 치료 방식에 대한 치료론

---

1 『太祖實錄』 卷2, 태조 1년(1392) 11월 6일(계미).

(治療論)으로 구분하여 다룰 것이다. 질병에 왜 걸리는가의 문제는 인체를 어떻게 바라볼 것인가라는 문제와 결부되어 있다. 생리론과 병인론은 표리(表裏)의 관계인 것이다. 치료 방식은 질병 원인의 해명에 따라 자연히 도출된다.

성리학적 의료관을 입체적으로 조망하기 위하여 이 글에서는 역사서 외에도 경학(經學) 저술이나 의서(醫書)까지 포괄하여 활용한다. 특히 조선 건국에 적극 참여하는 동시에 이 시기 성리학을 이끌었던 정도전(鄭道傳)과 권근(權近)을 주목하려고 한다.[2] 정도전과 권근이 조선의 성리학에 기여한 바는 무시할 수 없다.[3] 성종대 경연에서 성담년(成聃年)은 조선초의 성리학자로 정도전, 권근, 변계량을 거론하고 있기도 하다.[4]

의료와 관련하여 정도전은 이미 고려 창왕대에 진맥(診脈)에 관한 그림을 만들고 주소(註疏)를 덧붙이고 요결(要訣)을 곡진하게 설명한『진맥도결(診脈圖訣)』을 저술할 정도였으며,[5] 조선이 건국된 뒤에는 고시관(考試官)으로서 의관을 직접 선발하기도 하였다.[6] 그리고 권근은 조선 최초의 관찬의서인『향약제생집성방(鄕藥濟生集成方)』의 서문을 썼으며,『오

2　朴礎는 불교를 배척하는 정도전을 '東方의 眞儒'라고 평가하였다(『三峯集』卷8,「附錄」事實). 그리고 권근은 東方의 大儒인 이색에게 배워서 그 宗旨를 얻었다고 평가받았다(『太宗實錄』卷5, 태종 3년(1403) 3월 3일(경진)).

3　한 가지 기록만 꼽자면, 고려말에 정도전은 이색을 보좌하여 成均博士로 있으면서 程朱의 性理學을 일으켰다고 평가받았다(『三峯集』卷8,「附錄」事實). 원래 정도전은 舍那寺 圓證國師舍利石鐘碑를 쓸 정도로 친불교적 태도를 띠었으나, 위화도 회군 이후 철저한 유교 국가를 지향하면서 불교 비판이 철저해졌다(도현철,「조선 건국기 성리학자의 불교 인식」,『韓國思想史學』50, 2015, 43~44쪽).

4　『成宗實錄』卷104, 성종 10년(1479) 5월 15일(경오).

5　『陶隱先生文集』卷4, 診脉圖誌(李崇仁, 文暻鉉 옮김,『陶隱先生文集 國譯』, 경상북도, 1981, 444쪽). 또한 태조 7년(1398)에 저술한「佛氏雜辨」을 통해서 五行・醫卜에 대한 학설이 더욱 분명하게 구비되었다라고 평가될 정도로 정도전은 의학에 관심이 많았다(『三峯集』卷8,「附錄」事實).

6　『太祖實錄』卷11, 태조 6년(1397) 2월 22일(을사).

경천견록(五經淺見錄)』을 저술하여 자신의 경학관을 드러내었고[7] 의료 관련 기록도 상당히 남겼다.

2. 생리론: 음양오행이 몸을 이룬다

1) 천도-음양오행-인체의 이해

성리학에 따르면 음양오행(陰陽五行)의 조합이 모든 존재를 만들어낸다. 음양오행 기(氣)의 청탁(淸濁)에 따라 사람과 만물이 나뉘고 기의 장단(長短)에 따라 수명이 결정된다는 인식이었다. 정도전은 선천적으로 음양오행의 좋은 기운을 부여받으면 고귀한 사람이 되고, 흐린 기운을 부여받으면 비천한 사람이 된다고 서술하였다.

저 이른바 음양오행이라고 하는 것은 엇바뀌어 운행되며, 서로 드나들어 가지런하지 않다. 그러므로 그 기(氣)의 통(通)함과 막힘[塞], 치우침[偏]과 바름[正], 맑음[淸]과 흐림[濁], 두꺼움[厚]과 얇음[薄], 높고 낮음, 길고 짧음의 차이가 있다. 그리하여 사람과 만물이 생겨날 때에 마침 그때를 만나 바름과 통함을 얻은 것은 사람이 되고, 치우치고 막힘을 얻은 것은 만물이 된다. 사람과 만물의 귀하고 천함이 여기에서 나누어지는 것이다. 또 (그 기(氣)의 - 인용자) …… 긴 것을 얻은 사람은 장수(長壽)하고, 짧은 것을 얻은 사람은 요절(夭折)하는 법이니, 이것이 대략이다. …… 선유(先儒)가 말한 '천도(天道)가 무심(無心)히 만물을 두루 덮는다'는 것이 바로 이것이다.[8]

---

7 『오경천견록』에 대해서는 다음 글이 참고된다(강문식, 『권근의 경학사상 연구』, 일지사, 2008, 122~225쪽).
8 『三峯集』卷5, 佛氏雜辨 佛氏因果之辨. "夫所謂陰陽五行者, 交運迭行, 參差不齊. 故其氣也, 有遙塞偏正淸濁厚薄高下長短之異焉. 而人物之生, 適當其時 得其正且通者爲人, 得其偏且塞者爲物. 人與物之貴賤, 於此焉分. 又 …… 長者壽, 而短者夭, 此其大略也. …… 先儒曰, 天道無心而 普萬物, 是也."

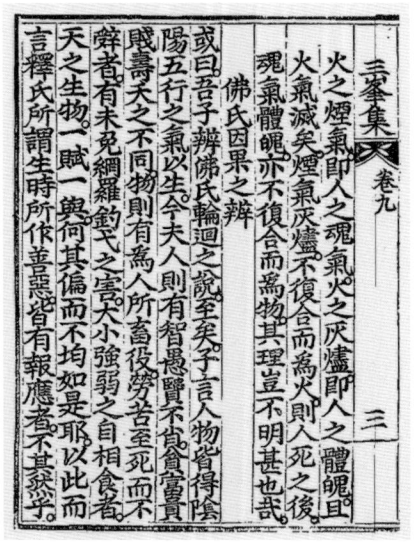

정도전의 「불씨잡변」. 그는 천도(天道)와 음양오행(陰陽五行)이 만물과 인간의 근원이라고 설명한다.

그리고 권근은 음양과 오행을 구분하여, 음양을 천도에서 기원한 일기(一氣)라고 설명하였다. 천지 사이에는 본래 일기(一氣)가 유행하고 굴신·소장하면서 대대(對待)하는데 나뉘어져 음양이 되고, 다시 나뉘어져 오행이 된다는 것이다.[9] 이어서 생명은 음양의 조화로서, 사물의 끝과 처음은 모두 음양이 모이고 흩어진 결과라고 하였다.[10] 이미 고려에서도 생명은 음양의 조화라고 인식하고 있었다. 최해(崔瀣, 1287~1340년)는 이언충(李彦冲) 묘지명에서 '사람은 음과 양을 바탕으로 태어나는 것이니, 태어남은 기운이 모여서 되는 것이요, 그 기운이 흩어지면 곧바로 죽는 것이다'라고 하였다.[11]

정도전과 권근의 음양 개념은 조선초기의 대표적인 의서인 『의방유취(醫方類聚)』의 음양 설명과 일치한다. "태극이 아직 갈라지기 전에는 일기(一氣) 속에 다 뒤섞여 있다가 맑음[淸]과 흐림[濁]으로 갈라지기 시작하여 하늘과 땅이 정해지고 그 중간에 사람이 서 있다. 천도[天之道]를 세우

---

9 『周易淺見錄』 繫辭 上(권근 지음, 이광호 외 역주, 『國譯 三經淺見錄』, 靑溟文化財團, 1999, 252쪽). "天地之間, 本一氣之流行, 而屈伸消長, 自有對待. 故分而爲陰陽, 又分而爲五行."

10 『周易淺見錄』 離(권근 지음, 이광호 외 역주, 『國譯 三經淺見錄』, 靑溟文化財團, 1999, 190쪽). "夫物之終始, 皆陰陽合散之所爲."

11 李彦冲 墓誌銘(김용선, 『개정판 역주 고려묘지명 집성』(하), 한림대학교 출판부, 2006).

는 것을 음과 양이라고 하는데 사람은 음과 양의 기를 받아 생긴 것이다." 라는 표현은 태극-천도-음양의 논리를 잘 보여준다.12

이어서 권근은 오행이 질료로서 인체를 구성한다고 서술하였다. 즉 "음양은 다만 기(氣)로써 말한 것이요, 오행이 질(質)을 겸한다. 이 오행이야말로 만물이 이를 밑거름으로 삼아 형태를 이루는 것이다."라고 하였다.13

이미 정도전은 사람과 만물의 편제란 '모두가 다 마침 그렇게 되어서 그럴 뿐'인 것으로서14 이것이 바로 천도(天道)라고 설명하였다. 권근도 만물을 변화·생성시키는 것은 천도(天道)이며, 음양(陰陽)과 오행(五行)은 조화를 이룰 따름이라고 하였다.15 사람과 만물을 갈라놓고 만물을 생성한다는 정도전과 권근의 '천도'란 무엇인가? 바로 주희(朱熹)가 말하는 성(性)이다. 주희는 "성(性)은 곧 천리(天理)이다. 만물은 이것을 품부(稟賦)받으니, 하나의 리[一理]가 갖추어지지 않은 존재는 없다."라고 하여 만물을 만들어내는 리(理)가 바로 성(性)이라고 주장하였다.16

따라서 성리학적 인체론에서는 보편으로서의 성(性)을 토대로 삼아 모든 개인이 규정되는 양상을 띠게 되는데, 개인은 음양오행의 체현이라고

---

12 『醫方類聚』卷210 婦人門5 通治1 簡易方. "太極未判, 一氣渾淪, 至於淸濁肇分, 天地奠位, 而人立乎其中矣. 立天之道, 曰陰與陽, 而人則受陰陽之氣以生者也."

13 『書淺見錄』(권근 지음, 이광호 외 역주, 『國譯 三經淺見錄』, 靑溟文化財團, 1999, 88쪽). "陰陽但以氣言, 五行兼乎質. 是五行者, 萬物所資以成形者已." 김성수의 연구에 따르면, 朱熹는 인체의 형성을 氣化와 形化 개념으로 설명한다. 기화는 기가 모여서 형체를 이룬다는 주장으로, 인간과 사물이 처음 생겨나는 과정을 설명하는 것이다. 반면 형화는 기화를 통해 만들어진 남녀가 교감함으로써 새로운 인간을 낳는다는 설명이다. 기화가 보편적인 인간의 탄생을 설명한다면, 형화는 구체적인 개별 인간의 형성을 설명한다(김성수, 「朝鮮後期 西洋醫學의 受容과 人體觀의 變化 -星湖學派를 중심으로-」, 『民族文化』 31, 2008, 317쪽).

14 『三峯集』卷5, 佛氏雜辨 佛氏因果之辨. "此固適然而爲之耳."

15 『書淺見錄』(권근 지음, 이광호 외 역주, 『國譯 三經淺見錄』, 靑溟文化財團, 1999, 88쪽). "天道化生萬物, 而其所以爲造化者, 陰陽五行而已."

16 『朱子語類』卷5, 性理二 性情心意等名義. "性者, 卽天理也. 萬物禀而受之, 無一理之不具."

설명하는 것이다.17 사람은 음양오행(陰陽五行)의 기운을 받아서 태어난 다고 한 하륜(河崙)의 언급처럼18 여말선초에는 인체를 음양오행의 결합으로 이해하는 것이 일반적이었다. 이러한 논리는 불교의 인체론, 즉 사람과 만물의 생성은 전생의 복업 때문이라는 윤회설이나19 지(地)·수(水)·화(火)·풍(風)의 사대론(四大論)을 비판하는 과정에서 특별히 강조되었다.20 여말선초에 배불(排佛)의 맥락에서 성리학적 인체론이 반복 강화되었던 것이다.

그런데 인체 내에 깃들어 있다는 천도·음양·오행은 우리가 지각할 수 없는 것들이다. 우리가 지각할 수 있는 실체는 오장(五臟)일 뿐이다. 따라서 권근은 오행(五行)을 확장하여 사회에서는 오상(五常)이, 인체에서는 오장(五臟)이 된다고 구체화하였다. 그리고 이러한 인식은 『의방유취』 첫머리의 서술과 완전히 일치한다.

> 오행(五行)의 이치가 사람에게 있어서는 오상(五常)의 성(性)이 되고 그 기(氣)는 오장(五臟)이 되니, 이것이 우리 유가의 설이다.21

> 무릇 하늘은 오행(五行)을 운영함으로써 만물〔萬類〕을 키우고, 사람은 오상(五

---

17 인체에 대한 이해〔人體論〕를 넘어서 인간에 대한 이해〔人間觀〕에서 정도전과 권근은 하늘과 사람이 하나라는 天人合一論을 주장하였다. 하늘〔天〕과 사람〔人〕은 동일한 理와 氣를 공유하는 동일체라는 인식이었다. 성리학에서 주장하는 '天理的 天'의 天觀을 수용한 것으로, 하늘은 理法的인 存在라는 이해였다. 이러한 견해는 이전 시기의 고려에서 수용한 董仲舒의 天觀이 '主宰者的 天'이었던 것과는 대비된다(문철영, 『고려 유학사상의 새로운 모색』, 경세원, 2005, 118~119쪽; 강문식, 『권근의 경학사상 연구』, 일지사, 2008, 227~235쪽).
18 『定宗實錄』 卷3, 정종 2년(1400) 1월 10일(을해).
19 『三峯集』 卷5, 佛氏雜辨 佛氏輪廻之辨; 佛氏因果之辨.
20 『定宗實錄』 卷3, 정종 2년(1400) 1월 24일(기축).
21 『三峯集』 卷5, 佛氏雜辨 闢異端之辨. "五行之理, 在人而爲五常之性, 其氣爲五臟, 此吾儒之說也." 이 문장은 「佛氏雜辨」에 수록된 권근의 글이다.

常)을 부여받음으로써 오장(五臟)을 갖는다.[22]

권근의 설명과 조선초기 의서의 인체에 대한 서술은 한치의 틈도 없다. 이러한 인식들은 오행(五行) → 오상(五常) → 오장(五臟)의 논리를 보여주며, 오행은 오사(五事)로 연결되기도 한다.[23] 여기에서 주목할 점은 오장에 대한 관찰을 토대로 오행 개념이 도출된 것은 아니라는 것이다. 오행이라는 선험적인 개념을 기반으로 오장, 즉 인체를 설명하였다. 이처럼 '오(五)'라는 숫자를 통해 인체를 해석하는 것은 전형적인 상수학(象數學)의 사고방식이다.

2) 상수학적 본말론과 의학의 말업화

상수학이란 고도의 추상적 개념을 특정한 숫자로 표상하면서, 그 개념이나 숫자 사이의 상호 관계를 통해 사물의 존재 양태와 운동원리를 설명하는 논리이다.[24] 상수학은 전일화(全一化)라는 특성을 갖는데, 주희(朱

---

22 『醫方類聚』卷1, 總論1 千金方 論治病略例. "夫天布五行以植萬類, 人禀五常以爲五臟."
23 『太宗實錄』卷17, 태종 9년(1409) 6월 25일(병인); 『書淺見錄』(권근 지음, 이광호 외 역주, 『國譯 三經淺見錄』, 靑溟文化財團, 1999, 88쪽). "故初一, 爲五行而居首. 旣有五行, 以生萬物, 則人者萬物之靈, 五事, 人道之本. 故五事居二, 而爲次." 五事는 貌·言·視·聽·思이다.
24 성리학의 상수학적 측면에 대해서는 이미 다른 글에서 다룬 바 있다(이경록, 「이제마의 의학론과 그 시대적 성격」, 『醫史學』 14(2), 2005). 고려 선종 8년(1091)에 李資義가 宋에서 가져온 書目 가운데 易 관련 도서들은 모두가 漢代易으로 象數學 계통의 周易書들이며, 고려에서는 漢代易을 많이 숭상했던 것 같다(김충열, 『한국유학사1』, 예문서원, 1998, 211쪽). 그리고 고려후기에 白文寶는 易學에 대해 독자적인 이해를 지녔는데, 『주역』의 상수학적 원리로 단군 이래의 역사를 설명하기도 하였다(金仁昊, 『高麗後期 士大夫의 經世論 硏究』, 혜안, 1999, 175~176쪽). 권근 역시 『周易淺見錄』에서 상수학을 동원하여 『주역』의 괘를 자주 설명한다(강문식 『권근의 경학사상 연구』, 일지사, 2008, 240쪽). 주희의 상수역학에 대해서는 다음 글이 상세하다(廖名春 외 지음, 심경호 옮김, 『주역철학사』, 예문서원, 1994, 509~530쪽). 한의학이론에 미친 상수학의 영향은 다음 글이 참고된다(韓東錫, 『宇宙 變化의 原理』, 대원출판, 2001, 172~208쪽).

熹)는 성리학과 의학의 관계를 대도(大道)-소도(小道)로 규정하였다.

> 소도(小道)가 이단(異端)은 아니다. 소도 역시 도리(道理)이지만 그 도리가 적을 뿐이다. 농포(農圃)·의복(醫卜)·백공(百工) 따위도 도리를 내포하고 있지만 한쪽으로만 도리를 구하려고 하므로 크게 통하지 못하는 것이다.25

위 인용문에서 주희는 의학의 도리가 작으므로 철학에 의존할 필요가 있다고 생각하고 있다. 『주역(周易)』으로 대표되는 유학적 사유는 지식 축적이 미약한 의학·천문학·농학 등 기타 부문의 존재원리에 연역적으로 적용된다. 정도전 역시 의학을 조그마한 술수로 간주하였다. 아울러 그는 오행 개념을 활용하여 인체를 상수학으로 설명하였다.

> 오늘날의 의술(醫術)이나 점술(占術)은 조그마한 술수[數]이지만, 점치는 사람[卜者]은 사람의 복(福)이나 화(禍)를 정하는 데 반드시 오행(五行)의 쇠퇴하고 왕성함을 근본으로 추구한다. '이 사람은 목명(木命)이니 봄을 맞아서는 왕성하지만 가을을 맞으면 쇠퇴하며, 그 용모는 푸르고 길며 그 마음씨는 자비롭고 어질다'라고 하고…… 때로는 수명(水命)을, 때로는 화명(火命)을 말하여 해당시키지 않는 것이 없으니, 용모의 추(醜)함이나, 마음의 어리석고 사나움은 모두 오행의 품부(禀賦)가 치우친 탓이다.26

성리학의 사유에서는 인체에 대한 관찰보다는 우주(존재 일반)에 대한 이해가 우선이었다.27 마찬가지로 『의방유취』에서조차도 의학자는 성리

---

25 『朱子語類』卷49, 論語31 子張篇 雖小道必有可觀章. "小道不是異端, 小道亦是道理, 只是小. 如農圃·醫卜·百工之類, 却有道理在, 只一向上面求道理, 便不通了."
26 『三峯集』卷5, 佛氏雜辨 佛氏因果之辨. "今夫醫卜, 小數也, 卜者定人之禍福, 必推本於五行之衰旺. 至曰, 某人以木爲命, 當春而旺, 當秋而衰, 其象貌靑而長, 其心慈而仁 …… 曰水, 曰火, 莫不皆然, 而象貌之醜陋, 心識之愚暴, 亦皆本於五行禀賦之偏."
27 성리학의 지행관은 독서와 학문이 행동에 이롭다는 先知 後行의 성격이 강하다(이영자, 「성혼과 이이의 수양론과 그 현대적 의의」, 『東方學』 26, 2013; 정호훈, 『조선의

학을 공부해야 한다고 주장하였다. 의업에 종사하는 사람들은 "마땅히 먼저 글을 읽어서 성리(性理)를 밝혀야 한다. 성리에 밝으면 무엇이든지 다 통할 수 있다."라는 것이다.28 따라서 『의방유취』에서는 음양오행으로 대표되는 자연의 운동원리로 인체의 여러 요소들을 규정하였다.

> 머리가 둥근 것은 하늘을 본받은 것이고, 발이 네모난 것은 (네모난-인용자) 땅을 형상화한 것이며, 두 눈은 해[日]와 달[月]에 상응하고, 오장(五臟)은 오성(五星)을 본받고, 육부(六腑)는 육률(六律)을 본받았는데, (오장 가운데-인용자) 심장(心臟)으로 중심을 삼는다. 대장(大腸)의 길이가 12척인 것은 12시(時)에 상응하고, 소장(小腸)의 길이가 24척인 것은 24절기에 상응하며, 몸에 365낙맥(絡脈)이 있는 것은 1년 (날짜 수-인용자)에 상응하고, 사람에게 구규(九竅)가 있는 것은 (천하의-인용자) 구주(九州)에 상응한다.29

상수학이 『의방유취』 문장 속에서만 나타나는 것은 아니었다. 실제에서도 약리(藥理)의 근간을 『주역(周易)』의 음양(陰陽)에서 찾았다. 조선 성종은 "『주역』을 읽은 사람이라면 음양의 이치에 통하므로, 약리(藥理)에 대하여서도 정통하게 알 것이다."라고 하였다.30

조선초기 의학에 대한 유학의 깊은 영향력을 보여주는 인물은 중국 금(金)나라의 장종정(張從正, 1156~1228년)이다. 금원사대가(金元四大家)의 한 명인 장종정은 장자화(張子和)라고도 불리는데 조선초기에 많은 영향을 미쳤다. 예를 들어 세조 8년(1462)에 의서습독관에게는 『장자화방(張

『소학』-주석과 번역, 소명출판, 2014, 97쪽).
28 『醫方類聚』 卷201, 養性門3 王氏集驗方. "先當讀書, 明性理. 性理明, 則所遇無不通矣."
29 『醫方類聚』 卷1, 總論1 千金方 論治病略例. "頭圓法天, 足方象地, 眼目應日月, 五臟法五星, 六腑法六律, 以心爲中極. 大腸長一丈二尺以應十二時, 小腸長二丈四尺以應二十四氣, 身有三百六十五絡以應一歲, 人有九竅以應九州."
30 『成宗實錄』 卷176, 성종 16년(1485) 3월 17일(무술). "若讀易之人, 則通於陰陽之理, 故於藥理, 亦應精曉."

子和方)』을 읽도록 하였으며,³¹ 세조와 성종대에는 연이어 의원 취재시에 강(講)할 의서로『장자화방』을 꼽았다.³²

조선초기의 의서를 살펴보면『향약제생집성방』에 등장하는 '장씨삼법육문방(張氏三法六門方)', '장씨육문방(張氏六門方)', '장자화(張子和)', '직언치병방(直言治病方)'은 모두 장종정의 대표 의서인『유문사친』을 지칭한다.『유문사친(儒門事親)』이라는 서명에 담긴 의미는, 오직 유학을 하는 사람이라야 의학의 이치를 밝힐 수 있고, 부모를 섬기는 사람이라면 마땅히 의학을 알아야 한다는 뜻이었다.³³

물론 조선에서는 의학 외의 다른 분야에서도 상수학의 논리가 적용되었다. 세조 5년(1459) 10월에 완성된『기정도보(奇正圖譜)』는 상수학이 천문학에서 전면화되는 광경을 잘 보여준다.³⁴『기정도보』서문에서는 "태극(太極)이 처음으로 갈라질 때 반드시 이 이치가 있었으리라. 이 이치가 있으면 형상이 있고, 이 형상이 있으면 이 수(數)가 있으며, 이 수가 있으면 오행의 테두리 안에 있는 것이요, 오행이 붙여 있는 곳은 바로 음양의 기수(奇數)·우수(偶數)뿐이다. 일월(日月)·성신(星辰)은 천문(天文)으

---

31 『世祖實錄』卷27, 세조 8년(1462) 2월 14일(기묘).
32 『世祖實錄』卷32, 세조 10년(1464) 1월 2일(을묘); 卷33, 세조 10년(1464) 5월 15일(정묘);『成宗實錄』卷10, 성종 2년(1471) 5월 25일(정유).
33 陳大舜 외 엮음, 맹웅재 외 옮김,『各家學說 中國篇』, 대성의학사, 2001, 205쪽. 이와 유사하게 금원사대가의 또 다른 한 명인 주진형은 1347년에『格致餘論』을 집필하였다. 유학자들은 格物致知하는 일의 하나로 의학을 간주하였기에 책 이름을 이렇게 지은 것이다(같은 책, 238쪽).
34 천문학에 영향을 미친 상수학에 대해서는 다음 글이 참고된다(문중양,「16·17세기 조선 우주론의 상수학적 성격 -서경덕(1489~1546)과 장현광(1554~1637)을 중심으로-」,『역사와 현실』34, 1999; 문중양,「18세기 조선 실학자의 자연지식의 성격 -象數學的 우주론을 중심으로-」,『한국과학사학회지』21(1), 1999; 김일권,「조선 중기 우주관과 천문역법의 주역적 인식: 張顯光의 易學圖說에 나타난 상수역학을 중심으로」,『泰東古典研究』22, 2006; 박권수,「조선 후기 서양과학의 수용과 상수학의 발전: 17세기 말 천문학 지식에 대한 상수학적 해석의 시작」,『한국과학사학회지』28(1), 2006).

로써 음양을 갖추었고, 산천(山川)·초목(草木)은 지문(地文)으로써 음양을 갖추었으며, 시(詩)·서(書)·예(禮)·악(樂)은 인문(人文)으로써 음양을 갖추었다."라고 하였다.[35]

요컨대 선험적인 음양오행의 원리(原理)에 따라 인체가 규정된다는 것은 의학이 성리학의 하부 영역으로 간주된다는 의미였다. 상수학의 논리를 적용함으로써 대도인 철학은 근본이 되고 소도인 의학은 말단이 되었다. 조선초기 성리학적인 본말론(本末論)의 인식체계에서 의학은 당연히 말업(末業)일 수부에 없었다. 동시에 말업인 의학까지 포괄해야만 성리학이 추구하는 질서는 완전해지게 된다.

3. 병인론: 질병은 죄악이다

1) 음양오행의 부조화와 질서의 추구

'질병[疾]'이란 이치에 따르지 않아 해(害)가 됨을 일컫는 것이다.[36] 여기에서 전제하고 있는 이치란 안정되고 균형이 잡힌 속성을 지닌 질서라고 환언할 수 있다. 음양오행이 인체를 구성한다면 음양과 오행의 부조화 상태는 질병을 의미한다. 즉 권근은 '오행의 실상(失常)으로 병(病)을 안다'라고 하여[37] 오행의 쇠왕이 질병 원인이라고 설명하였다. 따라서 진찰은 오행의 부조화를 확인하는 과정인데, 여기에 대해 정도전은 음양오행

---

35 『東文選』卷94, 序 刊正圖譜序. "太極之判, 必有是理. 有是理則有是形, 有是形則有是數, 有是數則囿於五行, 五行所寓, 只是陰陽奇偶耳. 日月星辰, 天之文而陰陽具焉, 山川草木, 地之文而陰陽具焉, 詩書禮樂, 人之文而陰陽具焉."
36 『周易淺見錄』无妄(권근 지음, 이광호 외 역주, 『國譯 三經淺見錄』, 靑溟文化財團, 1999, 69쪽). "疾者, 以不順而爲害之謂."
37 『定宗實錄』卷3, 정종 2년(1400) 1월 24일(기축). "知經筵事權近日 …… 五行失常, 以之知病."

의 감응으로 질병의 한증(寒證)과 온증(溫證)을 진단한다고 설명한다.

> 또 의인(醫人)이 사람의 병을 진찰할 때에도 반드시 오행이 서로 감응(感應)함에 근본을 추구(推究)한다. '아무개의 병은 한증이니 신수(腎水)의 증세'라 하고 '아무개의 병은 온증이니 심화(心火)의 증세'라 말하는데, 이것이 바로 그런 류의 것이다.[38]

널리 알려져 있듯이 오행은 목(木)·화(火)·토(土)·금(金)·수(水)이며, 오장은 간(肝)·심(心)·비(脾)·폐(肺)·신(腎)이다. 오장은 각각 오행에 짝하는 속성을 지니고 있다. 예를 들면 간(肝)은 목(木)의 성격을 지니고 심장(心臟)[心]은 화(火)의 성격을 지니는 식이다. 간목(肝木)·심화(心火)·비토(脾土)·폐금(肺金)·신수(腎水)는 오장과 오행을 함께 묶어서 표현한 것이다. 위 인용문에서 정도전은 한증을 보이는 특정 질병이 신장(腎臟)[腎水] 관련 질병이라고 말한 것이다.

권근도 "의인(醫人)이 오행으로써 장맥(臟脈)의 허(虛)와 실(實)을 진찰하여 그 병을 안다."라고 하여 인체 내의 오행의 흐름으로 질병을 진단한다고 서술하였다.[39] 또한 권근은 자신의 안질에 대해서 "간(肝)에 병든 것을 알지 못하고, 눈이 아직 밝다고 자랑했다."라고 하여, 간과 눈의 상관관계를 분명하게 인식하고 있었다.[40]

그리고 큰 피해를 주는 전염병은 음양론(陰陽論)에 기반하여 이해하기도 하였다. 조선 문종은 전염병을 일으키는 원인으로 귀신의 존재를 인정하였다. 정(情)이 있고 없음의 차이가 있을 뿐 음양과 귀신은 동일한데,

---

38 『三峯集』卷5, 佛氏雜辨 佛氏因果之辨. "醫者診人之疾病, 又必推本於五行之相感. 乃曰, 某之病寒, 乃腎水之證, 某之病溫, 乃心火之證之類, 是也."
39 『三峯集』卷5, 佛氏雜辨 闢異端之辨. "醫者, 以五行診其臟脉之虛實, 而知其病." 이 문장은 「佛氏雜辨」에 수록된 권근의 글이다.
40 『陽村集』卷3, 詩 眼疾二篇寄李斗岾. "不識肝將病, 唯誇眼尙明."

섭리인 음양의 즈화가 깨진 상태가 바로 귀신에 의해 질병에 걸렸음을 의미하는 것이라고 하였다. 전염병은 사람이 음양을 깨뜨려서 초래한 재앙이라는 인식이었다.

> 정(情)이 없는 것을 음양(陰陽)이라 이르고 정이 있는 것을 귀신(鬼神)이라 이른다. 정이 없으면 더불어 말할 수 없고, 정이 있으면 이치로 효유(曉諭)할 수 있을 것이다. …… 사람이 스스로 그 조화(調和)를 잃으면 병의 근원을 만들게 된다.[41]

이처럼 질병을 음양과 오행의 질서가 깨진 상태로 이해한다면, 환자는 질서를 지키지 못하였으므로 비난받아 마땅한 존재가 된다. 인체와 질병에 선악론(善惡論)을 투영하면서 질병을 죄악시하는 단서가 생긴 것이다.[42] 질병에 걸린 상태를 표현하는 '불인(不仁)'은 오랫동안 광범위하게 사용된 단어였다. 반대로 착한 일을 하면 건강해질 수 있다는 논리도 성립한다.『의방유취』에서는 크고 작은 선행을 하면, 그 음덕으로 질병에 걸리더라도 수명을 연장한다고 서술하였다.[43]

한편 성리학에서는 인체가 음양오행의 기(氣)로 구성되듯이 만물도 기(氣)로 구성된다고 이해하였다. 따라서 몸에서 음양오행의 균형이 깨지듯이 자연에서도 기(氣)의 부조화가 질병을 야기할 수 있었다. 개인의 잘못이 아니라 외적인 요인에 의해 발생하는 상황을 정도전은 '천도의 운행'이라고 표현하였다.

---

41 『文宗實錄』卷9, 문종 1년(1451) 9월 28일(계해). "無情之謂陰陽, 有情之謂鬼神. 無情, 則不可與言, 有情, 則可以理曉. …… 而人自失其調和, 則病源作焉."
42 조선초기에 질병을 죄악시하는 분위기는 명나라 사신들과의 토론에서 人心·形氣·耳目口鼻 등을 논의하는 데서도 다시 확인된다. 이목구비라는 形氣가 마땅하지 않게 私情에서 발하는 것이 人心이라는 논리인데, 사정으로 인해 형기가 잘못 발현되면 질병이 되는 셈이다(『端宗實錄』卷2, 단종 즉위년(1452) 8월 23일(계디)).
43 『醫方類聚』卷201, 養性門3 三元延壽書 陰德延壽論.

홍수·한발·질병은 천도(天道)가 운행하는 운수에서 발생하는 것으로서 대대로 간혹 있게 되는 것이다.⁴⁴

정도전은 질병을 일으키는 몸 밖의 요인을 '천도'라고 말하였지만, 조선초기의 의서들에서는 이 요인을 육기(六氣)라고 설명하였다. 몸 밖에는 풍기(風氣)·한기(寒氣)·서기(暑氣)·습기(濕氣)·조기(燥氣)·화기(火氣) 등 6개의 기운이 있는데, 몸이 허약해진 상태에서 이 육기가 균형을 잃게 되면 6개의 나쁜 기운[六邪]이 되어 개개인의 질병이나 사회 전반의 전염병을 일으킨다는 것이다.

구체적으로 살피자면 조선 건국 직후에 편찬된 『향약제생집성방』은 30권 가운데 3권 2책밖에 남아 있지 않아서 전체 내용을 모두 알 수는 없지만, 육사(六邪)를 주된 병인(病因)으로 제시하였다.⁴⁵ 그리고 세종대에 편찬된 『향약집성방』에서는 육사를 가장 큰 병인으로 지목함은 물론 풍(風)-한(寒)-서(暑)-습(濕)-조(燥)-화(火)를 염두에 두고 본문 편제를 구성하였다.⁴⁶ 『의방유취』에서도 이러한 육사의 병문(病門, 질병군)을 가장 앞에 배치하였다.⁴⁷ 모두가 관찬의서들인 동시에 육사를 병인으로 제시하는 외감론(外感論)에 주목한다는 공통점을 띤다.⁴⁸

---

44 『三峯集』 卷13, 朝鮮經國典 上, 賦典 義倉. "水旱疾疫, 在天道流行之數, 代或有之."
45 『鄕藥濟生集成方』 卷4 心顚에서는 邪氣의 일종인 風邪를 꼽는다. 風邪는 心顚 외에도 頭風, 目偏視風牽, 目暈, 牙齒動搖 등에서도 병인으로 거론된다. 그리고 咳嗽論에서는 寒邪를 병인으로 언급하며, 咳逆에서도 마찬가지이다. 또한 一切咳嗽 嗽分六氣毋拘以寒에서는 병증 제목에서 드러나듯이 六氣 개념을 활용한다.
46 『향약집성방』의 57개 병문은 風門 → 傷寒門 → 熱病門 → 暑門 → 濕門 → 積熱門 → 瘧病門의 순서로 편찬되었다.
47 『의방유취』의 91개 병문은 五藏門 → 諸風門 → 諸寒門 → 諸暑門 → 諸濕門 → 傷寒門 → 眼門의 순서로 편찬되었다.
48 『의방유취』에서 외감론에만 주목하는 것은 아니다. 『三因方』으로 약칭하는 『三因極一病證方論』 역시 빈번하게 인용되는데, 이 책에서는 병인을 外因, 內因, 不內外因으로 나누었다.

그런데 전염병을 일으킬 정도의 심각한 부조화는 자연질서가 균형을 잃은 것이었고, 그 이유는 부적절한 형벌이나 백성들의 원망과 같은 사회문제의 누적으로도 이해되었다. 전염병을 천견(天譴)으로 간주하는 사고방식은 이전 시기부터 널리 받아들여진 천인상응론(天人相應論)이었다. 이에 대한 대응은 환자나 의료인 개인의 소관이 아니었다. 전염병 창궐은 사회질서와 자연질서가 깨지도록 방치한 국왕 혹은 지배층의 책임이었다.

질서가 깨진 원인에 대한 표현으로는 음(陰)'의 용례들이 흥미롭다. 고려 공양왕 2년 (1390) 1월에 여우가 수창궁(壽昌宮)에서 나오자 낭사(郎舍)에서는 "여우는 음의 종류이며 구멍에 사는 짐승이니, 소인이 권세에 의탁해 있는 상"이라고 하여 여우가 음(陰)이자 소인을 상징한다고 주장하였다.[49] 그리고 이듬해 5월에 남은(南誾)은 상서를 통해 군자는 양류(陽類)이므로 우뚝이 명백하고 정대하지

공양왕 3년(1391) 허응의 상소를 기록한 『고려사』. 건(乾)은 남편이고 곤(坤)은 아내에 해당하는데, 남편은 다스리는 것을 맡고 아내는 따르고 받드는 것을 소중하게 여긴다고 주장하였다. 따라서 부부관계는 상하관계로 규정되었다.

만 소인은 음류(陰類)이므로 유유낙낙(唯唯諾諾)하여 시비를 변란시켜서 나라를 혼암한 지경에 빠지게 한다고 하였다.[50] 군자는 양(陽)이자 선(善)이며, 소인은 음(陰)이자 악(惡)이라는 인식이었다.

또한 건곤 즉 음양론(陰陽論)에 빗대 부부관계를 상하로 규정하기도

---

49 『高麗史節要』 卷34, 공양왕 2년(1390) 1월. "狐陰類而穴居者也, 小人托付權勢之象也."
50 『高麗史節要』 卷35, 공양왕 3년(1391) 5월.

하였다. 허응(許應)에 따르면 건(乾)은 남편의 도리이고 곤(坤)은 아내의 도리인데, 남편의 도리는 제어하는 것을 장점으로 삼고 아내의 도리는 따르고 받드는 것을 소중하게 여긴다는 것이다.51 음양 개념을 기반으로 모든 것을 양단하는 이분법적인 가치 판단이 인체만이 아니라 사회에도 투사되고 있음을 알 수 있다.

성리학과 의학에서 '음'이란 두 가지 의미로 사용된다. 한편으로 음은 양과 더불어 병존하는 존재론적 개념으로서 생명활동에 필수적인 요소이다. 생명이 음과 양의 조화라는 점은 앞서 살핀 바와 같다. 다른 한편으로 음은 여우·여성·소인에 비정되는 도덕론적 개념이기도 하다. 이때 군자-소인, 남성-여성은 상하이자 선악의 관계로 설명된다. 도덕론적 음양론은 『의방유취』에서도 드러나 있다. 『의방유취』에서는 "음은 인욕이고 양은 천리이다. 천리로써 인욕을 억제하면 이때에 양이 자라고 음은 줄어든다."라고 하여52 성리학에서 주장하는 알인욕존천리(遏人慾存天理)와의 연관성을 보여준다. 이처럼 '음양'은 의학과 성리학이 중첩되는 지점이기도 하다. 이들이 추구하는 몸의 조화 혹은 사회질서를 이해하기 위해서는 '음양'의 논리를 보다 자세히 살펴볼 필요가 있다.

2) 삼강오륜의 직분론과 의료의 중시

성리학에서는 음양이 자연의 이치를 넘어 사회질서의 절대적인 원리라고 이해한다. 천지 → 만물 → 남녀 → 부부 → 부자 → 군신 → 상하 → 예의가 천하의 공통된 도이며 고금의 떳떳한 법이라고 주장하는 것이다.

---

51 『高麗史』卷46, 世家46, 공양왕 3년(1391) 5월. "郎舍許應等上疏曰······ 一日, 乾者夫道也, 坤者婦道也. 夫道以乘御爲才, 婦道以順承爲貴."

52 『醫方類聚』卷201, 養性門3 三元延壽書. "陰人慾也, 陽天理也. 以理制慾, 於是陽長陰消." 한편 금원사대가인 朱震亨은 '陰'에 주목한 의학자였다. 그는 '사람은 항상 음이 부족하고 양이 넘친다[陰常不足陽常有餘]'라고 주장하면서 음을 기르도록[滋陰] 권장하였다. 이 때문에 주진형 유파를 滋陰派라고 부른다.

신들이 가만히 듣건대, '천지가 있은 뒤에 만물이 있고 만물이 있은 뒤에 남녀가 있으며, 남녀가 있은 뒤에 부부가 있고 부부가 있은 뒤에 부자가 있으며, 부자가 있은 뒤에 군신이 있고, 군신이 있은 뒤에 상하가 있으며, 상하가 있은 뒤에 예의가 시행될 수 있다'라고 했습니다. 이것은 천하의 공통된 도이며 고금의 떳떳한 법이니, 잠시라도 떠날 수 없는 것입니다.[53]

인용문의 표현은 원래 『주역(周易)』에 나온다.[54] 조선초에 들어서도 성균관(成均館) 생원(生員) 신처중(申處中) 등 101명의 상서에서는 이 문장을 인용하면서 동일한 주장을 반복하고 있다.[55]

이 논리에는 만물의 형성 과정에 대한 설명과 신분계급적인 사회질서에 대한 설명이 교묘하게 맞물려 있다. 부부 → 부자 → 군신 → 상하에 해당하는 부분을 들어보면, 남녀가 부부로 결합하여 자식을 낳고 부자관계를 형성하며, 다중의 사람들 사이에 군신관계가 형성되어 상하로 편제된다고 한다. 차별적인 상하관계를 찾아보면 부부·부자·군신이 모두 해당되는데, 이러한 질서가 바로 예의(禮義)라는 이름으로 영구히 정당화되는 사회질서였다.

다시 말하면 음양이 남(男)-녀(女)간의 대칭관계(對稱關係)에서는 평등하지만 부(夫)-부(婦)라는 대립관계(對立關係)로 전변하면서 부(夫)-부(婦)의 관계는 상하의 구조를 띠게 된다. 이때 '음양' 개념을 매개로 형성된 남편 우위, 부모 우위, 군주 우위의 사회질서가 만물의 본래적 이치라는 주장이었다. 주희는 "천지의 이치는 원래 음의 기운을 막아서 항상 (음

---

[53] 『高麗史』 卷120, 列傳33, 金子粹. "臣等竊聞, 有天地然後有萬物, 有萬物然後有男女, 有男女然後有夫婦, 有夫婦然後有父子, 有父子然後有君臣, 有君臣然後有上下, 有上下然後禮義有所措. 此天下之達道, 古今之常經, 不可須臾離也."
[54] 『周易』, 序卦傳. "有天地然後有萬物, 有萬物然後有男女, 有男女然後有夫婦, 有夫婦然後有父子, 有父子然後有君臣, 有君臣然後有上下, 有上下然後禮義有所錯."
[55] 『世宗實錄』 卷23, 세종 6년(1424) 3월 12일(무자).

이 양의 기운을-인용자) 이기지 못하게 하는 것이다."라고 말하였다.⁵⁶ 음양은 선악의 속성을 띤다는 의미였다.

조선에서도 음양과 자연의 이치를 끌어들여 사회적 차별을 정당화하였다. 권근은 "하늘의 도에서 양은 강하고 음은 부드러우며, 인간의 도에서 남자는 높고 여자는 낮다."라고 설명하였다.⁵⁷ 세종대의 좌사간 신포시(申包翅)는 『주역』의 '하늘은 높고 땅은 낮으니 건(乾)과 곤(坤)이 정하여지고, 낮은 것과 높은 것이 베풀어 있으니 귀하고 천한 것이 자리를 잡았다'라는 문장을 인용하면서 적처(嫡妻)와 천첩(賤妾), 양민(良民)과 천인(賤人) 사이의 구분은 어지럽힐 수 없다고 상소하였다.⁵⁸

이러한 설명방식을 통해 자연의 질서와 사회의 질서 즉 천도(天道)와 인도(人道)는 하나의 논리로 통합된다. 개인은 독립된 개체가 아니라 집단(부부, 부자, 군신)의 일원으로서만 존재 의미를 부여받는다. 그리고 개인 간의 능력 차이는 이제 성별, 혈연, 연령, 신분의 우열로 환치되어 지배질서를 이론적으로 뒷받침하게 된다. 모든 사람을 질서 속으로 포섭하여 사회적 역할을 획정짓는 신분계급질서 옹호론이다. 이 성리학적 사회질서는 흔히 삼강오륜(三綱五倫)이라고 불렀다.

이미 고려말에 사회질서는 삼강오륜으로 집약되며 만고의 규범[成憲]으로 간주되었다.⁵⁹ 삼강오륜의 준수는 복을 불러오는 규범이어서 중요하

---

56 『朱子語類』卷12, 學六 持守. "天地之理固是抑遏陰氣, 勿使常勝."
57 『陽村先生文集』卷34, 東國史略論. "善德女主三年[乙未]. 唐使來錫女主命[按天道陽剛而陰柔, 人道男尊而女卑]."
58 『世宗實錄』卷47, 세종 12년(1430) 2월 13일(갑신). "易曰, 天尊地卑, 乾坤定矣, 卑高以陳, 貴賤位矣. 嫡妾良賤之分, 固不可紊也."
59 예컨대 鄭擢은 "『서경』에서 '선왕의 成憲을 본보기로 삼아 영구히 허물이 없게 한다'했으니, 이른바 선왕의 성헌이란 삼강오륜[三綱五常]에 지나지 않는다."라고 하였다 (『高麗史節要』卷35, 공양왕 3년(1391) 7월). 조선 건국에 참여한 정도전 등의 성리학자는 삼강오륜이 지배하는 사회를 만들고자 하였다(도현철, 「조선 건국기 성리학자의 불교 인식」, 『韓國思想史學』 50, 2015 참고).

였다. 남효온(1454~1492년)에 따르면, 귀신이 화복(禍福)을 만드는 것은 사람들 스스로가 초래한 것이라고 한다. 그런데 복을 불러들이려면 신하가 임금을 위하고, 자식이 부모를 위하고, 아내가 남편을 위하고, 아우가 형을 위하고, 붕우(朋友)가 붕우를 위하라고 하였다.[60] 한마디로 복을 받으려면 삼강오륜을 실천하라는 주장이었다.

그렇다면 삼강오륜의 핵심이자 현실사회의 지배질서인 신분의 상하귀천(上下貴賤)을 성리학에서는 어떻게 설명하는지가 중요해진다. 정도전은 음양오행의 높은 기운을 얻은 사람은 귀하게 되고, 낮은 기운을 얻은 사람은 천하게 된다고 설명하였다.[61] 하지만 눈에 보이지 않는 '음양오행의 기운'만으로 신분의 고하를 정당화하는 것은 미흡하다. 정도전이 또 다른 논리로 지배질서를 설명하는 이유였다. 그는 지배층과 백성들의 사회적 위치와 역할이 다르다는 직분론(職分論)을 제시하였다.

> 장상(將相)과 대신(大臣)은 모두 백성에게 공덕(功德)이 있고, 또 그들의 자손은 가훈을 이어받아서 예의(禮義)를 잘 알고 있으므로 모두 벼슬을 할 만하다고 생각하여, 문음(門蔭)제도를 설치하였다.[62]

> 위로 천자와 공경대부(公卿大夫)는 백성을 다스림으로써 먹고, 아래로 농부·공장(工匠)·상인들은 힘써 일함으로써 먹고, 그 중간인 선비는 집 안에서 효도하고 집 밖에서 공경하여 선왕의 도를 지켜 후학(後學)을 가르침으로써 먹었다. 이는 옛 성인들이 하루도 구차스럽게 먹고 살 수 없음을 알았기 때문이

---

60 『秋江集』卷5, 鬼神論.
61 『三峯集』卷5, 佛氏雜辨 佛氏因果之辨. "高者貴, 而下者賤." 성리학에서는 개인 간의 차이를 本然之性과 氣質之性의 개념으로 설명한다. 개인이 부여받은 氣의 차이가 賢愚·貴賤·貧富·壽夭를 결정한다는 것이다(이광률, 「朱子의 心論에 관한 연구」, 『철학논총』 22, 2000, 319~323쪽).
62 『三峯集』卷13, 朝鮮經國典 上, 治典 入官. "將相大臣皆有功德於民, 而其子孫又承家庭之訓, 知禮義之方, 而皆可以從政, 置門蔭."

며, 위로부터 아래에 이르기까지 각각 그 직분(職分)이 있어 하늘의 양육을 받았다.63

위 인용문에서 보이듯이 지배층은 공훈을 세우고 대대로 예의를 체화한 사람들이므로 음양오행의 질서를 바로잡는 존재로 정당화되었다. 이 예의란 앞에서 살핀 천도와 인도였다. 그리고 인도는 신분계급적인 사회질서를 가리키므로, 이들의 백성들에 대한 지배는 당연한 것이었다. 반면 백성이란 공덕을 세우지 못한 사람인 동시에 예의를 체득하지 못하고 음양오행의 기운이 완전하지 못한 사람이 된다. 지배를 받는 존재이자 질병에 걸리기 쉬운 존재가 백성인 셈이다.

백성을 피지배신분으로 고정하는 직분론은 성리학의 전형적인 사회질서론이다. 누구나 순(舜)임금 같은 성인(聖人)이 될 수 있다고 인정하는 점에서 유학은 만인을 동질적으로 인식한다.64 하지만 실제로는 '이일이분수(理一而分殊)' 즉 누구나 그 근본[理]은 똑같지만 실제로 맡는 역할[分]은 다르다는 논리를 내세워 개개인의 직분, 사회적 역할, 나아가 신분적인 위치가 모두 다르다고 주장한다. 이일(理一)보다는 분수(分殊)에 강조점을 두어 기존의 지배질서를 옹호하는 특성을 지니는 것이다.

이를테면 힘 쓰는 사람[勞力者]과 마음 쓰는 사람[勞心者]이 따로 있으며, 힘 쓰는 사람은 마음 쓰는 사람의 지배를 받는 것이 당연하다는 논리이다.65 권근이 "만물은 모두 천지에서 나왔으므로 그 바른 이치란 '근본은 하나지만 나누어진 것은 서로 다른 것이다[理一本而分殊].' 천지는 본

---

63 『三峯集』 卷5, 佛氏雜辨 佛氏乞食之辨. "上而天子公卿大夫, 治民而食, 下而農工商賈, 勤力而食, 中而爲士者, 入孝出悌, 守先王之道, 以待後之學者而食. 此古之聖人, 知其不可一日而苟食, 故自上達下, 各有其職, 以受天養."
64 『孟子』, 滕文公章句上. "顏淵曰, 舜何人也, 予何人也. 有爲者亦若是."
65 『孟子』, 滕文公章句上. "故曰, 或勞心, 或勞力. 勞心者治人, 勞力者治於人, 治於人者食人, 治人者食於人, 天下之通義也."

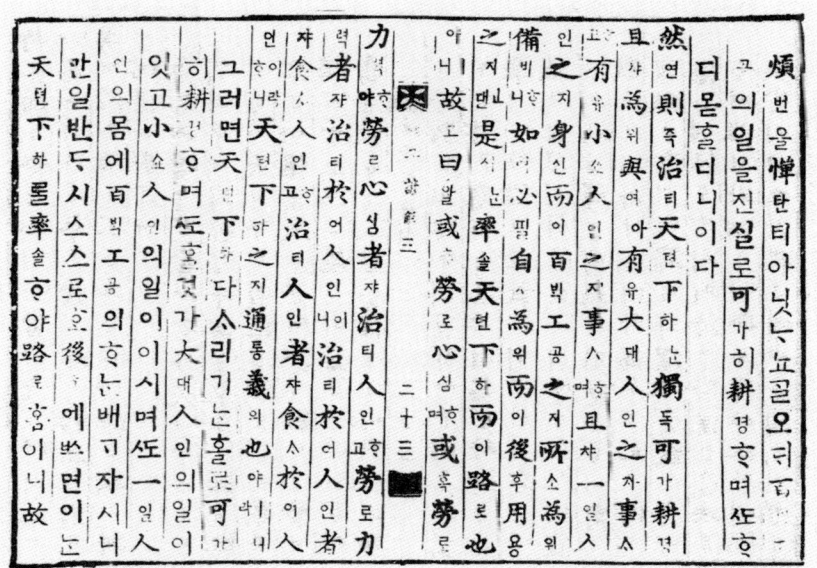

'마음을 쓰는 사람이 있고 힘을 쓰는 사람이 있다. 마음을 쓰는 사람은 남을 다스리고, 힘을 쓰는 사람은 남에게 다스림을 뱉는다. 다스림을 받는 사람은 남을 먹여 살리고 다스리는 사람은 남으로부터 얻어먹는다. 이것이 세상의 보편적인 원칙이다.' 『사서율곡언해(四書栗谷諺解)』에 수록된 맹자(孟子)의 말이다.

래 하나이지만 만물 사이에 귀천의 차이가 있다."라고 설명한 것은 여말선초에 성리학의 직분론이 깊이 수용되고 있음을 알려준다.[66]

한편 직분론에 근거하자면 사회질서를 온전히 존속시키기 위해서는 백성들의 질병까지도 관리되어야 했다. 공동체의 유지는 마음 쓰는 사람 [勞心者]인 지배층의 기본적인 책무이기 때문이었다. 이론적으로 따졌을 때 백성들의 질병 치료를 담당하는 존재는 천지의 이치를 체화한 성인(聖人)이다.[67]

---

66 『周易淺見錄』歸妹(권근 지음, 이광호 외 역주, 『國譯 三經淺見錄』, 青溟文化財團, 1999, 220쪽). "萬物皆出乎天地, 故正理一本而分殊, 天地本一, 而有萬物貴賤之殊."

67 『周易淺見錄』咸(권근 지음, 이광호 외 역주, 『國譯 三經淺見錄』, 青溟文化財團, 1999, 194쪽). "夫天地之道, 聖人之心, 同一至誠也. …… 各因其理而順應之, 自然有以合乎人心而悅服. 推而至於疲癃殘疾之得其易, 鰥寡孤獨之得其養.' 정도전도 聖人은 만물을 生

그런데 현실세계에서 성인의 역할을 대행하는 존재는 국왕(國王)이었다. 정도전은 천리과 인심에 순응하여 보위를 지니게 된 국왕은 만물을 생육(生育)하는 천지의 대덕(大德)을 체화하여 '인(仁)'을 베풀어야 한다고 주장하였다.[68] 즉 인정(仁政)을 시행하는 국왕이 백성들의 질병을 치료한다는 논리였다. 백성들의 치료는 국왕 혹은 지배층의 직분이었던 것이다. 권근도『향약제생집성방』서문에서 인정을 강조하였다.

> 의약(醫藥)으로 요절(夭折)을 구제하는 것은 인정(仁政)의 한 단서이다. ……
> 삼가 생각하건대, 우리 주상 전하께서는 어질고 성스러운 자질로 천명을 받아 나라를 세우시고, (사랑과 은혜를-인용자) 널리 베풀고 백성들을 구제하려는 마음이 닿지 않는 곳이 없으셨다. 궁핍한 백성들이 병들어도 치료받지 못하는 것을 언제나 걱정하시면서 그들을 매우 측은하게 여기셨다.[69]

이처럼 직분론에 기반하여 백성들에 대한 치료가 강조되었으므로 대민의료기구가 중시되는 것은 자연스러운 일이었다.『경국대전』에서 내의원·전의감과 함께 혜민서·활인서가 규정된 이유였다. 조선에서 국초부터 대민의료를 강조했던 배경에는 이같은 성리학적 사유방식이 자리잡고 있었던 것이다.

요컨대 음이 지나치면 조화가 깨지므로, 음양오행의 부조화로 발생되는 질병은 악한 것이다. 또한 사회질서가 혼란하면 자연질서를 위협하여 전염병이 창궐하게 된다. 따라서 음에 해당하는 여자·소인이 삼강오륜이

성하는 천지의 功에 참여하는 존재라고 설명하였다(『三峯集』卷5, 佛氏雜辨 佛氏因果之辨).
68 『三峯集』卷13, 朝鮮經國典 上, 正寶位.
69 『陽村先生文集』卷17, 序類 鄕藥濟生集成方序. "醫藥以濟札瘥, 仁政之一端也. …… 恭惟我主上殿下仁聖之資, 受命開國, 博施濟衆之念, 靡所不至. 每慮窮民病莫得醫, 深用惻然."

라는 사회질서를 깨뜨리는 행위도 악한 것이다. 음양오행의 부조화에 의해 질병이 발생한다는 성리학적 병인론의 근저에는 신분계급적인 사회질서에 대한 옹호가 깔려 있었다. 여자·소인·백성에 대한 지배질서를 정당화하는 논리는 이일이분수(理一而分殊)라는 개념에 따라 전개된 직분론이었다. 동시에 이 직분론을 근거로 국왕과 지배층에게는 병리현상을 바로잡고 사회질서를 유지할 권리이자 책무가 있다고 인식되었다. 질병은 질서와 직결되므로 성리학적 병인론에서는 의료가 중시될 수밖에 없었다.

4. 치료론: 건강하려면 이치에 순응하라

1) 의학적인 치료와 중앙집권적인 의료정책의 병행

질병에 대한 가장 일반적인 대응방법은 의학적인 치료였다. 앞서 인용한 것처럼 주희 역시 의학이 소도(小道)일망정 도리(道理)를 내포하고 있음을 인정하고 있었다. 그는 질병에 걸렸을 때 치료를 받아야 한다고 서술하였다. 즉 "보통 때는 기거를 삼가고 음식을 절제하면서 몸을 잘 간수한다면 병이 없을 것이다. 그러나 어느 날 뜻밖에 병에 걸린다면 어찌 약을 먹지 않겠는가?"라는 설명이었다.[70] 주희는 공부에 대한 비유로 이같이 표현한 것이지만, 질병 예방과 의학적 대응을 자연스레 여기고 있다는 점은 분명하다.

고려 공민왕대에 정습인(鄭習仁) 역시 질병에 걸리기 이전에는 스스로 건강을 조심하면 될 것이고, 일단 질병에 걸리면 약을 먹고 치료하면 된다고 하였다.[71] 주희의 언급은 당연한 것이어서 고려나 조선의 실상과 다

---

70 『朱子語類』卷12, 學六 持守. "平日愼起居, 節飮食, 養得如此了, 固是無病. 但一日意外病作, 豈可不服藥."
71 『牧隱文藁』卷20, 草溪鄭君叔傳. "疾病之未作也, 吾調爕焉而已矣. 旣作也, 吾藥餌焉而已

르지 않았던 것이다. 권근도 섭양(攝養)을 잘못해서 발생한 질병은 약과 침으로 낫게 할 수 있다고 말하였다.[72] 구체적으로 살펴보면 정도전은 약물에 내재된 음양오행의 성질을 활용하여 몸의 균형을 바로잡는다고 설명하였다. 즉 약물의 성질과 맛을 오행에 상응시켰다.

> 약(藥)을 쓸 때에는 그 약 성질의 온(溫)·양(涼)·한(寒)·열(熱)과 그 맛의 산(酸)·함(鹹)·감(甘)·고(苦)를 음양오행에 나누어 붙여서 조제(調劑)하면 부합되지 않는 것이 없다.[73]

그런데 질병 치료가 음양오행의 조화를 회복하는 것이라면, 그 치료가 환자 개인에게만 국한된 문제는 아니었다. 그저 환자 한 명만을 치료하는 행위는 '소의(小醫)'가 하는 일로 축소되었다. 특히 전염병은 기근과 함께 다가오고, 천기의 부조화로 발생한다고 인식되었으므로 의원에게만 맡길 수 없는 것이기도 하였다. 조선초기부터 『육전(六典)』에는 국가 차원의 전염병 치료가 규정되어 있었다.[74]

정도전이 태조 3년(1394)에 올린 『조선경국전』은 태조의 명에 따라 저술된 조선 왕조의 설계도였다.[75] 여기에서 정도전은 아랫사람과 윗사람의 관계를 호혜적인 관계로 묘사하였다. 윗사람이 아랫사람을 위무하는 방

矣."
72 『東文選』卷90, 序 送忠淸道都觀察使韓公尙敬詩序. "夫民之病有三, 而治之之術不同. 生於攝養之乖者, 可醫之以砭劑." 고려후기 이래 성리학자들은 불교나 무교 등의 질병 대응을 배격하면서 의약을 통한 치료를 강조하였다(강도현, 「고려후기 성리학 수용과 질병 대처 양상의 변화」, 『도시인문학연구』 1(1), 2009, 158~162쪽).
73 『三峯集』 卷5, 佛氏雜辨 佛氏因果之辨. "其命藥也, 以其性之溫涼寒熱, 味之酸鹹甘苦, 分屬陰陽五行而劑之, 無不符合."
74 『世宗實錄』 卷64, 세종 16년(1434) 6월 5일(경술).
75 『三峯集』 卷3, 撰進朝鮮經國典箋.

법으로는 의식 제공, 질병 치료, 매장 등등이 나란히 제시되었다.[76] 의료는 대민정책의 하나로 자리잡았던 것이다.

이어서 정도전은 재정의 소용처로서 처음부터 혜민전약국(惠民典藥局)을 상공(上供)·국용(國用)·녹봉(祿俸)·군자(軍資)·의창(義倉)과 함께 설정하였다.[77] 혜민전약국이 부세의 쓰임이라는 것은 관료에게 녹봉을 지급하듯이 백성에게 의료서비스를 제공한다는 의미였다. 즉 조선에서 대민의료기구는 국가지도의 기축으로서 국초부터 자리를 잡았다. 고려의 대민의료가 건국 이후에 권무관(權務官)과 같은 임시조직에서 출발했던 것과는 대비되는 양상이었다.[78]

현실에서도 조선 건국 직후부터 혜민서와 활인서가 존재하였고, 육학(六學)의 하나로 의료인 양성기관인 의학(醫學)이 설치되었다.[79] 또한 의학(醫學)은 역학(譯學)·음양복서학(陰陽卜筮學)과 나란히 국가체제의 일환으로 설정되었다.[80] 다시 말하면 의료기구 정비와 의학교육 강화를 비롯하여 관찬의서들의 편찬과 전염병에 대한 제도적인 대책 등이 국가체제로서 정비되어야 했다. '대의는 국가를 치료한다[大醫醫國]'는 표현에 부합하기 위해서였다.[81]

---

76 『三峯集』 卷14, 朝鮮經國典 下, 政典 存恤.
77 『三峯集』 卷13, 朝鮮經國典 上, 賦典摠序.
78 이경록, 『고려시대 의료의 형성과 발전』, 혜안, 2010, 152쪽 참고.
79 『太祖實錄』 卷4, 태조 2년(1393) 10월 27일(기해).
80 『三峯集』 卷13, 朝鮮經國典 上, 治典 入官.
81 국가 운영에서 치란의 기미와 완급의 형세를 분별하여 그 병폐를 치료하는 사람이 大醫라는 인식은 흔히 보인다. 이 병폐에는 당연히 질병 치료도 포함된다. 예컨대 李珥는 질병을 치료하는 것은 작은 의술로서 末技이지만, 국가를 치료하는 것은 큰 의술로서 氣數와 관계되므로 儒者가 강구해야 한다고 지적하였다. 醫國의 구체적인 내용으로 그는 좋은 음식으로 백성을 양육하고 약물(藥石)로 치료하며, 教化를 밝혀서 人心을 이끌고 名器를 바로잡다 조정을 엄숙하게 하며, 용도를 절약하여 식량을 풍족하게 하고, 백성을 양육하여 군대를 넉넉히 하는 것을 꼽았다(『栗谷先生全書 拾遺』 卷6, 雜著3, 醫藥策. "醫於病者, 醫之小者也. 醫於國者, 醫之大者也. 醫之小者, 雖刃於日用, 猶可謂之末技也. 醫之大者, 豈非關氣數之盛衰, 而吾儒之所當熟講者乎. 是故, 養之以粱肉,

대의의국(大醫醫國)은 삼강오륜으로 대표되는 사회질서를 완벽하게 회복하는 길이었다. 조선의 국왕과 핵심지배층은 질병 치료를 포함한 사회질서의 회복을 자신들의 책무라고 자임하였다. 아울러 이것은 백성의 요절(夭折)을 막기 위해 의학(醫學)이 필요하다는 명분을 내세워 백성의 삶을 통제하는 길이기도 하였다.

그 결과 『향약집성방』이 완성되었을 때 권채(權採)가 '백성들에 대한 치료까지 포괄함으로써 인정(仁政)의 크고 작은 것[巨細]을 남김없이 다했다'고 표현한 것은 조선시대 의료정책의 기조를 잘 드러낸다.[82] 다음 글에서 논의하는 바와 같이, 국가의 모든 제도를 누층적으로 체계화하려는 성리학적 사유가 중앙집권적인 지배체제로 외화되면서[83] 대민의료까지 포섭한 것이다. 따라서 성리학의 논리에서는 의료인들에 대해서도 국가 제도 내로 흡수하여 조직하려는 경향이 두드러졌다. 이처럼 질병 대응에서는 국가의 역할이 강조되었는 바, 이 역할은 성리학이 주도하였다. 성리학은 공적인 제도화를 지향하는 특성을 띨 수밖에 없었다.

2) 성리학적 수양론의 대두와 의료인의 천시

성리학에 따르면 모든 사람은 조화된 음양오행의 기를 타고난다. 따라서 타고난 음양오행을 지키면서, 부족한 부분을 수양하거나 양생한다면 질병을 예방하고 치료할 수 있다는 논리가 성립한다. 다시 말해 질병의 치료가 조화를 회복하는 것이라면, 내면적으로는 인(仁)·경(敬)·대중지정지도(大中至正之道)에 집중하는 방법으로도 질병에 대한 대응이 가능

治之以藥石, 明敎化以導人心, 正名器以肅朝廷, 節用而足食, 養民而足兵, 醫國之道, 不過如斯而已").
82 『鄕藥集成方』卷1, 鄕藥集成方序. "君上之道莫大於仁, 而仁道至大, 亦有幾多般乎. …… 如醫藥濟民之事, 拳拳若此, 可見仁政本末巨細兼盡而無遺矣."
83 오영교 편, 『조선 건국과 경국대전체제의 형성』, 혜안, 2004; 연세대학교 국학연구원 편, 『중세사회의 변화와 조선 건국』, 혜안, 2005 참고.

해지는 것이다. 성리학적인 사유를 반영한 수양론의 기원이었다.

이색(李穡, 1328~1396년)은 불교에 대해 융통성을 가지고 있었음에도 불구하고 성리학자가 분명하다.[84] 그는 '인(仁)'으로 치료방법을 환원하였으며, 질병에 걸린 이숭인(李崇仁)에게 정신 수양을 권유하기도 하였다.[85] 그리고 변계량(卞季良, 1369~1430년)은 태종에게 조섭(調攝)을 건의하면서 이붕비(李鵬飛)의 『삼원참찬연수(三元參贊延壽)』와 손사막(孫思邈)의 『양생(養生)』을 추천한 바가 있었다.[86] 그는 세종에게도 건강을 위해서는 경(敬)의 상태를 유지하면서 중화(中和)를 응결하고 선기(善氣)를 인도해야 한다고 건의하였다.[87] 정도전과 권근의 의학론에서는 음양오행설에 몰입하였는데, 변계량에 이르면 건강유지를 위해 '경(敬)'을 강조하는 방식으로 변화하고 있다.

또한 성간(成侃, 1427~1456년)은 「병중잡설(病中雜說)」에서 의(醫)를 '의(宜)'라고 풀이하면서, 육기(六氣)를 살피고 오장(五臟)으로 징험하며 순리에 맞게 질병을 다스려야 한다고 설명한다. 이어서 편작(扁鵲)의 계속된 경고를 무시하다 죽은 중국 제(齊)나라 환후(桓侯)의 사례를 소개한 다음에, 환후가 어리석었다고 평가하면서 대중지정지도(大中至正之道)로 미리 질병을 예방하라고 주장하였다.

---

84 『牧隱詩藁』卷13, 卽事. "壁道唯憑性理書."

85 『牧隱詩藁』卷12, 病中. "只求仁處獨盤桓."; 卷15, 李子安病已月餘矣, 因韓上黨邀, 同往問候, 方始知之. 會僕亦病發, 未能上馬. 子來求藿香, 因有所感, 歌以自寬. "君其安心善自保, 藥餌無如自頤養." 이색은 구체적인 수양법으로 敬을 중시하였다(도현철, 『목은 이색의 정치사상 연구』, 혜안, 2011, 167쪽). 이미 고려 예종대 기록에서 양생에 대한 관심이 엿보인다. 예종 11년(1116)에 사망한 崔繼芳은 질병과 관련해서 '大和'를 보존하는 것에 주목하였다(崔繼芳 墓誌銘(김용선, 『개정판 역주 고려묘지명 집성』(상), 한림대학교 출판부, 2006). "善保大和□無疾□, 豈不康寧乎"). 그리고 이듬해인 예종 12년(1117)에 淸平居士로 자처하던 李資玄에게 국왕이 養性하는 요결을 묻자, 이자현은 "욕심을 적게 하는 것보다 더 좋은 것이 없습니다."라고 대답하였다(『高麗史節要』卷8, 예종 12년(1117) 9월. "及乘見, 問養性之要, 對曰, 莫善於寡欲").

86 『春亭集』卷6, 永樂十三年六月日封事.

87 『春亭集』卷7, 永樂十九年月日封事.

군자(君子)는 일이 발생하기 전에 예견하고 위험해지기 전에 방비한다. 일이 발생하기 전에 예견하면 예상치 못한 근심이 없을 것이며, 위험해지기 전에 방비하면 풀기 어려운 폐단이 없을 것이다. 이것이 대중지정지도(大中至正之道)이다.[88]

그런데 수양을 통한 질병의 예방과 관리에 가장 능숙한 사람은 환자나 의료인이 아니라 유자(儒者)였다.[89] 유자들에게는 계신공구(戒愼恐懼)함으로써 수기치인(修己治人)하는 것이 체화된 행동규범이었기 때문이다. 이러한 성리학적 수양론에 대한 관심 고조와 앞서 살핀 국가 주도의 의료정책으로 인해 의료현장에서 의료인 개인의 역할은 축소될 가능성이 컸다.

실제로 조선에서는 혜민전약국 등의 의료기구 설치, 의료인을 교육하기 위한 의학(醫學) 운용, 『향약제생집성방』·『향약채취월령』·『향약집성방』·『의방유취』 등의 관찬의서 편찬, 문반관료들이 의학 발전을 주도하는 의서습독관제도 등이 시행되었다. 여기에 학문을 기본으로 삼는 성리학자나 지배층이 보기에는 의원들의 실력이 형편없었다. 의원들이 의서의 구두(句讀)를 떼어 읽지도 못하는 주제에 자기 의술을 자랑한다고 한탄할 정도였다.[90]

의료 관련 조직의 위상을 따져보아도 의관을 양성하는 의학은 잡학 가운데 하나였으며, 의과(醫科) 합격자에게 홍패(紅牌)를 수여하지 않도록

---

88 『眞逸遺稿』卷4, 病中雜說(『韓國文集叢刊』12). "是故君子, 見於未然, 防於未危. 見於未然, 無意外之患, 防於未危, 無難救之弊. 此大中至正之道也."
89 유학의 대표적인 수양방법인 靜坐는 11세기 중국 북송대의 程顥와 程頤 시기부터 본격적으로 제창되었다(강진석, 「퇴계 공부론의 실제활용과 그 의의」, 『한국철학논집』 39, 2013, 11쪽).
90 『陶隱先生文集』卷4, 診脉圖誌(李崇仁, 文暻鉉 옮김, 『陶隱先生文集 國譯』, 경상북도, 1981, 444쪽).

한 기록은[91] 문과가 잡과(의과)보다 월등히 높은 현실을 단적으로 보여준다. 의술로 검교승녕부윤(檢校承寧府尹)에 오른 양홍달(楊弘達)의 관직을 빼앗도록 한 조처에는[92] 의관의 '분수에 넘치는 태도[踰分之心]'를 절대 용납하지 않는 당시 분위기가 잘 담겨 있다.

그리고 앞서 언급했듯이 세종대에는 2품 이상 관원의 서얼이 전의감·제생원·혜민국 등에 입속(入屬)하도록 허용되었다.[93] 그리고 『경국대전』 한품서용(限品敍用) 규정에 의하면 2품 이상의 첩자손(妾子孫)은 전의감이나 혜민서에 서용되었다.[94] 이 규정은 의관의 문호를 개방하기보다는 의관을 천시하는 결과를 초래했을 것이 분명하다.

의료의 중시와 의료인의 천시라는 상황은 성종 20년(1489) 대사간 이평(李枰) 등이 올린 차자(箚子)에 잘 나타나 있다.

> 삼가 『주례(周禮)』를 살펴보건대, 공악(工樂)은 벼슬 줄에 끼지 못하였습니다. 의료가 사람을 이롭게 하는 데에 절실하기는 하나, 그것이 방기(方技)의 소도(小道)가 되는 것은 한가지입니다. 그러므로 의사(醫師)는 별도로 세우고 대대로 이를 따랐으니, (의사는-인용자) 경사(卿士)와 나란히 하지 못하였습니다.[95]

이 인용문에서는 의료가 절실하게 필요하다는 것은 인정하면서도 의관의 벼슬이 제한되는 근거로 『주례(周禮)』의 권위를 빌려왔다. 또한 '방기(方技)의 소도(小道)'라는 표현을 쓰고 있는데, 주희(朱熹) 역시 의학을 소도로 규정하였음은 앞서 살핀 바와 같다.

---

91 『太宗實錄』卷1, 태종 1년(1401) 6월 4일(신유).
92 『太宗實錄』卷10, 태종 5년(1405) 11월 18일(경술).
93 『世宗實錄』卷114, 세종 28년(1446) 10월 19일(계축).
94 『經國大典』卷1, 吏典 限品敍用.
95 『成宗實錄』卷230, 성종 20년(1489) 7월 15일(신미). "謹按周禮, 工樂不得齒於仕伍. 醫雖切於利人, 其爲方技小道則一耳. 故別立醫師, 歷代因之, 不得與卿士齒."

요컨대 조선에서는 질병에 대한 치료와 함께 국가 주도의 의료정책이 추진되었다. 사회질서의 부조화로 야기되는 전염병의 경우에는 국가가 치료를 담당해야 했기 때문이다. 중앙집권적인 정책이 추구되면서 국가 단위로 병리를 해결한다는 '대의의국(大醫醫國)'이 표방되었다. 동시에 음양오행의 조화를 내면적으로 유지하기 위해 성리학자들은 인(仁)·경(敬)·대중지정지도(大中至正之道) 등을 주장함으로써 성리학적 수양론에 주목하였다. 질병에 대한 이러한 대응들이 성리학의 입장에서는 이치에 순응하는 것이었다. 따라서 의학이 소도(小道)로 간주되고 환자 개인의 치료가 소의(小醫)의 역할로 규정되는 상황에서 의료인은 천시될 수밖에 없었다. 의학을 말업으로 인식하는 성리학적 사유의 당연한 귀결이었다.

5. 맺음말

본문에서는 여말선초 성리학과 의학의 상호관계에 대해 논의함으로써 의료의 위상을 규명하며, 의료인 천시의 이론적 근거와 주장을 드러내었다. 구체적으로는 성리학적 의료관을 생리론(生理論), 병인론(病因論), 치료론(治療論)으로 구분하여 검토하였다.

성리학의 생리론에서는 천도(天道) 혹은 리(理)에서 기원한 음양오행이라는 기(氣)가 내재함으로써 인체가 만들어진다고 보았다. 이때 천도는 성(性)으로도 표현할 수 있다. 즉 천도 → 음양오행 → 오상 → 오장의 논리로 인체가 이해되었다.

조선초기에 성리학(性理學)과 의학(醫學)은 각각 '본(本)'과 '말(末)'로 자리매김하고 있었으며 둘 사이의 관계를 설명하는 수단은 상수학(象數學)이었다. 선험적인 원리에 따라 인체, 질병, 치료방식이 규정되는 상수학의 본말론(本末論) 속에서 의학은 말업(末業)으로 인식되었다.

그리고 성리학의 병인론에서는 음양오행의 개념에 가치판단을 개입시켜 질병을 설명하였다. 음양오행의 조화가 깨질 때 질병이 발생된다는 이해였다. 특히 음이 과도해지는 것은 몸의 조화를 깨뜨리는 것이므로, 질병은 죄악으로 간주되었다. 한마디로 '환자는 죄인이다'라는 선악론이었다. 마찬가지로 신분계급적인 질서인 삼강오륜을 깨뜨리는 행위도 질병을 야기하기 때문에 악한 것이었다. 삼강오륜의 사회질서는 이일이분수(理一而分殊)라는 직분론에 의해 정당화되었다.

동시에 직분론에 의거해 국왕과 지배층에게는 사회질서를 존속시킬 책무가 부여되었다. 사회를 온존시키기 위해서는 백성들의 질병까지 포괄해야 했으므로 '인정(仁政)'의 추구 역시 필수적이었다. 사회질서의 안정을 위해 조선에서 의료는 중시되어야 했다. 다음 글에서 살필 바와 같이 중앙집권적인 의료제도를 추구하는 이론적 배경이었다.

성리학의 치료론은 음양오행의 조화와 삼강오륜의 사회질서를 회복함으로써 질병을 극복한다는 논리이다. 물론 질병에 대한 가장 일반적인 대응은 의학적인 치료였다. 하지만 천기의 부조화로 발생하는 전염병은 개인의 몫이 아니라 국가에서 대응해야 하는 문제였다. 따라서 의료기구의 정비, 의학교육의 강화, 관찬의서들의 편찬 등 중앙집권적인 의료정책이 강조되었다. '대의는 국가를 치료한다[大醫醫國]'는 표현대로 의료제도가 국가체제의 일환으로 간주되어서였다.

아울러 여말선초에는 인(仁)·경(敬)·대중지정지도(大中至正之道) 같은 수양론이 주목되기 시작하였다. 반면 의관들의 자질조차 의심되는 분위기 속에서 의료인 개인의 역할은 소의(小醫)의 활동이라고 축소되었다. 성리학적 사유방식 내에서는 대의소의론(大醫小醫論)과 수양론이 부각되면서 의료인의 천시가 부득이했던 것이다.

앞글에서 논의하였듯이 조선초기에는 통유론에 근거하여 의료진흥정책이 펼쳐졌다. 새로운 국가의 개창에 어울리는 움직임이었다. 하지만 성리학의 논리와는 충돌의 여지가 없지 않았다. 이일이분수론이나 직분론에 비추어보았을 때 유학자가 의술을 직접 담당하는 것은 어려웠기 때문이다. 조선전기의 의료제도는 의료정책의 방향과 성리학적인 사유방식 사이의 간극을 좁히면서 전개되었다. 그리고 다음 글에서 살필 것처럼 성리학에게는 역사적으로 부여된 역할이 있었다.

조선전기 의료기구 개편의 성격과 그 의의

1. 머리말

1392년 7월 17일 조선이 개국하였다. 태조는 즉위하자마자 고려의 정령(政令)과 법제(法制)를 보고하도록 명령하였다. 이를 토대로 7월 28일에는 조선의 관제가 처음으로 공포되었다. 의료기구로는 전의감(典醫監), 혜민국(惠民局), 동서대비원(東西大悲院)이 보인다.

고려가 멸망하기 직전인 공양왕 3년(1391)의 관제 변경에 따르면 전의시(典醫寺)는 상약국(尙藥局)을 병합하였고, 제위보(濟危寶)는 혁파되었으며, 혜민국은 혜민전약국(惠民典藥局)으로 개칭되었다.[1] 불과 1년 만에 조선이 건국되면서 전의시는 전의감으로 격상되고, 혜민국(혜민전약국)은 존속되었으며, 고려말에 유명무실해졌던 동서대비원은 부활하였다. 고려의 의료기구와 유사하지만 완전히 동일하지는 않은 모습이다.

고려말기에도 의료제도의 문제점을 해결하려는 노력은 존재하였다. 하지만 왕조가 교체되는 큰 충격 속에서 의료제도는 변동 범위가 커질 수밖에 없었다. 조선의 의료제도는 고려시대까지의 의료 발전을 잇는 동시에 고려후기에 심화되던 모순을 해결하려는 고민의 결과였다. 이러한 변동에 내재된 역사적 의미에 주목할 필요가 있다.

---

1 『高麗史』卷77, 志31 百官2, 奉醫署; 諸司都監各色 濟危寶; 惠民局.

고려와 조선의 주요 의료기구 명칭은 〈표 1〉과 같다. 하지만 본문에서 다루듯이 계승의 측면과 변형의 측면이 모두 있으므로, 대체로 의료기구의 계보에 따른 분류라고 이해하면 된다.

〈표 1〉 고려와 조선의 의료기구 명칭

국가	명칭(이칭)				
조선	내의원 (약방, 내약방)	전의감	혜민서 (혜민국)	활인서 (동서활인서, 동서활인원, 동서대비원)	제생원
고려	상약국 (장의서, 봉의서, 상의국)	태의감 (사의서, 전의시)	혜민국 (혜민전약국)	대비원 (동서대비원)	제위보 (제위포)

한편 조선의 국가체제 근간은 성종 16년(1485)부터 시행된 『경국대전(經國大典)』에서 완성되었다. 의료분야 역시 『경국대전』에서 규정된 의료제도가 조선시대 내내 준행되었다. 그런데 『경국대전』은 짧게 보자면 세조대부터 30년 가까이, 길게 보자면 고려말부터 100년 동안 노력한 결과였다. 조선의 의료제도를 제대로 이해하기 위해서는 태조 즉위부터 성종대 『경국대전』까지의 변동을 검토해야 하는 것이다.

이 글에서는 태조대부터 성종대까지의 의료기구 개편 과정을 살피고자 한다. 기존의 연구에서는 주로 의료기구의 연혁을 비롯하여 인원과 임무 등에 집중하거나 개별 의료기구에 초점을 맞추었다.[2] 선행 연구에 의

---

2 조선전기 의료제도사의 연구성과에 대해서는 이 책 제1부 「조선초기 의서습독관의 운영과 활동」의 각주 1을 참고. 최근에 들어서는 의료관서별로 연구가 진행되고 있다(李圭根, 「朝鮮時代 醫療機構와 醫官 -中央醫療機構를 中心으로-」, 『東方學志』 104, 1999; 金聖洙, 「16·17세기 中央醫療機構의 運營實態」, 『서울학연구』 20, 2003; 金重權, 「朝鮮朝 內醫院의 醫書編刊 및 醫學資料室에 관한 硏究」, 『書誌學硏究』 42, 2009; 朴仁純, 『惠民署硏究』, 교육아카데미, 2014; 김성수, 「내의원과 왕실의료」(한독의약박물관·국립고궁박물관, 『조선왕실의 생로병사』, 2014); 신유아, 「조선시대 내의원의 기능과 의관(醫官)의 지위」, 『역사와 실학』 65, 2018).

해서 의료제도사 이해의 기본적인 토대는 충실하게 놓여졌다. 이제는 선행 연구를 보완하면서 의료기구 개편에 내포된 조선전기 의료제도의 성격, 나아가 의료기구 변화의 역사적 함의에 대한 탐구가 요망된다.

따라서 이 글에서는 우선 조선 태조~태종대의 의료기구 편제와 세종~성종대의 의료기구 변화를 추적할 것이다. 의료기구 개편의 추이를 통해서 고려시대 의료와 달라지는 조선전기 의료의 성격을 다루려는 것이다. 이어서 의료기구별로 연혁, 정원, 기능 등을 정리하고자 한다. 구체적으로는 내의원·전의감·혜민서·활인서·제생원의 운영 양상을 살피게 될 것이다. 마지막으로는 조선전기 의료제도 개편의 역사적 함의를 사회경제적인 측면과 사상적인 측면에서 논의하도록 하겠다. 특히 이 글 전체에서 염두에 두는 것은 의료제도와 성리학과의 상호 연관이다.

2. 의료기구 개편의 추이

1) 태조~태종대의 의료기구 편제

조선 최초의 의료기구는 앞서 언급한 대로 태조 1년(1392)의 관제 공포에 보이는 전의감(典醫監), 혜민국(惠民局), 동서대비원(東西大悲院)이다.[3] 고려말에 의료관서들이 전의시(태의감) 중심으로 축소 통합된 상황을 그대로 이어받았던 것이다.

전의감의 임무로는 어약(御藥) 담당을 명기하고 있다. 그 관원 중에는 교육을 맡은 박사(博士) 조교(助敎), 약재를 관리하는 검약(檢藥)도 포함되어 있다. 즉 중앙의료기구로서의 기능은 물론이고 국왕을 비롯한 왕실 의료, 의학 교육, 약재 공급 등도 주관했음을 알 수 있다.

---

3 『太祖實錄』卷1, 태조 1년(1392) 7월 28일(정미).

하지만 관서 명칭인 전의시(典醫寺)가 조선에 들어 전의감으로 바뀌었다는 것은 관서의 위상이 올라간 것이라고 해석할 수 있다. 시기를 거슬러 올라보면, 고려시대 태의감은 공민왕대에 4차례 관제 개편에 맞춰 개칭되었다. 공민왕 5년(1356)의 1차 개편에서는 전의시(典醫寺) → 태의감(太醫監)이었고, 공민왕 11년(1362)의 2차 개편에서는 태의감 → 전의시였으며, 공민왕 18년(1369)의 3차 개편에서는 전의시 → 태의감이었고, 공민왕 21년(1372)의 4차 개편에서는 태의감 → 전의시였다.[4] 이 가운데 전의시 → 태의감으로 바뀐 1차와 3차 개편은 일반적으로 고려의 자주성을 회복하려는 조치라고 해석하고 있는 데다,[5] 감(監)은 시(寺)보다 상위로 인정받고 있었다.[6] 따라서 고려말의 전의시를 조선에 들어서 전의감으로 개칭한 것은 이 기구를 중시한 것이다.

그리고 혜민국과 동서대비원의 공통점은 대민의료기구라는 점이다. 혜민국의 역할에 대해서는 정도전이 태조 3년(1394)에 올린「조선경국전(朝鮮經國典)」에서 명확하게 설명하였다. 의학이란 요절을 막기 위한 것인데, 혜민국이 바로 백성들의 요절을 막는 호생지덕(好生之德)의 산물이라는 설명이었다.[7]

혜민국에 이어 대민의료기구로 설치한 것이 태조 6년(1397)의 제생원(濟生院)이었다.[8] 당시에 혜민국이 존재하고 있음에도 불구하고 태조는 약을 시여(施與)하고 병을 치료하는 의료인력을 늘리기 위하여 제생원을

---

4 『高麗史』卷76, 志30 百官1, 典醫寺.
5 반면 2차와 4차 개편은 중국 원나라·명나라와의 관계를 의식한 조치에 해당한다. 공민왕대의 관제 개편은 다음 글이 참고된다(李康漢,「공민왕대 관제개편의 내용 및 의미」,『歷史學報』201, 2009).
6 조선 성종대 고언겸의 上書에 따르면 고려 공민왕이 典校寺를 秘書監으로 개칭하였는데, 비서감은 12寺보다 상위라고 설명하였다(『成宗實錄』卷159, 성종 14년(1483) 10월 25일(갑신)).
7 『三峯集』卷13, 朝鮮經國典 上, 入官; 惠民典藥局.
8 『太祖實錄』卷12, 태조 6년(1397) 8월 23일(임인).

추가로 설립하였다. 이미 당대에 제생원 설립은 태조의 호생지덕(好生之德) 덕분이라고 칭송받고 있었다.[9] 이처럼 혜민국과 제생원을 설립한 동기로는 나란히 '호생지덕' 즉 백성을 살리기를 좋아하는 은덕이 언급되고 있었다.

호생지덕이 필요한 이유에 대해서는 조선초기의 관찬의서에서도 서술하였다. 대개 백성이란 나라의 원기(元氣)이며, 원기가 병들면 위태롭게 되기 때문에 백성 살리기를 좋아하는 우리 주상 전하는 병으로 고생하는 백성을 보면 자기 몸의 병과 같이 애처롭게 여겼다는 것이다.[10] 호생지덕은 바꾸어 말하면 백성이 나라의 근본이라는 민유방본(民惟邦本) 개념이었다.

한편 국초부터 존재한 동서대비원은 고려시대 이래로 널리 알려진 빈민 구휼기관이자 치료기관이었다. 동서대비원이 고려에서는 개경에 있었고 조선에서는 한양에 있었다. 수도에서 운영되는 공통점이 있다. 반면 차이점도 분명하였다. 고려에서는 불교적인 색채가 강했으나, 조선에서는 정부기관으로서의 성격이 확실하였다.

조선 건국 직후부터 의료관서에서 불교적인 색채가 급속히 탈색되는 상황은 관서 명칭에서도 드러난다. 태종 14년(1414)의 개칭이 대표적이다.

> 시혜소(施惠所)를 고쳐 귀후소(歸厚所)로 하고, 동서대비원(東西大悲院)을 고쳐 동서활인원(東西活人院)으로 하였다.[11]

---

9 『世宗實錄』卷56, 세종 14년(1432) 6월 29일(병진).

10 『東文選』卷93, 序 銅人鍼灸圖小序. "夫民者, 國之元氣也, 元氣病則身且危矣. …… 恭惟主上殿下好生之德, 同符前聖 敎養之道, 旣臻其極, 猶且嫌然. 視民之疾瘭痌瘁, 擧切吾身, 而夙夜于懷."

11 『太宗實錄』卷28, 태종 14년(1414) 9월 6일(병자). "改施惠所爲歸厚所, 東西大悲院爲東西活人院."

고려 이래로 동서대비원의 '대비(大悲)'는 대자대비(大慈大悲)한 부처의 공덕에서 따온 명칭이었다. 동일한 기능의 기관인데, 그 명칭을 동서대비원 → 동서활인원으로 바꾼 것은 대민의료 기능만을 계승하겠다는 자세였다. 이미 태종 10년(1410) 4월과 태종 12년(1412) 12월에 '동서활인원(東西活人院)'이란 표현이 보인다.[12] 건국 직후부터 반불교적인 지향이 분명했던 것이다.

또한 귀후소(歸厚所)의 '귀후(歸厚)'는 "죽으면 상례를 삼가 치르고 돌아가신 이를 잘 추모하면 백성의 덕이 너그러운 데로 돌아갈 것이다[愼終追遠, 民德歸厚矣]."라는 『논어(論語)』 「학이편(學而篇)」 문장에서 따온 명칭이었다. 백성들의 장례를 주관하는 임무를 적시하고 있는 귀후소는 유교적인 발상이 돋보인다. 따라서 조선 건국 시부터 의료관서에서는 대민의료가 제도적으로 정착되었으며 억불숭유의 지향을 분명하게 드러내고 있었다. 한마디로 유교적 민본주의의 표방이었다.

2) 세종~성종대의 의료기구 변동

세종대에는 제생원의 활동이 활발했다. 제생원은 혜민국과 병립하면서 대민의료를 주도하였다. 세종 1년(1419)에는 제생원이 동활인원을, 혜민국이 서활인원을 맡도록 하고 녹관 2명씩을 배치하였다.[13] 후술하듯이 제생원에서는 의녀의 양성을 지속하면서, 다른 의료관서와 함께 전염병 창궐에 대응하고 고아를 기르기도 하는 등 왕성하게 활동하였다.

하지만 세종대 의료기구의 가장 큰 변화는 내의원(內醫院)이 만들어진 것이었다. 앞서 살폈듯이 개국 시에는 왕실 의료를 전의감에서 담당하였다. 이때 어약을 담당하는 의관들이 모인 곳을 흔히 약방(藥房) 또는 내약

---

12 『太宗實錄』 卷19, 태종 10년(1410) 4월 2일(무술); 卷24, 태종 12년(1412) 12월 4일(을묘).
13 『世宗實錄』 卷3, 세종 1년(1419) 2월 14일(기축).

방(內藥房)이라고 불렀다. 세종 25년(1443) 6월에 이르러 내의원이라는 정식 명칭이 부여되었다.

> 이조에서 아뢰기를, "내약방(內藥房)은 관계되는 곳이 지극히 중요한데 약방이라고 부르고, 또 그 관원은 명호(名號)가 없으니 옛 제도에는 어그러짐이 있습니다. 청하건대, 내의원(內醫院)이라 호칭하고 관원 16명을 두되, 3품은 제거(提擧)라고 부르고 6품 이상은 별좌(別坐)라고 부르며, 참외(參外)는 조교(助敎)라고 부르도록 하소서."라고 하니, 그대로 따랐다.[14]

3품아문(衙門)인 내의원은 세종대의 명칭 부여를 계기로 최상위 의료관서의 자리를 확보해나갔다. 다른 의료관서의 의관들과 달리 내의원 의관은 30개월이 되기도 전에 가자(加資)하여 논란이 되기도 했다.[15] 설립 직후인 세종 27년(1445) 4월에는 내의원의 업무가 과다하다는 이유로 별좌 2명을 더 두어 국왕의 약을 전담하게 하는 등 인원을 늘려갔다.[16]

그런데 내의원 의관으로는 천인(賤人)이 근무할 수가 없었다. 모든 내의(內醫)는 사류(士類)가 원칙이었다. 즉 앞서 서술했듯이 세종 28년(1446)에 천첩(賤妾)과 양첩(良妾)의 후손에게 전의감·제생원·혜민국에서 근무할 수 있도록 허용하였는데,[17] 이들 서얼이 근무할 수 있는 의료관서에서 내의원은 제외되어 있다. 후술하겠지만 내의원은 의관들의 실력이 월등할 뿐만 아니라 유일하게 도제조(都提調)가 배치되었다. 왕실 의료를 전담하는 내의원을 정점으로 의료관서들이 배치되었던 것이다.

---

14 『世宗實錄』 卷100, 세종 25년(1443) 6월 15일(무술). "吏曹啓, 內藥房關係至重, 而以藥方稱號, 且其官員無名號, 有違古制. 請稱號內醫院, 置員十六人, 三品則稱提擧, 六品以上則稱別坐, 參外則稱助敎, 從之."
15 『世宗實錄』 卷104, 세종 26년(1444) 6월 21일(기해).
16 『世宗實錄』 卷108, 세종 27년(1445) 4월 11일(갑인).
17 『世宗實錄』 卷114, 세종 28년(1446) 10월 19일(계축).

창덕궁의 약방(藥房), 즉 내의원이다. 후대에 복원하였다.

　　제생원을 비롯한 의료관서들은 계속 변동을 겪었다. 세종대에 벌어진 일만 거론하더라도 용관(冗官)을 줄이기 위하여 전의감의 검약을 4명에서 2명으로 감원한다거나, 전의감·서운관·사역원의 의관 품계를 정(正)과 종(從)으로 구분한다거나, 다른 관서들처럼 혜민국·동서활인원·제생원의 제조·부제조·제거·별좌도 번잡하다고 축소한다거나, 혜민국·제생원의 제거·별좌 중 1명과 겸승 1명을 문사(文士)로 차정한다거나, 문관들이 바쁘다는 이유로 삼의사의 겸관을 모두 혁파하였다.[18] 의료관서의 변동은 각 관서별 임무 조정에 따른 조치들도 있었고, 관서들 전반에 대한 개편작업의 일환인 경우도 있었다.

　　세조대의 의료기구에서는 두 가지 사건이 주목된다. 첫째는 대민의

---

18 『世宗實錄』 卷7, 세종 2년(1420) 3월 13일(신사); 卷14, 세종 3년(1421) 12월 9일(무술); 卷19, 세종 5년(1423) 2월 9일(경신); 卷65, 세종 16년(1434) 7월 25일(경자); 卷111, 세종 28년(1446) 1월 29일(정유).

료기구의 정비를 위하여 세조 6년 (1460)에 제생원을 혁파하여 혜민국에 합속하였다. 이것은 세조의 명령에 따라 긴요하지 않은 용관을 줄이는 조치의 일부여서 동활인원 부녹사 1명과 서활인원 부녹사 1명의 감원도 동시에 벌어졌다.[19]

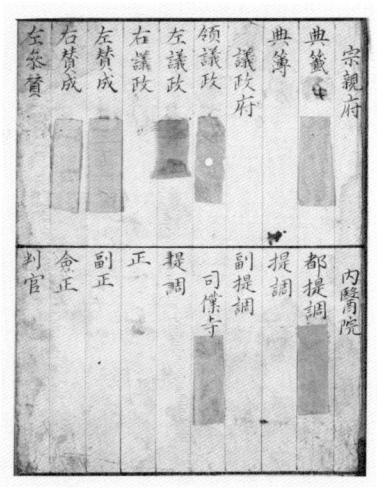

종친부 등에서 근무하는 현직 관원의 명단을 한눈에 다악하기 위해 만든 「관안(官案)」이다. 아랫칸에는 내의원의 도제조, 제조, 부제조 이틀을 적도록 되어 있다. 국립중앙박물관 소장이다.

당시에 제생원과 혜민국의 전함(前銜)·권지(權知)는 각각 30명이었는데 두 기관이 통합하면서 나력의(癩歷醫) 권지까지 포함하여 69명으로 늘어났다.[20] 전함과 권지는 번갈아 녹봉을 받는 체아직(遞兒職)이며, 치료를 담당하는 의관(醫官)이었다. 당시의 의관 숫자를 감안하면 거대한 규모의 의료기구로 통합한 것이다. 이로써 태조 6년(1397)에 신설되었던 제생원은 63년 만에 사라졌다.

둘째는 세조 12년(1466)에 중앙과 지방을 모두 아우르면서 관제가 개편되었다. 이때 의료기구에도 큰 변화가 닥쳤다. 내의원은 인원이 늘어나고, 전의감은 소속 관원을 재편하였다. 내의원의 강화였다. 동시에 혜민국은 혜민서(惠民署)로 개칭하고, 활인원은 활인서(活人署)로 개칭하였다.[21] 관서의 등급에서는 서(署)가 가장 낮다.[22] 즉 혜민서(惠民署)와 활인서(活

---

19 『世祖實錄』 卷20, 세조 6년(1460) 5월 22일(정유).
20 『世祖實錄』 卷21, 세조 6년(1460) 7월 28일(임인).
21 『世祖實錄』 卷38, 세조 12년(1466) 1월 15일(무오).
22 『成宗實錄』 卷159, 성종 14년(1483) 10월 25일(갑신). 세조는 諸寺·諸監브다 격이 낮은 아문들을 署로 통일시켰다(南智大, 「朝鮮初期 官署·官職體系의 정비」 『호서문화논총』 9·10, 1996, 108쪽).

人署)로 개칭한 것은 의료관서들 사이의 위계 확정이었다.

 세조대 이후에는 의료관서에 배치된 구임관(久任官)의 취재와 제조(提調)의 혁파 등을 둘러싼 일들이 전개되었다.[23] 하지만 전반적으로는 세조대의 의료 관제가 성종 16년(1485)의 『경국대전(經國大典)』에서 수용되었다. 조선의 중앙집권화는 『경국대전』 반포로 일단락되는데, 의료제도에서도 내의원을 정점으로 하는 일원적인 중앙집권체제가 드러난다. 『경국대전』에 수록된 의료관서별 기록은 곧 살펴보겠다.

 이상에서 논의한 바와 같이 태조에서 태종대의 의료기구 편제에서는 유교적 민본주의의 지향이 두드러졌고, 세종에서 성종대의 의료기구 변동에서는 일원적인 중앙집권체제의 구축 과정을 알 수 있었다. 하지만 유교적 민본주의의 지향이 태종대에 완료된 것은 아니고, 일원적인 중앙집권체제의 구축이 세종대 이후에야 비로소 시작된 것이 아님은 물론이다. 태조대에 제생원을 추가로 신설한 것은 중앙집권체제의 강화 과정이었고, 성종대 『경국대전』에서 대민의료기구들이 법제화된 것은 민본주의의 제도화를 보여준다.

3. 의료기구의 운영 양상

1) 내의원

 여기에서는 위에서 언급한 의료기구들에 대해서 기구별로 연혁, 정원, 기능 등을 정리하려고 한다. 의료기구들이 서로 얽힌 탓에 다소 중복되는 서술이 나올 수밖에 없지만, 조선전기 의료제도를 세밀하게 이해하는 데

---

23 『成宗實錄』 卷10, 성종 2년(1471) 4월 5일(정미); 卷13, 성종 2년(1471) 12월 29일(병신); 卷19, 성종 3년(1472) 6월 19일(갑신).

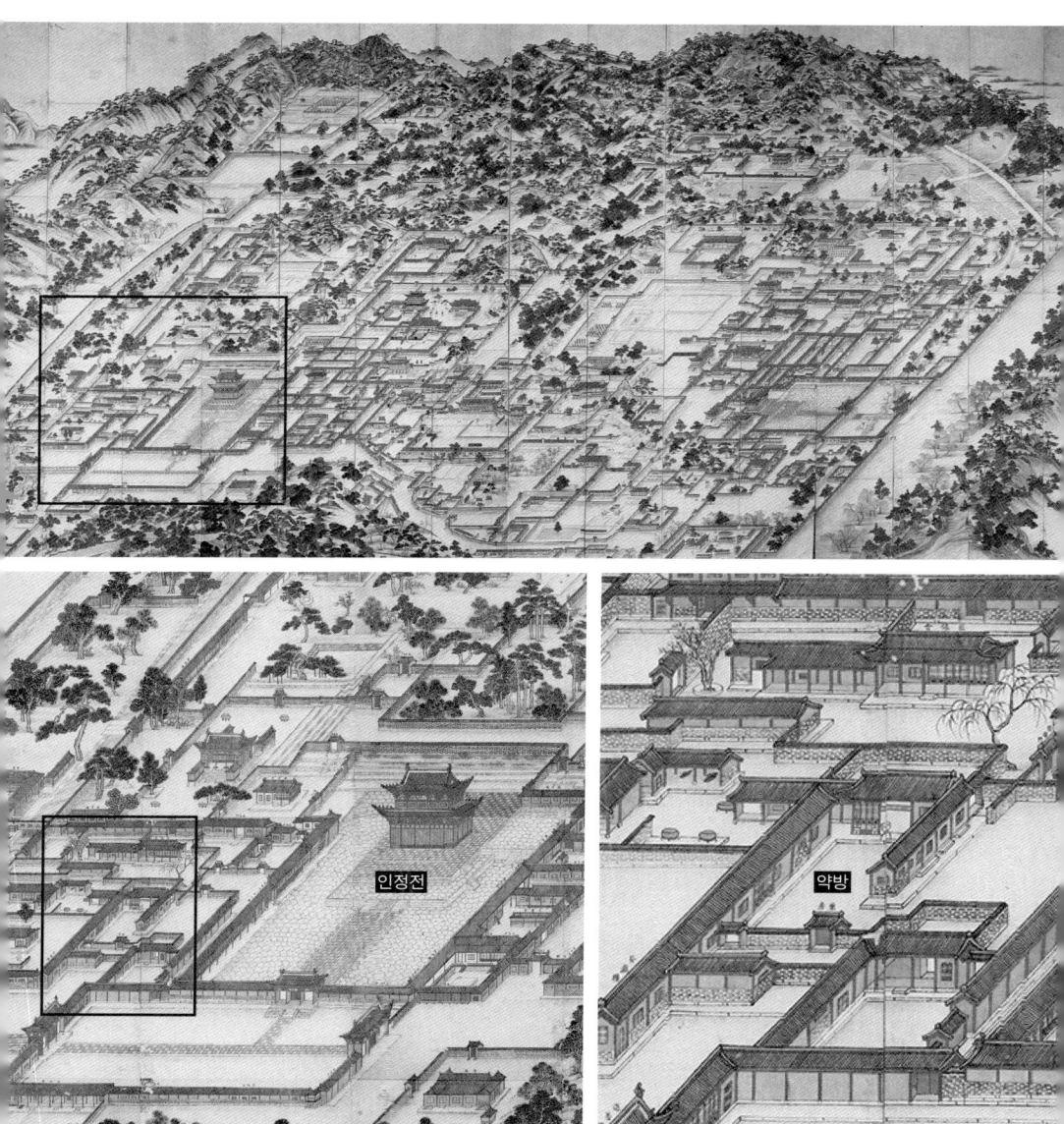

동궐도(東闕圖)에 묘사된 궁궐 안의 약방(藥房), 즉 내의원 건물이다. 경복궁 동쪽에 위치한 창덕궁과 창경궁을 상세하게 그린 동궐도는 조선후기에 만들어졌다. 하지만 조선초기에도 왕실 의료를 담당하는 곳을 약방이라고 불렀다. 이 그림에서도 약방은 국왕이 있는 창덕궁 인정전 옆 건물에 자리잡고 있다. 고려대학교박물관 소장이다.

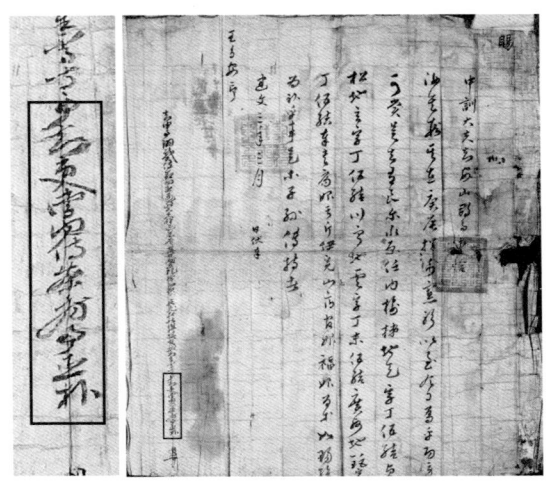

태종 1년(1401)의 「조흡사패왕지(曺恰賜牌王旨)」(보물 제899호)이다. 맨 마지막에 이 문서를 발급한 사람이 '지이조내시약방사(知吏曹內侍藥房事) 신(臣) 박(朴)'이라고 표기되어 있다. 약방에 관해 가장 오래된 기록으로 약방이 선초부터 존재했음을 알 수 있다. 동국대학교도서관 소장이다.

는 유용할 것이다.24

관서 이름에 들어있는 '내(內)'는 '궁궐 안'을 가리키고, '상(尙)'은 '떠받들어 올린다'는 뜻이다. 국왕을 포함하여 왕실과 관련된 관서·관직에 붙는다. 내의원(內醫院) 역시 궁궐 안의 왕실 의료를 담당한다는 의미를 담고 있으며, 고려시대 상약국(尙藥局)의 후신이다. 하지만 고려말에 상약국(봉의서)은 전의시에 합병되어 사라졌으며, 조선 건국 직후에는 전의감에서 어약(御藥)을 담당하였다.

조선 국초에 왕실 의료를 담당하는 의료진은 흔히 약방(藥房) 또는 내약방(內藥房)이라고 부르는 곳에서 근무하였다. 약방에 대한 최초의 기록을 찾아보면, 태종 1년(1401) 3월의 자료에 '지이조내시약방사(知吏曹內侍藥房事) 신(臣) 박(朴)'이라는 표현이 보인다.25 약방을 책임지는 신하

---

24 조선전기 의료기구별 운영 양상에 대해서는 손홍열의 뛰어난 연구가 있다(孫弘烈, 『韓國中世의 醫療制度硏究』, 修書院, 1988, 166~189쪽). 손홍열에 따르면, 조선전기의 의료기구들은 한말 갑오경장 때까지 그대로 유지되었다(孫弘烈, 「朝鮮中期의 醫療制度 —醫療制度의 變遷과 醫書의 編纂·刊行 및 對外交流를 中心으로—」, 『한국과학사학회지』 15(1), 1993; 孫弘烈, 「朝鮮後期의 醫書編纂(Ⅰ) —英·正祖代를 중심으로—」, 『忠北史學』 11·12, 2000).

25 曺恰賜牌王旨(보물 제899호), 동국대학교도서관 소장. 이 자료의 판독은 다음 글이 참고된다(노명호·박영제·박재우·오영선·윤경진·윤선태·최연식·이종서, 『韓國古代中世古文書硏究』(上) 校勘譯註篇, 서울대학교출판부, 2000, 42쪽).

박아무개라는 뜻이다. '지이조내시약방사'는 태종 6년(1406) 9월의 자료에도 보인다.[26]

시대를 막론하고 내약방의 의관들은 최고의 실력을 갖추고 있었다. 태종 8년(1408) 12월에는 내약방 의관인 평원해(平原海)와 조청(曹聽)이 약제를 정밀하게 조제하지 못하자 전의감으로 내쫓았다.[27] 종친·재추·공신들이 내의(內醫)를 차지하는 풍조가 있다는 세조대의 지적이나 질병에 걸린 성희안(成希顔)이 전의감과 혜민서의 치료약이 정밀하지 않다는 이유로 내의원 약을 쓰는 중종대의 기록에서도 당시의 분위기를 쉽게 느낄 수 있다.[28]

태종 12년(1412) 3월에는 춘추관의 의서(醫書)들을 내약방에서 간직하도록 하였다.[29] 내약방에는 허드렛일을 하기 위해 약방사령(藥房使令) 4명이 배치되어 있었는데, 이들은 진상한 약재와 침향을 도둑질했다가 처벌받기도 하였다.[30] 그후 세종 25년(1443)에 내의원이라는 정식 명칭과 관원 등이 정해졌으며, 설립 직후부터 별좌 2명을 추가하여 어약을 전담하게 하였음은 이미 서술하였다. 문종대에 이르러 내의원의 의관은 16명에서 10명으로 줄어들고[31] 조관별좌(朝官別坐) 1명도 도태되었는데,[32] 이것은 내의원의 위상 약화라기보다는 관제 전반에 대한 정비 작업의 일환으로 진행된 것이었다.

---

26 南權熙, 『高麗時代 記錄文化 硏究』, 청주고인쇄박물관, 2002, 542쪽.
27 『太宗實錄』 卷16, 태종 8년(1408) 12월 25일(무술).
28 『世祖實錄』 卷16, 세조 5년(1459) 6월 9일(기미); 『中宗實錄』 卷17, 중종 8년(1513) 2월 5일(갑진).
29 『太宗實錄』 卷24, 태종 12년(1412) 8월 12일(갑자).
30 『世宗實錄』 卷19, 세종 5년(1423) 2월 10일(신유); 卷23, 세종 6년(1424) 2월 9일(을묘).
31 『文宗實錄』 卷4, 문종 즉위년(1450) 11월 29일(기사); 卷8, 문종 1년(1451) 6월 7일(갑술).
32 『文宗實錄』 卷13, 문종 2년(1452) 4월 2일(병인).

내의원에서는 중국 등에서 수입한 약재를 가지고[33] 국왕이 복용하는 어약의 제조를 담당하였으며, 왕실과 고위관료를 치료하였다. 드물기는 하지만 국왕의 명에 따라 외지의 병자를 치료하는 경우도 있었다. 의서의 편찬과 간행 역시 점차 내의원의 주요한 업무가 되었다.[34]

세조 12년(1466)의 의료 관제(官制)는 성종 16년(1485)의 『경국대전』에서도 대체로 준수되었다. 세조대와 『경국대전』의 기록을 나란히 제시하면 다음과 같다.

> 이때에 관제를 다시 정하였다. …… 내의원에는 정·첨정 각각 1명, 판관·주부 각각 2명, 직장 3명, 봉사·부봉사·참봉 각각 2명씩을 두었다.[35]

> 내의원[어약(御藥)을 조제하는 일을 맡는다. 도제조·제조 각각 1원(員), 부제조 1원〈승지(承旨)〉이다. ○ 체아직(遞兒職)이며 양도목(兩都目)으로 한다]. 정3품 정 1원, 종4품 첨정 1원, 종5품 판관 1원, 종6품 주부 1원, 종7품 직장 3원, 종8품 봉사 2원, 정9품 부봉사 2원, 종9품 참봉 1원.[36]

인용문에서 보이듯이 세조대에는 내의원의 관원수가 증가하였는데, 『경국대전』에서 내의원의 정원은 12명이었다. 『속대전(續大典)』(영조 22년, 1746), 『대전통편(大典通編)』(정조 9년, 1785), 『대전회통(大典會通)』(고

---

33 『中宗實錄』卷16, 중종 7년(1512) 6월 4일(병오).
34 내의원의 학술활동은 다음 글이 참고된다(金重權,「朝鮮朝 內醫院의 醫書編刊 및 醫學 資料室에 관한 硏究」,『書誌學硏究』42, 2009; 김성수,「내의원과 왕실의료」(한독의약박물관·국립고궁박물관, 『조선왕실의 생로병사』, 2014)).
35 『世祖實錄』卷38, 세조 12년(1466) 1월 15일(무오). "時, 更定官制. …… 內醫院, 置正·僉正各一, 判官·主簿各二, 直長三, 奉事·副奉事·參奉各二."
36 『經國大典』卷1, 吏典 京官職 正三品衙門 內醫院. "內醫院[掌和御藥. 都提調·提調各一員, 副提調一員〈承旨〉. ○遞兒, 兩都目]. 正三品正一員, 從四品僉正一員, 從五品判官一員, 從六品主簿一員, 從七品直長三員, 從八品奉事二員, 正九品副奉事二員, 從九品叅奉一員."

종 2년, 1865) 등에서 확인해보면 내의원 정원은 10명에서 12명으로 일정하게 유지되었다.[37] 하지만 실제 내의원에서 근무하는 의관은 이보다 많았다. 번갈아 근무하는 체아직으로 운영될 정도로 내의원 의관 수에 비해 의직 정원이 적었기 때문이다.[38]

최고위 의관인 정3품 내의원 정(正)은 도제조와 제조의 지휘를 받았다. 내의원의 제조는 승지가 겸하는 것이 일반적이었는데 다른 의료관서와 달리 내의원의 제조는 국왕에게 직보를 하였다.[39] 제조는 해당 분야에 밝아야 하는 것이 원칙이었으므로 내의원 제조가 사향·모향·상기생 등의 약물 구득에 대해 상세히 아뢰기도 하였다.[40] 『경국대전』에는 내의원 제조가 1명으로 규정되어 있으나, 점차 시간이 흐르면서 내의원 제조가 동시에 3명인 경우도 생겨났다.[41] 그런데 의료기구의 규모로 따지자면, 내의원보다는 전의감이 훨씬 컸다.

2) 전의감

조선시대 의료관서 가운데 국초에 만들어져서 멸망 때까지 원래 명칭을 유지한 곳은 전의감(典醫監)이 유일하다. 고려시대 전의시의 명맥을 이어 조선 태조 1년(1392) 7월 28일에 만들어진 전의감에는 판사(判事,

---

37 孫弘烈,「朝鮮後期의 醫書編纂(Ⅰ) -英·正祖代를 중심으로-」,『忠北史學』11·12, 2000, 307쪽 참고.
38 반면 신유아는 내의원 현직 품관은 그 품계에 따른 常祿을 받았으며, 이와 별도로 12직의 체아직은 내의원에서 품계가 한품에 달해 去官한 자 가운데 그 의술이 우수하여 계속 근무하는 前銜醫官이나 아직 교육받고 있는 의생 가운데 의술이 뛰어난 자 등이 돌아가며 받았던 것이라고 이해한다(신유아,「조선시대 내의원의 기능과 의관(醫官)의 지위」,『역사와 실학』65 2018, 172~173쪽).
39 『成宗實錄』卷92, 성종 9년(1478) 5월 1일(임술); 卷127, 성종 12년(1481) 3월 13일(정해).
40 『中宗實錄』卷54, 중종 20년(1525) 7월 24일(신사); 卷60, 중종 23년(1528) 1월 10일(계미).
41 『中宗實錄』卷101, 중종 39년(1544) 1월 18일(정사).

백자전자명약호(白瓷典字銘藥壺). '전(典)'이라는 글자가 사방으로 적힌 백자로 만든 약단지이다. 용도로 미루어 '전(典)'은 의료관서인 전의감(典醫監)의 약칭으로 추측된다. 전의감이 있던 현재의 서울시 종로구 견지동 지역을 옛지도에서는 '전의감동(典醫監洞)', '전의동(典醫洞)', '전동(典洞)'이라고 표기하였다. 한독의약박물관 소장이다.

정3품) 2명, 감(監, 종3품) 2명, 소감(少監, 종4품) 2명, 승(丞, 종5품) 2명, 겸승(兼丞, 종5품) 2명, 주부(注簿, 종6품) 2명, 겸주부(兼注簿, 종6품) 2명, 직장(直長, 종7품) 2명, 박사(博士, 종8품) 2명, 검약(檢藥, 정9품) 4명, 조교(助敎, 종9품) 2명이 있었다.[42] 전의감을 비롯하여 혜민서(혜민국), 활인서(동서대비원), 제생원은 모두 예조에 속했다.[43]

일반 관서들의 관제가 개정되던 태종대에 전의감은 종약색(種藥色)을 흡수하였다.[44] 이어서 전의감의 관원 명칭은 감(監) → 정(正), 소감(少監) → 부정(副正), 감승(監丞) → 판관(判官)으로 바뀌었다.[45] 세종대에는 용관을 축소하는 조치의 일환으로 전의감 검약도 4명에서 2명으로 줄어들었으며, 전의감·서운관·사역원 참상관(參上官)들의 품계가 정(正)과 종(從)으로 구분되기도 하였다.[46] 다음 인용문과 같이 세조 12년(1466)의 관제 개편 때도 전의감은 다시 한번 변동되었으며, 성종대 『경국대전』에서는 전의감 정(正)과 부정(副正)의 품계가 약간 상향되는 등 미세하게 바뀌었다.[47]

---

42 『太祖實錄』卷1, 태조 1년(1392) 7월 28일(정미).
43 『太宗實錄』卷9, 태종 5년(1405) 3월 1일(병신).
44 『太宗實錄』卷21, 태종 11년(1411) 6월 3일(임진).
45 『太宗實錄』卷27, 태종 14년(1414) 1월 18일(계사).
46 『世宗實錄』卷7, 세종 2년(1420) 3월 13일(신사); 卷14, 세종 3년(1421) 12월 9일(무술).
47 孫弘烈, 『韓國中世의 醫療制度硏究』, 修書院, 1988, 176쪽 참고.

이때에 관제를 다시 정하였다. …… 전의감에서는 검약을 고쳐서 부봉사로 하고, 조교를 참봉으로 하며, 겸정·직장 각각 1명씩을 없애고 판관 1명을 더 두었다.⁴⁸

전의감[의약(醫藥)]을 궐내(闕內) 수용(需用)에 공급하고 사여(賜與)하는 일을 맡는다. 제조(提調) 2원(員)이다. ○ 취재(取才)에서 성적이 좋은 자와 판관 이상 1원은 구임(久任)으로 한다. 구임자 및 교수·훈도 외에는 체아직(遞兒職)이며 양도목(兩都目)으로 한다. 취재에서 차점을 차지한 자는 외임(外任)으로 보낸다. ○ 주부 이상은 모두 과거합격자로 임명한다. ○ 의서습독관[習讀官]은 30원이다]. 정3품 정 1원, 종3품 부정 1원, 종4품 첨정 1원, 종5품 판관 1원, 종6품 주부 1원·의학교수 2원, 종7품 직장 2원, 종8품 봉사 2원, 정9품 부봉사 4원·의학훈도 1원, 종9품 참봉 5원.⁴⁹

『경국대전』에서 규정된 전의감 의관의 정원은 21명이다. 이후에 『속대전』 11명, 『대전통편』 14명, 『대전회통』 19명 등의 증감을 보인다.⁵⁰ 전의감에는 제조를 비롯하여 정(正)에서 참봉(參奉)에 이르는 의관들이 배치되었다. 하지만 실제로 전의감에 속해 있는 인원은 훨씬 많았다. 위 인용문에 나와 있듯이 항상 녹봉을 받는 구임관(久任官)은 취재(取才)에서 성적이 뛰어난 자와 판관 이상의 의관 가운데 1명뿐이었다. 나머지는 체아

---

48 『世祖實錄』卷38, 세조 12년(1466) 1월 15일(무오). "時, 更定官制. …… 典醫監, 檢藥改爲副奉事, 助敎爲參奉, 革僉正·直長各一, 增置判官一."
49 『經國大典』卷1, 吏典 京官職 正三品衙門 典醫監. "典醫監[掌醫藥供內用及賜與. 提調二員. ○取才分數多者, 判官以上一員久任. 久任及敎授·訓導外, 遞兒, 兩都目. 取才居次者, 差外任. ○主簿以上, 並以出身者除授. ○習讀官三十員]. 正三品正一員, 從三品副正一員, 從四品僉正一員, 從五品判官一員, 從六品主簿一員·醫學敎授二員, 從七品直長二員, 從八品奉事二員, 正九品副奉事四員·醫學訓導一員, 從九品參奉五員." 전의감 제조가 2명인 실례는 중종대 기록에서 확인할 수 있다(『中宗實錄』卷98 중종 37년(1542) 4월 1일(신해)).
50 孫弘烈, 「朝鮮後期의 醫書編纂(I) -英·正祖代를 중심으로-」, 『忠北史學』 11·12, 2000, 310쪽 참고.

직(遞兒職)으로 운영되었다. 따라서 현임(見任) 외에도 전함(前銜), 출신(出身), 권지(權知)라고 부르는 이들이 산직(散職) 신분으로 출근하여 근무하였다.51 세종대의 기록에 따르면, 이들은 1~2년 간격으로 현임이 되었다가 산관(散官)이 되는 교체[遞兒] 과정을 되풀이하였다.52 1월과 7월에 2번 인사이동을 하는 양도목이므로53 녹봉을 받는 현임으로 재직하는 기간은 6개월씩이었다.

조선의 의료행정을 총괄하는 임무는 전의감 제조(提調)가 맡았다.54 전의감 제조는 전의감의 인사를 비롯하여55 약재 출납이나 의서습독관(醫書習讀官)·의학(醫學) 생도의 시험을 책임졌다. 각 관서의 제조들은 교육 과정에도 깊숙이 관여했는데 의료관서에서도 제조의 의욕에 따라 성과가 달라졌다.56

또한 전의감의 개편 과정에 등장하는 박사, 조교, 교수, 훈도 등은 의학 교육을 담당하는 관원을 지칭하였다. 의학교수나 의학훈도 등은 모두 의과 합격자가 맡는 것이 원칙이었다.57 교육과 관련하여 전의감에서는 교육기관인 '의학(醫學)'을 운영하고 있었다.58 의학 생도들은 전의감에 배속되어 공부를 하는 동시에 진료의 일부를 담당하였다. 의학 생도는 의서습독관이 되거나 의과(醫科)에 합격하거나 취재를 통해서 실력을 입증하여 정식 의관이 되었는데, 전의감에서는 의과를 주관하였고 전의감 제조

---

51 『世宗實錄』 卷51, 세종 13년(1431) 3월 12일(병자).
52 『世宗實錄』 卷104, 세종 26년(1444) 6월 21일(기해).
53 『經國大典』 卷4, 兵典 番次都目 習讀官.
54 전의감 제조가 의료행정을 담당하는 대표적인 실례들은 다음과 같다(『世宗實錄』 卷48, 세종 12년(1430) 6월 19일(무자); 卷63, 세종 16년(1434) 1월 30일(무신)).
55 『太宗實錄』 卷17, 태종 9년(1409) 2월 7일(경진); 『中宗實錄』 卷15, 중종 7년(1512) 5월 27일(경오).
56 『中宗實錄』 卷32, 중종 13년(1518) 3월 10일(기유).
57 『經國大典』 卷1, 吏典 京官職 正二品衙門 六曹.
58 『世祖實錄』 卷28, 세조 8년(1462) 3월 21일(병진).

가 의관 취재도 진행하였다. 아울러 의서습독관 역시 전의감에 소속되어 있었으므로 전의감의 교육 기능은 상당히 중요했다.

그리고 태조대의 전의감 관원 가운데 검약(檢藥)이 있었는데, 위 인용문에 있듯이 세조대에는 부봉사(副奉事)로 개칭하였으며 『경국대전』에서도 그대로 유지되었다. 명칭에서 쉽게 짐작되듯이 약물을 검사하는 관원이었다. 전의감에서는 외국에서 약재를 구입하는 것[53] 외에 지방 교유(敎諭)를 통해 전국의 약재 재배와 공납을 총괄하였는데,[60] 검약 또는 부봉사는 이 업무를 담당하는 관원으로 추측된다. 그리고 의관 외에도 전의감에는 서리(書吏) 6명이 배치되고 차비노(差備奴) 13명과 근수노(根隨奴) 9명이 배치되었다.[61]

전의감에서는 다른 의료관서들과 합동으로 구급약을 만들어 판매하기도 하고,[62] 전염병 창궐이 염려될 때는 약물을 미리 조제하여 백성의 질병 치료에도 관여하였다.[63] 전의감을 비롯하여 혜민국·제생원·동서활인원의 운영을 위해서 조선초기에는 공해전(公廨田)이 배정되었다가 세종대에 관제 개혁의 일환으로 모두 혁파되었다.[64] 요컨대 전의감은 의료행정의 주무관서로서 의학 교육과 의관 선발, 약재의 수납과 환자의 치료 등 조선시대 의료의 중추를 담당하였다.

---

59 『世宗實錄』卷45, 세종 11년(1429) 9월 4일(정미).

60 『文宗實錄』卷7, 문종 1년(1451) 4월 17일(을사).

61 『경국대전』의 書吏 규정에 따르면 내의원 4명, 전의감 6명, 혜민서 2명, 활인서 4명이었다(『經國大典』卷1, 吏典 京衙前). 그리고 내의원의 差備奴는 7명이고 根隨奴도 7명이며, 전의감의 차비노는 13명이고 근수노는 9명이었다. 혜민서의 차비노는 12명이고 근수노는 2명이며, 활인서의 차비노는 14명이고 근수노는 4명이었다(『經國大典』卷5, 刑典 諸司差備奴根隨奴定額).

62 『世祖實錄』卷5, 세조 2년(1456) 9월 16일(계미).

63 『世宗實錄』卷60, 세종 15년(1433) 6월 15일(병신).

64 『世宗實錄』卷109, 세종 27년(1445) 7월 13일(을유).

3) 혜민서

조선 건국 시부터 존재한 혜민국(惠民局)은 고려의 혜민국을 계승하였다. 고려말 혜민국의 정식 명칭이 혜민전약국(惠民典藥局)이었던 데서 약재 판매가 주된 임무였음을 알 수 있다. 조선 성종대의 기록에도 혜민서는 향재(鄕材, 토산약재)의 공급을 전담한다고 되어 있다.[65] 조선에서 혜민국은 백성들이 약재를 쉽게 구입하도록 저잣거리에 자리잡았다.[66]

일찍이 태조가 혜민국에 영(令) 2명(7품)과 승(丞) 2명(8품)을 설치한 것은[67] 혜민국의 중요성을 감안한 조치였을 것이다. 하지만 전반적인 관제 개편에 따라 혜민국의 관원 명칭이 태종 14년(1414)에는 영(令) → 승(丞), 승(丞) → 부승(副丞), 주부(注簿) → 녹사(錄事), 녹사(錄事) → 부록사(副錄事)로 바뀌었으며, 세종 5년(1423)에는 번잡하다는 이유로 동서활인원 및 제생원과 함께 제조·부제조·별좌가 축소되기도 하였다.[68] 혜민국의 위상에 대한 높은 평가와 전반적인 관제 개편 과정이 혜민국의 조직 구성에 영향을 끼친 것이다.

세종대의 큰 변화는 동서활인원을 제생원과 혜민국이 직접 운영하기 시작한 것이다. 앞에서 살폈듯이 세종 1년(1419) 2월에 제생원이 동활인원을 맡고, 혜민국에서는 서활인원을 맡도록 규정하였다. 활인원 운영에 드는 혜민국과 제생원의 약값은 제용감(濟用監)에서 충당하였다.[69]

약재 판매를 위해 혜민국에서는 중국에서도 약재를 구입하였다.[70] 확

---

65 『成宗實錄』 卷98, 성종 9년(1478) 11월 25일(임오).
66 『太宗實錄』 卷19, 태종 10년(1410) 4월 4일(경자).
67 『太祖實錄』 卷7, 태조 4년(1395) 2월 13일(정축).
68 『太宗實錄』 卷27, 태종 14년(1414) 1월 18일(계사); 『世宗實錄』 卷19, 세종 5년(1423) 2월 9일(경신).
69 『世宗實錄』 卷46, 세종 11년(1429) 10월 3일(병자).
70 『世宗實錄』 卷45, 세종 11년(1429) 9월 4일(정미).

경복궁 동쪽에 '전의감'이 있고, 남쪽으로 청계천 아래에 '혜민서'가 자리잡고 있다. 한편 동활인서는 도성 동쪽의 혜화문 밖에 표시되어 있다. 서활인서는 도성 서쪽의 만리재 외곽에 있었는데, 이 지도에는 포함되어 있지 않다. 1902년에 제작한 「한양도(漢陽圖)」의 일부이다. 출처: 왕립아세아학회 한국지부.

보한 약재는 전옥서(典獄署)에도 지급하였다.[71] 세조대에는 전의감·제생원과 함께 구급약을 지어 판매하였다.[72] 약값을 낮춰 판매하라거나 약재를 저화(楮貨) 대신 쌀만으로 구입하자는 성종대의 건의에서[73] 약재를 지속적으로 공급하고 있음을 알 수 있다.

혜민국의 활동을 조사해보면 전의감·제생원과 함께 미리 약을 만들고 막(幕)을 쳐서 환자를 구제하였으며, 입직한 군사가 병들면 혜민국과 제생원에서 약을 지어 구료하였다.[74] 전염병이 창궐하는 경우에 혜민국에서는 한성부·동서대비원·전의감·제생원과 함께 약제를 준비하여 치료하였다.[75] 세종대 기록에 따르면 혜민국의 전함과 권지 30명 가운데 상당수가 각 관서에 월령의(月令醫)로 파견되어 치료를 담당하였다.[76]

언제부터인지는 정확하지 않으나 태종대에는 이미 혜민국에 의학교육을 받는 생도(生徒)가 존재하였으며, 이들을 가르치기 위해 조교가 배치되기도 하였다.[77] 전의감처럼 의학교육도 담당했던 것이다. 혜민국에서 제생원을 흡수한 후에는 의녀(醫女) 교육도 혜민국에서 실시하였다.[78] 즉 혜민국의 역할이 약을 판매하는 약국에서 치료기관이자 의학교육기관으로 확장된 셈이었다.

시간이 흐름에 따라 혜민국과 제생원의 업무 영역이 겹치는 형세는 피

---

71 『世宗實錄』卷79, 세종 19년(1437) 11월 9일(을미).
72 『世祖實錄』卷5, 세조 2년(1456) 9월 16일(계미).
73 『成宗實錄』卷23, 성종 3년(1472) 10월 18일(신사); 卷40, 성종 5년(1474) 3월 21일(병오).
74 『太宗實錄』卷23, 태종 12년(1412) 1월 10일(을미);『世宗實錄』卷44, 세종 11년(1429) 6월 27일(임인).
75 『世宗實錄』卷60, 세종 15년(1433) 6월 15일(병신).
76 『世宗實錄』卷81, 세종 20년(1438) 5월 23일(병오).
77 『太宗實錄』卷24, 태종 12년(1412) 12월 4일(을묘); 卷26, 태종 13년(1413) 8월 6일(임자).
78 『世祖實錄』卷30, 세조 9년(1463) 5월 22일(경술).

할 수가 없었다. 결국 세조 6년(1460) 5월에는 관직 전반을 정비하면서 제생원을 혁파하여 혜민국에 합속시켰다.[79] 두 기관이 통합하자 소속된 권지가 69명으로 폭증하는 바람에 체아직 운영을 양도목(兩都目)으로 바꾸어야 했다.[80]

세조 12년(1466)에는 앞서 살핀 내의원·전의감처럼 혜민국 역시 영향을 받았다. 조선시대 내내 사용되는 명칭인 혜민서(惠民署)로 개칭된 것이다. 관서의 등급은 강등되었지만 실무 의관들은 늘어나는 변화였다. 세조대의 기록과 『경국대전』에서는 다음과 같이 설명하였다.

> 이때에 관제를 다시 정하였다. …… 혜민국은 혜민서로 개칭하여 녹사 2명을 없애고 주부·훈도 각각 1명씩과 참봉 4명을 두었다.[81]

> 혜민서〔의약(醫藥)과 서민(庶民)의 질병을 구료(救療)하는 일을 맡는다. 제조는 2원(員)이다. ○ 취재(取才)에서 성적이 좋은 자와 직장 이상 1원은 구임(久任)으로 한다. 구임자 외는 체아직(遞兒職)이며 양도목(兩都目)으로 한다. 취재에서 차점을 차지한 자는 외임(外任)으로 보낸다〕. 종6품 주부 1원·의학교수 2원〔1원은 문관(文官)이 겸한다〕, 종7품 직장 1원, 종8품 봉사 1원, 정9품 의학훈도 1원, 종9품 참봉 4원.[82]

『경국대전』에서 혜민서의 정원은, 문관이 겸직하는 의학교수 1명을 포함하여 10명이다. 혜민서의 정원은 내의원이나 전의감보다 적으며, 혜민

---

[79] 『世祖實錄』 卷20, 세조 6년(1460) 5월 22일(정유).
[80] 『世祖實錄』 卷21, 세조 6년(1460) 7월 28일(임인).
[81] 『世祖實錄』 卷38, 세조 12년(1466) 1월 15일(무오). "時, 更定官制. …… 惠民局改稱惠民署, 革錄事二, 置主簿·訓導各一, 參奉四."
[82] 『經國大典』 卷1, 吏典 京官職 從六品衙門 惠民署. "惠民署〔掌醫藥救活民庶. 提調二員. ○取才分數多者, 直長以上一員久任. 久任外, 遞兒, 兩都目. 取才居次者, 差外任〕. 從六品主簿一員·醫學教授二員〔一文官兼〕, 從七品直長一員, 從八品奉事一員, 正九品醫學訓導一員, 從九品參奉四員."

서 의관의 최고 품계도 종6품에 불과하다. 또한 문관 겸직 규정에서 드러나듯이 『경국대전』에서 눈에 띄는 것은 혜민서가 끊임없이 문반(文班)들의 통제를 받는 점이다. 제조는 일반적으로 고위 문반관리가 맡았는데, 앞서 언급했듯이 이미 세종대부터 혜민국(혜민서)의 제거·별좌와 겸승 1명도 문관으로 차정하였다. 요컨대 혜민서는 약국에서 시작하여 점점 병원화하였고 의학교육도 담당하였다. 서활인원을 운영하거나 제생원을 흡수하면서 혜민서는 조선의 가장 대표적인 대민의료기구로 성장하였다.

4) 활인서

고려말에 충혜왕은 습사장 자리에 동서대비원을 창원(創院)하였고, 공민왕은 동서대비원을 존속시키라고 명령하였다.[83] 이어서 조선 태조대의 관제 공포에서도 동서대비원이 포함된 것은 동서대비원의 사회적 필요성이 인정받은 덕분이었다. 동서대비원의 후신인 조선의 활인서(活人署)는 고려시대부터 몇 차례 개칭한 데다 약칭도 사용하였다. 동서활인서(동활인서·서활인서), 동서활인원(동활인원·서활인원), 활인원, 동서대비원(동대비원·서대비원), 대비원이 모두 동일한 기관의 이칭이었다.

주지하듯이 조선의 동서대비원은 도성의 동쪽과 서쪽에 자리잡은 동대비원(東大悲院)과 서대비원(西大悲院)으로 구성되었다. 한양에만 있었던 것은 아니어서, 국초에는 평양에도 동서대비원이 있었다.[84] 세종 5년(1423)에는 개성에서도 활인원(대비원)을 만들도록 결정하였다.[85] 한양에 있던 동서활인원(동서대비원)에 대한 『세종실록』 지리지의 기록은 다음과 같다.

---

[83] 『高麗史節要』 卷25, 충혜왕 후4년(1343) 3월; 『高麗史』 卷80, 食貨3, 賑恤 水旱疫癘賑貸之制, 공민왕 20년(1371) 12월.
[84] 『太宗實錄』 卷11, 태종 6년(1406) 6월 5일(계해).
[85] 『世宗實錄』 卷19, 세종 5년(1423) 1월 20일(임인).

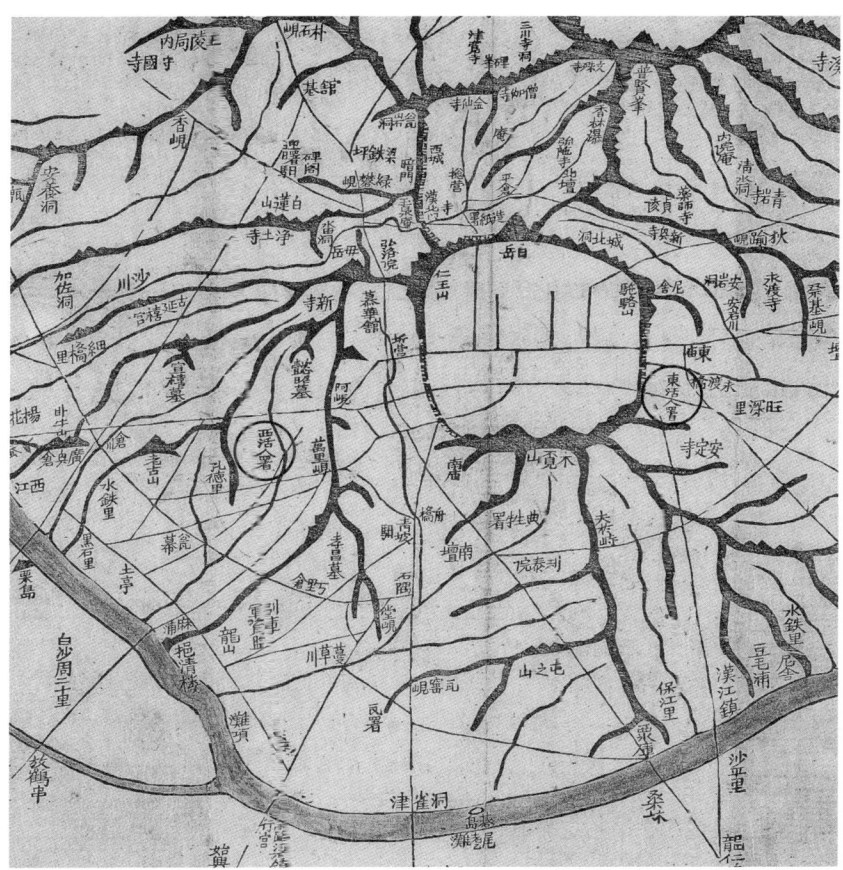

한양 도성을 둘러싸고 동활인서와 서활인서가 자리잡고 있다. 19세기 한양을 그린 동여도(東輿圖)의 「경조오부도(京兆五部圖)」(보물 제1538-(1)호)이다. 서울역사박물관 소장이다.

동활인원(東活人院)〔동소문(東小門) 밖에 있다〕. 서활인원(西活人院)〔서소문(西小門) 밖에 있다. 옛 이름은 대비원(大悲院)이다. 제조 및 별좌를 두었다. 또한 의원과 무당을 두어서, 도성 안에 의지할 곳이 없는 환자를 모두 이곳에 모아놓고, 죽·밥·국·약을 주며, 아울러 옷·이불·자리를 주어 적절하게 보호하였다. 만일 죽는 이가 있으면 오작인(仵作人)을 시켜 묻어 주었다〕.[86]

---

86 『世宗實錄』卷148, 地理志 京都漢城府. "東活人院[在東小門外]. 西活人院[在西小門外. 古名大悲院. 有提調及別坐. 又置醫巫. 凡都內病人之無歸者, 皆令聚此, 給粥飯湯醬藥餌, 幷給衣被薦席, 隨宜調護. 如有勿故, 使仵作埋之.]"

조선전기 의료기구 개편의 성격과 그 의의 219

동서대비원도 전반적인 관제 개편의 영향을 많이 받았다. 동서대비원의 관원들 명칭이 부사(副使) → 녹사(錄事), 녹사(錄事) → 부록사(副錄事)로 바뀌기도 하였고, 번잡하다는 이유로 혜민국 및 제생원의 관원이 축소될 때 활인서(동서대비원)에서도 제조·제거·별좌가 감원되었다.[87]

동서대비원의 관제 개편에만 주목하자면, 태조대의 동서대비원이 태종 14년(1414)에 동서활인원(東西活人院)으로 바뀌었음은 앞서 살핀 바와 같다. 세조 12년(1466) 1월에는 활인원을 활인서(活人署)로 개칭하였다. 『경국대전』 규정까지 함께 제시하면 다음과 같다.

> 이때에 관제를 다시 정하였다. …… 동활인원·서활인원을 활인서로 개칭하여 참봉 1명을 두었다.[88]

> 활인서〔도성(都城)의 환자를 구료(救療)하는 일을 맡는다. 제조는 1원(員)이다. 참봉은 의원(醫員)으로서, 체아직(遞兒職)이며 양도목(兩都目)으로 한다〕. 종6품 별제 4원, 종9품 참봉 2원.[89]

활인서에는 제조를 책임자로 하여, 별제와 참봉만이 배치될 정도로 정식 관원이 아주 적었다. 독립적이지 않아서 외부 기관의 영향을 많이 받은 탓이었다. 태종대에는 녹봉이 없는 의정부 전리(典吏)를 대비원(활인서) 부사로 돌려가며 임명하게 하였다.[90] 그리고 앞서 살폈듯이 세종 1년(1419)부터는 제생원이 동활인원을, 혜민국이 서활인원을 맡았다. 이 곳

---

87 『太宗實錄』 卷27, 태종 14년(1414) 1월 18일(계사); 『世宗實錄』 卷19, 세종 5년(1423) 2월 9일(경신).
88 『世祖實錄』 卷38, 세조 12년(1466) 1월 15일(무오). "時, 更定官制. …… 東·西活人院改稱活人署, 置參奉一."
89 『經國大典』 卷1, 吏典 京官職 從六品衙門 活人署. "活人署〔掌救活都城病人. 提調一員. 參奉, 醫員, 遞兒, 兩都目〕. 從六品別提四員, 從九品參奉二員."
90 『太宗實錄』 卷22, 태종 11년(1411) 12월 15일(신축).

의 관원이 적은 이유는 제생원과 혜민국에서 동서활인원(활인서)을 직접 운영했기 때문이다. 대신 활인서에는 무격(巫覡), 승려, 오작인 등이 배속되어 환자 치료, 한증소(汗蒸所) 운영과 매장(埋葬) 등을 담당하였다.[91]

활인서의 재원으로 조선초에는 공해전(公廨田)이 배정되어 있었는데, 세종 27년(1445)에는 이 공해전이 혁파되었다.[92] 이에 앞서 세종 5년(1423)에는 각 고을의 신당(神堂)을 동서활인원(활인서)과 귀후소에 분속시키도록 결정하였다.[93] 중종대 기록으로 미루어 활인서에서는 등록된 무격들에게서 세를 거두어 재원으로 사용하였다.[94]

『경국대전』에 규정되어 있듯이 활인서의 기본 임무는 환자에 대한 구휼(救恤)과 치료(治療)였다. 구체적으로는 수도인 한양의 굶주린 백성을 진휼·치료하거나 환자들과 부랑아들을 수용하는 것이었다.[95] 병든 죄수도 활인원(활인서)으로 옮겨 구료하였다.[96]

특히 전염병 환자의 경우에는 활인원에서 담당하였다.[97] 세종대 기사에 따르면 한양의 활인원에서는 전염병 환자 10명 중 8~9명이 생존했다고 한다.[98] 훌륭한 성적이었다. 이러한 업무에 소홀하지 않도록 활인서 관

---

[91] 활인서 소속 무격은 환자의 치료 성적에 따라 상벌을 받았으며, 활인서 운영을 위해서 幹事僧과 作作人 등이 배치되어 있었다(『太宗實錄』 卷29, 태종 15년(1415) 6월 25일(경인);『成宗實錄』 卷6, 성종 1년(1470) 6월 11일(무오)). 활인서에서 활동한 승려와 무격의 활동은 다음 글이 참고된다(孫弘烈, 『韓國中世의 醫療制度研究』, 修書院, 1988, 188~189쪽).
[92] 『世宗實錄』 卷109, 세종 27년(1445) 7월 13일(을유).
[93] 『世宗實錄』 卷19, 세종 5년(1423) 3월 3일(갑신).
[94] 『中宗實錄』 卷29, 중종 12년(1517) 9월 18일(신묘).
[95] 『太宗實錄』 卷19, 태종 10년(1410) 4월 2일(무술); 卷21, 태종 11년(1411) 3월 23일(계미);『世宗實錄』 卷69, 세종 17년(1435) 8월 2일(신축);『世祖實錄』 卷9, 세조 3년(1457) 9월 16일(정축).
[96] 『世宗實錄』 卷19, 세종 5년(1423) 3월 4일(을유).
[97] 『世宗實錄』 卷64, 세종 16년(1434) 4월 21일(무진).
[98] 『世宗實錄』 卷116, 세종 29년(1447) 6월 24일(을유).

원은 숙직을 하도록 『경국대전』에 규정되어 있었다.[99] 요컨대 고려시대 동서대비원을 계승한 활인서는 도성 백성들에 대한 진휼 외에도 환자 치료와 전염병에 대한 대응을 맡은 구료소였다.

5) 제생원

제생원(濟生院)은 태조 6년(1397) 8월에 설치되었다. 태조는 각도에서 매년 향재(鄕材)를 실어다 바치기를 혜민국(惠民局)의 예와 같이 하라고 지시하였다.[100] 그런데 왜 혜민국을 확대하지 않고 엇비슷한 제생원을 별도로 설치하였는지가 의문스럽다. 그 이유를 확인하기 위해서는 관련 기록들을 검토할 필요가 있다.

『향약제생집성방(鄕藥濟生集成方)』 서문에 따르면, 태조는 궁핍한 백성들이 병들어도 치료받지 못하는 것을 항상 걱정하였다. 태조의 염려에 대해 좌정승 조준(趙浚)과 김사형(金士衡) 등이 제생원을 설치하여 노비를 지급하고 향재를 채취 공급함으로써 약제(藥劑)를 조제하여 널리 베풀자고 건의하였다는 것이다.[101]

제생원의 임무로 백성들 치료가 각별하게 강조되는 모습은 제생원 설립 4년 뒤인 태종 1년(1401) 기록을 통해서도 살필 수 있다. 양홍달(楊弘達)과 평원해(平原海)를 제외한 모든 의관들에게 제생원에서 근무하도록 명령한 것이다. 병(病)을 고하는 사람이 있으면 존비(尊卑)를 막론하고 즉시 가서 치료하고, 곧바로 구제하지 않는 의관은 헌사(憲司)에서 엄중히 징계하였다.[102]

한편 『향약제생집성방』 발문에서는 『향약제생집성방』의 서명을 '제생

---

99 『經國大典』 卷1, 吏典 考課.
100 『太祖實錄』 卷12, 태조 6년(1397) 8월 23일(임인).
101 『陽村先生文集』 卷17, 序類 鄕藥濟生集成方序.
102 『太宗實錄』 卷1, 태종 1년(1401) 3월 1일(경신).

원(濟生院)의 『향약집성방』'이라고 적었다.103 흥미롭다. 『향약제생집성방』이 30권 분량으로 상당히 방대하다는 점을 감안하면, 이 책은 제생원 설치 직후부터 편찬을 시작했을 가능성이 농후하다. 『향약제생집성방』의 서문이 제생원 설치로부터 불과 10개월 뒤인 태조 7년(1398) 6월에 집필되었기 때문이다.

이렇게 본다면 국왕과 고위관료들의 숙고 끝에 만들어진 제생원에서는 향재(鄉材)를 이용한 백성들의 치료에 집중하는 동시에 향약의서 편찬에 곧장 착수하였음을 알 수 있다. 제생원 설치는 향약진

정종 1년(1399)에 간행된 『향약제생집성방(鄉藥濟生集成方)』(보물 제1235호)은 여말선초의 향약 의술을 정리한 관찬의서이다. 책 이름은 '제생원(濟生院)에서 편찬한 『향약집성방(鄉藥集成方)』'이라는 의미도 담고 있다. 한독의약박물관 소장이다.

흥정책과 밀접한 관련이 있었던 것이다. 혜민국이 약재 판매에 치중했던 것과는 대비된다.

제생원은 가회방(嘉會坊)에 자리잡았다.104 제생원의 초기 운영에 대해서는 세종 14년(1432)에 제생원 제조(提調)가 언급한 기록이 남아 있다. 제생원에서는 쌀·베로 보(寶)를 만들고, 그 이자로 약을 구입하는 한편 약 캐는 인부를 운용하거나 지방 주·군의 향재를 수납하는 방식으로

---

103 『陽村先生文集』 卷22, 跋語類 鄉藥濟生集成方跋. "右濟生院鄉藥集成方, 爲惠斯民作者也."
104 『世宗實錄』 卷93, 세종 23년(1441) 6월 9일(갑술).

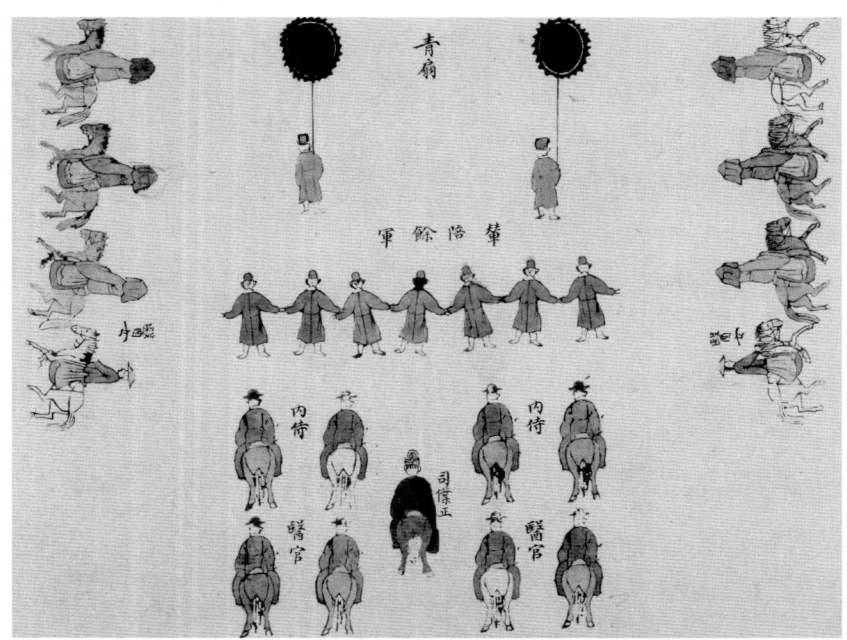

영조 35년(1759)에 영조가 정순왕후를 맞아들이는 국혼(國婚) 과정을 기록한 「영조정순후가례도감도청의궤(英祖貞純后嘉禮都監都廳儀軌)」의 반차도(班次圖)이다. 의녀(醫女)가 의관(醫官)들과 함께 말을 타고 행차를 수행하고 있다. 서울대학교 규장각한국학연구원 소장이다.

수요에 대비하였다고 한다.[105] 제생원의 실제 활동을 확인해보면 공안(貢案)에 따라 각 지방으로부터 향재를 공납받았는데 배당된 공납량은 지방에 부담을 지우기도 하였다. 물론 제생원에서는 관례적으로 중국 약재를 수입하기도 하였다.[106]

보(寶)를 기반으로 하는 제생원의 운영방식은 고려의 제위보(濟危寶)를 자연스레 떠올리게 한다. 하지만 불교에 기반하였던 제위보와 달리[107] 조선의 제생원은 중앙정부의 기구로 운영하였으며, '인제도(仁濟徒)'라는

---

105 『世宗實錄』 卷56, 세종 14년(1432) 6월 29일(병진).
106 『世宗實錄』 卷30, 세종 7년(1425) 10월 9일(갑술); 卷45, 세종 11년(1429) 9월 4일(정미); 卷56, 세종 14년(1432) 6월 29일(병진).
107 이경록, 『고려시대 의료의 형성과 발전』, 혜안, 2010, 93~99쪽 참고.

별칭처럼[108] 유교적인 색깔이 선명했다.

이미 언급했듯이 세종 1년(1419)에는 제생원이 동활인원을, 혜민국이 서활인원을 맡게 되었다. 이에 앞서 다른 의료관서들과 유사한 관제 개편도 이어졌다. 즉 태종 14년(1414)의 관제 개편으로 제생원 관원은 영(令) → 승(丞), 승(丞) → 부승(副丞), 주부(注簿) → 녹사(錄事), 녹사(錄事) → 부록사(副錄事)로 바뀌었다.[109] 이어서 세종 5년(1423)에는 제생원의 관원이 축소되었고, 세종 16년(1434)에는 제생원의 제거·별좌 중 1명과 겸승 1명을 문사(文士)로 차정하였다는 점도 앞에서 언급하였다. 또한 문종 2년(1452)에는 관원 도태의 일환으로 제생원 별좌 1명도 도태되었다.[110] 제생원에서는 전함(前銜)과 권지(權知)도 복무하였는데 세조대에는 전함·권지 30명이 6체아(遞兒)로 근무하고 있었다.[111]

창설 이후 제생원의 활동 반경은 계속 넓어졌다. 이미 태종대에 제생원에는 생도들이 배정되어 있었고 의녀들의 교육도 담당하고 있었다.[112] 아울러 제생원에서는 의지할 곳 없는 백성들을 수용하였으며, 전옥서의 죄수를 구료하고 미아(迷兒)도 키웠다.[113]

하지만 제생원의 활동이 활발해질수록 대민의료 업무가 혜민국과 중복되었다. 예컨대 제생원에서는 전의감·혜민서(혜민국)와 함께 미리 약제를 만들어 구제에 참가하고, 입직한 군사를 혜민국과 함께 구료하였다.[114]

---

108 『世宗實錄』 卷56, 세종 14년(1432) 6월 29일(병진).
109 『太宗實錄』 卷27, 태종 14년(1414) 1월 18일(계사).
110 『文宗實錄』 卷13, 문종 2년(1452) 4월 2일(병인).
111 『世宗實錄』 卷126, 세종 31년(1449) 12월 3일(기유); 『世祖實錄』 卷21, 세조 6년(1460) 7월 28일(임인).
112 『太宗實錄』 卷24, 태종 12년(1412) 12월 4일(을묘); 卷35, 태종 18년(1418) 6월 21일(경자).
113 『太宗實錄』 卷10, 태종 5년(1405) 12월 2일(갑자); 卷34, 태종 17년(1417) 9월 17일(기사); 『世宗實錄』 卷1, 세종 즉위년(1418) 8월 19일(병신).
114 『太宗實錄』 卷23, 태종 12년(1412) 1월 10일(을미); 『世宗實錄』 卷44, 세종 11년(1429)

또한 전염병이 창궐할 때 제생원은 한성부·동서활인원·전의감·혜민국과 함께 약제를 준비하여 치료하였으며, 세조 2년(1456)에는 전의감·혜민국·제생원에서 구급약을 지어서 팔았다.[115]

이 때문에 제생원과 혜민국과의 통합 문제가 제기되었다. 세종 24년(1442)에는 제생원을 혁파하고, 침구전문생(鍼灸專門生)을 혜민제생원(惠民濟生院)에 분속하기로 결정하였다.[116] 이 결정은 실행되지 않았지만 결국 세조 6년(1460) 5월에 이르러 제생원을 혁파하여 혜민국에 합속하였다.[117] 요컨대 제생원에서는 주로 향재를 활용한 대민의료를 주관하면서 향약의서를 편찬하였다. 아울러 생도 교육과 의녀 교육까지 담당하면서 급속히 커졌다가 혜민국으로 통합되었다.

4. 의료기구 개편의 함의

1) 사회경제적 의미

앞서 조선전기 의료기구 개편 과정이 유교적 민본주의의 지향과 일원적인 중앙집권체제의 구축이라는 두 가지 성격을 띠고 있음을 논의하였다. 여기에서는 조선의 의료기구가 이러한 성격을 띠게 된 역사적 배경을 사회경제적인 측면과 사상적인 측면에서 다루고자 한다. 여말선초의 사회구조 및 지배이념에 주목하겠다는 뜻이다.

1392년 개국하자마자 조선 태조는 의료에 대해 중요한 결정을 내렸다.

6월 27일(임인).
115 『世宗實錄』 卷60, 세종 15년(1433) 6월 15일(병신); 『世祖實錄』 卷5, 세조 2년(1456) 9월 16일(계미).
116 『世宗實錄』 卷95, 세종 24년(1442) 2월 15일(병오).
117 『世祖實錄』 卷20, 세조 6년(1460) 5월 22일(정유).

"의관(醫官)을 두는 것은 본래 병을 치료하려는 것이다. 귀천을 막론하고 병을 신고하러 오면 바로 가서 치료해야 한다. 만일 제 몸을 무겁게 여겨 가지 않으면, 누구든지 이 사실을 고발하게 하여 엄중히 법으로 다스린다."라는 내용이었다.[118] 모든 백성들의 의료권을 보장한다는 정책 방향은 『경국대전』에서의 법제화로 이어졌다.

『경국대전』 혜휼조를 보면, 환자가 긴급히 의원(醫員)에게 치료를 요청하는 경우에 즉시 가서 치료하며 만약 가서 치료하지 않는 자는 환자 집에서 고발하게 하여 그 죄를 다스린다고 하였다.[119] 누구나 치료받고 약을 얻을 수 있는 제도의 완비였다. 그런데 태조의 이러한 태도는 조선에 들어와서 새로 생긴 것이 아니었다. 태조의 지시는 몇 달 전인 고려 공양왕 4년(1392)의 헌사(憲司) 상소문과 아주 흡사하다.[120] 이보다 앞서 공민왕도 다음과 같이 하교하였다.

> 의약(醫藥)으로 사람을 살리는 것은 인정(仁政)에서 우선시하는 것이다. 국초(國初)에는 군현(郡縣)마다 의사(醫師)를 두어 요사(夭死)하는 백성이 없었다. 이제부터 수령(守令)들은 의인(醫人)들을 방문하고 약물(藥物)을 수합하여 백성들의 생명을 구제토록 하라.[121]

고려에서 국초부터 군현에 의사를 배치했다는 것은 역사적 사실이 아

---

118 『世宗實錄』 卷10, 세종 2년(1420) 11월 7일(신미). "洪武二十五年司憲府受判, 醫官之設, 本爲救病. 當勿論貴賤, 來告卽往救治. 如有自重不往者, 許諸人陳告, 痛繩以法."
119 『經國大典』 卷3, 禮典 惠恤. "病人緊急告醫求救, 卽往治療, 不卽往治者, 許病家陳告治罪."
120 『高麗史』 卷85, 志39 刑法2, 禁令, 공양왕 4년(1392) 3월. "醫官之設, 本爲民生, 近來, 醫業之人, 居官食祿, 不顧其任, 妄自尊大, 出入自尊, 人有告疾, 雖呼而救之, 非豪富之家, 自不往救, 甚非先王分職之意也, 自今, 一切患病之人, 奔告請救, 醫官, 似前自尊, 不卽奔救者, 許諸人陳告, 痛行以法."
121 『高麗史』 卷80, 食貨3, 賑恤 水旱疫癘賑貸之制, 공민왕 20년(1371) 12월. "醫藥活人, 仁政所先. 國初郡縣, 皆置醫師, 民無夭扎. 自今守令, 其訪醫人修合藥物, 以濟民命."

니다. 조금씩 확대되던 고려시대 대민의료에 대해서 공민왕이 고려 건국 초부터 시행되었다고 소급한 언명이었을 뿐이다. 고려말에 들어 수령(守令)들이 의인을 방문한다는 것은 국가에서 직접 구제하겠다는 의도였다. 지방 향리인 약점사(藥店史)에게 의료를 위탁하던 기존 방식과는 점차 달라지는 양상이었다.

왜 고려말부터 백성들의 의료권이 반복해서 강조되기 시작하는가?[122] 그것은 고려를 거치면서 나타난 백성들의 사회적 성장을 반영했기 때문인데, 백성들의 성장은 토지제도라는 사회경제적 여건의 변화를 통해 살필 수 있다.

전근대에서 토지제도는 단순한 농업의 문제가 아니다. 인구의 대다수였던 농민이 토지에 긴박되어 있으므로, 농업은 가장 중요한 산업이었을 뿐만 아니라 국가 지배체제의 근간이었다. 고려의 토지제도로는 크게 두 가지가 병존하였다. 하나는 수조권(收租權)적인 지배체계인 전주전객제(田主佃客制)이고, 다른 하나는 사적 토지소유의 전형인 지주전호제(地主佃戶制)였다.

우선 고려 정부에서는 지속적으로 호구 조사[戶籍]를 통해 인구를 파악하고 농지 측량[田籍]을 통해 토지를 파악하였다. 그리고 인구와 토지를 결합한 개념인 전정(田丁)을 통해 절대 다수의 백성을 토지와 하나로 묶어서 지배하고 있었다. 백성들은 국가에 조세(租稅)·공부(貢賦)·요역(徭役)의 삼세(三稅)를 바쳐야 했다. 이러한 원칙 위에서 성립한 전주전객제가 전시과(田柴科)제도였다.

전시과제도는 경종 1년(976)에 시작되어 목종 1년(998)에 개정되고 문종 30년(1076)에 갱정되었다. 전시과(田柴科)는 직역에 대한 복무(服務)

---

122 조선초기의 기록을 하나만 더 추가하자면, 태종대에 司諫院에서는 백성을 치료하고 생명을 구제하는 것은 仁政으로 먼저 시행해야 한다고 상소하였다(『太宗實錄』卷21, 태종 11년(1411) 3월 23일(계미)).

의 대가로서 모든 관료들에게 지급된 전지(田地)와 시지(柴地)를 가리키는 동시에, 이러한 토지분급제를 기반으로 형성된 지배층의 대민지배방식이다. 고려초기의 역분전(役分田)을 연원으로 하는 전시과제도는 고려건국 이래 추진될 왕권강화책과 집권체제의 정비가 그 성립 배경이었으며 동시에 그러한 일련의 과정의 완성이었다.[123]

전시과제도 하에서 국가에 복무하는 문무백관(文武百官)으로부터 부병(府兵)·한인(閑人)까지의 관료들은 이른바 수조권(收租權), 즉 배정된 토지에서 조세를 징수할 수 있는 권리를 부여받았다. 농민들(전객)로서는

---

[123] 전시과제도와 관련한 연구성과를 간략하게 정리하면, 和田一郎과 白南雲·周藤吉之·深谷敏鐵의 土地國有制論과 今掘誠二의 土地均日制論은 1950년대의 이기백, 旗田巍, 천관우 등의 검토를 거쳐 1960년대 들어 이우성 강진철, 旗田巍, 武田幸男 등에 의해 비판되었다. 그리고 1970년대에 들어서 토지국유제론은 有井智德, 김용섭, 이성무 등에 의해 소유권과 수조권의 의미가 분명해지고 토지소유자가 모든 계층이었을 뿐만 아니라 그 소유권이 국가에 의해 보호받고 있다는 것이 밝혀지면서 극복되었다. 이 과정에서 토지제도상의 公田·私田·民田에 대한 정리 등과 함께 소유권과 수조권에 대한 인식이 심화되었으며, 이어서 토지제도를 주제로 한 단행본들도 나오게 되었다(和田一郎, 『朝鮮の土地制度及地稅制度調査報告書』, 朝鮮總督府, 1920; 白南雲, 『朝鮮封建社會經濟史』上, 改造社, 1937; 深谷敏鐵, 「鮮初の土地制度一般」, 『史學雜誌』 50(5·6), 1939; 今掘誠二, 「高麗賦役考畧」, 『社會經濟史學』 9(3·4·5), 1939; 周藤吉之, 「高麗朝より朝鮮初期に至る田制の改革」, 『東亞學』 3, 1940; 이기백, 「高麗京軍考」, 『李丙燾博士 華甲紀念論叢』, 1956; 旗田巍, 「高麗時代における土地の嫡長子相續と奴婢の子女均分相續」, 『東洋文化』 22, 1957; 천관우, 「閑人考」, 『社會科學』 2, 1958; 이우성, 「高麗의 永業田」, 『歷史學報』 28, 1965; 이우성, 「新羅時代의 王土思想과 公田」, 『趙明基博士 華甲紀念 佛敎史學論叢』, 1965; 강진철, 「高麗 前期의 公田·私田과 그의 差率收租에 대하여」, 『歷史學報』 29, 1965; 旗田巍, 「李朝初期의 公田」, 『朝鮮史研究會論文集』 3, 1967; 旗田巍, 「高麗の民田について」, 『朝鮮學報』 48, 1968; 武田幸男, 「高麗時代の口分田と永業田」, 『社會經濟史學』 33(5), 1967; 武田幸男, 「高麗田丁の再檢討」, 『朝鮮史研究會論文集』 8, 1971; 有井智德, 「前近代土地所有關係 -公田論批判-」, 『朝鮮史入門』, 1966; 有井智德, 「高麗における民田の所有關係について」, 『朝鮮史研究會論文集』 8, 1971; 김용섭, 「高麗時期의 量田制」, 『東方學志』 16, 1975; 이성무, 「高麗·朝鮮初期의 土地所有權에 對한 諸說의 檢討」, 『省谷論叢』 9, 1978; 이성무, 「公田·私田·民田의 槪念」, 『朝鮮初期兩班研究』, 일조각, 1980; 강진철, 『高麗土地制度史研究』, 고려대학교 출판부, 1980; 김용섭, 「高麗前期의 田品制」, 『韓㳓劤博士 停年紀念史學論叢』, 1981; 강진철, 『韓國中世土地所有研究』, 일조각, 1989; 김용섭, 『韓國中世農業史硏究』, 지식산업사, 2000; 이경식, 『韓國中世土地制度史』, 서울대학교 출판부, 2006; 이경식, 『高麗前期의 田柴科』, 서울대학교 출판부, 2007; 최이돈, 『조선초기 과전법』, 경인문화사, 2017).

자신이 경작하는 토지에서 내야 하는 조세를 이들 관료(전주)에게 납부하고, 공부와 요역은 국가에 납부하는 구조였다. 하지만 전시과제도는 관료(전주)가 농민들(전객)에게서 조세를 징수하므로 사적으로 농민들을 침탈할 여지가 컸다. 귀족관료 지배층의 사회경제적 기반을 마련해주는 동시에 귀족관료들의 백성에 대한 경제외적 강제까지 용인하는 구조였던 것이다.[124] 국가의 입장에서 보자면 간접 지배방식이었다.

고려후기로 갈수록 농민이 납부하는 조세를 관료(전주)가 과도하게 설정하거나 하나의 토지에 여러 명의 관료(전주)가 나타나기도 하였다. 관료 개인의 농민 지배를 허용하는 전시과체제의 폐단이었다.[125] 이에 수조권 분급을 경기(京畿) 지역의 토지에 한정하면서 녹봉의 성격을 강조하는 녹과전(祿科田)제도가 원종 12년(1271)에 만들어졌다. 하지만 관료들의 토지 겸병은 계속되었다. 심지어 수조권을 빌미로 백성들의 토지를 빼앗는 바람에 송곳 꽂을 땅조차 없다는 탄식이 나올 지경이었다. 이 폐단을 바로잡기 위해 고려말에 사전(私田) 혁파 논쟁이 치열하게 벌어진 결과 과전법(科田法)제도가 성립되었다. 경기지역의 전지(田地)에 대한 수조권만을 지급하면서 사적 침탈을 엄격히 금지하는 내용이었다.

과전법제도는 고려 멸망 직전인 공양왕 3년(1391)에 만들어져서 조선 초기의 대표적인 토지제도로 운영되었으며, 이어서 세조 12년(1466)의 직전법(職田法)과 성종 1년(1470)의 관수관급제(官需官給制)로 계승되다가 소멸했다. 전시과 → 녹과전 → 과전법으로 이어지는 고려후기 전주전객제의 전개 과정은 귀족관료의 백성에 대한 사적인 지배를 점차 줄이고 국가의 대민지배력을 강화하는 방향이었다. 전주(田主)의 점진적인 소멸

---

124 이경식, 「高麗前期 田柴科의 運營原則」, 『高麗前期의 田柴科』, 서울대학교 출판부, 2007.
125 고려후기 토지제도의 문란에 대해서는 많은 기록이 남아 있다. 조준과 조인옥의 상소가 대표적이다(『高麗史』 卷78, 食貨1, 祿科田, 창왕 즉위년(1388) 7월).

로 국가와 백성들이 직접 대면함에 따라 백성들의 건강은 국력의 신장 및 재정의 확보와 직접적인 상관관계를 갖게 되었다. 국가로서는 백성에 대한 간접 지배방식에서 직접 지배방식으로 변화하는 것이었다. 백성들의 공공성(公共性)이 제고되는 과정이었다.

한편 고려에서는 사적인 토지소유를 토대로 대토지소유제(지주전호제)도 발전하고 있었다. 대토지의 경작자들은 토지 소유주의 노비이거나 소작을 담당하는 일반 소농들이었다. 그런데 토지를 소유하지 못한 소농들의 경우에 조세 납부 의무는 없었지만, 국가에 공부와 요역을 바칠 의무는 존재하였다. 하지만 대토지를 소작하느라 토지 소유주의 강력한 영향력 아래에 있던 소농들은 국가에 대한 의무를 저버리고 노비와 흡사한 예속 상태가 되기 일쑤였다.

특히 고려후기에는 세역농법(歲易農法)이 상경농법(常耕農法)으로 발전하고 농지는 미고지(微高地)에서 저평(低平)·저습지(低濕地)로 이동하였다.[126] 새로운 경작지의 소유권이나 증가된 농업수익, 그리고 이로부터 수취되는 조세와 같은 경제적 이익의 귀속을 둘러싸고는 갈등이 증폭될 수밖에 없었다. 동시에 이러한 농업생산력의 발전은 고려말의 인구 증가와 연관성이 깊은 것으로 보인다. 다시 말하면 농업 변동에 상응하여 농민들의 자율성이 확대될 여지가 있었다.

실제로 대토지소유주에게 자발적으로 투탁하는 자영농들도 생겨났다. 국가에 대한 과도한 의무보다는 투탁하는 편이 더 이익이었기 때문이다. 고려후기 급속한 농장(農莊) 확대의 한 가지 원인이기도 하였다. 고려 충숙왕 13년(1326)의 기록에 따르면, "근년 들어 토지가 다 개척되어 나라

---

[126] 이태진,「14·15세기 農業技術의 발달과 新興士族」,『韓國社會史硏究』, 지식산업사, 1986; 이태진,「저평지(Low Land) 개간과 水田농업 발달」,『의술과 인구 그리고 농업기술 -조선 유교국가의 경제발전 모델-』, 태학사, 2002; 김용섭,「고려시기의 양전제」,『韓國中世農業史硏究』, 지식산업사, 2000; 김용섭,「중세의 농업생산과 토지제도」,『농업으로 보는 한국통사』, 지식산업사, 2017.

에는 추가 수입이 없고, 인구는 점점 불어나는데 백성들에게는 정해진 거처가 없으며, 관부(官府) 재정은 고갈되어 관리들에게 녹봉을 제대로 지급하지 못하게 되었다."라고 하였다.127 '정해진 거처가 없는' 즉 국가의 인구 파악에서 누락된 비율은 아주 높았다. 고려후기의 실태를 정도전은 다음과 같이 기록하였다.

> 호구는 나날이 줄어들고 남은 사람들은 부역의 번거로움을 견디지 못하여 호부(豪富)의 집에 꺾이어 들어가기도 하고 권세가에게 의탁하기도 하였다. 혹은 공업이나 상업에 종사하기도 하고 혹은 도망하여 중이 되기도 하였다. 전 인구에서 10분의 5~6은 호적에서 이미 빠져나갔으며, 공·사의 노비나 사원(寺院)의 노비가 된 사람은 아예 이 숫자에 포함되지도 않았다.128

국가에서 파악하는 인구가 전 인구의 5할에도 훨씬 미치지 못했다는 것이다. 이는 국가의 재정 악화와 행정력의 이완을 야기할 수밖에 없는 위험요인이었다. 그뿐만 아니라 대토지소유주의 노비·소농에 대한 지배력 강화는 사적인 침탈이 강화된다는 의미였다. 토지가 소수에 의해 합법적·불법적으로 편중되는 현상은 사회적 긴장을 높이고, 일반 소농이나 노비들의 불만을 키워서 반란이 일어날 가능성이 높아진다. 고려에서는 이미 만적의 난이나 망이·망소이의 난처럼 갈등이 폭발했던 역사적 경험이 있었으므로 사회적 긴장을 조정할 필요가 있었다.

다른 한편으로는 천인(賤人)도 백성이다라는 인식까지 강해졌다. '하늘을 대신해서 다스리는 임금이 어찌 양인과 천인을 구별해서 다스릴 수 있

---

127 『拙藁千百』卷1, 文 問擧業諸生策二道. "比年土田盡闢, 而國無加入, 生齒漸繁, 而民無定居, 府竭其財, 官不足俸."
128 『三峯集』卷13, 朝鮮經國典 上, 版籍. "戶口日就於耗損, 其有見存者, 不勝賦役之煩, 折而入於豪富之家, 托於權要之勢. 或作工商, 或逃浮圖. 固已失其十五六, 而其爲公私寺院之奴婢者, 亦不在其數焉."

겠는가?'라는 조선 세종의 언급이 대표적이다.[129] 최유원(崔有源)은 자신의 노비를 때려죽였는데, 세종은 노비도 사람이므로 사사로이 형벌을 혹독하게 하여 죽인 죄는 처벌하지 않을 수 없다고 단언하였다.[130] 조선초기에는 노비를 천민(天民)으로 간주하는 관념이 점차 형성되었다.[131] 노비를 포함한 백성들의 공공성(公共性)이 확장되고 있었던 것이다.

따라서 소농·노비에 대한 과도한 침탈을 막는 동시에 백성들의 확대되는 공공성·자율성에 부응하기 위하여 국가로서는 백성들을 적극 포섭해야만 했다. 여말선초에 백성에 대한 포섭을 정당화하는 논리는 두 가지였다. 하나는 앞서 서술한 대로 백성이 나라의 근본이라는 민유방본(民維邦本) 개념이고, 다른 하나는 호생지덕(好生之德)을 갖춘 존재가 국왕이라는 인식이었다. 즉 국왕은 모든 백성을 보살필 의무이자 권리를 지닌다는 이야기였다. 이러한 방향에 부합하는 제도는 강력한 중앙집권체제였다.

실제로도 공민화된 백성들과 대토지소유주의 지배를 받는 백성들을 포용하기 위한 방책들이 고려후기부터 다양하게 시도되었다. 백성들을 국가체제 내로 유인하는 온건한 방법은 도감(都監) 등을 이용한 구휼(救恤)이나 삼세(三稅) 면제 같은 조치이며, 급격한 방법은 빼앗긴 토지를 공권력으로 되찾아 원래 주인에게 돌려주거나 사전(私田)을 혁파하는 등의 토지제도 개혁이었다.

특히 고려후기부터 국왕이 인정(仁政)을 베풀어 모든 백성의 질병을 치료한다는 언명이 빈번해졌다. 언명에만 그치는 것은 아니었다. 재정 악

---

129 『世宗實錄』 卷37, 세종 9년(1427) 8월 29일(갑신). "上曰, 人君之職, 代天理物, 物不得其所, 尙且痛心, 況人乎. 以人君治之, 固當一視, 豈以良賤, 而有異也."
130 『世宗實錄』 卷47, 세종 12년(1430) 3월 24일(갑자).
131 최이돈, 「조선초기 천인천민론의 전개」, 『朝鮮時代史學報』 57, 2011. 최이돈에 따르면, 선초에 왕과 관료들은 公器論·公論·公天下論을 앞세워 공공통치론을 새로운 정치이념으로 정비해갔다. 공공통치와 사적 지배가 선명하게 구분되지 않던 기존의 방식에서 벗어나 새로운 통치방식을 모색하는 과정이었다(崔異敦, 「조선 초기 公共統治論의 전개」, 『震檀學報』 125, 2015).

화에도 불구하고 고려 정부에서는 대민의료기구들을 존속시키려고 온갖 노력을 기울였다.¹³² 국가의 직접 지배 아래로 백성을 끌어들이는 데는 대민의료가 아주 유용한 수단이었기 때문이다. 이것이 공민왕대의 기사에서 보았듯이 지방관들이 직접 구료에 나선 이유였고, 조선 태조가 모든 백성들의 의료권을 선언한 배경이었다. 이미 역사적으로 고려에서는 존휼정책(存恤政策)의 경험이 있어서 대민의료기구의 운영이 낯선 것은 아니었다. 다만 어떤 원칙에 입각하여 조선의 의료기구들을 편제하느냐가 문제였다.

2) 사상적 의미

고려후기에는 의료기구의 운영이 불안정해짐에 따라 일련의 구폐(救弊) 노력이 나타났다. 고려전기에도 동서제위도감(東西濟危都監) 같은 임시기구가 없었던 것은 아니지만, 고려후기에는 구료 관련 도감이 폭증하는 경향이 뚜렷했다.¹³³

고종 45년(1258)에는 흉년이 들자 구급도감(救急都監)에서 진휼을 담당하였고 충숙왕 즉위년(1313)에 사망한 유자우(庾自惆)는 구급도감(救急都監)을 비롯해 인물추고도감(人物推考都監)·염세도감(鹽稅都監) 등에서 활동하였다.¹³⁴ 충목왕 3년(1347)에는 고아를 돌보는 해아도감(孩兒都監)을 설치하였고 이듬해에는 진제도감(賑濟都監)을 두었다.¹³⁵ 공민왕

---

132 이경록, 『고려시대 의료의 형성과 발전』, 혜안, 2010, 141~153쪽 참고.
133 고려시대 도감의 종류와 활동에 대해서는 다음 글이 참고된다(文炯萬, 『高麗 諸司都監各色 硏究』, 동아대학교 박사학위논문, 1985; 李貞薰, 「高麗時代 都監의 구조와 기능」, 『韓國史의 構造와 展開』, 혜안, 2000).
134 『高麗史』 卷80, 食貨3, 賑恤 水旱疫癘賑貸之制, 고종 45년(1258) 4월; 庾自惆 墓誌銘 (김용선, 『개정판 역주 고려묘지명 집성』(하), 한림대학교출판부, 2006).
135 『高麗史』 卷37, 世家37, 충목왕 3년(1347) 10월; 卷80, 食貨3, 賑恤 水旱疫癘賑貸之制, 충목왕 4년(1348) 2월.

3년(1354)에 기근이 들 때는 연복사(演福寺)에 진제색(賑濟色)을 설치하였고 공민왕 10년(1361)에는 진제장(賑濟場)을 보제사(普濟寺)에 설치하였다.[136] 진제장(賑濟場)은 우왕 6년(1380)에도 설치되었고, 다음 해에는 진제색(賑濟色)을 두었다.[137] 고려후기에 성행한 수많은 도감들은 고려의 다양성과 역동성을 보여준다. 하지만 도감은 재정 악화에 따른 부득이한 조치이거나 임시방편의 결과인 경우가 많았으므로 고려 정부의 비효율성을 드러내기도 한다.

조선이라는 새로운 국가체제를 구상하는 경우에 지배이념의 중요성은 두말할 나위가 없다. 하지만 고려에서 의지하던 불교는 한계에 봉착하였다. 여말선초에 불교의 폐단에 대한 반성 위에서 반불교적 경향이 대두하였음은 주지의 사실이다. 정도전의 「불씨잡변(佛氏雜辨)」이 대표적이다.[138]

고려의 경우에 불교는 대민의료제도와도 연결되어 있었다. 제위보와 동서대비원은 불교적인 명칭을 사용할 뿐만 아니라 실제로 승려들이 기구 운영에 관여하기도 하였다.[139] 그뿐만 아니라 여행을 위한 시설로서 환자 치료도 담당하던 원(院) 역시 사찰에서 운영을 담당하고 있었다. 공덕(功德)을 쌓고 자비(慈悲)를 실천한다는 불교적 사유방식의 결과였다.[140] 조선에 들어와서 원(院)을 국가에서 관리하게 된 것은 불교의 역할

---

136 『高麗史』 卷80, 食貨3, 賑恤 水旱疫癘賑貸之制, 공민왕 3년(1354) 6월; 공민왕 10년(1361) 2월.
137 『太宗實錄』 卷27, 태종 14년(1414) 6월 11일(임자); 『高麗史』 卷77, 志31 百官2, 諸司都監各色 救濟都監, 우왕 7년(1381).
138 『三峯集』 卷5, 佛氏雜辨.
139 예컨대 고려 광종대에 제위보는 歸法寺와 함께 만들어졌으며(『高麗史節要』 卷2, 광종 14년(963) 7월), 동서대비원이 폐해지자 충혜왕은 승려 覺仙의 건의에 따라 성 밖에 동서대비원을 새로 지었다(『高麗史節要』 卷25, 충혜왕 후4년(1343) 3월).
140 李炳熙, 「高麗時期 院의 造成과 機能」, 『靑藍史學』 2, 1998.

"군주의 약을 조제한다[調和御藥]." "군주의 몸을 보호한다[保護聖躬]." 내의원(內醫院)에 걸었던 현판으로, 내의원의 임무를 명확하게 요약하고 있다. 창덕궁 『궁궐지』에 따르면 내의원의 현판을 영조가 썼다고 되어 있어서, 이 글씨가 영조의 어필임을 짐작할 수 있다. 글씨를 보면 '어(御)'와 '성궁(聖躬)'이 약간 위로 올라가 있다. 문장에서 국왕을 의미하는 글자를 적을 때는 줄을 바꾸어 약간 위로 올려쓰는 것이 원칙이다. 대두(擡頭)라고도 하고 개행(改行)이라고도 한다. 이 현판에서도 '어(御)'와 '성궁(聖躬)'은 국왕을 의미하기 때문에 의도적으로 대두시킨 것이다. 국립고궁박물관 소장이다.

이 축소되었음을 단적으로 보여준다.[141]

특히 불교에 상당히 의지하던 고려시대 대민의료제도의 근본적인 문제점은 '불교의 시혜성'이었다. 고려에서는 대민의료의 집행이 국가제도로는 완비되지 않아서 불교에 의존해야 했으므로, 불교가 퇴락하면 고려의 의료제도 역시 쇠락하는 구조였던 것이다. 하지만 여말선초는 국왕이 나라의 근본인 백성을 보살펴야 한다고 인식되는 시대였다. 이제 대민의료는 국가의 책무였다. 효율적인 제도화가 필요하다는 시대적 요구에 부응하는 이념이 성리학이었다. 고려말에 악화된 의료제도의 난맥상은 성리학의 등장을 요구하였고, 여기에 부응한 성리학은 자신들의 경세론(經世論)에 따라 의료제도를 개편해나갔다.

여말선초에 성리학이 의료제도에 미친 유교적 민본주의의 영향에 대해서는 앞에서 이미 논의하였다. 대민의료기구인 혜민국이 건국 직후부터 존재하고 동서대비원을 동서활인원으로 개칭하는 등의 일이었다. 여

---

[141] 조선에서는 수도와 지방을 잇는 간선도로에 위치한 院의 운영을 한성의 五部와 지방의 守令에게 맡겼으며, 漢城府와 觀察使가 감독하도록 규정하였다(『經國大典』 卷6, 工典 院宇).

기에서는 내의원·전의감·혜민서·활인서의 편제와 성리학의 관계에 대해 조금 더 다루겠다.

우선, 내의원은 가장 최고의 의료관서였다. 앞에서 제시했듯이 다른 의료관서와 달리 내의원에는 도제조가 배치되었고 제조는 국왕에게 직접 보고를 할 수 있었다. 내의원의 의관들 역시 최고 실력을 지닌 사람들이어서, 실력이 없으면 전의감으로 쫓겨났다. 내의원과 전의감은 모두 3품 아문이었지만 내의원의 위상이 우위에 있었던 것이다. 내의원 의관으로는 사류(士類)만이 가능해서 서얼들은 내의원 의관이 될 수 없었다. 내의(內醫) 외에 전의감·혜민서의 의관은 문무관의 반열에 넣지 말라는 지시가 내려오기도 하였다.[142]

이어서 전의감은 3품아문으로서 종6품아문인 혜민서·활인서보다 관질(官秩)이 높았다. 전의감은 의료행정의 중추로서 환자 치료는 물론이고 약재의 전국적인 공납, 의학 교육과 의관 선발 등을 모두 담당하고 있었다. 전의감 의관은 역과 합격자이거나 실력이 뛰어나야 임용되었으므로[143] 이들의 의술 수준은 다른 대민의료기구의 의관들보다 높았다.

혜민서는 종6품아문으로서 활인서와 관질이 같았다. 혜민서와 활인서

---

[142] 『成宗實錄』 卷282, 성종 24년(1493) 9월 1일(임진). 나중에는 사족 출신이 아니어도 내의원 의관이 될 수 있었다. 서얼 출신인 허준이 내의가 된 것이 대표적이다.
[143] 『世宗實錄』 卷100, 세종 25년(1443) 5월 8일(임술).

는 대민의료기구라는 공통점 외에도 앞서 서술했듯이 가장 낮은 관서에 붙는 '서(署)'라는 명칭을 가지고 있었다. 대민의료기구는 조선의 중앙의료기구 가운데 가장 낮았던 것이다. 그런데 세종 1년(1419)에 혜민서(혜민국)에서 서활인서(서활인원)를 운영한 데서 알 수 있듯이 혜민서는 활인서보다 상위에 있었다. 그뿐만 아니라 인원에서도 혜민서는 활인서를 압도하였다. 의료기구의 운영 과정에서 혜민서가 제생원까지 흡수하면서 가장 대표적인 대민의료기구가 되었음은 앞에서 언급하였다.

여기에 지방의 의직(醫職)으로 규정된 심약(審藥)까지 포함하면 내의원(內醫院, 3품아문) → 전의감(典醫監, 3품아문) → 혜민서(惠民署, 6품아문) → 활인서(活人署, 6품아문) → 심약(審藥, 9품)의 순서로 편제되었다. 의료관서 간의 위계적인 편제였다.

그런데 여기서 중요한 것은, 민본주의라고 해서 대민의료기구가 가장 우선시된다는 의미가 전혀 아니라는 점이다. 대민의료가 중시됨에도 불구하고 대민의료기구의 관질이 의료관서 가운데 낮은 현상에 대해서는 당시의 설명을 경청해야 한다.『향약제생집성방』과『향약집성방』의 서문에서 권근과 권채는 아주 유사한 문장을 서술하였다.

> 백성들을 어질게 다스리는 정치와 국가를 넉넉하게 만드는 방도에서, (『향약제생집성방』 출간으로 – 인용자) 그 근본·지엽[本末]이 함께 드러나고 큰 일과 사소한 일이 모두 갖추어졌다.[144]

> 군주의 도(道)로는 인(仁)보다 더 큰 것이 없는데, 인도(仁道)는 지극히 커서 이 역시 여러 가지가 있는 것이다. 이제 거룩한 덕으로 지극히 훌륭한 정치를 일으키신 우리 주상 전하께서는 위(位)를 지키고 정령을 내는 데 오로지 이

---

[144]『陽村先生文集』卷17, 序類 鄉藥濟生集成方序. "仁民之政, 裕國之道, 本末兼擧, 大小畢備."

큰 도에 따르고 있다. 의약으로 백성을 구제하는 일에까지 이와 같이 힘을 쓰니, 인정(仁政)의 근본·지엽[本末]과 크고 작은 것을 남김없이 다했음을 알 수 있다.¹⁴⁵

권근과 권채는 국왕의 인정(仁政)을 강조하는 과정에서 공통적으로 대민의료시책을 '본말(本末)'이라고 표현하였다. 본말의 의미는 권채가 상세하게 설명하였다. 국왕의 인정에는 여러 시책이 있는데, 의약으로 백성을 구제함으로써 인정의 말단까지 완성되었다는 것이다.

앞글에서는 성리학의 본말론(本末論)에 따라 철학은 근본이 되고 의학은 말엽이 된다고 서술하였다. 본말론은 내의원과 혜민서·활인서 사이의 편제에서도 다시 관철되었는 바, 내의원은 근본[本]에 해당하고 혜민서·활인서는 말단[末]에 자리잡았다. 왕실이 정점인 조선사회에서 백성은 말단으로 위치지어진 것이다.¹⁴⁶ 현실의 의료제도에 내재된 위계적인 관계를 성리학의 본말론 개념으로 정당화했던 것이다.

5. 맺음말

본문에서는 조선전기 의료기구 개편의 성격과 역사적 의의를 살펴보았다. 조선 개국부터 성종대 『경국대전』까지의 개편 과정을 통해서 의료

---

145 『鄕藥集成方』 卷1, 鄕藥集成方序. "君上之道, 莫大於仁, 而仁道至大, 亦有幾多般乎. 今我主上殿下, 以盛德興己治, 守位發政, 全體此道之大. 至如醫藥濟民之事, 拳拳若此, 可見仁政本末巨細兼盡而無遺矣."

146 이능화는 『文獻備考』를 인용하면서 내의원이 왕실[御藥] 의료를 담당하고, 전의감이 朝臣 의료를 담당하며, 혜민서가 백성들의 의료를 담당한다고 언급하였다(李能和, 「李朝醫藥發達史」(四), 『朝鮮』 15(9), 朝鮮總督府, 193). 아주 정확한 설명은 아니지만, 의료기구를 치료 대상에 따라 구분한 것은 상당히 날카롭다. 이규근도 이능화와 유사한 방식으로 의료기구들을 구분한다(李圭根, 「朝鮮時代 醫療機構와 醫官 -中央醫療機構를 中心으로-」, 『東方學志』 104, 1999, 98쪽).

기구별로 고유한 역할이 형성되었다. 내의원은 왕실 의료를 전담하는 조선 최고의 의료기관이었다. 의료행정의 주무관서인 전의감은 의학 교육과 의관 선발, 약재의 수납과 환자의 치료 등 조선시대 의료의 핵심을 담당하였다. 약국에서 시작하여 점점 병원화하였고 의학교육까지 담당한 혜민서는 서활인원을 운영하거나 제생원을 흡수하면서 대표적인 대민의료기구로 성장하였다. 활인서는 고려시대 동서대비원을 계승하였으며, 환자 치료와 전염병에 대한 대응에 힘쓴 구료소였다. 제생원에서는 주로 향재를 활용한 대민의료를 주관하면서 향약의서를 편찬하였는데, 생도와 의녀의 교육까지 담당하면서 급속히 커졌다가 혜민서로 통합되었다.

의료기구들의 이러한 역할과 변동에 담긴 의미를 제대로 이해하기 위해서는 고려후기의 사회구조와 지배이념에 주목해야 한다. 고려에서는 사회경제적 기반인 전주전객제와 지주전호제가 전개되면서 백성들의 자율성과 공공성이 확장되었다. 동시에 사회적 긴장을 이완시키기 위하여 지주전호제 하의 소농과 노비에 대한 침탈을 막을 필요도 제기되었다. 공민화된 백성들을 국가체제 내로 포섭하기 위해서는 강력한 중앙집권체제가 적합하였다.

지배이념에서는 불교의 시혜성과 비효율성을 극복하는 것이 중요했다. 백성의 성장에 부응하여 여말선초에는 군주가 천인을 포함한 모든 백성을 보살펴야 한다는 책무 의식이 강해졌기 때문이다. 따라서 고려말 의료부문의 과제는 백성들의 성장을 국가제도 내로 수렴하는 것이었는데, 민본이념을 중시하는 성리학은 이러한 사회변동에 아주 적합하였다. 이념으로서의 성격에 비추어봐도 경세(經世)를 지향하는 성리학이 불교에 비해 의료제도를 구축하는 데 효율적이었다.

이미 고려후기부터 지방관들은 직접 대민의료에 관여하면서 국가의 집권력을 강화하려고 하였다. 대민의료정책의 이러한 방향은 조선에서 더욱 분명해졌다. 호생지덕과 민본주의를 앞세워 모든 백성의 의료권이 보장되었다. 백성들 의료권의 실행은 조선전기 대민의료기구들의 명칭부터 시작해서 기구의 연혁·정원·기능 등에서 확인이 된다.

이처럼 일반 백성의 성장에 따른 공공성의 확대와 공적인 제도화가 여말선초의 시대적 과제였다. 이 과제의 해결 과정이 유교적 민본주의의 추구와 일원적 중앙집권체제의 성립이었다. 그런데 민본이념이 모든 사회 구성원을 포괄하는 논리이기는 했으나, 백성을 최우선시한다는 의미는 아니었다. 의료기구가 내의원 → 전의감 → 혜민서 → 활인서 → 심약의 순서로 편제된 이유는 성리학의 본말론이 투영되어 있기 때문이었다. 이러한 위계적인 구조가 최상위 지배층인 왕실을 정점으로 하는 조선의 신분계급구조와도 부합하는 것이었음은 물론이다. 따라서 여말선초는 신분계급질서 옹호를 특징으로 하는 성리학이 역사적으로 부여된 역할을 담당하는 시기였다.

제3부

조선전기의
질병 양상과 그 영향

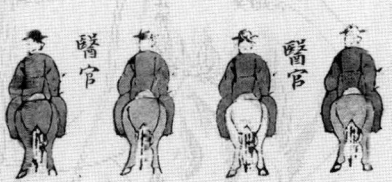

고려와 조선전기
중풍의 사회사

1. 머리말

　한국사에서 질병사(疾病史)는 그리 각광받는 연구 분야가 아니다. 인간의 삶에서 질병이 갖는 중요성에 비추어보면 다소 의아한 일이다. 시대별로 유행하는 질병의 종류와 양상, 그리고 질병에 대한 사회적 반응은 다르기 마련이다. 따라서 개별 질병에 대한 통사적인 추적을 통해서 전근대의 실상을 보다 선명하게 이해할 수 있다.

　이 글에서는 고려와 조선전기 중풍(中風)의 사회사를 다룬다. 전근대 의서에서 흔히 풍문(風門)에 배정되는 질병군이며, 요즘 한의학에서는 '풍증'이라고 포괄한다. 비전염성 질환인 중풍은 서양의학의 뇌졸중, 뇌중풍 등에 해당한다. 중풍은 뇌의 혈관이 막히거나(뇌경색) 파열되면서(뇌출혈) 언어장애·의식장애·운동장애를 초래하는 심혈관계 질환이며, 급성과 만성 모두 나타날 수 있고 후유증이 심각한 경우가 많다.[1]

　중풍은 현재도 널리 통용되는 질병 명칭이어서 우리에게 상당히 친숙하다. 하지만 우리가 태초부터 이러저러한 특정 증후를 '중풍'이라고 부

---

[1] 전국한의과대학심계내과학교실,『心系內科學』, 군자출판사, 2006, 331~342쪽; 대한뇌졸중학회,『뇌졸중』, 이퍼블릭, 2009. 한의학의 '風' 개념, 풍병의 분류 및 특성 등에 대해서는 다음 글이 참고된다(白上龍,『風의 本質과 醫學에서의 運用에 대한 考察』, 경희대학교 석사학위논문, 1994).

른 것은 아니다. 우리는 언제부터 '중풍'이라고 인식하게 된 것인가? 한국 질병사에서 두창(천연두) 같은 전염성 질환 연구나 전염병 통사는 일부 있으나, 비전염성 질환의 연구는 거의 없는 상태이다. 중풍에 대해서는 그나마 미키 사카에(三木榮)가 『조선질병사(朝鮮疾病史)』에서 『동의보감』을 중심으로 짧게 정리하였다.[2]

본문에서는 중풍의 증후와 치료에 대한 관념이 형성되는 과정을 토대로 중풍이 야기한 개인과 사회의 변화 양상을 살피려고 한다. 즉 고려와 조선전기 중풍의 확산과 사회의 의료화가 이 글의 주제이다. 의료화(醫療化)란 일상 영역에서 의료의 영향력과 의료인의 전문적인 권위가 확대되는 과정이다. 즉 의료환경의 변화와 의학지식의 심화로 인한 개인의 삶과 의식, 그리고 사회질서와 가치체계의 변동을 의미한다.[3] 그림으로 비유하자면 의료화는 중풍이라는 물감으로 기존 사회를 물들일 때 나타나는 풍경의 미묘한 변화 과정이다.

고려와 조선전기의 중풍사를 복원하기 위해서는 이 시기의 의서(醫書)와 당대 기록을 모두 활용할 필요가 있다. 곧 의서에는 당시 사회에서 질병이라고 판단하는 질환의 종류와 치료법이 들어 있다. 따라서 주요 의서들을 간행순으로 배치하여 중풍 설명과 처방을 추적하면, 의학지식 혹은

---

2 三木榮, 『朝鮮醫學史及疾病史』, 自家出版, 1963, 102~103쪽.

3 의료화(醫療化, medicalization)는 주로 의료사회학에서 사용하는 개념이다. 의료화 문제를 깊이 연구한 피터 콘래드에 따르면, 의료화란 비의학적인 문제들이 질환이나 장애 등의 의료적인 문제로 규정되면서 치료의 대상이 되는 과정을 의미한다(Peter Conrad, *The Medicalization of Society: On the Transformation of Human Conditions into Treatable Disorders*, The Johns Hopkins University Press, 2007, 4쪽). 정신장애를 비롯한 현대 의료화의 여러 문제와 그 역사 등에 대해서는 다음 글이 참고된다(크리스토퍼 레인 지음, 이문희 옮김, 『만들어진 우울증』, 한겨레출판, 2009; 이노우에 요시야스 엮음, 김경원 옮김, 『건강의 배신』, 돌베개, 2014; 조병희, 『개정판 질병과 의료의 사회학』, 집문당, 2015; 박혜경, 「우울증의 '생의학적 의료화' 형성 과정」, 『과학기술학연구』 12(2), 2012; 정채연, 「의료화의 역사에 대한 법사회학적 반성 -새로운 의료법 패러다임의 구상-」, 『법학논집』 17(3), 2013; 김환석, 「'의료화'에서 '생의료화'로: 정신장애의 사례」, 『과학기술학연구』 14(1), 2014).

질병관의 확장 경로가 밝혀진다. 여기에 묘지명을 비롯한 각종 자료에서 중풍 기록들을 추적함으로써 중풍이 당시 사람들의 삶에 끼친 영향을 구체적으로 이해하게 될 것이다.

2. 중풍 지식의 수용

1) 고려전기의 중풍 기록

한국사에서 중풍에 관한 가장 오래된 문헌 기록은 『삼국사기』에 실린 김유신의 풍병(風病)이다. 신라 문무왕 8년(668) 6월 각도의 총관들이 전쟁에 나섰다. 하지만 문무왕은 '풍(風)에 병든' 김유신을 서울에 머물도록 하였다.[4] 고구려와의 전쟁이 절정으로 치닫던 시기인 것을 감안하면 김유신은 군대를 이끌지 못할 정도로 위중했던 것이 분명하다. 김유신이 앓은 구체적인 증상과 치료 내용은 남아 있지 않다. 하지만 갑작스런 수족마비처럼 대표적인 중풍 증상이었으므로 풍병이라고 기록하였을 가능성이 높다.

당시 신라의 민간에서는 중풍을 특별히 인식하지 못했던 것으로 보인다. 600년 전후에 신라의 승려가 중국에 갔을 때였다. 수십 년째 손발이 불편하여 땅을 디딜 수 없는 환자를 만났다. 신라 승려는 약재 하나면 고칠 수 있는데 중국에서

중풍에 관한 최초의 기록이다. 신라 문무왕 8년(668) 전쟁에서 김유신은 중풍에 걸리는 바람에 출전하지 못했다고 『삼국사기』에 적혀 있다. 서울대학교 규장각한국학연구원 소장이다(奎貴3614-v.1-10).

---

4 『三國史記』卷6, 新羅本紀6, 문무왕 8년(668) 6월. "二十九日, 諸道摠管發行, 王以庾信病風留京."

도 있는지는 잘 모르겠다고 하였다. 승려는 산에 들어가 구한 위령선(威靈仙)으로 환자를 걷게 만들었다.[5] 이 환자의 증상은 중풍으로 인한 급작스런 운동장애라기보다는 만성 류머티즘으로 판단된다.

이 사건을 계기로 위령선은 중국 본초학에 편입되어 중풍 치료에도 점차 활용되었다. 신라의 민간에서는 일반적인 다리마비 증상에 경험적으로 위령선을 썼으며, 마비 증상을 '중풍'이라고 규정하거나 그 원인을 밝히지는 않았다. 즉 신라의 위령선 치료법은 다리 통증을 완화하는 대증요법에 불과하였다. 중풍 기록이 풍부해지는 것은 고려에 들어서이다.

고려 문종은 오랫동안 풍비(風痺), 즉 중풍을 앓았다. 문종 32년(1078) 고려에서는 문종의 풍비를 치료할 의관(醫官)과 약재(藥材)를 송(宋)에 요청하였다.[6] 고려와 송의 외교가 오랜만에 재개된 시점이었다. 하지만 송과의 단교기간 동안에도 민간 교류는 지속되었으므로 송 의학에 대한 정보가 완전히 차단되었을 리는 없다. 수족이 여의치 못한 문종의 증후를 고려에서 '중풍'이라고 인식한 것이 중국의학의 질병 구분에 따른 것임은 의심의 여지가 없다.

문종이 적극적으로 송에 도움을 요청한 것은 송 의학의 효용성을 인정했기 때문이다. 송에 보내는 글을 보면 문종은 고려 의원들의 실력 부족과 약재 부족을 절감하였다. 즉 당시 중국의학의 강점은 병인(病因)과 치료법이 고려의 재래 의학보다 체계화된 데 있었다. 이 무렵 송에서는 국초에 편찬된 『태평성혜방』에서 중풍을 상세히 다루었다. 게다가 송 태의국(太醫局)의 9과 가운데에는 풍과(風科) 학생 80인이 배정될 정도로 중

---

5 보다 자세한 내용은 이 책 제4부 「위령선을 통해 본 동아시아 본초학의 한 사례」 참고.
6 『高麗史節要』 卷5, 문종 32년(1078) 7월. "安燾等還, 王附表以謝. 且自陳風痺, 請醫官藥材." 문종의 질병과 치료 과정은 이경록, 『고려시대 의료의 형성과 발전』, 혜안, 2010, 235~239쪽 참고.

풍을 중시하였다.[7] 문종으로서는 수족마비의 원인을 '중풍'과 결부시켜 논리적으로 설명하면서 본초학에 기반한 약재들의 배합으로 완치시킨다는 중국의학에서 희망을 보았을 것이다. 이듬해인 문종 33년(1079)에 송에서는 문종의 중풍을 치료하도록 의관과 약재 104종을 보내왔다. 문종에게 약재보다 중요한 것은 일련의 증후를 중풍이라고 진단해주는 명확함과 자신의 고통을 중국의학으로 치료할 수 있다는 믿음이었다.

중풍이 고려의 지배층에게 서서히 수용되는 모습은 고려시대의 묘지명들에서 볼 수 있다. 현종대 원공국사가 갑자기 풍아(風痾)에 걸렸다는 표현이 대표적이다.[8] 고려에서는 중풍을 '풍비(風痺)'와 '풍질(風疾)'로 구분할 정도였다. 즉 오랫동안 중풍에 시달리던 문종의 질병을 풍비라고 표현했듯이,[9] 인종대에 활약하던 이공수가 평소에 앓은 것도 풍비였다.[10] 명종 11년(1181)에 사망한 이문탁은 평소 풍비를 앓아서 만년에는 업무를 못보았다고 한다.[11]

풍비가 만성 중풍을 가리키는 데 비해 급성 중풍은 풍질(風疾)이라고 불렀다. 전기의 처 고씨는 의종 11년(1157) 11월 15일 밤에 돌연 풍질에 걸려 반신불수가 되었다.[12] 김훤은 충렬왕 30년(1304) 8월에 갑자기 풍질

---

7 홍원식·윤창열 편저, 『증보 중국의학사』, 일중사, 2001, 235쪽.

8 居頓寺 圓空國師勝妙塔碑(성균관대학교 박물관, 『고려시대 금석문 탁본전』, 2005). "後以欻遘風痾, 綿留氣序."

9 '풍비'는 중풍의 4가지 병증 가운데 하나를 가리키기도 한다. 몸이 불편하거나 여위면서 무거운 것이 풍비이다(『鄕藥集成方』 卷1, 風門 直指方). 전근대에서 풍비라는 병명에는 일반적인 신경마비와 중풍 후유증인 마비가 모두 포함되어 있다(三木榮, 『朝鮮醫學史及疾病史』, 自家出版, 1963, 103쪽).

10 李公壽 墓誌銘(金龍善 編著, 『第三版 高麗墓誌銘集成』, 한림대학교 출판부, 2001). "公素患風痺."

11 李文鐸 墓誌銘(金龍善 編著, 『第三版 高麗墓誌銘集成』, 한림대학교 출판부, 2001). "素患風痺, 晩節幾不任事."

12 田起 妻 高氏 墓誌銘(金龍善 編著, 『第三版 高麗墓誌銘集成』, 한림대학교 출판부, 2001). "忽中風疾, 半身不遂."

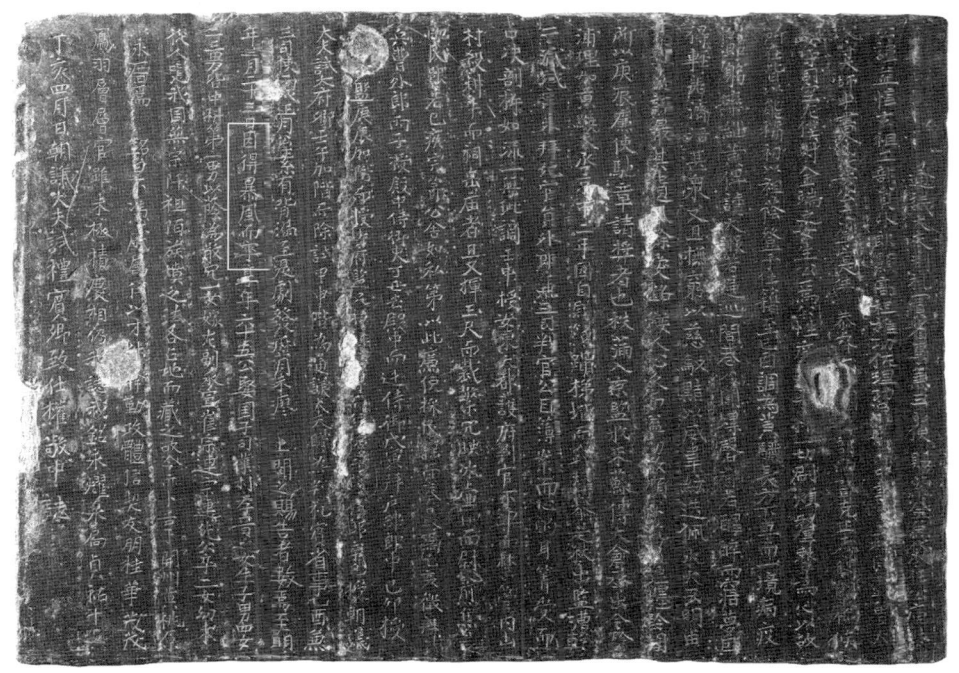

고려에 들어 중풍 기록이 증가한다. 임익돈(任益惇) 묘지명에는 고려 고종 14년(1227) 3월 23일에 "갑작스럽게 풍질(風疾)이 들어 돌아가셨다[因得暴風而卒]."라고 기록되어 있다. 국립중앙박물관 소장이다.

에 걸렸다가 몇 달 뒤 사망하였고,[13] 김륜 역시 충목왕 4년(1348) 초에 풍질에 걸려 열흘간이나 음식을 먹지 못하다가 세상을 떠났다.[14] 바람처럼 빨리 찾아드는[疾] '풍(風)'은 목숨을 위협한다고 여겨졌다. 예컨대 윤종양은 명종 18년(1188) 2월 14일 정사를 논의하던 중 풍(風)이 들어 말을 못하다가 한 식경(食頃) 만에 죽었고,[15] 임익돈도 고종 14년(1227) 3월 23

---

13 金喧 墓誌銘(金龍善 編著, 『第三版 高麗墓誌銘集成』, 한림대학교 출판부, 2001). "遽得風疾."
14 金倫 墓誌銘(金龍善 編著, 『第三版 高麗墓誌銘集成』, 한림대학교 출판부, 2001). "遽得風疾, 十日不飮水漿."
15 尹宗諤 墓誌銘(金龍善 編著, 『第三版 高麗墓誌銘集成』, 한림대학교 출판부, 2001). "討廳事中, 暴風, 忽不得語, 食頃□殂."

일 풍으로 돌연 유명을 달리하였다.[16]

묘지명에 이처럼 중풍 기록을 남길 수 있는 사람들은 고려의 지배층이었다. 그러나 중풍 증상은 일반 백성이라고 해서 비켜가지 않았다. 12세기 전반인 인종대와 의종대 무렵 김영석은『제중입효방(濟衆立效方)』을 써서 세상에 널리 전하였다. '백성을 구제하는 데 효과가 뛰어난 처방서'라는 책 이름처럼 일반 백성들을 주된 대상으로 삼은 의서였다.『제중입효방』에서는 '편풍(偏風)'으로 손발이 여의치 않거나 통증이 있을 때는 솔잎[松葉]과 소금으로 뜨겁게 찜질하도록 처방하였다.[17]

김영석은 송과 신라의 의서를 살펴『제중입효방』을 편찬하였다고 하는데, 이 솔잎 처방이 중국 의서에는 보이지 않는다. 위령선 처방처럼 통증을 완화시키는 민간 경험방이었을 것이다. 쉽게 구할 수 있는 솔잎과 소금만을 사용한 것에서 약재 수급의 어려움이 반영된 처방임을 짐작할 수 있다. 그런데 몸 한쪽이 위축되는 '편풍(偏風)'은 중풍의 대표적인 증상 명칭이다.[18] 신라의 민간에서 손발이 여의치 않은 증후를 '편풍'이라고 개념화했을 것 같지는 않다. 신라의 통증 완화법을 김영석이 정리하면서, 그 주치(主治, 대상 질환)로는 중국의학의 '편풍'을 결합시킨 것이다.

2)『신집어의촬요방』의 중풍론

『제중입효방』의 처방은 증상을 완화하는 대증요법(對症療法)에 불과하였다. 중풍 원인을 나름대로 규정한 후에, 그 병인(病因)과 부합하는 치료법을 제시하는 수준이 아니었다. 반면 고려의 지배층은 중풍 지식의 습

16　任益惇 墓誌銘(金龍善 編著,『第三版 高麗墓誌銘集成』, 한림대학교 출판부, 2001). "因得暴風而卒."
17　『鄕藥集成方』卷3, 風門 中風半身不遂. "[濟衆立效]. 治偏風手足不隨疼痛, 松葉五斗許, 塩二升. ○右蒸熱盛俗中, 熨之, 冷則更蒸, 以差爲度."
18　전국한의과대학심계내과학교실,『心系內科學』, 군자출판사, 2006, 332쪽.

득이나 치료 약재의 활용 등에서 일반 백성들과 사정이 완연하게 달랐다. 지배층이 외국산인 당재(唐材)를 주된 재료로 삼아 여러 약재가 배합되는 복방(複方)으로 치료하는 정황은 『신집어의촬요방(新集御醫撮要方)』에 잘 드러나 있다.

『신집어의촬요방』은 고종 13년(1226)에 간행되었다. 처방이 가장 많은 『신집어의촬요방』의 병문(病門)은 중풍으로서 19건이 남아 있다.[19] 『신집어의촬요방』이 고려 지배층들을 위한 의서라는 점을 감안하면, 중풍이 지배층에게는 중요하고도 위협적인 질병으로 간주되었음을 알 수 있다. 심지어 『신집어의촬요방』에서는 중풍의 예방법까지 다룰 정도였다.[20]

『신집어의촬요방』에서는 몸 밖의 풍사(風邪)를 중풍의 주된 원인으로 꼽고 있으며, 병인과 질병의 발현 정도에 맞춰 치료해야 한다고 강조하고 있다. 즉 중풍 원인에 대해 다음과 같이 설명하였다.

> 두들겨 맞아 온몸을 상했거나 센 약을 먹거나 단 샘물을 너무 마셨거나 오랫동안 무절제한 생활을 하였거나 방사(房事)를 지나치게 하는 등의 여러 원인으로 풍사(風邪)가 몸의 온갖 구멍으로 다 들어와, 그 독이 한편으로 몰려 팔다리를 잘 놀릴 수 없고 말을 더듬거린다.[21]

달리 표현하자면, 기(氣)와 혈(血)이 다 허약해져 피부가 성글고 약한

---

19 『신집어의촬요방』이 대해서는 다음 글이 참고된다(안상우·최환수, 『어의촬요연구』, 한국한의학연구원, 2000; 이경록, 『고려시대 의료의 형성과 발전』, 혜안, 2010, 260~283쪽). 하지만 다른 질병을 치료하면서 부수적으로 중풍을 치료하는 처방들이 3개가 더 있다. 『어의촬요연구』의 111번 內鍼牛黃丸 처방(癰疽門), 124번 溫白丸 처방(雜病門), 131번 保生丸 처방(婦人門)이다. 이 3개까지 포함하면 중풍 관련 처방은 22건으로 증가한다.
20 안상우·최환수, 『어의촬요연구』, 한국한의학연구원, 2000, 保生丸.
21 안상우·최환수, 『어의촬요연구』, 한국한의학연구원, 2000, 靈寶丹. "或撲傷肢體, 或湌躁藥, 或飲甘泉, 或久失節宣, 或恒多恣縱, 因此風趁百竅, 毒聚一肢, 遂使手足不仁, 言語謇澁."

상태에서 풍사의 침습을 받아 진기(眞氣)가 제자리를 지키지 못하여 풍병이 생긴다는 것이다.[22] 무엇보다 『신집어의촬요방』에서는 '풍병의 경중(輕重)과 몸의 허실(虛實)'에 따라 복용을 결정한다고 하여 병인, 예후, 치료를 일관되게 설명한다.[23] 수족마비 등의 원인을 해명하고, 병명과 치료법을 명확히 제시하는 중국의학의 장점이 두드러진다.

구체적으로 수족이 여의치 못한 증상을 비교해보자. 『제중입효방』에서는 솔잎으로 찜질하였지만, 『신집어의촬요방』에서는 현삼 등을 넣은 마사원이나 자연동 등이 들어가는 흑룡원을 처방하였으며, 천마 등이 재료인 대영보단도 활용하였다.[24] 대영보단은 모든 풍병에 잘 듣는다고 설명되어 있는데, 대영보단을 만드는 데 필요한 약재 17종은 적은 편이 아니었으며 구하기도 어려웠다. 대영보단의 원처방인 영보단에는 무려 35종의 약재가 필요하였다. 이처럼 많은 약재를 배합하여 내복시키는 『신집어의촬요방』의 처방들은 『제중입효방』의 치료법과는 크게 다르다.

『신집어의촬요방』의 중풍 처방들은 『화제국방』을 비롯하여 『천금방』·『태평성혜방』·『간이방』·『위생보감』 등을 출전으로 삼았다. 따라서 고려사회의 중풍 인식이 중국의학의 강력한 영향을 토대로 성립했음은 확실하다. 『신집어의촬요방』 편찬을 통해 중풍에 관한 지식은 고려사회에 수용될 수 있는 기반을 마련하였다. 중풍 지식의 수용에 『신집어의촬요방』이 마중물 역할을 맡았다면, 고려의 일반 백성들에게 솟구치는 샘물처럼 중풍을 두루 적시는 역할은 『향약구급방』이 담당하였다. 의서는 의학지식의 전파에 아주 유용한 수단이기 때문이다.

---

22 안상우·최환수, 『어의촬요연구』, 한국한의학연구원, 2000, 黑龍圓.
23 안상우·최환수, 『어의촬요연구』, 한국한의학연구원, 2000, 小續命湯.
24 안상우·최환수, 『어의촬요연구』, 한국한의학연구원, 2000, 摩挲圓; 黑龍圓; 大靈寶丹.

3. 중풍 인식의 확산

1) 『향약구급방』의 중풍 처방과 그 연원

고려후기에 간행된 『향약구급방(鄕藥救急方)』은 일반 백성들을 대상으로 편찬되었다.25 이 책은 고려사회의 일반적인 중풍 인식 수준을 보여주고 있는 것이다. 따라서 『향약구급방』 중풍 기록에 대한 세심한 분석은 한국 질병사의 연원을 구체적으로 확인하는 작업이기도 하다.

『향약구급방』에서는 중풍 관련 기록 9건이 등장한다.26 우선 『향약구급방』의 첫 번째 중풍 기록을 살펴보겠다. 이어서 이 처방을 수록한 관련 의서들까지 조사해서 제시한다. ①, ②는 분석을 위해 편의상 붙인 번호이다.

『향약구급방』 번역문: 중풍(中風)으로 인한 구안와사(口眼喎斜)의 치료법. 괄루(栝樓)를 빻아 즙을 짜서 대맥면(大麥麵)[향명(鄕名)은 보리 가루이다]과 반죽하여 떡처럼 만든다. 불에 뜨겁게 구워서 환부를 찜질하되 (구안와사가 - 인용자) 바로잡히면 곧바로 그만둔다. 너무 지나치게 하지 않는다[괄루는 향명이 하눌타리이다].

『향약구급방』 원문: 理中風. 口眼喎斜. 擣括蔞. 絞取汁. ① 和大麦麵[鄕名包衣末]. ② 搜作餅. 炙令熱. 熨之. 正則止. 勿令大過[栝蔞鄕名天原乙].27

『증류본초』 원문: 聖惠方 …… 又方[治中風. 口眼喎斜. 用栝樓. 絞取汁. ① 和大麥麵. ② 搜作餅. 炙令熱. 熨. 正便止. 勿令太過].28

---

25 『향약구급방』에 대해서는 다음 글이 참고된다(申榮日, 『鄕藥救急方에 對한 硏究』, 경희대학교 박사학위논문, 1994; 이현숙·권복규, 「고려시대 전염병과 질병관 -『향약구급방』을 중심으로-」, 『史學硏究』 88, 2007; 이경록, 『고려시대 의료의 형성과 발전』, 혜안, 2010, 283~312쪽; 이경록 옮김, 『국역 향약구급방』, 역사공간, 2018).

26 『鄕藥救急方』 下卷, 中風. 그리고 『향약집성방』 풍문에는 또 다른 『향약구급방』의 처방 1건이 보인다. 『鄕藥集成方』 卷4, 風門 風瘙痒. "[鄕藥救急方]. 理皮膚風痒. 蒺藜葉煮湯浴之."

27 『鄕藥救急方』 下卷, 中風.

28 唐愼微, 『證類本草』 卷8, 栝樓(四庫全書本).

『태평성혜방』 원문: 治中風, 口眼喎斜方 …… 又方, 右以桔蔞, 絞取汁, ① 和大麥麵, ② 和作餠子. 炙令熱, 熨, 正便止. 勿令太過.29

위 인용문에서 『향약구급방』, 『증류본초』, 『태평성혜방』의 문장은 아주 흡사하므로 세 의서가 서로 인용 관계임이 금방 드러난다. 그런데 원문을 살펴보면 그대로 인용한 ①도 있지만, 약간씩 표현이 달라지는 ②도 있다. ②를 보면 수작병(搜作餠; 『향약구급방』), 수작병(搜作餠; 『증류본초』), 화작병자(和作餠子; 『태평성혜방』)이다. 『태평성혜방』 문장을 『증류본초』에서 간추리고, 『증류본초』 문장을 『향약구급방』에서 그대로 재인용했음을 알 수 있다. 따라서 『향약구급방』은 『태평성혜방』이 아니라, 『증류본초』를 직접 인용한 것이다. 이러한 방식으로 9개 처방의 관련 의서를 찾아서 일치율이 높은 순으로 정리한 것이 '〈부록 2〉『향약구급방』의 중풍 처방과 출전 비교표'이다.

〈부록 2〉에 따르면 『향약구급방』의 9개 처방 중 8개는 『증류본초』의 약재 항목 8개를 인용하였고, 나머지 1개는 앞서 언급한 『제중입효방』을 인용하였다. 특히 〈부록 2〉의 3번 위령선 처방을 보면 『향약구급방』이 『증류본초』 기사를 짜집기했음을 알 수 있다. 고려사회의 중풍 인식이 중국의학에 절대적으로 의존한다는 사실에 못지않게, 『증류본초』라는 본초서를 토대로 중풍 처방을 선별한 점이 아주 특이하다. 본초서라는 특성상 『증류본초』에서는 증상과 약재의 상관관계가 주로 제시된다. 실제로 『향약구급방』에서는 아직 질병의 원인까지 파고들지는 않는다. 『향약구급방』에서 다루는 중풍의 증상과 약재를 살피기 위해 9건의 기록을 증상·약재·치료법별로 정리하면 〈표 1〉과 같다.

〈표 1〉에서 보이듯이 『향약구급방』에서는 다양한 중풍 증상이 제시되

---

29 『太平聖惠方』 卷19, 治中風口面喎斜諸方(翰成社 영인, 1979).

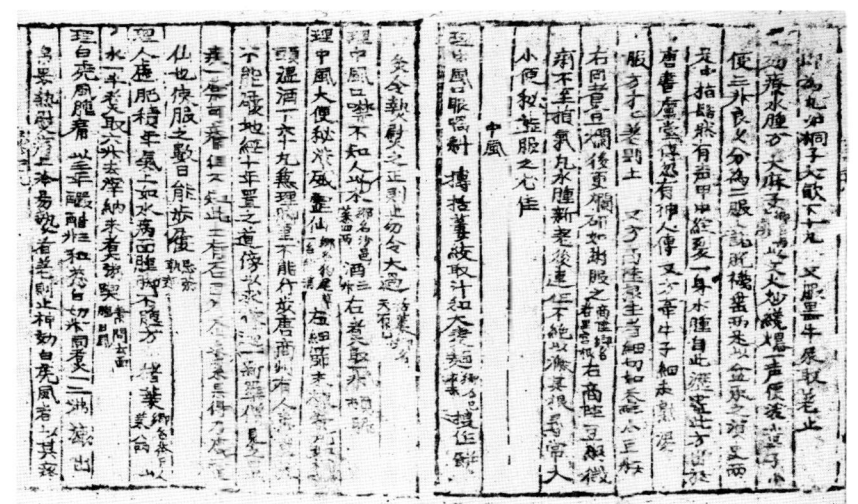

『향약구급방』의 「중풍(中凬)」. 고려에 들어서 중풍 지식이 대중들에게 확산되는 모습을 담고 있다.

고 있다. 중풍의 기본 증후인 언어장애·의식장애·운동장애가 윤곽을 드러내었다. 주된 치료법은 두 가지 정도의 약재를 활용하여 찜질하거나 복용하는 방식이어서 단순하다.

그런데 〈부록 2〉에서 3, 4, 6, 8번 기사를 자세히 분석해보면 『향약구급방』 단계에 이르러 중풍 증상의 확대가 나타났음을 알 수 있다. 우선 4번 기사를 보자. 원래 『증류본초』에서는 허비적년(虛肥積年)으로 인한 면종(面腫, 얼굴 붓기)에는 저실(楮實)이 효과적이라고 하였다. 반면 『향약구급방』에서는 『증류본초』를 그대로 인용하면서도 "『황제내경』에서는 면종을 풍(風)이라고 부른다[素問云, 面腫曰風]."라는 문장을 덧붙였다. 『황제내경』의 권위를 빌려 고려에서 얼굴 붓는 증상이 중풍이라고 단정되는 장면이다.

〈부록 2〉의 3, 6, 8번에서도 『향약구급방』에서는 중국의서를 인용하면서 일부러 '풍(風)'을 삽입하였다. 3번을 보면 『증류본초』에서는 위령선이 변비[秘澁]를 치료한다고 소개하였는데, 『향약구급방』에서는 '중풍으로

<표 1> 『향약구급방』의 중풍 처방 분류표[30]

번호	증상	약재	치료법	인용의서
1	입과 눈이 한쪽으로 쏠리는 증상[口眼喎斜]	괄루(括蔞), 대맥면(大麦麵)	찜질[熨]	『증류본초』
2	입이 꽉 닫힌 채로 인사불성인 증상[口噤不知人]	출(朮), 술[酒]	복용[服]	『증류본초』
3	변비[大便秘澁]와 다리가 무거워 걸을 수 없는 증상 [脚重]	위령선(威靈仙), 꿀[蜜]	복용[下]	『증류본초』
4	얼굴이 붓는 증상[面腫]	저엽(楮葉), 쌀[米]	복용[喫]	『증류본초』
5	백호풍(白虎風)으로 인하여 붓고 아픈 증상[白虎風腫痛]	엄초(釅醋), 파뿌리[葱白]	찜질[熨]	『증류본초』
6	근육이 뒤틀리는 증상[轉筋]	헌 천[故綿], 식초[醋]	감싸기[裹]	『증류본초』
7	입과 얼굴이 한쪽으로 쏠리는 증상[口面喎斜]	석회(石灰), 식초[醋]	바르기[塗]	『증류본초』
8	근육이 뒤틀리면서 (풍사(風邪)가-인용자) 창자 속으로 침투하는 증상[轉筋入腸中]	솥 밑에 달라붙은 검댕[釜底黑], 술[酒]	복용[服]	『증류본초』
9	반신불수[半邊不遂]	생 솔잎[生松葉], 소금[塩]	찜질[熨]	『제중입효방』

인한 대변비삽을 치료한다'고 설명하고 있다. 마찬가지로 6, 8번에서는 근육이 뒤틀리거나[轉筋] 창자가 꼬이는[入腸中] 증상도 중풍이라고 분류되었다.

『향약구급방』에서 중풍 범위가 확대되는 것은 다양한 중풍 증상과 치료법을 보여주려는 편찬자의 선한 의지 때문이었을 것이다. 하지만 일반 백성들에게는 『향약구급방』의 편찬이 얼굴 붓기 같은 사소한 증상들을 중풍이라고 강요받게 되는 계기였다. 얼굴 붓기나 변비도 중풍일 수 있다는 『향약구급방』의 서술은, 얼굴 붓기와 변비를 치료가 필요한 중풍으로 간주하도록 일반 백성들의 의식을 몰아갔다.

---

30 『鄕藥救急方』下卷, 中風.

그렇다면 이러한 중풍 인식의 확대가 일반 백성들을 질병으로부터 지켜주었을까? 〈표 1〉에서 보이듯이 『향약구급방』에서는 일상의 한두 가지 약물로 치료하는 것이 특징이었다. 당재로 복방을 구사하는 『신집어의촬요방』과는 아주 다르다. 똑같은 구안와사(口眼喎斜) 증상이더라도 『신집어의촬요방』에서는 마황·방기·인삼 등 12가지 약재로 만든 소속명탕(小續命湯)을 처방하지만, 『향약구급방』(〈표 1〉의 7번)에서는 석회를 식초[醋]에 개서 몸에 바르라고 지시하는 데 그친다. 일반 백성들로서는 석회 치료에 대한 회의가 들지 않을 수 없었을 것이다.

게다가 『향약구급방』 편찬으로 더 큰 변화가 나타났다. 『향약구급방』의 활용 대상은 일반 백성들이지만, 『향약구급방』을 읽고 그 처방을 알려주는 사람은 고려의 '사대부(士大夫)' 즉 지배층이라는 점이었다.[31] 일반 백성들의 중풍을 치료하면서 지배층은 자신들의 사회적 지위를 유지하였으며, 일반 백성들로서는 중풍을 치료받으면서 고려의 지배질서에 길들여질 수밖에 없었던 것이다. 의료가 유연한 대민지배 수단으로 기능하고 있었다.

2) 여말선초 민간 치료경험의 분출

『향약구급방』 편찬으로 중풍의 범위가 확장되는 데서 알 수 있듯이 고려 사람들에게 중풍은 점점 받아들여졌다. 하지만 아직은 중풍이 일반 백성들에게 그리 중요하지 않았다. 『향약구급방』 전체로 따지면 중풍 처방은 9건으로 그리 많은 것이 아닌 데다, 『향약구급방』 편제에서 중풍이 자리잡고 있는 곳도 3권 가운데 하권(下卷)의 중간 부분이었다. 중풍 인식이 사회 전반에 걸쳐 본격적으로 확산되는 것은 여말선초에 이르러서이다.

권근(權近)의 글에는 갑자기 중풍에 걸린 환자를 비마자로 치료하는

---

31 이경록, 『고려시대 의료의 형성과 발전』, 혜안, 2010, 300~301쪽 참고.

기록이 실려 있다. 전 판사(判事) 김공(金公)이 직접 치료한 경험방인데, 권근은 중풍 치료법을 많은 사람들에게 알리고자 글을 지었다.

> 집 종[家奴]이 갑자기 중풍(中風)에 걸려 음낭[外腎]이 모두 뱃속으로 들어가고 입술과 손발이 시꺼멓게 되어 죽게 되었다. 나는 치료법을 몰랐지만, 망령되이 '기운을 내리면 음낭이 나올 수 있다'고 생각하였다. 물에 소금을 타고 비마자(萆麻子)를 담갔다가 그 물을 말 구유통에 가득 담아 놓고 종에게 들어가 누워 몸을 담그게 하였더니, 한참 뒤에 음낭이 비로소 조금 나왔다. 다시 더운 물을 더 붓고 담근지 한참 뒤에 음낭이 다 나오고 병이 드디어 나았다.[32]

김공의 경험은 권근의 문집에 실려 있지만, 민간에서 흘러넘친 치료경험들은 흔히 향약 의서에 경험방으로 고였다. 『향약고방(鄕藥古方)』, 『향약혜민방(鄕藥惠民方)』, 『향약간이방(鄕藥簡易方)』, 『본조경험방(本朝經驗方)』 등은 '향약'이나 '경험방'을 책 제목으로 내세우고 있다. 이 향약 의서들의 중풍 관련 증상·약재·치료법을 정리하면 〈표 2〉와 같다.

〈표 2〉는 고려 민간의 중풍 치료경험들이 의서로 수렴되는 과정을 담고 있다. 예컨대 〈표 2〉의 『향약혜민방』에서는 "동인(東人)이 풍독(風毒)을 제거하던 경험방이다."라고 명기하면서 쑥뜸 처방을 제시하고 있다. 기존 의서에 의존하지 않았기 때문에 〈표 2〉의 처방들은 『향약구급방』의 처방과 일치하지 않는다. 곧 살펴볼 『삼화자향약방』이나 『비예백요방』과도 일치하지 않는다.

특히 〈표 2〉에 나오듯이 여말선초에 들어서 각종 피부질환을 비롯하여 나병과 류머티즘이 중풍으로 간주되는 장면이 눈길을 끈다. 새로이 역절풍(歷節風, 류머티즘), 역양풍(癧瘍風, 목·겨드랑이 등의 반점), 대풍(大風,

---

32 『陽村先生文集』 卷21, 金公經驗說. "有家奴忽中風, 外腎皆藏腹中, 唇吻手足已緇黑, 將死矣. 予不知療治之術, 妄意降氣可令腎出. 和塩水中, 著萆麻子滿盛馬槽, 使其奴入臥浸, 良久, 腎始微出. 更添熱水復浸, 良久, 腎卽盡出, 病遂差."

〈표 2〉 여말선초 향약 의서의 중풍 처방 분류표

의서	증상	약재	치료법	출전
『향약고방』	역절풍(歷節風)	호경골(虎脛骨), 우슬(牛膝), 오가피(五加皮), 독활(獨活)	복용[服]	『향약집성방』 권3, 풍문 역절풍(歷節風)
『향약혜민방』	풍도(風毒)	박[瓢], 쑥[艾]	뜸[灸]	『향약집성방』 권4, 풍문 일체풍통용방(一切風通用方)
『향약간이방』	역양풍(癧瘍風)	인진호(茵蔯蒿), 조협(皂莢)	씻기[洗]	『향약집성방』 권4, 풍문 역양풍(癧瘍風)
『본조경험방』	중풍으로 팔다리를 떨며 질질 끄는 증상[中風手脚顫掉𤺄曳]	패구(敗龜), 수(酥)	복용[服]	『향약집성방』 권4, 풍문 일체풍통용방(一切風通用方)
	대풍병(大風病)으로 몸이 헐고 물크러진 증상[大風身體壞爛]	상회(桑灰), 잠사(蠶沙), 소자(蘇子)	목욕[浴]	『향약집성방』 권3, 풍문 대풍질(大風疾)
	중풍으로 가렵거나 두드러기가 돋은 증상[風瘙癮疹]	인진(茵蔯), 비마자(蓖麻子), 형개(荊芥)	목욕[浴]	『향약집성방』 권4, 풍문 풍은진(風癮疹)
	백전풍(白癜風)	산장초(酸漿草), 좋은 식초[好醋]	바르기[塗]	『향약집성방』 권4, 풍문 백전풍(白癜風)
	일체의 풍냉증(風冷症)으로 명치 아래가 뭉치고 창만하여 음식물을 먹지 못하고 약도 넘기지 못하는 증상[一切風冷心腹凝結脹滿, 飮食不入, 藥亦不能下咽]	묵은 멥쌀[陳粳米], 생 솔잎[生松葉], 쑥잎[艾葉], 누룩가루[麴末], 밥[飯]	복용[服]	『향약집성방』 권4, 풍문 일체풍통용방(一切風通用方)

나병), 풍소은진(風瘙癮疹, 두드러기), 백전풍(白癜風, 어루러기) 등이 중풍 증상으로 판단되었다. 중풍이라는 이름 아래 결집한 여러 증후들이 고려와 조선 사람들을 포위하는 중이었다.

그렇지만 여말선초 중풍 처방의 만발을 가장 극명하게 보여주는 것은 『삼화자향약방(三和子鄕藥方)』과 『비예백요방(備預百要方)』이다. 두 의서는 고려후기의 대표적인 의서로서 일반 대중용이라는 공통점이 있다. 그런데 앞의 향약 의서들과 달리, 『삼화자향약방』과 『비예백요방』의 처방

상당수는 『태평성혜방』이나 『천금방』 같은 중국 의서에서 단방을 뽑은 것이었다. 중국의학에 의존하되 간략한 치료법으로 고려 대중들의 중풍을 치료하려고 노력했다는 뜻이다.

중풍 관련 기사 숫자는 『삼화자향약방』이 31건, 『비예백요방』이 47건이다. 『향약구급방』의 9건에 비해 가파르게 올라간 수치이다. 『삼화자향약방』에서는 '풍전(風癲, 미친 증세)'을, 『비예백요방』에서는 '중풍두통심번(中風頭痛心煩)'을 새로운 중풍 증상으로 추가한다. 하지만 두 의서의 중풍 기록이 늘어난 주된 원인은 하나의 증상에 대한 처방 숫자가 『향약구급방』 단계보다 증가한 탓이었다. 예컨대 『삼화자향약방』의 풍전에는 6개의 상이한 처방이 제시되어 있으며, 『비예백요방』에서는 중풍으로 손발이 여의치 않은 증상에 백양피(白楊皮) 처방을 비롯한 9개의 치료법을 소개하고 있다.

그리고 새로운 중풍 치료 약재로는 담죽력(淡竹瀝)·파두(巴豆)·상지(桑枝)·송절(松節)·고삼(苦蔘)·오가피(五加皮)·거곡중지(車轂中脂) 등이 등장한다. 또한 『비예백요방』에서는 적극적인 식치(食治)요법으로 중풍에 대응하였다. 우슬주, 호경골주 등의 약주와 좁쌀죽, 돌삼씨죽, 의이인죽, 저엽죽 등이 여러 가지 중풍 증상에 활용되었다.

하지만 중풍에 대한 관심이 고조되었다고 해서, 중풍 지식이 무조건 축적되는 것은 아니었다. 『비예백요방』은 『향약구급방』과 『삼화자향약방』을 근간으로 삼고, 여기에 별도의 중국 처방들을 추가하여 편찬되었다. 『비예백요방』의 중풍 처방 47개를 살펴보면, 『삼화자향약방』의 31개 처방 중 14개만 인용되어 있고 17개 처방은 보이지 않는다. 『향약구급방』의 중풍 처방 9개가 『비예백요방』에 모두 인용되어 있는 것과는 크게 대비된다. 이것은 『향약구급방』과 『삼화자향약방』의 중풍 처방을 『비예백요방』 편찬자들이 나름대로 판단하였다는 것을 의미한다. 『비예백요방』에 인용된 『삼화자향약방』의 처방들은 문장도 다듬어져 있다. 『비예백요방』 편찬 시에 기존 처방의 삭제와 새 처방의 추가 과정이 활발하였던 것이다.

여말선초 향약 의서들에 수록된 중풍 처방들은 그 연원이 고려 민간의 경험방이든 중국 의서의 처방이든 중풍 이해의 심화와 약재 증가를 전제로 한다. 그런데 위에서 제시한 것처럼 그 약재들이란 게 우리 주변에서 흔히 보는 약물들이었다. 특히 향약 경험방은 중국 의서에 근거가 없더라도 일상의 약물들을 중풍 치료에 활용해보려는 노력을 잘 드러낸다. 중풍이 일단 고려의 민간에 수용되자 중풍 치료의 욕망이 경험방 열풍을 불러온 것이다. 아마도 그 욕망이란 일반 백성들도 지배층처럼 중풍으로부터 자유롭고 싶다는 염원이었을 것이다.

고려시대 묘지명 중에는 명종의 총애를 받던 유공권(柳公權)이 중풍에 시달리다가 차라리 죽고 싶다고 토로하는 기록이 남아 있다.[33] 고위관료가 아니더라도 중풍의 고통은 누구에게나 똑같았다. 하지만 지배층과 달리 일반 백성들은 단방들을 주로 이용할 수밖에 없었던 데서, 그리고 그 단방 약재마저 고가의 수입약재가 아닌 일상 약물들이라는 데서, 질병으로부터의 해방이 고려사회의 신분계급질서에 따라 차등적으로 실현되는 모습을 보게 된다.

그런데 고려의 일반 백성들로서는 단방과 향재(鄕材)를 이용하여 중풍을 치료하겠다는 욕망마저 쉽게 해소할 수 없었다. 중풍 변비를 치료하는 위령선 처방은 앞에서 소개한 것처럼 『향약구급방』에 실려 있는데 『비예백요방』에도 그대로 전승되었다. 『향약구급방』 편찬자들은 위령선의 향명(鄕名)을 '구미초(狗尾草)'라고 달았다. 고려의 구미초, 즉 '강아지풀'로 치료하라는 뜻이었다. 하지만 위령선에 상응하는 고려의 식물은 구미초

---

[33] 柳公權 墓誌銘(金龍善 編著, 『第三版 高麗墓誌銘集成』, 한림대학교 출판부, 2001). "今疾若玆, 不如化之夌也."

(강아지풀)가 아니라 거의채(車衣菜, 술위나물)였다. 이러한 오류는 후대에야 바로잡히게 된다.³⁴ 고려의 일반 백성들은 구미초(강아지풀)라는 엉뚱한 식물로 중풍 변비를 치료하는 셈이었다. 일반 백성들로서는 확대된 질병을 강요받으면서도 제대로 된 중풍 치료법은 제공받지 못하고 있었다. 고려 사람들이 중풍이라는 질병에 호응할수록 치료에 대한 갈망과 약효에 대한 절망도 교차하였다.

4. 중풍 관념의 정착

1) 『향약집성방』・『의방유취』와 중풍 지식의 보편화

조선초에는 중풍이 사뭇 유행이었다. 세종 즉위년(1418)에 총제(總制) 이춘생(李春生)이 중풍으로 목숨이 끊어졌다가 살아났는데, "요사이 중풍으로 갑자기 죽은 사람이 20여 명이나 된다."라는 말이 나올 정도였다.³⁵ 중풍의 원인과 치료법에 대한 관심이 커질 수밖에 없었다.

조선전기 최고의 의학적 성취는 세종 15년(1433)과 30년(1448)에 각각 편찬된 『향약집성방(鄕藥集成方)』과 『의방유취(醫方類聚)』이다. 중풍이 『향약집성방』에서는 첫 번째 병문이며, 『의방유취』에서는 오장문(五藏門)에 이어 곧바로 등장한다.³⁶ 중풍의 비중도 커졌다. 『향약집성방』에서는 총 85권 중 4권 분량인데, 육기(六氣, 風寒暑濕燥火) 병문 중 가장 많은

---

34 이 책 제4부 「위령선을 통해 본 동아시아 본초학의 한 사례」 참고.
35 『世宗實錄』 卷2, 세종 즉위년(1418) 11월 5일(신해). "總制李春生中風, 絶而復蘇. 上王曰, 近日中風暴死者, 幾二十餘人. 須令寫備急方, 勝于殿內及兵曹."
36 『향약집성방』이 병론과 인용빈도에서 가장 의지하는 의서는 『태평성혜방』이다. 『의방유취』 제풍문에서도 『태평성혜방』은 5권 분량으로 자세히 인용된다. 그런데 『태평성혜방』에서는 중풍을 가장 앞에서 다루지 않았지만, 『향약집성방』과 『의방유취』는 중풍을 앞쪽에 배치하고 있다. 그만큼 조선전기에 중풍을 중시했다는 의미이다.

부분을 중풍이 차지한다. 그리고 『의방유취』에서는 266권 중 12권 분량으로 중풍을 다룬다.

『향약집성방』과 『의방유취』에서 중풍이 전면에 배치된 이유는 우두머리 질병이라는 판단 때문이었다. 『의방유취』의 편찬자들은 『천금방』·『담료방』·『의방집성』을 인용하여[37] 중풍이 가장 심각한 질병임을 반복해서 강조하였다. 더구나 『향약집성방』은 의업(醫業) 교과서로도 지정되었으므로 『향약집성방』 중풍론의 영향력도 상당했다고 짐작할 수 있다. 따라서 이 의서들의 중풍 설명을 유심히 살펴볼 필요가 있다.

바람[風]은 어디에나 있는 기운으로 만물에게 필수적이다. 하지만 적절하지 않은 때와 장소에서 불어오는 과도한 바람 기운은 풍사(風邪)가 된다. 이 풍사에 공격을 당한 것이 중풍이다. 『의방유취』 「제풍문(諸風門)」의 중풍 설명이다.

『향약집성방』과 『의방유취』에서는 중풍 원인으로 풍사(風邪)를 지목한다. 『향약집성방』의 중풍 병론(病論, 의학이론)에서 인용하는 『직지방』에 따르면 중풍은 풍(風)·한(寒)·서(暑)·습(濕)의 상호 작용의 결과이다. 이와 비슷하게 『의방유취』에서 맨 먼저 제시하는 중풍 원인은 『소씨병원』의 다음 문장을 인용한 것이다.

중풍이란 사람이 바람 기운을 맞은 것이다. 바람은 사철에 다 있는 기운으로

---

37 『醫方類聚』卷13, 諸風門1 千金方(동양의과대학 석판본, 1965). "夫風者百病之長.": 卷14, 諸風門2, 澹療方. "故推爲百病長, 太醫編集亦首論中風.": 醫方集成. "風爲百病之長."

서 팔방에서 불어와 모든 생물을 키운다. 시기에 알맞은 방위에서 불어오는 바람은 사람이 맞아도 죽거나 병드는 일이 적고, 그렇지 않은 방위에서 불어오는 바람은 사람이 맞으면 병드는 일이 있다.[38]

중풍은 풍사라는 몸 바깥의 삿된 기운[邪氣]이 몸을 공격하는 질병이라는 설명이었다. 하나의 사례를 들자면, 중풍으로 인한 간질인 풍간(風癎)은 심(心)과 혈(血)의 작용에 의해 생긴다. 즉 풍사가 심을 침범하면 심이 주관하는 혈이 막힌다. 이에 따라 영기(營氣)·위기(衛氣)가 잘 돌아가지 못하면서 혈맥(血脈)이 혼란되므로 신기(神氣)가 불안정하여 풍간이 된다는 것이다.[39] 풍사에 주목하는 것은 『향약집성방』과 『의방유취』에서 크게 의존하는 『태평성혜방』에서도 마찬가지이며,[40] 『향약집성방』의 모태인 『향약제생집성방(鄕藥濟生集成方)』에서도 심전(心顚), 두풍(頭風), 목편시풍견(目偏視風牽), 목적종통(目赤腫痛), 목훈(目暈), 아치동요(牙齒動搖) 등등의 병인으로 풍사를 꼽고 있다.[41]

의학이론 역사에서 중풍 원인에 대한 설명은 몸 바깥의 육기에 주목하는 외감론(外感論)에서 몸 내부의 불균형에 초점을 맞춘 내상론(內傷論)으로 발전하였다.[42] 『의방유취』에는 앞서 설명한 외감론과 함께 내상론도

---

38 『醫方類聚』 卷13, 諸風門1 巢氏病源. "中風者, 風氣中於人也. 風時四時之氣, 分布八方, 主長養萬物. 從其鄕來者, 人中少死病, 不從鄕來者, 人中多死病."
39 『鄕藥集成方』 卷2, 風門 風癎.
40 『醫方類聚』 卷13, 諸風門1 聖惠方.
41 『鄕藥濟生集成方』 卷4, 心顚; 卷5, 頭風; 目偏視風牽; 目赤腫痛; 目暈; 牙齒動搖. 현존하는 『향약제생집성방』 3권 2책에는 중풍 부분이 남아 있지 않다. 하지만 『향약제생집성방』의 다른 병증에서는 病論을 제시하고 있다. 원래 『향약제생집성방』의 중풍 부문에서도 병인이나 치료원칙은 수록되어 있었을 것이다.
42 전국한의과대학심계내과학교실, 『心系內科學』, 군자출판사, 2006, 332~334쪽. 중풍의 원인으로 『황제내경』이나 『금궤요략』에서는 風을, 유완소의 『소문현기원병식』에서는 火를, 이고의 『의학발명』에서는 氣를, 주진형은 濕을 지목하였다. 『동의보감』에서는 王履의 견해를 좇아 먼저 內傷하고 나중에 外感한다고 설명하였으며, 『의종손익』에서는 이고처럼 氣를 지목하였다(三木榮, 『朝鮮醫學史及疾病史』, 自家出版, 1963, 102쪽).

수록되어 있다. 즉 유완소는 중풍 원인을 화(火)로 인한 내상(內傷)에서 찾았으며, 이고는 『의학발명』에서 "중풍이란 것은 밖에서 온 풍사가 아니라 기병(氣病)이다."라고 단언하였다.[43] 질병 원인에 대한 이해가 달라지면 치료방법도 달라지는 것이 마땅하다. 유완소와 이고의 견해는 새로운 이론인 만큼 독자들의 이목을 끌었을 것이지만, 조선의 독자들로서는 중풍 원인에 대해 혼돈을 느낄 수밖에 없었을 것이다.

의학자들 사이의 이론 대립은 『의방유취』에서 소개하는 치료술에서도 그대로 이어졌다. 한편에서는 『천금방』의 계지주(桂枝酒)나 건강부자탕(乾薑附子湯)을 인용하면서, 다른 한편에서는 『선명론』의 방풍통성산(防風通聖散)이나 천궁석고탕(川芎石膏湯)을 인용한다.[44] 계지·건강·부자처럼 뜨거운 성질을 지닌 열성약(熱性藥) 대(對) 대황·석고처럼 찬 성질을 지닌 한량약(寒凉藥) 사이의 대립이었다. 중풍 치료를 둘러싸고 치료방법들끼리 충돌하고 있었다.

『향약집성방』과 『의방유취』에서는 중풍의 근본 원인과 증후별 원인을 정리한 후, 각 증후의 발현 양상에 따른 치료원칙을 논의하고 여러 의서의 처방들을 배치하였다. 『향약집성방』에서 질병의 표리(表裏), 즉 풍사의 위치가 몸의 표면인가 안쪽인가를 구분하여 치료하는 것이 한 예이다. 이미 '풍사' 개념에 기반한 중풍 이해는 『신집어의촬요방』에서도 제시된 것이지만, 고려의 다른 의서들에서는 중풍의 기전조차 제대로 설명하지 못한 상태였다. 하지만 조선에 들어서면서 달라졌다. 일반 백성들을 위해 편찬된 『향약집성방』에서도 풍사 개념의 자유로운 활용이 낯설지 않게 되었던 것이다.

『향약집성방』과 『의방유취』에서는 중풍 증상들도 더욱 확장되었다.

---

43 『醫方類聚』 卷14, 諸風門2 玉機微義. "發明曰 …… 此中風者, 非外來風邪, 乃本氣."
44 『醫方類聚』 卷14, 諸風門2 千金方; 卷21, 諸風門9 宣明論.

『향약집성방』에서는 '중풍으로 목이 쉬어 말을 못하는 증상[中風失音不語]'을 비롯한 41개 항목이 제시되었다. 예컨대 중풍으로 인한 광증은 풍전(風癲)과 풍간(風癎)으로 세분되고, 파상풍(破傷風) 같은 외과 질환이 새로 중풍으로 취급되는 것도 『향약집성방』에 이르러서이다. 이 외에도 상한문·부인문·소아문에서 각각 상한중풍(傷寒中風)·임신중풍(姙娠中風)·소아중풍(小兒中風)을 다루고 있어서 중풍이 남녀노소를 막론하고 중요한 질병으로 떠오르는 모습을 확인할 수 있다.

그런데 널리 알려진 것처럼 『향약집성방』에서는 중국 처방만이 아니라 고려 이래의 향약 처방도 충실히 수록하였다. 특히 중풍은 향약 처방이 많이 수록된 병문이다. 『향약집성방』 풍문에는 『제중입효방』 1건, 『향약구급방』 1건, 『삼화자향약방』 30건, 『향약고방』 1건, 『향약혜민방』 1건, 『향약간이방』 2건, 『본조경험방』 4건 등 총 40건이 인용되어 있다. 조선의 일반 백성들이 이용할 수 있는 중풍 처방이 그만큼 다양해진 것이다.

『향약집성방』에서는 처방의 다양화와 함께 복방화(複方化)되는 경향이 강해졌다. 반신불수 치료법으로는 영양각산(羚羊角散)을 비롯한 9개의 처방이 등장하는데 복방 처방을 구성하고 있다. 고려시대 민간의 단방요법을 극복하는 모습이었다. 그만큼 중풍을 치료하는 의술도 정교화되었다고 판단할 수 있다. 그런데 상기해야 할 사실은 『향약집성방』의 처방이 조선에서 산출되는 향재로 구성되었다는 점이다. 『향약집성방』에서는 중풍 병리에 대한 설명에 상응하여 모든 종류의 중풍을 향재로 치료한다는 자신감으로 충만했던 것이다.

하지만 중풍 환자들로서는 중풍 치료가 의무처럼 다가오기도 하였다. 섭생을 비롯한 평소의 생활이 잘못되었거나 지탄받을 행동을 한 결과가 중풍이라고 단죄되면서, 질병의 윤리화가 가속화되어서이다. 흔히 전근대에서 질병은 죄악시되지만, 중풍 특히 대풍라(나병)는 도덕과 결부되는 정도가 지나치게 심했다. 『향약집성방』과 『의방유취』에서는 나병을 악행에 대한 인과응보라고 규정한다.

> 대풍라병(大風癩病)은 다 악풍(惡風)이다. 해로운 것을 금하지 않기 때문에 생긴다.[45]

> (대풍라를-인용자) 치료하려면 반드시 조용한 방에 있으면서 술과 방사를 절대로 금하고 사욕을 깨끗이 씻어버리며, 신명(神明)에게 다시 의지하면서 진심으로 잘못을 뉘우쳐야 한다.[46]

질병의 유무가 그 사람의 선악을 판단하는 기준이 된다는 뜻이다. 중풍 환자들로서는 질병에서 회복되어 자신의 올바름을 증명해야 하는 상황에 처하게 되었다. 하지만 중풍의 증상 범위가 지속적으로 확대되면서 중풍 환자로 간주되는 사람들은 늘어날 수밖에 없었다. 고려와 조선에서 중풍의 보편화 과정에 비례하여 치료에 대한 강박도 커져간 것이다. 의료가 사람들을 더욱 강하게 장악해갔다. 조선사회의 의료화였다.

2) 조선전기의 중풍 기록과 중풍 치료의 권력화

의서 문장에만 주목하다 보면 질병의 실상을 제대로 이해하기 어렵다. 조선전기의 대표적인 개인기록인 『묵재일기(黙齋日記)』를 비롯한 실제 기록을 통해 중풍이 어떻게 존재했는지를 파악할 필요가 있다. 앞서 살핀 것처럼 『의방유취』에는 중풍의 병인론이 외감론과 내상론으로 대립되고, 중풍 치료에서도 열성약과 한량약이 경합하는 모습이 담겨 있었다. 실제

---

45 『鄕藥集成方』 卷3, 風門 大風癩. "夫大風癩病者, 皆是惡風. 及犯觸忌害之所爲也."
46 『醫方類聚』 卷24, 諸風門12 急救仙方 治大風儵然子論. "欲求醫治, 宜別居靜室, 斷酒戒色, 滌慮洗心, 歸告神明, 眞誠懺悔."

로 조선에서 채택된 것은 어느 이론일까?

홍귀달(洪貴達, 1438~1504년)은 풍독(風毒)이 사지를 타고 침범하여 오한과 고열이 나타나서 두풍(頭風)이 되었다라고 하여[47] 중풍을 외감으로 이해한다. 이문건(李文楗, 1494~1567년)의 『묵재일기』에서도 전형적인 외감론의 입장에서 중풍을 설명한다. 이문건은 득풍증(得風證), 감풍(感風), 상풍(傷風), 수풍(受風) 등 '바람을 쐰다'는 표현을 자주 사용한다.[48] 외감인 육사(六邪)를 질병 원인으로 이해한 이문건은 풍습겸침(風濕兼侵), 감풍한(感風寒), 득한열증(得寒熱証)처럼[49] 풍·습·한을 복합적으로 거론하기도 한다. 풍을 포함한 육사는 단독으로만 존재하지 않고, 서로 어울려 질병을 일으켜서이다.

한편 열성약과 한량약 가운데, 이문건은 『화제국방』을 본받아 소속명탕 같은 열성약으로 치료하였다. 예를 들자면 최사철이 중풍으로 반신불수에 말이 통하지 않게 되자 소속명탕, 속명탕 등으로 치료하였다.[50] 유경심은 풍병에 걸리자 이문건에게 『화제국방』을 빌려갔다.[51] 즉 『의방유취』에서는 다양한 중풍 원인과 처방을 제시하였지만, 이문건을 비롯한 조선 전기 사람들은 주로 외감론에 기반하여 열성약 치료를 선호하였다.

그런데 소속명탕은 앞서 『신집어의촬요방』에서도 나온 중풍 치료법이었다. 소속명탕이 고려에서는 지배층들이 사용하던 처방이었지만, 조선 전기에는 이문건이 유배 생활을 하던 경상도 성주에서도 활용될 만큼 일

---

47 『虛白先生續集』卷3, 詩, 陰城患頭風臥四日始愈詩以記其苦兼訟冤于造物. "我自宿昔年, 風毒侵支節. 日來馬上勞, 乍寒忽生熱."
48 『黙齋日記』, 중종 31년(1536) 9월 7일; 중종 32년(1537) 1월 29일; 인종 1년(1545) 1월 8일; 명종 1년(1546) 3월 17일.
49 『黙齋日記』, 중종 31년(1536) 7월 13일; 명종 6년(1551) 2월 19일; 명종 8년(1553) 3월 26일.
50 『黙齋日記』, 명종 9년(1554) 2월 29일; 4월 1일; 4월 11일.
51 『黙齋日記』, 명종 6년(1551) 1월 7일.

반화되어갔다. 또한 이 무렵인 명종 9년 (1554)에 어숙권은 일용소백과전서인 『고사촬요(攷事撮要)』를 썼다. 이 가운데 '숙약일복가치(熟藥一服價値)'의 266종에도 소속명탕이 포함되어 있다.[52] 숙약은 당시의 기본적인 처방에 해당하는데, 소속명탕이 중풍 치료용으로 시중에서 매매되고 있었던 것이다. 이처럼 고려 지배층의 중풍 처방들이 조선에서는 상업적으로 판매될 정도로 대중들에게도, 그리고 지방에서도 통용되었다.

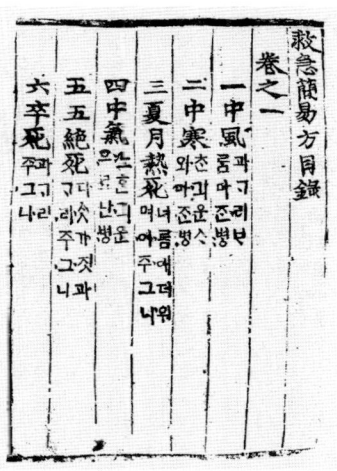

성종 20년(1489)에 편찬한 『구급간이방』의 목차. 여러 질병 가운데 중풍이 가장 앞에 배정되어 있다. 이 시기에는 중풍이 그만큼 중요하고 일상적인 질병으로 인식되었다는 의미이다.

그뿐만 아니라 『묵재일기』에는 앞서 거론한 여러 중풍 가운데 면종(面腫)도 실제로 나타난다.[53] 중풍은 주변에서 흔한 질병이 되어간 것이다.[54] 중종대의 '평소에 풍증이 없는 재상이 한 사람이라도 있었는가?'라거나 명종대의 '조정의 재신이 누가 풍증이 없겠는가?'라는 표현은 조선전기에 중풍이 위험한 질병이자 익숙한 질병이었음을 잘 보여준다.[55]

이 시기의 의서를 살펴봐도 마찬가지이다 세조 12년(1466) 이전에 출간된 것으로 추정되는 『구급방(救急方)』(구급방언해)에서는 중풍을 가장 앞세웠다. 성종 20년(1489)에 편찬한 『구급간이방(救急簡易方)』(구급간이방언해)을 비롯하여 연산군 5년(1499)에 간행된 『구급이해방(救急易解

---

52 魚叔權, 『攷事撮要』(韓國圖書館學研究會 영인, 남문각, 1974).
53 『默齋日記』, 명종 6년(1551) 12월 3일. "再下見兒輩 吉兒面似浮虛, 寢時似入風也."
54 『묵재일기』에는 중둥으로 10일 만에 급사한 기록도 있다(『默齋日記』, 명종 6년(1551) 12월 1일).
55 『中宗實錄』 卷61, 중종 23년(1528) 4월 8일(기유). "常時宰相之人, 孰無風證乎."; 『明宗實錄』 卷8, 명종 3년(1548) 10월 20일(신유). "在廷宰臣, 誰無風證."

方)』과 선조 40년(1607)에 허준이 편찬한 『언해구급방(諺解救急方)』에서도 중풍이 맨 앞에 배치되었다.

이쯤에서 이 글의 문제의식으로 돌아갈 필요가 있다. 한국 의료사에서 중풍이 대표적인 질병으로 부각된 이유는 무엇인가? 또는 조선 사람들은 왜 가장 중요한 질병으로 중풍을 '선택'하였는가이다. 항상 수족마비와 구안와사 등은 눈에 보이는 고통이었다. '중풍'이라는 질병 개념은, 이 분명한 고통의 원인을 '풍사'라는 외부 요인으로 제시하고, 여러 증상과 치료방법을 일관되게 설명하였다. 풍사(風邪), 즉 '몸 밖의 삿된 바람 기운'이라는 개념은 이해하기에 쉬울 뿐만 아니라, 근육경련·류머티즘·피부질환·파상풍 등의 연관 증상들까지 중풍으로 흡수하는 데 편리하였다. 중국의학은 외래 의학이었지만, 지속적으로 중풍의학을 중시하고 이론으로 체계화함으로써 고려와 조선 사람들을 설득할 수 있었다.

그렇다면 비전염성 질환임에도 불구하고, 중풍이 여말선초에 확산되었던 이유는 무엇인가? 민간의 경험방이 다수 분출하는 데 주목할 필요가 있다. 지배층처럼 중풍으로부터 자유롭고 싶다는 일반 백성들의 욕망이 중풍에 대한 인식과 치료 확산의 가장 큰 요인인 것이다. 또한 그 경험방에 소용되는 약재들이 우리 주변에서 쉽게 구할 수 있는 약물들이란 점도 중요하다. 약물들에 대한 약성 이해가 심화된 것 역시 중풍 확산의 또 다른 요인이었다.

다시 말하면 중풍의 확산이 치료법의 확대를 낳기도 하였지만, 인간의 욕망과 약물 확보가 중풍 개념을 확산시켰다. 언제나 인간은 의료적 대응을 할 수 있는 것만을 질병으로 규정하기 때문이다. 요컨대 풍사는 확장 가능성이 큰 개념인 데다 중풍은 그 기본 증상과 원인이 명쾌하였고, 고려와 조선 사람들의 치료 욕망 및 의료여건의 개선(약재수급 등)이 결부되면서 가장 대표적인 질병이 되었다.

하지만 중풍 관념이 보편화된다고 해서 치료의 혜택이 누구에게나 동일한 것은 아니었다. 세종 18년(1436)에는 풍질에 걸린 윤회에게 내수소(內需所)의 약을 하사하였으며, 성종 15년(1484)에는 김유의 요청에 따라 김유 어머니의 중풍을 치료하기 위하여 누금원(婁金圓)을 하사하였다.[56] 아무래도 민간보다는 정부에 약재가 집중되기 마련이었다. 의술의 고저는 중앙과 지방에서도 다음과 같이 반복되었다.

> 승정원에서 아뢰기를, "전라도 관찰사 권홍이 중풍인데 병세가 위급하다고 합니다. 그 도의 심약(審藥)이 의술을 모르고 침구(針灸)도 능하지 못하니, 의술을 아는 의원을 보내소서."라고 하였다.[57]

국외로 시야를 넓히면, 태종 18년(1418)에는 풍병에 걸린 대마도 종정무의 요청에 따라 소합원(蘇合元)·청심원(淸心元)·보명단(保命丹)·양비원(養脾元)·정기산(正氣散)을 보낸 적이 있었다.[58] 반대로 몇 해 전인 태종 9년(1409)에는 정종의 풍병을 치료하기 위해 중국에서 약재를 구하였다.[59] 중풍 치료를 위한 의술과 약재의 유통에서, 의술의 고저라는 동일한 현상이 층위별로 반복되는 일종의 프랙탈(fractal) 구조였다.

이문건 역시 프랙탈 구조의 한 지점에 위치하였다. 이문건이 의료에 관여하는 행동은 자신의 일기에서 아주 빈번하게 등장한다. 중풍 환자들에게 이문건이 약제(藥劑)를 그저 나누어주기만 한 것은 아니었다. 평소 많은 질병에 시달린 이문건은 의술에 관심이 많았을 뿐만 아니라 적극적으

---

56 『世宗實錄』卷71, 세종 18년(1436) 3월 12일(무인); 『成宗實錄』卷163, 성종 15년(1484) 2월 21일(무인).
57 『中宗實錄』卷19, 중종 8년(1513) 12월 6일(경자). "政院啓曰, 臣等聞全羅道觀察使權弘中風, 病勢危急. 其道審藥, 不解醫術, 未能針灸, 請遣解醫術醫員."
58 『太宗實錄』卷35, 태종 18년(1418) 3월 14일(갑자).
59 『太宗實錄』卷18, 태종 9년(1409) 8월 15일(갑인).

로 약재를 수집하고 의서를 구하며, 주위의 의학적 자문에 응하고 있었다. 이문건은 스스로 치료에 종사하면서 소합환으로 풍증을 고치거나 만병원으로 풍종(風腫)을 고쳤다.[60]

치료의 대상은 이문건의 가족만이 아니었다. 예컨대 성주 목사는 중풍으로 언어장애가 생기자 이문건에게 궁궁(芎藭)을 구하였으며, 이문건은 이진탕(二陳湯)과 사물탕(四物湯) 외에 죽력(竹瀝) 복용을 권하기도 하였다.[61] 지방관조차 이문건에게 치료를 요청하는데, 다른 사람들이라고 가만히 있지는 않았다. 하나의 예만 들자면, 중풍에 걸린 안사람을 위해 이견기는 이문건에게 소합환 등을 요청하였다.[62] 즉 의학지식과 약재를 소유한 이문건의 사례에서 보이듯이, 지배층은 치료 과정을 활용하여 자신들의 사회적 지위를 공고히 하였다. 의료의 권력화였다.

5. 맺음말

이 글에서는 고려와 조선전기에 중풍에 대한 인식은 어떻게 전개되었으며, 중풍이 당대 사람들에게 미친 영향은 무엇인가를 살펴보았다. 중풍 관념의 전개를 추적하였지만, 논의의 핵심은 중풍이 고려와 조선 사람들을 어떻게 변화시켰는가였다.

중풍에 대한 기록은 삼국시대 김유신 기사로 올라가지만, 고려에 들어서야 중풍이 본격적으로 수용되기 시작하였다. 고려에서는 문종의 풍비를 최신 의학인 송의 의술로 치료하면서 중풍 이해가 깊어졌다. 묘지명 가운

---

60 『默齋日記』, 중종 31년(1536) 9월 7일; 명종 8년(1553) 10월 16일.
61 『默齋日記』, 명종 10년(1555) 1월 8일~25일.
62 『默齋日記』, 명종 9년(1554) 4월 4일.

데에서도 중풍 기록들이 왕왕 등장한다. 반면 고려전기에 민간의 중풍 대응수준은 솔잎 찜질로 통증을 완화하는 대증요법 단계에 머물렀다.

문종을 비롯한 지배층에게 중풍이 수용되면서 중국의학의 중풍이론은 일반 백성들에게도 번져나갔다. 중풍은 수족마비나 구안와사처럼 증상이 비교적 명확해서였다. 하지만 중풍에 대한 대응은 고려의 신분계급질서에 따라 두 가지로 나뉘었다. 의서로 표현하자면, 이 두 가지 대응방식은 『신집어의촬요방』과 『향약구급방』에서 분명하게 대비된다. 즉 지배층에서는 주로 당재로 된 복방의 탕제로써 치료한 반면, 일반 백성들은 주로 향재를 활용한 단방의 기타 치료에 의존하였다. 치료 약재에 대한 접근성의 차이에서 비롯된 결과였다.

여말선초에는 『향약구급방』 단계보다도 중풍 증상이 다양화하였다. 『삼화자향약방』이나 『비예백요방』은 물론 『향약고방』을 비롯한 향약 의서들에서도 중풍을 다루고 있었다. 이 의서들에서는 피부질환, 나병, 류마티즘까지도 중풍으로 규정되었다. 치료해야 할 중풍의 종류가 늘어난다는 뜻이기도 하고, 질병이 사람들을 포섭한다는 뜻이기도 하였다.

하지만 질병에서 벗어나려는 욕망은 각자의 신분계급에 맞춰 차등적으로 실현되었다. 일상의 약물을 단방요법으로 활용하는 일반 백성들이 그 증거이다. 고려와 조선의 위계적인 사회질서는 의료부문에도 이렇게 투영되었다.

조선 세종대의 『향약집성방』과 『의방유취』에서는 중풍을 전면에 배치할 정도로 중시하였는데, 고려의 『신집어의촬요방』처럼 중풍 원인부터 시작하여 진맥, 치료원리, 치료법을 일관되게 설명한다. 풍사론 같은 이론의 심화와 함께 광증과 파상풍까지 중풍에 편입되었으며, 향재 역시 모든 중풍 증상을 치료할 정도로 증가하였다. 소속명탕 같은 고려시대 지배층의 치료법을 조선에서 일반 백성들도 사용하는 장면은 중풍의 보편화를 보여준다. 아울러 『묵재일기』를 비롯한 실제 기록들을 보면 중풍은 위험한 질병이자 일상적인 질병이 되었다. 대체로 조선 사람들은 중풍을 외감 질병으로 이해하면서 열성약으로 치료하였다. 이처럼 조선에 들어 중풍 관념이 정착되면서 중풍은 한의학의 대표적인 질병이 되어갔다.

그리고 중풍의 보편화에 상응하여 중풍 치료는 권력화되었다. 정부는 민간보다, 중앙은 지방보다, 윗사람은 아랫사람보다, 지방의 유력자는 백성보다 중풍 치료에 유리했다. 특히 고려의 『향약구급방』 활용이나 조선전기 이문건의 경우에서 보이듯이, 지배층은 자신들의 중풍 지식을 이용하여 사회적 지위를 다졌다. 중풍이 확산될수록 치료는 당연시되는데, 그 치료가 지배층에 의해 주도되었기 때문이다. 요컨대 중풍의 확대 과정을 통해 고려와 조선사회의 의료화, 그리고 의료의 권력화를 확인할 수 있다.

『향약집성방』의 편찬과
질병의 창출

1. 머리말

앞글에서는 중풍을 사례로 삼아 질병이 조선 사람들의 일상에 미치는 영향을 논의하였다. 질병은 그저 자연과학의 한 분야인 것이 아니라 권력관계를 내포하고 있는 사회문제였다. 또한 질병은 의학지식의 전파 및 전승과도 밀접한 관련을 지녔다. 이러한 논의를 실마리로 삼아 이제 조선초기의 질병 양상을 본격적으로 탐구하려고 한다. 이 시기의 질병을 가장 잘 반영하고 있는 의서는 단연 『향약집성방(鄕藥集成方)』이다.

『향약집성방』은 세종 15년(1433)에 간행한 관찬의서이다. 『향약집성방』에는 조선 재래의 경험방과 중국 의서의 처방이 포괄되어 있었다. 경험방을 두루 채집한다는 것은 고려시대 향약의 전통 지식을 최대한 계승하겠다는 입장인 반면, 중국 의서를 널리 수집하겠다는 것은 동아시아의료의 적극적인 수용을 뜻했다. 중국 의료는 이미 동아시아의료의 대표성을 획득하고 있었기 때문이다. 『향약집성방』에는 고유 의료의 자주성과 외래 의료에의 의존성이 병존하는 것이다. 일방적으로 『향약집성방』을 자주적인 의서라거나 사대적인 의서라고 평가할 수는 없는 이유이다.

그동안 『향약집성방』 연구는 아무래도 의료사분야에서 관심이 컸다.[1]

---

1 三木榮, 『朝鮮醫學史及疾病史』, 自家出版, 1963; 三木榮, 『朝鮮醫書誌』 增修版, 學術圖

물론 한의학계에서도 그 가치는 중시되었다. 『향약집성방』을 데이터베이스화하거나 수록 내용의 가치를 문헌상으로 검토하고 임상의 활용방안을 모색하는 작업들이 진행되었다.² 그리고 한국 고전연구의 일환으로 『향약집성방』을 집중 조명한 학제 간 논의들이 있으며,³ 서지학적인 연구 역시 빠뜨릴 수 없다.⁴

이 글에서는 『향약집성방』을 조선 의료이자 동아시아의료라는 관점에서 접근하고자 한다. 당시의 동아시아의료가 투사된 조선 의료인 동시에 조선 의료의 개별성이 확장된 동아시아의료라는 점을 염두에 두겠다는 뜻이다. 우선 『향약집성방』의 간행 경위를 정리하면서 조선 의료의 문제의식을 찾아볼 필요가 있다. 특히 근래에 『향약집성방』의 전단계에 해당하는 『향약제생집성방』이 발견되었다. 이 글에서는 『향약제생집성방』을 적극 활용하여 향약 의서 전승의 실상에 다가서려고 한다.

書刊行會, 1973; 金斗鍾, 「世宗大王의 濟生偉業과 醫藥의 自主的 發展」, 『서울大學校 論文集 人文社會科學篇』 5, 1957; 金斗鍾, 『韓國醫學史』, 探求堂, 1966; 孫弘烈, 「麗末·鮮初 醫書의 編纂과 刊行」, 『한국과학사학회지』 11(1), 1989; 孫弘烈, 「鮮初 鄕藥의 開發과 鄕藥書의 編纂」, 『重山鄭德基博士華甲紀念論叢』, 景仁文化社, 1996; 金澔, 「朝鮮前期 對民 醫療와 醫書 編纂」, 『國史館論叢』 68, 1996.

2 한국한의학연구원에서는 한의학 고전의 데이터베이스화를 진행하고 있으며, 여기에는 『鄕藥集成方』도 포함되어 있다. 이 외에도 한의학계의 연구성과는 다음과 같다(안덕균, 「세종 시대의 의학」(세종대왕기념사업회, 『세종문화사대계 2』, 2000); 한국한의학연구원, 『鄕藥集成方』의 데이터베이스 구축」, 2001; 姜延錫, 「『鄕藥集成方』의 鄕藥 醫學 연구」, 경희대학교 박사학위논문, 2006).

3 진단학회에서는 제26회 한국고전연구 심포지엄 '향약집성방'의 종합적 검토'를 개최하고, 『震檀學報』 87집(1999)에 『향약집성방』 특집논문들을 수록하였다. 여기에 실린 논문은 다음과 같다(金澔, 「여말선초 '鄕藥論'의 형성과 『鄕藥集成方』」; 李泰鎭, 「『鄕藥集成方』 편찬의 政治思想的 배경과 의의」; 南豊鉉, 「『鄕藥集成方』의 鄕名에 대하여」; 金南一, 「『鄕藥集成方』의 인용문헌에 대한 연구」; 許鳳姬, 「『鄕藥集成方』의 藥學的 硏究와 DATABASE化」).

4 金聖洙, 「한국의 옛 醫書」, 『古書研究』 13, 1996; 김효연, 『朝鮮朝 醫書에 관한 書誌的 研究』, 이화여자대학교 석사학위논문, 1996; 金重權, 「朝鮮初 鄕藥醫書에 관한 考察」, 『書誌學研究』 16, 1998; 金重權, 「『鄕藥集成方』의 引用文獻 分析」, 『書誌學研究』 35, 2006.

이어서『향약집성방』편찬 과정의 이해를 배경으로 삼아『향약집성방』의 편제를 분석하여 질병이 급증하는 흥미로운 현상을 살펴볼 것이다. 질병 급증은『향약집성방』의 분량이 늘었다는 단순한 의미가 아니었다. 이제껏 무시했던 증후들을 조선 사람들이 질병으로 인식하게 되었으며, 앞으로는 치료를 받아야 한다는 뜻이었다. 질병의 창출이라고 할 수 있다.[5] 따라서『향약집성방』에서 질병이 창출되는 방식을 추적함으로써, 동아시아의료와 조선의료의 결합 양상을 구체적으로 파악하게 될 것이다.

2.『향약집성방』의 편찬 과정

1)『향약집성방』의 간행 경위

(1) 중국 방서의 수집

『향약집성방』은 세종 13년(1431) 가을 집현전 직제학 유효통(兪孝通), 전의감 정 노중례(盧重禮), 전의감 부정 박윤덕(朴允德) 등이 왕명으로 편찬을 시작하였다. 세종 15년(1433) 6월에 권채(權採)가 그 서문을 써서 완성되었으며, 2달 뒤인 8월에는 전라도와 강원도에『향약집성방』을 나누어 인쇄할 것을 명했다. 57병문, 959병증, 10,706처방에 침구법(鍼灸法) 1,476조를 별도로 설정하였으며, 보유(補遺)와 향약본초(鄕藥本草)가 추가된 85권의 편제였다.[6]

---

[5] 질병은 문화적인 개념이다. 특정한 생리 현상들은 개인에 따라, 시간에 따라, 사회에 따라 질병으로 규정되기도 하고 무시되기도 한다. 예를 들어 수줍음은 사회불안장애(Social Anxiety Disorder)라는 질병으로 '창출'된다(크리스토퍼 레인 지음, 이문희 옮김,『만들어진 우울증』, 한겨레출판, 2009 참고). 조선초기에 특정한 증후들이 새롭게 질병이라고 인식되면서 조선 사람들의 삶에 영향을 미치는 과정을 이 글에서는 질병의 창출이라고 표현한다. 앞서 언급한 '의료화(醫療化, medicalization)'의 일환이다.

[6] 『鄕藥集成方』卷1 鄕藥集成方序(金信根 主編,『韓國醫學大系』, 여강출판사 영인, 1992). "宣德辛亥冬, 乃命集賢殿直提學臣兪孝通, 典醫監正臣盧重禮, 副正臣朴允德等,

『향약집성방』의 편찬 동기는 그 서문에 가장 잘 나타나 있다.『향약집성방』 서문에서 권채는 기존 의서인『향약간이방(鄕藥簡易方)』과『향약제생집성방(鄕藥濟生集成方)』의 한계를 다음과 같이 평가하였다.

중국에서 출간된 방서(方書)는 아직도 적고 중국과는 다른 약재 명칭은 꽤 많아서 의술을 업으로 삼는 자들이 (의서로서의 – 인용자) 미진함을 한탄하는 지경을 벗어나지 못하였다.[7]

『향약집성방』 이전의 의서에서는 두 가지 문제점이 지적되었다. 참고할 만한 중국 방서가 아직 적다는 점과 중국 약재명[唐名]과는 다른 토산 약재명[鄕名]이 꽤 많다는 점이었다. 이것은 중국 의료를 기준으로 삼았음에도 불구하고 중국 의서들이 충분하게 확보되지 않아 적절한 치료를 시행할 수가 없고, 무엇보다 향재가 당재와 동일한지를 미처 확신할 수 없다는 의미였다.

조선에서 중국 의서에 대한 갈증은 자못 깊었다. 의서들은 의학도서관에 해당하는 의서방(醫書房)에서 보관하였는데,[8] 충주사고에서 옮겨온 『소아소씨병원후론(小兒巢氏病源候論)』 등은 고려에서 전해진 의서들이었다.[9] 세종대 의학(醫學) 취재(取才)에 사용된 25종의 의서 가운데 24종

更取鄕藥方, 徧會諸書, 搜撿無遺, 分類增添, 歲餘而訖. 於是, 舊證三百三十八, 而今爲九百五十九, 舊方二千八百三, 而今爲一萬七千六, 且附以鍼灸法一千四百七十六條, 鄕藥本草及炮製法合爲八十五卷, 以進, 名曰鄕藥集成方, 刊行, 廣傳.";『世宗實錄』卷60, 세종 15년(1433) 6월 11일(임진); 卷61, 세종 15년(1433) 8월 27일(정미).

7 『鄕藥集成方』卷1, 鄕藥集成方序. "方書之出於中國者尙少, 藥名之異於中國者頗多, 故業其術者, 未免有不備之嘆."

8 궁궐 노비들 가운데 의서방을 담당하는 醫書房直 2명이 있다(『世宗實錄』卷19, 세종 5년(1423) 2월 10일(신유)).

9 『太宗實錄』卷24, 태종 12년(1412) 8월 7일(기미). 金斗鍾,『韓國醫學史』, 探求堂, 1966, 151쪽 참고.

이 중국 방서인 점도[10] 중국 의서가 조선에서 중시되는 모습을 단적으로 보여준다.

하지만 중국 의서는 조선의 수요에 비하면 상당히 부족하였다. 전의감은 의생들의 교육도 담당하고 있었는데 『직지방(直指方)』·『상한유서(傷寒類書)』·『의방집성(醫方集成)』·『보주동인경(補註銅人經)』 등은 1권씩만 있어서 학습에 지장을 초래할 정도였다.[11] 이 때문에 조선에서는 『성제총록(聖濟總錄)』 같은 중국 의서를 수집하도록 각 도에 명을 내리거나[12] 중국에서 의서를 확보하는 데 열심이었다. 태종대만 하더라도 명에서 의서를 구입하였으며,[13] 중국 의서의 획득 노력은 그 이후에도 지속되었다.[14] 지방과 중국에서 수집한 의서들이 『향약집성방』의 인용의서로 활용되었음은 두말할 나위가 없다.

『향약집성방』의 토대가 된 『향약제생집성방』은 현재 권4~6의 3권 2책

『향약집성방』의 편찬 동기를 서술한 권채(權採)의 서문. 그의 삼촌인 권근(權近)은 『향약제생집성방』의 서문을 썼다.

---

10 『世宗實錄』 卷47, 세종 12년(1430) 3월 18일(무오).
11 『世宗實錄』 卷52, 세종 13년(1431) 5월 11일(갑술).
12 『世宗實錄』 卷108 세종 27년(1445) 4월 26일(기사).
13 『太宗實錄』 卷34, 태종 17년(1417) 12월 14일(을미); 卷35, 태종 18년(1418) 4월 15일(을미).
14 『端宗實錄』 卷14, 단종 3년(1455) 4월 4일(기묘). 조선정부의 서적 확보정책에 대해서는 김효연, 『朝鮮朝 醫書에 관한 書誌的 硏究』, 이화여자대학교 석사학위논문, 1996, 7~14쪽 참고.

이 전하는데, 여기에는 『내경(內經)』을 비롯한 중국 의서 46종과 『신집어의촬요방(新集御醫撮要方)』을 비롯한 향약 의서 5종 등 51종이 인용되어 있다.[15] 『향약제생집성방』이 총 30권이라고 해서 인용문헌이 현존본 3권의 10배인 510종에 이르지는 않는다. 중요한 의서는 『향약제생집성방』 전체에서 반복 인용되며, 병증별로 일부 전문의서가 추가로 참고되기 때문이다.[16] 아마도 『향약제생집성방』 전체의 인용의서는 70~80종 정도에 지나지 않을 것이다. 그런데 『향약집성방』 서문에서는 『향약제생집성방』 보다 더 나아가 중국 의서에 대한 집대성을 강조하였다.

> 또 향약방을 모으고 여러 의서를 모두 수집하되, 낱낱이 살피면서 분류하여 증첨(增添)하였다.[17]

흔히 책의 서문이나 발문에서는 보태고 줄인다는 뜻으로 '증삭(增削)'이라는 단어를 사용하는데, 여기에서는 남김없이 모아 '증첨(增添)'한다고 표현하였다. 중국 의서의 역대 처방과 병론을 최대한 수집하려는 편찬 방침은 확고하였던 것이다. 그 결과 『향약집성방』에서는 200여 종의 의서가 참고 도서로 활용되었으며,[18] 이 중에 향약 의서는 『제중입효방』

---

15 이경록, 「『향약제생집성방(鄕藥濟生集成方)』의 간행과 조선초기의 의약」(세종대왕기념사업회, 『국역 향약제생집성방』, 2013, 25쪽).

16 『향약집성방』 사례를 참고하자면, 인용문헌 308종 가운데 10회 이상 인용된 핵심 의서는 90종에 불과하다고 한다(金重權, 「『鄕藥集成方』의 引用文獻 分析」, 『書誌學研究』 35, 2006, 222쪽).

17 『鄕藥集成方』卷1, 鄕藥集成方序. "更取鄕藥方, 編會諸書, 搜撿無遺, 分類增添."

18 『향약집성방』의 인용의서는 정식 명칭과 약칭, 별칭이 혼용되므로 정확한 숫자를 헤아리기 어렵다. 게다가 처방의 출전이 바뀌거나 생략되기도 해서 인용의서의 숫자가 정확하지는 않다. 『향약집성방』의 인용문헌수에 대해 김두종은 178종이라고 주장하였고(金斗鍾, 「世宗大王의 濟生偉業과 醫藥의 自主的 發展」, 『서울大學校 論文集 人文社會科學篇』 5, 1957, 34쪽), 미키 사카에는 향약 의서 10종과 중국 의서 155종이라고 정리하였다(三木榮, 『朝鮮醫書誌』 增修版, 學術圖書刊行會, 1973, 31~32쪽). 김남일은 인용문헌으로 234종이 등장하는데, 이 중에 다른 이름으로 표기한 경우를 제외하면

을 비롯한 10종이었다. 그리고 『성제총록』에 크게 의지했던 『향약제생집성방』과 달리 『향약집성방』에서는 『태평성혜방』이 아주 빈번하게 활용될 뿐만 아니라 의서들의 인용 비중도 변동된다. 요컨대 인용의서의 증가에서 단적으로 드러나듯이 『향약제생집성방』이 발간된 정종대에서 『향약집성방』이 발간된 세종대 사이에는 중국 의서의 수집과 검토가 활발히 진행되었던 것이다.

(2) 향재 약효의 확인

세종대에는 조선의 향명(鄕名)이 중국의 당명(唐名)과 동일한지 확인하는 작업도 병행하였다.[19] 이 작업은 중국 태의원(太醫院)에서 약명의 오류를 바로잡는 방식으로 진행되었다. 『향약집성방』 편찬에 앞서 노중례는 세종 5년(1423)과 12년(1430)에 중국을 다녀왔다. 그의 임무는 향재(鄕材, 토산약재)가 당재(唐材, 중국약재)와 동일한지 문의하는 것이었다.[20]

고려와 조선 사람의 질병을 향재로 충분히 치료할 수 있다는 의토성(宜土性)에 대한 자각에 비추어보면 향재에 대한 이해를 중국 본초학에 의존한다는 것은 모순이었다. 향재별로 약성(藥性)과 약미(藥味)에 대한 지식을 귀납하여 조선 본초학의 체계를 구성하는 방식이 아니라, 중국 본초서

실제로는 200종 정도라고 추정하였고(金南一, 「『鄕藥集成方』의 인용문헌에 대한 연구」, 『震檀學報』 87, 1999, 196쪽) 최근에 김중권은 308종이라고 밝혔다(金重權, 「『鄕藥集成方』의 引用文獻 分析」, 『書誌學研究』 35, 2006, 222쪽). 그런데 266권으로 훨씬 방대한 『의방유취』의 경우에 인용의서로는 153종이 제시되었다. 『외대비요』는 이 『의방유취』의 인용의서로는 제시되어 있지 않지만, 재인용의 형식으로 『의방유취』에 등장한다. 마찬가지로 『향약집성방』에 등장하는 의서 역시 재인용된 의서가 있었을 것이므로, 『향약집성방』 편찬 시에 실제로 200종 내외의 의서를 직접 참고하였는지는 의문이 든다.

19 『향약집성방』 발문에서는 향명을 검토하여 바로잡은 것을 『향약집성방』의 첫 번째 특징으로 꼽았다. 『鄕藥集成方』 卷85, 鄕藥集成方跋. "世宗大王始命醫官攷正藥名, 撰輯方書, 名曰鄕藥集成方."

20 이 책 제4부 「세종대 향약 개발의 두 방향」 참고.

에 나오는 약효를 연역적으로 향재에도 부여했기 때문이다. 이러한 상황에서는 당재와 향재의 약효가 완전히 일치한다는 확신이 뒷받침되어야 중국 의료가 조선에서 통용될 수 있었다. 따라서 향명(鄕名)과 당명(唐名)의 대조 작업은 단순히 약재 명칭을 통일하는 것이 아니라 향재와 당재가 동등하다고 인식하는 과정이었으며, 더 나아가 동아시아의료와 조선 의료를 일치시키는 과정이었다.

그런데 세종 5년 기록에서 주목되는 점은 62종이나 되는 향재를 중국에 문의하였다는 것이고, 더욱 눈길을 끄는 점은 48종, 즉 80%의 향재가 이미 당재와 동일하였다는 것이다. 신규로 당재와 일치하는 향재 6종을 합하면 54종, 즉 90%의 향재가 당재와 일치한다는 결론이었다. 중국에 의관을 연달아 파견하는 적극성이나 그 성과를 보면 조선 본초학은 자발적으로 중국 본초학에 깊숙이 편입되고 있었다.

향재가 당재와 다를 바 없다는 세종대의 인식은 『향약집성방』의 편찬 과정에서 더욱 팽배해졌다. 『향약채취월령』은 이를 잘 보여준다. 널리 알려진 『향약채취월령』은 『향약집성방』 편찬 작업의 중간보고서에 해당한다. 세종 13년(1431) 가을에 『향약집성방』이 편찬을 시작하였는데, 『향약채취월령』은 그해 12월에 완료되었다. 『향약집성방』과는 편찬자들도 동일하다. 『향약집성방』 편찬의 첫 단계가 바로 『향약채취월령』에서 향재를 정리하는 것이었다.

> 전하께서는 이에 집현전 직제학인 신(臣) 유효통(兪孝通) 및 전의감 정인 신 노중례(盧重禮)와 부정인 신 박윤덕(朴允德)에게 토산약재(土産藥材)를 두루 조사하도록 명하셨다. 총 수백종의 약재에 대해 첫머리에는 향명(鄕名)을 달고 약미(藥味)와 약성(藥性)을 덧붙였으며, 봄가을 채취 시기의 조만(早晚)과 햇볕과 그늘에서 말리는 경우의 선악(善惡)을 모두 여러 본초서에 근거하여 남김없이 다듬어 『향약채취월령(鄕藥採取月令)』 1편을 만들었다.[21]

인용문에 보이는 바와 같이 『향약채취월령』에서는 여러 본초서를 참고하고 있다. 참고한 본초서는 당시 사정과 문맥으로 미루어 중국 본초서를 지칭하는데, 실제로 대조를 해봐도 『증류본초』에 크게 의지하였다. 『향약채취월령』에서는 중국 본초학을 기준으로 삼아 154종의 표제어를 당명으로 제시한 후 향명을 덧붙였다.

『향약채취월령』과 『향약집성방』은 한호흡으로 진행된 작업이므로 두 자료에 등장하는 향명(鄕名) 표

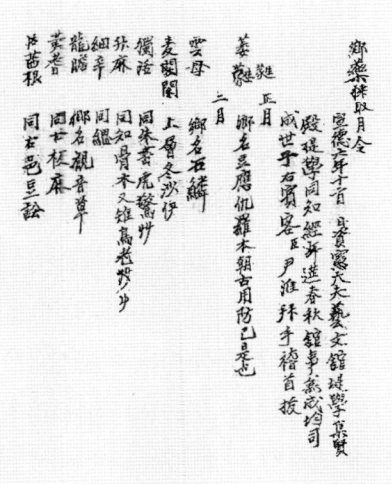

세종 13년(1431)에 편찬된 『향약채취월령』. 여러 본초서를 참고하면서 전국에서 생산되는 향재(鄕材) 154종을 정리 하였다.

기나 어형이 유사한 것은 당연하다. 하지만 두 자료의 설명이 완전히 일치하지는 않는다. 『향약채취월령』에서는 낭독(狼毒)의 향명을 오독독지(吾獨毒只)라고 표기하였는데, 사실 오독독지는 여여(䕡茹)의 향명일 뿐이고 낭독과는 관련이 없었다. 그런데 『향약채취월령』 편찬 시까지는 낭독과 여여를 똑같은 약초로 간주하여 낭독을 오독독지로 잘못 표기하였던 것이다. 낭독과 여여가 다른 약초임이 판명되면서 『향약집성방』에서는 오독독지를 뺐다.[22] 이처럼 『향약채취월령』 간행 후에도 향재 약효에 대한 지식은 계속 축적되면서 오류를 수정해갔는데, 『향약집성방』에서는

---

21 『鄕藥採取月令』, 跋文(金信根 主編, 『韓國醫學大系』, 여강출판사 영인, 1992). "殿下於是, 命集賢殿直提學臣兪孝通, 及典医監正臣盧重禮, 副正臣朴允德, 偏考土産藥材, 凡數百餘種, 首注鄕名, 次以味若性, 春秋採取之早晩, 陰陽乾暴之善惡, 悉據本草諸書, 換剔無遺, 修成鄕藥採取月令一篇."

22 南豊鉉, 「『鄕藥集成方』의 鄕名에 대하여」, 『震檀學報』 87, 1999, 186쪽.

당명으로 표기된 261종의 약재가 향명으로도 정리되었다.[23]

약재 명칭의 정리는 당명과 향명의 일치에만 그치는 것이 아니었다. 당재라고 하더라도 여러 가지 표기방식이 있을 때는 조선 의학자들이 용어를 통일하였다. 나마(蘿藦, 박주가리)의 이명(異名)은 여청(女靑)이다. 동일한 약재에 대해 상이한 명칭을 쓸 경우에 초래되는 혼란은 명칭을 단일화하여 막을 수 있다. 이 때문에『향약집성방』향약본초에서는 표제어를 나마자(蘿藦子, 박주가리의 열매)로 잡고, 설명 부분에서 '여청은 별명(別名)'이라고 부연하였다. 이후 조선에서는 이 약재를 나마(羅麻, 혹은 蘿麻)라고 불렀는데,『세종실록』지리지에는 황해도와 평안도의 약재로 조사되어 있다.[24]

하지만 중국 의서에서는 별명인 '여청'으로 처방된 경우도 있었다. 이때 조선에서는 나마라고 설명을 붙여주는 방식으로 용어의 통일을 기하였다. 전염병을 치료하는『태평성혜방』의 처방과 이를 인용한『향약집성방』의 처방을 비교해보면 쉽게 이해된다.『태평성혜방』에서는 처방되는 약재로 '여청'이라고만 적었을 뿐이나,『향약집성방』에서는 이 처방을 인용하면서 "여청(즉 나마)"라고 설명하였다.[25] 약명의 통일은 신중하게 진행된 작업이었던 것이다. 따라서 향명을 바로잡는 조치는 향재 약성에 대한 이해가 깊어지는 과정이며, 중국 본초학이 조선에서 통용 범위를 확장하는 과정이기도 하다.

당재와 약효가 동일하다고 인정받는 향재가 늘어남에 따라 조선에서

---

23 南豊鉉,「『鄕藥集成方』의 鄕名에 대하여」,『震檀學報』87, 1999, 174~183쪽.

24 『世宗實錄』卷152, 地理志 黃海道; 卷154, 地理志 平安道; 卷154, 地理志 平安道 安州牧 慈山郡.

25 『太平聖惠方』卷16, 治時氣瘴疫諸方(翰成社 영인, 1979). "治時氣瘴疫單行方 …… 又方. 正月上寅日, 取女靑擣羅爲末四兩, 以三角絳囊盛, 繫戶上帳前.";『鄕藥集成方』卷8, 傷寒門 辟溫病方. "[聖惠方] …… 治時氣瘴疫. 女靑(卽蘿摩)正月上寅日取擣羅爲末, 以三角絳囊盛, 繫戶上帳前."

는 향재 처방을 확신할 수 있었을 뿐만 아니라『향약집성방』에서 수록하는 중국 처방도 증가할 수 있게 되었다. 세종 12년(1430)에 이르러서야 당재와 일치하는 것으로 평가된 독활은 한 예이다.『향약구급방』과『향약제생집성방』에서 이미 처방된 독활은 세종 12년 이후의『향약채취월령』(1431년)과『향약집성방』(1433년)에서도 물론 등장한다.

그런데 독활의 향명은 고려의『향약구급방』에서도 '호경초(虎驚草, 짯둘흡플)'이고 조선의『향약채취월령』에서도 '호경초(虎驚艸)'였다. 즉 호경초라고 부르는 동일한 향재가 세종 12년 이전에는 당재와 일치하는지 미심쩍은 상태였다가 세종 12년 이후에는 당재와 동일하다는 인정을 받은 것이다. 이러한 확증을 거치면서 독활(호경초) 처방에 대한 신뢰는 올라가게 되는데, 실제로『향약집성방』에서는 독활이 널리 활용된다.

이상에서 살핀 바와 같이『향약집성방』의 편찬 과정을 짚어보면 중국 의서의 광범위한 수집 외에도 중국 본초학에 대한 경도가 두드러졌다. 수많은 참고 도서를 검토하여『향약집성방』의 충실함을 꾀하는 동시에 향재 약효에 대한 신뢰도를 제고하여 처방의 안정성을 확보하려는 조치였다. 전자가 중국식의 질병체계에 대한 수용이라면, 후자는 중국식의 치료법에 대한 수용이었다.『향약집성방』에서 동아시아의료를 적극 수용했다는 점은 이상에서 확인되었지만,『향약제생집성방』을 모태로『향약집성방』이 편찬되었다는 점도 그 서문에 나온 대로였다.『향약집성방』은 기존 향약 의서들의 연장선상에 서 있기도 한 것이다. 그렇다면『향약집성방』은『향약제생집성방』과 어떤 관계인지를 살펴볼 필요가 있다.

2)『향약제생집성방』의 전승
(1)『향약제생집성방』의 계승
『향약집성방』에서는 고려 이래의 향약 의서에서 상당수의 향약 처방

[鄕方]을 채록하였다.『향약집성방』과 가장 밀접한 의서가 바로『향약제생집성방(鄕藥濟生集成方)』이다. 정종 1년(1399)에 간행된『향약제생집성방』은 여말선초의 향약 의술을 정리한 대표적인 관찬의서이다. 권근은『향약제생집성방』편찬 과정을 다음과 같이 설명하였다.

> 일찍이『삼화자향약방』이 있었지만 자못 간요(簡要)해서, 아는 사람들은 그 간략함을 아쉬워하였다. 예전에, 지금의 판문하(判門下)인 권중화(權仲和) 공이 서찬(徐贊)에게 (처방을-인용자) 더욱 수집하여『간이방(簡易方)』(『향약간이방』-인용자)을 짓도록 하였으나, 이 책은 미처 세상에 널리 퍼지지 못하였다. …… 좌정승(左政丞) 평양백(平壤伯) 조준(趙浚) 공, 우정승(右政丞) 상락백(上洛伯) 김사형(金士衡) 공이 …… 또한 처방이 미흡할까 걱정하여, 권공(권중화-인용자)에게 특별히 관약국(官藥局) 의관을 시켜 여러 처방을 다시 살피고 동인(東人)의 경험방을 수집하여 병문(病門)을 나누고 갈래를 잡아『향약제생집성방(鄕藥濟生集成方)』이라 이름 짓고 우마(牛馬) 치료법을 덧붙이도록 하였다. 그리고 김중추(김희선-인용자)는 강원도 관찰사로 재직하면서 공인(工人)을 모아 목판에 새겨 널리 퍼뜨렸다.[26]

이 글은 권채가 쓴『향약집성방』서문과도 거의 동일하다.[27] 이에 따르면『삼화자향약방』은 너무 간략한 게 단점이었다. 권중화가 서찬을 시켜 수집한 것들을『삼화자향약방』에 추가하여『향약간이방』을 지은 까닭이

---

26 『陽村先生文集』卷17, 序類 鄕藥濟生集成方序. "昔有三和子鄕藥方, 頗爲簡要, 論者猶病其畧. 曩日今判門下權公[仲和], 命徐贊者尤加蒐輯, 著簡易方, 其書尙未盛行于世. …… 左政丞平壤伯趙公[浚], 右政丞上洛伯金公[士衡] …… 又患其方有所未備, 乃與權公特命官藥局官更考諸方, 又採東人經驗者, 分門類編, 名之曰鄕藥濟生集成方, 附以牛馬醫方. 而金中樞觀察江原, 募工鋟梓, 以廣其傳."

27 『鄕藥集成方』卷1, 鄕藥集成方序. "昔判門下臣權仲和嘗加採輯, 著鄕藥簡易方. 其後, 又與平壤伯臣趙浚等, 命官藥局, 更考諸方, 又取東人經驗者, 分門類編, 鋟梓以行."『향약집성방』서문을 쓴 權採는『향약제생집성방』서문을 쓴 權近의 조카이다. 즉 권근의 동생인 權遇의 아들이 바로 권채이다(『太宗實錄』卷10, 태종 5년(1405) 12월 19일(신사);『世宗實錄』卷81, 세종 20년(1438) 5월 10일(계사)).

었다. 하지만 『향약간이방』도 널리 활용되지 못하는 데다 처방이 미비할까 우려되었다는 것이다. 이 때문에 조준 등은 권중화와 함께 여러 처방을 검토하고 경험방을 덧붙여 『향약제생집성방』을 간행하였다. 널리 알려진 것처럼 여말선초의 향약 의서는 『삼화자향약방』 → 『향약간이방』 → 『향약제생집성방』 → 『향약집성방』으로 계통을 이어갔던 것이다.

그런데 아주 의아한 것은 『향약집성방』 전체에서 '향약제생집성방'이란 단어가 한 번도 등장하지 않는다는 점이다. 그것은 『향약집성방』 자체가 『향약제생집성방』을 저본으로 삼았으므로 별도의 인용 표시가 필요하지 않았기 때문이다.[28] 그동안은 『향약제생집성방』과 『향약집성방』의 서문을 분석하여 두 의서의 계통을 설명해왔을 뿐인데, 여기에서는 최근 발견된 『향약제생집성방』을 활용하여 두 의서의 관계를 계승과 극복의 두 측면에서 살펴보려고 한다.[29]

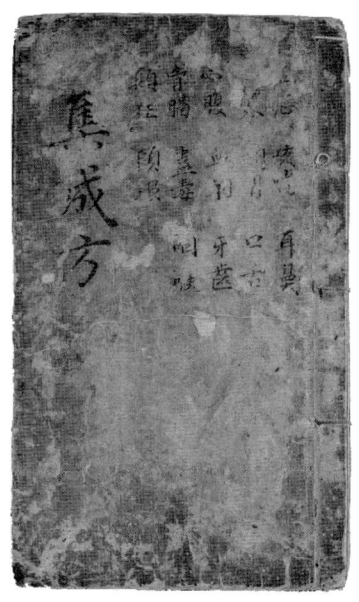

『향약제생집성방(鄕藥濟生集成方)』 표지. 한독의약박물관 소장이다.

우선 가슴이 그득하고 답답해지는 흉비(胸痺)에 대한 『성제총록』(A), 『향약제생집성방』(B), 『향약집성방』(C)의 처방을 살펴보자. ①, ②, ③은 분석을 위해 편의상 붙인 번호이다.

---

28 三木榮, 『朝鮮醫學史及疾病史』, 自家出版, 1963, 128쪽; 金斗鍾, 『韓國醫學史』, 探求堂, 1966, 215쪽; 金澔, 「여말선초 '鄕藥論'의 형성과 『鄕藥集成方』」, 『震檀學報』 87, 1999, 139쪽.

29 이경록 옮김, 『국역 향약제생집성방』, 세종대왕기념사업회, 2013 참고.

A. 『성제총록』

"흉비를 치료하는 괄루탕.

괄루실(栝樓實)[1매, 괄루 속까지 함께 사용한다], 지실(枳實)[속을 파내고 밀기울에 볶은 것 5매], ① 반하(半夏)[씻어서 점액질을 제거한 것 4냥].

이 세 약재를 마두(麻豆)만하게 자른다. 매번 5돈을 ② 백자장(白瀳漿) 2잔, 해백(薤白) 1악(握), 자른 생강(生薑) 1푼과 함께 갈아 1잔이 될 때까지 달여서 찌꺼기를 버린다. 공복에 낮과 잠자리에 들 무렵에 한 번씩 따뜻하게 복용한다."30

B. 『향약제생집성방』

"『성제총록』의 흉비 치료법.

지실(枳實)[속을 파내고 밀기울에 볶은 것 반 냥], 괄루실(栝樓實)[1매, 괄루 속까지 함께 사용한다], ① 후박(厚朴)[③ 겉껍질을 버리고 생강즙에 구운 것 3냥].

위의 약재들을 마두만하게 자른다. 매번 5돈을 ② 물 2종지에 넣고 1종지가 될 때까지 달여서 찌꺼기를 버린다. 공복에 아침과 저녁 한 번씩 따뜻하게 복용한다."31

C. 『향약집성방』

"『성제총록』의 흉비 치료법.

지실(枳實)[속을 파내고 밀기울에 볶은 것 반 냥], 괄루실(栝樓實)[1매, 괄루 속까지 함께 사용한다], ① 후박(厚朴)[③ 겉껍질을 버리고 생강즙에 구운 것 3냥].

위의 약재들을 마두만하게 자른다. 매번 5돈을 ② 물 2종지에 넣고 1종지가 될 때까지 달여서 찌꺼기를 버린다. 공복에 아침과 저녁 한 번씩 따뜻하게 복용한다."32

---

30 『聖濟總錄』卷61, 胸痺門(新文豊出版公司 영인, 1978). "治胸痺栝樓湯方. 栝樓實[一枚, 幷瓤用], 枳實[去瓤, 麩炒, 五枚], 半夏[湯洗去滑, 四兩]. 右三味剉如麻豆. 每服五錢匕, 白瀳漿二盞, 薤白一握, 切生薑一分, 拍破同煎至一盞, 去滓. 溫服, 空心, 日午臨臥, 各一."

31 『鄕藥濟生集成方』卷4, 胸痺. "聖濟治胷痺. 枳實[去穰, 麩炒, 半兩], 括樓實[壹枚, 幷穰用], 厚朴[去麁皮, 生姜汁炙, 三兩]. 右剉, 如麻豆大. 每服五錢, 水二鍾, 煎一鍾, 去滓. 溫服, 空心, 日晩, 各一."

32 『鄕藥集成方』卷23, 心痛門 胸痺. "[聖濟總錄]治胸痺. 枳實[去穰, 麩炒, 半兩], 栝樓實

B에서는 A를 인용했다고 표시하면서도 ① 반하를 후박으로 바꾸고 ② 백자장·해백·생강을 뺐다. 조선초기에 반하가 없었던 것은 아니었으므로, B의 편찬자들이 의도적으로 A의 처방을 변형한 것은 분명하다. 그런데 『향약집성방』(C)에는 『향약제생집성방』(B)의 변형 처방이 그대로 수록되어 있다. 지실, 괄루실, 후박이라는 약재 나열 순서는 물론 후박이 ③ '겉껍질을 버리고 생강즙에 구운 것 3냥'인 것까지 완전히 동일하다. 『향약집성방』의 편찬자들이 『향약제생집성방』을 참고한 것을 넘어서 편찬 저본으로 삼았음을 확인할 수 있다.

『향약제생집성방』이 『향약집성방』으로 계승되는 점은 이같은 처방 문장의 유사성을 넘어 책의 편제에서 가장 두드러진다. 현재 남아 있는 『향약제생집성방』 권4~6은 음산(陰疝) → 적취심복창만(積聚心腹脹滿) → 심복통(心腹痛) 등으로 병증이 구성되었다. 이 순서는 『향약집성방』 병문 배치와 일치하며, 본문 형식도 병론을 제시한 후 처방들을 나열한 점이 똑같다.[33] 즉 30권으로 이루어진 『향약제생집성방』을 확대한 것이 85권으로 된 『향약집성방』인 것이다.

실제로 조선에서는 『향약집성방』이 『향약제생집성방』의 증보판으로 인식되고 있었다. 『향약제생집성방』 발문에서 '제생원(濟生院) 『향약집성방(鄉藥集成方)』'이라고 적은 데서 알 수 있듯이,[34] 『향약제생집성방』 편찬은 제생원 사업의 일부였으며, 흔히 '향약집성방'이라고 약칭되었다. 예컨대 세종 12년(1430) 3월에 의학(醫學)의 취재(取才) 의서로 거론한 '향약집성방(鄉藥集成方)'은[35] 『향약제생집성방』을 가리키는 게 확실하다.

[一枚, 幷穰用], 厚朴[去麤皮, 生薑汁炙, 三兩]. 右剉, 如麻豆大. 每服五分, 水二鍾, 煎一鍾, 去滓. 溫服, 空心, 日晩, 各一."

33 이경록, 「『향약제생집성방(鄉藥濟生集成方)』의 간행과 조선초기의 의약」(세종대왕기념사업회, 『국역 향약제생집성방』, 2013, 18~21쪽).
34 『陽村先生文集』卷22, 跋語類 鄉藥濟生集成方跋.
35 『世宗實錄』卷47, 세종 12년(1430) 3월 18일(무오).

이 글에서 다루는 『향약집성방』은 1년이 지난 세종 13년(1431) 가을에야 편찬을 시작하기 때문이다. 『해동문헌총록』에서 『향약제생집성방』을 '조준이 편찬한 『향약집성방』'이라고 설명한 것도 동일한 이해였다.[36] 반면 이 글에서 다루는 세종 15년의 『향약집성방』을 『해동문헌총록』에서는 '신증향약집성방(新增鄕藥集成方)' 즉 '새로 증보한 『향약집성방』'이라고 표기하면서 '신증집성방(新增集成方)'으로도 줄여 불렀다.[37]

(2) 『향약제생집성방』의 극복

『향약집성방』이 편찬된다는 것은 넘어서야 할 『향약제생집성방』의 한계가 있다는 뜻이다. 황자후는 『향약제생집성방』이 너무 복잡하고 맞지 않는 약이 많으며, 독약(藥毒)의 유무나 대인·소아·노허(老虛)에 따른 복약의 다소를 분별하지 않고, 몇 환(丸) 몇 대접을 똑같이 처방한다고 평가하였다.[38] 한마디로 『향약제생집성방』은 질병 설명이 번잡하고 약재 독성과 환자 상태를 따지지 않으므로 엉성하다는 비판이었다.

『향약제생집성방』을 넘어서는 것이 앞서 서술한 것처럼 인용의서의 확대나 분량 증가에만 그치는 것은 아니었다. 편제와 책자로서의 완성도에서 적지 않은 변화도 나타났다. 편제에서 보자면 『향약집성방』에서는 병문 57개를 신설하고, 병문 아래 병증을 959증으로 세분하며 병론(病論)을 강화하였다. 구체적으로 타혈(唾血) 항목을 찾아보면, 『향약제생집성방』에서는 『성제총록』의 병론을 인용하였고, 『성제총록』의 처방 3개를 수록

---

36 『海東文獻總錄』, 醫藥類, 新增鄕藥集成方(學文閣 영인, 1969). "我廟以權仲和所著鄕藥簡易方及趙浚所撰鄕藥集成方, 治法藥名猶有未備者……."
37 『海東文獻總錄』, 醫藥類, 新增鄕藥集成方.
38 『世宗實錄』卷60, 세종 15년(1433) 6월 1일(임오). "典醫提調黃子厚上言曰 …… 前此集成鄕藥方太繁, 藥多不中, 又不分藥毒有無, 又不分大人小兒老虛病人服藥多少, 都稱某病服幾丸幾椀."

하였다.³⁹ 반면 『향약집성방』에서는 '타혈'을 비뉵문(鼻衄門)의 하부 병증으로 수록하여 체계화했다.⁴⁰ 병론에서도 『향약제생집성방』과 달리 『태평성혜방』을 인용하여 설명하였으며, 처방으로는 『태평성혜방』·『천금방』·『성제총록』·『직지방』·『백일선방』·『위생보감』·『주씨집험방』·『산거사요』의 처방 13개를 인용하였다. 『향약집성방』의 타혈 항목이 체재, 인용의서, 처방 등 모든 면에서 정밀해진 것이다.

처방 약재의 숫자에서도 『향약집성방』은 『향약제생집성방』을 압도한다. 앞서 분석한 흉비(胸痺)로 돌아가서 처방 약재를 헤아려보면 『향약제생집성방』 흉비에서는 12개 처방에 30개의 약재가 처방되어 1처방당 2.5개의 약재가 사용되었다. 반면 『향약집성방』에서는 16개 처방에 50개의 약재가 처방되어 1처방당 3.1개의 약재가 사용되었다. 언뜻 보면 처방당 약재 수에 큰 차이가 없는 것처럼 느껴진다.

그런데 자세히 살펴보면 많은 차이가 난다. 『향약집성방』의 16개 처방에서는 『향약제생집성방』의 12개 중 10개 처방을 그대로 인용한 것 외에도, 새로 『태평성혜방』·『천금방』·『삼인방』·『의방집성』·『금궤방』에서 6개 처방에 27개 약재를 추가했다. 『향약집성방』에서 증보된 6개의 신규 처방에서는 1처방당 4.5개나 되는 많은 약재가 활용된 셈이다. 전반적으로 『향약집성방』을 이전 향약 의서들과 비교했을 때, 처방 숫자는 말할 것도 없고 처방의 복방화(複方化)와 처방 약재 수의 증가 경향이 지속되었다. 모든 사물 대신 약재를 주로 활용하고[藥材爲藥論] 보다 많은 약재를 처방하는[一病多藥論] 『향약제생집성방』의 의술 단계는 더욱 강화되었다.⁴¹

탕제 치료 외에 침뜸[鍼灸] 치료법의 강조는 『태평성혜방』의 영향이기

---

39 『鄕藥濟生集成方』 卷4, 唾血.
40 『鄕藥集成方』 卷25, 鼻衄門 唾血.
41 이경록, 「『향약제생집성방(鄕藥濟生集成方)』의 간행과 조선초기의 의약」(세종대왕기념사업회, 『국역 향약제생집성방』, 2013).

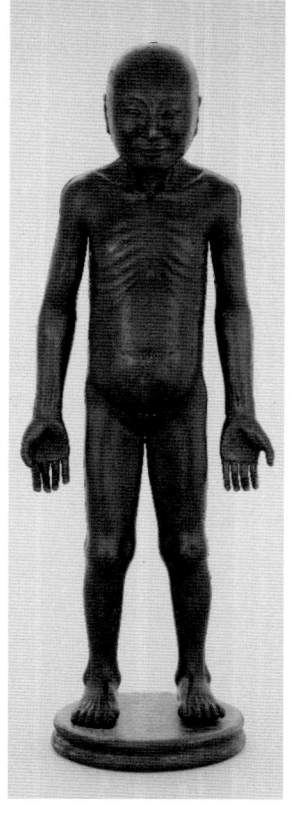

도 하지만 『향약집성방』 편제의 특징이기도 하다. 『향약집성방』에서는 959개 병증 말미에 '침구법(鍼灸法)' '구법(灸法)'이라는 제목으로 침뜸 치료법을 전문화하였다. 여기에서는 『자생경(資生經)』, 『옥룡가(玉龍歌)』, 『동인경(銅人經)』, 『주후방(肘後方)』 등의 침뜸 치료를 자세히 소개하고 있다. 침뜸 치료법의 독립 외에도 『향약집성방』에서는 도교의학을 소개하기 위해 '보유(補遺)' 항목을 별도로 배정하였다. 도교의학을 『향약집성방』에 편입할 필요는 느끼되 정식으로 설정하는 것은 아직 마땅치 않아서 일종의 외전(外傳)으로 절충한 셈이다.

책자의 측면에서 가장 두드러진 차이는 『향약제생집성방』의 뒷부분에 「우마의방(牛馬醫方)」이 수록되어 있다는 점이다. 『향약집성방』에서는 수의학 관련 부분을 모두 삭제하고 사람의 질병에 집중하였다. 특히 『향약집성방』의 뒷부분인 권76~85에는 향약본초개론과 향약본초각론을 배치하여 조선 본초학의 표준을 정립하였다.[42]

침구법(鍼灸法)을 익히기 위해 구리로 제작한 동인(銅人)이다. 경락(經絡)의 흐름을 동인의 몸 표면에 표시하고, 점으로 혈위(穴位)를 나타내었다. 이 혈위가 침이나 뜸을 놓는 자리이다. 의과(醫科) 초시(初試)에서는 『동인경(銅人經)』을 암송하도록 규정되어 있었다. 국립고궁박물관 소장이다.

---

42 이 책 제4부 「세종대 향약 개발의 두 방향」 참고.

그리고 앞서 거론한 흉비를 다시 살펴보면, 『향약제생집성방』 흉비 병증에서는 세 군데로 흩어져 인용된 『이간방』 처방들을 『향약집성방』에서는 한군데로 묶음으로써 깔끔한 느낌을 준다. 특히 『향약집성방』에서는 약성상반(藥性相反)이 있어서 『향약구급방』을 그대로 계승하고 있는 것은 물론, 물성상반(物性相反)을 새로 덧붙여 음식과 질병의 상관관계까지 다룸으로써 의서로서의 완결성을 기하였다.[43] 이 외에도 『향약집성방』에서는 일부 의서명을 비롯하여 처방명과 침구법 항목을 검은 바탕으로 표시하여 가독성을 높였다.

이상에서 살핀 바와 같이 『향약집성방』은 『향약제생집성방』을 계승하되 맹목적으로 따르지는 않았다. 『향약집성방』과 『향약제생집성방』은 병문의 배치 순서와 본문 형식 등이 유사하고, 처방 문장이 일치하는 경우도 있다. 하지만 『향약집성방』에서는 『향약제생집성방』에 비해 편제가 확장되고 인용의서가 다양해질 뿐만 아니라 처방 약재 수의 증가 경향이 뚜렷하였다. 여기에 침뜸 치료를 별도 항목으로 제시하고, 도교의학에도 관심을 보였으며, 향약 본초학에 대한 정리까지 아울렀다. 그리고 『향약집성방』이 책자로서의 완성도 역시 높은 것은 당연하다. 『향약제생집성방』의 편찬 경험을 토대로 삼았기 때문이다. 고려 이래 향약 의서들의 연장선에 위치한 『향약집성방』에는 『향약제생집성방』의 계승과 극복이 동시에 들어 있는 것이다. 이처럼 중국 의서의 수집과 중국 본초학에의 경도는 동아시아의학의 조선화를, 『향약제생집성방』의 전승은 조선 의학의 동아시아화를 배태한다.[44] 이러한 두 경향은 『향약집성방』에서 동시에 관철되었다.

---

43 『鄕藥集成方』 卷53, 諸救急門 藥性相反; 物性相反.
44 이경록, 「鄕藥에서 東醫로: 『향약집성방』의 의학이론과 고유 의술」, 『歷史學報』 212, 2011 참고.

3. 『향약집성방』의 체재와 질병의 창출

1) 『향약집성방』과 중국 의서들의 편차

『향약집성방』 85권은 크게 세 부분 즉 57개 병문(病門), 보유(補遺), 향약본초(鄕藥本草)로 구성되어 있다. 『향약집성방』의 57개 병문을 권수와 함께 살펴보면 다음과 같다.

풍문(風門, 권1~4), 상한문(傷寒門, 권5~8), 열병문(熱病門, 권9), 서문(暑門, 권9), 습문(濕門, 권9), 적열문(積熱門, 권10), 학병문(瘧病門, 권10), 각기문(脚氣門, 권11), 요통문(腰痛門, 권12), 곽란문(霍亂門, 권12~13), 현훈문(眩暈門, 권13), 제허문(諸虛門, 권14), 경계문(驚悸門, 권15), 허손문(虛損門, 권15), 노채문(勞瘵門, 권16), 삼소문(三痟門, 권16), 수병문(水病門, 권17), 황병문(黃病門, 권18), 대소변문(大小便門, 권19~20), 제림문(諸淋門, 권20~21), 제산문(諸疝門, 권21), 적취문(積聚門, 권22), 심통문(心痛門, 권23), 제해문(諸咳門, 권24~25), 제기문(諸氣門, 권25), 담음문(痰飮門, 권25), 구토문(嘔吐門, 권26), 열격문(噎膈門, 권26), 비위문(脾胃門, 권27), 고독문(蠱毒門, 권27), 비뉵문(鼻衄門, 권28~29), 두문(頭門, 권29~30), 안문(眼門, 권30~32), 이문(耳門, 권33), 비문(鼻門, 권33), 구설문(口舌門, 권34), 치아문(齒牙門, 권34~35), 인후문(咽喉門, 권36), 제리문(諸痢門, 권37~38), 치루문(痔漏門, 권39), 옹저창양문(癰疽瘡瘍門, 권40~47), 타박상손문(打撲傷損門, 권47~48), 제손상문(諸損傷門, 권48~49), 충수상문(蟲獸傷門, 권49~51), 중제독문(中諸毒門, 권51~52), 제구급문(諸救急門, 권53), 조경문(調經門, 권54), 붕루문(崩漏門, 권54), 부인제병문(婦人諸病門, 권55~56), 여음문(女陰門, 권56), 구사문(求嗣門, 권57), 태교문(胎敎門, 권57), 임신질병문(姙娠疾病門, 권58~60), 좌월문(坐月門, 권61), 산난문(産難門, 권61~62), 산후문(産後門, 권63~66), 소아문(小兒門, 권67~75), 보유(補遺, 권75), 향약본초개론(鄕藥本草槪論, 권76), 향약본초각론(鄕藥本草各論, 권77~85).

57개 병문은 육기(六氣, 1~7병문, 권1~10), 사기(邪氣)와 몸(8~16병문, 권11~16), 내상 즉 오장육부(五臟六腑, 17~31병문, 권17~29), 신체부위별 질병(32~40병문, 권29~39), 외상(41~43병문, 권40~49), 구급(44~46병문, 권49~53), 부인과(47~56병문, 권54~66), 소아과(57병문, 권67~75)로 이루어져 있다. 〈표 1〉과 같다. 여기에 양생과 도교의학을 다룬 보유(補遺, 권75)와 향약본초(鄕藥本草)를 다룬 향약본초개론(鄕藥本草概論, 권76) 및 향약본초각론(鄕藥本草各論, 권77~85)이 부가된 형식이다.

『향약집성방』의 체재가 갖는 특성을 가늠하기 위해서는 여말선초에 크게 영향을 미친『태평성혜방』및『성제총록』의 편차와 비교하는 것이 효과적이다. 흔히『성혜방』으로 약칭하는『태평성혜방(太平聖惠方)』은 992년(고려 성종 11년, 송 태종 순화 3년)에 간행되었다. 승의 왕회은(王懷隱) 등이 민간 처방과 옛 방서를 토대로 100권으로 편찬하였다.[45]『태평성혜방』은 대체로 진단과 치료법 총론 → 사기(邪氣)로 인한 질병 → 부위에 따른 질병 → 증상에 따른 질병 → 응급 및 외상에 따른 질병 → 부인과 → 소아과 → 도교와 양생 → 침구법으로 구성된다.[46]

그리고『성제총록(聖濟總錄)』은 송 휘종의 정화(政和) 연간(1111~1117년)에 편찬되었다. 천하의 방술(方術)을 수집하고 어부(御府)의 장서를 토

---

45 홍원식·윤창열 편저,『증보 중국의학사』, 一中社, 2001, 250~251쪽.
46 『태평성혜방』의 목차를 권별로 표시하면 다음과 같다. 診脈法(권1), 用藥法(권2), 肝心脾肺腎의 五臟 질병(권3~7), 傷寒(권8~14), 時氣(권15~16), 熱病(권17~18), 中風(권19~25), 虛勞(권26~31), 眼(권32~33), 齒(권34), 咽喉(권35), 口舌(권36), 耳(권36), 鼻衄(권37), 吐血(권37), 乳石(권38), 中毒(권39), 頭痛(권40), 髮(권41), 上氣(권42), 胸痺(권42), 心腹痛(권43), 腰痛(권44), 陰癩(권44), 脚氣(권45), 咳嗽(권46), 霍亂(권47), 三焦(권47), 積聚(권48), 諸疝(권48), 㿗癖(권49), 噎膈(권50), 痰飮(권51), 瘧病(권52), 三痟(권53), 水病(권54), 黃病(권55), 諸尸·蠱毒·卒死 등 應急(권56), 諸蟲(권57), 諸淋(권58), 諸痢(권59), 諸痔(권60), 癰疽發背(권61~63), 腫瘡(권64), 癬疥(권65), 瘰癧(권66), 傷折(권67), 金瘡(권68), 婦人(권69~81), 小兒(권82~93), 神仙方(권94), 丹藥藥酒(권95), 食治(권96~97), 補益方(권98), 針經(권99), 明堂(권100). 미키 사카에는『향약집성방』이『태평성혜방』의 목차를 따랐다고 주장하였다(三木榮, 『朝鮮醫學史及疾病史』, 自家出版, 1963, 123쪽).

대로 삼아 200권 분량에 20,000처방을 수록하였는데, 질병별로 병문을 나누고 병문마다 병론을 두었다.[47] 그후 금(金) 대정(大定) 연간과 원(元) 대덕(大德) 연간에 각각 중간(重刊)되었다.[48] 『성제총록』은 병인과 치료 이론 → 사기(邪氣)로 인한 질병 → 내상과 증상에 따른 질병 → 부위에 따른 질병 → 응급 및 외상에 따른 질병 → 부인과 → 소아과 → 침구법 → 도교의학으로 짜여 있다.[49]

『향약집성방』을 『태평성혜방』 및 『성제총록』과 비교해보면 사기로 인한 질병, 증상이나 부위별로 구분된 내과, 응급을 포함한 외과, 부인과, 소아과 등 중국 의서에서 다루는 모든 과가 포괄되어 있음을 알 수 있다. 여기에 부인과와 소아과를 마지막에 부가하거나 도교의학과 침구법까지 포함되어 있는 점에서도 『태평성혜방』과 『성제총록』의 영향을 쉽게 확인할 수 있다. 심지어 『향약집성방』에서는 중국의 풍토병까지도 수록한다. 『태평성혜방』을 인용하여 중국 강남의 사공(射工)이라는 독충(毒蟲)의 치료

---

47 『聖濟總錄』, 政和聖濟總錄序.
48 홍원식·윤창열 편저, 『증보 중국의학사』, 一中社, 2001, 252~253쪽.
49 『성제총록』의 목차를 권별로 표시하면 다음과 같다. 運氣(권1~2), 敍例(권3), 補遺(권3), 治法(권4), 諸風門(권5~18), 諸痺門(권19~20), 傷寒門(권21~33), 中暍門(권34), 瘧病門(권34~37), 霍亂門(권38~40), 肝藏門(권41~42), 膽門(권42), 心藏門(권43), 小腸門(권43), 脾藏門(권44~46), 胃門(권47), 肺藏門(권48~50), 大腸門(권50), 腎藏門(권51~53), 膀胱門(권53), 三焦門(권54), 心痛門(권55~56), 心腹門(권57), 消渴門(권58~59), 黃病門(권60~61), 胸痺門(권61), 膈氣門(권62), 嘔吐門(권63), 痰飮門(권63~64), 欬嗽門(권65~66), 諸氣門(권67), 吐血門(권68~69), 鼻衄門(권70), 積聚門(권71~73), 泄痢門(권74~78), 水病門(권79~80), 脚氣門(권81~84), 腰痛門(권85), 虛勞門(권86~92), 骨蒸傳尸門(권93), 諸疝門(권94), 陰疝門(권94), 大小便門(권95~97), 諸淋門(권98), 九蟲門(권99), 諸尸門(권100), 諸注門(권100), 面體門(권101), 髭髮門(권101), 眼門(권102~113), 耳門(권114~115), 鼻門(권116), 口齒門(권117~121), 咽喉門(권122~124), 癭瘤門(권125), 瘰癧門(권126~127), 癰疽門(권128~131), 瘡腫門(권132~138), 金瘡門(권139~140), 痔瘻門(권141~143), 傷折門(권144~145), 雜療門(권146~149), 婦人門(권150~166), 小兒門(권167~182), 乳石發動門(권183~184), 補益門(권185~187), 食治門(권188~190), 鍼灸門(권191~194), 符禁門(권195~197), 神仙服餌門(권198~200).

법을 다루기도 하고,⁵⁰ 안휘성을 비롯한 중국 남부의 수독병(水毒病)까지 다루기도 한다.⁵¹ 이처럼 『향약집성방』은 당시 조선인들이 흥미를 느낀 모든 질병을 아우름으로써 종합의서의 면모를 갖추었다.

종합의서 편제가 『향약집성방』에서 처음으로 확립된 것이라고 단정할 수는 없다. 현존하는 『향약제생집성방』에서도 이미 종합의서의 흔적이 엿보인다. 향약 의서들이 모두 남아 있지 않은 현재로서는, 여말선초에 향약 의서들이 종합의서 편제로 변화하는 연장선상에 『향약집성방』과 『의방유취』가 있으며, 이러한 변화에는 동아시아의료의 영향이 컸다는 정도로 이해하면 좋을 것 같다.

그런데 『향약집성방』·『태평성혜방』·『성제총록』의 체재를 자세히 들여다보면 상이한 점들이 눈에 띈다. 『향약집성방』에서는 본문 첫머리에 풍문(風門), 즉 중풍(中風)을 배치하였다. 『태평성혜방』과는 다르고 『성제총록』과는 비슷해 보인다. 하지만 풍문 다음의 배치를 살펴보면 『향약집성방』은 『성제총록』과도 다른 독특한 편차를 구성하였다. 『향약집성방』에서는 풍문(風門), 상한문(傷寒門), 열병문(熱病門), 서문(暑門), 습문(濕門), 적열문(積熱門), 학병문(瘧病門) 순으로 배치한 것이다. 이것은 의학이론 가운데 육기(六氣, 즉 풍(風)·한(寒)·서(暑)·습(濕)·조(燥)·화(火)를 의식한 편제로서, 간심비폐신(肝心脾肺腎)의 오장(五臟) 질병을 앞세운 『태평성혜방』이나 사기(邪氣) 관련 질병만을 앞부분에 배치한 『성제총록』보다 진전된 방식이었다. 『향약집성방』에서 풍문(風門)을 앞세운 것은 단순히 『성제총록』을 본받은 것이 아니라 『향약집성방』 편찬자들의 구상이었던 것이다.

풍문(風門)이 『향약집성방』에서 맨 앞에 배치된 것은 노중례 등이 중풍

---

50 『鄕藥集成方』 卷50, 蟲獸傷門 射工中人瘡.
51 『鄕藥集成方』 卷51, 中諸毒門 解水毒.

을 가장 심각한 질병으로 인식했기 때문이다. 이에 대해서는 앞글에서 살펴보았다. 즉 세종 즉위 무렵에는 "요사이 중풍으로 갑자기 죽은 사람이 20여 명이나 된다."라고 지적할 정도였다.[52] 고위관료들에 제한된 기록이므로 실제로는 훨씬 많은 삶을 위협한 질병이 중풍이었을 것이다.

병증의 배치와 설명에서도 『향약집성방』은 나름의 합리를 추구하였다. 내상 관련 병증의 배치를 보면 『향약집성방』은 신체 부위를 각기(脚氣) → 요통(腰痛) → 현훈(眩暈), 두(頭) → 안(眼) → 이(耳) → 비(鼻) → 구설(口舌) → 치아(齒牙) → 인후(咽喉) 등 한 방향으로 정리하고 있다. 얼굴 부위의 설명이 안(眼) → 치(齒) → 인후(咽喉) → 구설(口舌) → 이(耳) → 비뉵(鼻衄) 등으로 오락가락하는 『태평성혜방』이나 오장육부 등이 혼재되어 배치된 『성제총록』보다는 정리된 느낌을 준다. 그리고 『향약집성방』의 병증 구성은 대체로 증상과 치료원리 설명(병론) → 중국 의서 인용 → 노인 관련 의서 인용 → 향약 의서 인용 → 침구법의 순서로 짜여 있다. 『향약집성방』 편찬자들은 동아시아의학 정리에 가장 적합한 방식을 고안하여 조선식의 의서 체재를 갖춘 것이다.

처방의 배치도 『향약집성방』 편찬자들의 견해였다. 『향약제생집성방』과 같은 향약 의서에서 이미 다뤘다고 해서 『향약집성방』에서 그대로 추종하는 것은 아니었다. 예를 들어 『향약제생집성방』과 『향약집성방』에는 가슴 부위의 통증에 관한 기록이 있다. 『향약제생집성방』의 '심복통'에서는 의서 12종의 처방을 인용한 반면,[53] 『향약집성방』에서는 이 처방들을 두 군데 즉 권23 심통문 내의 '심통(心痛)'과 '심복통(心腹痛)'으로 나누어 재배치하였다.[54] 『향약제생집성방』에서는 '심복통'으로 함께 처리했던 처

---

52 『世宗實錄』 卷2, 세종 즉위년(1418) 11월 5일(신해).
53 『鄕藥濟生集成方』 卷4, 心腹痛.
54 『鄕藥集成方』 卷23, 心痛門 心痛; 心腹痛.

방들을 가슴과 복부로 세분한 것이다. 『향약집성방』의 확장방식을 결정하는 것은 조선 의학자들의 몫이었다.

이 때문에 『향약집성방』 본문에서 편찬자들의 언급을 찾는 것은 어렵지 않다. 『천금방』의 처방을 인용하면서도 『향약집성방』에서는 "이제는 1냥 분량을 물 2종지가 1종지가 되도록 달인 후 찌꺼기를 버리고 따뜻하게 복용해도 좋다."라고 추가로 언급하였으며,[55] 다른 곳에서는 조선 사람들이 이해하기 쉽도록 괄호 안에 발음을 달아주고 설명을 덧붙였다.[56] 노중례 등의 편찬자들은 『향약집성방』 본문에서 자신들의 의견을 분명히 표시하였던 것이다.

『태평성혜방』 및 『성제총록』과 비교했을 때 『향약집성방』의 체재에서 마지막으로 눈에 뜨는 점은 10권이나 되는 향약본초이다. 앞서 언급한 것처럼 향약본초는 『향약제생집성방』과도 구분되는 『향약집성방』만의 특색이기도 하다. 또한 중국 의서에서는 진맥·용약·운기·치법 등 이론을 앞에 배치했지만, 『향약집성방』에서는 여기에 해당하는 처방과 복약법이 권76의 「지남총론(指南總論)」에 간략히 실려 있다.

이처럼 『향약집성방』에서는 소아과와 부인과를 포함한 종합의서 체재를 구축하였는데, 『태평성혜방』과 『성제총록』의 큰 영향을 받은 것이었다. 중국 의서의 편제를 빠뜨림 없이 수용함으로써 당시 조선에서 발생 가능성이 있는 모든 질병을 『향약집성방』에서 채용하고자 한 것이다. 『향약집성방』에서는 중국의 풍토병까지 수집할 정도였다. 그러나 병문 및 병

---

55 『備急千金要方』 卷32, 傷寒方 傷寒雜病第十(四庫全書本). "苦參湯治熱病五六日已上方. 苦參(三兩). 黃芩(二兩). 生地黃(八兩). 右三味咬咀, 以水八升, 煎取二升, 適寒溫服一升, 日再."; 『鄕藥集成方』 卷9, 熱病門 熱病頭痛. "[千金方]治熱病五六日已上. 苦參三兩. 黃芩二兩. 生地黃八兩 ○右咬咀, 以水八升, 煎取二升, 適寒溫服一升, 日再(今每服一兩, 水二鍾, 煎至一鍾, 去滓, 溫服可)."

56 『太平聖惠方』 卷49, 治積年厭食癥塊諸方. "治久厭食, 令自消化";『鄕藥集成方』 卷27, 脾胃門 宿食不消. "[聖惠方]治久厭(於葉反, 厭伏也)食, 令自消化."

증의 배치, 처방의 분류, 향약 본초학의 정리 등에서 『향약집성방』은 중국 의서와 적지 않은 차이를 보인다. 당연하게도 중국 의학은 노중례를 비롯한 조선 의학자들의 판단을 거쳐 조선에 유입되었기 때문이다. 조선에서 전개되는 동아시아의료의 구체적인 모습이었다.

2) 『향약집성방』과 질병의 폭증

『향약집성방』에서는 기존 향약 의서들의 처방을 가급적 널리 수집하였으므로 『향약집성방』에 수록된 향방(鄕方)의 분포는 고려와 조선 의료에서 관심을 갖던 질병의 분포를 보여준다. 다시 말해 『향약집성방』에 인용되어 있는 향방들은, 고려와 조선에서 이미 질병으로 간주되었던 증후들을 표시한다. 반면 『향약집성방』의 57병문 959병증 체재는 『향약집성방』이 편찬되던 '세종 15년(1433)' 당시의 질병체계이다. 따라서 인용된 향방의 분포를 『향약집성방』 체재와 비교하면 여말선초 질병의 변화 양상을 분석할 수 있다.

『향약집성방』에서는 『제중입효방』을 비롯한 10종의 의서에서 총 550개의 향방(鄕方)을 인용하였다. 인용빈도별로 헤아려보면 『제중입효방(濟衆立效方)』 1방, 『신집어의촬요방(新集御醫撮要方)』 13방, 『향약구급방(鄕藥救急方)』 45방, 『삼화자향약방(三和子鄕藥方)』 242방, 『비예백요방(備預百要方)』 7방, 『향약고방(鄕藥古方)』 7방, 『동인경험방(東人經驗方)』 8방, 『향약혜민방(鄕藥惠民方)』 30방, 『향약간이방(鄕藥簡易方)』 60방, 『본조경험방(本朝經驗方)』 137방이다.[57] 이 처방을 57개 병문과 함께 정리하면

---

[57] 『향약집성방』에 인용된 향약 의서로 김두종은 9종 즉 『三和子鄕藥方』·『鄕藥易簡方』·『鄕藥惠民方』·『東人經驗方』·『濟衆立效方』·『本朝經驗方』·『鄕藥救急方』·『御醫撮要方』·『鄕藥古方』이라고 정리하였는데, 미키 사카에는 여기에 『鄕藥濟生集成方』을 더해 10종이라고 꼽았고, 김남일은 『本朝經驗方』을 제외하여 8종이라고 주장하였다(金斗鍾, 「世宗大王의 濟生偉業과 醫藥의 自主的 發展」, 『서울大學校 論文集 人文社會科學篇』 5, 1957, 34쪽; 三木榮, 『朝鮮醫學史及疾病史』, 自家出版, 1963, 129쪽; 金南一, 「『鄕藥集

〈표 1〉과 같다.

〈표 1〉에 나오는 숫자는 노중례를 비롯한 『향약집성방』 편찬자들이 선택하여 57개 병문에 배정한 향방이다. 따라서 이 향방들이 고려와 조선에서 존재하던 모든 처방은 아니다. 인용된 숫자가 적은 의서일 경우에는 깊게 분석하기도 어렵다. 하지만 이 표의 550개 향방 정도라면 『향약집성방』 이전의 전반적인 질병 추세는 충분히 읽을 수 있다.

5종 이상의 향약 의서에서 공통되는 질병을 꼽자면 중풍[風門], 학질[瘧病門], 토사곽란[霍亂門], 심복통[心痛門], 해수[諸咳門], 눈병[眼門], 이질[諸痢門], 종기[癰疽瘡瘍門] 등이다. 여러 종류의 향약 의서에서 다루고 있다는 것은 이 질병들이 고려시대부터 이미 일상 속에 자리잡은 질병들이었음을 의미한다.

550개 향방을 57개 병문별로 따져보면 옹저창양문(癰疽瘡瘍門, 103), 소아문(小兒門, 44), 풍문(風門, 40), 제손상문(諸損傷門, 24), 안문(眼門, 23), 제리문(諸痢門, 22), 심통문(心痛門, 19), 치루문(痔漏門, 19), 산후문(產後門, 19), 충수상문(蟲獸傷門, 18), 각기문(脚氣門, 16), 제림문(諸淋門, 15), 대소변문(大小便門, 13), 제해문(諸咳門, 11), 치아문(齒牙門, 11), 타박상손

成方』의 인용문헌에 대한 연구」, 『震檀學報』 87, 1999, 208~211쪽). 9종의 의서는 별다른 문제가 없으나, 미키 사카에는 『향약제생집성방』도 『향약집성방』에서 인용되었다고 판단하였다. 『향약집성방』에는 '鄕藥濟生集成方'이라는 표현이 전혀 보이지 않는다. 다만 '集成方'으로 표기된 의서가 병론을 포함한 몇 군데에서 등장하는데, 미키 사카에는 이 '集成方'을 『향약제생집성방』의 약경으로 간주한 듯하다(三木榮, 『朝鮮醫書誌』 增修版, 學術圖書刊行會, 1973, 33쪽). 김중권도 '集成方'이 『향약제생집성방』이라고 추측하였다(金重權, 「朝鮮初 鄕藥醫書에 관한 考察」, 『書誌學研究』 16, 1998, 144쪽). 이 주장을 확인하기 위해서는 두 의서의 동일한 항목을 비교해볼 필요가 있다. 『향약집성방』 諸痢의 병론은 '集成方'에서 인용하였는데, 『향약제생집성방』 諸痢論의 문장과는 전혀 일치하지 않는다(『鄕藥集成方』 卷37, 諸痢門 諸痢; 『鄕藥濟生集成方』 卷6, 諸痢論). 이 '集成方'은 『醫方集成方』과 동일한 문헌으로 생각된다. 『향약집성방』에는 '醫方集成方'이라는 의서가 보인다(『鄕藥集成方』 卷12, 腰痛門 腰痛强直不能俛仰). 한편 『비예백요방』은 향약 의서로 판명되었으므로(안상우, 「고려의서 『비예백요방』의 고증」, 『韓國醫史學會誌』 13(2), 2000), 이 글에서는 〈표 1〉과 같이 향약 의서가 10종이라고 판단하였다.

〈표 1〉『향약집성방』체재와 향방 일람표

번호	질병구분	병문	제중입효방	신집어의촬요방	향약구급방	삼화자향약방	비예백요방	향약고방	동인경험방	향약혜민방	향약간이방	본조경험방	합계
1	풍한서습 조화의 육기(六氣) 개별	풍문(風門)	1	0	1	30	0	1	0	1	2	4	40
2		상한문(傷寒門)	0	0	0	0	0	0	0	1	0	1	2
3		열병문(熱病門)	0	0	0	1	0	0	0	0	0	0	1
4		서문(暑門)	0	0	0	1	0	0	0	0	0	1	2
5		습문(濕門)	0	0	0	0	0	0	0	0	0	2	2
6		적열문(積熱門)	0	0	0	3	0	0	0	0	1	0	4
7		학병문(瘧病門)	0	0	1	3	0	0	1	2	1	0	8
	소계	7개 병문	1	0	2	38	0	1	1	4	4	8	59
8	사기(邪氣)와 몸	각기문(脚氣門)	0	0	1	4	0	0	0	0	5	6	16
9		요통문(腰痛門)	0	0	0	2	0	0	1	1	3	0	7
10		곽란문(霍亂門)	0	0	1	6	0	0	1	0	1	1	10
11		현훈문(眩暈門)	0	0	0	0	0	0	0	0	0	0	0
12		제허문(諸虛門)	0	0	0	0	0	0	0	0	0	1	1
13		경계문(驚悸門)	0	2	0	0	0	0	0	0	0	0	2
14		허손문(虛損門)	0	0	0	0	0	0	3	0	0	1	4
15		노채문(勞瘵門)	0	0	0	0	0	0	0	0	0	0	0
16		삼소문(三痟門)	0	0	1	1	0	0	0	1	0	1	4
	소계	9개 병문	0	2	3	13	0	0	5	2	9	10	44
17	내상 즉 오장육부	수병문(水病門)	0	1	1	2	0	0	0	0	0	3	7
18		황병문(黃病門)	0	0	0	0	0	0	0	0	0	0	0
19		대소변문(大小便門)	0	0	2	10	0	0	0	0	0	1	13
20		제림문(諸淋門)	0	0	2	12	0	0	0	0	0	1	15
21		제산문(諸疝門)	0	0	1	0	0	0	0	0	0	3	4
22		적취문(積聚門)	0	0	0	3	0	0	0	0	0	0	3
23		심통문(心痛門)	0	1	2	8	1	0	0	4	0	3	19
24		제해문(諸咳門)	0	2	1	0	0	3	0	3	0	2	11
25		제기문(諸氣門)	0	0	0	0	0	0	0	0	2	0	2
26		담음문(痰飮門)	0	0	0	0	0	0	0	0	0	0	0
27		구토문(嘔吐門)	0	0	0	8	0	0	1	0	0	0	9
28		열격문(噎隔門)	0	0	2	5	0	0	0	0	0	1	8
29		비위문(脾胃門)	0	1	0	0	0	0	0	0	0	0	1
30		고독문(蠱毒門)	0	0	0	0	0	0	0	0	0	0	0
31		비뉵문(鼻衄門)	0	1	2	1	0	0	0	1	0	0	5
	소계	15개 병문	0	6	13	49	1	3	1	8	2	14	97

번호	질병구분	병문	제중입효방	신집어의촬요방	향약구급방	삼화자향약방	비예백요방	향약고방	동인경험당	향약혜민방	향약간이방	본조경험방	합계
32	신체부위별 질병	두문(頭門)	0	0	1	2	0	0	0	1	0	0	4
33		안문(眼門)	0	0	3	7	2	0	0	1	0	10	23
34		이문(耳門)	0	0	0	5	0	0	0	0	0	0	5
35		비문(鼻門)	0	0	0	0	0	0	0	0	0	0	0
36		구설문(口舌門)	0	0	0	4	2	0	0	0	0	0	6
37		치아문(齒牙門)	0	1	0	4	0	0	0	0	1	5	11
38		인후문(咽喉門)	0	0	3	0	0	0	0	1	0	5	9
39		제리문(諸痢門)	0	3	0	10	0	3	0	2	0	4	22
40		치루문(痔漏門)	0	0	0	7	0	0	0	1	0	11	19
	소계	9개 병문	0	4	7	39	4	3	1	5	1	35	99
41	외상	옹저창절문(癰疽瘡癤門)	0	0	5	49	0	0	0	11	7	31	103
42		타박상손문(打撲傷損門)	0	0	1	4	0	0	0	0	1	5	11
43		제손상문(諸損傷門)	0	0	0	10	2	0	0	0	2	10	24
	소계	3개 병문	0	0	6	63	2	0	0	11	10	46	138
44	구급	충수상문(蟲獸傷門)	0	0	0	4	0	0	0	0	0	14	18
45		중제독문(中諸毒門)	0	0	2	0	0	0	0	0	3	3	8
46		제구급문(諸救急門)	0	0	0	0	0	0	0	0	2	1	3
	소계	3개 병문	0	0	2	4	0	0	0	0	5	18	29
47	부인과	조경문(調經門)	0	0	0	0	0	0	0	0	1	0	1
48		붕루문(崩漏門)	0	0	0	2	0	0	0	0	0	0	2
49		부인제병문(婦人諸病門)	0	0	0	0	0	0	0	0	0	0	0
50		여음문(女陰門)	0	0	1	4	0	0	0	0	0	0	5
51		구사문(求嗣門)	0	0	0	0	0	0	0	0	0	0	0
52		태교문(胎敎門)	0	0	0	0	0	0	0	0	0	0	0
53		임신질병문(姙娠疾病門)	0	0	0	3	0	0	0	0	0	1	4
54		좌월문(坐月門)	0	0	0	0	0	0	0	0	0	0	0
55		산난문(産難門)	0	0	6	1	0	0	0	0	2	0	9
56		산후문(産後門)	0	1	0	6	0	0	0	0	8	4	19
	소계	10개 병문	0	1	7	16	0	0	0	0	11	5	40
57	소아과	소아문(小兒門)	0	0	5	20	0	0	0	0	18	1	44
	소계	1개 병문	0	0	5	20	0	0	0	0	18	1	44
	합계	57개 병문	1	13	45	242	7	7	8	30	60	137	550

문(打撲傷損門, 11), 곽란문(霍亂門, 10)의 순으로 나타난다.[58] 외과·소아과·중풍에 향방의 숫자가 크게 몰리는 것으로 미루어, 이들이 고려 이래로 심각하다고 느낀 질병군이었다.

의서별로 살피자면, 고려의 『향약구급방』은 제목 그대로 구급에 초점을 맞춘 의서이지만,[59] 『신집어의촬요방』은 내과에 초점을 맞춘 의서이다. 특이하게도 『향약간이방』은 60개 처방 중 소아과 18개, 부인과 11개여서, 소아와 여성 치료에 강점이 있었다.

『삼화자향약방』과 『본조경험방』의 향방은 각각 242개와 137개가 수록되어 있다. 이 정도면 통계적인 신뢰도가 상당히 있으므로, 처방 갯수를 감안하여 두 의서의 상대적인 특성을 비교해볼 수 있다. 『삼화자향약방』은 풍한서습조화의 육기(六氣) 개별, 내상, 부인과, 소아과에 많은 관심을 보이고 있다. 〈표 1〉에서 다른 향약 의서들의 분포를 감안하면, 육기(六氣)나 사기(邪氣)를 이론적 배경으로 하는 질병 구분은 고려말의 의서인 『삼화자향약방』에서야 본격적으로 주목되었다.

이에 반해 『본조경험방』은 신체부위별 질병과 구급 같은 데에 주의를 쏟는다. 책 이름처럼 당시의 경험방을 수집하기 위해 편찬되었으므로 일상의 질병, 특히 구급 상황에 초점을 맞추었던 것이다. 이처럼 의서별로 살펴보면 『향약집성방』 편찬 이전에도 향약 의서들이 간행을 거듭할수록 게재하는 질병의 범위가 확대되었음을 알 수 있다.

그런데 중풍[風門]이나 학질[瘧病門]처럼 고려시대부터 관심이 지속된

---

58 기존 연구들에서도 『향약집성방』의 인용의서와 인용 횟수를 정리한 적이 있는데, 동일한 의서에서 인용할 경우에는 여러 처방이 인용된 경우라도 한 조문으로 정리했으므로 인용 횟수가 〈표 1〉보다 적게 나타난다(金澔, 「여말선초 '鄕藥論'의 형성과 『鄕藥集成方』」, 『震檀學報』 87, 1999, 147~148쪽; 金南一, 「『鄕藥集成方』의 인용문헌에 대한 연구」, 『震檀學報』 87, 1999, 196쪽).
59 〈표 1〉에서는 『향약구급방』의 성격이 잘 드러나지 않지만 구급의서가 분명하다(申榮日, 『鄕藥救急方에 對한 硏究』, 경희대학교 박사학위논문, 1994 참고).

병문이 있는 반면에 향방이 하나도 들어 있지 않은 병문도 57개 가운데 10개나 된다. 현훈문(眩暈門), 노채문(勞瘵門), 황병문(黃病門), 담음문(痰飲門), 고독문(蠱毒門), 비문(鼻門), 부인제병문(婦人諸病門), 구사문(求嗣門), 태교문(胎敎門), 좌월문(坐月門)이 그것이다. 물론 그 이전의 향약 의서라고 해서 비문(鼻門)이나 부인제병문(婦人諸病門), 즉 콧병이나 여성 질환이 전혀 없는 것은 아니었다. 하지만 『향약집성방』의 10개 병문에 향약 의서 인용이 완전히 빠져 있는 것은 이 병문들의 질병이 조선초까지도 주목받지 못하거나 기존 향약 의서에서 제대로 치료하지 못한 영역이었음을 강력히 시사한다. 달리 말하면 10개 병문은 『향약집성방』 편찬과 함께 새로 부각된 질병군들이다. 10개 병문 가운데 황병문(黃病門)의 황달을 사례로 살펴보자.

황달은 고려의 『향약구급방』에서는 백반증·기미·여드름·액취·사마귀 치료법과 함께 '잡방(雜方)'이라는 제목으로 묶여 있으며, 1건의 치료법만 보일 뿐이었다.[60] 질병으로 수록하지만 중요하지는 않다는 의미였다. 현존하는 고려의 『신집어의촬요방』 처방에는 황달 치료법이 아예 보이지 않는다.

반면 『향약집성방』에서는 권18 황병문 전체를 황달에 할애하고 있다. 병인의 측면에서 황달은 열이 음식물과 어울려 비위(脾胃)에 몰려 있을 때 풍습(風濕)의 사기(邪氣)를 받아 열기가 훈증하면서 생긴다고 설명한다.[61] 황달 증상으로는 급황(急黃)에서 흑달(黑疸)까지 26종으로 구분하여 증상과 치료법을 조목조목 제시하고 있다. 고려에서는 사소하게 여겨졌던 황달이 조선에 들어서는 심각한 질병으로 인식되기 시작한 것이다.

그런데 『향약집성방』에서는 『향약구급방』의 황달 처방 1건마저도 인

---

60 『鄕藥救急方』 下卷, 雜方. "雜方 …… 理諸黃病, 取大麥苗[鄕名包衣]汁, 服之."
61 『鄕藥集成方』 卷18, 黃病門 黃疸.

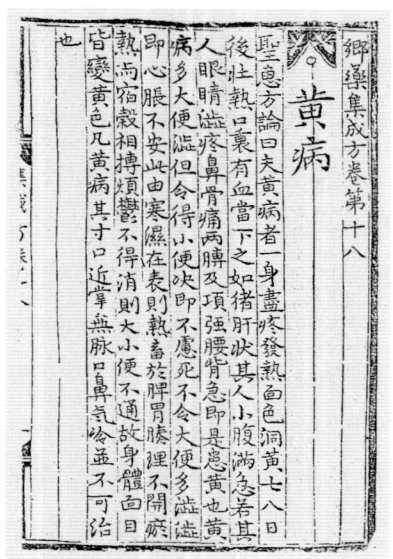

고려에서는 사소했던 황달이 조선에 들어와서는 심각한 질병으로 인식되기 시작하였다. 『향약집성방』에서는 권18 황병문 전체를 황달에 할애하고 있다. 황달 증상은 급황(急黃)을 비롯한 26종으로 구분되었고 그 증상과 치료법도 세분화되었다.

용하지 않으며, 중국 처방만을 인용하였다. 게다가 어혈(瘀血)이 뭉쳐 몸이 노랗게 되는 전형적인 황달 외에도 『향약집성방』에서는 음식 냄새를 맡기만 해도 구역질이 나는 식황(食黃), 과음했을 때의 술병에 해당하는 주달(酒疸), 갑자기 과식한 탓에 생기는 곡달(穀疸) 등도 황병으로 취급하였다. 중국 의서에서 설명하는 다양한 증후들이 『향약집성방』에 수록됨으로써 조선 사람들에게는 황달로 인식되었던 것이다.

『향약집성방』의 상한병(傷寒病) 역시 조선 사람들이 질병에 포섭되는 양상을 잘 보여준다. 상한은 중국 의료에서 예전부터 중시한 질병이었다. 하지만 고려에서는 상한 개념이 그다지 강하지 않았다.[62] 여말선초의 향약 의서들에서 상한에 대한 언급들이 조금씩 나오다가 『향약집성방』에 이르러서는 상한을 꽤 자세히

---

[62] 『新集御醫撮要方』 처방들은 『의방유취』의 각 병문에 골고루 수록되어 있어서 고려시대에서 중시된 질병들을 파악할 수 있다. 그런데 『의방유취』의 상한문에는 『신집어의활요방』이 딱 2개만 인용되어 있다(안상우·최환수, 『어의활요연구』, 한국한의학연구원, 2000). 소화불량 등에 대한 『신집어의활요방』 처방이 『의방유취』 비위문에 12개나 인용되었다는 점과 비교하면, 고려에서 상한은 그리 중요한 비중을 차지하지 않았다는 점이 확인된다. 한편 오재근은 고려에 유입된 『太平聖惠方』에는 상한에 대한 내용이 수록되어 있고, 『川玉集傷寒論』이 고려에서 유통되었으며, 위에서 언급한 것처럼 『신집어의활요방』에 상한 논의들이 존재한다는 점을 근거로 고려시대 醫家들 역시 상한 전문지식을 지니고 있었다고 이해한다(오재근, 「조선 의서 『향약집성방』 중에 실린 상한(傷寒) 논의 연구 -인용 문헌, 의론(醫論), 처방, 본초 등을 중심으로-」, 『한국의사학회지』 25(2), 2012, 126쪽).

다루었다.

즉 『향약집성방』에서는 상한문이 권5~8까지 4권이나 배정될 정도로 비중이 확대되었으며,[63] 풍문에 이어 두 번째 병문으로 위치할 만큼 중시되었다. 하지만 〈표 1〉에서 보이는 바와 같이 『향약집성방』 상한문 전체의 향방은 『향약혜민방』 1건과 『본조경험방』 1건 등 2건에 불과하며, 나머지는 전부 중국 처방으로 채워졌다.[64] 그뿐만 아니라 『향약집성방』에서는 상한 때 구토하는 증상[傷寒嘔吐], 상한 때 코피가 나는 증상[傷寒鼻衄], 상한 때 토혈하는 증상[傷寒吐血], 상한 때 농혈이 나오는 이질 증상[傷寒下膿血痢] 등등 59개 병증으로 세분하였다.

기존 향약 의서는 이들 상한 합병증까지 다룰 만큼 치밀하지 않았던 것인데, 『향약집성방』에 들어 상한으로 인한 각종 증상을 최대한 다루려고 했던 것이다. 황달의 사례와 마찬가지로 조선에서 질병으로 간주되는 증후군이 확대되는 과정이었다. 심지어 『향약집성방』에서는 귀지가 뭉치거나 콧물이 계속 흐르는 증후도 병증으로 간주하였다. 어린이가 놀라거나 코가 막히는 것도 질병으로 인식하였다.[65]

질병은 치료하는 것이 당연하다. 『향약집성방』에 새로 등재된 질병에 걸린 조선 사람들은 이제 치료될 필요가 있었다. 중도 의료가 『향약집성방』을 통해 조선에 투사된 것이다.

그러나 중국 의료의 질병체계가 일방적으로 조선에서 통용된 것은 아니었다. 『향약집성방』의 수록 질병과 처방은 당시 조선사회의 요구와 상

---

63 오재근은 『향약집성방』 권5~8의 傷寒門과 권9의 熱病門이 모두 상한 관련 내용이라고 서술하였다(오재근, 「조선 의서 『향약집성방』 중에 실린 상한(傷寒) 논의 연구 -인용 문헌, 의론(醫論), 처방, 본초 등을 중심으로-」 『한국의사학회지』 25(2), 2012, 131쪽). 이렇게 이해하면 『향약집성방』의 상한병 관련 분량은 5권으로 늘어난다.
64 조선전기의 상한병에 대해서는 다음 글이 참고된다(이경록, 「조선전기 『의방유취』의 성취와 한계 -'상한'에 대한 인식을 중심으로-」, 『한국과학사학회지』 34(3), 2012).
65 『鄕藥集成方』 卷33, 耳門 耵聹; 鼻門 鼻流淸涕; 卷70, 小兒門 小兒急驚風; 卷72, 小兒門 小兒鼻塞.

응한 결과였다. 대표적인 예로는 전염병에 대한 조선의 대응과 『향약집성방』으로의 수렴을 들 수 있다. 세종대에 들어 승마갈근탕(升麻葛根湯)은 전염병 치료에 널리 활용되었다. 세종 1년(1419)과 세종 6년(1424)에는 각도에 역질(疫疾)이 성행하였다. 세종은 지방관들에게 구료(救療)를 독려하면서 승마갈근탕 등을 각도의 감사에게 내려보냈다.[66]

승마갈근탕에 들어가는 승마는 원래 고려에서는 풍병·인후 치료에 가끔씩 사용되었으며,[67] 조선에 와서는 고독·눈·치아·인후 치료에도 활용되었다.[68] 갈근 즉 칡뿌리는 눈병과 설사 치료에 사용하였고[69] 칡꽃은 술독 해소에, 칡잎은 쇠붙이로 인한 상처 치료에 쓰이는 정도였다.[70]

그런데 세종대 무렵에 들어 『간이방』과 같은 중국 의서를 통해 승마갈근탕이 전염병에 효과가 있다는 설명이 주목되었던 것이다. 『증류본초』와 같은 중국 본초서에서는 승마에 전염병 치료 효능이 있다고 적혀 있었다. 이에 따라 세종은 승마갈근탕을 널리 활용하였던 것인데, 이 처방은 『향약집성방』에 그대로 수록되어 있다.

『간이방』〔승마갈근탕〕. 어른이나 어린이가 전염병으로 머리가 아프고 열이 나며 사지가 몹시 아픈 증상과 창진(瘡疹)이 돋았거나 돋지 않았거나 돋으려고 하는 증상에 모두 복용하면 좋다.
승마(升麻)·백작약(白芍藥) 각 10냥, 갈근(葛根) 15냥.
○ 이 약재들을 잘게 썰어서 매번 3돈을 물 1종지 반(半)에 넣고 1종지가 되도록 달여서 찌꺼기를 버린다. 병이 풀리고 몸이 청량해질 때까지 1일 2~3회 수

---

66 『世宗實錄』卷4, 세종 1년(1419) 5월 1일(을사); 卷23, 세종 6년(1424) 2월 30일(병자).
67 『醫方類聚』卷24, 諸風門12 御醫撮要 防風浴湯; 卷75, 咽喉門3 聖濟總錄 咽喉 馬喉痺 龍腦丹砂丸方; 『鄕藥救急方』上卷, 喉痺.
68 『鄕藥濟生集成方』卷4, 蠱毒; 卷5, 目澁痛; 五藏風熱眼; 時氣後患目; 目暈; 牙齒動搖; 牙齒不生; 揩齒; 咽喉閉塞不通.
69 『鄕藥濟生集成方』卷5, 五藏風熱眼; 卷6, 熱痢.
70 『鄕藥救急方』下卷, 方中鄕藥目草部.

시로 뜨겁게 복용한다. 어린이는 양을 조절하여 복용한다.[71]

약효에 대한 이해에서도 『향약집성방』 향약본초에서는 승마가 온역(瘟疫)이나 장기(瘴氣)를 예방하고 시기독려(時氣毒癘) 등을 치료한다고 설명하였다.[72] 전염병의 예방과 치료라는 당시 조선의 요구에 맞춰 중국의 승마갈근탕은 『향약집성방』에 수록되면서 실생활에 기여하였던 것이다.

전염병이 조선에서는 큰 사회문제였기 때문에 『향약집성방』에는 전염병만을 다루는 「벽온병방(辟溫病方)」이 별도의 병증으로 배치되었다.[73] 노중례 등은 『상한유요(傷寒類要)』·『주후방(肘後方)』·『천금방(千金方)』·『태평성혜방(太平聖惠方)』·『경험양방(經驗良方)』·『당본주(唐本註)』·『병부수집(兵部手集)』·『용어하도(龍魚河圖)』·『신선교자법(神仙敎子法)』·『식의심경(食醫心鏡)』에서 조선에 적합한 전염병 처방을 골라서 「벽온병방」에 수록하였는데, 『향약집성방』이 간행되자마자 이 치료법들은 전국에서 실용되었다.

예컨대 세종 16년(1434)에는 전염병 치료법을 방문(方文)으로 써서 지방에 널리 알리도록 하였다. 지방 의료수준이 낮아서 『천금방』·『태평성혜방』·『경험양방』에서 단방(單方)에 가까운 처방을 간추려 보급하는 조치였는데,[74] 사실 이들 치료법은 전해에 간행된 『향약집성방』 「벽온병방」에 모두 실려 있었던 것이다.

『향약집성방』에 수록된 질병이 조선의 사회적 요구를 반영하고 있다는

---

71 『鄕藥集成方』 卷5, 傷寒門 傷寒時氣. "簡易方[升麻葛根湯]. 治大人小兒時氣溫疫頭痛發熱肢體煩痛及瘡疹已發未發疑二之間並宜服之. 升麻·白芍藥各十兩, 葛根十五兩. ○右吹咀, 每服三錢, 水一鍾半, 煎至一鍾, 去滓. 熱服, 不計時, 日二三服, 以病氣去身淸涼爲度. 小兒量力服之."
72 『鄕藥集成方』 卷76, 鄕藥本草各論 本草草部上品之上 升麻.
73 『鄕藥集成方』 卷8. 傷寒門 辟溫病方.
74 『世宗實錄』 卷64, 세종 16년(1434) 6월 5일(경술).

또 다른 사례로는 삼소문(三痟門)을 들 수 있다. 삼소문에 실린 이 질병들은 소갈(消渴), 즉 현재의 당뇨병이나 신장의 허열(虛熱)에 해당한다.

> 대개 음식은 음(陰)으로 들어가고 양(陽)에서 기(氣)를 영양한다. 기름지고 맛좋은 것을 과식하면 속에 열이 나면서 그득하게 되니, 양기(陽氣)만 성한 것이다. 양(陽)만이 홀로〔單〕남기 때문에 단(癉)이라고 했는데, 그 증상은 입이 달다〔甘〕. 오랫동안 치료하지 않으면 점차 소갈이 된다.[75]

소갈은 기름진 음식 때문에 발생하며 영양상태가 좋은 계층이 소갈에 걸릴 확률이 높다고 인식하고 있다.『향약집성방』의 소갈 치료 처방은 주목될 정도로 많다.[76] 반면 〈표 1〉에서 정리된 것처럼 기존의 향약 의서는 4건만 인용되며, '소중의 증상[消中]', '소신의 증상[痟腎]', '비단의 증상[脾癉]', '소갈 후 수병(水病)이 생긴 증상[痟渴後成水病]', '막외기의 증상[膜外氣]' 병증에는 향방(鄕方)이 하나도 없다. 고려에서는 소갈이 중대한 질병으로 인식되지 않았다고 추론할 수 있다. 다시 말하면 조선에 들어 식생활 개선과 영양상태 고도화가 어느 정도 진행되면서 소갈의 위험성이 증대함에 따라『향약집성방』에서는 소갈 증상과 치료법의 서술을 강화하였던 것이다.

그렇다면 당시 조선에서『향약집성방(鄕藥集成方)』에 담긴 질병은 얼마나 증가하였을까? 정종 1년(1399)에 간행된『향약제생집성방(鄕藥濟生集成方)』에는 총 338병증에 2,803처방이 수록되었는데, 앞에서 언급한 것처럼 세종 15년(1433)에 간행된『향약집성방』에는 총 959병증에 10,706처방이 수록되었다.『향약제생집성방』과 비교해서『향약집성방』의 병증

---

75 『鄕藥集成方』卷16, 三痟門 脾癉. "夫食入於陰, 長氣於陽. 肥甘之過, 令人內熱而中滿, 則陽氣盛矣. 故單陽爲癉, 其證口甘. 久而弗治, 轉爲消渴."

76 『鄕藥集成方』卷16, 三痟門 消渴.

과 처방이 3배가량이나 폭발하였던 것이다. 불과 30년 만의 일이었다.

요컨대 중국 의서를 본받아 『향약집성방』이 종합의서로 편제되면서 조선에서는 질병의 범위가 확장되었다. 이전에는 대수롭지 않았던 신체의 증후들이 이제는 질병으로 규정된 것이다. 새로운 질병의 창출이었다. 급증한 질병에는 중국의 풍토병도 포함되어 있었지만 조선에서 현안으로 떠오르던 역질(疫疾)·소갈(消渴) 등도 포괄되어 있었다. 이른바 새로운 질병은 조선에서 창궐하는 전염병이나 사회경제적 발전과 관련된 질병들이기도 하였던 것이다.[77]

4. 맺음말

이 글에서는 『향약집성방』을 조선에서 펼쳐진 동아시아의료라는 관점에서 살펴보았다. 『향약집성방』의 간행 경의, 향약 의서의 전승, 편제, 질병과 처방 등에 나타난 동아시아의료와 조선 의료의 구체적인 결합 양상을 이해하고자 한 것이다.

『향약집성방』은 책 이름 그대로 향약으로 모든 질병을 치료하려는 종합의서였다. 하지만 『향약집성방』은 재래의 향약 처방[鄕方]만을 담고 있지는 않으며, 중국 의서를 훨씬 많이 인용하였다. 『향약집성방』에서는 동

---

[77] 그런데 『향약집성방』에서는 꽤 많은 향방이 중국 처방들과 어울리게 되었다. 병증과 처방 내의 배치에서 조선의 향방은 중국 처방의 하부로 편입되면서 동아시아의료를 풍부하게 만들었다. 동아시아의료 전체로 본다면 조선 의료가 새로운 치료법을 창출하는 양상이었다. 반면 향약 본초학은 전통 향약 지식보다는 중국 본초학에 의지하는 경향이 특히 강하였다. 하지만 향재 활용의 실상을 추적해보면, 당재와 약효가 일치하지 않더라도 향재의 효능을 독자적으로 인정하였을 뿐만 아니라 외국에서도 향재가 사용되었다. 그렇다면 『향약집성방』 편찬을 통해 향방과 향약본초가 온전하게 자리를 잡음으로써 조선 의료 역시 동아시아화하였다고 평가할 수 있다. 이러한 조선 의료의 동아시아화에 대해서는 다른 글에서 다루었다(이경록, 「鄕藥에서 東醫로: 『향약집성방』의 의학이론과 고유 의술」, 『歷史學報』 212, 2011).

아시아의료에 기대어 질병의 종류·원인·기전을 이해하였으며, 치료 약재를 정리한 향약본초 역시 중국 본초학에 의존하고 있었다. 중국 의서를 널리 수집하고 향명(鄕名)을 당명(唐名)과 일치시켜 『향약집성방』을 편찬한 결과였다.

하지만 『향약제생집성방』의 증보판이라고 이해될 만큼 『향약집성방』은 향약 의서들을 전승하고 있었다. 『향약집성방』은 『향약제생집성방』을 저본으로 삼았으므로 병문의 배치 순서나 본문 형식이 유사할 뿐만 아니라 심지어 일부 문장이 동일할 정도였다. 『향약제생집성방』의 편찬 경험이 있었기에 『향약집성방』은 책자로서의 완성도를 포함하여 인용의서의 다양화, 처방 약재의 증가, 침뜸 치료의 전문화, 향약 본초학의 정리 등에서 한결 진전된 모습을 보였다. 한마디로 『향약집성방』은 향약 의서의 전통을 이으면서도 동아시아의료를 적극 수용하고자 편찬되었다.

부인과와 소아과까지 포괄하면서 동아시아의료의 질병체계를 채용함에 따라 『향약집성방』은 중국 의서와 구별되지 않는 면모를 지니게 되었다. 종합의서인 『향약집성방』에 질병이 새로 수록된다는 것은 조선 의학자들도 『태평성혜방』이나 『성제총록』에 수록된 증후들을 조선의 질병으로 인식한다는 뜻이었다. 이전에는 질병으로 간주되지 않던 증후들, 예를 들면 다양한 황달 증세나 상한 합병증 등이 질병이라고 규정되었다. 심지어 귀지가 뭉치거나 콧물이 흐르는 것도 이제는 치료가 필요한 질병이 되었다. 조선 사람의 입장에서는 『향약집성방』 편찬을 계기로 새로운 질병들에 포섭되고 있었다.

물론 동아시아의료가 무차별적으로 수입된 것은 아니었다. 전체적으로 『향약집성방』은 중국 의서의 편제를 준수하였지만, 조선 의학자들이 『향약집성방』의 병문 순서와 본문 형식 등을 결정하였다. 『향약집성방』에 수록된 질병은 조선에서 창궐하는 전염병이나 소갈처럼 사회경제적 변화와 관련되기도 하였다. 질병이 창출되어 조선이 동아시아의료의 질병체계에 포섭되면서도 조선 사람들의 수용 욕구에 의해 질병이 선택되는 것, 이것이 동아시아의료가 조선화하는 방식이었다.

중종 19~20년의
전염병 창궐과 그 대응

1. 머리말

조선 중종 19년(1524) 7월 7일, 평안도 관찰사 김극성의 보고서가 국왕에게 도착했다. 용천 지역에 전염병이 돌아서 이미 670명이 사망했다는 내용이었다. 평안도 전역과 황해도까지 전염병이 전파되면서 이듬해 가을까지 사망자는 23,000명에 달했다. 중종대 인구가 400만 명 내외로 기록되었으므로[1] 전 인구의 0.5% 이상이 사망한 것이다. 0.5%가 적은 수치라고 보일 수도 있다. 하지만 현재의 남북한 인구 7,000만 명에 대입한다면 35만 명가량이 전염병으로 사망한 셈이다.

조선전기에도 전염병은 지속적으로 발생했지만 중종 19~20년의 경우에는 그 피해가 유별나게 참혹했다. 평안도 전역에 여역(癘疫)이 퍼져 사람들이 거의 다 죽었다고 평가되었을 정도였다. 더욱이 전염병 유행도 단기간에 끝난 것이 아니라 발생 초기부터 따지면 거의 2년 정도로 길었다. 조선전기의 대표적인 전염병 사례라고 할 수 있다.

기존 연구에서도 중종 19~20년의 전염병을 다룬 적이 있었다.[2] 그런

---

[1] 중종 26년(1531)의 인구는 3,965,253명이고, 중종 38년(1543)의 인구는 4,162,021명으로 기록되어 있다(『中宗實錄』卷72, 중종 26년(1531) 12월 30일(기유); 卷101, 38년(1543) 12월 29일(기해)).

[2] 卞廷煥, 『朝鮮時代의 疫病에 關聯된 疾病觀과 救療施策에 관한 硏究』, 서울대학교 박

데 선행 연구에서는 조선전기의 여러 전염병 사례들과 함께 서술하느라, 중종대 전염병의 전개 과정을 단계별로 정리하지 못하였으며 그 대응 기록을 시간순으로 수집하는 데 그쳤다. 따라서 이 글에서는 전염병의 창궐 양상과 피해 범위를 시기별로 충실히 복원함으로써 당시의 실상을 정확하게 이해하는 동시에, 전염병 대응방식의 변화와 그 함의까지 분석하고자 한다.

우선 본문에서는 중종 19~20년의 전염병 발생과 확산 과정을 정리하려고 한다. 전염병 유행은 발생 지역과 피해 규모에 따라 세 시기로 구분된다. 즉 중종 19년 1~8월 평안도 서부에서의 전염병 발생, 중종 19년 9월~20년 1월 평안도 내륙으로의 전염병 전파, 중종 20년 2~10월 평안도 전역에 걸친 전염병의 치성이다. 사망자 역시 눈덩이처럼 불어났음은 두말할 나위도 없다.

아울러 본문에서는 시기별로 강조점이 달랐던 전염병에 대한 대응방식을 살피고자 한다. 전염병 발생 초기에 조선정부는 의례적인 조치를 실시하였다. 전염병이란 쉼없이 유행하기 마련이었고, 조선에서는 이미 법제적인 대응책과 종교적인 대비책을 갖추고 있어서였다. 그러나 의례적인 대응책이라고 해서 그 방책이 고정된 것은 아니었다. 중종대에 들어서는 조선 국초의 대응책이 변화된 모습을 띠게 되었다. 전염병 발생은 자연적인 현상이지만, 그 대응은 16세기 사회의 구조를 반영하면서 전개될 수밖에 없었기 때문이다. 종교적인 대응이라고 하더라도, 중종대에는 유

사학위논문, 1984; 金澔, 「朝鮮前期 對民 醫療와 醫書 編纂」, 『國史館論叢』 68, 1996; 권복규, 「朝鮮前期의 역병 유행에 관하여」, 『韓國史論』 43, 2000; 김성수, 「제4장 조선시대 전기」(大韓感染學會 편, 『韓國傳染病史』, 군자출판사, 2009, 132~142쪽). 권복규와 김성수는 중종 19년의 전염병이 중종 22년까지 유행한 것으로 이해하였다. 하지만 중종 21년의 전염병 기록을 추적해보면, 창궐 지역이나 시간이 그 이전의 전염병과는 연결되지 않는다. 중종 19~20년의 평안도 전염병과 중종 21년의 충청도 전염병은 별개로 이해하는 것이 타당하다.

교적인 대응이 강화되면서 불교나 도교적인 대비책은 약화되었다.

그런데 조선정부의 정례적이면서도 변용된 조치에도 불구하고 전염병 피해가 극심해지자 이전과는 다른 대응책이 요구되었다. 의료적인 영역에서 새로운 대응이 바로 『간이벽온방(簡易辟瘟方)』의 출간이었다. 의서는 당시 지식(과학)의 집약이므로, 『간이벽온방』에서 설명하는 전염병 원인과 치료법, 그리고 치료의 특징을 상세히 검토해볼 필요가 있다. 하지만 의료적인 대응마저 완전한 효과를 보이지 않고 전염병 창궐 기간이 길어지면서 정부 내에서도 어쩔 수 없다는 탄식이 이어졌다.

따라서 정치적인 차원에서 해결책을 모색하려는 움직임이 제기될 수밖에 없었다. 바로 천인상응론(天人相應論)의 강조였다. 천인상응론은 전염병·지진·홍수·가뭄과 같은 자연재해와 흉년이 발발했을 때 언제나 대두되는 담론이었다. 전염병 등의 원인을 논리적으로 설명하고 재변으로 인한 사회적 위기를 정치적으로 해소하는 장치가 천인상응론이었기 때문이다. 그런데 지배층이라고 해서 천인상응론이 단일한 논리로 통일되어 있는 것은 아니었다. 천인상응론에 기반하더라도 국왕과 신료들 사이에는 지향점이 달랐다. 위기의 순간에는 구체적인 방책이 더욱 날카롭게 대립하기 마련이었다. 본문에서는 천인상응론의 구체적인 작동방식을 중종 19년의 전염병이라는 실례를 통해 살펴본다.

2. 전염병 발생과 관례적 대응

1) 발생 양상

중종 19~20년의 평안도 전염병에 대한 최초의 기록은 중종 19년 7월 7일에 나타난다. 평안도 용천에 여역(癘疫)이 매우 치열하여 670명이 죽었다는 보고였다.³ 하지만 전염병 발생 시점이 7월인 것은 아니었다. 전염병의 발생 시기와 그 범위는 보름 정도 지나서 상세히 밝혀졌다.

> 평안도 관찰사가 보고하기를, "지난 3월 이후로 여역(癘疫) 때문에 죽은 의주의 백성은 687명이고, 철산은 169명이며, 용천은 지난 번 보고 이후로 죽은 자가 39명이고, 곽산은 1월 이후로 죽은 자가 47명입니다."라고 하였다.⁴

인용문에 따르면 의주·철산·용천·곽산에서 942명의 사망자가 보고되었는데, 용천에서는 이미 670명의 사망자가 있었으므로 총 1,612명이 사망하였다. 이어서 8월 8일에는 총 1,700여 명이 사망한 것으로 집계되었다. 이에 앞서 곽산은 1월부터 사망자가 관찰되었다고 하므로 전염병 발생은 중종 19년 1월로 이해하는 게 맞다.

이 전염병의 실치는 아직까지 명확하지 않다. 하지만 이 전염병 때문에 이듬해에 편찬되는 『간이벽온방(簡易辟瘟方)』에 단서가 있다. 『간이벽온방』에서는 승마갈근탕(升麻葛根湯)이라는 처방 명칭에서 잘 드러나듯이 승마나 갈근을 활용한다. 승마와 갈근은 온역장기(溫疫瘴氣)와 온병(溫病)에 잘 듣는 약재들이다. 이에 앞서 세종대에 간행된 『향약집성방』에도 승마갈근탕 처방이 등장한다. 어른과 아이를 막론하고 시기온역(時氣溫疫)으로 두통(頭痛)과 열(熱)에 시달리고 온몸이 욱신거리면서 아픈 증상을 치료하였다.⁵

---

3   『中宗實錄』卷51, 중종 19년(1524) 7월 7일(경오).
4   『中宗實錄』卷51, 중종 19년(1524) 7월 24일(정해). "平安道觀察使馳啓, 義州人民, 自去三月以後, 以癘疫死者, 六百八十七名, 鐵山死亡人民, 一百六十九名, 龍川死亡人民, 則自前日啓本後, 死者三十九名, 郭山自正月以後, 死者四十七名矣."
5   『鄕藥集成方』卷5, 傷寒門 傷寒時氣(金信根 主編, "韓國醫學大系』, 여강출판사 영인, 1992). 승마는 『증류본초』에 따르면 '溫疫瘴氣', '天行發斑瘡', '時行病'에 잘 듣는다고 하여 전염병 치료에 효과적이었는데, 『향약집성방』 향약본초각론에서도 『증류본초』의 이 문장을 그대로 인용한다. 그리고 『증류본초』에서는 갈근이 溫病으로 나는 열을

반면에 조선전기의 다른 전염병에서 흔히 사용되는 시호(柴胡)가『간이벽온방』에서는 전혀 등장하지 않는다. 시호는 상한(傷寒) 관련 전염병에 주로 처방된다.[6] 이처럼『간이벽온방』에 등장하거나 등장하지 않는 약재들을 통해서, 당시 의학자들은 이 전염병을 상한(傷寒)이 아니라 온역(溫疫)에 해당하는 것으로 판단했음을 알 수 있다.

무엇보다도 책 이름인『간이벽온방(簡易辟瘟方)』의 벽(辟)은 '없애다'라는 뜻이고 온(瘟, 瘟疫)은 '덥단 병'(더운 병)을 가리키는데, 이 책 서문에서는 '여역(厲疫)'을 '모딘 병'이라고 풀이하였다.[7] 결국 이 전염병은 모질게 심각한 발열이 주된 감염 증상인데, 전염병으로서는 드물게 겨울인 1월에 유행하기 시작한 것이다. 현재 이 전염병은 티푸스로 추측되고 있다.[8] 오랜 기간 창궐하면서 사망자가 급증한 것으로 미루어 중종 19년의 이 전염병은 조선 사람들에게 익숙하지 않은 질병이었음이 분명하다.

사망자 숫자의 분포에서 드러나듯이 이 전염병은 의주와 용천을 중심으로 피해를 키웠다. 8월 7일에 철산, 용천, 의주 등에서 사망자 153명이 새로 보고된 데서도[9] 전염병이 평안도 서부에서 시작했음을 확인할 수 있다. 8월까지의 사망자 숫자는 1,831명이다.[10] 그리고 구성과 삭주에서

    내린다고 하여 전염병에 효과가 있다고 강조하는데,『향약집성방』향약본초각론에서도『증류본초』의 갈근 설명을 그대로 인용하였다.『향약집성방』편찬자들은 약재들의 전염병 치료 효과를 분명히 인식하고 있었다.

6 『증류본초』에서는 시호를 傷寒 관련 전염병에 사용한다고 강조하는데,『향약집성방』향약본초각론에서도『증류본초』의 시호 설명을 그대로 인용하였다.

7 『簡易辟瘟方』序文; 螢火丸; 十神湯의 언해 부분(金信根 主編,『韓國醫學大系』, 여강출판사 영인, 1992).

8 이 질병에 대해 미키 사카에는『朝鮮疾病史』에서 티푸스성 질환이라고 보았고, 김신근은 장티푸스·발진티푸스에 해당한다고 설명하였으며, 권복규는 발진티푸스라고 추정하였다(三木榮,『朝鮮醫學史及疾病史』, 自家出版, 1963, 29쪽; 金信根 編著,『韓醫藥書攷』, 서울대학교 출판부, 1987, 139쪽; 권복규,「朝鮮前期의 역병 유행에 관하여」,『韓國史論』43, 2000, 85쪽).

9 『中宗實錄』卷51, 중종 19년(1524) 8월 7일(기해).

10 8월 12일과 18일에 보고된 용천과 철산의 사망자 66명을 합한 숫자이다.

도 7월 이후에 전염병 사망자가 발생하면서 전염병 범위는 조금씩 확대되었다.[11] 이 시기의 전염병 발생 지역을 지도에 표시하면 〈지도 1〉이 만들어진다.

〈지도 1〉에서 삭주 – 의주 – 용천 – 철산 – 곽산 – 구성으로 이어지는 교통로를 따라 전염병이 번지는 장면을 살필 수 있다. 전역병은 8월 중순 이후에 일단 소강상태에 접어든다. 용천과 철산에서만 사망자가 간헐적으로 등장하고 사망자 숫자도 감소하고 있다. 따라서 중종 19년 8월 말까지를 전염병 창궐 초기로 판단할 수 있다.

요약하자면 중종 19년 1월부터 사망자가 나타난 곽산이 전염병 발생 지역으로 유력하며, 전염병 초기에는 의주와 용천의 피해가 가장 컸고, 점차 구성과 삭주까지 6개 지역으로 전염병 전파 범위가 넓어졌다.

2) 정례적인 조치와 그 변용

평안도의 전염병 발생을 보고받자마자 중종은 살아남은 사람들의 구휼을 지시하였다.[12] 전염병 창궐 소식은 승정원을 비롯하여 의정부·병조·호조 등에 즉시 전달되고 신료들은 대책을 마련하였다.[13] 평안도 전염병의 형세가 다른 고을로 계속 번져가므로 의술에 밝은 의원(醫員)들에게 약을 가져가서 구완하도록 조치한 것이다.[14]

그런데 의관 파견·약재 분급 같은 시료(施療)는 말할 것도 없고 구휼(救恤) 역시 조선 초부터 익숙한 대응방안이었다. 전염병 창궐 시의 구휼 규정은 이미 『경제육전(經濟六典)』(『원육전(元六典)』, 태조 6년, 1397)과

11　『中宗實錄』卷52, 중종 19년(1524) 11월 13일(계유). 구성과 삭주의 7~8월 사망자 숫자는 정확하지 않다. 이 사망자들을 포함하면 8월까지의 전체 사망자 숫자는 1,831명보다 많아질 것이다.
12　『中宗實錄』卷51, 중종 19년(1524) 7월 7일(경오).
13　『中宗實錄』卷51, 중종 19년(1524) 7월 7일(경오); 7월 8일(신미); 7월 25일(무자) 등.
14　『中宗實錄』卷51, 중종 19년(1524) 7월 13일(병자)

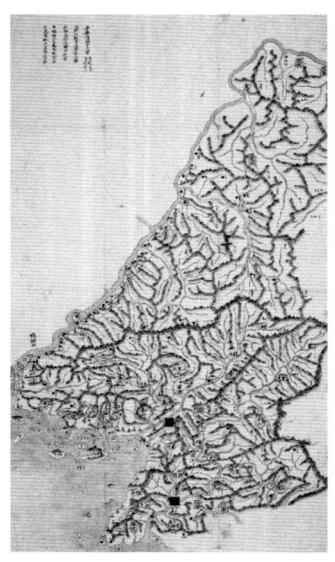

18세기에 제작된「여지도(輿地圖)」(보물 제1592호)에 실린 평안도 지도. 서울대학교 규장각한국학연구원 소장이다.

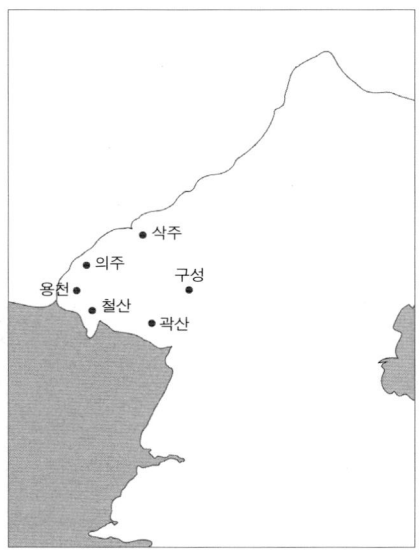

〈지도 1〉 중종 19년 1~8월 전염병 발생 지역

〈지도 2〉 중종 19년 9월~20년 1월 전염병 발생 지역

〈지도 3〉 중종 20년 2~10월 전염병 발생 지역

『속육전(續六典)』(태종 13년, 1413)에 실려 있었다.[15] 이에 앞서 태조 3년 (1394)에 정도전은 「조선경국전(朝鮮經國典)」에서 국가의 기본 임무로 존휼(存恤)을 제시한 바가 있었다. 살아 있는 환자에 대한 치료와 죽은 자에 대한 매장이 그 골자였다.[16] 실제로도 태종대 이래로 기근·질병이 발생한 서북면과 풍해도 등에 의원을 파견하고 구휼을 실시하였다.[17] 세종대에는 향소산·십신탕·승마갈근탕·소시호탕 등의 전염병 치료제를 지방에 분급하였다.[18]

또한 전염병이 창궐할 때의 존휼 조치로는 매장이 빠질 수 없었다. 중종대 전염병에서 시신 매장을 지방관들에게 강조하는 기록은 중종 20년 이후에 빈번하지만,[19] 전염병 발생 시부터 무연고 사망자의 매장 역시 진행되었을 것이다. 이미 세종대부터 전염병으로 인한 시신을 방치하면 '화기(和氣)'를 손상시키므로 매장하도록 지침을 내렸다.[20] 그 결과 성종대의 『경국대전』에서도 치료와 매장 조치는 상세히 규정되었다.

> 병든 사람이 오부(五部)에 신고하면 월령의(月令醫)를 보내어 치료해준다. 가난하여 약을 살 수 없는 자에게는 관(官)에서 이를 지급하고 본조(本曹)에 보고한다[지방은 본읍(本邑)에서 의약을 지급한다].[21]

---

15 『世宗實錄』卷116, 세종 29년(1447) 6월 24일(을유).
16 『三峯集』卷8, 朝鮮經國典 下, 政典 存恤. "飢寒者衣食之, 疾病者醫療之, 死亡者瘞埋之."
17 조선초기의 전염병 대응 기록을 몇 가지만 거론하면 다음과 같다(『太宗實錄』卷23, 태종 12년(1412) 2월 3일(무자);『世宗實錄』卷7, 세종 2년(1420) 3월 28일(병신); 卷69, 세종 17년(1435) 9월 22일(경인);『成宗實錄』卷134, 성종 12년(1481) 10월 6일(정미)).
18 『世宗實錄』卷4, 세종 1년(1419) 5월 1일(을사); 卷23, 세종 6년(1424) 2월 30일(병자).
19 『中宗實錄』卷52, 중종 20년(1525) 1월 14일(계유); 1월 16일(을해); 卷53, 중종 20년(1525) 2월 14일(계묘); 卷58, 중종 22년(1527) 2월 24일(신미).
20 『世宗實錄』卷22, 세종 5년(1423) 12월 20일(정묘).
21 『經國大典』卷3, 禮典 惠恤. "病人告五部, 卽遣月令醫治療. 貧乏不能買藥者, 官給, 報本曹[外則, 本邑給醫藥.]"

귀후서(歸厚署)〔관곽(棺槨)을 만들어 판매하고, 예장(禮葬)에 필요한 물품을 공급한다〕.22

『경국대전』에서는 누구나 관청에 신고하여 치료받고 약을 얻을 수 있도록 규정하였다. 조선정부의 대응 가운데 굶주리는 백성들에 대한 구휼 조치가 환자들의 질병 저항력을 강화하고, 시체 매장 조치가 병원체 전파를 차단하여 전염병 억제에 효과적이었던 것은 분명하다. 특히 의관 파견은 당시의 민심을 안정시켰다. 이미 문종대 기록에서도 의생들의 전염병 치료 효과가 크다고 평가되었다.23 후대 기록이지만 중앙에서 지급한 약을 지방 사람들이 다투어 먹는다는 것으로 보아,24 중앙에서 직접 분급해 주는 약재의 심리적 치유 효과 역시 작지 않았다.

그런데 『경국대전』에서는 전염병 창궐 시에 치료 외에도 종교적인 대응이 상례(常例)로 규정되어 있었다. 바로 여제(厲祭), 즉 여귀(厲鬼)에 대한 제사였다.

여제(厲祭)는 청명(淸明), 7월 15일, 10월 1일에 제사한다.25

여제(厲祭). 제사를 받지 못하는 귀신에게 제사를 지내주는 것이다. 돌아갈 곳이 없는 귀신은 사람들에게 해를 끼칠 수 있으므로 제사를 지낸다.26

여제는 전염병 창궐 시에 흔히 실시되었다.27 여제 규정은 조선 국초부

---

22 『經國大典』卷1, 吏典 京官職 從六品衙門 歸厚署. "歸厚署[掌造棺槨和賣, 供禮葬諸事]."
23 『文宗實錄』卷10, 문종 1년(1451) 11월 3일(정유).
24 『明宗實錄』卷13, 명종 7년(1552) 5월 18일(기해).
25 『經國大典』卷3, 禮典 祭禮 厲祭. "厲祭, 淸明七月十五日十月初一日."
26 『經國大典註解』後集, 禮典 春官 宗伯, 祭禮條. "厲祭. 祭無祀鬼神. 鬼無所歸, 或爲人害, 故祭之."

터 정해졌는데 여귀 가운데는 전염병으로 인한 사망자[天災流行而疾死者]도 포함되어 있었다.[28] 조선에서는 귀신이 음양(陰陽)의 조화이며, 산 음양이 신(神)이고 죽은 음양이 귀(鬼)라고 설명하면서[29] 여귀를 유교 논리 내로 포용하였다.

태종 1년(1401)에 권근(權近)이 여제 시행을 건의한 이래,[30] 여제에서 모시는 여귀는 12위(位)에서 15위로 점차 확대되었

여제(厲祭)를 거행한 '여단(厲壇)'. 일반적으로 지방의 치소(治所) 외곽에 자리잡았다. 「해동지도(海東地圖)」(보물 제1591호)의 송도(개성) 부분이다. 서울대학교 규장각한국학연구원 소장이다.

다.[31] 결국 성종대에 들어 『국조오례의(國朝五禮儀)』에서는 성황단에서 발고(發告)하고 북교단에서 행제(行祭)하는 여제 절차를 상세히 기술하였으며,[32] 곧이어 『경국대전』에서 여제가 청명일, 7월 15일, 10월 1일에 실시하도록 규정되었음은 위의 인용문과 같다.

중종 19년 7월에 장순손은 전쟁·기근과 천기 불순, 즉 사회적 요인과

---

27 조선전기 여제의 정착 과정과 실시 절차 등에 대해서는 다음 글이 참고된다(韓亨周, 『朝鮮初期 國家祭禮 硏究』, 一潮閣, 2002, 210~214쪽; 이욱, 『조선시대 재난과 국가의례』, 창비, 2009, 333~342쪽).
28 『世宗實錄』 卷89, 세종 22년(1440) 6월 29일(기해).
29 『定宗實錄』 卷6, 정종 2년(1400) 10월 3일(갑오).
30 『陽村先生文集』 卷31, 上書類 壽昌宮災上書; 『太宗實錄』 卷1, 태종 1년(1401) 1월 14일(갑술).
31 『成宗實錄』 卷15, 성종 3년(1472) 2월 6일(계유).
32 『國朝五禮儀』 卷2, 吉禮 厲祭儀; 州縣厲祭儀. 『국조오례의』의 편찬 과정은 다음 글이 참고된다(李範稷, 「成宗朝 『國朝五禮儀』의 成立」, 『韓國中世禮思想硏究』, 一潮閣, 1991; 김해영, 「조선 초기 禮制 연구와 『國朝五禮儀』의 편찬」 『朝鮮時代史學報』 55, 2010).

자연적 요인을 전염병 원인으로 거론하면서 별도의 여제를 건의하였다.33 그리고 몇 달 뒤에 전염병이 다시 심해지자 여제가 평안도에서 실행되었다.34 중종 19년 12월 13일에는 황효헌과 허관이 여제 헌관으로 평안도의 두 지역에 파견되며, 12월 25일에는 평안도 지방관들도 자신이 맡은 고을에서 별도의 제사를 봉행하도록 지시하였다. 서울에서는 중앙부서가 여제를 담당하고, 전염병이 극심한 평안도 두 곳에는 중앙에서 여제 헌관을 파견하며, 나머지 평안도 지역에서는 지방관들이 제사를 맡는 방식이었다. 이미 여제는 사전(祀典)에 기재되어 국가체제 내로 편입되었지만, 여제의 시행 과정에서 제사의 위계가 다시 세분화되는 모습이었다. 특히 중종은 7월에 여제를 시행할 때부터 백성의 음사(淫祀)를 엄격히 금지하였다.35 백성들이 모시는 제사에 대한 통제까지 강화하겠다는 것이 조선정부의 입장이었다.

그러나 중종대 전염병 창궐 시에는 종교적인 대응 가운데 여제를 제외하면 불교 수륙재(水陸齋)와 도교 초제(醮祭)가 등장하지 않는다. 우선 수륙재는 조선초기만 하더라도 초제와 함께 자주 실시되었다.36 수륙재 실시로 질병이 사그라든다고 믿어서였다. 그런데 문종대에 들어서 교하·원평 등지에 전염병이 유행하자 여제는 중앙정부의 예조에서 시행하되, 불교 수륙재는 경기도 감사가 수행하였다.37 문종은 수륙재도 중앙정부에서 시행하기를 원했으나, 신하들 반대에 따라 중앙정부가 아닌 경기도 감사가 수행하는 것으로 절충한 것이었다.

---

33 『中宗實錄』 卷51, 중종 19년(1524) 7월 26일(기축).
34 『中宗實錄』 卷52, 중종 19년(1524) 12월 9일(기해); 12월 11일(신축); 12월 13일(계묘); 12월 25일(을묘).
35 『中宗實錄』 卷51, 중종 19년(1524) 7월 26일(기축).
36 조선초기 수륙재와 초제의 실행을 하나씩만 거론하면 다음과 같다(『太宗實錄』 卷15, 태종 8년(1408) 1월 28일(정축); 卷26, 태종 13년(1413) 8월 11일(정사)).
37 『文宗實錄』 卷9, 문종 1년(1451) 9월 5일(경자); 9월 15일(경술).

단종대에 들어서자 수륙재는 여제로 대체되어 갔다.[38] 수륙재가 여제의 일종이라는 인식이 이미 형성되어서였다.[39] 그 결과 성종대의 황해도 악질 창궐 시에는 승려를 시켜 수륙재를 시행하되 관원이 승려를 감독하는 방식으로 변경되었다.[40] 수륙재 실시가 국가의 공적 영역에서는 점차 밀려난 것이다. 다소간의 논란에도 불구하고 국가 차원의 수륙재는 성종대를 전후하여 온연하게 약화되는 추세를 띤다.[41]

도교에서도 재변은 천견(天譴)과 관련된 것으로 인식하였으므로, 성종대까지는 기우(祈雨)·구병(救病) 등의 목적으로 초제(醮祭)가 실시되었다. 그렇지만 『세종실록(世宗實錄)』 오례(五禮)와 『국조오례의(國朝五禮儀)』 등의 사전(祀典)에서는 누락되었다. 초제가 점차 약화된 것이다. 조선에 들어서서 제사 체제나 내용에 유교적 여제가 준용되면서 종래 불교와 도교가 수행하던 제사의 역할을 국가제사로 수용한 결과였다.[42]

중종 역시 재변에 대한 불교와 도교의 대응방식에 부정적이었다. 전염병 소식이 막 들어오던 중종 19년 7월에도 중종은 불교 법연(法筵)과 도교 초제(醮祭)에 반대하는 입장을 분명히 표시하였다.[43] 또한 전염병이 극심해지자 중종은 역대의 대응책을 세밀히 조사하도록 지시한 적이 있었다. 이때 신하들이 옛날에는 초제 역시 시행하였다고 보고하였다. 이

---

38 『端宗實錄』 卷5, 단종 1년(1453) 1월 21일(기묘).
39 『世宗實錄』 卷97, 세종 24년(1442) 8월 4일(신묘).
40 『成宗實錄』 卷13, 성종 2년(1471) 11월 8일(병오).
41 수륙재는 중국의 영향을 받아 고려 이래 지속된 불교행사였다. 조선에 들어서도 왕실 구성원과 불특정 다수를 위한 추모 등의 목적으로 지속되었다. 수륙재는 국가행사로서의 성격은 약화되었으나 조선후기까지 민간에서 광범위하게 유행하였다(梁智澄, 「朝鮮後期 水陸齋 研究」, 동국대학교 석사학위논문, 2002; 沈曉燮, 「朝鮮前期 水陸齋의 設行과 儀禮」, 『東國史學』 40, 2004; 한상길, 「조선전기 수륙재 설행의 사회적 의미」 『韓國禪學』 23, 2009; 고상현, 「고려시대 수륙재 연구」, 『선문화연구』 10, 2011 참고).
42 崔先惠, 「조선초기 태조·태종대 醮祭의 시행과 왕권 강화」, 『韓國思想史學』 17, 2001 金澈雄, 『韓國中世 國家祭祀의 體制와 雜祀』, (財)韓國研究院, 2003.
43 『中宗實錄』 卷51, 중종 19년(1524) 7월 8일(신미).

보고를 받고도 중종은 초제를 무시하였다.⁴⁴ 결국 중종 19~20년의 전염병 창궐 시에 도교적인 대응과 불교적인 대응은 실시되지 않는다.

요컨대 중종 19년에 전염병이 발생하자마자 진휼·매장 같은 구휼(救恤) 조치, 의관 파견·약재 분급 같은 시료(施療) 조치와 함께 여제 같은 종교적(宗敎的) 조치가 순차적으로 실시되었다. 각각 전염병 사망자, 전염병 환자, 살아남은 자들을 위한 법제적 규정이었다. 백성들에 대한 존휼(存恤)은 조선의 일관된 전염병 대응 원칙이었지만, 이러한 정형화된 조치 가운데 조선 국초와 달라진 부분도 있었다. 국가 차원에서는 불교와 도교의 전염병 대응이 더이상 실시되지 않고, 민간신앙의 규제 역시 강화된 것이다. 그 결과 여러 제사가 사전(祀典)으로 통합되면서 국가에서 제사를 통제하는 동시에 제사 내에서도 위계화가 진행되었다. 따라서 의료 분야를 통괄할 때 조선에 들어, 그리고 이 글에서 다루는 중종대에 접어들면서 유교적인 전염병 대응이 강화되어가고 있음을 알 수 있다.

3. 전염병 확산과 의료적 대응

1) 확산 양상

중종 19년 8월 이후 전염병은 소강상태에 빠졌다. 두 달쯤 지난 10월 28일에 구성 지역 21명의 사망 기록이 등장한다.⁴⁵ 하지만 실상은 전염병이 조금씩 내연(內燃)하고 있었다. 즉 9~10월 초까지 창성 61명, 곽산 64명, 철산 15명이 사망했는데, 특히 태천·정주·구성의 접경 지역에서는 69명

---

44 『中宗實錄』 卷52, 중종 20년(1525) 1월 21일(경진).
45 『中宗實錄』 卷52, 중종 19년(1524) 10월 28일(기미).

이 사망하였다고 한다.[46]

11월에 들어서자 전염병은 본격적으로 확산일로를 걸었다. 11월 6일에는 선천 18명, 곽산 30명, 정주 19명, 철산 10명의 사망자가 발생했다고 보고되었다.[47] 중종 역시 평안도에 여역이 다시 일어난다고 근심하였다.[48] 10월부터 12월 초까지는 총 220명이 사망한 것으로 기록되어 있는데,[49] 사망자 숫자보다 주목해야 할 점은 전염병 범위가 확산되는 양상이다. 12월 2일의 기록에 따르면 벽동 등 10개 고을에서 고을별로 최대 60여 명이 사망하였다.[50] 기존에는 6개 지역이었는데, 9~11월에는 선천·정주·창성·벽동까지 동쪽으로 확대된 것이다.

12월부터 상황은 더욱 악화되기 시작하였다. 앞서 살핀 것처럼 8월까지의 사망자는 1,831명이고, 12월 초까지 추가로 220명 정도가 사망했으므로, 누적 사망자는 2,000명을 약간 상회하는 정도였다. 그런데 12월 25일의 기록에서는 누적 사망자가 3,880명으로 증가하였다.[51] 그렇지만 12월보다는 이듬해 1월의 피해가 더 컸다. 대표적으로 1월 3일 기록에서 당시의 피해 지역과 피해 규모를 확인할 수 있다.

> 평안도 관찰사 김극성이 보고하기를, "여역(癘疫)으로 죽은 사람이 철산에서 18명, 창성에서 13명, 벽동에서 43명, 숙천에서 80명, 가산에서 36명, 순안에서 28명, 강계에서 51명, 위원에서 9명, 함종에서 83명입니다."라고 하였다.[52]

---

46 『中宗實錄』 卷52, 중종 19년(1524) 11월 23일(계미).
47 『中宗實錄』 卷52, 중종 19년(1524) 11월 6일(병인).
48 『中宗實錄』 卷52, 중종 19년(1524) 11월 14일(갑술).
49 『中宗實錄』 卷52, 중종 19년(1524) 12월 7일(정유).
50 『中宗實錄』 卷52, 중종 19년(1524) 12월 2일(임진).
51 『中宗實錄』 卷52, 중종 19년(1524) 12월 25일(을묘).
52 『中宗實錄』 卷52, 중종 20년(1525) 1월 3일(임술). "平安道觀察使金克成馳啓曰, 癘疫物故人, 鐵山十八, 昌城十三, 碧潼四十三, 肅川八十, 嘉山三十六, 順安二十八, 江界五十一, 渭原九, 咸從八十三."

1월에는 10일 정도 간격으로 사망자 숫자가 남아 있다. 인용문의 1월 3일 361명의 사망 기록을 비롯하여, 1월 13일 20개 지역 888명 → 1월 20일 14개 지역 781명 → 1월 30일 25개 지역 1,496명이 사망하였다.[53] 1월 14일 현재의 총 사망자는 4,800여 명이다. 중종 19년 9월~20년 1월까지의 전염병 유행지역을 지도로 표시하면 〈지도 2〉와 같다.

〈지도 2〉를 〈지도 1〉과 비교해보면 전염병이 평안도 서부지역에서 평안도 내륙으로 확산되는 과정을 잘 살필 수 있다. 특히 행정과 교통의 요지인 평양에서 200명이 넘는 사망자가 발생하였다. 전염병이 서해안을 따라 삼화·용강까지 내려오면서 평양 역시 전염병의 영향을 벗어날 수 없었던 것이다. 황해도 재령에서도 12월에서 이듬해 1월까지 26명이 사망하였다고 되어 있어서,[54] 전염병이 몇 달 만에 황해도까지 남하했음을 확인할 수 있다.

이상에서 살핀 바와 같이 중종 20년 1월말까지의 전염병 사망자 누계는 34개 지역에 걸쳐 7,432명이다.[55] 이 가운데 중종 19년 12월에는 2,000명 가량이 사망하고 중종 20년 1월에는 평안도에서 3,526명이 사망한 것이므로, 12월과 1월에 얼마나 큰 피해를 입었는지 확인할 수 있다. 한마디로 전염병에 대한 정례적인 대응이 완전히 무력화되는 지경에 이르렀다.

2) 『간이벽온방』의 편찬과 개인의 부각

사망자가 늘어나자 조선정부에서는 "한두 의원(醫員)이 두루 구완할

---

[53] 『中宗實錄』卷52, 중종 20년(1525) 1월 13일(임신); 1월 20일(기묘); 1월 30일(기축).
[54] 『中宗實錄』卷53, 중종 20년(1525) 2월 17일(병오).
[55] 중종 19년 12월 25일까지의 평안도 사망자 3,880명에, 중종 20년 1월의 평안도 사망자 3,526명과 황해도 재령의 사망자 26명을 더하면 7,432명이 된다. 참고로 중종 20년 1월 27일 기록에는 평안도의 사망자가 5,600여 명이라고 되어 있다(『中宗實錄』卷52, 중종 20년(1525) 1월 27일(병술)).

수 있는 것이 아니다."라고⁵⁶ 지적하면서 의원과 약재를 증파하고 심약(審藥)을 활용하였다. 하지만 12월 20일에는 전염병이 내지로 번진다면서 평안도 관찰사에게 실상을 상세히 조사하여 잇달아 보고하라고 지시할 정도로 위기의식이 높아갔다. 여기에 서울로의 전염병 전파를 막고자 하였지만 현실적으로 격리가 불가능하고, 전염병이 노약자로부터 장실(壯實)한 자에게까지 번지는 상황에 직면하였다.⁵⁷ 국왕 스스로 구완방법을 모르겠다고 실토할 지경이었다.⁵⁸ 이처럼 새로운 대응이 필요한 시점에서 바로 『간이벽온방』이 편찬되었다.

『간이벽온방(簡易辟瘟方)』은 중종 20년(1525) 1월에 간행되었다. 『의방유취』에서 전염병 처방을 읽은 중종이 『간이벽온방』 편찬을 지시하였다. 서둘러 진행된 덕분에 불과 5일 뒤에는 의서가 완성되어 필사본 형태로 지방에 배포되었으며 정식 인쇄는 5월에 완료되었다.⁵⁹ 『간이벽온방』은 그 서문에 나와 있듯이 김순몽(金順蒙)·유영정(劉永貞)·박세거(朴世擧)가 여러 의서를 검토하여 편찬한 책이었다.

『간이벽온방』 처방 44개의 원래 출전을 찾아보면 28개 처방은 『의방유취』에서 확인된다. 『간이벽온방』은 『의방유취』에 수록된 『화제국방』·『삼인방』·『부인대전양방』·『천금방』·『천금익방』·『쇄쇄록』·『영류검방』·『주후방』·『성제총록』·『대전본초』·『사시찬요』·『운화현추』의 문장을 재인용하였다. 하지만 『간이벽온방』의 저본으로는 『의방유취』 외에 『향약집성방』도 활용되었다. 『간이벽온방』 16~22번째의 처방들은 『향약집성방』의

---

56 『中宗實錄』 卷52 중종 19년(1524) 12월 5일(을미); 12월 8일(무술).
57 『中宗實錄』 卷52 중종 20년(1525) 1월 13일(임신); 1월 14일(계유).
58 『中宗實錄』 卷52 중종 20년(1525) 1월 3일(임술).
59 『中宗實錄』 卷52, 중종 20년(1525) 1월 18일(정축); 1월 23일(임오); 卷54, 중종 20년(1525) 5월 6일(갑자).

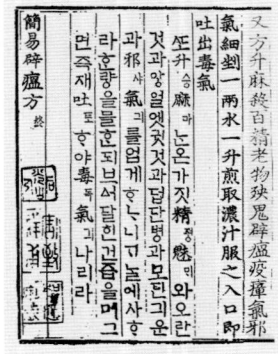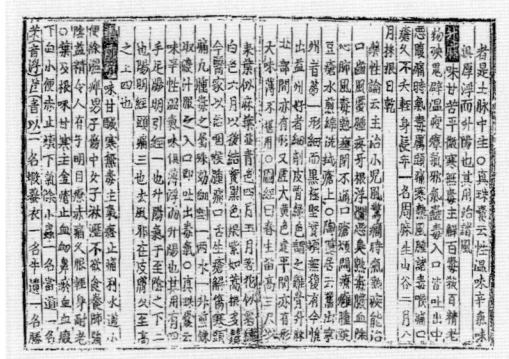

『향약집성방』(오른쪽)을 그대로 계승한 『간이벽온방』(왼쪽). 두 의서를 비교해보면 승마의 효능에 대한 설명을 비롯하여, 승마를 복용하여 구토를 일으킴으로써 독기(毒氣)를 배출하라는 내용이 그대로 인용된 것을 알 수 있다.

전염병 항목인 「벽온병방(辟溫病方)」에서 일일이 확인되지만,[60] 『의방유취』에서는 모두 확인할 수 없기 때문이다.

무엇보다 『향약집성방』의 계승을 보여주는 가장 확실한 증거는 『간이벽온방』의 맨 마지막 처방이다.[61] 승마를 복용하여 구토를 일으킴으로써 전염병을 치료하라는 내용인데, 이 내용은 『향약집성방』을 그대로 인용한 것으로[62] 『의방유취』에서는 전혀 발견할 수 없다. 세종대의 『의방유취』와 『향약집성방』의 방대한 내용이 간추려져서 『간이벽온방』이라는 실용서로 활용되고 있는 것이다. 의술사의 측면에서 살피자면 세종대에 집대성된 의학지식이 대중들이 이용하도록 보편화되는 과정이 바로 『간이벽온방』의 편찬이었다.[63]

『간이벽온방』 첫머리에서는 전염병에 대한 병론(病論)을 먼저 싣고 있

---

60 『鄕藥集成方』 卷8, 傷寒門 辟溫病方.
61 『簡易辟瘟方』, 逼瘟丹燒之辟瘟疫. "又方. 升麻, 殺百精老物殃鬼, 辟瘟疫瘴氣邪氣. 細剉 一兩, 水一升, 煎取濃汁, 服之. 入口, 卽吐出毒氣."
62 『鄕藥集成方』 卷78, 本草草部上品之上 升麻.
63 이경록, 「조선전기 『의방유취』의 성취와 한계 -'상한'에 대한 인식을 중심으로-」, 『한국과학사학회지』 34(3), 2012 참고.

다. 병론에서는 중종대 전염병 원인을 『소씨병원』과 『삼인방』을 인용하여 설명하였다. 즉 전염병의 자연적 요인으로는 외적인 기후 불순을 제시하면서 귀신[鬼癘] 소행이 아니라는 점을 강조하고 있다. 아울러 전염병의 사회적 요인으로는 위생 불량, 땅의 사기(死氣, 억울한 죽음), 부당한 형벌로 생겨난 귀신을 들고 있다.[64] 자연적 요인을 병인(病因)으로 규정하게 되면 전염병을 의술로 치료할 수 있게 된다. 하지만 사회적 요인에 해당하는 귀신도 인정한다는 점에서는, 후술하는 바와 같이 중종대의 이 전염병이 정치적인 문제로 간주될 여지를 갖게 된다.

이제 『간이벽온방』의 본문에 해당하는 44개 처방을 순서대로 살펴보면 앞의 10개 처방은 여러 종류의 약재를 배합하는 복방(複方)의 형태를 띠다가, 의복 소독과 주문을 권장하는 처방들 5개가 이어지고, 그 이후에는 1개 정도의 약물만을 사용하는 단방(單方)들이 제시되어 있다. 복방 처방이 『간이벽온방』 앞부분에 제시되어 있다는 것은 10개의 복방이 우선적인 전염병 치료법으로 권장되었음을 암시한다.

그러나 일반 백성들은 이 복방들을 쉽게 사용할 수가 없었다. 예컨대 십신탕에는 천궁·감초·마황·건갈·승마·백지·진피·향부자·적작약·자소엽 등 10종류의 약재가 사용되는데, 이 약재들의 수급은 결코 쉽지 않았다. 10가지 약재 가운데 몇 가지만 거론하자면 감초가 조선에서 토착화에 성공한 것은 성종대에 이르러서였고,[65] 마황은 세종 20년(1438)에야 경상도 장기현에서 발견되었으며,[66] 전갈(건갈)은 약용으로 쓰기 위해 성

---

64 『簡易辟瘟方』, 疫癘疹候. "其病, 與時氣溫熱等病, 相類. 皆由一歲之內, 節氣不和, 寒暑乖候, 或有暴風疾雨霧露不散, 則民多疾疫. 病無長少, 率皆相似, 如有鬼癘之氣, 故云疫癘. …… 疫之所興, 或溝渠不泄, 其穢惡薰蒸而成者, 或地多死氣, 鬱發而成者, 或官吏枉抑, 怨讟而成者."
65 『成宗實錄』 卷178, 성종 16년(1485) 윤4월 29일(기유).
66 『世宗實錄』 卷80, 세종 20년(1438) 3월 24일(무신).

종대에 힘들게 산 채로 수입했던 약재였다.[67] 따라서 백성들은 다음과 같은 단방이나 주문을 주로 이용했을 것이다.

> 또 다른 처방. 집에 전염병이 들었을 때는 처음에 병든 사람의 옷을 빨아 정결하게 하여 밥하는 시루에 찌면 감염 걱정이 없어진다.
> 또 다른 처방. 전염병에 걸린 집에 문병을 갈 때는 오른손 중지로 '차(次)'를 써서 주먹을 꽉 쥐어라. ……
> 또 다른 처방. 동쪽으로 난 측백나무 잎을 채취하여 건조한 후 미세하게 가루내어, 뜨거운 물이나 술과 함께 복용하라.[68]

인용문에 보이는 『간이벽온방』의 단방들은 백성들이 기댈 수 있는 간편한 방안이었다. 당시 백성들은 토목공사·전쟁·귀신 때문에 전염병이 발생한다고 인식하면서, 의약을 모르고 귀신만 섬기는 실정이었다.[69] 『간이벽온방』에서도 귀신의 소행을 인정하고 있었으므로 백성들에게 위의 『간이벽온방』 처방은 충분히 설득력이 있었을 것이다.

따라서 『간이벽온방』 처방의 치유 효과를 상세히 검토해볼 필요가 있다. 우선, 현재의 관점에서는 위약효과(僞藥效果)이지만, 당시에는 치료라고 믿었던 처방들이 있었다. 예컨대 『간이벽온방』에서는 역기(疫氣)를 치료하고 예방하기 위해 대황·길경·촉초·계심·호장근·백출·오두로 만든 도소주(屠蘇酒)를 정월에 마시도록 처방하였는데,[70] 이미 서거정이나 김시습의 기록에서 보이듯이 정월에 도소주를 복용하는 풍속은 오래된 것

---

67 『成宗實錄』卷227, 성종 20년(1489) 4월 4일(임진); 卷232, 성종 20년(1489) 9월 10일(을축).
68 『簡易辟瘟方』, 神明散辟疫癘. "又方. 家染時疫, 卽初病人衣服浣洗, 令淨, 飯甑中蒸之, 卽無傳染之患. 又方. 問病於疫家, 以右手中指, 書次字, 握固. …… 又方. 側栢東向葉採取, 乾正, 細末, 或湯, 或酒, 服之."
69 『中宗實錄』卷51, 중종 19년(1524) 7월 8일(신미).
70 『簡易辟瘟方』, 屠蘇酒辟疫氣令人不染溫病.

이었다.[71] 그리고 연산군대 기록을 보면 전염병을 예방하기 위해 쇠똥을 태우기도 하고 복숭아나무를 활용하기도 하였는데,[72] 이 처방들은 『간이벽온방』에도 실려 있다. 백성들에게 『간이벽온방』의 일부 처방들은 이처럼 친숙했던 것이다.

또한 "동지에 붉은 팥으로 쑨 죽을 먹어 역질을 없애라."라는 조문 같은 것도 백성들에게 심리적인 안정감을 가져다주었을 것이다.[73] 이것은 성종 20년(1489) 동짓날에 팥죽을 서로 주고받았던 김종직의 시처럼 오래된 풍속이었다.[74] 동지 팥죽으로 나쁜 기운을 물리친다는[辟邪] 풍속은 요즘도 남아 있다. 당시 사람들의 입장에서 판단하자면 『간이벽온방』의 친근한 처방들은 신뢰할 만한 것이었다.

아울러 『간이벽온방』의 실제적인 효과도 존재했던 것이 틀림없다. 위 인용문에 등장하는 옷을 삶거나 훈증하는 조치는 실제로 소독 효과를 나타낸다. 또한 환자 집에 들어가기 전에 약재를 물에 끓이는 조치도 환자와의 접촉을 자제시킴으로써 감염을 예방하는 효과를 가져온다.[75]

위약효과이든 실제 효과이든 『간이벽온방』은 당시 사람들에게 전염병과 맞서 싸우는 무기가 되었다. 중종대 이후에도 『간이벽온방』을 계속 활용했던 것은 『간이벽온방』 처방이 그 효능을 인정받았던 데서 말미암은 현상이었다. 예를 들어 석웅황은 그 이후에도 전염병 퇴치에 실용되었으며,[76] 『고사촬요』의 향소산·십신탕은[77] 『간이벽온방』의 향소산·십신탕과

---

71 徐居正, 『四佳集』 卷8, 詩集 元日(『韓國文集叢刊』 10); 金時習, 『梅月堂集』 卷3, 詩集 節序 元日立春(『韓國文集叢刊』 13).
72 『燕山君日記』 卷61 연산군 12년(1506) 1월 20일(경자); 1월 25일(을사).
73 『簡易辟瘟方』, 神明散辟疫癘. "又方. 冬至, 赤小豆煮粥, 食之, 辟疫疾."
74 金宗直, 『佔畢齋集』 卷23, 詩集 己酉冬至 五首 十一月二十二日(『韓國文集叢刊』 12).
75 『簡易辟瘟方』, 蘇合香元.
76 『明宗實錄』 卷8, 명종 3년(1548) 6월 27일(경오).
77 魚叔權, 『攷事撮要』, 熟藥一服價値(韓國圖書館學研究會 영인, 1974).

치료 목적이나 복용법이 동일하다.

그런데 『간이벽온방』은 의서를 통한 치료라는 점에서, 그 치료 범위가 의관 파견이나 약재 분급 같은 기존의 의료적인 대응과는 크게 달랐다. 성종대 황해도 전염병 유행시에 이길보는 "다만 의원(醫員)이 집집마다 가서 구료(救療)할 수 없으니, 여러 고을로 하여금 약재(藥材)를 많이 준비하게 하여 제때에 구급(救急)하게 하소서."라고 하였다.[78] 이 말을 곱씹어보면 의원의 치료 범위는 개개인(가족)인데 반해, 지급 약재의 치료 범위는 고을 단위로 넓게 설정된 것을 알 수 있다.

하지만 의서의 치료 범위는 약재보다도 훨씬 더 확장되는데, 『간이벽온방』 서문에서 김희수는 의서 간행의 의미를 잘 표현하였다. 그는 전염병이 창궐하자 예전에 하던 대로 제사[祈告之典]를 지내고 의관을 나누어 파견했지만, 전염병이 사그라들지 않아서 『간이벽온방』을 편찬하게 되었다고 지적하였다. 특히 그는 한글 번역을 통해서 보다 많은 사람이 『간이벽온방』을 보게 되었다고 평가하였다.

> 한글로 번역하여 전국에 반포함으로써 누구나 쉽게 알 수 있도록 하였으니, 궁벽하고 후미진 시골이라고 하더라도 이 처방에 따라 목숨을 구할 수 있게 되었다.[79]

전염병이 창궐하는 경우 예전에는 『태평성혜방』이나 『천금방』이나 『경험양방』에서 처방을 몇 개 골라 배포하는 데 그쳤다.[80] 『간이벽온방』은 전염병 증상에 맞춰 새로 편찬했다는 점이 달랐다. 즉 의관 파견과 약재 분

---

78 『成宗實錄』 卷140, 성종 13년(1482) 4월 10일(무신). "但醫員, 不可家家而救療, 令諸邑, 多備藥材, 趁時救急."
79 『簡易辟瘟方』, 序文. "飜以方言, 印頒中外, 使人人易曉, 雖窮村僻巷, 皆得依方救活."
80 『世宗實錄』 卷64, 세종 16년(1434) 6월 5일(경술).

급이 국가의 직접적인 대면치료로서 가족이나 고을 단위의 치료에 국한된다면 『간이벽온방』 같은 언해본 의서의 편찬은 국가의 간접적인 서면치료로서 평안도 전체를 대상으로 삼는 대응방안이었다. 『간이벽온방』의 전후로 출간된 『언해벽온방』(중종 13년, 1518)과 『분문온역이해방』(중종 37년, 1542)도 일반 백성들 전체를 대상으로 간행한 의서들이었다.

그렇다면 『간이벽온방』의 배포에도 불구하고 전염병 치료가 실패하였을 때 그 책임은 누구에게 귀속될까? 이 경우에는 모든 책임을 국가 혹은 국왕이 부담하지는 않게 된다. 『간이벽온방』의 간행을 계기로 일반 백성과 환자들이 직접 질병에 맞설 수 있게 되었으므로, 치료 실패는 개인의 잘못이기도 하기 때문이다. 앞서 언급했듯이 의관 파견과 약재 분급이 백성들에 대한 직접적인 대면치료여서, 전염병 확산과 사망자 발생에 대해 조선정부가 그 책임을 피할 수 없었던 것과는 달라진 부분이다. 다시 말해 조선정부로서는 『간이벽온방』을 간행함으로써 전염병 창궐에 대한 정치적 부담을 줄이고 질병을 개인 문제로 유도할 여지를 갖게 되었다.

실제로 당시 의술 수준에서 전염병의 완전한 퇴치는 불가능하였다. 그리고 중종대 의술의 한계를 반영하는 논리가 『간이벽온방』에 이미 들어 있었다. 바로 개인 위생의 강조였다. 개인은 목욕하거나 정월·단오·동지 등의 정해진 시간에 예방 조치를 취하도록 요구받았다.

> 또 다른 처방. 동쪽으로 난 복숭아 가지를 잘게 잘라서, 이것을 달인 물로 목욕하라. ……
> 또 다른 처방. 5월 5일 한낮에, 미리 모아두었던 제철 약재를 태워 역기를 물리치라.[81]

---

81 『簡易辟瘟方』, 神明散辟疫癘. "又方. 東向桃枝, 細剉, 煮湯, 浴之. …… 又方. 仲夏五日午時, 聚先所蓄時藥, 燒之, 辟疫氣."

위 인용문에서 보이듯이 『간이벽온방』에서는 위생 개념을 발전시켜 예방을 강조하였다. 병든 사람의 옷을 깨끗이 빨라는 앞의 인용문도 개인의 위생이라는 관점이 투영된 조치였다. 자신을 건강하게 만들어 밖으로부터 들어오는 전염병을 극복한다는 논리였다. 요컨대 『간이벽온방』 같은 대중의서들의 지속적인 간행을 통해 치료와 건강은 개인의 문제로 치환되어갔다.

4. 전염병 치성과 정치적 대응

1) 치성 양상

전염병은 중종 20년 2월 이후에 더욱 극렬해졌다. 기존 지역은 말할 것도 없고 새로이 덕천·은산·강동·자산·개천·맹산·중화·상원이 추가되어 평안도 전역의 백성들이 전염병에 시달리게 되었다. 그뿐만 아니라 사망자 역시 폭증하였다. 예컨대 중종 20년 2월 4일의 사망자 누계는 7,724명이라고 되어 있는데, 3월 12일 12,425명과 3월 16일 12,915명으로 증가하였다.

〈표 1〉은 중종 19~20년의 사망자 총계에 관한 주요 기록을 모은 것이다. 이것을 보면 중종 20년 2월 4일 7,724명에서 5월 19일 18,097명을 거쳐 8월 1일 22,349명으로 급증하였다. 구체적으로 3월 12일에서 16일까지는 4일 동안 490명이 사망했으므로 하루에 120명가량이 죽었다. 월별 추이를 살펴보면 2~5월까지는 월 3,000~4,000명씩 사망하고 5~7월의 두 달 동안에는 월 1,000명씩 사망하였다. 그리고 전염병 창궐 막바지인 7월 17일에서 8월 1일까지 보름이 채 못되는 기간에는 거의 2,000명이 사망함으로써 전염병이 늦여름까지도 극성이었음을 알 수 있다.

〈표 1〉 중종 19~20년 전염병의 누적 사망자 추이

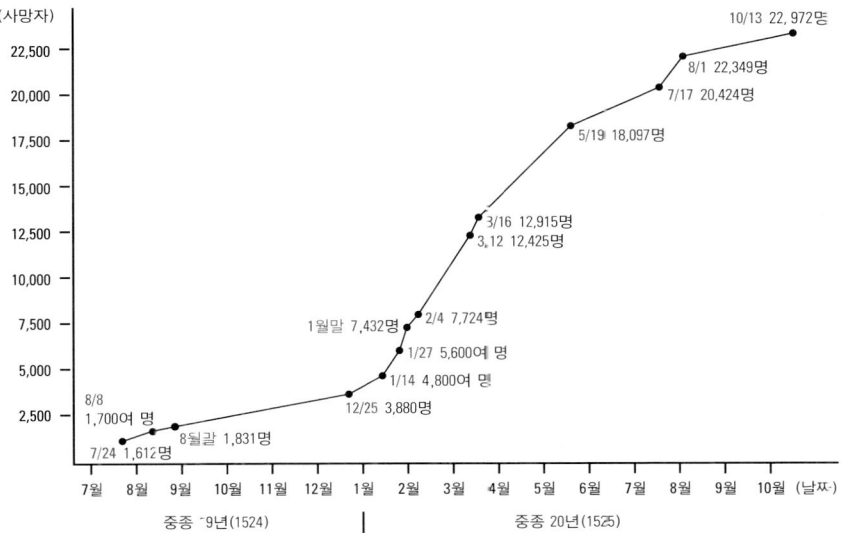

〈표 1〉에서 보이듯이 중종 20년 7월에는 사망자가 20,000명을 넘어섰다. 이에 따라 정부에서는 대응책 마련을 거의 포기하였다.[82] 심지어 지방관인 자산군수(慈山郡守) 안방신(安邦愼)은 전염병을 피해 도망하였으며, 첨사(僉使)와 만호(萬戶)들도 벼슬을 버리고 평안도에서 빠져나오려고 하는 지경이었다.[83] 7월 17일 20,424명과 8월 1일 22,349명의 사망 기록 이후에도 8~10월에는 간헐적으로 500명 정도의 사망 기록이 이어진다. 약간씩 겹치는 사망 기록을 보정하면 중종 20년 10월 13일 최종 기록까지의 사망자수는 공식적으로 22,972명이 된다.[84] 이 시기의 전염병 창

---

[82] 『中宗實錄』卷54, 중종 20년(1525) 7월 27일(갑신).
[83] 『中宗實錄』卷55, 중종 20년(1525) 8월 6일(계사); 8월 18일(을사).
[84] 중종 20년 8월 1일까지의 22,349명에, 8월 6일의 204명, 9월 9일의 383명, 10월 13일의 59명을 더하면 22,995명이 된다. 그런데 숙천의 사망자 23명은 8월 6일과 10월 13일에 중복 기록된 것으로 판단되므로, 중복된 23명을 빼면 최종 사망자 숫자는 22,972명이다.

궐 지역을 표시한 것이 〈지도 3〉이다. 〈지도 3〉에 따르면 중종 20년에는 42개 지역에서 전염병 사망자 기록이 등장한다. 결국 이 전염병은 평안도 전역을 빼곡하게 뒤덮으면서 매듭지어졌다.

2) 천인상응론의 강조와 군신 간의 대립

전염병이 발생하자 조선정부에서 여제를 비롯하여 구휼과 매장 등을 시행하였음은 앞에서 살핀 바와 같다. 전염병은 화기(和氣)가 손상된 탓에 여기(戾氣, 나쁜 기운)가 생겨서 나타난다는 인식에 기반한 조치들이었다. 말하자면 군주·사족 등의 지배층이 잘못하여 백성들이 억울하게 죽어 여귀가 되거나 백성이 유리 궁핍해지면서 전염병이 발생한다는 천인상응론(天人相應論)이 전제되어 있었다.

조선에서는 천인상응론을 단순히 사변적인 논의로만 간주하지 않았다. 극심한 가뭄에 정종이 하루 종일 반성하고 근신하자 비가 억수같이 내렸다고 기록한 것은 천인상응론에 대한 조선 사람들의 믿음을 잘 보여준다.[85] 국왕이 수성하면 자연의 질서를 실제로 바로잡을 수 있다고 믿었던 것이다.

중종 20년 전염병이 극심해지는 데 반해 여제·구휼·매장이 별다른 효과를 보이지 않게 되자, 형벌 사면과 부세 감면이 본격적으로 제기되기 시작하였다. 백성들의 부담과 민심을 안정시킴으로써 여기를 가라앉힌다는 명분이었다. 사면과 감세는 『경국대전』에 규정되어 있지 않은 비상(非常)한 조치였다. 중종 20년 2월 4일 기록에는 사면과 감세를 각각 검토하는 장면이 잘 묘사되어 있다.

전교하기를, "…… 내가 재변을 해소할 방도를 모르겠다. 시종(侍從)들은 매

---

85 『定宗實錄』卷4, 정종 2년(1400) 6월 2일(을미).

양 자주 사면을 해서는 안 된다고 한다. 하지만 이것(전염병 – 인용자)은 모두 나쁜 기운의 소치인데, 나쁜 기운은 허다히 형옥(刑獄) 사이의 원통하고 억울한 일 때문에 생기는 것이다. 소방(疏放)하는 한 가지 일이 재변을 해소한다고 할 수는 없다. 그러나 이번에 만일 어느 죄 이상을 소방하여 인심이 화열(和悅)해지게 한다면 혹 나쁜 기운이 해소될 수도 있을 것이니, 시행 여부를 삼공(三公)에게 의논하라."라고 하였다. ○ …… 검토관 조인규가 아뢰기를, "…… 의약(醫藥)으로 구료하는 일을 옛적에도 했었는데, 이번에 모두 이미 시행했으니 다시 할 만한 일이 없습니다. 다만 감세(減稅)하는 일은 옛사람들도 시행한 것이니, 이번에도 시행함이 어떠하리까?"라고 하였다.[36]

감세와 사면은 그 이전부터 조금씩 논의되기 시작하였다. 먼저 부세, 즉 전세·공물·진상은 1월 9일부터 감면을 검토하였다. 이 가운데 진상은 곧바로 축소했지만, 전세 감면은 사망자 현황을 먼저 조사하기로 논의하였다.[87] 그리고 공물은 햇수를 한정해 감면하고 실태를 조사하기로 결정하였다.[88]

억울한 형벌을 피하기 위한 사면 역시 2월 초부터 의논하였지만, 신하들은 사면에 반대하였다.[89] 상황이 악화되자 2월 14일에 중종은 사면 대상의 확대를 검토하도록 다시 지시하였다. 결국 이튿날 신하들은 전염병이 창궐하는 평안도에서만 사면을 시행하자고 절충안을 제시하였다.[90]

계속된 중종의 지시에도 신하들이 완강하게 전세 감면을 반대한 이유

---

86 『中宗實錄』卷53, 중종 20년(1525) 2월 4일(계사). "傳曰 …… 予未知弭災之道也. 侍從則每以爲不可數赦. 然皆是戾氣所致, 而多由於刑獄間冤枉之事. 疏放一事, 不可以此爲弭災也. 然今若某罪以上疏放, 使人心和悅, 則戾氣或可消也, 可行與否, 其議于三公. ○ …… 檢討官趙仁奎曰 …… 醫藥救療之事, 古亦爲之, 而今皆已行, 更無可爲之事也. 但減稅之事, 古人所行, 今亦行之何如."
87 『中宗實錄』卷52, 중종 20년(1525) 1월 10일(기사).
88 『中宗實錄』卷52, 중종 20년(1525) 1월 14일(계유); 1월 17일(병자).
89 『中宗實錄』卷53, 중종 20년(1525) 2월 5일(갑오).
90 『中宗實錄』卷53, 중종 20년(1525) 2월 15일(갑진).

는 국가재정의 악화 때문이었다. 영의정 남곤을 비롯한 신료들은 연도가 지나서 환수가 어려워진 환자[還上] 감면에 동의하는 정도였다.[91] 또한 사면에 대해서 신료들은, 죄인을 처벌하지 못하고 용서하는 것이 오히려 화기를 어그러뜨리는 것이라는 논리를 내세웠다.[92] 이에 중종 20년 2월에 들어서야 평안도 지역에 한정하여 도형 이하의 가벼운 죄를 사면하고 공부를 감면하는 것에 군신이 합의하였던 것이다.

하지만 신료들 주장의 이면에는 건전한 재정 문제나 엄격한 법치 시행을 넘어선 논리가 자리잡고 있었다. 그것은 전염병의 원인, 즉 여기(戾氣)가 왜 생기는가에 대한 인식 차이였다. 신료들이 판단하기에, 여기 횡행은 천지의 화기가 어그러지기 때문이고, 화기가 어그러진 책임은 하늘을 대리한 군주에게 있었다. 전염병이 악화되자 신료들이 사면 대신 군주의 공구수성(恐懼修省)을 본격적으로 거론하기 시작한 이유였다. 중종 20년 5월 정옥형과 홍언필 등은 동중서(董仲舒)를 계속 인용하면서 중종을 압박하였다.[93] 군주가 수성해야 백성들이 화평해지고 화기가 감응한다는 논리였다. 이즈음 전염병 창궐의 정치적 책임을 중종에게 전가하는 장면은 다음 인용문에 잘 드러나 있다.

> 좌의정 이유청은 의논드리기를, "화기는 상서를 가져오고 여기는 이변을 가져오게 되는 것이어서, 이변이 생기는 것은 반드시 여기의 소치입니다. 옛사람은 '천자(天子)가 이변을 만나면 덕을 닦고 제후(諸侯)가 이변을 만나면 정사를 닦는 것이다'라고 하였습니다. …… 지난날 재변이 있을 때에 더러 소방(疏放)했었지만 재변이 해소되었다는 말은 들어보지 못했고, 한갓 소인들만 다행하게 되었으니 유익함은 없고 손해만 있었습니다. 바라건대 더욱 수성(修省)해

---

91 『中宗實錄』卷54, 중종 20년(1525) 7월 22일(기묘); 7월 30일(정해).
92 『中宗實錄』卷53, 중종 20년(1525) 2월 5일(갑오).
93 『中宗實錄』卷54, 중종 20년(1525) 5월 25일(계미); 5월 26일(갑신).

야 할 뿐입니다."라고 하였다.[94]

신료들의 주장에 중종은 강하게 반박하였다. 중종은 백성을 위로하기 위해서라면 조세 감면이나 사면 실시가 유용하다고 판단하였다. 신료들의 잘못으로 조세(租稅)와 형정(刑政)이 과도해진 탓에 백성들의 삶이 피폐해져 원억(冤抑)이 발생하므로, 군신 모두의 반성을 통해 바로잡자는 게 중종의 인식이었다.[95]

반면 죄인 사면이야말로 화기를 어그러뜨리는 것이라는 신료들의 논리에는 기존의 형정이 올바르게 집행되고 있다는 전제가 깔려 있었다. 사면을 둘러싸고 군주와 신료들 사이에 정치적 책임을 전가하는 공방이 벌어지는 형국이었다. 세금 감면 문제에 대해서도 마찬가지의 대립이 나타났다.

기후 불순이라는 자연 현상을 '화기(和氣) 손상(損傷)'이라는 관념으로 해석하는 순간, 기후 불순으로 생기는 전염병의 문제는 어떻게 화기를 회복할 것인가라는 정치적 논의의 대상이 된다. 군주와 신료들은 자신들의 정치적 이해관계에 따라 천인상응론을

중종 20년(1525) 1월 29일의 『중종실록』 기록. 평안도 전염병이 걷잡을 수 없게 되자 국왕과 신료들 사이에 갈등이 커졌다. 신료들이 잘못한 탓이라고 인식한 중종은 결국 감선철악(減膳撤樂)조차 철회하였다. 자신의 잘못은 없다는 의미였다.

---

94 『中宗實錄』 卷53, 중종 20년(1525) 2월 5일(갑오). "左議政李惟淸議, 和氣致祥, 乖氣致異, 變異之作, 未必非乖氣所致也. 古人云, 天子遇怪則修德, 諸侯遇怪則修政. …… 頃者, 有災變之時, 雖或疏放, 未聞災變之消, 徒爲小人之幸, 無益而有損. 願益加修省而已."
95 『中宗實錄』 卷51, 중종 19년(1524) 8월 16일(무신); 卷52, 중종 19년(1524) 10월 1일(임진); 卷56, 중종 21년(1526) 2월 20일(계유).

적용하였다. 이렇게 본다면 천인상응론은 전염병 창궐로 인한 사회적 위기를 정치 영역에서 해결하는 기능을 담당하고 있었다.

결국 중종은 국왕의 대표적인 수성 조치인 감선철악(減膳撤樂)조차 철회하여버렸다.[96] 중종의 압박에 대해 신료들은 여러 차례 사직 의사를 밝히는 등 강하게 반발하며, 구언교지(求言敎旨)에 대한 상소를 통해 국왕의 공구수성(恐懼修省)을 요구하였다. 군신(君臣) 간의 이러한 논쟁은 전염병이 창궐하는 동안 계속 되풀이되었다. 예컨대 대사간 채침(蔡忱)이 중종에게 대신들을 극진하게 예우(禮遇)하여 재변을 해소하라고 요구하자, 중종은 상하(上下)가 각각 도리를 다해간다면 재변이 저절로 해소될 것이라고 맞받았다.[97]

이상에서 살핀 바와 같이 전염병에 대한 제도적 대응이 한계에 부딪히자 천인상응론으로 정치적 해결을 모색하였다. 그런데 현실에서는 각자의 이해관계에 따라 국왕의 수성(修省) 대(對) 군신 모두의 수신(修身)이 대립하고 있었다. 현실세계에서 천인상응론은 각자에게 유리한 쪽으로 적용되었던 것이다.

5. 맺음말

이 글에서는 조선전기 전염병의 창궐 사례로서 중종 19~20년의 평안도 전염병의 실상과 그 대응방식을 살펴보았다. 조선에서는 국초부터 백

---

[96] 『中宗實錄』卷52, 중종 20년(1525) 1월 29일(무자).
[97] 『中宗實錄』卷53, 중종 20년(1525) 3월 2일(신유). 16세기 재해론과 천인상응론에 관한 연구에 따르면, 군신 간의 갈등이 심해지면 재해기록이 많이 수록된다고 한다(경석현, 「『朝鮮王朝實錄』災異 기록의 재인식 -16세기 災異論의 정치·사상적 기능을 중심으로-」, 『한국사연구』 160, 2013).

성들의 질병에 대한 구휼(救恤), 시료(施療), 여제(厲祭) 실시를 법제화하였다. 하지만 중종대에 유교적인 원리가 더욱 강하게 조선사회를 규제하면서 불교 수륙재나 도교 초제는 국가 영역에서 사라져갔다. 수륙재가 여제로 대체되는 과정은 유교적인 전일화를 잘 드러낸다. 중종 19년(1524) 전염병이 발생했을 때 실시된 구휼·시료·여제가 기존 방식의 지속이라면 불교, 도교적 대응의 폐지는 16세기의 새로운 변화를 반영한 움직임이었다. 조선 국초에 만들어진 정례적인 대응책이 변용되는 과정이었다.

그런데 중종 19년의 전염병은 너무나 극심했던 탓에 기존의 정례적인 대응 외에도 새로운 의료적, 정치적인 대응들이 시도되었다. 조선에서는 화기(和氣)가 어그러져 나타난 여기(沴氣)로 인해 전염병이 발생한다고 이해하였다. 구체적으로 살피자면 기후불순 등의 자연적 요인으로 인한 악기(惡氣)를 전염병 원인으로 꼽았지만, 인격화된 사기(邪氣)에 해당하는 귀신도 전염병의 원인으로 지목되었다. 전염병 원인이 두 방향에서 규정된 만큼 전염병 대응책도 두 방향에서 제시되었다.

우선 유행하는 전염병에 맞춰 중종 20년 『간이벽온방』이 편찬되었다. 조선초기의 의학지식을 토대로 편찬된 『간이벽온방』은 백성 개개인이 질병에 맞설 수 있도록 해주었다. 이 의서에는 기존의 민간 경험방과 동일한 내용의 처방들도 포함되어 있어서 백성들에게 그리 낯설지 않았다. 『간이벽온방』 처방들은 효과가 좋다는 심리적인 위약효과를 줄 수 있었던 것이다.

아울러 소독이나 정기적인 예방 조치들은 전염병에 대한 경각심을 높여서 전염병 전파를 막는 실제 효과도 충분하였을 것이다. 전염병을 완전히 격퇴할 수 없었던 중종대에는 예방 조치의 효과가 상대적으로 높았을 것인데, 『간이벽온방』의 이러한 위생 개념은 개인을 중심으로 이루어지는 것이었다. 치료와 건강이 개인의 문제로 전환되어가고 있었다.

다른 한편에서는, 전염병의 원인에 대해 전쟁·기근·형벌 등 사회적 요인으로 원억(冤抑)이 발생한 탓이라고 이해하였다. 중종은 백성들의 화기를 회복하기 위해서라면 형벌 사면과 부세 감면이 유용하다고 판단하였다. 하지만 신료들은 사면을 통해 죄수가 석방되는 것이야말로 여기(戾氣)를 야기하며, 감세는 국가재정 형편상 시행할 수 없다고 반대하였다.

사면과 감세를 둘러싼 논쟁의 이면에는 군신 간의 첨예한 입장 차이가 내재해 있었다. 즉 중종은 신료들 때문에 형정이 어그러지고 세금이 공평하지 못하게 되어 재변이 생겼다고 인식하였다. 신료들도 스스로의 직분을 제대로 닦아야 한다는 게 중종의 판단이었다. 반면 신료들은 형벌과 세금에는 문제가 없으며, 감선철악을 비롯한 국왕의 공구수성이 부족하여 화기가 흐트러졌다고 인식하였다. 똑같은 천인상응론이지만 그 구체적인 방책에서는 국왕의 공구수성이 중요한지 신료들의 엄격한 직분 수행이 시급한지에 대해 입장이 달랐던 것이다. 전염병 창궐을 기회로 왕권 집중을 견제하려는 신료들의 입장과 신료들 통제를 강화하는 수단으로 천재지변을 이용하려는 국왕의 입장이 정면충돌하는 장면이었다.

제4부

조선전기의
약재 개발과 활용

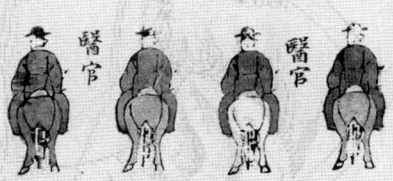

조선전기
감초의 토산화와 그 의미

1. 머리말

감초는 한의학에서 가장 대표적인 약재이다. '약방의 감초'라는 표현은 감초의 유명세를 잘 드러낸다. 1983년 대한한의사협회의 한약재 사용빈도 조사에 따르면, 감초(甘草) > 당귀(當歸) > 생강(生薑) > 인삼(人蔘) > 천궁(川芎) > 백출(白朮) > 백복령(白茯苓)의 순으로 처방되었다.[1] 감초가 유명할뿐더러 가장 널리 사용된다는 것을 쉽게 알 수 있다.

감초(Glycyrrhiza uralensis Fisch.)는 콩과의 나무뿌리이다. 채취한 뿌리를 건조하고 굵게 잘라내 사용한다. 약재의 성질과 효능을 노래 형식으로 정리한 「약성가(藥性歌)」에서는 감초를 다음과 같이 설명하고 있다.

> 감초(甘草)는 맛이 달고 성질이 따뜻하며, 모든 약재를 조화(調和)시킨다.
> 구운 감초는 비위(中)를 따뜻하게 하고, 날(生) 감초는 화기(火氣)를 배출한다.[2]

따뜻한 성질의 감초는 여러 약재 간의 성질을 조화시키고 몸속의 기운

---

[1] 尹一弘·韓相仁, 「韓藥材의 需給構造 -大邱藥令市를 中心으로-」, 『새마을·지역개발연구』 7, 1986, 14~15쪽.
[2] 『濟衆新編』 卷8, 藥性歌(金信根 主編, 『韓國醫學大系』 18, 여강출판사 영인, 1992, 579쪽). "甘草甘溫, 調和諸藥, 灸則溫中, 生則瀉火."

을 보강할 때 사용한다. '국로(國老)'라는 별칭처럼 흔히 감초는 국가의 원로에 비유되었다.³

감초가 중요한 것은 고려시대에도 마찬가지였다. 고려의 대표적인 의학서적인 『신집어의촬요방』과 『향약구급방』에서 감초 기록을 찾아볼 수 있다. 본문에서 서술하듯이, 감초가 『신집어의촬요방』에서는 약재 256종 가운데

콩과의 나무뿌리인 감초. 대표적인 약재로서 많은 이야기를 담고 있다.

2번째로 많이 등장하였고 『향약구급방』에서는 약재 331종 가운데 9번째로 자주 사용되었다. 이 중 『향약구급방』에서는 첫 항목부터 감초 효능을 인상깊게 서술하고 있다.

> 손진인(孫眞人)은 "뜨거운 물이 눈[雪]을 녹이듯이 감초(甘草)는 모든 종류의 약독(藥毒)을 해독한다."라고 하였다.
> 그 해독법은 감초 1냥(兩)을 대강 잘라서 물 2사발[梡]과 함께, 절반으로 졸아들도록 달인 후에 식혀서 마신다. 낫지 않으면 다시 반복한다. 주독(酒毒), 육독(肉毒), 식중독 등 다양한 중독 증상이 곧바로 해독된다.⁴

『향약구급방』에서는 손진인(孫眞人), 즉 중국 당(唐)나라의 저명한 의학자인 손사막(孫思邈)의 권위를 빌려서 설명을 시작하였다. 감초를 쓰면 여러 종류의 식중독, 특히 술독(술병)까지도 바로 낫는다는 설명이 흥미

---

3 『星湖先生僿說』 卷6, 人事門, 醫書比喩(李佑成 편, 『星湖全書』 5, 여강출판사 영인, 1984, 557쪽).

4 『鄕藥救急方』 上卷, 食毒. "孫眞人云, 甘草解百藥毒, 如湯沃雪. 其法, 麁到甘草一兩, 以水二梡, 煎減半, 停冷飮之. 不差, 更作. 凡諸酒肉食毒, 應手而解."

롭다. 게다가 이 처방은 한 가지 약재로 구성된 단방(單方)이어서, 감초를 물에 진하게 달여 마시면 충분했다. 지금과 마찬가지로 고려에서도 감초는 중요하고 유명한 약재였던 것이다. 하지만, 문제가 하나 있었다. 감초는 고려에서 생산되지 않았다. 당시 감초는 수입약재였다.

식중독은 일상에서 누구나 맞닥뜨릴 수 있는 응급 상황이지만, 고려시대에 감초 취득이 언제나 용이하지는 않았다. 가족 중 누군가가 식중독에 걸렸을 때, 감초를 구할 수 있는 상황에서는 쉽게 의료적 대응이 가능했다. 그러나 감초를 구하지 못하는 상황이라면 감초의 효능을 알고 있다는 것 자체가 가족에게는 고통이었을 것이다. 감초 나아가 약재들의 생산과 수급은 전근대 사회에서 사람들의 삶에 직접적인 영향을 미치는 요소인 것이다.

이 글에서는 조선전기 감초 생산의 토산화(土産化)를 다룬다. 예전에 나는 감초의 토산화 과정을 간략하게 설명한 적이 있는데,[5] 관련되는 자료를 추가로 수집하여 본격적으로 살펴보려고 하는 것이다. 본문에서는 조선 태종대에서 성종대에 이르기까지 감초가 인위적으로 재배에 성공하는 과정을 추적할 것이다. 이 과정에서 삼국 이래의 감초 역사를 살펴보고, 조선에 들어서 감초 토산화에 뛰어들게 된 배경과 그 직접적인 계기, 그리고 감초 재배의 성공이 가져온 의료적 영향과 사회적 의미를 논의하려고 한다.[6]

---

5 이경록, 『고려시대 의료의 형성과 발전』, 혜안, 2010, 307~312쪽.
6 기존 연구에서는 감초의 토산화를 거의 다루지 않았다. 김두종과 홍순원은 감초가 다른 약재들과 함께 국내에서 재배되기 시작했다고 짧게 언급하였다(金斗鍾, 『韓國醫學史』, 探求堂, 1966, 248쪽; 홍순원, 『조선보건사』, 과학백과사전출판사, 1981(청년세대, 1989, 180쪽)). 그리고 이숙경이 '중국 약초 재배'의 일환으로 성종대의 감초 재배 노력을 언급하였다(이숙경, 「조선 성종의 향약활용과 의료정책」, 『한국인물사연구』 18, 2012).

2. 감초의 활용 양상과 재배 착수

1) 조선전기 이전의 감초 활용

(태종 11년(1411) 5월 20일) 개성유후사(開城留後司) 유후(留後) 이문화(李文和)가 감초(甘草) 1분(盆)을 바쳤으니, 연전(年前)에 심은 것이었다.[7]

최초의 감초 재배 기록이다. 감초를 땅에서 재배한 것도 아니고 겨우 화분 1개의 소량이기는 하지만 이문화가 전해부터 일부러 재배했음을 알 수 있다. 곧이어 이듬해에 감초 기록이 이어진다. 이번에는 감초 재배가 아니라 감초의 수집에 관한 이야기다. 중국에 사신으로 파견된 임첨년(任添年) 등이 감초를 가져와 바친 것이다.[8] 『태종실록』에서 이 기사들을 연이어 수록한 것은 감초의 재배나 수입이 당시로서는 주목할 만한 사건이었기 때문이다.

조선 이전에도 감초에 대한 기록은 여기저기 산재한다. 이문화와 임첨년이 감초를 국왕에게 바쳤듯이, 고려에서는 감초를 부처에게 바쳤다. 사실 고려 이전부터 감초는 동아시아 삼국에서 유통되고 있었다.

가장 오래된 감초 기록은 당(唐)이 고구려를 멸망시켰던 7세기 후반에 나타난다. 『태평광기(太平廣記)』에 따르면 당의 곽정일(郭正一)이 평양에서 옥소(玉素)라는 고구려 여인을 노비로 삼았는데, 이 여인이 곽정일의 음식에 독을 탔다. 이때 곽정일은 감초(甘草)를 복용해서 해독하였다는 이야기다.[9]

7　『太宗實錄』卷21, 태종 11년(1411) 5월 20일(경진). "開城留後司留後李文和進甘草一盆, 年前所種也." 이문화에 대해서는 다음 글에 간단히 정리되어 있다(朴龍雲, 『高麗時代 蔭敍制와 科擧制 研究』, 一志社, 1990, 521쪽).
8　『太宗實錄』卷23, 태종 12년(1412) 5월 3일(병술).
9　『太平廣記』卷171, 精察1 郭正一 (四庫全書本). "中書舍人郭正一破平壤, 得一高麗婢. 名

또한 752년 일본에 파견된 신라 사절이 소지한 60종의 약재 기록이 일본에 남아 있다. 이에 따르면 감초 960근(斤) 등을 가져간 신라 사절은 752년 6월 24일 일본 귀족에게 감초를 비롯하여 아리륵(阿梨勒)·인삼(人蔘)·계심(桂心)·대황(大黃)·필발(蓽撥)·원지(遠志)를 판매하였다. 약재 대장인 「종종약장(種種藥帳)」에는 756년부터 860년까지의 사용 기록이 남아 있다. 많이 사용된 약재들은 대황(大黃, 11회), 감초(甘草, 10회), 인삼(人蔘, 9회), 계심(桂心, 9회), 아리륵(阿梨勒, 8회) 등이었고 일본 왕실·귀족·도다이지(東大寺)의 승려들이 사용하였다.[10]

국내에서는 경주 안압지에서 출토된 목간(木簡)에 감초 기록이 남아 있다. 8세기 유물로 추정되는 이 목간은 길이 30.8cm, 폭 3.4~3.9cm, 두께 2.5~2.6cm의 단면 삼각형이다. 약재들 이름과 용량이 적혀 있는 이 목간은 처방전으로 추측되는데, 감초 1냥을 위시하여 대황(大黃) 1냥, 청대(靑袋) 1냥, 승마(升麻) 1냥 등등의 약재 목록이 판독되었다.[11]

곽정일은 중국에서 가져온 감초를 복용했을 것이다. 아마도 감초라는 해독 약재의 존재와 그 효능은 고구려 지역에도 전파되고 있었을 것이다. 일본과 교역한 감초는 양이 꽤 많은 데다 빈번하게 사용된다는 점이 눈길을 끈다. 신라와 일본 모두 감초에 대한 본초학 지식을 공유하고 있는 상태였다고 짐작된다. 여기에 신라의 경주 안압지에서도 감초의 사용 흔적

玉素, 極姝豔. 令專知財物庫, 正一夜須漿水粥, 非玉素煮之不可. 玉素乃毒之而進. 正一急日, 此婢藥我, 索土漿甘草服之, 良久乃解."

10 崔在錫, 「日本 正倉院 소장 한약제를 통해 본 統一新羅와 日本과의 관계」, 『民族文化研究』 26, 1993. 正倉院의 약물들에 대해서는 다음 글이 참고된다(朝比奈泰彦, 『正倉院 藥物』, 植物文獻刊行會, 1955).

11 이 목간에는 '감초 1냥 구운 것[甘草, 一兩, 灸]'이라고 표기되어 있다(國立昌原文化財研究所, 『韓國의 古代木簡』, 2004, 238쪽). 이 목간에 대해서는 다음 글이 참고된다(三上喜孝, 「韓国出土木簡ちらみた古代東アジアの文化交流 -慶州·雁鴨池木簡の檢討から-」(성균관대학교 사학과 BK21사업단 외, 『한국·일본·중국·몽골·영국 5개국 국제학술대회』 자료집, 2009)).

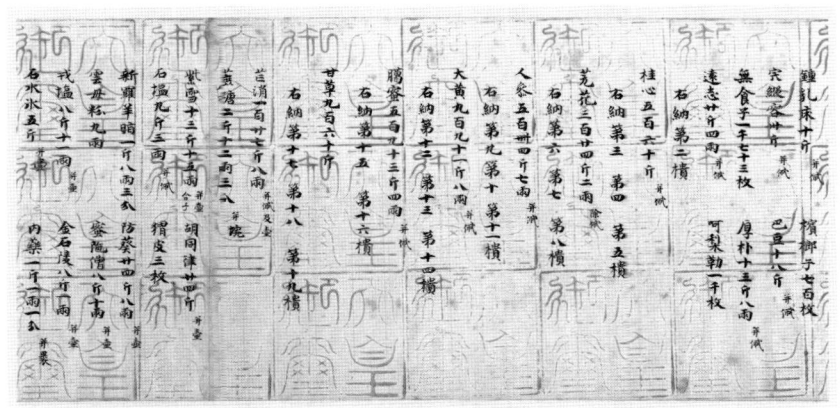

752년 신라에서 일본으로 가져간 약재 목록인 「종종약장(種種藥帳)」. 왼쪽에 '감초 960근'이라고 적혀 있다. ⓒ『正倉院藥材』

이 발견된다는 점을 감안하면 고려시대 이전부터 이미 감초에 대한 지식은 동아시아 삼국에서 보편적이었다고 이해할 수 있다.

앞글에서 서술했듯이 고려 문종 33년(1079)에 송에서 보내온 '진귀한 약재' 104종에는 '원주(原州) 감초(甘草)'도 들어 있다.[12] 이를 통해 고려의 의료인들은 특산지인 중국 원주에서 생산된 감초를 다시 인식하는 기회를 갖게 되었다.

한편 중국의 지방지인 『보경사명지(寶慶四明志)』에는 고려의 특산품에 대한 기록이 실려 있다. 이 자료에 따르면 고종 11년(1224) 당시 고려에서는 감초를 생산한다고 되어 있다.[13] 하지만 이 『보경사명지』는 『고려도경(高麗圖經)』 등의 내용을 간추린 것인데, 『고려도경』에는 감초의 생산 기록이 없다. 아울러 감초의 토산화가 조선초기에야 시도된다는 점은 뒤에서 다루는 바와 같다. 따라서 『보경사명지』의 감초 기사는 편찬 과정에

---

12 『高麗史』卷9, 世家9, 문종 33년(1079) 7월.
13 羅濬, 『寶慶四明志』卷6, 郡志6, 敍賦下, 市舶(四庫全書本). 『보경사명지』에 대해서는 다음 글이 참고된다(張東翼, 『宋代麗史資料集錄』, 서울대학교출판부, 2000, 117~126쪽).

서 착오가 벌어진 것으로 이해하는 것이 합리적이다.

고려에서는 감초가 수입약재였고 귀중하기도 했으므로 사찰에서는 부처에게 바치는 물건으로 사용하기도 하였다. 문수사(文殊寺) 아미타불좌상(阿彌陀佛坐像) 복장(腹藏) 입물색기(入物色記)와 장곡사(長谷寺) 약사여래좌상(藥師如來坐像) 복장(腹藏) 봉서(封書)는 모두 충목왕 2년(1346)의 자료인데, 공통적으로 부처의 몸속에 감초를 넣었음이 확인된다.[14]

물론 감초는 의료 목적으로 사용되는 것이 기본이었다. 머리말에서 언급한 『신집어의촬요방』과 『향약구급방』의 감초 기록을 살펴보면 고려사회에서 감초의 효능을 어떻게 인식하고 있었는지를 알 수 있다. 『신집어의촬요방』은 고종 13년(1226)의 자료로서 국왕을 비롯한 지배층이 감초를 사용하는 모습을 보여주며, 『향약구급방』은 고려후기에 편찬된 자료로서 일반 백성들의 감초 활용을 드러낸다. 이제 두 의서에서 감초 기록을 살펴보자.[15]

『신집어의촬요방』에서는 256종의 약재가 사용되었다. 256종의 약재 가운데 밀(蜜, 꿀)이 53회로 가장 많이 등장한다. 하지만 밀(蜜)은 포제하는 과정에서 첨가되는 경우가 절대 다수이며, 밀을 제외하면 감초(甘草, 42회), 인삼(人蔘, 30회), 건강(乾薑, 27회)의 순서로 사용되고 있다. 약재명이 기록된 118개 처방에서 감초는 42회(35.6%)가 등장하므로 아주 빈번하게 처방된 약재라고 할 수 있다.

『신집어의촬요방』에서 감초가 사용된 42개 처방은 비위문(脾胃門) 10개, 주병문(酒病門) 7개, 잡병문(雜病門) 6개, 제풍문(諸風門) 5개, 인후문(咽

---

14 보다 자세한 내용은 다음 글이 참고된다(이경록, 『고려시대 의료의 형성과 발전』, 혜안, 2010, 307~308쪽).
15 이경록, 『고려시대 의료의 형성과 발전』, 혜안, 2010, 266~268쪽; 301~303쪽; 358~366쪽 『신집어의촬요방』의 처방 약재 일람표; 367~371쪽 『향약구급방』의 처방 약재 일람표 참고.

喉門) 3개, 제기문(諸氣門) 2개, 제서문(諸暑門) 1개, 역려병후문(疫癘病候門) 1개, 혈병문(血病門) 1개, 곽란문(霍亂門) 1개, 해수문(咳嗽門) 1개, 제리문(諸痢門) 1개, 건망문(健忘門) 1개, 제창문(諸瘡門) 1개, 부인문(婦人門) 1개이다.

그리고 『향약구급방』에서 약재를 사용하는 처방은 526개이며 331개의 약재가 처방되었다. 가장 널리 처방된 약재를 횟수별로 꼽아보면 초(醋, 27회), 밀(蜜, 22회), 염(鹽, 21회), 당귀(當歸, 15회), 애(艾, 15회), 산(蒜, 12회), 생지황(生地黃, 12회), 유(油, 12회), 감초(甘草, 11회), 남칠(藍漆, 11회), 저지(猪脂, 11회)의 순서여서 감초가 9번째로 자주 처방되었다.

『향약구급방』에서 감초가 사용된 11개 처방은 균독(菌毒) 2개, 식독(食毒) 1개, 육독(肉毒) 2개, 백약독(百藥毒) 1개, 후비(喉痺) 1개, 중설(重舌) 1개, 옹저(癰疽) 1개, 대지창(代指瘡) 1개, 부인잡방(婦人雜方) 1개이다.

이와 같이 감초가 『신집어의촬요방』에서는 소화불량을 비롯해서 술병·중풍·인후통 등의 병문(病門)에 사용되었고, 『향약구급방』에서는 식중독을 비롯한 다양한 중독의 해독제로 사용되는 모습이 확연하다. 두 의서에서 약간의 차이가 있기는 하지만, 감초는 비위(脾胃)의 문제 즉 식중독이나 소화불량 같은 소화 관련 질환에 공통적으로 사용되고 있다.

『향약구급방』에는 감초 치료 사례도 수록되어 있다. 어느 집에서 노비 3명이 버섯을 잘못 먹고 쓰러졌을 때의 일이었다. 급히 일어난 일이라 약이 없었으므로 생오이를 먹였더니 눈을 떴으며, 이어서 감초를 달여 먹였더니 깨어났다는 것이다.[16] 이 기록은 중국 의서에 나오지 않으므로 고려에서 벌어진 경험담으로 판단된다.

실제로 감초 지식이 고려사회에서 활용되었던 모습은 이색(李穡, 1328~1396년)의 사례에서도 잘 드러나 있다.

---

16 『鄕藥救急方』上卷, 菌毒.

늙은 아내가 술에 중독된 나를 나무라며,
흑두탕(黑豆湯)에다 감초(甘草)를 더 넣어 달여주더니,
긴긴 밤을 곤히 자서 몸은 절로 평온하고,
추운 새벽에 일어나니 이[齒]는 아직 향기롭네.[17]

이색의 늙은 아내는 술에 중독된 이색에게 흑두(黑豆, 검은콩)를 끓인 물에 감초를 첨가하여 달여주었다. 머리말에서 인용한 바와 같이, 술병에 시달릴 때는 감초를 사용하라는 『향약구급방』의 기록이 일상에서 실용되는 모습이었다. 또 다른 시에서도 이색은 "흑두(黑豆)는 중원에서 두루 생산되는데, 어이하여 둔촌(遁村)에서 나왔단 말인가. 탕을 끓이면 주독(酒毒)을 풀 수 있으니, 참으로 술동이를 기울일 만하구려."라고 적었다.[18] 이 표현 역시 "무릇 식중독을 다스릴 때는 흑두(黑豆)를 푹 달여서 그 즙을 마신다."라는 『향약구급방』의 처방과 일맥상통한다.[19]

이상에서 감초는 고려시대 이전부터 그 흔적을 찾을 수 있을 뿐만 아니라, 고려에서도 유명한 약재이자 중요한 약재로 대접받고 있음을 알 수 있다. 물론 감초는 아직 토산약재가 아니었다.

2) 감초 생산의 계기와 배경

(세종 30년(1448) 2월 1일) 전라도와 함길도 감사에게 유시(諭示)하여 왜인(倭人)이 헌납한 감초를 재배하게 하였다.[20]

---

17 『牧隱詩藁』卷16, 詩, 早興. "老妻嗔我酒膏肓, 甘草加煎黑豆湯, 夜永困眠身自穩, 曉寒徐起齒猶香."
18 『牧隱詩藁』卷21, 詩, 奉謝李遁村送黑豆種. "黑豆遍中原, 何從出遁村. 煎湯解酒毒, 政可倒金樽."
19 『鄕藥救急方』上卷, 食毒. "凡理食毒, 煮黑豆令熟, 飮其汁."
20 『世宗實錄』卷119, 세종 30년(1448) 2월 1일(정사). "諭全羅咸吉道監司, 培植倭人所獻甘草."

〈표 1〉 조선왕조실록에 등장하는 감초 기록

국왕	태종	세종	문종	세조	성종	선조	광해군	인조	정조
횟수	2	18	2	4	8	3	1	1	2

세종은 재위 30년이 되던 해에 감초의 재배를 전라도와 함길도에 명하였다. 세종이 감초 재배를 지시한 이유가 감초에 대한 수요가 많아졌기 때문임은 두말할 나위가 없다. 따라서 세종대 무렵 감초의 수요와 공급을 살펴볼 필요가 있다. 우선 조선왕조실록에서 '감초(甘草)'에 대한 기록을 모두 뽑아 국왕별로 횟수를 살펴보면 〈표 1〉과 같다.

〈표 1〉에서 정리한 것처럼 조선왕조실록에는 감초 기록이 41건 등장한다. 조선초기 특히 세종대 전후에 감초 기사가 집중되어 있다. 이 무렵 감초에 대한 관심이 고조되었다는 뜻이다. 구체적으로 세종대의 감초 기사 18건의 내용을 따져보면 감초에 대한 관심의 내용을 파악할 수 있다.

세종 3년 11월 6일, 일본 구주총관이 감초를 바침
세종 5년 1월 1일, 일본 구주총관이 감초를 바침
세종 5년 1월 12일, 일본에서 감초를 바침
세종 5년 1월 12일, 일본 축주관사가 감초를 바침
세종 5년 1월 28일, 일본 전(前) 구주총관이 감초를 바침
세종 5년 5월 25일, 일본 전(前) 작주자사가 감초를 바침
세종 5년 6월 21일, 일본 평만경이 감초를 바침
세종 5년 6월 26일, 일본 대마주가 감초를 바침
세종 5년 12월 25일, 일본 국왕의 사신이 감초를 바침
세종 5년 12월 27일, 일본 국왕의 사신이 감초를 바침
세종 6년 11월 23일, 일본 평만평이 감초를 바침

세종 30년(1448) 2월 1일, 감초 토산화에 착수한 날이다. '전라도와 함길도에서는 왜인(倭人)이 헌납한 감초를 재배하라'는 『세종실록』의 기록이다.

세종 7년 1월 6일, 일본 구주 도원수가 감초를 바침
세종 9년 1월 13일, 일본 좌위문대랑이 감초를 바침
세종 10년 2월 2일, 일본 등종금이 감초를 바침
세종 10년 3월 1일, 일본 구주 순무사가 감초를 바침
세종 14년 5월 23일, 일본 국왕의 사신이 감초를 바침
세종 15년 6월 1일, 황자후가 『향약집성방』에 대해 논의하면서 감초를 언급함
세종 30년 2월 1일, 전라도와 함길도 감사에게 왜인이 헌납한 감초를 재배하도록 지시함

감초가 일본에서 수입되는 기록이 대부분이다. 세종 30년(1448) 감초 재배에 착수하기 전에는 감초의 공급이 중요한 현안이었음을 알 수 있다. 물론 기록되지 않은 감초 수입도 있었을 것이나, 현재로서는 이것이 공식 기록의 전부이다. 그렇다면 이 시기에 왜 감초 수입이 유독 중요하게 다루어졌을까? 그것은 세종대에 연달아 전염병이 유행하자 조선정부에서는 감초 처방들로 대응하고자 했기 때문이었다.

> 이제 들으니 각도에 역질(疫疾)이 성행한다고 한다. 수령에게 교유하여 구료(救療)에 힘쓰지 아니하면 요사(夭死)하게 될 것이니, 내가 심히 민망히 여긴다. 향소산·십신탕·승마갈근탕·소시호탕 등의 약을 여러 도에 내리니, 감사들은 본방(本方)에 의하여 구료하라.[21]

> 내가 들으니 지방 각도에 역질이 퍼져 있다고 한다. 그 고을 수령들이 마음을 써서 살리려고 하지 않는다고 하니, 그들에게 약재로 향소산·십신탕·승마갈근탕·소시호탕 등을 제작(劑作)하게 하라.[22]

---

21 『世宗實錄』 卷4, 세종 1년(1419) 5월 1일(을사). "今聞, 各道疾疫盛行. 敎諭守令, 不盡力救療, 致令夭扎, 予甚憫焉. 其賜香蘇散十神湯升麻葛根湯小柴胡湯等藥于諸道, 監司依方救療."

22 『世宗實錄』 卷23, 세종 6년(1424) 2월 30일(병자). "予聞, 外方各道疾疫興行. 各官守令不爲用心救活, 其以香蘇散十神湯升麻葛根湯小柴胡湯合用藥材劑作."

위의 인용문에 반복해서 등장하는 향소산(香蘇散)·십신탕(十神湯)·승마갈근탕(升麻葛根湯)·소시호탕(小柴胡湯)은 한결같이 감초가 필수적인 처방이다. 이 4가지 처방은 『화제국방(和劑局方)』에 실려 있는 것으로, 모두 세종대의 『의방유취』에 소개되어 있기도 하다.[23]

『의방유취』에 따르면, 향소산은 사시온역(四時瘟疫)과 상한(傷寒) 등을 치료하는데 진피(陳皮)·향부자(香附子)·자소(紫蘇)·감초(甘草)가 들어간다. 십신탕은 절기가 맞지 않아 생기는 온역(瘟疫)을 치료하는데 진귤피(陳橘皮)·마황(麻黃)·천궁(川芎)·감초·향부자·자소·백지(白芷)·승마(升麻)·적작약(赤芍藥)·건갈(乾葛)이 필요하다. 승마갈근탕은 일반적인 전염병 외에 어린이의 창진을 예방하거나 치료하는 데도 사용되었는데 승마·갈근(葛根)·백작약(白芍藥)·감초로 구성된다. 소시호탕 역시 상한으로 인한 온열병(溫熱病)을 치료하는데 시호(柴胡) 황금(黃芩)·인삼(人蔘)·감초·반하(半夏)가 소용된다.

그런데 위의 기사에서 중요한 점은 이들 처방이 소수의 지배층에게 제공되는 것이 아니라 다수의 백성을 지급 대상으로 삼는 것이었다. 향소산 등을 납약(臘藥)처럼 미리 제작해야 하므로, 감초에 대한 수요가 폭발적으로 늘어날 수밖에 없는 상황이었던 것이다.

그렇다면 감초가 세종대까지 국내에서 산출되지 않았다는 점은 확실한가? 이에 대해서도 관련 기록을 통해 확인할 필요가 있다. 세종대까지의 약재 관련 문헌 중 『향약구급방』 방중향약목초부(태종 17년=1417 이전), 『경상도지리지』(세종 7년, 1425), 『향약채취월령』(세종 13년, 1431), 『향약집성방』(세종 15년, 1433)의 본문·향약본초개론·향약본초각론, 『세종실록』 지리지(단종 2년, 1454)의 공통점은 '감초'라는 단어가 한 번도 나오지 않는다는 것이다.

---

23 『醫方類聚』 卷52, 傷寒門26 聖惠方7 和劑局方.

이 문헌들의 성격과 내용을 부연하자면 『향약구급방(鄕藥救急方)』 방중향약목초부(方中鄕藥目草部)'는 제목 그대로 『향약구급방』의 처방 가운데 초부(草部, 식물 관련) 향재(鄕材)의 목록'을 180종의 약재로 정리한 것이고, 『경상도지리지(慶尙道地理志)』는 세종 7년 당시의 경상도 토산약재 83종을 모두 수록한 지리서였다. 『향약채취월령(鄕藥採取月令)』은 전국에서 생산되는 향재(鄕材) 154종의 채취 시기를 달별로 정리한 자료이고, 『향약집성방(鄕藥集成方)』은 85권 전체를 향재로만 구성한 의서이다. 특히 『향약집성방』 뒤편의 '향약본초개론(鄕藥本草概論)'과 '향약본초각론(鄕藥本草各論)'은 각각 212종과 701종의 향재를 수록한 일종의 본초학 사전이다. 그리고 『세종실록』 지리지에서는 조선 8도에서 생산되고 있거나 의도적으로 재배하려고 하는 약재 384종을 수록하였다.

조선초기까지의 토산 약물을 집중적으로 정리한 이들 자료에서 감초가 한 번도 보이지 않는 이유는 당시에 감초가 자생(自生)하지 않았기 때문이다. 감초 수요가 증대되는 세종대에 일본으로부터의 감초 수입을 세밀하게 기록한 이유가 여기에 있다. 반면 조선초기에 감초는 필수품으로 규정되기까지 하였다.

> 사람이 집에 있거나 먼 길을 다닐 때는 항상 몸에 오래 묵은 쑥 한 되와 비급환·벽귀환·생기약·감습약·정종약·수은·대황·망초·감초(甘草)·건강·계심·천초 등을 가지고 있어야 한다. 다른 약들은 가지고 있지 못하여도 이런 것들은 늘 없어서는 안 된다.[24]

요컨대 전염병에 걸린 백성들에게 향소산·십신탕·승마갈근탕·소시호

---

[24] 『醫方類聚』 卷199, 養性門1 千金方 居處法. "凡人居家及遠行, 隨身常有熟艾壹升, 備急丸, 辟鬼丸, 生肌藥, 甘濕藥, 丁腫藥, 水銀, 大黃, 芒消, 甘草, 乾薑, 桂心, 蜀椒. 不能更蓄餘藥, 此等常不可闕少."

탕 등을 제공하거나 상비 약재로 준비하기 위해서 감초는 그 수요가 증가하였다. 이처럼 대량 공급의 필요성이 감초 토산화에 착수한 직접적인 근인(近因)이라고 한다면, 감초 토산화의 원인(遠因)은 세종대 의학의 지형과 조선정부의 정책을 검토하는 과정에서 드러난다.

세종대 의학의 지형은 감초를 중심에 두고 『향약집성방』과 『의방유취』를 비교하는 방식으로 살필 수 있다. 『향약집성방』은 세종 15년(1433)에, 『의방유취』는 세종 30년(1448)에 각각 편찬되었다. 두 의서는 모두 세종대의 관찬의서라는 공통점이 있다. 85권으로 된 『향약집성방』에서 처방을 수록한 부분은 권1~75까지이다. 『향약집성방』에서는 상당히 많은 처방을 소개하고 있음을 알 수 있다. 하지만 『의방유취』는 세종대 편찬 당시에 365권이었다.[25] 『의방유취』는 『향약집성방』조차 월등히 압도하는 분량이다.

이제 구체적인 질병을 가지고 『향약집성방』과 『의방유취』를 비교해보자. 이질 가운데 하나인 적백리(赤白痢)에 관해 『향약집성방』과 『의방유취』에서는 모두 『태평성혜방』의 적백리 치료법을 인용하고 있다. 『태평성혜방』에서는 적백리 치료에 27개 처방을 제시하였는데, 지면 관계상 앞쪽의 10개 처방까지만 정리하여 세 의서를 비교하면 〈표 2〉와 같다.

〈표 2〉에서는 『태평성혜방』의 처방 10개가 『의방유취』에서 그대로 인용되고 있음을 확인할 수 있는데, 『태평성혜방』과 『의방유취』는 27개 처방이 모두 동일하다. 반면 『향약집성방』은 『태평성혜탕』 27개 처방 중 표에 보이는 3개 처방(3, 4, 9)만 인용하는 데 그쳤다. 『태평성혜방』 기록을 『의방유취』에서는 그대로 전재한 반면 『향약집성방』에서는 선별하여 인용한 것이다.

그런데 『태평성혜방』과 『의방유취』 27개 처방에서는 감초가 들어가는

---

25 30년의 수정 과정을 거쳐 성종 8년(1477) 출간된 『의방유취』는 266권 264책이었다.

〈표 2〉『태평성혜방』, 『향약집성방』, 『의방유취』의 적백리 처방 비교표[26]

순서	처방명	『태평성혜방』의 적백리 처방	『향약집성방』에 인용된 적백리 처방	『의방유취』에 인용된 적백리 처방
1	황련산(黃連散)	황련(黃連)·백출(白朮)·황금(黃芩)·당귀(當歸)·오매육(烏梅肉)·건강(乾姜)·아교(阿膠)·감초(甘草)	인용 안함	황련(黃連)·백출(白朮)·황금(黃芩)·당귀(當歸)·오매육(烏梅肉)·건강(乾薑)·아교(阿膠)·감초(甘草)
2	아교산(阿膠散)	아교(阿膠)·감초(甘草)·부자(附子)·황련(黃連)·당귀(當歸)	인용 안함	아교(阿膠)·감초(甘草)·부자(附子)·황련(黃連)·당귀(當歸)
3	지유산(地楡散)	지유(地楡)·저수백피(樗樹白皮)·백출(白朮)·당귀(當歸)	지유(地楡)·저수백피(樗樹白皮)·백출(白朮)·당귀(當歸)	지유(地楡)·저수백피(樗樹白皮)·백출(白朮)·당귀(當歸)
4	건강산(乾姜散)	건강(乾姜)·치자인(梔子仁)	건강(乾薑)·치자인(梔子仁)	건강(乾薑)·치자인(梔子人)
5	적석지산(赤石脂散)	적석지(赤石脂)·용골(龍骨)·아교(阿膠)·지유(地楡)·당귀(當歸)·후박(厚朴)·가려륵(訶黎勒)·건강(乾姜)·황련(黃連)	인용 안함	적석지(赤石脂)·용골(龍骨)·아교(阿膠)·지유(地楡)·후박(厚朴)·가리륵(訶梨勒)·당귀(當歸)·건강(乾薑)·황련(黃連)
6	내보산(內補散)	황련(黃連)·감초(甘草)·건강(乾姜)·자순차(紫筍茶)	인용 안함	황련(黃連)·감초(甘草)·건강(乾薑)·자순차(紫筍茶)
7	석류피산(石榴皮散)	산석류피(酸石榴皮)·용골(龍骨)·가려륵(訶黎勒)	인용 안함	초석류피(醋石榴皮)·용골(龍骨)·가리륵(訶梨勒)
8	부자산(附子散)	부자(附子)·오매(烏梅)	인용 안함	부자(附子)·오매(烏梅)
9	상실산(橡實散)	상실(橡實)·산석류피(酸石榴皮)·황우각새(黃牛角䚡)	상실(橡實)·초석류피(醋石榴皮)·황우각시(黃牛角腮)	상실(橡實)·초석류피(醋石榴皮)·황우각새(黃牛角䚡)
10	지각산(枳殼散)	지각(枳殼)·후박(厚朴)·감초(甘草)·취춘근(臭椿根)·지유(地楡)·자초(紫草)	인용 안함	지각(枳殼)·후박(厚朴)·감초(甘草)·취춘근(臭椿根)·지유(地楡)·자초(紫草)

---

26 『太平聖惠方』卷59, 治赤白痢諸方(翰成社 영인, 1979, 1825~1829쪽);『鄕藥集成方』卷37, 諸痢門 赤白痢(金信根 主編,『韓國醫學大系』5, 여강출판사 영인, 1992, 11~12쪽);『醫方類聚』卷138, 諸痢門3 聖惠方 治赤白痢諸方(동양의과대학 석판본, 1965, 5016~5017쪽).

처방이 〈표 2〉의 1, 2, 6, 10을 비롯하여 6개가 포함되어 있지만, 『향약집성방』에는 이 6가의 감초 처방이 하나도 인용되어 있지 않다. 『향약집성방』의 편찬자들은 감초가 들어간 『태평성혜방』의 처방을 의도적으로 누락한 것이다.[27]

〈표 2〉를 통해 『향약집성방』에서는 조선 향재로만 수록 처방을 구성한다는 편찬 원칙을 실제로 확인할 수 있고,[28] 『의방유취』는 동아시아의학을 집대성하려는 목적으로 여러 의서들에서 관련 정보를 최대한 수집하였음을 이해할 수 있다.[29] 『향약집성방』과 『의방유취』의 편찬자 입장에서 본다면, 두 의서의 편찬 과정은 약재 부족을 절감하는 계기이기도 하였다. 예컨대 감초가 조선에서 토산되었다면 『태평성혜방』의 감초 처방들(〈표 2〉의 1, 2, 6, 10 등)이 『향약집성방』에도 수록될 수 있었을 것이다.

이처럼 조선에서는 『향약집성방』을 통해 토산약재의 한계를 인식하였고, 『의방유취』를 통해서는 토산약재의 증가가 얼마나 대민의료를 증진할 수 있나를 깨닫게 되었다. 시점에 주목해보면 세종이 감초 재배를 지

---

27 하나의 사례를 추가하자면 '可汗形證'을 들 수 있다. 『성제총록』의 가한형증 처방을 『의방유취』에서는 충실히 인용한 반면, 『향약집성방』에서는 감초가 들어간 『성제총록』 처방을 일부도 인용하지 않았다(이경록, 「조선전기 『의방유취』의 성취와 한계 -'상한'에 대한 인식을 중심으로-」, 『한국과학사학회지』 34(3), 2012, 464~465쪽 참고).

28 『향약집성방』의 처방 약재에는 감초·마황·호초·계지 등이 보이지 않는다. 그 이유에 관해서는 『救急易解方』 跋文(연산군 4년, 1498)에서 명확하게 설명하였다. 『향약집성방』은 조선에서 생산되는 약재, 즉 鄕材만으로 처방을 구성하였다는 것이다[集成……只取鄕土所産]. 2000년대 들어 한의학계에서 『향약집성방』의 「향약본초」와 「상한문」을 분석하여 『향약집성방』이 鄕材만으로 구성되었다는 이해가 다시 이루어졌다(강연석·안상우, 「『鄕藥集成方』 중 「鄕藥本草」의 특성과 성취」, 『한국한의학연구원논문집』 8(1), 2002; 姜延錫·安相佑, 「『鄕藥集成方』 중 「傷寒門」의 본초분석을 통해 본 朝鮮前期 鄕藥醫學」, 『한국한의학연구원논문집』 8(2), 2002). 鄕材로 처방을 구성한 『향약집성방』의 의료사적인 성취와 그 의미에 대해서는 별도의 글에서 다룬 바 있다(이경록, 「『향약집성방』의 편찬과 중국 의료의 조선화」, 『醫史學』 20(2), 2011; 이경록, 「鄕藥에서 東醫로: 『향약집성방』의 의학이론과 고유 의술」, 『歷史學報』 212, 2011).

29 이경록, 「조선전기 『의방유취』의 성취와 한계 -'상한'에 대한 인식을 중심으로-」, 『한국과학사학회지』 34(3), 2012.

시하는 것은 재위 30년(1448) 2월이었는데, 『의방유취』는 같은 해 가을에 완성된다.30 즉 『의방유취』 편찬이 한창 진행되던 와중에 감초 재배에 착수한 것이다.

무엇보다 조선초기부터 부각되기 시작한 상한병(傷寒病)에 감초가 필수적이라는 것이 『의방유취』 편찬을 거치면서 고스란히 드러났다. 앞서 언급했듯이 상한은 고려나 조선초기까지만 하더라도 그리 주목받는 질병군이 아니었으나 세종대 『의방유취』에서는 가장 중요한 질병군으로 급부상하였다. 『의방유취』에서 상한문(傷寒門)은 권27~63까지 37권 분량이며, 91개 병문(病門) 중 최대 분량이기도 하다.

그런데 『의방유취』 상한문을 살펴보면, 병론(病論)에 이어 제시되는 각종 치료법은 『상한론주해(傷寒論注解)』의 인용으로부터 시작한다. 『상한론주해』의 첫 번째 상한 치료법인 태양병(太陽病)을 예로 들자면 계지탕(桂枝湯)·계지이월비일탕(桂枝二越婢一湯)·감초건강탕(甘草乾薑湯)·작약감초탕(芍藥甘草湯)·조위승기탕(調胃承氣湯)·사역탕(四逆湯)이 차례로 제시된다.31 이들 처방에 공통적으로 들어가는 약재는 물론 감초이다. 한사(寒邪, 찬 기운)를 갑자기 몸에 쐴 때 걸리는 상한의 기본치료법은 온약(溫藥)으로 치료하는 것이었으며, 따뜻한 성질의 감초는 온약 처방에 필수적이었던 것이다.

또한 앞서 제시한 향소산 등을 『의방유취』에서 찾아보면, 한결같이 『의방유취』 권52 상한문에 '원래 처방[本方]'이 있는 것으로 표기되어 있다. 향소산 등의 가장 기본적인 치료 질환은 상한이라고 인정한다는 뜻이다. 상한이라는 의학이론이 중시되면서 감초의 토산화에 매달릴 수밖에 없는 상황이었던 것이다.

---

30 이경록, 「『의방유취(醫方類聚)』의 편찬과 그 함의」(세종대왕기념사업회, 『국역 의방유취』1, 2017, 5~7쪽).
31 『醫方類聚』卷42, 傷寒門16 傷寒論注解.

시야를 넓혀보면 당시 조선에서 필요한 약재가 감초만은 아니었다. 세종대에는 약재의 성산 현황을 지역별로 충실히 조사하면서, 생산하는 약재의 종류를 확장하고 생산량을 증대하려는 노력이 다양하게 지속되었다. 토산되는 약재의 종류가 늘어날수록 치료수단이 확대되어서였다. 다음 글에서 본격적으로 살필 내용이다.

요컨대 의서 편찬과 상한병에 대한 관심 증대를 계기로 감초의 필요성을 새삼 절감한 것이 감초 토산화의 의학적인 이유였다. 정치적으로 보자면 조선초기부터 약재를 포함한 물산(物産)에 대한 관심이 커지고 있었다. 특히 세종대에 들어서는 약재 실태 조사가 진행되면서 안정적인 약재 확보에 사활을 걸고 있었다. 감초 토산화로 조선 의학의 모든 문제가 해결되는 것은 아니지만, 감초 토산화를 빼놓고 조선 의학의 발전을 꾀하기는 어려운 것도 사실이었다. 세종이 감초 토산화에 착수한 원인(遠因)이라고 할 수 있다.

3. 감초 재배의 갈등과 토산화 성공

1) 감초 재배를 둘러싼 갈등

(문종 1년(1451) 5월 1일) 전라도관찰사에게 유시(諭示)하기를, "전에 감초(甘草)를 보낼 때에 땅의 성질이 기름진 곳을 가려서 나주·진도·광양 세 고을에 심어서 기르게 하였다. 이제 경(卿)이 보고한 묘[苗]를 생산한 수를 보건대, 나주의 5조(條)가 195조를 생산하고, 진도의 26조가 124조를 생산하였으나, 광양의 9조는 다만 1조가 모를 생산하고 나머지는 모두 생산하지 못하였다고 하였다. …… 홀로 광양에 심은 것만이 기사년(세종 31년, 1449)에 2조와 경오년

(문종 즉위년, 1450)에 7조가 말라 죽었다……"라고 하였다.[32]

위 날짜의 기록에 따르면, 세종은 땅이 기름진 나주(羅州)·진도(珍島)·광양(光陽)에서 감초를 기르게 하였다. 인용문에서는 세종 30년(1448) 감초 재배 시작 이후 해마다 세 지역의 재배 결과를 면밀하게 챙기고 있는 점이 확인된다. 그런데 풍기(風氣)와 토성(土性)이 동일한 세 지역에서 유독 광양만 재배 성과가 나빴다. 문종은 광양 관리가 조심히 기르지 않은 탓이라고 책망하면서 광양 관리를 처벌하되 사면 대상에서조차 제외하고, 관찰사에게는 수시로 감초 재배 상황을 직접 챙기도록 지시하였다. 당시에 광양은 현(縣)이었으므로, 광양현령이 처벌을 받았을 것이다.

위와 동일한 기록에 따르면, 이미 서울의 밤섬[栗島]에서도 감초가 재배되었다. 원래 세종과 문종대에 밤섬에서는 뽕나무 8,280주(株)로 누에를 키우면서, 백성들의 개간(開墾)조차 금하고 있었다.[33] 『신증동국여지승람』에서는 "밤섬. 마포(麻浦) 남쪽에 있는데 약초를 심고 뽕나무를 심는다."라고 하여, 약재가 재배되었음을 확인할 수 있다.[34] 문종 1년(1451)의 감초 생산지역은 〈지도 1〉과 같다.

밤섬에서의 감초 재배는 성공적이었다. 몇 달 뒤 문종은 밤섬에 심었던 감초가 무성하니, 이듬해 봄부터는 각도(各道)에 나누어 심도록 명하였

---

32 『文宗實錄』卷7, 문종 1년(1451) 5월 1일(무술). "諭全羅道觀察使曰, 前送甘草時, 擇土性膏腴處, 使於羅州·珍島·光陽三邑, 栽植培養. 今見卿所報生苗之數, 羅州五條産一百九十五條, 珍島二十六條産一百二十四條, 光陽九條但一條生苗, 餘皆不生. …… 獨光陽所栽, 己巳年二條, 庚午年七條憔枯……."

33 『世宗實錄』卷19, 세종 5년(1423) 2월 16일(정묘); 『文宗實錄』卷7, 문종 1년(1451) 4월 21일(기축). 성종 24년(1493) 5월부터 시행한 『대전속록』에 따르면, 밤섬의 右邊은 典醫監·西活人署·惠民署·東活人署 등에서 뽕나무를 재배하는 한편 섬에 거주하는 노비들과 인근의 백성들을 동원하여 과수를 심었다고 되어 있다(『大典續錄』卷6, 工典 栽植).

34 『新增東國輿地勝覽』卷3, 漢城府, 山川. "栗島[在麻浦南, 蒔藥種桑]."

다.³⁵ 일반 백성의 경작이 금지된 밤섬에서 특별히 재배한 감초를 전국에 배포하여 다시 재배하도록 했다는 것은 감초 토산화에 대한 조선정부의 확고한 태도를 보여준다.

하지만 광양현령이 처벌된 데서 보이듯이 감초 재배의 성과는 좋지 못하였다. 『세종실록』 지리지에서는 세종대의 전국 토산물을 모두 정리하면서, 재배해야 할 약재들을 뽑아 '종양약재(種養藥材)'로 규정하여 각 지방에 재배를 의무화시켰다. 그런데 『세종실록』 지리지에서 감초가 종양약재에도 포함되어

<지도 1> 문종 1년의 감초 생산 지역

있지 않다는 것은 감초가 제대로 생산되지 못하는 실정을 드러낸다. 후대의 기록이지만, 성종은 감초 생산이 어려운 이유로 두 가지를 들었다.

> 해마다 (감초-인용자) 생산이 번성하지 않으니, 이것은 반드시 수령(守令)이 마음을 써서 배양(培養)하지 아니하고, 혹은 땅이 척박(瘠薄)하거나 잡초(雜草)로 인하여 무성하지 못함이다.³⁶

감초 재배가 쉽지 않은 이유는 마음을 쏟지 않은 수령과 부적합한 토질이라는 지적이었다. 단연 토질은 감초 토산화의 1차적인 관건이었다. 식물이란 기본적으로 토질의 영향을 받을 수밖에 없다. 그런데 나주, 진

---

35 『文宗實錄』 卷10, 문종 1년(1451) 11월 3일(정유).
36 『成宗實錄』 卷178, 성종 16년(1485) 윤4월 29일(기유). "逐年生植不蕃盛, 是必守令不用意培養, 或因地瘠 或因雜草, 使不暢茂."

도, 광양이 풍기(風氣)와 토성(土性)이 동일한 지역으로 땅이 기름졌다는 것은 앞서 나온 바와 같다. 감초 토산을 위해 재배 지역을 세심히 골랐다는 의미이다. 그러나 감초는 강가와 같은 모래질 땅에서 잘 자란다.[37] 땅이 기름지다고 해서 감초 재배에 성공할 수 있는 것이 아니었다. 다시 말하면 재배 경험의 부족이 문제였다.

인용문에서 성종은 감초 재배가 더딘 또 다른 이유로 지방관의 무능함을 꼽았다. 하지만 문종대 광양현령의 처벌 이후에도 감초 재배는 용이하지 않았다. 예종 1년(1469) 편찬된 『경상도속찬지리지(慶尙道續撰地理誌)』종양약재(種養藥材)에서는 84종의 약재가 538번 등장하는데, 토산약재 중 감초는 전혀 보이지 않는다. 감초 재배가 어려웠던 진정한 이유는, 감초 재배자가 지방관이 아니라 바로 백성들이기 때문이었다. 감초 재배를 담당하는 백성으로서는 감초 재배가 그리 탐탁하지 않았다. 이것은 조선초기 지리지들의 편찬 의도와 관련된다.

『경상도지리지』, 『세종실록』 지리지, 『경상도속찬지리지』 등의 편찬 원칙은 지역별 산출물을 정확하게 파악하는 것이었다. 지리지 편찬에 내재된 정책 목표는 지역별 실정에 기초해서 세금을 부과하려는 것이었기 때문이다. 『세종실록』 지리지의 '궐공(厥貢)' 항목에는 세금으로 규정된 토산물(약재 포함)이 적혀 있다. 각 도에서는 한 달 단위로 지역별 특산 약재를 정기진상과 별진상의 형태로 진상하였다.[38]

조선에서 공납은 고정된 것이 아니었다. 공안(貢案, 공납대장)에 따르면 대표적인 약재인 인삼의 세공은 세종 17년(1435) 당시에 평안도·황해

---

[37] 동양의학대사전편찬위원회, 『東洋醫學大事典』, 경희대학교출판국, 1999, '감초' 항목.
[38] 鄭杜熙, 「朝鮮初期 地理志의 編纂(I)」, 『歷史學報』 69, 1976; 김동수, 「『世宗實錄』 地理志 産物項의 검토」, 『歷史學研究』 12, 1993; 徐仁源, 『朝鮮初期 地理志 硏究』, 혜안, 2002; 최주희, 「15~16세기 別進上의 상납과 운영 -강원·경상지역 사례를 중심으로-」, 『韓國史學報』 46, 2012.

도에 960근이 배정되고, 함길도·강원도에는 540근이 배정되었다. 지역별로는 평안도와 황해도의 인삼 품질이 훨씬 좋았다. 당시 인삼 세공량은 1,500근인데 반해, 지출은 240근가량이었다. 이처럼 공납량이 넉넉하므로 세종은 인삼 세공량을 대폭 줄인 적도 있었다.[39] 하지만 공납량이 축소되는 경우는 아주 예외적이었다.

백반(白礬) 같은 약재가 갑산군(甲山郡)에서 산출되면 공안(貢案)에 등록하여 매년 상공(常貢)으로 상납해야 하였다.[40] 이 때문에 수은(水銀)과 심중청(深重靑) 등이 산출되어도 그 지방의 아전과 백성들은 숨기고 있었으며,[41] 제주에서는 공물 징수를 견디지 못한 백성들이 자신들의 감귤(柑橘) 나무를 뽑아버릴 정도였다.[42] 김종직(金宗直)이 지적한 대로 토산물(土産物)을 그 고을 사람들에게 물어보면, 그 고장에 맡겨서 공물(貢物)로 삼을까 두려워하여 숨기고 말하지 않는 지경이었다.[43] 공납(貢納)의 폐단이었다.

따라서 감초의 토산 성공은 감초 공납의 부과를 의미하는 것이었다. 감초를 비롯한 각종 약재의 증산과 공납을 통한 약재의 유통은 의료부문에서 조선정부가 중앙집권화하려는 노력이었다. 그런데 국가 전체로 보자면 감초 토산화가 긴요했지만, 실제 재배를 담당하는 백성들로서는 감초 재배에 전념할 수 없는 형국이었다. 일종의 조세 저항이었다. 뒤에서 언급하겠지만, 실제로 인조대에 이르러서는 감초 공납으로 인한 백성들의 부담이 가중되었다.

토질 문제나 백성들의 소극적인 태도로 감초 재배는 난관에 부딪혔지

---

39 『世宗實錄』 卷68, 세종 17년(1435) 6월 8일(무신).
40 『世宗實錄』 卷9, 세종 2년(1420) 8월 9일(을사); 卷28, 세종 7년(1425) 4월 13일(임자).
41 『世宗實錄』 卷50, 세종 12년(1430) 10월 18일(을유).
42 『世祖實錄』 卷2, 세조 1년(1455) 12월 25일(병인).
43 『成宗實錄』 卷202, 성종 18년(1487) 4월 22일(신묘).

만, 조선정부에서는 감초 토산화를 포기하지 않았다. 먼저 세조대에는 감초 재배 현황을 매년 정월에 보고하는 규정이 존재하였다.[44] 밤섬의 감초를 다시 이식하여 재배하도록 지시하는 등 감초 재배에 적극적인 사람도 세조였다.[45] 세조대에 함길도에서는 이성(利城)·부령(富寧)·경흥(慶興) 등에서 감초를 재배하였는데 감초의 과반(過半)이 말라 손실(損失)되었다. 이에 세조는 관리들이 감초 배양(培養)에 마음을 쓰지 않는다고 하면서 함길도 관찰사를 강하게 책망하였다.[46]

세조가 감초 생산을 독려한 이유는 감초가 더욱더 절실해지고 있기 때문이었다. 그것은 창진(瘡疹), 즉 요즘의 두창(천연두)과 홍역에 대한 관심 증대와 연관이 있다. 조선초기부터 창진은 어린이에 대한 치명적인 질병으로 주목받으면서 세종대부터 의료적 대응이 적극 모색되었다. 이미 『의방유취』에서도 감초는 임신과 육아(특히 두창과 홍역)에 필수적이었지만, 세종대의 서적을 개정하여 세조대에 임원준이 편찬한 『창진집(瘡疹集)』에서도 감초의 중요성은 계속 강조되었다.[47]

3권으로 된 『창진집』에서 상권은 창진의 병리를 다루고 중권에서는 예방법을 비롯한 각종 치료법을 다루고 있다. 『창진집』 하권에는 고려시대 의서인 『비예백요방』의 치료법이 실려 있는데, 어린이의 완두창(천연두)에 대해서는 신속히 대처할 것을 요구하면서 저혈(猪血)을 처방하였다. 『창진집』에서는 『본조경험방』을 이어서 인용하면서 남자 어린이와 여자 어린이의 두창 경과를 나이별로 설명하고 있다.

---

44 『世祖實錄』 卷23, 세조 7년(1461) 2월 16일(정해).
45 『世祖實錄』 卷31, 세조 9년(1463) 12월 14일(무술).
46 『世祖實錄』 卷32, 세조 10년(1464) 2월 17일(경자).
47 『瘡疹集』(亞細亞文化社 영인, 1997). 조선전기의 창진에 대해서는 다음 글이 참고된다(金斗鍾, 「우리나라 痘瘡의 流行과 種痘法의 實施」, 『서울大學校 論文集 人文社會科學篇』 4, 1956; 김성수, 「朝鮮前期 痘瘡 流行과 『瘡疹集』」, 『韓國韓醫學硏究院論文集』 16(1), 2010).

그런데 『창진집』 중권의 첫부분인 창진 예방법에서는 자초음자 등 8가지의 처방을 제시하였는데, 이 가운데 4개 처방에 감초가 들어 있었다. 또한 『창진집』에는 길경감초방풍탕, 길경감초서점자탕, 길경감초치자탕, 자초용감초지각탕 등 처방 이름에 감초가 들어간 경우도 다수 포함되어 있었다. 세조로서는 약재 수급을 위해서 감초 토산화를 포기할 수 없었다.

세조에 이어 성종 역시 향약(鄕藥)의 생산에 심혈을 기울였다. 성종은 재위 3년(1472)에 절종 위기에 있는 감초의 재배 상황을 보고하게 하였다.[48] 이듬해에도 감초 번식에 힘쓸 것을 전라도 관찰사에게 명하였다. 광양·함평·나주 등의 감초 재배가 만족스럽지 않으니, 수령이 힘쓰지 않은 탓이라고 지적하였다. 지방 수령을 잘 감독하도록 당부하면서 성종은 별도로 사람을 파견하여 확인하겠다고 경고하였다.[49]

결국 성종 16년(1485)에는 국내에서 감초 생산이 많이 확대되었다. 성종은 불만을 표시하였지만, 감초 토산 경과와 재배 지역에 대해 다음과 같이 언급하였다.

전라도와 영안도·경상도·평안도 관찰사에게 글을 내리기를, "감초(甘草)는 우리나라에서 생산되지 아니하여, 세종조(世宗朝)에 중국[中原]에서 구(求)하여 상림원(上林園)에 심게 하였다가, 마침내 여러 도(道)에 나누어 심게 하였는데, 번성(蕃盛)하게 하려고 한 것이다. …… 이제 시험해 쓰려고 하니, 나주에 심은 것 3냥(兩)과 진도에 심은 것 4냥, 함평에 심은 것 1냥, 영암에 심은 것 1냥, 보성에 심은 것 1냥, 길성에 심은 것 4냥, 경원에 심은 것 4냥, 온성에 심은 것 2냥, 회령에 심은 것 3냥, 종성에 심은 것 3냥, 울산에 심은 것 1냥, 평양에 심은 것 1냥을 월령(月令)에 의하여 2월과 8월의 길일[除日]에 채취(採取)해서 햇볕에 말려 올려보내라."라고 하였다.[50]

---

48 『成宗實錄』 卷15, 성종 3년(1472) 2월 18일(을유).
49 『成宗實錄』 卷28, 성종 4년(1473) 3월 14일(갑진).
50 『成宗實錄』 卷173, 성종 16년(1485) 윤4월 29일(기유). "下書全羅永安慶尙平安道觀察

이 기록을 통해 성종대에는 전라도(全羅道)의 나주(羅州)·진도(珍島)·함평(咸平)·영암(靈巖)·보성(寶城), 영안도(永安道)의 길성(吉城)·경원(慶源)·온성(穩城)·회령(會寧)·종성(鍾城), 경상도(慶尙道)의 울산(蔚山), 평안도(平安道)의 평양(平壤) 등 12개 지역에서 감초가 생산되고 있음을 알수 있다. 이 지역들을 표시하면 〈지도 2〉와 같다.

2) 감초 토산화의 성공과 영향

> 나주목(羅州牧) …… {토산}. 전복·숭어 …… 감초(甘草)·미역·숫돌……51

성종 12년(1481) 『동국여지승람(東國輿地勝覽)』이 완성되었다. 조선의 종합지리지인 『동국여지승람』에서는 각 지역의 역사와 문화를 비롯하여 각종 산출물을 모두 수록하였다. 물론 토산약재도 수록 대상이었다. 위 인용문을 비롯하여 『동국여지승람』에는 감초 생산지로 4개 지역이 등장한다. 전라도 나주목(羅州牧)·무안현(務安縣)·해남현(海南縣), 함경도 덕원도호부(德源都護府)이다.

하지만 감초 토산화 노력이 이 정도로 종료된 것은 아니었다. 『대전속록(大典續錄)』은 성종 16년(1485) 이후부터 성종 22년(1491)까지의 새로운 수교(受敎)와 법규(法規)를 수집한 법전인데, 이에 따르면 각도에서 재배하는 감초의 재배상황을 매년 1회씩 내의원 관원이 직접 살펴보고 내의원에서 그 기록을 관리하도록 규정하였다.52

使曰, 甘草不産我國, 世宗朝求之中原, 種于上林園, 遂分種諸道, 欲其蕃盛. …… 今欲試用, 羅州所種三兩, 珍島四兩, 咸平一兩, 靈巖一兩, 寶城一兩, 吉城四兩, 慶源四兩, 穩城二兩, 會寧三兩, 鍾城三兩, 蔚山一兩, 平壤一兩, 依月令, 二月八月除日採取, 暴乾上送."

51 『新增東國輿地勝覽』卷35, 全羅道3, 羅州牧. "羅州牧 …… {土産}. 鰒, 秀魚 …… 甘草, 藿, 砥石……."

52 『大典續錄』卷3, 禮典 雜令. "各道栽植甘草·麻黃, 培養形止, 每年一度, 以內醫院官員, 傳

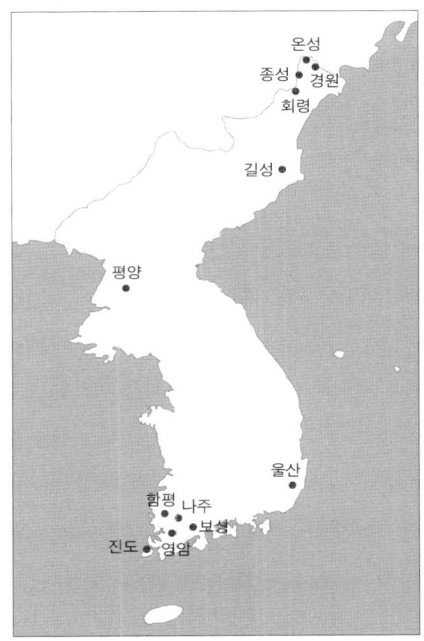
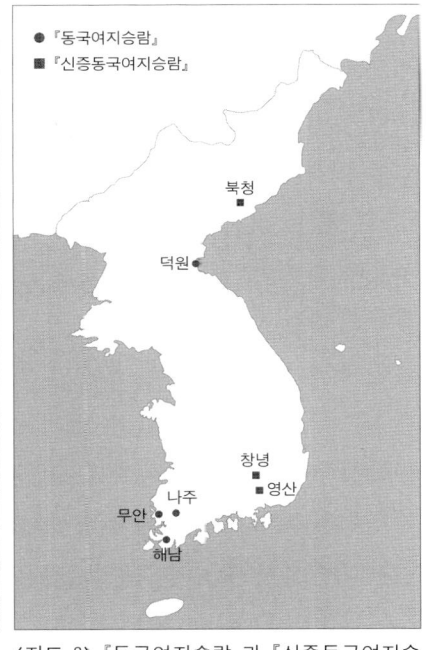

〈지도 2〉 성종 16년의 감초 생산 지역 〈지도 3〉『동국여지승람』과 『신증동국여지승람』의 감초 생산 지역

　중종 25년(1530)에 간행된 『신증동국여지승람(新增東國輿地勝覽)』은 『동국여지승람』을 새로 증보[新增]한 책이다. 여기에서는 감초 생산지로 『동국여지승람』보다 3개 지역이 추가되었다. 경상도 영산현(靈山縣)·창녕현(昌寧縣), 함경도 북청도호부(北靑都護府)이다. 성종대에서 중종대를 거치면서 감초 산출 지역이 4군데에서 7군데로 늘었음을 알 수 있다. 『동국여지승람』 전체로는 79종의 약재가 등장하고, 『신증동국여지승람』에서는 85종의 약재가 등장하는데, 감초가 여기에 포함되었다는 것은 감초의 토산화가 성공했음을 의미한다. 이상에서 서술한 감초 재배 지역을 순서대로 표시하면 〈지도 3〉과 같다.

香別監兼差擲奸, 啓下工曹後, 移內醫院, 置簿檢擧."

조선전기 감초의 토산화와 그 의미　371

그런데 〈지도 2〉와 〈지도 3〉을 살펴보면 감초 생산지역이 한반도 남쪽과 북쪽으로 양분되어 있다. 감초의 이러한 재배 분포로 미루어, 한반도 북반부(만주지역)를 통해서도 감초가 유입되었던 것으로 추측된다. 그 중요한 단서는 앞의 인용문에서 성종이 "세종조(世宗朝)에 중국[中原]에서 구(求)해 상림원(上林園)에 심게 하였다."라고 말한 것이다. 세종대에는 서울에 상림원의 과원(菓園)이 있었다.[53] 상림원의 과원은 바로 앞에서 잠깐 등장한 서울의 밤섬[栗島]으로 짐작된다.

앞서 살폈듯이 문종은 밤섬에 심었던 감초가 무성하므로 각도(各道)에 나누어 심도록 명하였고, 세조는 밤섬의 감초를 다시 이식하여 재배하도록 지시하였다.[54] 밤섬에서 집중적으로 감초를 재배했던 것은 분명하다. 밤섬에서 약초를 재배하고 뽕나무를 심었다는 것은 여러 기록에서 확인된다.[55] 특히 밤섬의 약전(藥田)은 내의원 또는 전의감에 소속되었다고 하는데,[56] 북쪽에서 전래된 감초는 이 약전에서 우선 재배한 후에 지방으로 보낸 것으로 보인다.

이와 관련하여 광해군대에 간행된 『동의보감』에서는 중국의 감초가 여러 도(道)에 이식(移植)되었는데, 함경도의 감초가 가장 좋다고 지적하였다.[57] 조선후기에도 감초는 함경도에서 산출되었다. 인조 26년(1648)의 기록에서는 "감초(甘草)의 경우에는 본도(함경도-인용자)에서 생산된다."라고 하였다.[58] 영조대의 『여지도서』에서도 함경도의 진공품으로 감초가

---

53 『世宗實錄』 卷31, 세종 8년(1426) 2월 4일(무진).
54 『文宗實錄』 卷7, 문종 1년(1451) 5월 1일(무술); 卷10, 문종 1년(1451) 11월 3일(정유); 『世祖實錄』 卷31, 세조 9년(1463) 12월 14일(무술).
55 『新增東國輿地勝覽』 卷3, 漢城府. "山川 …… 栗島[在麻浦南, 蒔藥種桑].";『成宗實錄』 卷15, 성종 3년(1472) 2월 11일(무인).
56 『東國輿地備攷』 卷2, 漢城府 山川 栗洲.
57 『東醫寶鑑』, 湯液篇 권2, 草部. "甘草 …… 自中原移植於諸道各邑, 而不爲繁殖. 惟咸鏡北道所産最好."
58 『承政院日記』 인조 26년(1648) 1월 12일(무신). "如甘草, 則本道所産."

여전히 존재한다. 즉 함흥부 기록에 "감영 …… 별도 진상품. 백복령·적복령·목단피·오미자·감초……."라고 하였다.[59] 원래 감초는 몽고 및 중국 북부에 분포한 식물이었다.[60] 따라서 감초의 한반도 유입과 재배 과정에는 북쪽(만주)과 남쪽(일본)의 두 경로가 존재했던 것이다.[61]

지금까지의 논의를 통해 조선의 감초 생산지역은 정리가 되었지만, 해당 지역 내에서의 감초 생산방식은 아직 밝혀지지 않았다. 여기에 대해서도 조선의 지리지와 개인 기록에 단서가 있다.

우선 『신증동국여지승람』의 무안현 기록에서는 "토산. …… 쇠[현 동쪽에 있는 철소리(鐵所里)에서 나온다], 차, 석류, 감초(甘草)[철소리에서 심는다]."라고 하였다.[62] 『세종실록』 지리지에 따르면 무안에는 수다철소(水多鐵所)라는 이름의 철소가 있었다.[63] 철소리에서는 감초 외에도 쇠[鐵]가 산출된다고 설명한 것으로 미루어, 철소리라는 지명은 고려시대의 철소(鐵所)에서 연원했을 것이다. 그렇다면 무안현의 경우에 감초는 예전의 특수 행정지역에서 재배했음을 알 수 있다.

그리고 신흠(申欽, 1566~1628년)의 기록에 따르면, 평양부의 서쪽에는

---

59 『輿地圖書』, 咸鏡道, 咸鏡南道咸興府邑誌, 進貢(探求堂 영인, 1973). "監營 …… 別進上. 白茯苓·赤茯苓·牧丹皮·五味子·甘草……." 반면 나주목 기사에서는, 감초가 지금은 나주에서 생산되지 않는다고 하였다. 『輿地圖書』, 全羅道, 羅州牧, 物産. "物産 …… 甘草[今無]."

60 동양의학대사전편찬위원회, 『東洋醫學大事典』, 경희대학교출판국, 1999, '감초' 항목; 배기환, 『한국의 약용식물』, 교학사, 1999, 252쪽.

61 17세기 말~18세기 초에 홍만선이 편찬한 『산림경제』의 권3과 권4의 治藥에서는 긴요한 토산약재를 망라해서 鄕名·채취 시기와 방법·복용법 등을 정리하고 있는데, 감초는 등장하지 않는다(『山林經濟』 卷3; 卷4, 治藥(景仁文化社 영인, 1973)). 조선에서 감초의 토산화는 성취되었지만 재배는 여전히 여의치 않았음을 알 수 있다. 조선에서 감초가 토산화되었다고 해서, 감초 수입이 전면 중단되었던 것도 아니다.

62 『新增東國輿地勝覽』 卷36, 全羅道4, 務安縣. "土産. …… 鐵[出縣東鐵所里], 茶, 石榴, 甘草[種鐵所里]."

63 『世宗實錄』 卷151, 地理志, 全羅道, 務安縣. "古屬鐵所一, 水多"

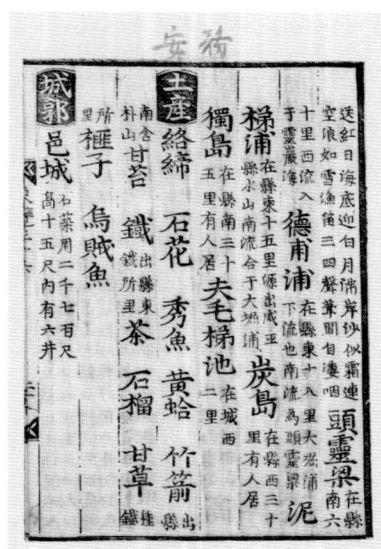

무안현(務安縣)의 과거와 현재를 다루고 있는 『신증동국여지승람』. 무안현 동쪽에 있는 철소리(鐵所里)에서 감초를 재배한다고 되어 있다. 외래약재였던 감초는 철소리처럼 특정된 장소에서 별도의 농민들에 의해 집중적으로 재배되었다.

감초리(甘草里)가 있었다.[64] 성종 16년(1485)에 평양에서 감초가 생산되고 있음은 이미 살핀 바와 같은데, 감초를 재배했기 때문에 감초리라는 지명이 생겨났을 것이다. 이렇게 본다면 감초는 철소리·감초리와 같은 곳에서 집중적으로 재배되던 특용작물이었다.

또한 『신증동국여지승람』에서는 영산현과 창녕현에 각각 감초를 재배하는 밭[甘草田]이 있다고 되어 있다.[65] 자생하지 않는 감초를 인위적으로 재배하기 위해 감초전(甘草田)이라는 별도 공간을 배정한 것이다. 영산현과 창녕현의 사례는 감초 재배를 전담하는 백성들이 별도로 존재했음을 시사한다.

조선정부에서는 백성들이 공납으로 바쳐야 하는 감초를 공안(貢案)에 수록하였고, 국가의 의료망 내에서 감초를 유통할 수 있게 되었다. 하지만 시간이 흐름에 따라 감초를 생산하는 백성들의 부담은 늘어났다. 앞에서 살핀 공납(貢納)의 폐단이 감초라고 해서 비켜가지는 않았던 것이다. 나중에 인조대에는 감초전에서의 수취가 폐단으로 지적되기도 하였다.

조석윤이 아뢰기를, "우리나라의 공안(貢案)은 예전부터 폐단이 있어서, 각읍

---

64 『象村先生集』 卷23, 記, 平壤西倉記 (솔 영인, 1994, 82쪽).
65 『新增東國輿地勝覽』 卷27, 慶尙道7, 靈山縣. "新增. 甘草[有田].": 昌寧縣. "新增. 甘草[有田]."

에서 바치는 공물은 아주 적고, 그 해(害)는 아주 큽니다."라고 하였다. ……
이경석이 아뢰기를, "성상의 하교가 참으로 옳습니다. 각 고을의 저전(楮田)·
칠전(漆田)·감초전(甘草田)은 모두 헛이름만 있는데도 백성들에게 대가를 내
게 하는 것이 모두 폐해가 되고 있습니다."라고 하였다.[66]

그렇다면 감초 토산을 전후로 조선 의료에서는 어떤 변화가 나타났을
까? 먼저 달라지지 않은 부분부터 지적하는 것이 좋겠다. 앞글에서 나온
『간이벽온방』은 평안도 전염병에 대응하기 위해 중종 20년(1525)에 간행
한 책자였다. 이 책에서는 향소산, 십신탕, 승마갈근탕이 주요한 처방으로
제시되었다. 이 세 가지 처방은 세종대에도 전염병 창궐 시에 제시된 것
이었다.

그런데 세종대나 중종대 모두 동일한 처방이 제시되는 점은 달라지지
않았지만, 세종대는 감초가 조선에서 산출되기 전이었고 중종대는 감초
가 조선의 7개 지역에서 산출되는 상태였다. 약재 운용의 여건이 달라진
것이다. 감초가 안정적으로 공급되자 백성들의 의료에 대한 접근이 훨씬
용이해졌다. 예를 들어 조선후기에 『산림경제(山林經濟)』에서는 다음과
같이 적었다.

○ 사람들이 독에 중독되었을 때는 서둘러 구해야 한다. 가장 좋은 방법[大法].
감초(甘草)와 녹두(菉豆)는 모든 독을 해독할 수 있다. …… [위와 같음(『동의
보감』을 지칭함-인용자)] ○ 감초(甘草)와 흑두(黑豆)는 모든 물질과 모든 약물
의 독을 해독할 수 있다. …… [경험방] …… 일체의 음식 중독. 중독되어 몸이
괴로울 때는 감초(甘草)와 제니(薺苨)[게로기]를 진하게 달여 뜨겁게 마시는

---

[66] 『仁祖實錄』 卷46, 인조 23년(1645) 10월 30일(무신). "趙錫胤曰, 我國貢案, 自前有弊, 各邑之所貢甚少, 而貽害甚多. …… 景奭曰, 聖敎誠是也. 各邑之楮田漆田甘草田, 皆有虛名, 而責價於民, 皆爲害也."

데, 입에 넣자마자 살아난다……〔『동의보감』〕.67

이 처방은 낯이 익다. 앞서 살핀 『향약구급방』에서 "식독(食毒)을 치료하는 데는 흑두(黑豆)를 익을 때까지 달인 물을 마신다."나 술병에 시달린 이색이 흑두탕에 감초를 달여 마시는 것과 동일한 내용이다. 고려의 『향약구급방』에서 제시하고 이색이 활용하며, 조선의 『동의보감』에서 수록하고 『산림경제』에서 다시 동의하는 감초의 효능이었다. 감초의 토산화 이전과 이후에 공통되는 이 처방들은 의서에 지속적으로 수록되고 민간에서도 활용되었다. 감초의 토산화 덕분에 감초 처방들은 안정적으로 계승될 수 있었다.

반면 감초가 재배되면서 변화된 부분도 있었다. 감초 토산화 이후인 연산군 5년(1499)에 간행된 『구급이해방(救急易解方)』에서는 비위(脾胃)·적취(積聚)·해역(咳逆)·해수(咳嗽)·학질(瘧疾)·소갈(痟渴)·부종(浮腫)·창만(脹滿)·소아경간(小兒驚癎)·산후(産後)·역절풍(歷節風)·해독(解毒)·타박상손(打撲傷損)·변독(便毒)·치질(痔疾)·옹저(癰疽) 등등에 감초가 사용되었다.68 연산군대에 들어 감초의 사용 범위가 크게 확대되었는데, 『구급이해방』 전체를 검토하면 무엇보다도 임신 및 출산에 감초를 자주 처방한 점이 단연 눈에 띈다.

원래 고려나 조선초기에는 아이가 태어났을 때 감초를 사용하지 않았다. 기록이 드문 탓도 있지만 조선초기까지는 감초탕 풍습이 없었다. 예컨대 최자(崔滋, 1188~1260년)의 기록에 따르면, 고려에서는 "아이가 태어나면 복숭아꽃으로 얼굴을 씻어준다. '붉은 꽃을 가져라' '하얀 눈을 가져라'

---

67 『山林經濟』卷3, 救急, 諸中毒(景仁文化社 영인, 1973, 406~407쪽). "○人自服毒者, 宜急救之. 大法. 甘草菉豆能解百毒. …… 〔上仝〕. ○甘草黑豆皆解百物百藥毒. …… 〔經驗方〕 …… 一切飮食毒. 中毒煩悶, 甘草薺苨〔계로기〕濃煎湯飮, 入口卽活 …… 〔寶鑑〕."
68 『救急易解方』(金信根 主編, 『韓國醫學大系』1, 여강출판사 영인, 1992).

라고 빌면서 아이 얼굴을 씻으면 얼굴에 광택이 난다."라고 하였다.[69]

그런데 세종 16년(1434) 노중례가 편찬한 『태산요록』이나 『의방유취』에서는 감초탕을 처방하였다. 『태산요록』에서는 출산 직후 맨 먼저 해야 할 일로 신생아에게 중지(中指) 한 마디만 한 분량의 감초를 즙으로 만들어 먹이라고 지시하였다.[70] 『의방유취』에서는 신생아를 목욕시키고 탯줄을 끊어 포대기로 싼 후, 주사와 꿀을 먹이지 말고 감초 달인 물을 먹이라고 처방하였다.[71]

이 처방대로 『묵재일기』에서는 어린이가 태어나면 곧바로 감초탕으로 입을 헹구고 있다. 즉 이문건은 다른 사람의 출산시에 감초를 구하여 보내주었을 뿐만 아니라, 자신의 손자인 이수봉이 태어나자마자 감초수(甘草水)를 먹이도록 하였다.[72] 이것을 보면 조선중기의 출산에는 으레 감초가 필요한 것으로 인식되었다.

따라서 백성들의 전염병과 창진 같은 소아질환에 대응하기 위해 감초 재배에 뛰어든 조선정부의 목표는 달성되었다고 평가할 수 있다. 이 과정에서 감초는 어린이의 출생 풍습을 바꾸어놓았다. 감초의 토산화가 가

"당귀(當歸) 25근 13냥이 있는데, 매 1근 15냥마다 감초(甘草) 1근과 바꾼다고 하면 감초는 얼마인가?" "[답] 13과 10/31근". 『담헌서』의 수학 문제이다. 홍대용은 감초와 당귀의 매매를 예로 든 문제를 수록하였다.

---

69 『補閑集』 上卷(崔滋, 李相寶 옮김, 『破閑集 補閑集 櫟翁稗說』, 大洋書籍, 1978, 235쪽). "兒生, 用桃花洗面. 呪曰, 取紅花, 取白雪, 興兒洗面, 乍光澤."
70 『胎産要錄』 卷下, 與甘草汁法(金信根 主編, 『韓國醫學大系』 33, 여강출판사 영인, 1992, 73쪽).
71 『醫方類聚』 卷239, 小兒門1 總論 千金方. "初生出腹 …… 兒洗浴. 斷臍竟, 褓抱畢, 未可與朱蜜, 宜與甘草湯."
72 『黙齋日記』, 중종 30년(1535) 12월 7일; 명종 6년(1551) 1월 5일.

져온 사회적 변화였다. 아울러 『고사촬요(攷事撮要)』에서는 감초 1냥에 쌀 5되라고 가격을 기록하였으며,[73] 홍대용(洪大容)은 『담헌서(湛軒書)』에서 감초(甘草)와 당귀(當歸)의 매매를 수학 문제로 제출하기도 하였다.[74] 감초가 조선사회의 일상 속으로 들어온 것이다.

4. 맺음말

이 글에서는 한의학의 대표적인 약재인 감초의 토산화 과정에 대해 살펴보았다. 감초에 대한 기록은 고려시대 이전부터 그 흔적을 찾을 수 있다. 고구려를 점령한 당나라 곽정일은 감초로 해독을 하였고, 8세기에 신라 사절은 일본을 방문하여 대량의 감초를 판매하였으며, 경주 안압지에서 출토된 목간(木簡)에서는 감초가 들어간 처방이 발견되었다. 오래전부터 감초에 대한 지식이 동아시아 삼국에서 통용되고 있었던 것이다.

고려에서도 감초는 중요한 약재였다. 문종의 질병 때문에 중국의 원주에서 산출된 감초가 수입되기도 하고, 부처의 복장(腹藏) 유물로 감초를 봉안하기도 하였다. 감초의 의료적 효능은 『신집어의촬요방』과 『향약구급방』에 설명되어 있다. 고려에서 감초는 식중독이나 소화불량 같은 비위(脾胃) 관련 질환에 주로 사용되었다. 이색의 사례는 의서에 나온 감초 처방이 일상생활에서 수용되는 실제 광경을 보여준다. 술독에 걸린 이색은 감초를 달여 복용하였다.

조선초기에 들어 약재에 대한 조사와 확보 노력이 경주되었다. 특히 세종대의 『향약집성방』과 『의방유취』 편찬은 다양한 약재의 확보가 조선의

---

[73] 『攷事撮要』下卷, 生藥每一兩本國價值(韓國圖書館學研究會 영인, 남문각, 1974). "生藥每一兩本國價值(以綿布及米市准). ······ 甘草, 陳皮, 乾薑, ······ 海東皮[各米五升]."
[74] 『湛軒書』外集, 卷4, 籌解需用內編 上, 定身除法.

의료에 얼마나 중요한가를 새삼 확인하는 계기가 되었다. 의학적인 측면에서 살피자면, 세종대의 전염병 창궐 시에 배분된 향소산·십신탕·승마갈근탕·소시호탕이는 감초가 필수적이었다. 이 시기에 감초는 상비 약재로 간주되고 있기도 하였다. 조선에 들어 중시되던 상한병에도 감초는 반드시 들어가야 했다. 대민의료의 원활한 집행과 상한 치료 등을 위해 대량의 감초 확보가 요구되었던 것이다. 이것이 조선에서 감초 재배에 뛰어들게 된 배경과 직접적인 계기였다.

드디어 세종 30년(1448) 전라도와 함길도에서 감초를 재배하기 시작하였다. 이미 태종 11년(1411) 개성유후 이문화가 감초 1분(盆)을 재배하여 바친 적이 있었다. 하지만 감초 재배는 용이하지 않았다. 문종대에는 감초 재배에 실패한 광양현령이 처벌을 받았다. 감초 재배가 여의치 않았던 이유는 적합한 토질을 찾는 게 어려워서였다. 외래식물인 감초를 재배하는 과정에서 나타날 수밖에 없는 착오였다.

그런데 감초 토산화가 더뎠던 또 다른 이유는 감초 재배 백성들이 새로 부담할 공납 때문이었다. 다시 말하면 조선정부의 약재 증식을 통한 중앙집권화 노력과 감초 재배 백성들의 조세 저항이 충돌하고 있었다. 백성들로서는 감초 재배가 내키지 않는 일이었지만, 세조 역시 감초 토산화를 포기하지 않았다. 이미 『의방유취』에서도 제시되었지만, 세조대의 『창진집』 등을 통해서도 감초는 창진과 같은 소아질환에 필수적이라는 인식이 더욱 강해져갔기 때문이다. 세조와 성종은 지방관들에게 지속적으로 감초 재배를 다그쳤다.

결국 성종대에 들어 감초는 토산화에 성공하였다. 성종 12년(1481)에 완성된 『동국여지승람』에서는 감초가 전라도와 함경도의 4개 지역에서 생산되는 것으로 기록되었다. 중종 25년(1530)에 간행된 『신증동국여지승람』에서는 3개 지역이 추가되었다. 감초는 해당 지역 전체에서 생산되는 것이 아니라, 철소리나 감초리라고 부르는 특정한 공간에서 특용작물로 재배되었다. 감초 생산을 전담하는 백성들에 의해 감초밭[甘草田]에서 집중적으로 재배되었던 것이다.

감초가 토산화에 성공하면서 한의학 치료에 대한 백성들의 접근은 훨씬 용이해졌다. 중종대의 전염병 창궐 시에도 향소산 등의 감초 처방은 그대로 유포되었다. 조선후기의 『산림경제』 등에서는 감초의 해독 효능을 언급하였는데, 이것은 고려시대 『향약구급방』 이래의 감초 지식을 그대로 수용한 것이었다. 아울러 『구급이해방』에서 단적으로 보이듯이 감초의 활용 범위는 확장되었다. 아이의 출생에서부터 감초를 사용하는 이 문건의 모습도 한의학이 조선의 일상에 조금 더 깊이 침투하는 광경이었다. 감초는 의료의 영향력이 점차 강해지는 조선사회를 상징한다.

세종대 향약 개발의
두 방향

1. 머리말

고려시대의 토산물들은 향명(鄕名) 부여를 통해 약재로 거듭나는 과정을 거쳤다. 송(宋)에서 고려 문종에게 보내온 104종의 약재 가운데에는 '여주(廬州) 진피(秦皮)'가 들어 있다.[1] 중국 여주에서 생산한 진피로서 문종의 중풍 치료에 사용하였다. 고려로서는 진피의 효능을 배운 셈이었는데, 이 진피라는 게 바로 '물푸레나무 껍질'이었다. 그 후 고려에서는 물푸레나무 껍질을 '수청목피(水靑木皮)'라고 표기하면서 '진피'라는 약재로 활용하게 되었다.[2] 지리적으로는 두 나라가 떨어져 있지만 진피와 수청목피는 동일한 약재로 간주하게 된 것이다.

범부채의 경우에는 '호의선(虎矣扇, 범의 부채)'으로 표기하면서 사간(射干)이라는 당재와 동일하다고 정리하였다.[3] 이미 존재하던 토산물들이 효능이 있는 약재로 재인식됨으로써 고려의 약재수가 급증한다는 의미였다. 의술로 따지자면 고려의 질병을 고려의 약재로 치료하자는 '의토성(宜土性)'에 대한 자각이었다.

---

1 『高麗史』卷9, 世家9, 문종 33년(1079) 7월.
2 『鄕藥救急方』「方中鄕藥目草部」. "秦皮. 俗云水靑木支."
3 『鄕藥救急方』上卷, 喉痺. "射干[虎矣扇根]."; 『鄕藥救急方』「方中鄕藥目草部」. "射干, 俗云虎矣扇."

의토성에 기반한 향약(鄕藥)에 대한 자부심과 향재(鄕材, 토산약재) 생산의 증대는 조선초에도 이어졌다. 조선 정종 1년(1399)에 발간된『향약제생집성방』의 서문에서 권근은 "세상[五方]에는 각각 토성(土性)이 있어서 10리(里) 거리면 풍토(風土)가 달라진다. 평소 생활의 음식·감정·맛·기온의 차이에 맞춰 치료 약물도 상이한 약제가 필요하므로, 반드시 중국과 동일할 필요는 없다."라고 하여 조선의 약재로 모든 질병을 치료할 수 있다고 주장하였다.[4] 그리고『향약제생집성방』의 처방을 분석해보면 생강·인삼·행인·반하·세신·조협·귤피·방풍 같은 '협의의 약재(藥材)'가 차지하는 비중이 급격히 높아졌다.[5]

하지만 조선초에는 산출 향재들의 종류와 지역별 분포 상황을 구체적으로 파악하지 못하고 있었다. 그뿐만 아니라 약재별로 채취(採取)와 건정(乾正)이 어떠해야 하는지는 물론이고, 향명을 부여한 향재가 정말로 당재(唐材, 중국약재)와 동일한 것인지조차 자신이 없었다. 다음 글에서 다룰 바와 같이 '위령선(威靈仙)'의 향명은 오락가락하였다. 향약으로 모든 질병을 치료하자는 '의토성(宜土性)'의 강조는 아직 선언에 불과했던 것이다.

향재를 파악하기 위한 조선정부의 해법은 크게 두 방향으로 나뉘었다. 한 방향은 전국의 모든 향재를 지역별로 전수조사(全數調査)하면서 생산을 독려하는 것이었고 다른 방향은 약재 지식을 심화하는 것이었다. 향재 산출 지역에 대한 조사가 약재 증산을 도모한다면 약성(藥性)을 이해하는 작업은 약재 활용의 최적화를 지향하였다. 이러한 노력은 특히 세종대에 두드러졌는데, 세종대의 의서(醫書)와 지리지(地理誌)들에 수록된 약재 종류는 다음과 같다.

---

4 『陽村先生文集』卷17, 序類 鄕藥濟生集成方序. "五方皆有性, 十里不同風. 平居之時, 食飮嗜慾酸醎寒暖之異宜, 則對病之藥, 亦應異劑, 不必苟同於中國也."
5 이경록, 「『향약제생집성방(鄕藥濟生集成方)』의 간행과 조선초기의 의약」(세종대왕기념사업회, 『국역 향약제생집성방』, 2013).

『경상도지리지』(세종 7년, 1425): 84종

『향약채취월령』(세종 13년, 1431): 154종

『향약집성방』향약본초개론(세종 15년, 1433): 212종

『향약집성방』향약본초각론(세종 15년, 1433): 701종

『세종실록』지리지(세종 14년=1432 작성, 단종 2년=1454 간행): 384종

조선전기 향약에 대한 연구는 적지 않지만,[6] 의서와 지리지들을 한데 모아 검토하면서 의료사적인 의미를 짚어보지는 못한 실정이다. 『향약집성방』에 대한 학제 간의 기획 연구를 제외하면,[7] 향약에 대해서는 한의학·서지학·국문학·지리학 등에서 주로 다루었을 뿐이다.[8] 역사학에서는 세종의 업적을 조명하거나 지리지를 연구하면서 향약들이 언급되는 데 그치는 경우가 많았다.[9]

---

6 三木榮, 『朝鮮醫學史及疾病史』, 自家出版, 1963, 125~132쪽; 金斗鍾, 「世宗大王의 濟生偉業과 醫藥의 自主的 發展」, 『서울大學校 論文集 人文社會科學篇』 5, 1957; 金斗鍾, 『韓國醫學史』, 探求堂, 1966, 206~219쪽. 홍문화와 전상운의 설명은 대체로 김두종의 연구를 따르고 있다(洪文和, 「世宗의 鄕藥政策」, 『東洋學 學術會議 論文集』, 성균관대학교, 1975, 84~85쪽; 洪文和, 「韓國藥學史」(高麗大學校 民族文化研究所, 『韓國現代文化史大系 3: 科學·技術史』, 1977, 398~404쪽); 전상운, 「조선 의학(醫學)의 집대성」, 『세종 시대의 과학』, 세종대왕기념사업회, 1986, 124~133쪽).

7 『震檀學報』 87(1999)에 『향약집성방』 기획 논문들이 게재되어 있다.

8 元慶烈, 「朝鮮時代 初期 慶尙道 地域의 土産物 分布에 대한 地理的 考察」, 『春川教育大學 論文集』 22, 1982; 안덕균, 『세종시대의 보건위생』, 세종대왕기념사업회, 1985; 안덕균, 「세종 시대의 의학」(세종대왕기념사업회, 『세종문화사대계 2』, 2000); 金重權, 「朝鮮初 鄕藥醫書에 관한 考察」, 『서지학연구』 16, 1998; 金重權, 「『鄕藥集成方』의 引用文獻 分析」, 『서지학연구』 35, 2006; 한국한의학연구원, 「『鄕藥集成方』의 데이터베이스 구축」, 2001; 여기봉, 「朝鮮時代 全國地理志의 生産物 項目에 대한 檢討」, 『문화역사지리』 15(3), 2003; 尹章圭, 「『鄕藥採取月令』의 국어학적 연구」, 성균관대학교 박사학위논문, 2004; 姜延錫, 「『鄕藥集成方』의 鄕藥醫學 연구」, 경희대학교 박사학위논문, 2006.

9 鄭杜熙, 「朝鮮初期 地理志의 編纂(I)」, 『歷史學報』 69, 1976; 鄭杜熙, 「朝鮮初期 地理志의 編纂(II·完)」, 『歷史學報』 70, 1976; 全相運, 『韓國科學技術史』, 正音社, 1976; 孫弘烈, 「世宗朝의 醫療政策」, 『朴性鳳教授回甲紀念論叢』, 경희대학논총간행위원회, 1987; 孫弘烈, 「麗末 鮮初 醫書의 編纂과 刊行」, 『한국과학사학회지』 11(1), 1989; 孫弘烈, 「鮮初 鄕藥의 開發과 鄕藥書의 編纂」, 『重山鄭德基博士華甲紀念韓國史學論叢』, 景仁文化社, 1996; 金澔, 「朝鮮前期 對民 醫療와 醫書 編纂」, 『國史館論叢』 68, 1996; 李

이 글에서는 세종대의 의서들과 지리지들을 모두 분석하여 향약의 개발 과정을 밝히려고 한다. 특히 약재 생산의 변동과 그 의미를 종합하기 위해 양(量)과 질(質)의 두 방향으로 나누어 살펴볼 것이다. 전자는 향재 산출 지역의 확장과 함께 외래약재의 토산화까지도 진행함으로써 약재 생산량을 확대하려는 노력이고, 후자는 약성 이해는 물론 채취·포제·사용방법 등을 모든 사람들이 공유함으로써 약재 활용의 수준을 높이려는 시도였다. 이러한 두 방향의 이해를 씨줄과 날줄로 삼고 약재의 실례를 제시함으로써 조선전기 향약 생산의 활성화와 이용 양상을 세밀히 이해할 수 있으리라 기대한다.

2. 향약 실태의 조사

1) 향재의 발견과 토산화 노력

세종 12년(1430)에 전라도처치사(全羅道處置使)가 산호(珊瑚)를 구해 바쳤다. 세종은 '작은 산호는 붉은 빛깔이 나지 않는 것이 가장 좋다'라는 『본초(本草)』 문장을 인용하면서 산호 발견자의 이름을 물을 정도로 기뻐하였다.[10] 석종유(石鍾乳) 역시 마찬가지였다. 호군(護軍) 남회(南薈) 등은 군사를 이끌고 울릉도로 가서 66명을 포획하고 울릉도에서 산출되는 석종유(石鍾乳)를 바쳤는데 조선정부에서는 석종유의 발견과 확보에 지속적으로 관심을 표명하고 있었다.[11]

玟洙, 『朝鮮前期 社會福祉政策 硏究』, 혜안, 2000; 방동인, 『韓國地圖의 歷史』, 신구문화사, 2001; 徐仁源, 『朝鮮初期 地理志 硏究』, 혜안, 2002.
10 『世宗實錄』卷50, 세종 12년(1430) 10월 13일(경진).
11 『世宗實錄』卷82, 세종 20년(1438) 7월 15일(무술); 『世祖實錄』卷46, 세조 14년(1468) 4월 1일(경인).

산호·석종유 등의 사례에서 드러나듯이 향재는 하나씩 발견되거나 개발되면서 조선 의술의 토대를 다지고 있었다. 앞글에서 살핀 감초는 세종대에서 성종대에 걸쳐 토산화한 사례였다. 이에 따라 약재 종류의 다양화와 함께 약재 생산량도 증가하였음은 물론이다. 값비싼 약재였던 인삼(人蔘)은 여말선초를 거치면서 민간에서도 사용할 정도로 공급이 확대되었다. 복령(茯苓)·백출(白朮) 등도 민간에서 널리 처방되었다.[12]

약재가 증가하는 상황에서 세종이 가장 먼저 실시한 조치는 향재의 진위(眞僞)를 판별하는 것이었다. 향재와 당재의 일치를 확인하는 작업이었다. 노중례는 세종 5년(1423)을 비롯하여 수차례 중국을 방문하였다.

> 대호군(大護軍) 김을현(金乙玄), 사재부정(司宰副正) 노중례(盧仲禮), 전(前) 교수관(教授官) 박연(朴堧) 등이 조정에 들어와서 질의(質疑)하기를, "우리나라에서 생산되는 약재 62종(種) 안에 중국에서 생산되는 것과 다른 단삼(丹蔘)·누로(漏蘆)·시호(柴胡)·방기(防己)·목통(木通)·자완(紫菀)·위령선(葳靈仙)·백렴(白斂)·후박(厚朴)·궁궁(芎藭)·통초(通草)·고본(藁本)·독활(獨活)·경삼릉(京三陵) 등 14종을 중국 약재와 비교하여, 새로 진짜로 확인한 것이 6종입니다."라고 하니, 명하여 중국에서 생산되는 것과 같지 않은 향약(鄉藥)인 단삼·방기·후박·자완·궁궁·통초·독활·경삼릉은 지금부터 쓰지 못하게 하였다.[13]

노중례는 62종의 향재가 당재와 동일한지를 중국 의관들에게 질의하

---

[12] 『牧隱詩藁』卷8, 詩, 自詠. "身世祇今誰得管, 參苓白朮幸相扶."; 卷9, 詩, 晏起行二首. "晚年臥病不出戶, 參苓当朮香滿家."; 卷28, 詩, 聞報法老僧燒身三首. "病裏青春幾度新, 蔘苓浹髓文薰身."; 卷33, 詩, 即事. "病以蔘苓扶我寧."; 卷34, 詩, 田芸自笑[幷序]. "中爲病侵苦未痊, 蔘苓白朮徒烹煎."; 『陶隱先生詩集』卷2, 詩, 題昆瑟山僧舍. "一匊煮蔘苓."

[13] 『世宗實錄』卷19, 세종 5년(1423) 3월 22일(계묘). "大護軍金乙玄·司宰副正盧仲禮·前教授官朴堧等入朝, 質疑本國所産藥材六十二種內, 與中國所産不同丹參·漏蘆·柴胡·防己·木通·紫菀·葳靈仙·白斂·厚朴·芎藭·通草·藁本·獨活·京三陵等十四種, 以唐藥比較, 新得眞者六種. 命與中國所産不同鄕藥丹參·防己·厚朴·紫菀·芎藭·通草·獨活·京三陵, 今後勿用."

였다. 이 가운데 80% 정도에 해당하는 48종은 이미 그 약성이 인정되고 있었다. 그리고 이번에는 나머지 14종 가운데 10%가량 되는 누로·시호·목통·위령선·백렴·고본 등 6종이 당재와 같다고 판명되었다. 대부분의 향재가 당재와 일치하는 셈이었다.

 누로를 비롯한 6종의 생산 실태는 『향약채취월령』, 『향약집성방』 향약본초, 『세종실록』 지리지에서 확인해볼 수 있다. 위령선·백렴은 곧바로 『향약채취월령』에 수록될 정도로 생산이 보편화되었고, 누로·시호·목통은 『세종실록』 지리지에 수록되면서 생산이 점증하였지만, 고본은 생산되는 기록을 찾기가 쉽지 않다. 이들 약재가 토산(土産)되는 것은 분명하지만 약재별로 생산 수준은 다양하였던 것이다.

 그리고 62종 가운데 당재와 일치하지 않는 단삼·방기·후박·자완·궁궁·통초·독활·경삼릉 등 8종은 사용을 금지하는 것으로 정해졌다. 그런데 사용을 금지한 이들 8종을 포함하여 향재에 대한 조사는 세종 12년(1430)까지도 계속 이어졌다.

> 절일사압물(節日使押物) 노중례(盧重禮)가 돌아와서 아뢰기를, "신 등이 예부에 글을 올리기를, '…… 이제 본국 소산 약재를 가지고 와서 그에 비슷한 이름을 붙이고 발기를 벌여 적어서 갖추 올리오니, 자세히 살피시고 밝은 의원으로 하여금 진가를 가려 증험하여 주시기를 바랍니다'라고 하였더니, 예부에서 위에 아뢰어 보낸 태의원의사(太醫院醫士) 주영중(周永中)과 고문중(高文中) 등이 관(館)에 이르러 변험(辨驗)한 결과 합격된 약재 10가지는 적석지(赤石脂)·후박(厚朴)·독활(獨活)·백부(百部)·향유(香薷)·전호(前胡)·사향(麝香)·백화사(百花蛇)·오사(烏蛇)·해마(海馬)이고, 알 수 없는 약재 10가지는 왕불류행(王不留行)·단삼(丹蔘)·자완(紫莞)·지각(枳殼)·연자(練子)·복분자(覆盆子)·식수유(食茱萸)·경천(景天)·비해(萆薢)·안식향(安息香)입니다."라고 하였다.[14]

〈표 1〉 세종 5년과 세종 12년의 향재와 당재 비교표

시기	이미 당재와 일치하는 향재	신규로 당재와 일치하는 향재	여전히 당재와 불일치하는 향재	총계
세종 5년 (1423)	약재명 미상 48종	누로(漏蘆)·시호(柴胡)·목통(木通)·위령선(葳靈仙)·백렴(白斂)·고본(藁本) 등 6종	단삼(丹蔘)·방기(防己)·후박(厚朴)·자완(紫莞)·궁궁(芎藭)·통초(通草)·독활(獨活)·경삼릉(京三陵) 등 8종	62종
세종 12년 (1430)		적석지(赤石脂)·후박(厚朴)·독활(獨活)·백부(百部)·향유(香薷)·전호(前胡)·사향(麝香)·백화사(百花蛇)·오사(烏蛇)·해마(海馬) 등 10종	왕불류행(王不留行)·단삼(丹蔘)·자완(紫莞)·지각(枳殼)·연자(楝子)·복분자(覆盆子)·식수유(食茱萸)·경천(景天)·비해(萆薢)·안식향(安息香) 등 10종	20종

조선에서는 적석지·후박 등의 재배를 지속하면서, 이들 향재의 진위를 중국에서 다시 평가받았다. 향재의 약성(藥性) 인정을 둘러싸고 조선 의학자들과 중국 의학자들 사이에 치열한 토론이 벌어졌을 것이다. 그 결과 세종 5년에 당재와 일치하지 않는다고 판정받았던 8종 가운데, 세종 12년에는 후박·독활이 당재와 동일한 것으로 인정받았고 단삼·자완은 여전히 당재와 다르다고 판명되었다. 7년에 걸친 노력의 결과였다. 이 기록을 정리하면 〈표 1〉과 같다.

하지만 향재의 약성 유무를 항상 중국에서 인증받은 것은 아니었다. 마황(麻黃)은 당재(唐材)를 대체하기 위한 향재(鄕材)의 발견 노력을 잘 드러낸다. 조선에 들어서도 마황은 중국에 다녀온 사신편에 수입되는 실정이었다.[15] 세종 15년(1433)에 편찬된 『향약집성방』에서도 마황은 약재로

---

14 『世宗實錄』 卷48, 세종 12년(1430) 4월 21일(경인). "節日使押物盧重禮回還啓, 臣等狀于禮部云, …… 今將齎到本國所產相似藥名, 開坐具呈, 伏乞照詳, 許令明醫辨驗眞假, 禮部奏差大醫院醫士周永中·高文中等到館辨驗, 得堪中藥材一十味, 赤石脂·厚朴·獨活·百部·香薷·前胡·麝香·百花蛇·烏蛇·海馬, 不識藥材一十味, 王不留行·丹蔘·紫莞·枳殼·楝子·覆盆子·食茱萸·景天·萆薢·安息香."

한 차례도 사용되지 않았다. 이 시점까지는 조선에서 토산하는지를 몰랐기 때문이었다. 그런데『경상도지리지』가 보고된 다음인 세종 20년(1438)에 마황이 경상도 장기현에서 발견되었다.

> 경상감사가 교유(敎諭) 박홍(朴洪)을 장기현(長鬐縣)에 보내 마황(麻黃)을 캐어 진상하게 하였는데 당마황(唐麻黃)과 다름이 없었다. 임금이 가상하게 여겨서 박홍에게 옷 한 벌을 하사하였다. 감사에게 전지하기를, "진상한 마황이 중국산(唐産)과 다름이 없으니, 이곳 토질의 기름지고 메마름과 산출되는 양의 많고 적음을 자세히 계달하고, 의생을 보내어 마음껏 재배하도록 할 것이며, 또 연변 각 고을에도 서서히 찾아보아서 장계(狀啓)하라."라고 하였다. 각 도에도 전지(傳旨)하여 해변 각 고을에 마황이 생산되는 곳을 탐문하여 계달하도록 하였다.[16]

장기현의 마황이 당재와 완전히 일치하자 세종은 기뻐하면서 재배를 독려하는 동시에 해안 지역의 마황 산출을 조사하도록 각도에 지시하였다. 그 결과『경상도지리지』에서는 보이지 않던 마황이『경상도속찬지리지』와『동국여지승람』에서는 토산약재로 등장하였다.[17] 장기현에서 발견된 마황이 당재와 동일한지 여부를 판단한 것은 세종을 위시한 조선의 의학자들이었다. 이처럼 토산약재의 발견이나 외래약재의 토산화 시도를 통해 세종대에는 약재 생산이 증대하였다.

---

15 『太宗實錄』卷34, 태종 17년(1417) 7월 30일(계미). 머리말에서 언급한 진피와 마찬가지로 고려 문종 33년(1079)에는 중국 鄭州의 마황이 고려에 유입되었다.
16 『世宗實錄』卷80, 세종 20년(1438) 3월 24일(무신). "慶尙道監司令敎諭朴洪採麻黃於長鬐縣以進, 與唐麻黃不異. 上嘉之, 賜朴洪衣一襲. 傳旨監司, 所進麻黃, 無異唐産, 其産處土地肥瘠及産出多少, 備細啓達, 委差醫生, 盡心培養, 又於沿邊各官, 徐徐尋覓以啓. 傳旨各道, 於海邊各官, 訪問麻黃産處以啓."
17 『慶尙道續撰地理誌』, 長鬐縣, 種養藥材;『新增東國輿地勝覽』卷23, 長鬐縣 土産.

2) 『경상도지리지』의 편찬과 전국적인 약재 파악

약재의 진위 확인과 함께 세종은 지역별로 향약의 실태를 조사하기 시작하였다.[18] 전국 지리지의 편찬이었다. 세종은 재위 6년(1424) 11월에 지지와 주군연혁을 변계량에게 편찬하게 하였다.[19] 각도의 지리지를 한데 묶은 『신찬팔도지리지(新撰八道地理志)』는 세종 14년(1432) 1월에 완성되었는데, 현재는 이 가운데 『경상도지리지(慶尙道地理志)』만 전해진다.[20]

『경상도지리지』 서문은 세종 7년(1425) 12월에 경상도 감사(監司) 하연(河演)이 쓴 것인데 지리지의 편찬 경위와 의의를 자세히 서술하고 있다.[21] 세종 6년(1424) 12월에 세종이 각도 주부군현의 연혁을 파악하도록 춘추관에 명령하자 호조로 하여금 각도에 공문을 보내 자세히 정리하여 춘추관에 보고토록 하였고, 이듬해 6월에도 세종이 주부군현의 역대 명칭과 연혁을 조사하도록 예조에 명령하자 지침에 맞춰 보고하도록 각도에 조치하였다. 이처럼 지리지 편찬은 두 차례에 걸친 세종의 지시에 따라 추진되었다. 경상도에서는 대구지군사(大丘知郡事)인 금유(琴柔), 인동현감(仁同縣監)인 김빈(金鑌)이 이 일을 맡아 규식(規式)에 따라 10부를 작성하여 춘추관에 보고하였다.

『경상도지리지』를 살펴보면 각 군현별로 연혁(沿革)·역(驛)·호수(戶數)·토성(土姓)·공부(貢賦)·염분(鹽盆)·봉화(烽火) 등의 항목을 설정하

---

18 향약 실태 조사의 배경과 의미에 대해서는 기존 연구의 시각이 미묘하게 엇갈린다. 김두종은 宜土性이 강조되면서 자주적 방책의 일환으로 향약의 진위를 감별하는 동시에 각 지방의 향약 실태를 조사하였다고 설명한다(金斗鍾, 『韓國醫學史』, 探求堂, 1966, 206쪽). 반면 미키 사카에는 중국으로부터 다량의 약재 수입은 국비의 유출을 수반할 뿐만 아니라 명으로부터의 무역도 제한되었으므로 자주적인 약재 공급이 추진되었다고 설명한다(三木榮, 『朝鮮醫學史及疾病史』, 自家出版, 1963, 126쪽). 즉 미키 사카에는 중국에서 약재가 제대로 유입되지 않았으므로 향약이 발전하였다고 주장하는 것이다.
19 『世宗實錄』 卷26, 세종 6년(1424) 11월 15일(병술).
20 『世宗實錄』 卷55, 세종 14년(1432) 1월 19일(기묘); 『慶尙道地理志』(『全國地理志』 1, 亞細亞文化社 영인, 1983).
21 『敬齋先生文集』 卷2, 序 慶尙道地理志序.

세종 7년(1425)의 『경상도지리지』 서문. 경상도 감사인 하연(河演)이 지리지의 편찬 경위와 그 의의를 곡진하게 서술하였다.

였는데, 공부(貢賦)에는 토산공물(土産貢物)·약재(藥材)·토의경종(土宜耕種)을 하부 항목으로 배치하였다. 『고려사』 지리지가 지방의 연혁을 간략히 정리하는 데 그치면서 약재 등의 산출물 기록이 없는 점과는 크게 대비된다. 『경상도지리지』에서는 경주 등의 계수관에게 보낸 작성 지침에 '약재(藥材)'를 자세히 기록하도록 규정하고 있다.[22] 토산약재 파악이라는 세종의 목표를 분명히 읽을 수 있다.

『경상도지리지』에서 '약재' 항목은 군현별로 작성되었다. 예를 들어 경주부(慶州府)에서는 조협·산수유·파고지·백복령·오수유·백편두·백작약·천문동·하수오·생지황·복신·만형자 등 12종의 약재가, 기장현(機張縣)에서는 맥문동·방풍 등 2종의 약재가 기록되어 있는 식이다. 약재

---

22 『慶尙道地理志』 慶州府. "一依例卜定貢賦某某物, 其土所産某某物, 是如施行爲乎矣, 土産金銀·銅鐵·珠玉·鉛錫·篠簜·藥材·磁器·陶器, 其土所宜耕種雜物, 幷以詳悉施行事." 『경상도지리지』에 대해서는 다음 글이 참고된다(鄭杜熙, 「朝鮮初期 地理志의 編纂 (I)」, 『歷史學報』 69, 1976).

는 '토산공물(土産貢物)' 항목에도 상당수 보인다. 속현(屬縣)을 포함하여 112개 지역이 수토된 『경상도지리지』에는 84종의 약재가 548번 등장하는데, 이 약재들을 정리하면 다음과 같다. 괄호 안의 숫자는 등장 횟수이다.

진자(榛子, 61), 지초(芝草, 49), 생지황(生地黃, 43), 황률(黃栗, 27), 백편두(白篇豆, 24), 당추자(唐楸子, 22), 파고지(破故紙, 22), 맥문동(麥門冬, 20), 복령(茯苓, 19), 백자인(栢子仁, 18), 저실(楮實, 18), 당귀(當歸, 13), 인삼(人蔘, 12), 천문동(天門冬, 12), 방풍(防風, 11), 백작약(白芍藥, 9), 상표초(桑螵蛸, 9), 자완(紫莞, 9), 대조(大棗, 8), 천마(天麻, 8), 율(栗, 7), 생리(生梨, 6), 석류(石榴, 6), 백부자(白附子, 5), 오미자(五味子, 5), 질려자(蒺藜子, 5), 만형자(蔓荊子, 4), 목단피(牧丹皮, 4), 산약(山藥, 4), 천궁(川芎〔芎藭〕, 4), 황기(黃耆, 4), 검인(芡仁, 3), 낭아(狼牙, 3), 대황(大黃, 3), 오어골(烏魚骨, 3), 웅담(熊膽, 3), 원지(遠志, 3), 해송자(海松子, 3), 녹용(鹿茸, 2), 모향(茅香, 2), 목적(木賊, 2), 백급(白芨, 2), 시자(枾子, 2), 이(梨, 2), 적전(赤箭, 2), 치자(梔子, 2), 호로파(胡蘆巴, 2), 홍화(紅花, 2), 황규자(黃葵子, 2), 황금(黃芩, 2), 흑견우자(黑牽牛子, 2), 개자(芥子, 1), 결명자(決明子, 1), 귤(橘, 1), 남칠(藍漆, 1), 독주근(獨走根, 1), 두충(杜冲〔杜仲〕, 1), 백견우자(白牽牛子, 1), 복신(茯神, 1), 비자(榧子, 1), 사상자(蛇床子, 1), 산수유(山茱萸, 1), 선복화(旋覆花, 1), 속수자(續隨子, 1), 안식향(安息香, 1), 연화예(蓮花蕊, 1), 염매(塩梅, 1), 영양각(羚羊角, 1), 오가피(五加皮〔吾加皮〕, 1), 오매(烏梅, 1), 오수유(吳茱萸, 1), 여여(藘茹, 1), 이어담(鯉魚膽, 1), 작설차(雀舌茶, 1), 적복령(赤茯苓, 1), 전호(前胡, 1), 조협(皂莢, 1), 조휴(蚤休, 1), 하수오(何首烏, 1), 학슬(鶴虱, 1), 현삼(玄蔘, 1), 호로(胡蘆, 1), 홍시자(紅柿子, 1), 후박(厚朴, 1).

요즘의 빈용약재를 염두에 두고 『경상도지리지』의 약재를 살펴보면 당귀·인삼·천궁·복령·지황·천문동·방풍·작약 등이 눈에 들어온다. 조선에서 복령은 뇌물로 사용될 정도로 인기가 있었다.[23] 산출 약재에서 더욱

---

23 『世宗實錄』 卷29, 세종 7년(1425) 7월 4일(신미).

세종대 향약 개발의 두 방향

눈길을 끄는 사실은 감초·생강·백출이 전혀 등장하지 않는다는 점이다. 『경상도지리지』가 진성현(珍城縣) 첫부분까지만 남아 있으므로 완전한 자료가 아니라는 점을 감안하더라도, 112개 지역에서 감초나 생강 등의 주요 약재가 한 번도 등장하지 않는다는 점은 이 약재들이 실제로 경상도에서 생산되지 않았음을 강하게 시사한다.

고려 이래로 경상도와 강원도 지역은 약재가 풍부하고 약초 재배에 알맞다고 지적되었다.[24] 그런데 조선정부의 입장에서는 군현별로 전수조사를 하지 않으면 경상도에서 감초나 생강이 산출되는지를 알 수 없었다. 더욱이 여말선초에는 약재 종류도 다양화하고 있었다. 지리지 편찬 작업은 전국의 약재를 직접 확인하려는 조선정부의 의지를 잘 드러낸다. 『경상도지리지』가 1년 만에 작성된 데서 보이듯이 그 의지는 모든 군현의 약재를 단기간에 전수조사할 정도로 단호했다.

『경상도지리지』 편찬 이후에도 약재를 파악하고 확대하려는 노력은 지속되었다. 세종은 웅황(雄黃)이 산 남쪽에서 나면 자황은 산 북쪽에서 난다는 『본초』 문장을 인용하면서, 자황(雌黃)이 산출되는 진산군(珍山郡) 가마괴목[加麽塊項]의 남쪽과 북쪽에서 자황 모양의 돌을 캐도록 명하였다.[25] 또한 벽력침(霹靂鍼)과 석류황(石硫黃)도 마찬가지였다. 세종 23년(1441)에는 의관(醫官)이 대경실심(大驚失心)이나 어린이의 경기(驚氣) 등을 물리치고 출산(出産)을 촉진하는 데 벽력침이 유용하다며 전국에서 널리 찾아보자고 건의하자 그대로 따랐다.[26] 그리고 세종은 함길도 감사에게 땅이 불탄 경성(鏡城)에서 석류황의 산출을 조사하게 하였으며 몇 달 뒤에는 경상도 감사에게 영해부(寧海府)의 석류황 산출을 확인하도록

---

24 『三峯集』 卷2, 五言律詩, 送李摠郎按慶尙道; 送李佐郎按交州道.
25 『世宗實錄』 卷116, 세종 29년(1447) 윤4월 23일(갑신).
26 『世宗實錄』 卷92, 세종 23년(1441) 5월 18일(계축). 벽력침은 벼락 맞은 쇠, 돌, 나무 따위이다.

지시하였다.[27]

지리지 편찬의 주된 목적은 조선의 수취체제를 정비함으로써 통치 질서를 확립하려는 것이었다.[28] 경상도를 비롯한 전국의 약재 조사 작업도 공납 수취를 전제로 진행되었다.[29] 만약 약재 종류가 늘거나 생산지역이 확대된다면 공납 약재량도 증가하는 것이 당연하였다.

조선정부가 향재의 종류와 생산량 나아가 향재 공납량을 늘리려고 했던 까닭은 민간과 지방을 막론하고 약재 소비가 급증했기 때문이었다. 특히 제생원(濟生院)이 향재를 주로 사용하기 위해 설립되었음은 앞서 살핀 바와 같다. 여기에 민간의 향재 수요도 증가하고 있었다. 정종 _년(1399) 편찬된 『향약제생집성방(鄕藥濟生集成

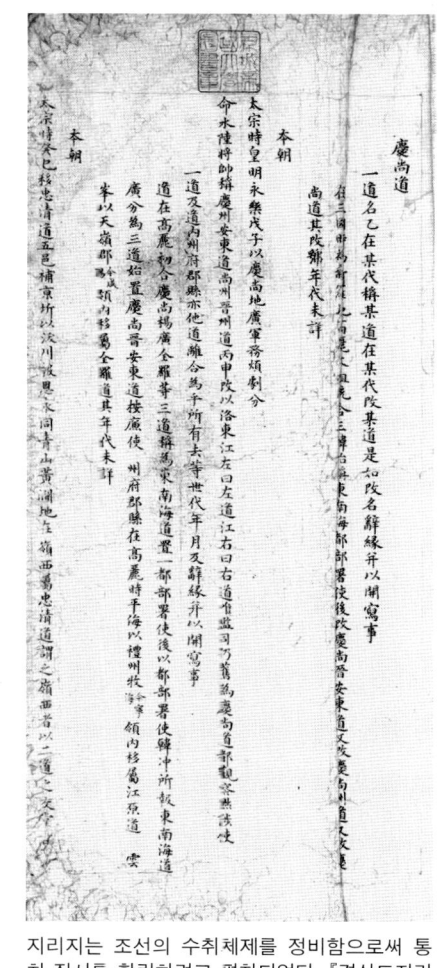

지리지는 조선의 수취체제를 정비함으로써 통치 질서를 확립하려고 편찬되었다. 『경상도지리지』도 마찬가지였다.

---

27 『世宗實錄』卷107, 세종 27년(1445) 1월 22일(병신); 卷108, 세종 27년(1445) 4월 12일(을묘).

28 鄭杜熙, 「朝鮮初期 地理志의 編纂(I)」, 『歷史學報』69, 1976, 99쪽; 김동수, 「『世宗實錄』地理志 産物項의 검토」, 『歷史學研究』12, 1993, 412쪽; 徐仁源, 『朝鮮初期 地理志 研究』, 혜안, 2002, 43쪽.

29 이기봉, 「朝鮮時代 全國地理志의 生産物 項目에 대한 檢討」, 『문화역사지리』15(3), 2003, 4쪽.

方)』은 책 이름에서 볼 수 있듯이 향약을 주로 활용한 처방들을 수록하고 있다. 그런데 이 책의 처방별 평균 약재는 2.42개로 고려시대 의서보다 급증하였다.[30] 의서 처방으로 따지더라도 조선초기에는 다양하고도 충분한 향재 공급이 필요하였다.

지방에서도 행정 및 군사제도 정비와 함께 의료가 확대되었다. 세종은 충청도의 의학 생도[醫生]에게 그 지역의 향재(鄕材)로 수영(水營)과 각 포(浦)의 병든 선군(船軍)을 치료하게 하였다.[31] 또한 세종은 각도에 전의감·혜민국·제생원의 전직(前職) 의관 1명씩을 파견하여 제약과 구료를 맡겼다.[32] 도 단위로 의관 1명을 파견하는 실정이어서 지방 의료체계가 충분하지는 않았지만[33] 지방에서도 의료인에게 치료받는 게 일반화되었던 것이다. 지방의료 수준을 진작하는 조치에 따라 향재의 수요는 늘어날 수밖에 없었다.

요컨대 조선초에는 민간과 지방을 아우르는 의료의 보편화에 따라 향재 수요가 급증하였다. 조선정부에서 향재 공납량 확대를 추진하는 배경이었다. 세종은 자연적인 약재 발견을 수렴하면서 『경상도지리지』 편찬을 통해 전국적인 약재 조사를 최초로 실시하였다. 향재의 종류와 생산량이 늘어나고 있었다.

---

30 이경록, 「『향약제생집성방(鄕藥濟生集成方)』의 간행과 조선초기의 의약」(세종대왕기념사업회, 『국역 향약제생집성방』, 2013, 36~37쪽).

31 『世宗實錄』卷23, 세종 6년(1424) 3월 11일(정해). "忠淸道處置使啓, 水營及左右道各浦, 請令各官醫生, 將所産藥材, 每浦各一名相遞立番, 船軍有病者, 隨證救療. 命如啓, 幷他道行移."

32 『世宗實錄』卷64, 세종 16년(1434) 5월 27일(계묘). "禮曹啓曰, 擇典醫監·惠民局·濟生院前銜權知之可任者, 分遣各道各一人, 一年相遞, 巡行救療. 其勤慢, 令其各道處置使·僉節制使, 每於年終, 病人救療多小, 磨勘以啓, 以憑賞罰. 從之."

33 『世宗實錄』卷100, 세종 25년(1443) 5월 15일(기사). "傳旨黃海道觀察使, 道內惡病寖廣, 民生可慮. 曾遣醫救療, 然病戶最多, 一醫未能遍治, 以致隕命, 予甚悶焉. 卿其體予至懷, 曲盡措置, 竝遣本道敎諭, 互相巡行, 盡心救活, 毋使隕命."

3. 향약 약성의 이해

1) 향재의 비교 연구와 『향약채취월령』

태종 6년(1406) 1월이었다. 태종은 판전의감사(判典醫監事) 이주(李舟)와 평원해(平原海) 등이 조제한 상표초원(桑螵蛸元)을 복용한 후 구토(嘔吐) 증세와 함께 정신착란 상태에 빠졌다. 당직한 상호군(上護軍) 권희달(權希達) 등에게 먹어보도록 하자 동일한 증세를 보였다. 독성 때문이었다. 사헌부에서는 어약(御藥) 포자(炮炙)의 잘못을 물어 이들 의관과 약방대언(藥房代言) 맹사성(孟思誠)을 탄핵하였다.[34]

10년 뒤인 태종 16년(1416) 3월에 태종은 강무(講武)를 하느라 사천현(沙川縣)의 소요산(逍遙山)에 머물고 있었다. 태종을 수행하던 신하들에게 독초 중독 사건이 발생하였다. 망초(莽草)라는 독초를 먹은 직후 순식간에 정신을 잃고 귀·눈·입·코에서 피를 흘리며 6명이 곧바로 사망하고 2명은 가까스로 목숨을 구한 것이다.

망초의 향명(鄉名)은 대조채(大鳥菜)로서 뿌리는 거여목[苜蓿]과 같고 줄기는 쑥갓[茼菜]과 같았다. 거여목·쑥갓을 독초와 구별하지 못해서 벌어진 사건이었다. 태종은 거여목과 쑥갓조차 어선(御膳)으로 올리지 말라고 지시하였다.[35] 국왕과 관리들의 생명까지 위협했던 상표초원사건이나 망초사건의 근본 원인은 약재에 대한 이해가 부족한 탓이었다. 태종은 의관들을 용서하였지만 의관들의 잘못까지 잊은 것은 아니었다.

태종은 의관들의 실력을 아주 불신하였다. 자식들인 경안궁주(慶安宮主)와 성녕대군(誠寧大君)이 요절한 이유에 대해 태종은 의관들의 오진

---

34 『太宗實錄』 卷11, 태종 6년(1406) 1월 5일(병신).
35 『太宗實錄』 卷31, 태종 16년(1416) 3월 5일(정유).

과 잘못된 치료 때문이라고 확신했다.36 태종은 자신이 직접 의서를 열람하면서 자식들의 사인을 밝혔다. 그는 경안궁주가 열(熱)이 나는 증세였는데도 의관이 정기산(正氣散)을 쓰는 바람에 죽었다고 책망하였다. 또한 성녕대군이 창진(瘡疹)에 걸린 초기에는 풍증(風證)이라 오진하여 약을 오용하였고, 증세가 악화되는 와중에도 의관들이 잘못 대응하였다고 단정하면서 의관들을 의금부(義禁府)에 가두었다. 당시의 관료들도 의관들의 실력을 의심하는 것은 똑같았다. 영돈녕(領敦寧) 유정현(柳廷顯)은 "의원들이 어찌 능히 병 증세를 참으로 알리오. 어떤 증세라고 하면서 약을 올리는 것도 참으로 믿을 수 없는 것이오."라고 지적하였다.37

태종과 세종은 『천금방(千金方)』을 비롯한 각종 의서들을 공부하였다.38 특히 세종은 족질·부종·소갈증·임질·안질 등 각종 질병에 시달렸는데 자신의 질병에 대한 처방을 낼 정도로 의술에 밝았다.39 조선의 국왕들이 판단하기에 당시 의술의 가장 근본적인 문제는 본초학 지식의 부족이었다. 약재의 진위(眞僞)도 알기 어려울뿐더러 '도벽지(塗壁紙)'를 '파고지(破古紙)'라고 하는 가소로운 경우까지 있으므로, 의업(醫業)을 하려면 반드시 『본초(本草)』를 먼저 배워서 약성(藥性)의 한열(寒熱)을 알아야 한다는 생각이었다.40

제조(의학제조-인용자)가 "『본초(本草)』라는 책은 상고(上古) 때에 신농씨(神

---

36 『太宗實錄』卷29, 태종 15년(1415) 4월 22일(기축); 卷35, 태종 18년(1418) 4월 4일(갑신).
37 『世宗實錄』卷29, 세종 7년(1425) 7월 29일(병신).
38 『太宗實錄』卷29, 태종 15년(1415) 1월 16일(을묘); 卷35, 태종 18년(1418) 2월 4일(을유); 『世宗實錄』卷92, 세종 23년(1441) 4월 4일(경오).
39 『世宗實錄』卷29, 세종 7년(1425) 윤7월 25일(임술); 卷85, 세종 21년(1439) 6월 21일(정유). 세종의 다양한 병력에 대해서는 다음 글이 참고된다(李玟洙, 『朝鮮前期 社會福祉政策 研究』, 혜안, 2000, 170~174쪽).
40 『太宗實錄』卷29, 태종 15년(1415) 1월 16일(을묘).

農氏)가 저술한 것으로, 역대의 명의(明醫)가 견찬하였습니다. 대체로 초목(草木)·금석(金石)·즈수(鳥獸)·충어(蟲魚) 등 의약(醫藥)이 될 만한 모든 종류는 대부분 실려 있으므로 의가(醫家)의 근본이며, 학자(學者)가 제일 먼저 힘써야 할 것입니다. 의학을 배우는 자에게 먼저 『본초』를 익히도록 하고, 또 의학을 취재(取才)할 때에도 제일 먼저 이 책을 강(講)하게 하여, 그들로 하여금 먼저 약리(藥理)를 밝힌 뒤에 방서(方書)를 읽게 하소서."라고 하니, 임금이 그대로 따랐다.[41]

이처럼 방서 공부보다 시급한 것이 본초에 대한 학습이었다. 본초에 대한 관심 증대와 맞물려 향재의 채취법과 건조법이 강조되었다. 제주도를 예로 들자면 태종대에 이미 절후(節候)에 맞추어 약(藥)을 캐어 좋은 것을 상공(上供)하도록 지시한 데 이어, 세종대에는 제주의 약재 보관과 진상을 계절에 따라 달리하였다.[42] 더 나아가 세종은 각도의 의학(醫學) 교유(敎諭)에게 모든 고을의 약재(藥材)를 상하지 않게 캐어 바치도록 명령하였다.

> 각도에 전지하기를, "각 고을에서 생산되는 약재(藥材)를 교유(敎諭)로 하여금 꽃과 잎사귀, 줄기 및 뿌리를 상하지 않게 캐어 보내게 하라."라고 하였다.[43]

『경상도지리지』를 비롯한 지리지의 편찬이 전국 약재의 종류와 분포를 문서로 정리한 것이라면, 약재를 그대로 채집하여 보고하는 작업이 약재

---

41 『太宗實錄』卷29, 태종 15년(1415) 3월 15일(계축). "提調啓曰, 本草一書, 上古神農之所著, 歷代明醫之編輯. 凡草木金石鳥獸蟲魚等庶類, 可以爲醫藥者, 無不該載, 醫家之根本, 學者之先務也. 使學醫者先習本草, 又於醫學取才時, 首講此書, 使之先明藥理, 後及方書, 從之."

42 『太宗實錄』卷13, 태종 7년(1407) 3월 29일(계미);『世宗實錄』卷29, 세종 7년(1425) 7월 11일(무인).

43 『世宗實錄』卷37, 세종 9년(1427) 7월 7일(계사). "傳旨, 各道各官所産藥材, 令敎諭, 毋傷花葉莖根採送."

를 지역별로 비교하는 동시에 약재의 부위별 특성을 연구함으로써 약효를 최적화하는 과정임은 두말할 나위도 없다. 이처럼 약재의 비교 작업이 활발했기에 후술하듯이『세종실록』지리지에서는 지역별로 약재의 품질을 평가할 수 있었다. 향재 약성에 대한 이해는『향약집성방』같은 의서에서도 강조되고 있었다.

> 약의 진위를 분별하지 못하고 약성의 냉열(冷熱)이 뒤섞이며, 약미(藥味)의 감(甘)·신(辛)에 어둡고 포자(炮炙)하면서 약성(藥性)을 잃으며, 가루를 거칠게 만들거나 조제가 잘못된다면 질병을 고친다는 이름을 건다 하여도 치유는 영원히 기대하기 어렵다. 따라서 의사는 반드시 주의를 기울이고 여러 번 신중히 생각해야 하며, 약의 포제(炮製)나 조제(調製)를 남에게 맡겨서는 안 된다.[44]

향재의 연구와 비교 작업은 약재별 월령(月令)의 중요성을 더욱 깨닫는 계기가 되었다. 그 결과 향재의 약성과 기전을 확정하고 채취 시기 등 포제법을 정식화하기 위해『향약채취월령(鄕藥採取月令)』이 간행되었다. 유효통(兪孝通)·노중례(盧重禮)·박윤덕(朴允德)이 세종의 명을 받들어 세종 13년(1431) 12월에 편찬하였고 윤회(尹淮)가 발문을 썼다. 유효통 등은 몇 달 전 작업을 시작한『향약집성방』의 편찬자이기도 하다.『향약채취월령』과『향약집성방』이 동일한 편찬자에 의해 앞서거니 뒤서거니 발간되었다는 사실은 두 의서가 한 호흡으로 만든 연작(連作)임을 드러낸다.[45]

---

44 『鄕藥集成方』卷76, 論合和法. "若眞假非類, 冷熱相乖, 草石昧其甘辛, 炮炙失其體性, 篩羅麤惡, 分劑差殊, 雖有療病之名, 永無必愈之效. 是以醫者必須殷勤注意, 再四留心, 不得委以他人令其修合."

45 미키 사카에는『鄕藥採取月令』이『鄕藥集成方』鄕藥本草의 준비사업에 해당한다고 설명하였다(三木榮,『朝鮮醫學史及疾病史』, 自家出版, 1963, 127쪽). 남풍현은『향약채취월령』이『향약집성방』과 같은 編纂線上에서 동일한 편찬인들에 의하여 2년 먼저 이루어진 것이어서 두 문헌에 나오는 鄕名이 밀접한 관계를 갖는 것은 당연하다고 지적하였다(南豊鉉,「『鄕藥集成方』의 鄕名에 대하여」,『震檀學報』87, 1999, 185쪽).

그런데 현존하는 『향약채취월령』에는 향명만 표기한 것들이 대부분이며, 심지어 약재명만 제시된 경우들도 있다. 즉 약미, 약성, 채취법 등을 기입한다는 윤회의 발문에 비추어 현존본 『향약채취월령』은 완본이 아닌 것으로 추측된다.[46] 게다가 인삼·녹용·생강·백출·백복령·복신·대황·안식향 등 고려와 조선초기의 향재들이 『향약채취월령』에는 대거 빠져있다. 이러한 수록 약재의 부족 역시 『향약채취월령』이 완본이 아님을 의미한다. 현존하는 필사본은 일부 착오가 보일 뿐만 아니라 용규(龍葵) 이하가 생략된 듯하다. 또한 원문 몇 군데에서 보이는 '상층(上層)', '수서(首書)'는 '앞에 나온 어떤 기록'이라는 뜻으로 이해되므로, 현존본 『향약채취월령』 앞부분에는 생략된 곳이 있을 가능성이 높다.

현존본 『향약채취월령』에는 위유(萎蕤)를 비롯한 162종의 약재가 12개 달과 채무시(採無時)로 구분되어 수록되었다. 1월 1종, 2월 35종, 3월 17종, 4월 11종, 5월 14종, 6월 1종, 7월 16종, 8월 5종, 9월 15종, 10월 4종, 11월 2종, 12월 3종, 채척 시기를 구애받지 않는 채무시 38종 등이다. 162종 가운데 8종 즉 고삼(苦蔘)은 3월과 7월에, 괄루근(括樓根)은 2월과 7월에, 백두옹(白頭翁)은 2월과 8월에, 사삼(沙蔘)은 2월과 7월에, 울금향(鬱金香)은 3월과 채무시에, 작약(芍藥)은 2월과 7월에, 지부자(地膚子)는 7월과 8월에, 황금(黃芩)은 2월과 3월에 겹쳐 있으므로 실제로는 154종이 수록되어 있다. 『향약채취월령』의 154종에는 식물성 약재만이 아니라 웅담(熊膽) 같은 동물성 약재나 자석영(紫石英) 같은 광물성 약재도 포함된다.

『향약채취월령』의 수록 약재를 하나만 예시하자면 상기생(桑寄生)을

---

46 『鄕藥採取月令』은 서울대학교 규장각한국학연구원에 17쪽짜리 필사본이 보관되어 있으며, 영인본으로 이용할 수 있다(金信根 主編, 『韓國醫學大系』 41, 여강출판사 영인, 1992). 『향약채취월령』에 대해서는 다음 글이 참고된다(金斗鍾, 『韓國醫學史』, 探求堂, 1966, 214~216쪽; 안덕균 주해, 『鄕藥採取月令』, 세종대왕기념사업회, 1983; 안덕균, 「세종 시대의 의학」, 세종대왕기념사업회, 『세종문화사대계 2』, 2000); 南豊鉉, 「『鄕藥集成方』의 鄕名에 다 하여」, 『震檀學報』 87, 1999).

들 수 있다. 세종 13년(1431)에 의원(醫員) 김자견(金自堅)은 황해도 백령도(白翎島)와 대청도(大靑島)에서 나는 상기생 50근을 채취하여 바쳤다. 예전에는 조선에 상기생이 없었다고 생각하다가 김자견의 발견을 계기로 그 해 12월에 간행된 『향약채취월령』에서는 상기생이 토산약재로 수록된 것이다. 상기생 줄기의 채취 시기는 7월로 규정되어 있다.[47]

토산약재의 채취가 많이 진행되는 시기는 채무시 > 2월 > 3월 > 7월 > 9월 > 5월 순이다. 흔히 의서에서 서술하는 것처럼 봄과 가을이 가장 적합한 채취 시기임을 쉽게 알 수 있다. 각 달[月] 아래에는 약재별로 향명(鄕名)을 비롯하여 채취 시기와 건조 방법 등을 기록하였다.

『향약채취월령』의 편찬 경위와 저술 의도는 윤회의 발문에 밝혀져 있다. 윤회에 따르면 약재 채취가 봄철에는 이를수록 좋고 가을에는 늦을수록 좋은 법이지만, 꽃[華]·열매[實]·줄기[莖]·잎[葉]에 따라 가장 성숙했을 때 채취한다, 모든 약재는 채취 시기를 놓치면 약성을 제대로 얻을 수 없는데 조선에서는 좋은 약재[良藥]가 많음에도 때를 맞추지 못하였으며, 심지어 다른 약재를 오용(誤用)하였다, 이에 세종은 중국에 사신이 파견될 때마다 중국의 도움으로 약재의 진위를 구별하고자 노력하면서 토산약재 수백 종의 향명(鄕名)·약미(藥味)·약성(藥性)·채취 시기·음양건폭(陰陽乾暴)의 건조법을 조사하되 중국 본초서들에 의거하여 『향약채취월령』을 만들었다고 한다.[48]

발문에서 보이듯이 『향약채취월령』에 전제된 입장은 고려보다 토산약재가 다양해지고 품질이 좋다는 자신감이었다. 실력 있는 의원이 부족하고 약재도 형편없다고 고려 문종이 탄식한 것과는 비교가 안 되는 발전

---

47 『世宗實錄』卷51, 세종 13년(1431) 3월 10일(갑술);『鄕藥採取月令』, 七月採.
48 『鄕藥採取月令』, 跋文.

이었다.⁴⁹ 이제는 『향약채취월령』을 새로 편찬함으로써 수백 종에 달하는 토산약재를 목록화하고 최대한 활용하려고 하였다.⁵⁰ 예를 들자면 태종대에 약화사고(藥禍事故)를 일으켰던 상표초(桑螵蛸)에 대해서도 『향약채취월령』에서는 2월이 채취하라고 규정하고 있다.

그런데 발문에 보이는 『향약채취월령』의 기본 입장은, 『신농본초경』 이래 유구한 본초학의 역사를 지닌 중국을 전범으로 삼아 향약을 이해하겠다는 것이었다.⁵¹ 약재의 기준은 언제나 중국 의학을 향하고 있어서 독립된 본초학을 추구하겠다는 의욕은 미약했다. 특히 윤회가 『증류본초(證類本草)』를 훌륭한 본초서로 거론하는 점이 주목된다.

『향약채취월령』 본문에서도 『증류본초』의 강력한 영향은 관찰된다. 『향약채취월령』 7월의 "선화(蟬花)는 선태(蟬蛻)와 같다. 고죽(苦竹) 수풀에서 나는 것이 좋다. 매미껍질[蟬花]은 흙 위에서 나온다."라는 표현은 『증류본초』를 인용한 것이다.⁵² 『향약채취월령』의 동규자(冬葵子) 항목 역시 『증류본초』를 충실히 인용하고 있으며, 심지어 모향(茅香)의 경우에는 『향약채취월령』에서 '도경왈(圖經曰) ……'이라고 설명한 것조차 『증류본초』에 수록된 『도경(圖經)』 문장을 그대로 재인용한 것이었다.

흔히 『증류본초(證類本草)』라고 약칭하는 이 책은 송(宋)나라 당신미(唐愼微, 1056~1093년)가 『가우보주신농본초(嘉祐補注神農本草)』를 토대로 저술한 『경사증류비급본초(經史證類備急本草)』 31권을 가리킨다. 당신

---

49 『高麗史』 卷9, 世家9, 문종 33년(1079) 7월.
50 南豊鉉, 「『鄕藥集成方』의 鄕名에 대하여」, 『震檀學報』 87, 1999 참고.
51 『향약채취월령』 발문에서 윤회는 "약을 채취하는 시기는 …… 10월 이후에 채취했다면 그늘에서 말리는 것이 좋다."라는 『本草經』 서례의 문장을 인용하는데, 『향약집성방』 향약본초개론에서도 『본초경』이 그대로 인용되어 있다(『鄕藥採取月令』, 跋文; 『鄕藥集成方』 卷76, 本草槪論 指南總論 用藥酒洗暴乾).
52 『鄕藥採取月令』, 七月採. "蟬花, 同蟬脫, 生苦竹林者良, 花出土上."; 唐愼微, 『證類本草』 卷21(四庫全書本) "蟬花, …… 七月採, 生苦竹林者良, 花出土上."

미의 사후인 휘종(徽宗) 대관(大觀) 2년(1108, 고려 예종 3)에 이 책은 중수(重修)되어 『경사증류대관본초(經史證類大觀本草)』(『대관본초』)라는 제목으로 간행되었으며, 다시 『경사증류대전본초(經史證類大全本草)』(『대전본초』)로 중간(重刊)되었다. 휘종 정화(政和) 6년(1116, 고려 예종 11)에는 의관(醫官) 조효충(曹孝忠)이 교정(校正)하여 『정화신수경사증류비용본초(政和新修經史證類備用本草)』(『정화본초』)라고 이름을 고쳤다. 『증류본초』는 송의 대표적인 본초서로서 약재들을 옥석부(玉石部), 초부(草部), 목부(木部), 인부(人部), 수부(獸部), 금부(禽部), 충어부(蟲魚部), 과부(果部), 미곡부(米穀部), 채부(菜部)의 순서로 설명하면서 고금(古今)의 단방(單方)까지 덧붙였다.[53]

『향약채취월령』은 체재에 해당하는 약재 표제어의 배치에서도 『증류본초』를 그대로 본떴다. 『향약채취월령』의 월별 채취 시기야 1~12월로 배정되어 있으므로 『증류본초』와 다를 수밖에 없지만, 채무시의 약재 순서는 『증류본초』와 일치한다. 『향약채취월령』 채무시에 수록된 38종의 약재는 다음과 같다.

자석영(紫石英), 자석(磁石), 대자(代赭), 자연동(自然銅), 남등근(藍藤根), 악실(惡實), 울금(鬱金)〔爵金〕, 해대(海帶), 비마자(蓖麻子), 양제근(羊蹄根), 학슬(鶴虱), 산자고근(山慈菰根), 등심초(燈心草), 마발(馬勃), 괴백피(槐白皮), 오배자(五倍子), 백교(白膠), 영양각(羚羊角), 해동피(海東皮), 단육(猯肉), 석밀(石蜜), 모려(牡蠣), 위피(蝟皮), 대모(蠳蝐), 오적어골(烏賊魚骨), 잠퇴(蠶退), 지실(芰實), 호도(胡桃), 앵자속(罌子粟), 첨과자(甜瓜子), 가소(假蘇)〔假蘓〕, 박하(薄苛), 당구자(棠毬子), 통초(通草), 수포석(水泡石), 제고(鵜鴣), 백과자(白瓜子), 용규(龍葵).

---

53 唐愼微, 『證類本草』(四庫全書本); 李時珍, 『本草綱目』 卷1上, 序例上 歷代諸家本草 證類本草(四庫全書本); 동양의학대사전편찬위원회 『東洋醫學大事典』, 경희대학교출판국, 1999, '경사증류비급본초' 항목. 『증류본초』의 판본들에 대해서는 다음 글이 참고된다 (오재근, 「『동의보감』과 『향약집성방』의 『증류본초』 활용 -『향약집성방』「향약본초」, 『동의보감』「탕액편」을 중심으로-」, 『大韓韓醫學原典學會誌』 24(5), 2011).

채무시에서 석부(石部)에 해당하는 자석영·자석·대자·자연동의 배치 순서는 『증류본초』 권3 옥석부(玉石部) 상품(上品)~권5 옥석부(玉石部) 하품(下品)의 배치 순서와 일치한다. 그리고 초부(草部)에 해당하는 남등근·악실·울금·해대·비마자·양제근·학슬·산자고근·등심초의 배치 순서는 『증류본초』 권6 초부(草部) 상품지상(上品之上)~권11 초부(草部) 하품지하(下品之下)의 배치 순서와 일치한다. 『향약채취월령』의 편찬자들은 『증류본초』 약재를 순서대로 검토하면서, 조선에서 채취 시기를 특정하기는 어려운 약재들을 '채무시' 항목에 『증류본초』의 배치 순서대로 모았던 것이다.

하지만 『향약채취월령』의 12개 달에 배정된 약재들의 채취 시기를 자세히 따져보면 『증류본초』의 내용과 완전히 일치하지는 않는다. 낭탕자(莨菪子)에 대해 『증류본초』에서는 '5월 채자(採子)'라고 했지만 『향약채취월령』에서는 '6월 채자(採子)'라고 설명하였고, 백과자(白瓜子)도 『증류본초』에서는 '8월 채취'라고 서술하였지만 『향약채취월령』에서는 '채무시'로 규정하였다.

앞서 인용한 상기생에 대해서도 『증류본초』는 '3월 3일 채경(採莖)'한다고 했지만 『향약채취월령』에서는 7월에 채취한다고 정리하였다. 『향약채취월령』의 약재별 채취 시기를 비교해보면 갈근·낭탕자·백과자·상기생·창포 등은 『증류본초』의 채취 시기와 다르며, 길경·상표초·승마·예장·산장·제니·진교 등은 『증류본초』의 채취 시기와 일부만 일치할 뿐이다. 이처럼 『향약채취월령』에서는 조선에 적합한 채취 시기를 결정하려는 노력이 단연 돋보인다.

이상에서 살핀 것처럼 세종대 의술의 가장 기본적인 문제는 본초학 지식의 결여였다. 이에 따라 전국의 약재를 수집 비교하는 한편 중국 본초학을 토대로 향재의 약성과 기전을 정리하였다. 『향약채취월령』에서는

『증류본초』의 틀에 기대어 약재 표제어를 구성하고 『증류본초』의 서술을 인용하였다. 향약에 대한 자신감에도 불구하고 향약지식의 축적이 미흡했던 조선으로서는 중국 의서를 따르는 것이 부득이했다. 하지만 『향약채취월령』의 수록 약재들은 '조선 향재'의 목록이며 특히 채취 시기에서는 조선의 실정을 첨가하였다. 이를 통해 조선에서는 주요 향재 154종의 약성을 이해할 수 있었으며, 규정된 시기에 채취함으로써 향약 활용의 수준을 고양할 수 있었다.

2) 『향약집성방』 향약본초와 향약 이해의 심화

세종 15년(1433)에는 유효통·노중례·박윤덕 등이 여러 책의 향약방(鄕藥方)을 토대로 『향약집성방(鄕藥集成方)』을 완성하였다. 앞서 서술한 것처럼 향재 채취를 시기별로 정리한 『향약채취월령』은 세종 13년(1431) 12월에 간행되었고, 향재의 지역적 분포를 정리한 『신찬팔도지리지』는 세종 14년(1432) 1월에 『경상도지리지』 등을 수합하여 완성되었다. 향재에 대한 시기별·지역별 정리 작업의 연장선상에서 진행된 성과가 바로 『향약집성방』이었다.

『향약집성방』에서는 당재에 대한 향재의 우월성을 강조하였다. 지리가 다르면 질병이 풍토성을 띨 수밖에 없으므로 의토성을 담지하는 토산약재로 치료한다는 자신감이었다.[54] 향재에 대한 『향약집성방』의 지극한 관심을 보여주는 대목은 권76에 실린 향약본초개론(鄕藥本草槪論)과 권77~85에 실린 향약본초각론(鄕藥本草各論)이다. 『향약집성방』 전체가 85권이므로 10권은 작은 분량이 아니다.

향약본초개론의 제품약석포제법도(諸品藥石炮製法度)에서는 석부(石

---

54 『鄕藥集成方』 卷1, 鄕藥集成方序. "人病則必索中國難得之藥, 是奚啻如七年之病求三年之艾而已哉. 於是, 藥不能得而疾已不可爲也, 唯民間故老, 能以一草療一病, 其效甚神者, 豈非宜土之性, 藥與病値而然也."

部)의 운모(雲母)·종유(鍾乳)·반석(礬石)을 위시하여 석부(石部), 초부(草部), 목부(木部), 인부(人部), 수부(獸部), 금부(禽部), 충어부(蟲魚部), 과부(菓部), 미곡부(米穀部), 채부(菜部) 등 10부에 걸쳐 212종의 약재가 수록되어 있다. 그리고 향약본초각론에는 본초석부상품(本草石部上品)의 운모(雲母)·석종유(石鍾乳)·반석(礬石)을 비롯하여 본초석부상품(本草石部上品), 석부중품(石部中品), 석부하품(石部下品), 본초초부상품지상(本草草部上品之上), 초부상품지하(草部上品之下), 초부중품지상(草部中品之上) 등등 10부 31품에 걸쳐 701종의 약재가 수록되어 있다. 향약본초개론과 향약본초각론은 10부의 배치가 완전히 일치할 뿐만 아니라, 향약본초개론 212종의 약재명은 향약본초각론 701종의 약재명에 포함되어 있다.

향약본초개론의 약재 212종을 살펴보면 태종을 죽일 뻔한 상표초(桑螵蛸)에 대한 취급법이 눈에 띈다. 향약본초개론에서는 "여러 가지 잡수(雜樹)에 있는 것은 절대 약으로 넣지 말라."라고 하여 상표초의 위험성을 강조하고 있다.[55] 『향약채취월령』에서는 상표초를 2월에 채취하라고 규정하였는데, 『향약집성방』에서는 상표초의 약성 설명까지 한걸음 더 나아간 것이다.

그리고 향약본초개론에서는 좋은 약재나 유사 약재의 선별법을 제시하고 있다.[56] 석고(石膏)는 방해석(方解石)과 구별하고 자석(磁石)은 현중석(玄中石)·중마석(中麻石)과 구별해야 한다는 식이다.[57] 향약본초개론에서는 약재 부위별 사용법과 용도별 포제법 및 포제도구도 설명하고, 임산부 등의 특기사항도 다룬다.[58] 예를 들어 창포(菖蒲)는 니창(泥菖)·하창

---

55 『鄕藥集成方』 卷82. 蟲魚部上品 桑螵蛸. "雷公云, 凡使, 勿用諸雜樹上."
56 『鄕藥集成方』 卷76 諸品藥石炮製法度 草部 半夏.
57 『鄕藥集成方』 卷76 諸品藥石炮製法度 石部 石膏; 磁石.
58 『鄕藥集成方』 卷76 諸品藥石炮製法度 草部 五味子; 當歸; 半夏; 果部 木瓜; 菜部 香薷.

(夏菖)과 잘 가려써야 한다라고 하여 오용 및 금기에 주의하고 있다.[59] 하지만 전반적으로 제품약석포제법도(諸品藥石炮製法度)라는 제목 그대로 포제(炮製)에 초점을 맞추고 있다.[60]

흥미로운 사실은 대부분의 향약본초개론 문장이 향약본초각론에 인용된 '뇌공운(雷公云)' 문장과 일치한다는 점이다. 사실 향약본초각론의 '뇌공운(雷公云)'은 『증류본초』의 '뇌공운'을 그대로 인용하였다. 예를 들어 상표초(桑螵蛸) 기록을 비교해보면 향약본초각론의 '뇌공운(雷公云)'은 『증류본초』의 '뇌공운'을 그대로 재인용하였다. 그러나 향약본초개론의 문장은 오히려 『증류본초』의 '뇌공운'보다 자세하다.[61] 향약본초각론에서는 『증류본초』의 '뇌공운'을 그대로 재인용하였지만, 향약본초개론에서는 『증류본초』가 아닌 별도의 의서에서 인용했다는 뜻이다.

그렇다면 향약본초개론과 향약본초각론에서 의존하고 있는 '뇌공(雷公)'은 누구인가? 유송(劉宋)의 뇌효(雷斅, 420~479년)이다. 뇌효는 약물 포제 경험을 정리하여 『뇌공포자론(雷公炮炙論)』을 저술하였다. 원서(原書)는 산실(散失)되었다. 『증류본초(證類本草)』·『본초강목(本草綱目)』 등 후세의 본초서에 자주 인용되었는데, 상·중·하 3권에 300종의 약재가 수록되었다. 약성과 약미를 포함하여 증(蒸), 자(煮), 초(炒), 배(焙), 자(炙), 포(炮), 단(煅), 침(浸), 주침(酒浸), 초침(醋浸), 수비(水飛) 등의 포제법은 후세에 크게 기여하였다.[62]

---

59 『鄕藥集成方』卷76, 諸品藥石炮製法度 草部 菖蒲.
60 姜延錫, 「『鄕藥集成方』의 鄕藥醫學 연구」, 경희대학교 박사학위논문, 2006, 23~24쪽.
61 唐慎微, 『證類本草』卷20, 桑螵蛸(四庫全書本); 『鄕藥集成方』卷76, 諸品藥石炮製法度 蟲魚部 桑螵蛸; 卷82, 蟲魚部上品 桑螵蛸.
62 李時珍, 『本草綱目』卷1上, 序例上 歷代諸家本草 雷公炮炙論(四庫全書本). "今雷公炮炙論, 時珍曰, 劉宋時雷所著, 非黃帝時雷公也. 自稱內究守國安正公, 或是官名也. 胡洽居士 重加定述. 藥凡三百種, 爲上中下三卷, 其性味炮炙熬煮修事之法, 多古奧, 文亦古賈, 別是一家, 多本於乾寧晏先生, 其首序論述物理, 亦甚幽玄, 錄載於後." 한국생약학교수협의회, 『본초학』, 아카데미서적, 2006, 30쪽 참고.

이처럼 향약본초개론을 살펴보면 약재 배치순서는 『증류본초』를, 그 내용은 『뇌공포자론』을 인용하였다. 향약본초개론 제품약석포제법도에서는 주로 뇌효에 의존했기 때문에 향약본초각론의 설명과 일치하지 않는 경우가 왕왕 있다. 운모나 종유의 설명은 향약본초개론과 향약본초각론이 다르다.[63] 운모·종유의 포제법에 있어서는 조선의 의학자들이 뇌효의 견해에 동의했다는 의미이다. 『향약집성방』 향약본초의 설정이 당시 약물학적 지식의 자주적 발전의 산물이라는 주장도 있지만,[64] 위에서 살핀 바와 같이 향약본초개론의 체재와 약재 설명은 조선 의학자들의 독자적인 견해가 아니었다.

조선초의 향약은 향약본초개론에 수록된 212종이나 『뇌공포자론』에서 다루는 300종을 훨씬 넘었다. 『향약집성방』 향약본초각론에 담긴 701종은 곡식, 생선, 짐승, 광물, 벌레, 식물 등 모든 약물에 대한 정리의 결과물이었다. 예를 들어 소금[食鹽]을 비롯하여 동쪽으로 흘러가는 물[東流水], 온천[溫湯], 술[酒], 누룩[麴], 식초[醋], 간장[醬], 연유[酥], 개고기[狗肉], 해골[天靈蓋], 들보 위의 먼지[樑上塵], 수레에 바른 기름[車脂] 등도 약재로 취급한다.

이제 향약본초각론을 분석하기 위해 고본(藁本)을 사례로 들어보면 다음과 같다. ①, ②, ③은 분석을 위해 편의상 붙인 번호이다.

고본(藁本).
① 현재 우리나라의 예원(預原)과 단천(端川)에서 나는 것이 좋다.
② 향기가 있고 모양이 궁궁(芎藭)과 비슷하나 길고 잔뿌리가 많다. 맛은 신고(辛苦)하고 약성은 온(溫)하거나 미온(微溫)하거나 미한(微寒)하고 독은 없다.

---

63 『鄕藥集成方』 卷7*, 諸品藥石炮製法度 石部 雲母; 鍾乳; 卷77, 本草石部上品 雲母; 石鍾乳.
64 金斗鍾, 『韓國醫學史』, 探求堂, 1966, 219쪽.

부인의 산가(疝瘕), 음중한종통(陰中寒腫痛), 뱃속이 당기는 증상, 풍(風)으로 인한 두통을 치료한다. …… ○ 열매로는 풍사(風邪)가 사지의 여기저기에 왔다갔다하는 증상을 치료한다. 일명 괴경(槐卿)·지신(地新)·미경(微莖)이다. 산골에서 자라며 1~2월에 뿌리를 채취해서 햇볕에서 30일 동안 말려서 쓴다. 여여(藺茹)와는 상오약(相惡藥)이다.『도은거(陶隱居)』에서는 …… ○『당본주(唐本註)』에서는 …… ○『약성론(藥性論)』에서는 …… ○『일화자(日華子)』에서는 …… ○『도경(圖經)』에서는 …….

③ ○『진주낭(眞珠囊)』에서는 '기(氣)가 후(厚)하고 미(味)는 박(薄)하여 위로 떠오르므로 양(陽)에 속한다. 두 가지 작용이 있는데, 첫째는 태양두통(太陽頭痛)과 정뇌통(頂腦痛)을 치료하는 것이고, 둘째는 머리·얼굴·온몸 피부의 풍습병(風濕病)을 치료하는 것이다.'라고 하였다.65

향약본초각론의 약재 항목은 위 인용문에서 ①, ②, ③으로 출전을 구분한 것과 같이 세 부분으로 나누어진다. ① 조선의 산출 상황에 대한 설명, ② 약미(藥味)·약성(藥性)·독성(毒性) 유무·약효(藥效)·주치(主治)·채취법(採取法)·별명·재배지 등에 대한『증류본초』의 설명, ③ 약성과 주치 등에 대한『진주낭(眞珠囊)』의 설명이 그것이다.

첫째, 향약본초각론의 최대 특징은 조선의 실정을 반영하고 있다는 점이다. 고본에서 조선의 산출지와 품질까지 구체적으로 언급한 것이 그 예이다. 석종유(石鍾乳)에서도『증류본초』를 인용하되 중국 산출지는 생략하면서 조선의 평안도·황해도·강원도 등의 석굴에 있다고 밝힌다.66 그리고 백화사(白花蛇)라는 뱀은 경상도 거제도와 강원도에서 잡힌다는 내

---

65 『鄕藥集成方』卷79, 草部中品之上. "藁本. 今本朝預原端川出者爲佳. 香氣體貌似芎藭, 而長多鬚. 味辛苦, 溫微溫微寒, 無毒. 主婦人疝瘕, 陰中寒腫痛, 腹中急, 除風頭痛. …… ○實主風流四肢, 一名槐卿, 一名地新, 一名微莖. 生山谷, 正月二月採根, 曝乾三十日成, 惡藺茹. 陶隱居云 …… ○唐本註云 …… ○藥性論云 …… ○日華子云 …… ○圖經曰 ……. ○眞珠囊云, 氣厚味薄浮而升陽也. 其用有二, 太陽頭痛及頂腦痛一也, 頭面遍身皮膚風濕二也."
66 『鄕藥集成方』卷77, 石部上品 石鍾乳.

『향약집성방』의 향약본초각론에 수록된 고본(藁本) 기록이다. 조선의 산출 상황을 비롯한 다양한 정보를 정리하였다.

용을 별도로 덧붙임으로써 그 산출처를 부연하고 있다.[67] 산장(酸漿)에서도 중국 산출지는 제외하고 조선의 상황을 '본조(本朝)'라고 표기하여 덧붙이고 있다.

조선 실정에 적합하도록 향약본초각론에서는 중국 산출지 기록의 배제 외에 『증류본초』의 내용도 편집하였다. 길경(桔梗)을 예로 들자면 향약본초각론에서는 『증류본초』의 설명 가운데 중국 산출처는 제외하였으며, 『증류본초』의 "잎은 살구잎처럼 생겼으며 긴데, 모두 4잎이 마주보고 있다."를 "잎은 살구잎처럼 생겼으며 길고 타(橢)[발음은 쇠이며 '좁고 길다'는 뜻이다]한데, 잎이 마주보고 있다."라고 수정하였다.[68] 길경의 채취

---

67 『鄕藥集成方』卷83, 蟲魚部下品 白花蛇.
68 唐慎微, 『證類本草』卷10(四庫全書本). "桔梗 …… 圖經曰 …… 葉似杏葉而長, 皆四葉

시기도 『증류본초』의 '2월·8월 채근'을 향약본초각론에서는 '2월 채근'으로 바꾸었다.

그런데 이처럼 조선의 필요에 따라 편찬되었음에도 불구하고 향약본초각론에서는 전통 향약지식의 단절 경향이 두드러졌다. 대표적인 향재인 인삼(人蔘)을 살펴보면, 향약본초각론에서는 『증류본초』와 『진주낭』만을 인용하였으며 한국 인삼의 특성은 전혀 서술되지 않았다. 조선의 유명한 인삼 산출지조차 언급이 없다.

또한 삼국 이래의 고유 약재였던 노봉방(露蜂房)과 속수자(續隨子)의 효능을 향약본초각론에서는 전혀 수록하지 않았다. 세종대 최고의 의관으로 손꼽히던 노중례는 인삼에 대한 조선의 지식을 정리하지 못하였을 뿐더러 삼국의 고유 처방도 계승하지 못하였던 것이다. 조선 의학자들이 재래의 향약지식을 총화하기보다는 중국 의학에 주로 의존하여 조선 본초학을 수립하였다는 의미이다.

둘째, 향약본초각론에서 분량이나 인용 비중이 가장 큰 것은 『증류본초』이다. 향약본초각론에서는 체재, 즉 약재 나열 순서부터 『증류본초』를 근간으로 삼고 있다. 하나의 예만 거론하자면 『증류본초』의 초부상품지상(草部上品之上)에는 약재 87종이 수록되어 있다.

<u>황정(黃精)</u>, <u>창포(菖蒲)</u>, <u>국화(菊花)</u>, <u>인삼(人蔘)</u>, <u>천문동(天門冬)</u>, <u>감초(甘草)</u>, <u>건지황(乾地黃)</u>, <u>출(朮)</u>, <u>토사자(兎絲子)</u>, <u>우슬(牛膝)</u>, <u>충울자(茺蔚子)</u>, <u>여위(女萎)</u>, <u>방규(防葵)</u>, <u>시호(柴胡)</u>, <u>맥문동(麥門冬)</u>, <u>독활(獨活)</u>, <u>승마(升麻)</u>, <u>차전자(車前子)</u>, <u>목향(木香)</u>, <u>서여(薯蕷)</u>, <u>의이인(薏苡仁)</u>, <u>택사(澤瀉)</u>, <u>원지(遠志)</u>, <u>용담(龍膽)</u>, <u>세신(細辛)</u>, <u>석곡(石斛)</u>, <u>파극천(巴戟天)</u>, <u>백영(白英)</u>, <u>백호(白蒿)</u>, <u>적전(赤箭)</u>, <u>암려자(菴藺子)</u>, <u>석명자(菥蓂子)</u>, <u>시실(蓍實)</u>, <u>적지(赤芝)</u>, 흑지(黑

相對.";『鄕藥集成方』卷79, 草部下品之上. "桔梗 …… 圖經日 …… 葉似杏葉而長橢[敕果切, 狹長也], 四葉相對."

芝), 청지(靑芝), 백지(白芝), 황지(黃芝), 자지(紫芝), <u>권백(卷柏)</u>, 벽훼뢰(辟虺雷) …… 석제녕(石薺寧), <u>남등근(藍藤根)</u>, 칠선초(七仙草)…….[69]

인용문에서 밑줄을 그은 것은 『향약집성방』 향약본초각론 초부(草部)에 수록된 약재이다. 『증류본초』의 87종을 『향약집성방』에서는 29종으로 간추렸는데,[70] 약재 배치 순서까지 『증류본초』와 완전히 일치한다.[71]

나아가 『향약집성방』 향약본초각론의 약재 설명은 『증류본초』의 본문 및 세주의 인용의서를 순서 그대로 요약하였다. 앞서 인용한 고본의 경우에는 『증류본초』에 수록된 『도경』까지 재인용한 것이다. 심지어 '일명(一名)'이라고 하여 별칭을 정리한 부분이나 글자 발음까지 『증류본초』를 따랐다. 예를 들어 낭탕자(莨菪子)·노봉방(露蜂房)·백과자(白瓜子)·동규자(冬葵子)·상표초(桑螵蛸) 등은 『증류본초』의 약재 발음 표기까지 그대로 인용하였다.

『증류본초』를 거의 그대로 인용한 향약본초각론에서는 동일한 약재의 약성, 독성, 채취 시기 설명이 『향약집성방』 본문과 상충하는 경우가 빈번했다. 예컨대 그리마[蠼螋]에 대한 처방이 그러하다. 향약본초각론에 따르면 여러 방서에 수록된 그리마 치료법으로는 그리마 독을 다스릴 수 없고 편두엽(扁豆葉)을 붙여만 낫는다고 단언하였다.[72] 이것은 『증류본초』를 그대로 인용한 설명이었다.

---

69 唐愼微, 『證類本草』 卷6, 草部上品之上 總八十七種(四庫全書本).
70 『증류본초』의 건지황을 『향약집성방』에서는 건지황과 생지황으로 구분하였으므로 29종이 된다. 하지만 건지황과 생지황은 포제법의 차이만 있을 뿐 동일한 약재이다.
71 石部도 마찬가지이다. 『증류본초』 권3의 玉石部上品에는 73종이 실려 있다. 『향약집성방』 향약본초각른에는 이 중 16종이 실려 있는데, 약재 배치순서가 완전히 일치한다. 김두종 역시 향약본초각론이 『증류본초』를 依準하면서 "우리나라에서 산출되는 鄕藥에 있어서는 固有의 鄕名을 註記하였다."라는 점을 특징으로 지적한다(金斗鍾, 『韓國醫學史』, 探求堂, 1966, 219쪽).
72 『鄕藥集成方』 卷83, 蟲魚部中品 蠼螋. "諸方中, 大有主法, 其蟲無能. 唯扁豆葉傅, 卽差."

그런데 다양한 그리마 치료법이 『향약집성방』 본문에 등장한다. 『향약집성방』 구수뇨창(蠷螋尿瘡)과 소아구수요요복성창(小兒蠷螋繞腰腹成瘡)에서는 모두 『태평성혜방』을 인용하면서 각각 14개와 12개의 그리마 치료법을 제시하고 있다.[73] 『증류본초』를 맹목적으로 따르면서 향약본초각론을 편찬하느라, 정작 『향약집성방』 내에서는 본문과 향약본초각론의 서술을 일치시키지 못했던 것이다. 중국 의서를 추종하는 한 피할 수 없는 문제였다.

다음으로 향약본초각론에서는 치료 대상이 지나치게 많이 제시되고 있다. 『증류본초』를 보면 본문과 인용의서에서 약재의 효능이 산만한 경우까지 보인다. 동벽토(東壁土)는 창(瘡)·탈항(脫肛)(『증류본초』 본문), 소아(小兒)의 제풍(臍風)(『도은거』), 건선(乾癬)·습선(濕癬)(『당본주』), 예막(瞖膜)·완두창(豌豆瘡)·온학(溫瘧)(『약성론』), 설리(洩痢)·적백리(赤白痢)·교결통(絞結痛)·하혈(下血)(『진장기』) 등등에 효과가 있다고 설명하였다.[74] 주치(主治)라고 표현할 수 없을 정도이다. 『증류본초』는 하나의 약재로 이러저러한 질병을 모두 치료할 수 있다고 주장했는데, 이는 약효에 대한 확신이 없었던 탓이다. 『증류본초』에 크게 의존하는 조선으로서도 약효에 대한 이해는 번잡할 수밖에 없었다.

그리고 향약본초각론에서는 『증류본초』 약재를 모두 수록한 것이 아니었다. 앞의 『증류본초』 초부상품지상 87종 가운데 향약본초각론에서는 29종만 수록하면서 감초(甘草)를 빠뜨린 점이 특이하다. 향약본초각론에 감초가 들어 있지 않다는 것은 의도적으로 인용하지 않았다는 뜻이다. 앞 글에서 살폈듯이 감초는 성종대에야 토산화에 성공하기 때문이다. 뒤집어 말한다면 향약본초각론에서 인용하는 『증류본초』의 약재는 조선 산출

---

[73] 『鄕藥集成方』 卷50, 蟲獸傷門 蠷螋尿瘡; 卷74, 小兒門 小兒蠷螋繞腰腹成瘡.
[74] 『鄕藥集成方』 卷77, 石部下品 東壁土.

약재로 한정하였던 것이다.

아울러 향약본초각론에서는 『증류본초』의 약재 그림을 생략하였으며, 『증류본초』의 의서를 모두 인용한 것도 아니었다. 향약본초각론에서 자주 재인용되는 의서로는 『도은거(陶隱居)』・『약성론(藥性論)』・『진장기(陳藏器)』・『일화자(日華子)』・『도경(圖經)』・『연의(衍義)』 등이 있는 반면 『태평성혜방(太平聖惠方)』・『외대비요(外臺秘要)』・『천금방(千金方)』・『주후방(肘後方)』・『경험방(經驗方)』・『매사방(梅師方)』・『식의심경(食醫心鏡)』・『간요제중(簡要濟衆)』・『광리방(廣利方)』・『상한유서(傷寒類書)』 등은 거의 외면하였다.

무슨 기준으로 「향약집성방」에서는 이 의서들을 인용하거나 무시한 것일까? 인용의서를 유심히 살펴보면 그 의도가 짐작된다. 자주 인용하는 의서는 대부분이 본초서(本草書)이다. 『진장기』는 진장기가 쓴 『본초습유(本草拾遺)』를, 『일화자』는 『일화자제가본초(日華子諸家本草)』를, 『도경』은 『본초도경(本草圖經)』을, 『연의』는 『본초연의(本草衍義)』를 가리킨다. 즉 『향약집성방』 편찬자들은 『증류본초』에 수록된 본초서들을 주로 재인용하면서 당시까지의 중국 본초학 지식을 집대성하고자 했던 것이다.

셋째, 향약본초각론에서는 『증류본초』 외에 『진주낭』을 자주 인용하고 있다. 다른 의서에 일부만 전해지고 있는 이 책은 금(金)의 장원소(張元素)가 지었는데, 장원소의 자(字)가 결고(潔古)여서 『결고노인진주낭(潔古老人眞珠囊)』이라고도 부른다. 장원소는 진사(進士)에 합격했지만 의학을 공부하면서 황제(黃帝) 헌원씨(軒轅氏)와 기백(岐伯)의 심오한 경지를 천착하고 깊은 섭리를 깨우쳤다. 그는 신병(新病)을 고방(古方)으로는 치료할 수 없다고 주장하면서 일가를 이루었다. 약성(藥性)의 기미(氣味)・음양(陰陽)・농박(濃薄)・승강(升降)・부침(浮沈)・보사(補瀉)・육기(六氣)・십이경락(十二經絡) 및 증상별 약재 사용법을 연구하여 『진주낭』을 썼는데,

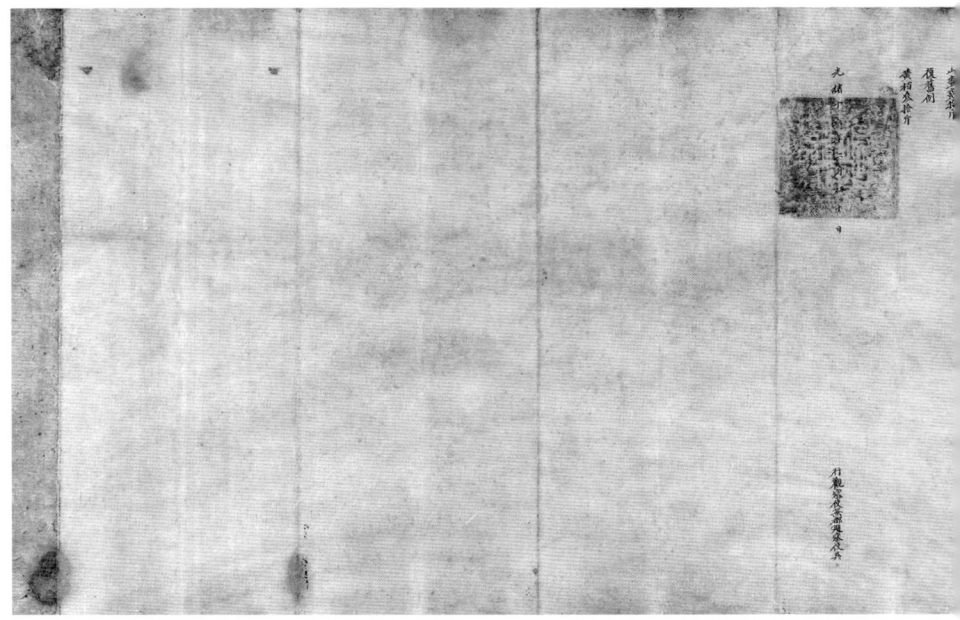

고종 27년(1890) 황해도에서 공납한 약재의 종류와 분량을 기록한「황해도약재진상수목(黃海道藥材進上數目)」이다. 이 물목(物目)은 지방의 약재 생산 현황을 담고 있으며, 지방에서 중앙으로 약재가 유통되는 과정을 가감없이 보여준다. 한독의약박물관 소장이다.

애석하게도 100종의 약재에 대한 논의에 그쳤다. 그는 의리(醫理)를 크게 떨쳐서『황제내경』이래 독보적인 위치를 차지했다고 평가받았다.[75]

『향약집성방』에서 인용하는『진주낭』의 특징은 숫자로 효능을 요약하는 것이다. 앞서 제시한 고본의 인용문에서 단적으로 드러난다. 향약본초 각론에서『진주낭』을 특별히 인용한 것은 약효에 대한 간결한 설명이 정곡을 찔렀다고 노중례 등이 판단했었기 때문이다.『진주낭』의 영향력은 약재에 대한 설명에서만 그치는 것이 아니었다.『진주낭』은『향약집성방』 권76 지남총론(指南總論)의 용약분양례(用藥分兩例)에서도 인용된 것으로 보아 조선 의학자들에게 유익하다고 평가받았음에 틀림없다.

---

[75] 李時珍,『本草綱目』卷1上, 序例上 歷代諸家本草(四庫全書本).

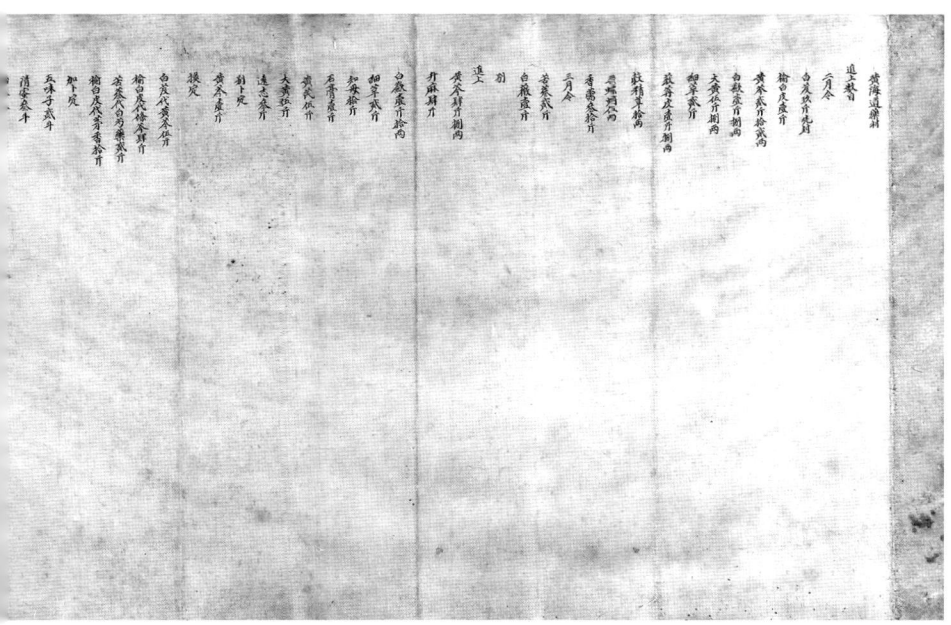

　장원소의 제자가 금원사대가(金元四大家)의 한 사람인 이고(李杲)라는 점도 주목된다. 금원사대가의 문제의식은 고방(古方)의 한계를 비판하는 데서 시작한다. 향약본초각론에서 장원소의 『진주낭』을 인용하는 것은 『증류본초』의 미흡한 부분을 금대(金代) 이후의 최신의학으로 보완하겠다는 조선 의학자들의 판단이 반영된 것이며, 조선초기 금원사대가의 영향을 어느 정도 보여준다.[76]

　향약 이해의 심화에 짝하여 실제 공납(貢納)에서도 향재의 적절한 채취와 수납이 끊임없이 강조되었다. 지방의 공약(貢藥) 상납 시에 독성이 있는 여여(䕡茹)·여로(藜蘆)를 별도로 감봉(監封)하게 한 것은 『향약집성방』에서 이 약저들의 독성이 수록된 데 따른 것이며, 세종은 향약 채취를

76　『鄕藥集成方』 본문에서도 금원사대가의 일부 영향을 확인할 수 있다(姜延錫, 「『鄕藥集成方』의 鄕藥醫學 연구」, 경희대학교 박사학위논문, 2006, 46쪽 참고).

제때에 처리하고 약재 작업자의 성명을 기입하도록 강조하였다.[77] 문종은 의학 교유(敎諭)가 직접 약재를 채취하고 채취 날짜와 지방관의 이름을 기입하도록 명하였고, 성종 역시 채취할 달에 심약(審藥)을 보내어 진가(眞假)를 살피고, 친히 말리는 법을 알려주도록 조치하였다.[78]

세종대 이후에 적절한 채취와 건정을 명령할 수 있게 된 것은 이미 향약 관리의 지침이 마련되어 조선 전체에서 통용되었기에 가능한 일이었다. 향약 이해의 심화 작업이 『향약채취월령』과 『향약집성방』 등의 편찬을 거치면서 성과를 거두었다는 의미이다.[79] 더 나아가 『향약집성방』 향약본초는 조선시대 향약의 표준으로 자리를 잡았다.

> 예조(禮曹)에서 아뢰기를, "…… 1. 『본초(本草)』에 기재된 향약은 이미 쓰고 있습니다. 그러나 농촌의 백성들이 단방(單方)으로 치료하여 효험을 얻은 자가 있으니, 여러 도(道)에 자문하여 비록 『본초』에 실려 있지 아니하더라도 병을 치료하여 효험을 본 약은 『향약집성방』 본초의 뒷부분에 추가하여 기입하게 하소서……"라고 하니, 그대로 따랐다.[80]

『향약집성방』 편찬 이후에도 약재는 계속 개발되고 있었으며, 『향약집성방』에 미처 수록되지 못한 민간의 단방 약재들이 있었다. 성종대에는 추가되는 이들 정보를 『향약집성방』 향약본초에 수록함으로써 『향약집성방』을 계속 보완하였다.

---

77 『世宗實錄』卷63, 세종 16년(1434) 1월 30일(무신); 卷119, 세종 30년(1448) 1월 8일(을미).

78 『文宗實錄』卷7, 문종 1년(1451) 4월 17일(을유); 『成宗實錄』卷3, 성종 1년(1470) 2월 23일(임신).

79 미키 사카에는 『향약집성방』 향약본초의 의미를 '조선 자체의 本草學이 수립'된 것이라고 설명한다(三木榮, 『朝鮮醫學史及疾病史』, 自家出版, 1963, 127쪽).

80 『成宗實錄』卷98, 성종 9년(1478) 11월 25일(임오). "禮曹啓 …… 一. 本草所載鄕藥, 旣已用之矣. 然田野之民有以單方治療得效者, 訪于諸道, 雖不載本草, 療病得效之藥添入鄕藥本草之後, …… 從之."

요컨대 조선초기의 향약 이해는 『향약채취월령』과 『향약집성방』의 편찬을 거치면서 심화되었다. 『향약집성방』 향약본초개론 212종, 향약본초각론 701종은 주로 『증류본초』·『뇌공포자론』·『진주낭』 등의 중국 의서를 활용하면서 조선의 향재를 정리한 성과였다. 『향약집성방』 향약본초에서 전통 향약지식은 그다지 계승되지 못하였던 것이다. 하지만 『향약집성방』 향약본초에서는 표제어를 향재로 한정하였다. 그 내용은 조선에서 필요로 하는 본초학 정보였기 때문이다. 결국 『향약집성방』에서는 조선초기의 향약 연구를 총괄하였을 뿐만 아니라, 세종대 이후 개발되는 약재도 추가함으로써 조선 본초학의 근간이 되었다. 『향약집성방』 향약본초개론과 향약본초각론은 조선의 실정에 맞춘 최신 약재사전이라 할 수 있다.

4. 향약 증산의 독려

1) 『세종실록』 지리지의 특징

약재 종류의 증가와 지역별 산지의 확대가 향약의 폭을 넓히려는 시도라면, 향약 약성에 대한 이해는 향약의 깊이를 더하려는 노력이었다. 이러한 두 방향의 움직임은 『세종실록』 지리지에서 합류하였다.

단종 2년(1454) 3월에 간행된 『세종실록』에는 지리지(地理志) 역시 포함되어 있다. 단종 2년에 편찬되었다고는 하지만, 『세종실록』 지리지는 세종 14년(1432) 무렵의 시점을 보여주는 자료이다.[81] 예컨대 '금상(今上)이 즉위한 원년(元年) 기해'는 세종 1년(1419)에 해당하며 '금상 12년 경

---

81 『세종실록』 지리지에 대해서는 다음 글이 참고된다(김동수, 「『世宗實錄』 地理志 産物項의 검토」, 『歷史學研究』 12, 1993; 徐仁源, 『朝鮮初期 地理志 研究』, 혜안, 2002; 이기봉, 「朝鮮時代 全國地理志의 生産物 項目에 대한 檢討」, 『문화역사지리』 15(3), 2003; 정두희, 『왕조의 얼굴』, 서강대학교출판부, 2010, 제4장).

술'은 세종 12년(1430)에 해당하므로,[82] 세종대의 원고를 토대로 편찬된 것이 분명하다.

『경상도지리지』(『신찬팔도지리지』)와 『세종실록』 지리지를 대조해보면 그 내용이 사뭇 다르다. 청송군의 산출 약재를 예로 들자면 『경상도지리지』에는 백복령·산약·인삼·사상자·생지황 등이 수록된 반면에, 『세종실록』 지리지에는 백복령·산약 두 종류만 실려 있다. 따라서 『경상도지리지』를 디딤돌 삼아 『세종실록』 지리지가 만들어진 것은 분명하지만,[83] 그 내용에서는 완전하게 일치하지 않으므로 다른 자료로 취급할 필요가 있는 것이다.

『세종실록』 지리지에서는 도별 연혁·약재(藥材) 등의 항목 구성이 나중의 『신증동국여승람』과 비슷해진다. 『세종실록』 지리지에 수록된 토공(土貢)·약재(藥材)·토산(土産) 항목을 분석하면 도별·군현별로 약재 현황을 살필 수 있다.

우선 『세종실록』 지리지에서는 수록 약재가 엄청나게 증가한다. 약재는 세 군데, 즉 도 전체의 재배약재, 도 전체의 종양약재(種養藥材), 도내 군현별 재배약재로 구분되어 있다. 경기도의 예를 들면 도 전체의 재배약재는 우담(牛膽) 등 126종이고, 도 전체의 종양약재는 백편두(白扁豆) 등 22종이며, 도내 군현별 재배약재로는 광주목(廣州牧)의 우여량(禹餘粮)을 비롯한 62종으로 모두 210종이 나온다. 『세종실록』 지리지의 약재를 도별로 정리하면 〈표 2〉와 같다.

〈표 2〉에서 약재들은 도 전체의 재배약재, 도 전체의 종양약재, 도내 군

---

[82] 『世宗實錄』 卷150, 地理誌 慶尙道 晉州牧 昆南郡; 『世宗實錄』 卷148, 地理誌 京畿道 富平都護府 江華都護府.

[83] 경주부의 호구를 보면 1424년 『경상도지리지』의 1,552호와 1545년 『세종실록』 지리지의 1,552호가 같다. 이성무에 따르면, 『세종실록』 지리지는 『신찬팔도지리지』 내용 중 원문은 그대로 두고 일부만 바뀐 부분을 실은 것이라고 한다(『全國地理志』 1, 亞細亞文化社 영인, 1983, 이성무의 해제).

〈표 2〉『세종실록』 지리지의 약재 통계표[84]

구분	경기도	충청도	경상도	전라도	황해도	강원도	평안도	함길도	총계
도 전체 재배약재	126	122	179	167	169	124	85	100	1,072
도 전체 종양약재	22	22	30	8	24	12	9	4	131
도내 군현별 재배약재	62	161	151	333	112	257	149	199	1,424
총계	210종 (149종)	305종 (153종)	360종 (212종)	508종 (190종)	305종 (197종)	393종 (143종)	243종 (108종)	303종 (110종)	2,627종 (384종)

현별 재배약재로 구분되지만 이들은 서로 겹치기도 한다. 예를 들어 경기도의 약재에서 당귀는 6번이 나온다. 경기도의 경우에 모든 약재를 합하면 210종으로 보이지만, 당귀처럼 중복되는 것을 제외하면 실제 약재 종류는 괄호 안에 기입된 149종이다. 『세종실록』 지리지 전체로 보면 384종의 약재가 2,627번 등장한다.

〈표 2〉를 『경상도지리지』와 비교해보면 약재의 증가폭이 확연하다. 『경상도지리지』에서는 경주부(慶州府)의 조협(皂莢)을 비롯하여 84종의 약재가 548번 나왔다. 하지만 『세종실록』 지리지의 경상도 항목에서는 우담(牛膽) 등 212종의 약재가 360번 등장한다. 『경상도지리지』 편찬이 세종 7년(1425)에 진행되었다는 점을 상기하면, 불과 7년 후에 작성된 『세종실록』 지리지에서 산출 약재의 종류는 84종에서 212종으로 3배가량 급증한 것이다. 『경상도지리지』가 완벽한 자료는 아니라는 점을 감안하더라도, 3배 가까운 급증이라면 약재 수의 폭발이라고 평가할 수밖에 없다.

---

84 〈표 2〉는 『세종실록』 지리지에서 '약재' 항목만 정리한 것이다. 도별 전체 약재와 각 군현의 약재명이 겹치는 경우가 있고, '土貢'과 '土産'에도 약재가 약간 들어 있기 때문에 『세종실록』 지리지의 약재별 횟수는 그 의미가 떨어진다. 하지만 대체적인 추세는 파악할 수 있다. 김두종은 『세종실록』 지리지의 도별 재배약재와 종양약재를 표로 작성하였지만 종양약재를 깊이 분석하지는 않았다(金斗鍾, 『韓國醫學史』, 探求堂, 1966, 208~214쪽).

그리고 〈표 2〉에서 경상도 도 전체의 재배약재인 179종은 경상도 군현들에서 공통적으로 생산되는 약재들을 종합한 것이다. 도 전체의 재배약재에 대한 작성지침에서는 "이상이 (도 전체의-인용자) 잡공과 약재이다. 앞으로는 희귀한 토산일 경우에만 각 읍의 항목에 기록한다. 모든 읍에서 산출되는 것은 여기에서만 그 대체를 수록하고 (각 읍에서는-인용자) 다시 기록하지 않는다."라고 하였다.[85] 예를 들어 경상도 전체 재배약재에 들어 있는 천문동이나 인삼 등은 경상도 대부분의 군현에서 산출되었을 것이다. 따라서 『경상도지리지』처럼 군현별 통계로 환산하면 약재의 등장 횟수는 360번을 상회하게 되는데, 『경상도지리지』의 548번보다는 월등히 많았음이 분명하다.

〈표 2〉에서 도별로 약재를 검토해보면 약재 생산이 기후와 풍토의 영향을 많이 받는다는 점이 쉽게 확인된다. 치자(梔子)와 진피(陳皮)는 전라도와 경상도에서만 재배되고 있어서 기후에 따른 지역별 생산을 보여준다. 『세종실록』 지리지에서는 현재의 빈용약재 가운데 감초는 없고, 당귀·생강·인삼·천궁·백출·백복령은 모두 등장한다.

그런데 약재 산출지에 대한 설명과 함께 『세종실록』 지리지에서는 지역별로 품질을 평가하는 점이 주목된다. 석창포(石菖蒲)는 경기도 원평도호부(原平都護府)가 가장 좋고, 사자족애(獅子足艾)는 경기도 남양도호부(南陽都護府)·부평도호부(富平都護府)가, 위령선(葳靈仙)은 황해도 서흥도호부(瑞興都護府)가, 산조인(酸棗仁)은 황해도 봉산군(鳳山郡)이, 백출(白朮)은 황해도 우봉현(牛峯縣)이, 백화사(白花蛇)는 강원도 삼척도호부(三陟都護府)가 가장 좋다고 평가되었다. 이 외에도 경상도 하양현(河陽縣)의 대추는 전국에서 최고였다.[86]

---

85 『世宗實錄』卷148, 地理誌 京畿道. "已上雜貢及藥材, 今將土産稀貴者, 錄于各邑之下. 其每邑所産, 但存其凡于此, 不復錄云."
86 『世宗實錄』卷150, 地理誌 慶尙道 河陽縣. "棗[爲諸州第一]."

이같은 평가는 의학자들이 공납된 전국의 약재를 지역별로 비교하지 않으면 나올 수 없다. 즉 조선정부에서는 약재의 품질을 군현별로 정확하게 파악하고 있었다. 향약에 대한 그동안의 연구가 『세종실록』 지리지에서 결실을 맺고 있었던 것이다.

2) 『세종실록』 지리지 종양약재의 분석

『세종실록』 지리지의 가장 중요한 특징은 도별·군현별 약재 파악과 품질 평가 외에 '종양약재(種養藥材)' 항목을 설정하였다는 점이다.[87] 『세종실록』 지리지에서는 종양약재에 대해 다음과 같이 설명하였다.

> 이상의 약재는 각 읍의 풍토에 적합한 것을 골라 의원들에게 재배[種養]하도록 한 것이다. 원래 (그 지역의―인용자) 산야에서 산출되는 것이 아니므로 각 읍의 항목에 모두 기록하지 않는다.[88]

이 인용문은 경기도를 비롯하여 평안도·함길도 등 여러 도의 기사에도 똑같이 들어 있다. 모든 도에 적용되는 일종의 작성지침이었다. 기존 연구에서 그다지 주목하지 않은 종양약재를 자세히 분석해볼 필요가 있다.

세종은 해당 지역에서 미처 산출되지는 않지만 풍토에는 적합한 약재를 종양약재로 지정하여 약재 재배를 장려하고 재배면적을 확대하였다. 『향약채취월령』과 『향약집성방』 편찬을 통해 약재별 약성과 재배방식에 관한 이해가 뒷받침되었기에 가능한 일이었다. 『경상도지리지』에서 전국 약재의 현황 파악에 그친 것과는 대비되는 움직임이었다.

---

[87] 도별 종양약재의 일람표는 다음 글이 참고된다. 孫弘烈, 「鮮初 鄕藥의 開發과 鄕藥書의 編纂」, 『重山鄭德基博士華甲紀念韓國史學論叢』, 景仁文化社, 1996, 259쪽).
[88] 『世宗實錄』 卷148, 地理誌 京畿道. "已上藥材, 隨各邑風土所宜, 使醫院種養, 元非山野所産, 故皆不錄于各邑之下."

『세종실록』지리지에서 도별·군현별 산출 약재를 종양약재와 대조해 보면 당시 향약의 생산 실태와 국가에서 관심을 갖던 약재를 밝힐 수 있다. 예를 들어 독활·반하·백렴·위령선·창포 등은 8도 전체의 생산약재로 기록되어 있고 종양약재로는 보이지 않는다. 이미 세종대에 생산이 충분했다는 뜻이다. 안식향도 전라도를 제외한 7도에서 생산되며, 별도로 종양약재로 표기되어 있지 않다. 또한 지각은 평안도·함길도를 제외한 황해도 이남에서 제주도까지 널리 재배되고 있었다. 지각은 기후 영향으로 황해도가 재배지역 상한이었던 것 같은데, 종양약재에는 등장하지 않는다. 이 약재들은 생산이 이미 충분하므로 재배를 독려할 필요가 없었던 것이다.

종양약재의 분포를 통해서는 재배지역의 확대 노력을 살필 수 있다. 약재 증산은 크게 세 경우로 나눌 수 있다. 먼저 북방에서 남방으로 확대하는 경우이다. 『세종실록』지리지 전체에서 악실(우방자, 우엉)은 8회 보이는데, 함길도 부녕도호부에서만 재배된다. 그리고 평안도를 제외한 7도 즉 함길도·황해도·강원도·경기도·충청도·경상도·전라도에서는 모두 종양약재로 지정되어 있다. 악실 생산을 남쪽으로 확대하면서 생산을 늘리기 위해 심혈을 기울였다는 뜻이다.

또한 대황은 함길도 영흥대도호부·의천군·길주목·회녕도호부 등 함길도 군현들의 토산으로 표기되어 있으며,

『세종실록』지리지의 함길도(咸吉道) '종양약재(種養藥材)' 부분이다. 조선에서 부족한 약재를 지역별 풍토에 맞춰 선정한 약재 목록으로, 각 지방에서는 의무적으로 재배해야 했다. 약재 증산을 위한 조선정부의 의욕이 약재목록으로 표출된 것이었다.

함길도의 도 전체 약재로 기입되어 있다.[89] 그리고 함길도를 제외한 나머지 7도 모두에서는 대황이 종양약재로 지정되어 있다. 수요 확대에 상응하여 대황 생산지역 역시 남쪽으로 확장하려고 하였던 것이다.

다음으로 남방에서 북방으로 확대하는 경우이다. 『세종실록』 지리지에서 박하는 6회 등장하는데 전라도 전체의 약재로만 1회 보일 뿐이며, 다른 지역에서는 전혀 산출기록이 없다. 나머지 5회는 각각 경상도·충청도·경기도·강원도·황해도의 종양약재로 되어 있다. 박하의 재배지역을 경상도와 북쪽으로 확대하기 위한 노력이 드러난다.

그리고 콩과의 까치콩인 편두는 원래 열대 식물이다. 『경상도지리지』에서는 백편두를 재배하는 것으로 설명하였다. 『세종실록』 지리지에 따르면 제주도·전라도·경기도에서 백편두가 일부 재배되는 상황이었는데, 황해도 이남의 7도에서 종양약재로 백편두와 흑편두가 지정되어 있다. 편두 재배를 확대하려는 조선정부의 의욕이 엿보인다. 또한 지황(건지황, 생지황, 숙지황)은 전라도 낙안에서만 생지황을 재배하는 상황인데, 평안도와 함길도를 제외한 6도에서 종양약재로 기재되어 있다. 기후 조건이 허용하는 한 남부와 중부 지방에서 적극적으로 지황을 생산하려 했다는 것을 알 수 있다.

마지막으로 도내에서 생산을 확대하는 경우이다. 풍토가 비슷한 인근 군현에서 생산을 독려하는 조치였다. 의이인은 경기도·충청도·경상도·황해도의 일부 군현에서 산출되지만 도별 약재에는 보이지 않는다. 그런데 경기도·충청도·경상도·황해도의 종양약재로도 지정되어 있어서, 의이인 재배를 이들 도내의 다른 군현들로 확산시키려는 시도를 확인할 수 있다. 의이인은 중국 복건·화북·요녕에서 산출되는데 우리나라에서는 중부 지방에서 재배하기 위해 세종대에 한참 노력 중이었던 것이다.

---

89 대황은 충청도 청찬현, 전라도 남원도호부에서도 일부 산출되었다.

형개도 경기도·충청도·경상도·황해도·강원도·평안도의 일부 지역에서 산출되는데 도별 약재로는 등장하지 않는다. 하지만 경기도·충청도·경상도·황해도·강원도·평안도 전체의 종양약재로는 표시되어 있어서 도내 여타 군현에서 형개 재배의 확대 노력을 보여준다. 또한 회향은 경기도·충청도·경상도·황해도의 일부 지역에서 산출되며 도별 약재에는 없다. 그런데 똑같이 경기도·충청도·경상도·황해도 전체의 종양약재로 기재되어 있다.

세종대 무렵 약재 증산의 대표적인 사례로는 생강(生薑)을 꼽을 수 있다. 원래 고려에서 생강은 공납물품이었으며, 진도[海珍郡]의 강소(薑所)에서 특별히 생산되고 있었다.[90] 건강(乾薑)과 생강은 『향약구급방』과 『향약제생집성방』에서 자주 처방에 등장하지만, 『향약구급방』 방중향약목까지도 아직 생강이 표제어로 등장하지는 않았다.

그런데 세종대의 『향약집성방』 향약본초개론과 향약본초각론에 생강·건강이 동시에 나오는 것은 생강에 대한 관심이 증대했음을 시사한다. 『향약집성방』을 조금만 읽어봐도 생강이 얼마나 다양한 질병에 자주 쓰이는 약재인지 금방 알 수 있다. 심지어 조선초기에는 생강이 뇌물로 사용되기도 하였다.[91]

생강은 생산지역이 점차 넓어지고 있었지만 기후의 영향을 많이 받고 있었다. 『세종실록』 지리지에서 생강은 14개 지역, 즉 전라도 전주부·나주목·남원도호부·순창군·임실현·장수현·곡성현·광양현·담양도호부·무진군·보성군·낙안군·능성현·화순현에 보인다.[92] 그 위치를 표시하면

---

90 『新增東國輿地勝覽』 卷7, 驪州牧 古跡 登神莊. "高麗時又有稱所者, 有金所·銀所·銅所·鐵所·絲所·紬所·紙所·瓦所·炭所·塩所·墨所·藿所·瓷器所·魚梁所·薑所之別而各供其物."; 『世宗實錄』 卷151, 地理志 全羅道 羅州牧 海珍郡. "所四, 生薑·仇向·茶鹽·田浦保."

91 『太宗實錄』 卷32, 태종 16년(1416) 11월 9일(병신).

92 대부분은 '藥材' 항목에 들어있고, 全州府·羅州牧은 '藥材' 대신 '土貢' 항목에 들어 있다.

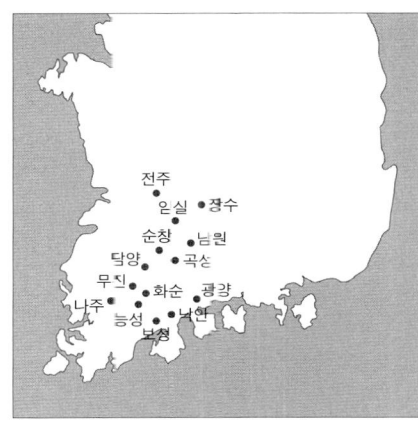
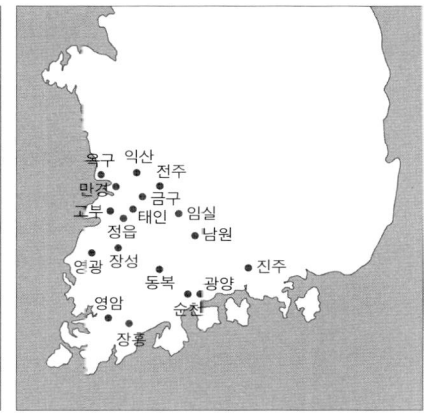

〈지도 1〉『세종실록』지리지의 생강 산출 지역   〈지도 2〉『동국여지승람』의 생강 산출 지역

〈지도 1〉과 같다.

이 가운데 전라도 전주부(全州府)에서는 생강 재배를 업으로 삼았다.[93] 후대에 이익(李瀷)은 전국에서 사용하는 생강이 모두 전주에서 나온다고 하였고, 정약용(丁若鏞)은 전주의 생강밭[生薑田] 수입이 가장 비옥한 농지보다 10배가 높다고 적었다.[94] 어쨌거나 세종대까지는 전라도에서만 생강이 생산되는 실정이었던 것이다. 『세종실록』 지리지보다 먼저 편찬된 『경상도지리지』에서는 생강이 등장하지 않는다.

생강은 남부 지방에서만 특산되었기 때문에 북부 지방에서는 생강을 교역하는 수밖에 없었다. 유몽인(柳夢寅)이 쓴 『어우야담(於于野譚)』의 '올공금팔자(兀孔金八字)'에는 전주의 생강이 비싸게 교역되는 장면이 펼쳐진다.

예전에 전주의 한 장사치가 배에 가득 생강(生薑)을 싣고 평양의 대동강[浿江]에 정박하였다. 생강은 남쪽 지방에서 나는 귀한 물건으로 관서 지방에서는 생

---

[93] 『世宗實錄』卷151, 地理誌 全羅道 全州府. "薑[邑人業之]."
[94] 『星湖僿說』卷3, 人事門 生財;『經世遺表』卷8, 地官修制 田制 11, 井田議3.

산되지 않아 값이 매우 비쌌다. 한 배 가득 실린 값비싼 재화(생강-인용자)는 베 천 필, 곡식 천 석에 해당하였다.[95]

그런데 『세종실록』 지리지에서는 생강이 경상도와 전라도의 종양약재로도 등장한다. 세종대에 남쪽 지방에서 생강 증산에 힘썼다는 의미이다. 생강 재배는 세조와 성종대를 거치면서 적극 장려되었다. 사포서(司圃署)에서 생강을 생산하기도 하고, 남해(南海)·동래(東萊)에서 양강(良薑) 재배를 독려하기도 하였다.[96]

그 결과 성종대의 『동국여지승람』에 따르면 생강은 18개 지역, 즉 경상도 진주목, 전라도 전주부·익산군·고부군·만경현·금구현·정읍현·옥구현·태인현·영암군·영광군·장성현·장흥도호부·남원도호부·임실현·순천도호부·광양현·동복현에서 산출되었다. 성종대의 생강 산출 지역을 표시하면 〈지도 2〉와 같다.

〈지도 1〉과 〈지도 2〉에서 보이듯이 생강 산출은 세종대의 14개 지역에서 성종대에는 18개 지역으로 확대되었다. 재배지역 역시 동·서·남·북으로 확장되었다. 그런데 『신증동국여지승람』을 유심히 살펴보면, 중종대의 상황을 알려주는 '신증(新增)' 부분에 생강 산출 기록이 전혀 없다. 성종대에서 중종대까지 생강 재배지역은 확대되었으리라 보는 게 자연스러운데도 추가로 기록하지 않은 것이다. 이것은 기록할 필요를 느끼지 못했다는 것을 암시한다.

다시 말하면 중종대에 이르러 생강은 조선의 수요를 감당할 정도의 생

---

95 유몽인 지음, 신익철·이형대·조융희·노영미 옮김, 『어우야담 원문』, 돌베개, 2006, 234쪽. "昔有全州商賈, 滿船載生薑, 泊于平壤之浿江. 生薑南中貴物, 非關西所産, 其價甚高. 一船翔貴之貨, 可居千段布千石穀."
96 『世祖實錄』 卷46, 세조 14년(1468) 6월 21일(기유);『成宗實錄』 卷15, 성종 3년(1472) 2월 18일(을유). 良薑 즉 高良薑은 원래 중국의 남방 등에서 산출되는 약재이다. 양강이 생강과에 속하기는 하지만, 엄밀하게는 '生薑'과 구분된다.

산 수준에 도달했으며 그만큼 흔한 약재가 되었다. 명종 1년(1546)에 경상도 성주에서 유배생활을 하던 이문건(李文楗)이 직접 생강을 재배하는 기록도 남아 있다.[37] 생강처럼 조선전기의 향재는 점진적으로 개발되어 가고 있었다.

5. 맺음말

조선의 본초학은 세종대를 기점으로 새로운 단계에 진입하였다. 이 글에서는 세종대 향약의 개발 과정을 양(量)과 질(質)의 두 방향으로 나누어 정리하였다. 양의 측면에서는, 지리지 편찬으로 전국의 향재 실태를 파악하면서 약재 생산지역을 확장하는 동시에 외래약재의 토산화를 진행하였다. 질의 측면에서는, 향재의 약성에 관한 이해가 심화되면서 채취법·포제법·사용법 연구성과를 『향약채취월령』과 『향약집성방』 향약본초 등에 담았다. 두 방향의 노력은 『세종실록』 지리지에서 종합되었다. 이제 본문의 논의를 요약하면 다음과 같다.

향약에 대한 관심이 지대하였던 세종대에는 산호·석종유·마황 등이 하나씩 발견되거나 의도적으로 개발되었다. 또한 『경상도지리지』를 비롯한 『신찬팔도지리지』가 편찬되면서 전국의 향재에 대한 전수조사가 병행되었다. 최초의 전국적인 약재 조사였다. 감초처럼 외래 약재의 재배도 시도되었다. 자연적인 증가에 증산 노력이 어울리면서 향약은 양적인 측면에서 개발되었던 것이다.

한편 향약에 대한 이해를 심화하기 위해 『향약채취월령』과 『향약집성방』 향약본초가 차례로 편찬되었다. 『향약채취월령』은 주요 향재 154종

---

97 『默齋日記』, 명종 1년(1546) 4월 8일. "種生薑."

의 목록화와 향재 관리의 표준화를 지향하고 있었다.『증류본초』를 토대로 편찬되었지만『향약채취월령』에서는 제목에 새겨진 것처럼 조선에서 채취 시기가 분명한 약재들을 해당 월령에 배치하였다.

『향약채취월령』은『향약집성방』편찬 작업의 일부였는데,『향약집성방』에서는 세종대까지의 약재 연구를 총괄하였다.『향약집성방』향약본초개론의 212종과 향약본초각론의 701종은 조선의 향재를 체계적으로 정리한 성과였다. 세종대 이후에는 새로운 약재에 대한 정보를『향약집성방』에 추가하도록 규정하였다. 이를 통해 향재의 채취와 건정 설명을 지속적으로 보완하면서『향약집성방』은 조선시대 향약의 표준으로 자리를 잡았다.

하지만『향약집성방』향약본초개론과 향약본초각론은 조선의 향약지식만을 집적한 것이 아니었다.『향약집성방』향약본초개론에서 약재의 배치순서는『증류본초』를 따르고, 그 내용은『뇌공포자론』을 인용하였던 것이다. 마찬가지로『향약집성방』향약본초각론도 조선의 산출처를 제시하는 것 외에『증류본초』와『진주낭』을 상당히 인용하였다. 향약본초각론에서는 중국 의서를 그대로 인용하느라 채취 시기, 독성 유무 등의 설명이 번잡하고, 동벽토(東壁土)처럼 치증이 산만하기도 하였다. 나아가『향약집성방』의 향약 설명을 살펴보면 향약지식의 전통이 단절되는 경향이 강했다. 중국 본초학 지식을 적극 채용한 결과였다. 즉『향약집성방』편찬을 통해 조선 본초학이 확립되는 것도 사실이었지만, 본초학 지식에서는 중국 의학에의 의존성도 병존하였다.

세종대의 향약 개발 노력은『세종실록』지리지에서 절정에 달했다. 약재 384종이 수록될 정도로 약재 종류가 급증했을 뿐만 아니라 군현별로 약재 품질까지 파악하였다. 또한『세종실록』지리지에서는 '종양약재' 항목을 설정함으로써 적극적인 증산정책을 펼쳤다. 악실처럼 북방에서 산출되는 약재를 남방으로 확대하려는 경우도 있었고, 박하처럼 남방에서 생산되는 약재를 북방에서도 재배하려는 경우가 있었으며, 의이인처럼 풍토가 비슷한 도(道) 내의 다른 군현에서 키우려는 경우도 있었다. 생강은 재배지역의 자연스러운 확산과 조선정부의 의도적인 증산 노력이 결부되면서 생산이 늘어나는 전형적인 사례였다. 이러한 적극적인 약재 증산정책이 조선전기 의료의 확대를 뒷받침하였다.

위령선을 통해 본
동아시아 본초학의 한 사례

> 위령선(威靈仙)은 맛이 쓰고 성질이 따뜻하니,
> 허리·무릎의 냉증(冷症)을 치료하고
> 적담(積痰)·현벽(痃癖)·풍습(風濕)도 아울러 다스린다.
> ―「약성가(藥性歌)」

1. 머리말

위령선(威靈仙)은 흔히 으아리라고 부르지만, 고대에도 으아리라고 불렸는지는 알 수 없다. 고려시대 의서인『향약구급방(鄕藥救急方)』에서는 위령선의 향명(鄕名)을 '구미초(狗尾草)'라고 하였다. 그런데 구미초(狗尾草)란 표현은『향약구급방』에서만 보일 뿐이며, 다른 의서에서는 위령선을 거의채(車衣菜) 혹은 술위나물뿌리라고 표기하고 있다. 고려시대에는 위령선에 상응하는 토산약재가 무엇이었는지 명확하지 않았던 것이다.

『향약구급방』에는 신라 승려가 중국에 가서 오랫동안 족병(足病)을 앓던 중국인을 치료하였는데, 복용 수일 만에 완치시킨 약재가 바로 위령선이었다는 기록도 실려 있다. 본문에서 살피듯이 원래 신라에서 족병 치료에 사용하던 위령선 치료법이 중국으로 전해진 것이지만, 고려 사람들은 그 약재의 향명이 구미초(狗尾草)인지 거의채(車衣菜)인지조차 모르고 있었던 것이다.

한국 의료사에서 위령선은 신라 본초학의 중국 전파 사례로서 거론되어 왔다. 하지만 기존 연구에서는 신라 승려의 기록이라고 소개하거나 독자적인 신라의 처방이라고 언급하는 데 그쳤다.[1] 다시 말하면 위령선과 관련한 동아시아 삼국의 각종 기록들을 긴 시간의 흐름 속에서 추적하지 못하였다. 위령선에 대한 지식은 한국과 중국을 넘나들고 있었으며, 나중에는 일본 본초학에도 영향을 미쳤다. 각국의 위령선 기록을 조심스레 시간순으로 재배치하고 그 산출지(産出地)·약성(藥性)·주치(主治)·포제법(炮製法) 등을 분석한다면 고려와 조선에서 위령선을 어떻게 인식하고 활용하였는지를 이해할 수 있다.

본문에서는 우선 중국에서 신라의 위령선 처방을 수용하여 본초학으로 발전시키는 과정을 정리하려고 한다. 이를 배경으로 고려에서 위령선 지식을 수입하는 양상을 살펴봄으로써 고려시대 향약의 한 단면을 드러낸다. 조선전기에서는 위령선의 향명이 확정되고 위령선 처방이 확산되는 과정을 통해 조선 본초학의 전개방식을 살피고자 한다. 아울러 조선 후기에 일본에서 위령선에 관한 본초학 지식이 축적되는 과정도 함께 추적할 것이다. 위령선이라는 사례 하나로 고려와 조선전기 본초학의 전개를 일반화할 수는 없다. 하지만 이러한 사례 연구가 한국 중세의료 나아가 전근대 동아시아의료에서 본초학 지식의 형성과 발전을 이해하는 작은 단서는 될 수 있다.

---

[1] 三木榮, 『朝鮮醫學史及疾病史』, 自家出版, 1963, 40쪽; 金斗鍾, 『韓國醫學史』, 探求堂, 1966, 81~82쪽; 孫弘烈, 「三國時代의 佛敎醫學」, 『韓國佛敎文化思想史』上卷, 伽山李智冠스님華甲紀念論叢刊行委員會, 1992, 133쪽; 李賢淑, 『新羅醫學史硏究』, 이화여자대학교 박사학위논문 2002, 30~33쪽. 특히 馬伯英은 위령선 치료법이 한국의 경험방이라고 단정하였다(馬伯英·高晞·洪中立 지음, 鄭遇悅 옮김, 『中外醫學文化交流史』, 電波科學社, 1997, 48~49쪽).

2. 위령선 치료의 기원과 지식의 축적 과정

1) 신라 승려 기록의 복원

신라 승려가 위령선으로 족병을 치료할 때까지 중국에서는 위령선을 약재로 활용하지 못하였다. 돈황문서(敦煌文書) 가운데에는 『본초경집주(本草經集注)』 권1이 잔본 형태로 남아 있다. 원래 『본초경집주』는 500년 전후에 도홍경이 약재 730종을 정리한 7권짜리 본초서였다. 『신농본초경(神農本草經)』 365종에 명의부품(名醫副品) 365종을 더한 숫자이다. 남북조시대에 필사한 것으로 추측되는 돈황문서본 『본초경집주』에는 증상별로 약재들이 나열되어 있다. 중풍으로 인해 다리가 허약해지는 중풍각약(中風脚弱)에는 석곡(石斛)·종유(鐘乳)·은얼(殷蘖) 등 13종이 제시되어 있지만 위령선은 보이지 않는다. 석부(石部)·초부(草部) 등으로 구분한 약재 목록에도 위령선은 등장하지 않는다.[2]

신라 승려가 치료한 기록이 고려의 『향약구급방』에 실려 있다는 것은 앞서 언급한 바와 같다. 하지만 『향약구급방』의 이 기사는 송의 대표적인 의서인 『증류본초』를 간추려 인용한 것에 불과하다. 한국 측 자료에는 그 자취가 남아 있지 않으므로 중국 측 자료에서 위령선 치료 기록들을 수집할 필요가 있다. 신라 승려의 기록은 A) 『중수정화경사증류비용본초(重修政和經史證類備用本草)』에 수록된 『해상집험방』, B) 『중수정화경사증류비용본초』에 수록된 『도경본초』,[3] C) 『부광주후방(附廣肘後方)』에 수록된

---

2 「本草經注甲本殘卷(龍530)」(馬繼興·王淑民·陶廣正·樊正倫 輯校, 『敦煌醫藥文獻輯校』, 江蘇古籍出版社, 1998, 566쪽; 583~592쪽).

3 唐慎微, 『證類本草』 卷11, 草部下品之下 威靈仙(四庫全書本). 이 四庫全書本 『證類本草』는 宋 寇宗奭의 『本草衍義』를 추가한 『重修政和經史證類備用本草』(1249년)이다. 이 때문에 본문에 '衍義'라고 하여 구종석의 견해를 수록하고 있다. 元의 『御藥院方』에도 신라 승려의 기록은 실려 있으나, 『증류본초』 기사를 압축한 것에 불과하다(許國禎, 『癸巳新刊御藥院方』 卷1, 風藥門 威靈仙(『續修四庫全書』 1001권, 子部 醫家類, 上海古籍出版社, 1995, 29~30쪽)).

왼쪽부터 『중수정화경사증류비용본초』에 수록된 『해상집험방』(A), 『중수정화경사증류비용본초』에 수록된 『도경본초』(B), 『부광주후방』에 수록된 『해상집험방』(C), 『본초강목』에 수록된 『도경본초』(D) 기록이다. 이 기록들의 비교를 통해 신라 승려의 이야기를 되살릴 수 있다.

『해상집험방』,[4] D 『본초강목(本草綱目)』에 수록된 『도경본초』 등에 실려 있다.[5] 아쉽게도 『해상집험방』이나 『도경본초』는 현전하지 않는다.

---

4 葛洪, 『肘後備急方』 卷8, 治百病備急丸散膏諸要方 第69 崔氏海上方(四庫全書本). 이 四庫全書本 『肘後備急方』은 金 楊用道가 증보한 『附廣肘後方』이다. 원래 『주후비급방』을 편찬한 갈홍은 3~4세기 인물이고, 『주후비급방』을 증보하여 『肘後百一方』을 완성한 도홍경은 5~6세기 인물인 데 반해, 『해상집험방』은 唐代인 8~9세기에 등장하기 때문이다. 12세기 전반에 양용도는 『주후비급방』에 『증류본초』의 내용을 추가하여 『부광주후방』을 은성하였다.

5 李時珍, 『本草綱目』 卷18下, 威靈仙(四庫全書本).

수록 내용은 자료별로 약간씩 상세하거나 생략되어 있다. 이 자료들의 관계를 설명하자면, 먼저 신라 승려의 치료를 기록한 「위령선전」이 『해상집험방』에서 인용되었다. 이 『해상집험방』 기록은 『도경본초』에 재인용되기도 하고 『중수정화경사증류비용본초』(A, B), 『부광주후방』(C), 『본초강목』(D)에 다시 인용되기도 하였다. 여러 차례 재인용되는 과정에서 원래 기록을 압축하기도 하고, 인용자가 위령선의 산출지, 약성 등에 대한 새로운 의견을 덧붙이기도 하였으므로 이 기록은 세심하게 복원할 필요가 있다.

　A, B, C, D의 자료 중 A와 C는 대체로 유사하다. 다만 A는 『도경본초』 내에서 『해상집험방』의 시작 부분을 표시하고 있다. B는 「위령선전」의 시작과 끝 부분을 알려주며, 신라 승려 기록이 가장 자세한 D는 『해상집험방』의 끝 부분을 알려준다. 그리고 각각의 자료는 동일한 문장들이 일부 겹쳐 있으므로 자료간의 연결 상태를 가늠할 수 있다. A, B, C, D를 토대로 『도경본초』의 문장을 복원할 수 있는데[6] 이 가운데 『해상집험방』 부분

6　『圖經本草』의 위령선 기록은 다음 자료를 토대로 작성한 것이다. 唐慎微, 『證類本草』 卷11, 草部下品之下 威靈仙(四庫全書本); 葛洪, 『肘後備急方』 卷8, 治百病備急丸散膏諸要方 第69 崔氏海上方(四庫全書本); 李時珍, 『本草綱目』 卷18下, 威靈仙(四庫全書本). "威靈仙. 出商州上洛山及華山幷平澤, 今陝西州軍等及河東河北京東江湖州郡, 或有之. 初生比衆草最先, 莖便如釵股, 四稜, 葉似柳葉, 作層, 每層六七葉如車輪, 有六層至七層者. 七月內生花, 淺紫或碧白色. 作穗似莆臺子, 亦有似菊花頭者. 實青. 根稠密多鬚似穀, 每年似朽敗, 九月採根, 陰乾. 仍以丙丁戊己日採, 以不聞水聲者佳. (海上集驗方) 唐貞元中, 嵩陽子周君巢作威靈仙傳云, 威靈仙去衆風, 通十二經脈. 朝服暮效. 疎宣五藏冷膿宿水變病, 微利不瀉人. 服此, 四肢輕健, 手足微煖, 並得淸涼. 先時, 商州有人病手足不遂, 不履地者. 數十年良醫殫技莫能療, 所親置之道旁, 以求救者. 遇一新羅僧, 見之, 告曰, 此疾一藥可活, 但不知此土有否. 遂入山求之, 果得, 乃威靈仙也. 使服之, 數日能步履. 後留此藥名而去. 其後山人鄧思齊知之, 遂傳其事. 此藥治丈夫婦人中風不語, 手足不隨, 口眼喎邪, 筋骨節風, 胎風頭風, 暗風心風, 風狂人, 傷寒頭痛, 鼻淸涕, 服經二度, 傷寒即止, 頭旋目眩, 白癜風, 極治大風, 皮膚風痒, 大毒又熱毒風瘡, 深治勞疾, 連腰骨節風, 遶腕風, 言語澁滯, 痰積, 宣通五藏, 腹內宿滯, 心頭痰水, 膀胱宿膿, 口中涎水, 好喫茶滓, 手足頑痺, 冷熱氣壅, 腰膝疼痛, 久立不得, 浮氣痒氣, 憎寒壯熱, 頭痛尤甚, 攻耳成膿而聾. 又衝眼赤, 大小腸秘, 服此立通. 飲食即佳, 黃疽黑疸, 面無顔色, 瘰癧遍項, 產後秘澁槃腰痛, 曾經損墜, 心痛, 注氣膈氣冷氣攻衝, 腎藏風壅, 腹肚脹滿, 頭面浮腫, 注毒脾肺氣痰熱, 欬嗽氣急, 坐臥

은 다음과 같다.

당(唐) 정원(貞元) 연간(785~805년)에 숭양자(嵩陽子) 주군소(周君巢)가 「위령선전(威靈仙傳)」을 지었는데, "위령선은 여러 풍증을 물리치고 12경맥을 통하게 한다. 아침에 복용하면 저녁에는 효과를 본다. 오장의 냉농(冷膿), 숙수(宿水), 변병(變疢)을 소통시키고 (복용하면-인용자) 약간 설사를 시키되 심하지는 않다. 이것을 복용하면 사지가 가볍고 튼튼해지면서 수족이 조금 따뜻해지고 청량한 느낌을 갖게 된다. 예전에 상주(商州)의 어떤 사람이 수족(手足)이 여의치 못해서 땅을 디딜 수 없었다. 수십 년 동안 훌륭한 의원들이 온갖 의술로도 치료하지 못하자 가족들이 그를 길가에 내보내 치료법을 구하였다. 우연히 어느 신라 승려가 그를 보자 '이 질병은 약재 하나면 고칠 수 있는데, 다만 이 땅에서도 나는지는 잘 모르겠다'라고 하였다. 그리고 산으로 들어가서 찾다가 결국 구했였는데 바로 위령선이었다. 환자에게 복용시키자 며칠 만에 걷게 되었다. 그는 이 약재 이름을 남기고 떠났다. 그 후 산인(山人) 등사제(鄧思齊)가 알고 그 일을 전하였다."라고 하였다.
이 약재(위령선-인용자)는 중풍(中風)으로 인해 말 못하는 장부(丈夫) 부인(婦人)의 증상, 수족(手足)이 여의치 못한 증상, 구안와사(口眼喎邪), 근골(筋骨) 절풍(節風)…… 을 치료한다. …… 매번 20환 내지 30환을 따뜻한 술과 함께 복용한다.

인용문의 내용으로 보아 환자는 뇌졸중에 이은 사지불수(운동장애)라기보다는 만성 류머티즘에 시달린 것 같다. 신라 승려가 곧바로 치료법을

不安, 疥癬等瘡, 婦人月水不來, 動經多日, 血氣衝心, 陰汗盜汗, 鴉臭穢甚, 氣息不堪, 勤服威靈仙, 更用熱湯, 盡日頻洗, 朝以苦唾調藥, 塗身上內外, 每日一次, 塗之, 當得平愈. 孩子無辜, 令母含藥灌之. 痔疾秘澁, 氣痢絞結, 並皆治之. 其法采得根, 陰乾月餘, 搗末, 溫酒調一錢七, 空腹服之. 如人本性殺藥, 可加及六錢, 利過兩行則減之, 病除乃停服. 其性甚善, 不獨諸藥, 但惡茶及麵湯, 以甘草卮子代飮, 可也. 又以一味, 洗焙爲末, 以好酒和, 令微濕入在竹筒內, 緊塞. 九蒸九曝, 如乾, 添酒洒之, 以白蜜和丸梧子大, 每服二十至三十丸, 溫酒下." 이 문장에서 『海上集驗方』의 내용은 '唐貞元中, 嵩陽子周君巢作威靈仙傳云 ~ 每服二十至三十丸, 溫酒下'이며, 그 안에 수록된 「威靈仙傳」의 내용은 '威靈仙去衆風, 通十二經脈 ~ 其後山人鄧思齊知之, 遂傳其事'이다.

떠올린 것으로 미루어 위령선 처방은 신라에서 널리 활용되던 경험방이었다. 그런데 신라 승려의 치료 시점이 명확하지 않다. 단서는 두 가지이다. 상주(商州)라는 지명과 중국으로 건너온 승려라는 점이다.

장안(長安, 西安)에서 동남쪽으로 220리(里) 지점에 자리잡은 상주는 중국 고대의 구주(九州) 가운데 양주(梁州)에 해당한다. 북주(北周, 557~581년)에서 상주라고 개칭하였고, 수(隋, 581~618년) 초기에 폐주(廢州)되었다가 당 고조 무덕(武德) 1년(618)에 상주로 다시 고쳤으며, 정관(貞觀) 15년(641)에 없어졌다가 건원(乾元) 1년(758)에 다시 상주가 되었다.7 따라서 상주라는 지명의 연혁으로 미루어 치료는 북주(北周)가 존속한 557~581년 이후에 이루어졌을 것이다.

신라의 승려가 중국에 왔다는 점을 고려해도 그 시기는 6세기 후반 이후가 된다. 신라에서는 눌지마립간대(417~458년 재위)에 불교가 전래된 이후 법흥왕 14년(527)에 이차돈의 순교로 불교가 공인되었으므로 신라 승려의 중국 왕래는 불교 공인으로부터 시간 간격이 있을 수밖에 없다.

신라 승려는 늦어도 7세기 전반 이전에 중국을 여행하였다. 위령선으로 허리와 다리 통증을 치료하라는 처방이 수록된 『천금방(千金方)』이 652년(신라 진덕여왕 6년, 당 고종 3년)경에 완성되기 때문이다.

『천금방(千金方)』. 허리와 다리의 통증 치료법. 위령선을 가루 내어, 공복에 따뜻한 술과 함께 1돈을 복용한다. 매일 조금 설사하는 것으로 차도를 삼는다.8

위령선 치료술이 『천금방』에 수록되는 데 걸리는 시간을 고려하면, 신

---

7 顧祖禹, 『讀史方輿紀要』卷54, 陝西3 商州(新興書局, 1956, 2372~2373쪽); 『舊唐書』卷39, 志19 地理2 山南道 山南西道 商州.

8 唐慎微, 『證類本草』卷11, 草部下品之下 威靈仙 千金方(四庫全書本). "千金方[治腰脚痛. 威靈仙爲末, 空心溫酒調下錢匕. 逐日以微利爲度]." 흥미롭게도 四庫全書本 『備急千金要方』에는 이 처방이 보이지 않는다.

라 승려는 수와 당이 교체하던 600년 전후에 북주, 수, 당의 수도였던 장안(長安)으로 여행하다가 상주 사람의 족병을 치료하였다.

당시 정황을 감안하면서 치료 시기를 조금 더 가늠하자면 당나라 초기에 상주라는 지명이 사용되었던 618년(무덕 1년)부터 641년(정관 15년) 사이일 것이다.[9] 이 무렵 신라에서는 견당사(遣唐使)를 통해 당과의 접촉 빈도가 급격히 높아졌다. 신라의 견당사는 621년(진평왕 43년)에 처음 파견된 이래 641년까지 13차례나 기록에 등장하는데, 특히 638년(선덕여왕 7년)에는 승려 자장(慈藏) 등도 사신단에 동행하였다.[10]

인용문에는 신라 승려가 치료하기 전에 중국의 의원들이 시도했던 치료법은 구체적으로 나와 있지 않다. 하지만 당의 의서들에는 다리 통증과 관련된 치료법이 보인다.[11] 요통(腰痛)으로 서 있을 수 없는 증상에는 감수(甘遂)·계심(桂心)·두충(杜沖)[杜仲]·인삼(人蔘)을 처방하기도 하고, 허리·다리의 냉증으로 걸을 수 없는 증상에는 순주(醇酒)를 덥혀 다리 아래를 찜질하거나 따뜻한 소변으로 팔 다리를 적셨다.[12] 그리고 중풍으로 인한 반신불수나 허리·다리의 심한 통증에는 십물독활탕(十物獨活湯)·죽력탕(竹瀝湯) 등이 처방되었다.[13] 약재로는 오훼(烏喙)가 '심각한 허리 통증으로 걸을 수 없는 증상'에, 부자(附子)가 '꼼짝 못할 무릎 통증으로 움직일 수 없는 증상'에 사용되었다.[14] 당시 중국에서는 오훼나 부자로 다

---

9   이현숙은 신라 승려의 치료가 8세기 후반이라고 주장한다(李賢淑, 『新羅醫學史硏究』, 이화여자대학교 박사학위논문, 2002, 32쪽).

10 權悳永, 『古代韓中外交史 -遣唐使硏究-』, 一潮閣, 1997, 20~33쪽.

11 당의 대표적인 의서인 『備急千金要方』(四庫全書本), 『千金翼方校釋』(李景榮 외, 人民衛生出版社, 1998), 『外臺秘要方』(四庫全書本)에는 위령선이 한 번도 등장하지 않는다.

12 孫思邈 『備急千金要方』 卷59, 腎臟方 腰痛第七 治腰疼不得立方; 治丈夫腰脚冷不隨不能行方(四庫全書本).

13 王燾, 『外臺秘要方』 卷14, 風半身不隨方八首; 卷17, 腰脚疼痛方三首(四庫全書本).

14 「新修本草乙本殘卷(伯3714)」(馬繼興·王淑民·陶廣正·樊正倫 輯校, 『敦煌醫藥文獻輯校』, 江蘇古籍出版社, 1998, 630~632쪽). "烏喙 …… 掣引腰痛, 不能行步. …… 附子

리 통증을 치료하였는데, 신라 승려의 위령선 치료법이 바람에 날린 버들 강아지[柳絮飄風]처럼 중국 상주로 전파된 것이다.

2) 중국에서의 위령선 지식 축적

위령선 치료법은 곧바로 당에서 수용되었다. 『천금방(千金方)』 간행으로부터 불과 7년 뒤인 659년(신라 태종무열왕 6년, 당 고종 현경 4년)에 소경(蘇敬)은 『신수본초(新修本草)』를 완성하였다. 『당본초(唐本草)』라고도 부르는 이 의서는 당 의학생들의 필수 본초서로서 송의 『개보본초(開寶本草)』가 나올 때까지 300년간 영향을 미쳤다. 도홍경의 『본초경집주』가 730종을 수록한 데 반해 『신수본초』에서는 100여 종을 증보하여 총 850종을 수록하였다.[15]

현재 『신수본초(新修本草)』는 영본(零本) 상태로 전한다. 우선 돈황문서(敦煌文書) 가운데에는 『신수본초』 잔권(殘卷)이 남아 있다.[16] 이 자료는 피휘로 미루어 666년 이전에 쓰여진 것으로 판단된다. 소경이 이 책을 완성한 초창기 모습을 간직하고 있는 셈이다. 그리고 또 다른 『신수본초』가 초권자본(抄卷子本)의 형태로 존재한다. 13~14세기에 제작된 일본 인화사(仁和寺) 소장본이다.[17] 이 외에도 완본은 아니지만, 일본 다케다과학진흥재단(武田科學振興財團)의 행우서옥(杏雨書屋)에 731년 필사한 『신수본초』 권15가 전한다.

이 자료들에 따르면 『신수본초』의 약재 설명은 약미(藥味), 독성(毒性) 유무, 주치(主治), 이칭(異稱), 산출지(産出地), 채취(採取) 시기, 포제법(炮

…… 拘攣膝痛, 不能行走."
15 홍원식·윤창열 편저, 『증보 중국의학사』, 一中社, 2001, 217~218쪽; 동양의학대사전 편찬위원회, 『東洋醫學大事典』, 경희대학교 출판국, 1999, '신수본초' 항목.
16 「新修本草乙本殘卷(伯3714)」(馬繼興·王淑民·陶廣正·樊正倫 輯校, 『敦煌醫藥文獻輯校』, 江蘇古籍出版社, 1998, 622~623쪽).
17 『新修本草』(『續修四庫全書』 989권, 子部 醫家類, 上海古籍出版社, 1995, 619~709쪽).

製法), 약성(藥性) 상반(相反), '근안(謹案)'이라는 소경의 논평으로 구성되어 있다. 돈황문서본과 인화사본 모두 잔권(殘卷)이어서 위령선 항목이 보이지 않는 것은 아쉽지만,『신수본초』에 위령선이 수록되어 있었던 것은 분명하다. 다행히『신수본초』의 위령선 기록이『증류본초』에 인용되어 있어서 우리는 이 기록을 읽을 수 있다.

> 『신수본초(新修本草)』[唐本]에서는 "허리·신장·다리·무릎의 적취(積聚)와 장(腸) 속의 여러 냉병(冷病)으로 몇 해 동안 차도가 없을 때 이것(위령선-인용자)을 복용하면 곧장 낫지 않는 경우가 없다. 상주(商州) 낙양현(洛陽縣)에서 산출된다. 9월 말부터 12월까지 채취하여 그늘에서 말린다. 다른 달에는 채취해서는 안 된다. 해마다 (위령선은-인용자) 옆으로 뻗어나가서 해가 갈수록 더욱 무성해진다. 뿌리와 싹이 점점 많아져서 몇 년이 지나면 쪼개야 할 지경이 된다."라고 하였다.[18]

한눈에 보아도 허리와 다리 통증에 위령선 가루를 공복에 복용하라는 『천금방(千金方)』 처방보다는 훨씬 정리가 치밀하다. 산출지로 상주(商州) 낙양현(洛陽縣)을 거론한 것은 신라 승려를 통해 가장 먼저 상주의 위령선이 활용된 데서 기인한다. 위령선이 '옆으로 뻗어나가' 생장한다는 설명도 눈에 띈다. 만생(蔓生)하는 위령선 품종, 즉 철각위령선의 약성에 주목하는 것으로 판단된다.

이처럼『신수본초』에서는 치료 부위·증상 등의 주치(主治)가 확대되었

---

18 唐慎微,『證類本草』卷11, 草部下品之下 威靈仙 唐本(四庫全書本). "唐本云[腰腎脚膝積聚, 腸內諸冷病, 積年不差者, 服之, 無不立效. 出商州洛陽縣. 九月末至十二月採, 陰乾. 餘月並不堪採. 每年傍引, 年年深轉茂. 根苗漸多, 經數年亦折敗]." 尙志鈞에 따르면,『증류본초』의 위령선에서는『唐本』(『新修本草』)'을 인용했다고 표기하였지만, 실상은『蜀本草』를 활용한 것이라고 추측한다(尙志鈞·鄭金生·尙元藕·劉大培 校點,『證類本草』華夏出版社, 1993, 39~40쪽).『蜀本草』는 당이 멸망한 후에 後蜀(934~965년)의 韓保昇 등이『新修本草』를 增廣한 본초서이다.

다. 그뿐만 아니라 본초서답게 채취 시기와 포제법에 대한 설명까지 덧붙이면서 만생(蔓生) 품종의 약효에도 주목하기 시작하였다. 인용문에는 위령선의 주치·산출지·채취 시기·포제법만 보이는데, 『신수본초』 인화사본처럼 원래는 위령선 항목도 약미(藥味)부터 근안(謹案)까지 정리되어 있었을 것이다.

위령선 치료법이 확산되는 계기를 마련한 사람은 등사제(鄧思齊)였다. 주군소의 「위령선전」에 "그 후 산인(山人) 등사제(鄧思齊)가 알고 그 일을 전하였다."라고 되어 있음은 앞서 살핀 바와 같은데, 정확하게는 786년에 등사제가 위령선을 당의 덕종에게 바쳤다.

> 정원 2년(786, 신라 원성왕 2년) 9월에 산인(山人) 등사제(鄧思齊)가 위령선을 바쳤는데, 상주(商州)에서 산출되며 여러 질병을 치료할 수 있었다. 천자께서 그 효능을 궁궐에서 시험한 후 본초서에 기입하도록 하고, 등사제에게는 태의승(太醫丞)을 수여하였다.[19]

등사제는 상주의 위령선(威靈仙)을 여러 질병에 효과가 있다면서 바쳤다. 이것은 786년까지의 100여 년 동안 위령선이 상주 지역에서 경험적인 활용을 통해 주치 범위를 넓혀왔음을 시사한다. 덕종이 본초서에 기입하도록 하고 등사제에게 관직을 수여한 것은 위령

659년에 완성한 『신수본초』의 위령선 기록. 『신수본초』에서는 위령선으로 치료할 수 있는 증상, 산출지, 채취방법, 품종 등을 정리하였다. 중국에서 위령선에 대한 본초학 지식이 점차 축적되고 있음을 알려준다.

---

19 王溥, 『唐會要』 卷82, 醫術(四庫全書本). "貞元二年九月, 山人鄧思齊獻威靈仙草, 出商州, 能愈衆疾. 上於禁中試用有效, 令編附本草, 授思齊太醫丞."

선의 효능이 긍정적으로 평가되었다는 의미이다.

덕종의 명으로 실시된 위령선의 연구 결과를 수록한 것이 바로 정원(貞元) 연간(785~805년)에 주군소(周君巢)가 쓴 「위령선전(威靈仙傳)」이라고 추측된다. 한유(韓愈, 768~824년)·유종원(柳宗元, 773~819년)과 교류했던 주군소는 불로장생을 위한 금단복이지술(金丹服餌之術)에 관심이 많았으며, 원화(元和) 연간(806~820년) 초에는 소주자사(韶州刺史)를 역임하기도 하였다.[20] 주군소가 도교의학에 관심이 많았음을 감안한다면, 「위령선전」의 주치 설명이 주군소 자신의 본초학 연구를 집적한 것은 아닐 것이다. 앞서 인용한대로 「위령선전」에서 12경맥·오장까지 연관지어 주치를 논의하거나 위령선 복용 후 사지에 나타나는 효과를 거론하는 것은 약성 연구가 깊이 축적되지 않으면 어렵기 때문이다. 증상 나열에 그쳤던 『신수본초』 단계에 비하면 위령선의 약성 이하에 대한 큰 진전이라고 평가할 수 있다.

이 무렵에는 위령선의 주치 범위와 포제법에 대한 상세한 설명도 더해졌다. 『최씨해상방(崔氏海上方)』, 즉 최원량(崔元亮)이 쓴 『해상집험방(海上集驗方)』의 내용이 그것이다. 최현량(崔玄亮)으로 부르기도 하는 최원량은[21] 다양한 관직을 거친 후 당 문종 7년(833)에 66세로 사망하였다. 그는 도술(道術)을 좋아하였는데, 특히 만년에는 황로(黃老)의 청정술(清靜

---

20 『廣東通志』 卷38(四庫全書本). "周君巢. 太原人. 元和初爲韶州刺史. 其治以廉静爲主, 材幹亦裕然. 好餌藥, 求長生. 柳宗元馳書戒之. 君巢遂却藥, 益勤於政. 韶人戴之.";『御選唐宋文醇』卷14, 河東柳宗元文四 答周君巢書(四庫全書本);『東雅堂昌黎集註』 卷10(四庫全書本). "寄隨州周員外[隨或作循, 或作復, 説已見上]. 陸孟丘楊久作塵[蜀本, 楊作陽, 公與陸長源孟叔度丘穎楊凝及周君巢用爲董晉幕客故也]. 同時存者更誰人. 金丹別後知傳得[周好金丹服餌之術. 柳子厚集中有答周君巢論餌藥久壽書, 是也]. 乞取刀圭救病身[本草云, 刀圭者十分方寸匕之一]."

21 崔元亮과 崔玄亮은 동일인이다. 그의 책에 대해 『唐書』에서는 "崔玄亮海上集驗方十卷."이라고 정리하였지만 『通志』에서는 "海上集驗十卷[崔元亮撰]."이라고 소개하였다 (『唐書』 卷59, 藝文志 第49(四庫全書本);『通志』 卷59, 藝文略 第7(四庫全書本)).

術)에 매료되었다.²² 그런데 최원량은 위령선의 수용 과정을 잘 알고 있었다. 앞서 살핀 것처럼 『해상집험방』에는 신라 승려의 이야기나 등사제가 위령선을 바친 일이 모두 기록되어 있다. 정원(貞元) 11년(795)에 진사가 된 후 간의대부(諫議大夫)까지 승진한 그로서는 당 조정의 위령선 연구에 대한 접근이 용이했을 것이다.

『해상집험방』에서 최원량은 위령선의 주치로 중풍불어(中風不語), 수족불수(手足不隨)를 비롯한 50여 증상을 나열하였다.²³ 여기에는 한의학의 주요 질병인 중풍·상한·적취·황달은 물론 변비·해수·아취(鵝臭) 등의 일상적인 질병까지 포함되는데 안과·외과·피부과·산부인과·소아과 등을 아우른다. 이어서 위령선의 채취, 건조, 복용 방법, 금기 약물을 상술하는데 환자 상태에 따라 복용량을 조절할 정도로 자세히 다루었다. 이처럼 치밀한 『해상집험방』의 서술은 최원량 개인의 연구로만 보기에는 너무나 방대하다. 아마도 정원 연간에 당의 궁궐에서 위령선을 시험한 결과가 「위령선전」과 『해상집험방』에 수록된 것으로 짐작된다.

이후 당에서는 위령선이 널리 알려졌으며, 특히 『해상집험방』의 내용은 후대 의서들의 기준이 되었다. 10세기에 후령극(侯寧極)이 쓴 「약보(藥

---

22 『舊唐書』卷165, 列傳115 崔玄亮(四庫全書本);『唐書』卷164, 列傳89 崔玄亮(四庫全書本).

23 唐慎微,『證類本草』卷11, 草部下品之下 威靈仙 崔氏海上集(四庫全書本). "此藥治丈夫婦人中風不語, 手足不隨, 口眼喎邪, 筋骨節風, 胎風頭風, 暗風心風, 風狂人, 傷寒頭痛, 鼻清涕, 服經二度, 傷寒即止, 頭旋目眩, 白癜風, 極治大風, 皮膚風痒, 大毒又熱毒風瘡, 深治勞疾, 連腰骨節痛, 遶腕風, 言語澁滯, 痰積, 宣通五藏, 腹內宿滯, 心頭痰水, 膀胱宿膿, 口中涎水, 好喫茶滓, 手足頑痺, 冷熱氣壅, 腰膝疼痛, 久立不得, 浮氣瘴氣, 憎寒壯熱, 頭痛尤甚, 攻耳成膿而聾. 又衝眼赤, 大小腸秘, 服此立通. 飲食不佳, 黃疸黑疸, 面無顏色, 瘰癧遍項, 產後秘澁槃腰痛, 曾經損墜, 心痛, 注氣膈氣, 冷氣攻衝, 腎藏風壅, 腹肚脹滿, 頭面浮腫, 注毒脾肺氣, 痰熱欬嗽氣急, 坐臥不安, 疥癬等瘡, 婦人月水不來, 動經多日, 血氣衝心, 陰汗盜汗, 鵝臭穢垢, 氣息不堪, 勤服威靈仙, 更用熱湯, 盡日頻洗, 朝以苦唾調藥, 塗身上內外, 每日一次, 塗之, 當得平愈. 孩子無辜, 令母含藥灌之. 痔疾秘澁, 氣痢絞結, 並皆治之." 이에 반해 『신수본초』에서는 약재별로 많아야 10개 정도의 주치를 나열하는 데 그친다(「新修本草乙本殘卷(伯3714)」(馬繼興·王淑民·陶廣正·樊正倫 輯校,『敦煌醫藥文獻輯校』, 江蘇古籍出版社, 1998)).

譜)」에는 190종의 약재가 수록되어 있는데, 이 가운데 위령선은 '수조(壽祖)'에 비견되어 있다.24 앞에서 자료로 제시한 A, B, C, D 즉 『중수정화경사증류비용본초』, 『부광주후방』, 『본초강목』은 각각 송(宋)·금(金)·명(明)의 대표적인 의서이지만 한결같이 『해상집험방』을 토대로 삼아 위령선을 설명하고 있다.

송 의학의 주요한 특징은 본초학의 성행이다. 연달아 편찬된 『도경본초(圖經本草)』(1061년), 당신미(唐慎微, 1056~1093년)의 『증류본초(證類本草)』, 『본초연의(本草衍義)』(1116년)에서는 위령선을 빠짐없이 다루었다. 『도경본초』에 따르면 산출지로 상주(商州) 외에 화산(華山)과 평택(平澤)이 추가되었다가 새로 섬서(陝西)·하동(河東)·하북(河北)·경동(京東)·강호(江湖)의 주군(州郡)도 포함되었다.25 이 외에도 '〈부록 3〉 중국의 위령선 기록 일람표'에서 정리한 바와 같이 위령선의 채취 시기는 9월로 좁혀지거나 그 약성이 고온무독(苦溫無毒)하다고 확정되면서 징가(癥瘕)·현벽(痃癖)·기괴(氣塊) 등이 치료 범위에 새로 포함되기도 하였다.

특히 『본초연의』에서는 위령선을 다량으로 복용하면 오장(五臟)의 진기(眞氣)를 손상시킬 수 있다고 하여 위령선의 부작용까지 논의하게 되었다.26 『해상집험방』에서 복약(服藥) 식기(食忌)로 차(茶)와 면탕(麵湯)을 제시했던 것보다는 진전된 이해였다. 그리고 금(金)과 원(元)의 본초학에

---

24 陶宗儀, 『說郛』 卷106下(四庫全書本). "藥譜[侯寧極]. 芯弱清本爻於醫藥, 數百品各以角貼, 所題名字詭異. 余大駭, 究其源底, 答言. 天成中進士侯寧極戱造藥譜一卷, 盡出新意, 改立別名, 因時多艱, 不傳于世. 余以禮求假錄一通, 用娛閑暇 …… 壽祖[威靈仙]." 후령극이 진사가 되었다는 天成 연간은 926~930년이어서, 「藥譜」가 10세기에 편찬된 자료임을 알 수 있다.

25 唐慎微, 『證類本草』 卷11, 草部下品之下 威靈仙 圖經(四庫全書本). "圖經曰[威靈仙, 出商州上洛山及華山并平澤, 今陝西州軍等及河東河北京東江湖州郡, 或有之]."

26 唐慎微, 『證類本草』 卷11, 草部下品之下 威靈仙 衍義(四庫全書本). "治風風. 根性快, 多服, 疏人五藏眞氣." 위령선의 독성과 해독법에 대한 논의는 다음 글이 참고된다(서부일·변부형·주석중, 「威靈仙의 毒性에 관한 문헌적 고찰」, 『東西醫學』 33(4), 대구한의대학교, 2008).

서는 약재의 기미(氣味)와 귀경(歸經)에 대한 약리이론이 강화되었는데,27 이 시기에 위령선에서도 『진주낭지장보유약성부(珍珠囊指掌補遺藥性賦)』와 『탕액본초(湯液本草)』에서 새로운 견해가 덧붙여졌음은 〈부록 3〉에 보이는 바와 같다.

당연히 임상에서도 위령선 활용은 확대되었다. 송 초기인 992년 편찬된 『태평성혜방(太平聖惠方)』에서는 상한(傷寒)으로 인한 허리와 다리의 통증에 위령선(威靈仙)·견우자(牽牛子)·진귤피(陳橘皮)·후박(厚朴)·오수유(吳茱萸)로 구성된 위령선산(威靈仙散)을 처방하였고,28 휘종 정화 연간(1111~1118년)에 편찬한 『성제총록(聖濟總錄)』에서는 비중풍(脾中風)으로 인한 사지(四肢) 불거(不擧)에 단사(丹砂)·천마(天麻)·위령선(威靈仙)·인삼(人參) 등이 들어가는 단사산(丹砂散)을 처방하였으며,29 진언(陳言)이 1174년에 완성한 『삼인극일병증방론(三因極一病証方論)』에서는 근골이 위축되어 신체가 여의치 못할 때 위령선을 비롯한 약재 15종이 들어가는 서근보안산(舒筋保安散)을 처방하였다.30 그리고 송나라 소식(蘇軾)의 『소학사방(蘇學士方)』과 심괄(沈括)의 『양방(良方)』을 합하여 후대

---

27 안상우, 「본초서의 계통과 본초학 발전사」, 『한국한의학연구원논문집』 11(1), 2005, 27쪽 참고.

28 『太平聖惠方』 卷14, 治傷寒後腰脚疼痛諸方(翰成社 영인, 1979). "治傷寒後腰脚疼痛宜服威靈仙散方. 威靈仙[一兩半], 牽牛子[二兩, 微炒], 陳橘皮[三分, 湯浸, 去白瓤, 焙], 厚朴[三分, 去粗皮, 塗生姜汁, 炙, 令香熟], 吳茱萸[半兩, 湯浸七遍, 曝乾, 微炒]. 右件藥, 擣細羅爲散, 空心以温酒調下二錢. 當瀉下惡穢."

29 『聖濟總錄』 卷5, 諸風門 脾中風(新文豊出版公司 영인, 1978). "治脾中風四肢不擧志意昏濁言語謇澁丹砂散方. 丹砂[研, 貳兩], 天麻, 威靈仙[去土], 人參, 烏頭[炮裂, 去皮臍], 白朮[炮], 當歸[切炮], 乾薑[炮. 各壹兩], 羊躑躅[去心, 酒蒸, 半兩]. 右九味, 搗羅爲散. 每服一錢匕. 食後酒調下. 漸加至二錢. 日三服."

30 陳言, 『三因極一病証方論』 卷2, 舒筋保安散(四庫全書本). "舒筋保安散. 治左癱右瘓, 筋脈拘攣, 身體不遂, 腿足少力, 乾濕脚氣, 及濕滯經絡, 久不能去, 宣導諸氣. 木瓜[五兩], 草薢, 五靈脂, 牛膝[酒浸], 續斷, 殭蠶, 松節, 白芍, 烏藥, 天麻, 黃耆, 葳靈仙, 當歸, 防風, 虎頭[各一兩]. 右用無灰酒一斗浸上件藥, 二七日緊封扎, 日數足取藥, 焙乾, 擣爲細末, 每服二錢, 用浸藥酒半盞調下, 酒完, 用米湯調下."

에 편찬된 『소심양방(蘇沈良方)』이 있다. 이 책에 수록된 「복위령선법(服威靈仙法)」에서는 위령선의 포제시 주의사항과 효능, 진위 감별법을 별도로 정리하였다.[31]

원(元)에 들어서도 마찬가지였다. 『어약원방(御藥院方)』에서는 삼초(三焦)에 기(氣)가 막히는 것을 비롯하여 대장(大腸) 통증, 허리·다리 통증, 오장이 막히는 경우에 위령선환(威靈仙丸)이나 위령선산(威靈仙散) 등을 처방하였다.[32] 이처럼 송원(宋元)의 방서(方書)에서 위령선은 다양한 증후에 사용되었을 뿐만 아니라 단방(單方)이 아닌 복방(複方)으로서 활용되었다. 그간 축적된 약성 이해를 기반으로 위령선이 다른 약재와 어울려 이용되는 복방화 단계로 진전된 것이다.[33]

이상에서 살핀 바와 같이 중국에서 위령선은 약재 부작용까지 인식할 정도로 약성 이해가 심화되면서 산출지가 점증하고 주치도 확대되었다. 중국 의료의 이러한 위령선 활용은 고려의 본초학에 영향을 미치게 된다.

3. 한국과 일본에서의 위령선 활용

1) 고려의 위령선 지식 채용

고려 문종이 중풍을 심하게 앓았음은 앞서 언급하였다. 문종 33년

---

31 蘇軾·沈括, 『蘇沈良方』 卷2, 服威靈仙法(四庫全書본).
32 許國禎, 『癸巳新刊御藥院方』 卷6, 治一切氣門下; 卷8, 治雜病門(『續修四庫全書』 1001권, 子部 醫家類, 上海古籍出版社, 1995, 62쪽; 137쪽; 144쪽; 150쪽).
33 조금 더 부연하여 『本草綱目』 위령선 항목을 살펴보면, 楊起의 『簡便方』에서 張從正의 『儒門事親』에 이르는 처방을 발췌하였다. 이에 따르면 위령선의 주치는 脚氣入腹, 腰脚諸痛, 腎臟風壅, 筋骨毒痛, 破傷風病, 手足麻痺, 男婦氣痛, 噎塞膈氣, 停痰宿飮, 腹中痞積, 大腸冷積, 腸風瀉血, 痔瘡腫痛, 諸骨哽咽, 飛絲纏陰, 痘瘡黑陷에 걸쳐 있다. 후대로 갈수록 주치가 확장되는 경향을 띤다(李時珍, 『本草綱目』 卷18下, 威靈仙(四庫全書本)).

(1079)에 송에서 보내온 약재 104종에는 '상주(商州) 위령선(威靈仙)'이 포함되어 있다.34 문종 15년인 1061년에 송의 소송(蘇頌)이 편찬한 『도경본초(圖經本草)』에서는 위령선 산출지로 상주(商州)·화산(華山)·평택(平澤) 외에 섬서(陝西)·하동(河東) 등을 새로 지목하였다. 그렇지만 신라 승려가 치료를 시범했던 상주의 위령선이 가장 약효가 뛰어나다는 인식 때문에 상주산 위령선이 고려에 보내진 것으로 판단된다. 고려로서는 중풍 치료에 위령선이란 약재가 유용하다는 것을 실감하는 계기가 되었다.

이에 앞서 『태평성혜방(太平聖惠方)』이 고려 현종 7년(1016, 대중상부 9년)과 12년(1021, 천희 5년)에 중국에서 들어왔다.35 고려의 요청에 따른 하사였다. 그런데 『태평성혜방』에서는 허리와 다리가 오랫동안 욱신거리면서 낫지 않는 증후에 위령선산(威靈仙散)을 연이어 처방하였다.36 고려에서 위령선이란 약재에 대한 관심이 커졌으리란 것은 자명하다.

문종대 기록의 위령선이 중국산 약재 즉 당재(唐材)인 데 반해, 『향약구급방』에서는 토산약재 즉 향재(鄕材)인 위령선이 등장한다. 『향약구급방』의 중풍과 잡방에는 각각 다음과 같은 기록이 있다.

중풍으로 인한 변비 치료법. 위령선(威靈仙)〔향명은 구미초(狗尾草)이다. 일명 능소(能消)이다〕(을 사용한다-인용자). 위의 약재를 가는〔細〕체로 걸러서 가루를 만들고, 졸인 꿀〔煉蜜〕과 (반죽하여-인용자) 벽오동씨만한 환(丸)을 만든 다음 이른 새벽에 따뜻한 술과 함께 60환을 복용한다. (이 처방은-인용자) 다리가 무거워 걸을 수 없는 증상도 치료한다. 당(唐)나라 상주(商州)에서 어떤 사람이 다리에 힘이 없어 걸을 수 없는 병을 십 년 동안 앓고 있다가 길가에 나앉아 낫기를 구하였다. 지나가던 신라(新羅)의 한 승려가 보고 "이 질병은 약재 하나면 고칠 수 있는데, 다만 이 땅에서도 나는지는 잘 모르겠다."라고 하

---

34 『高麗史』 卷9, 世家9, 문종 33년(1079) 7월.
35 王應麟, 『玉海』 卷154, 朝貢, 錫予外夷; 李燾, 『續資治通鑑長編』, 卷97.
36 『太平聖惠方』 卷44, 治久腰痛諸方; 治腰腳疼痛諸方(翰成社 영인, 1979).

였다. 이어서 찾으러 산에 들어갔는데, 찾고 보니 바로 위령선이었다. 환자에게 복용시키자 며칠 만에 걷게 되었다[차와 뜨거운 밀가루 음식(熱麵)을 금한다].37

암내 치료법. 위령선(威靈仙) 가루를 물에 넣고 뜨겁게 끓여서 목욕한다[위령선은 향명이 구미초(狗尾草)이다].38

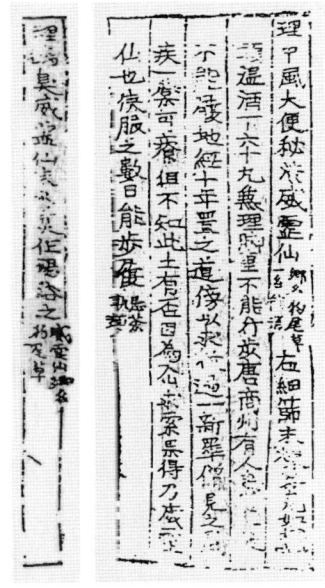

『향약구급방』에 실린 변비 치료법과 암내 치료법. 위령선의 향명이 '구미초(狗尾草)'라고 되어 있다.

인용문의 '일명(一名) 능소(能消)'라는 표현은 『증류본초』 본문을 인용한 것이므로 『향약구급방』이 『증류본초』를 토대로 편찬되었음을 확인할 수 있다. 하지만 복약(服藥) 식기(食忌)로 차와 밀가루 음식을 제시하는 것은 『증류본초』 본문이 아니라 『증류본초』에 인용된 『도경본초』에 이미 보인다. 그리고 인용문의 주치 문장과 신라 승려 기록은, 『증류본초』에 인용된 『도경본초』에 담긴 『해상집험방』에 들어 있다. 여러 개의 액자가 겹쳐진 모습인데, 정리하자면 최원량의 『해상집험방』에 수록한 위령선 기사가 『도경본초』에 인용되었고, 『도경본초』는 다시 『증류본초』에 인용되었으며, 『증류본초』는 또다시 고려의 『향약구급방』에 인용되었다.

물론 『향약구급방』에서 『증류본초』를 그대로 인용하는 것은 아니었다.

---

37 『鄕藥救急方』 下卷, 中風. "理中風, 大便秘澁. 威靈仙[鄕名狗尾草. 一名能消]. 右細篩末, 煉蜜丸如桐[子大, 毎]頭溫酒下六十丸. 兼理脚重, 不能行步. 唐商州有人, 患棐足不能履地, 經十年, 置之道傍, 以求救. 過一新羅僧見之, 曰此疾一藥可療. 但不知此土有否. 因爲入山, 求索, 果得, 乃威靈仙也. 使服之, 數日能步履[忌茶執麵]." 執麵은 熱麵의 오식인 듯하다. 『도경본초』에서는 服藥 食忌로 茶와 麵湯을 제시한다.
38 『鄕藥救急方』 下卷 雜方. "理鴉臭. 威靈仙末, 水煮作湯, 浴之[威靈仙鄕名狗尾草]."

『향약구급방』편찬자들이 "이른 새벽에 따뜻한 술과 함께 60환을 복용"하라고 덧붙여서, 복용 시간과 복용량을 별도로 규정한 것은 적절하고도 강력한 약효를 추구했기 때문이다. 그뿐만 아니라『도경본초』의 많은 주치 영역 가운데『향약구급방』에서는 중풍으로 인한 변비 증상을 가장 중시하였고, 걷기 어려운 증상은 위령선의 부수적인 치료 영역으로 서술하고 있으며, 암내 제거에도 위령선의 효과를 인정하였다. 고려에서는 중국 본초학의 광범위한 효능 설명 가운데 몇 가지만을 수용하였으며, 특히 신라의 족병 치료 효능은 부수적인 사항으로 간주하였던 것이다. 위령선 지식의 선별은 이처럼『향약구급방』편찬자들에게 달려 있었다.

그런데 고려로서는 위령선 지식을 적용하는 것이 쉽지 않았다. 무엇보다 위령선이 고려의 자생 식물 가운데 어느 것에 해당하는지부터 확실하지 않았다.『향약구급방』편찬자들은 '위령선'의 향명(鄉名)이 '구미초(狗尾草)'라고 주석을 달았다. 위령선의 향명으로 구미초를 표기한 것은 위의『향약구급방』인용문이 유일하다.

하지만 강아지 꼬리처럼 생긴 '구미초(狗尾草)'는 우리가 주위에서 흔히 보는 강아지풀이어서 으아리와는 다르다.『증류본초』보다 후대의 자료이지만,『본초강목』에서도 위령선과 구미초는 별개의 약재로 구분되어 있다(그림 4, 그림 5). 고려 의학자들은『증류본초』의 '위령선(威靈仙)'을 '구미초(狗尾草, 강아지풀)'로 잘못 연결시켰던 것이다.

고려말의『비예백요방(備預百要方)』에서도 위의『향약구급방』인용문처럼 "몸의 암내 치료방. 위령선을 간 다음에 이것을 달여서 씻는다."라고 하였다.[39] 하지만 고려에서는 위령선을 구미초(강아지풀)로 이해했으므로,『향약구급방』이나『비예백요방』에 따르게 되면 강아지풀로 몸의 암내를 치료하는 꼴이 되어버렸다.

---

[39] 『醫方類聚』卷169, 諸臭門 備預百要方. "鴝臭方. 威靈仙末, 煮浴之."

고려 의학자들에게 왜 이런 실수가 생겼을까? 그것은 당시 본초서들이 수록한 그림의 한계 때문이었다. 먼저 〈그림 1〉은 『증류본초』에 수록된 중국 각지의 위령선 모습이다.[40] 이 가운데 병주(幷州) 위령선이나 석주(石州) 위령선은 열매 부분이 강아지풀처럼 보이기도 한다. 원래는 열매 맺힌 으아리를 그린 것인데(그림 2),[41] 그려놓고 보니 강아지풀과 흡사해졌다(그림 3).[42]

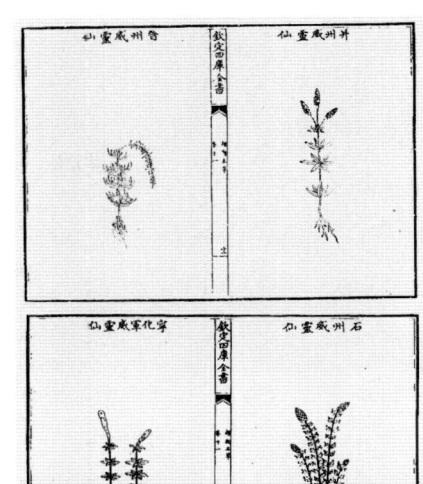

〈그림 1〉 『증류본초』의 위령선

여기에 덧붙이자면 『증류본초』에는 구미초 그림이 없지만, 『본초강목』에는 위령선(그림 4)과[43] 구미초(그림 5)가[44] 수록되어 있다. 〈그림 1〉의 병주 위령선과 〈그림 5〉의 구미초는 열매 부분이 아주 비슷하다. 고려 의학자들이 『증류본초』의 위령선 그림을 보고 강아지풀[狗尾草]이라고 간주한 것이 터무니없는 일만은 아니었던 셈이다.

그렇다면 고려에서는 중풍으로 인한 변비 증상, 걷기 어려운 증상에 대한 치료법이 위령선밖에 없었던 것일까? 앞서 살폈듯이 『향약구급방』에서는 중풍(中風)으로 인한 반신불수에 생 솔잎과 소금을 쪄서 찜질하라고

---

40 唐愼微, 『證類本草』 卷11, 威靈仙(四庫全書本).
41 신전휘·신용욱, 『향약집성방의 향약본초』, 계명대학교 출판부, 2006, 170쪽.
42 李永魯, 『原色 韓國植物圖鑑』 改訂增補版, 敎學社, 2004, 1024쪽.
43 李時珍, 『本草綱目』, 「本草綱目圖」 卷中之上, 威靈仙(四庫全書本).
44 李時珍, 『本草綱目』, 「本草綱目圖」 卷上之下, 狗尾草(四庫全書本).

〈그림 2〉 으아리 열매 사진 ⓒ『향약집성방의 향약본초』   〈그림 3〉 구미초(강아지풀) 사진 ⓒ『原色 韓國 植物圖鑑』

처방하였다.45 『향약구급방』 편찬자들은 기존의 솔잎 찜질법 외에 추가로 중국 의서의 위령선 치료법을 채용하였던 것이다. 활용 가능한 약재를 증가시켜 마비 증상의 치료법을 다양화하려는 노력이었다.

한편 고종 13년(1226)에 간행된 『신집어의촬요방(新集御醫撮要方)』에도 중풍과 수족 마비 등에 대한 치료법이 실려 있다. 『신집어의촬요방』은 소수 지배층 중심의 의서여서 고가 약재로 복방을 자유롭게 구사한다. 현존하는 『신집어의촬요방』에서는 중풍 처방이 19개로 가장 많다.46 예를 들어 현재도 널리 사용되는 우황청심원(牛黃淸心圓)이나 대영보단(大靈寶丹)·유풍단(愈風丹) 등은 모두 풍병 치료법으로 『신집어의촬요방』에 실려 있다. 그런데 19개 중풍 처방, 나아가 『신집어의촬요방』에 등장하는 약재는 모두 256종에 이르지만, 위령선은 한 번도 등장하지 않는다.47

이상에서 살핀 바와 같이 고려 의학자들은 중풍으로 인한 마비 등의 치료에 위령선을 사용하고자 하였다. 일반 백성들의 질병에 대해 기존의

---

45 『鄕藥救急方』 下卷, 中風.
46 이경록, 『고려시대 의료의 형성과 발전』, 혜안, 2010, 270쪽.
47 이경록, 『고려시대 의료의 형성과 발전』, 혜안, 2010, 267쪽; 358~366쪽.

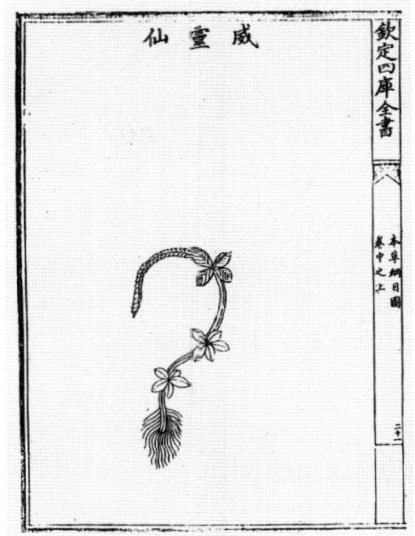
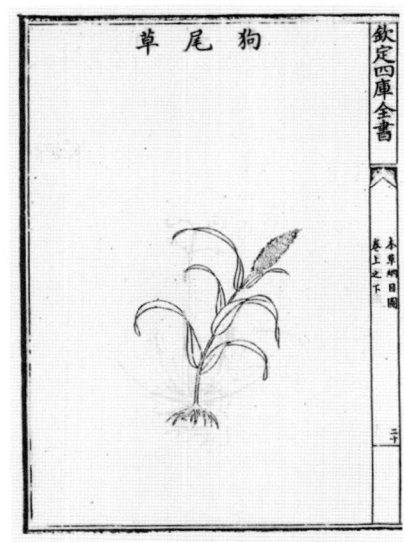

〈그림 4〉『본초강목』의 위령선　　　　〈그림 5〉『본초강목』의 구미초

솔잎 찜질법을 토완하면서, 위령선 단방으로 손쉽게 대응하는 방안이었다. 『향약구급방』 편찬자들이 중국산 위령선에 상응하는 토산약재로 지목한 것은 구미초(狗尾草, 강아지풀)였다. 하지만 구미초와 위령선은 잘못 짝지워진 것이었고, 이러한 오류는 여말선초에야 바로잡힌다. 고려에서는 중국 본초학을 받아들이고자 하였지만 여의치 않았던 것이다.

2) 조선의 위령선 이용과 일본으로의 전파

위령선(威靈仙)의 향명은 여말선초부터 '거의채(車衣菜)'로 바뀌게 된다. 차자표기(借字表記)인 거의채(車衣菜)는 수레바퀴 모양의 열매에서 연유한 이름이다(그림 2). 거(車, 술위-훈독), 의(衣, 의-음독), 채(菜, 나물-훈독) 즉 '술위ㄴ물(수레의 나물)'을 가리킨다.[48] 토산약재인 거의채(술위

48　孫炳胎, 『鄕藥 藥材名의 國語學的 硏究』, 영남대학교 박사학위논문, 1996, 68쪽; 尹喜圭, 『『鄕藥採取月令』의 국어학적 연구 -차자표기음과 한·중 한자음의 비교를 중심으

나물)가 바로 위령선이라는 인식은 『향약구급방』 「방중향약목초부(方中鄉藥目草部)」에서 시작되었다. 여말선초에 작성된 것으로 추정되는 이 자료는[49] 향명으로 표기된 약재 180종을 수록하고 있는데 위령선도 포함되어 있다.

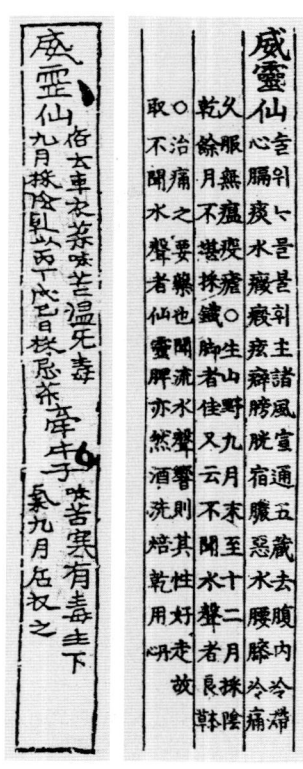

위령선(威靈仙). 민간에서는 거의채(車衣菜)라고 부른다. 맛은 쓰고 (성질은-인용자) 따뜻하며 독이 없다. 9월에 채취하여 그늘에서 말리는데, 병일(丙日)·정일(丁日)·무일(戊日)·기일(己日)에 채취한다. (위령선을 복용할 때는-인용자) 차(茶)를 금한다.[50]

인용문에서 위령선의 약성이나 채취 시기 서술은 『도경본초』와 『증류본초』를 따른 것이다. 그런데 술위나물을 이들 중국 본초서의 위령선 설명과 일치시켰지만, 고려시대의 구미초(狗尾草, 강아지풀)처럼 또 다른 오류일 수도 있었다. 술위나물은 정말

『향약구급방』 「방중향약목초부」(왼쪽)에서는 위령선의 향명을 '거의채(車衣菜)'라고 표기하였고, 『동의보감』(오른쪽)에서는 '술위ᄂᆞ믈불휘'라고 표기하였다.

로-』, 성균관대학교 박사학위논문, 2004, 87~88쪽; 이덕호·엄동명·김홍균, 「『本草精華』 草部 鄉藥名에 關한 硏究」, 『한국한의학연구원논문집』 11(1), 2005, 13~14쪽 참고.

49 이경록, 『고려시대 의료의 형성과 발전』, 혜안, 2010, 289~291쪽 참고.
50 『鄉藥救急方』, 「方中鄉藥目草部」. "威靈仙. 俗云車衣菜. 味苦溫无毒. 九月採. 陰乹. 以丙·丁·戊·巳日採. 忌茶."

로 위령선인가?

조선 의학자들로서는 향재(鄕材)인 술위나물이 당재(唐材)인 위령선과 동일한 약재인지를 확인할 필요가 있었다. 이 임무를 맡은 사람이 바르 노중례(盧重禮)였다. 세종대에 의관으로서는 유일하게 당상관에 오르고 『향약집성방(鄕藥集成方)』을 편찬하였으며, 나이 들어서는 『의방유취(醫方類聚)』를 감수하게 되는 의학자이다.

술위나물이 중국산 위령선과 동등하다고 인정된 것은 세종 5년(1423)에 이르러서였다. 앞서 살폈듯이 노중례가 중국에 파견되어 향재 62종의 약성을 문의하였는데, 위령선 등 6종이 당재와 동등하다는 인증을 받았던 것이다.[51]

이로부터 술위나물(거의채)은 위령선과 완전히 동일하게 취급되었다. 우선 세종 13년(1431) 편찬된 『향약채취월령』에서도 "위령선은 거의채와 같다."라고 하였다.[52] 그후 조선시대 내내 위령선의 향명은 술위나물로 고정되었으며,[53] 약성에 대한 이해는 대체로 『증류본초』와 『본초강목』의 본초학 지식을 수용하였다.[54]

조선초기에 이미 술위나물(위령선)은 전국적으로 생산되고 있었다. 세종 14년(1432) 무렵 작성된 『세종실록』 지리지에서는 술위나물이 조선 8도 모두에서 등장한다. 반면 종양약재로는 표시되지 않았다. 세종대에

---

51 『世宗實錄』卷19, 세종 5년(1423) 3월 22일(계묘).
52 『鄕藥採取月令』, 九月採(金信根 主編, 『韓國醫學大系』41, 여강출판사 영인, 1992). "九月採 …… 威灵仙, 同車衣菜."
53 위령선 향명을 「동의보감」에서는 '술위ᄂᆞ물불휘', 『본초정화』에서는 '술위ᄂᆞ무불휘', 『제중신편』에서는 '술위나물불휘'라고 표기하였다(『東醫寶鑑』湯液篇 卷3, 草部 威靈仙;『本草精華』(金信根 主編, 『韓國醫學大系』41, 여강출판사 영인, 1992, 104쪽);『濟衆新編』卷8, 藥性歌(金信根 主編, 『韓國醫學大系』18, 여강출판사 영인, 1992, 587쪽)).
54 『東醫寶鑑』湯液篇 卷3, 草部 威靈仙;『林園經濟志』仁濟志 卷24, 收採時令 艸部 威靈仙;『醫宗損益』甘餘, 藥性歌(金信根 主編, 『韓國醫學大系』26, 여강출판사 영인, 1992, 432쪽).

술위나물의 생산은 전국에 걸쳐 있으며, 수요를 충당할 정도로 넉넉히 산출된다는 뜻이다.

고려의 술위나물 분포를 보여주는 자료는 남아 있지 않다. 하지만 조선 세종대의 상황으로부터 소급하자면 고려에서도 술위나물은 널리 자생하고 있었을 것이다. 여말선초에 약용 위령선에 해당한다는 사실이 알려지면서 『세종실록』 지리지에 토산물로 수록되었을 가능성이 높기 때문이다. 신라 승려가 위령선(술위나물)을 사용했다는 기록은 신라에서 술위나물이 자생함을 전제로 한다. 족병 치료에 곧바로 위령선을 처방하고 그 효과를 확신할 정도라면 이미 신라에서부터 술위나물은 광범위하게 자라고 있었다고 짐작된다.

조선에서 위령선은 자유자재로 처방되었다. 우선 정종 1년(1399)에 간행된 『향약제생집성방(鄕藥濟生集成方)』에서는 『어약원방(御藥院方)』을 인용하는 형식으로 위령선환(葳靈仚丸)을 소개하면서 그 주치와 포제법, 복용량, 금기 음식을 나열하였다.[55] 그런데 이 위령선환은 『향약집성방』과 『의방유취』에도 그대로 실려 있어서[56] 토산약재인 술위나물로 지은 위령선환 약효를 조선 사람들도 완전히 인정했음을 알 수 있다.

『향약제생집성방』을 계승한 『향약집성방』에서 주목되는 현상은 위령선 처방의 복방화였다.[57] 상한 합병증 치료에 처방된 위령선산(葳靈仙散)에는 위령선·견우자·진귤피·후박·오수유 등이 들어가며,[58] 노인의 기운

---

[55] 『鄕藥濟生集成方』 卷4, 腎痺 御藥院方. "御藥院方. 葳靈仚丸. 宣通五臟, 去腹內冷滯. 心膈痰水, 久積癥瘕, 痃癖氣塊, 膀胱冷, 膿惡水, 腰膝冷, 但是腰脚腫痛麻痺, 皆可治之. 葳靈仚生用細末, 煉蜜丸, 如桐子大. 每服三十丸, 加至十丸, 食前, 溫酒送下. 忌茶." 위령선환 처방은 元의 『御藥院方』에 실려 있다(許國禎, 『癸巳新刊御藥院方』 卷8, 治雜病門 威靈仙丸(『續修四庫全書』 1001권, 子部 醫家類, 上海古籍出版社, 1995, 150쪽)).

[56] 『鄕藥集成方』 卷22, 積聚門 御藥院方; 『醫方類聚』 卷196, 雜病門2 御藥院方.

[57] 『향약제생집성방』은 현재 권4~6의 3권 2책만 남아 있다. 『향약제생집성방』의 위령선 처방은 본문에서 제시하는 1건만 남아 있으므로 복방화 여부를 논하기는 어렵다.

[58] 『鄕藥集成方』 卷12, 腰痛門 腰脚疼痛. "聖惠方 …… 葳靈仙散治傷寒後腰脚疼痛. 葳靈仙

이 쇠약해져서 배변이 어려울 때는 황기·지실·위령선 등으로 구성된 위령선환(葳靈仙丸)을 사용하였다.[59] 고려에서 위령선 처방이 주로 단방이었던 것과는 달라진 점이다. 위령선을 활용한 처방들의 복방화는 앞글에서 살폈듯이 조선에서 약재들의 종류와 생산량이 증대하였기 때문에 가능하였다.

한편 『향약집성방』의 위령선산과 위령선환이 복방이라는 점에서는 공통되지만 치료 대상에서는 두 처방이 미묘하게 달랐다. 상한 합병증에 누구나 걸린다는 점에서 위령선산이 불특정 다수를 대상으로 처방된다면, 위령선환은 노인 질환을 위한 처방이었다. 노인을 위한 위령선 처방을 『향약집성방』에서 살펴보면 노인의 폐에 담연(痰涎)이 막히는 증상에는 조각·위령선·박하가 들어가는 위령선원(葳靈仙元)을 처방하였다.[60]

반면 어린이를 위한 위령선 처방도 있었다. 어린이의 감리(疳痢)에는 위령선으로 환을 만든 다음 그 어머니가 씹어서 먹이되 나이에 따라 양을 가감하였다.[61] 이것은 원래 『해상집험방』 처방인데,[62] 어린이에게 맞도록 『향약집성방』 편찬자들이 변형한 것이다. 요컨대 조선초기에 들어 위령선 처방은 복잡해지는 동시에 치료 대상도 세분화되었다. 『증류본초』에

一兩半, 牽牛子二兩微炒, 陳橘皮三錢湯浸去白穰焙, 厚朴三錢去麤皮塗生薑汁炙令香熟, 吳茱萸半兩湯浸七次曝乾微炒. ○右擣細羅爲散, 空心以溫酒調下二錢, 當瀉下惡物."

59 『鄕藥集成方』卷20, 大小便門 大便不通. "嚴氏濟生方 …… [葳靈仙丸]治老人氣衰津液枯燥大便秘結. 黃耆蜜炙, 枳實, 葳靈仙等分. ○右細末蜜丸如桐子大, 每服五十丸, 薑湯呑下, 熟水亦可."

60 『鄕藥集成方』卷25, 痰飮門 痰飮論. "養老奉親書 …… [葳靈仙元]治老人秋肺壅滯涎嗽, 間作胃脘痰濘塞悶不快. 皂角一斤不蛀肥者以河水浸洗去黑皮銼石器內用河水煮軟揉去滓絹濾熬成膏. 葳靈仙洗擇去土焙乾爲末四兩, 乾薄荷取末一兩. ○右入前膏內, 搜元如桐子大, 每服三十元, 臨臥生薑湯呑下."

61 『鄕藥集成方』卷71, 小兒門 小兒無辜疳痢. "[崔氏每上集]療孩子無辜令母含藥灌之. 葳靈仙洗焙爲末, 好酒和令微濕, 入竹筒內, 牢塞口, 九蒸九曝, 如乾, 漆酒重洒之, 以白飯和丸如桐子大, 每服五七丸, 令母細嚼, 納兒口中, 量兒大小加減."

62 唐愼微, 『證類本草』卷11, 草部下品之下 葳靈仙 崔氏海上集(四庫全書本).

실린 『해상집험방』의 주치 설명을 그대로 수용한 『향약집성방』에서는 위령선이 만병통치약처럼 사용될 정도였다.[63]

당시 세상의 모든 의학 지식을 수렴하고자 세종 30년(1448)에 완성한 『의방유취(醫方類聚)』에도 위령선이 많이 실려 있다. 위령선은 『의방유취』의 거의 모든 병문에서 처방되었으며 주로 복방으로 활용되었다. 전형적인 예를 하나만 들자면 몇 년이 지나도 차도가 없는 허리와 다리의 통증에는 위령선산(葳靈仙散)이 처방되었다. 위령선 1냥 반에 견우자·진귤피·오수유·빈랑·목향 등을 넣어 따뜻한 술과 함께 복용하라는 내용이다.[64] 다리가 아파서 몇 년 동안 고생할 때 위령선 위주로 치료한다는 것이 핵심이다. 곱씹어보면 이 치료술의 바닥에는 신라 승려의 이야기가 깔려 있음을 알 수 있다.

하지만 이 위령선산 처방만을 읽을 때는 더이상 신라 승려의 이야기를 떠올릴 수가 없다. 신라 승려의 이야기는 탈각된 채 복방 형식으로 정교해진 치료법만이 남아 있다. 이같은 망각은 『향약집성방』에서 이미 나타났다. 『향약집성방』에서도 위령선의 약효와 『해상집험방』은 인용되어 있지만 신라 승려 부분만은 인용에서 제외하였다.[65]

이것은 『동의보감』에서도 마찬가지였다. 허준은 위령선에 대해 몇 십 년 동안 고생한 족병(足病)을 어느 승려가 고쳤다고 소개하였지만, 신라의 승려라는 점은 밝히지 않고 에둘러 넘어갔다.[66] 조선 의학자들은 신라

---

63 『鄕藥集成方』 卷4, 風門 一切風通用方 崔氏海上集.
64 『醫方類聚』 卷95, 腰脚門2 聖惠方2. "治腰脚疼痛經年不差葳靈仙散方. 葳靈仙[一兩半], 牽牛子[一兩, 微炒], 陳橘皮[半兩, 湯浸, 去白瓤, 焙], 吳茱萸[一分, 湯浸七徧, 焙乾, 微炒], 檳榔[一兩], 木香[一兩]. 右件藥, 擣細羅爲散, 每於食前, 以溫酒調三錢, 服之, 瀉下惡物爲效."
65 『鄕藥集成方』 卷4, 風門 一切風通用方 崔氏海上集. 『의방유취』에는 신라 승려라고 명기되어 있다(『醫方類聚』 卷196, 雜病門2 肘後方).
66 『東醫寶鑑』 外形篇 卷4, 足. "單方 …… 威靈仙. 一人足病不能行數十年, 一僧敎服此藥爲末, 每二錢酒調服, 數日能步履[本草]."

의학에 대해 기독할 필요조차 느끼지 못했던 것이다. 전근대에서는 국가 개념이 근대만큼 선명하거나 강한 것이 아니기도 하지만, 조선 의학자들에게는 위령선 처방의 국적이나 연원보다는 그 효용성이 더 중요했기 때문이다.

대표적인 향재인 인삼 역시 위령선과 비슷한 사례에 해당한다. 인삼은 중국 측의 『증류본초』 같은 본초서에도 나오지만, 한국 측의 『향약구급방』「방중향약목초부」, 『향약집성방』 향약본초개론과 향약본초각론 등에도 빠지지 않는다. 『증류본초』에서는 신라 인삼에 대해 상술하고 있으며, 백제 인삼과 발해 인삼에 대해서도 소개하고 있다.

그런데 『향약구급방』「방중향약목초부」에서는 『증류본초』를 인용하면서도 신라 인삼과 관련된 구절은 빠뜨렸다. 그리고 『향약집성방』 향약본초개론과 향약본초각론에서는 『증류본초』에 실린 『도경(圖經)』・『해약(海藥)』 문장까지 재인용하였는데, '신라 인삼'・'백제 인삼'・'발해 인삼'에 대한 서술만은 완전히 외면하였다. 즉 여말선초의 의서 편찬자들은 한국의 인삼 산출지나 한국 인삼의 특성을 전혀 정리하지 않았을 뿐만 아니라 중국 의서의 '신라 인삼' 기록도 철저히 무시하였던 것이다.[67]

이처럼 향약 지식의 축적이 미흡한 동시에 중국 본초학의 강한 영향력을 벗어나지 못하는 것이 조선 본초학의 현실이었다. 크게 보면 고려의 향약(鄕藥)을 발전시킨 것이 조선의 동의(東醫)였으며,[68] 고려의 향약은 고대 삼국의학을 계승한 것이었다. 하지만 조선으로부터 시기가 멀어질수록, 그리고 앞글에서 살핀 처방(경험방) 부문과 비교했을 때 약재(본

---

[67] 『동의보감』의 인삼 항목도 위령선과 비슷하다. 『동의보감』에서는 『증류본초』에 실린 高麗 人蔘讚을 인용하는데, 한국(高麗)에서 만들었다는 출전은 빠뜨린 채 讚文만 인용하였다(『東醫寶鑑』 湯液篇 卷2, 草部 人蔘).

[68] 이경록, 「鄕藥에서 東醫로: 『향약집성방』의 의학이론과 고유 의술」, 『歷史學報』 212, 2011 참고.

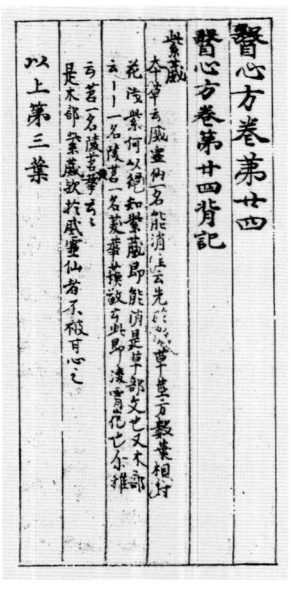

일본의 『의심방』에 부기(附記)된 위령선 기록

초학) 부문에서는 전통의 계승이 상대적으로 미약하였다.

그런데 조선과 일본 사이에서도 위와 유사한 약성 확인 과정이 반복되었다. 『의심방(醫心方)』은 984년 일본의 단빠 야스요리(丹波康賴)가 펴낸 의서인데, 현재 남아 있는 판본에는 후대의 위령선 기록이 부기(附記)되어 있다.[69] 이에 따르면 일본에서는 『증류본초』 권11의 '위령선(威靈仙)'과 권13의 '자위(紫葳)' 항목을 비교하면서 위령선의 실체에 접근하고 있다. 이 문장이 『의심방』에 추가된 시기는 명확하지 않지만 『증류본초』가 간행된 11세기 말 이후임은 분명하다.

일본에서는 위령선에 대한 지식이 계속 축적되었다.[70] 18세기 초반에 출판된 『화한삼재도회(和漢三才圖會)』에서는 위령선을 우즈호쿠사(宇豆保久佐), 후나하라(布那波良)라고 부르면서 일본 게이슈(藝州), 요슈(豫州), 단바(丹波), 곤고산(金剛山)에서 많이 산출된다고 소개한다. 『본초강목』을 토대로 일본의 위령선 품종을 소개하

---

69 『醫心方』卷24. "醫心方卷第廿四背記. 紫葳. 本草云, 威靈仙, 一名能消. 注云, 先於衆草, 莖方, 數葉相對, 花淺紫, 何以得知. 紫葳卽能消. 是草部文也. 又木部云, --一名陵苕, 一名茇華, 藘敬云, 此卽淩霄花也. 介雅云, 苕一名陵苕, 黃華云云. 是木部. 紫葳欵於威靈仙者不被甘心之."

70 일본 측의 연구에 따르면, 일본에서 위령선 지식의 유입은 『태평혜민화제국방』이 도입되던 12세기이며, 중국의 위령선이 수입되어 사용되었을 것으로 추측하고 있다. 또한 『多識編』, 『本草辨疑』, 『和語本草綱目』에서는 당재인 위령선의 일본명에 대해 의견을 제시하고 당재 위령선에 상응하는 일본산 식물에 대해서도 논의하였다(御影雅幸・難波恒雄, 「Clematis属植物とその関連生薬の研究(第6報)「威靈仙」の本草学的考察(1)」, 『生薬学雑誌』 37(4), 1983, 352~354쪽).

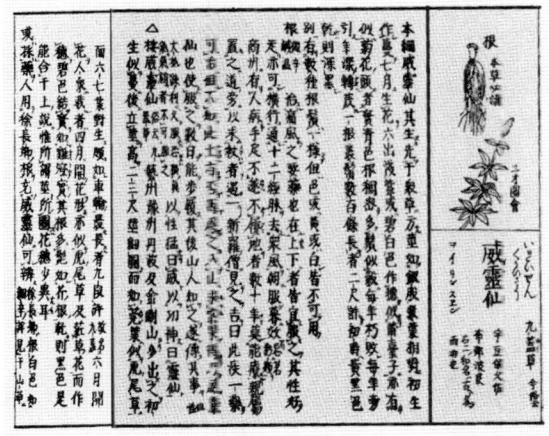

일본의 『화한삼재도회』에 실린 위령선 기록이다. 일본에서도 위령선에 대한 지식이 지속적으로 축적되면서 약용 품종을 가려내었다.

면서 약용으로 쓸 수 없는 품종을 가려내기도 할 정도였다.[71] 하지만 조선 초기의 의학자들이 그러했듯이 일본 의학자들도 일본산 위령선의 약효를 확인받을 필요가 있었다.

조선에서는 1607년부터 1811년까지 10여 차례 통신사를 일본에 파견하였다. 조선통신사 일행이었던 조선 의관들과 일본 의학자들이 주고받은 필담 자료들이 현재까지 남아 있다.[72] 이 중 1748년(영조 24년) 작성된 『조선인필담(朝鮮人筆談)』에 따르면 조선 의관 조숭수(趙崇壽)는 일본 의관 노로 지쓰오(野呂實夫)에게 통신사 일행의 상비 약재를 보여주었는데, 노로 지쓰오는 "위령선[일본 사츠마에서 생산되는 것과 같았다.]"라고 기록하였다.[73] 사츠마산 위령선이 약재로 쓸 만하다는 의미였다. 또한 이 통신사 일행이 일본 도호토(東都)에서 태의령(太醫令) 타치바나 겐쿤(橘元勳)

---

71 『和漢三才圖會』卷56, 蔓草類 威靈仙.

72 김호, 「朝鮮後期 通信使와 韓日 醫學 交流 -筆談錄을 중심으로-」, 『조선통신사연구』 6, 2008; 함정식, 「『桑韓唱和塤篪集』의 의사학적 연구 -1719년 己亥使行 의학문답 기록을 중심으로-」, 경희대학교 박사학위논문, 2009; 허경진, 「조선 의원의 일본 사행과 의학필담집의 출판 양상」, 『醫史學』 19(1), 2010; 김형태, 『통신사 의학 관련 필담창화집 연구』, 보고사, 2011 참고.

73 野呂實夫, 『朝鮮人筆談』 下, "威靈仙[與和産薩摩者同]."

과 대담한 내용을 정리한 『한객필담(韓客筆譚)』에는 위령선에 대한 문답이 들어 있다.

"위령선에는 곧선 품종도 있고, 덩굴 품종 즉 철각위령선(鐵脚威靈仙)도 있습니다. 그대 나라에서는 어떤 것을 사용합니까?"라고 겐쿤(元勳)이 물었다.
"위령선은 풍(風)을 다스리므로 철각위령선을 사용하는 것이 좋습니다."라고 숭수(崇壽)가 답하였다.74

조숭수는 중풍 치료에 철각위령선을 권장하였다. 이러한 기사들은 일본에서 산지별 위령선을 조선의 그것과 대조하는 동시에 위령선의 품종별 약성도 확인하는 과정을 보여준다.

요컨대 여말선초에 들어 위령선은 토산약재인 술위나물이라는 점이 확인되고, 그 약성이 당재와 동일하다는 것도 중국 의관들에게 인정받았다. 이미 술위나물(위령선)은 조선에서 충분히 생산되고 있었으므로 『향약집성방』과 『의방유취』에서는 자유롭게 활용하였다. 위령선은 다양한 증상을 치료하였을 뿐만 아니라 복방으로 쓰였고, 또한 치료 대상에 따라 정교하게 처방되었다. 이러한 활용을 바탕으로 위령선 지식은 일본의 본초학에 영향을 미칠 수 있었다.

일본 태의령(太醫令)인 타치바나 겐쿤(橘元勳)의 『한객필담(韓客筆譚)』. 조선 의관 조숭수와 위령선에 대해 문답하였다.

---

74 橘元勳, 『韓客筆譚』, 戊辰五月二十八日. "威靈仙有直立者, 有蔓草者, 乃鐵脚威靈仙也. 貴邦所用何者. 元勳. 靈仙治風, 故取其鐵脚者爲佳. 崇壽."

4. 맺음말

으아리는 위령선(威靈仙)이라고 한자로 적든지 거의채(車衣菜)라고 차자(借字)해서 표기하든지 술위나물이라고 순우리말로 부르든지 차이가 없다. 이 글에서는 고려와 조선시대의 본초학을 이해하기 위한 사례로서 동아시아에서 으아리가 약재로 인식되고 국가별로 전파되는 경로를 추적하였다.

으아리(위령선)로 다리 마비를 치료하는 방법은 원래 신라의 경험방이었다. 600년 전후 신라 승려가 중국 상주에서 위령선으로 환자를 치료하자 중국에서 위령선은 약재로 활용되기 시작하였다. 위령선에 대한 본초학적인 이해가 심화되면서 치료 범위는 다리와 허리의 치료로, 중풍으로 인한 사지마비 증상으로, 오장이나 징가·현벽·기괴 등 내과 영역으로 확장되어갔다.

이에 짝하여 위령선 산출지는 신라 승려가 치료했던 상주를 기점으로 화산·평택·섬서·화동 등 각지로 넓어졌다. 위령선의 복약(服藥) 금기(禁忌)로는 차(茶)와 면탕(麵湯)에서 시작하여 진기(眞氣)를 손상시키는 부작용까지 논의하게 되었다. 위령선 산출지의 증가와 약성 이해의 심화는 위령선 처방이 단방에서 복방으로 진전되는 과정이기도 하였다. 순차적으로 편찬된 중국의 본초서와 방서에는 위령선의 산출지 확장, 약성·약효 이해의 심화, 주치 확대, 포제법의 정교화 과정이 수렴되어 있다.

고려시대에는 위령선에 대한 본초학적 지식을 담은 중국 의서가 역으로 유입되었다. 이미 고려에서는 현종대에 수입된 『태평성혜방(太平聖惠方)』의 위령선 처방들과 문종의 중풍 치료를 통해 중국산 위령선의 효능을 알고 있었다. 하지만 위령선이 고려의 어떤 식물에 해당하는지는 몰랐다. 『향약구급방』에서 위령선의 향명으로 지목한 구미초(狗尾草)는 강아지풀이었다. 고려 의학자들의 실수였다.

여말선초에 와서야 위령선이 술위나물(거의채)에 해당한다는 사실을 알게 되었다. 신라의 약재 경험이 전승되지 못한 탓에 벌어진 일이었다. 결국 조선 세종 5년(1423)에 이르러서야 향재인 술위나물은 당재인 위령선과 일치한다고 인정받았다.『향약집성방』에서 신라 승려의 기록을 의도적으로 빠뜨린 데서 보이듯이 조선 의학자들은 신라 본초학을 중시하지 않았다.

본초학 지식의 전파는 일본측 자료에서도 확인된다.『증류본초』의 위령선(威靈仙)과 자위(紫葳) 기록을 꼼꼼히 검토하면서 일본 의학자들 역시 위령선이란 약재의 실체를 파악하고자 노력하였다. 일본 내에서의 명칭이나 산출지가 조사되기도 하였지만 일본산 위령선의 약효를 확신할 수는 없었다. 조선통신사의 일원이었던 조선 의관들에게 위령선의 품종별 차이를 문의하거나, 조선산 위령선을 참고하여 일본산 위령선의 진위를 판단한 이유였다.

일본 의학자들이 지식을 습득하는 모습은 조선 세종대에 노중례가 향재 술위나물의 약성을 중국에서 확인하는 과정과 흡사하였다. 시기를 더 거슬러 올라가면 중국인들이 위령선의 효능을 신라 승려에게서 배워 약성을 탐구한 것과 동일한 모습이었다. 한국을 비롯하여 중국과 일본에서 비슷한 장면이 시기와 장소를 달리하면서 되풀이되었다. 동아시아의료에서 본초학 지식이 형성되고 공유되는 방식이었다.

흔히「약성가(藥性歌)」에서 '위령선(威靈仙)은 맛이 쓰고 성질이 따뜻하니, 허리·무릎의 냉증(冷症)을 치료하고 적담(積痰)·현벽(痃癖)·풍습(風濕)도 아울러 다스린다'고 설명한다.[75] '무릎의 냉증(冷症) 치료'라는

---

[75] 『濟衆新編』卷8, 藥性歌(金信根 主編,『韓國醫學大系』18, 여강출판사 영인, 1992, 587쪽). "葳靈苦溫腰膝冷痛, 積痰痃癖風濕通用.";『醫宗損益』附餘, 藥性歌(金信根 主編,『韓國醫學大系』26, 여강출판사 영인, 1992, 432쪽). "葳靈苦溫腰膝冷痛, 積痰痃癖風濕

표현에 신라 위령선은 화석처럼 남아 있다. 오래된 탓에 그 흔적의 주인공이 흐릿할 뿐이다.

通用.";『若山好古重方撮要』, 藥性(金信根 主編, 『韓國醫學大系』 38, 여강출판사 영인, 1992, 282쪽). "威灵苦溫腰膝冷痛, 積痰痃癖風濕逛用."

결론

　지금까지 조선전기의 의료제도와 의술에 대해 4개 주제로 나누어 살펴보았다. 이제 논의 내용을 다시 간추리면서 그 의미를 짚어보겠다.
　제1부에서는 조선전기의 의료정책과 의관층의 형성을 논의하였다. 가장 먼저 살펴본 의서습독관은 양인지배층(良人支配層)을 유의(儒醫)로 양성하여 의직을 전임(專任)시키는 제도로서 세종 3년(1421)에 시작하였다. 조선에서는 천문(天文)·지리(地理)·의약(醫藥)·복서(卜筮)에 고루 밝은 유자(儒者)를 통유(通儒)라고 불렀는데, 의료분야의 통유가 바로 의서습독관이었다. 의서습독관의 임무는 의서 습득을 비롯하여 의직 수행, 의학교육, 의서 편찬, 환자 진료 등 의료제도 전반의 운용이었다.
　성종대를 기준으로 의서습독관의 정원은 30명이었으며, 이들은 『인재직지방』·『찬도맥결』·『창진집』·『산서』·『장자화방』 등을 익혀야 했다. 이들은 임상에도 숙련되어야 했으며 10일 단위로 시험을 치러야 했다. 뛰어난 의서습독관은 동반·서반의 현직으로 진출할 수도 있었다. 하지만 15세기 말에는 의서습독관을 경시하는 경향이 강해졌다. 광의의 양인층이 점차 양반과 중인으로 분화되면서, 의서습독관이 위치한 의료부문은 지배층에게 적합한 직분이 아니라는 사고방식이 강화되어서였다. 결국 연산군대 이후에는 의서습독관제도가 급속히 쇠퇴하였고 16세기 말에는 거의 소멸하였다.
　의서습독관들이 활동한 15세기는 의료진흥정책이 활발하게 전개된 시기였다. 건국주도세력은 지방의 의학원과 서울의 육학을 통해 지배층 자제들에게 의학교육을 권장하였다. 의료 인력을 원활하게 수급하려는 조치였으며, 그 근저에는 유자(儒者)가 통유(通儒)가 되어 의료를 담당하자는 통유론(通儒論)이 깔려 있었다. 이것은 조선초기 국왕들과 건국주도세력을 포함한 핵심지배층의 입장으로서 위에서 언급한 의서습독관제도가 대표적이었다. 반면에 일반 문관이나 관리후보층인 양반사족의 입장은, 계층간의 직분(職分)은 엄연하므로 사족이 의직을 담당할 수 없다는 직분론(職分論)이었다. 김종직, 양성지, 서거정 등의 주장이 대표적이었다.

그 끝에 의직은 필수적이지만 그 운영은 전업 의관이 담당하는 것으로 통유론과 직분론이 합의하였다. 의료관서의 감독과 의학교육의 일부는 사족이 맡되 환자 치료, 의서 편찬, 의직 수행 같은 의료의 실행은 전업 의관이 맡는 타협이었다. 이러한 타협의 바탕에는, 15세기를 거치면서 의관들이 의서를 편찬할 정도로 실력이 늘고, 명의로 손꼽히는 변화도 깔려 있었다. 따라서 통유론이 점차 퇴조하면서 15세기 말에 이르게 되면 전업 의관층이 의료를 주로 담당하게 되었다.

이들 전업 의관층은 양인의관과 천인의관으로 구분되는데, 이들의 사회적 지위를 둘러싸고 두 가지 입장이 대립하였다. 의료를 중시하는 관료제론(官僚制論)은 양인의관들의 동반·서반 진출과 천인의관들의 의과 응시를 모두 허용하는 입장이었다. 조선전기의 국왕들과 고위관료 같은 핵심지배층이 여기에 해당하였다. 반면 신분제론(身分制論)은 양인의관의 의과 응시는 기존대로 허용하지만, 양인의관들의 동반 진출과 천인의관들의 의과 응시는 모두 반대하는 입장이었다. 일반 문반들과 관리후보집단인 사족지배층이 여기에 해당하였다.

실제 전개 과정을 살펴보면, 양인의관층은 3품 당상관 이상으로 승진하고자 노력하면서 문반·무반 관직으로의 진출을 도모하였다. 성종대 므

렵부터는 양인의관들의 당상관 승진이 흔해졌으며, 중종대 무렵부터는 동반·서반의 실직을 받는 경우도 많아졌다. 한편 천인의관층은 후사를 염려하는 고위관료들의 적극적인 태도 덕분에 건국 직후부터 의직에 진입하였다. 천인의관층의 신분상승 노력은 의과(醫科) 응시자격 획득으로 집중되었고, 드디어 중종대에는 양인의관층과 마찬가지로 의과에 응시할 수 있었다. 천인까지 포괄하는 조선시대 의관층의 이러한 형성 과정은 관료제의 확대를 의미하는 것이었다. 이렇게 본다면 양인과 천인으로 구성된 조선시대 의관층은 신분 간 이동이 완전히 막혀 있지는 않은 직업군이었다. 이러한 개방성은 의관층의 실력과 노력에 의해 성취된 것이었고, 의관층은 조선사회 신분제의 변동성을 잘 드러내고 있다.

이상과 같이 조선초기의 의료정책은 의과(醫科)의 실행과 함께 유의(儒醫)도 양성하여 의료를 맡기자는 것이었다. 하지만 통유론을 반대하는 직분론 역시 강했으므로 결국 전업 의관층이 의료를 담당하는 것으로 조정되었다. 그리고 양인과 천인으로 구성된 전업 의관층은 점차 사족지배층으로부터 배제되어 중인으로 고착되었지만, 의직이 신분상승의 통로로 활용되면서 조선의 신분제를 유동적으로 만들었다.

제2부에서는 성리학과 의료의 관계를 분석하기 위해 우선 조선전기에 유행한 인육치료부터 살펴보았다. 인육치료는 손가락이나 넓적다리를 잘라서 환자에게 먹이는 단지(斷指)와 할고(割股)가 대표적이었다. 그 치료 범위는 간질(癇疾)·광질(狂疾)을 비롯하여 악질(惡疾), 복병(腹病), 흉복통(胸腹痛), 학질(瘧疾), 여역(癘疫), 고창병(鼓脹病), 현훈증(眩暈症), 나병(癩病), 단독(丹毒) 등으로 넓어졌다. 인육치료는 사회적으로 불리한 집단이었던 여성·자식·노비 등에 의해 주로 실행되었다. 단지할고는 각자의 자발적인 선택처럼 보이지만, 『삼강행실도』 등을 검토해보면 이들 사회적 약자에게는 사실상 강요되고 있었다.

한편 조선정부로서는 효행이나 절의를 장려한다는 명분으로 인육치료라는 자극적인 방식을 선택하였다. 포상과 관찬 기록을 통해서 단지할고를 조장한 이유는 '지치(至治)'라고 표현되는 성리학의 나라를 건설하기 위해서였다. 단지할고에 대한 세종의 긍정적인 인식을 필두로 김일손의 「비호인대」와 『명종실록』의 사평(史評)은 이러한 입장을 잘 보여주고 있다. 즉 성리학의 사고방식이 조선 사람들의 정신을 지배할 뿐만 아니라 몸까지 장악해나갔던 것이다.

따라서 조선전기 의료에 강력한 영향력을 미친 성리학의 의료관을 살펴볼 필요가 있다. 성리학의 생리론에서는 천도(天道)에서 기원한 음양오행이라는 기(氣)가 내재함으로써 인체가 만들어진다고 보았다. 즉 천도 → 음양오행 → 오상 → 오장의 논리로 인체를 이해하였는데, 이 인체는 상수학(象數學)에 기반하여 연역적인 방식으로 규정된 것이었다. 성리학(性理學)은 '본(本)'이 되고 의학(醫學)은 '말(末)'이 되는 형식이었다. 의학은 말업(末業)으로 간주될 수밖에 없었다.

그리고 성리학의 병인론에서는 음양오행의 질서가 깨질 때 질병이 발생한다고 이해하였다. 특히 음이 과도해지는 것을 경계하면서, 질병을 죄악으로 여겼다. 마찬가지로 신분계급적인 질서인 삼강오륜을 깨뜨리는 행위도 질병을 야기하므로 악에 해당하였다. 삼강오륜의 사회질서는 이일이분수(理一而分殊)라는 직분론에 의해 정당화되었으며, 동시에 직분론에 의거해 지배층에게는 사회질서를 존속시킬 책무가 부여되었다. 사회를 온존하기 위해서는 의료가 중시되어야 했다.

성리학의 치료론은 음양오행의 조화와 삼강오륜의 사회질서를 회복함으로써 질병을 극복한다는 논리이다. 이때 의학적인 치료 못지않게 중요한 것이 의료기구의 정비, 의학교육의 강화, 관찬의서들의 편찬, 전염병에 대한 제도적인 대책 등이었다. '대의는 국가를 치료한다[大醫醫國]'는 표현대로 의료제도는 국가체제의 일환이었기 때문이다. 반면 의관들의 자질조차 의심받는 분위기 속에서 의료인 개개인의 역할은 소의(小醫)의 활동이라고 폄하되었다. 대의소의론(大醫小醫論)이 부각되면서 의료인의 천시는 불가피했다.

이러한 성리학적 의료관 외에도, 고려의 사회경제적 변동 역시 조선전기 의료기구 개편의 역사적 배경이 되었다. 즉 고려에서는 사회경제적 기반인 전주전객제와 지주전호제가 전개되면서 일반 백성들의 자율성과 공공성이 확장되었다. 공민화된 일반 백성들을 국가체제 내로 포섭하기 위해서는 강력한 중앙집권체제가 요구되었는데, 민본이념을 중시하는 성리학은 이러한 사회변동에 아주 적합하였다. 이에 여말선초 의료제도는 성리학을 지배이념으로 삼아 백성들의 강화된 위상을 수렴하는 방향으로 전개되었다. 호생지덕과 민본주의를 앞세워 모든 백성의 의료권이 보장되었던 것이다.

구체적인 추이를 살펴보면 의료기구의 명칭을 비롯하여 의료기구의 연혁·정원·기능 등에서 유교적 민본주의의 표방과 일원적인 중앙집권체제의 지향이 확인된다. 조선에서 국초부터 대민의료기구가 국가제도로 규정된 것은 고려보다 진일보한 양상이었다. 그런데 중요한 점은 민본이념이 모든 사회구성원을 포괄하는 논리이기는 했으나, 백성을 최우선시한다는 의미가 아니라는 점이다. 조선의 의료기구가 내의원 → 전의감 → 혜민서 → 활인서의 순서로 편제된 이유는 성리학의 본말론(本末論)이 투영되어 있기 때문이었다. 이러한 위계적인 편제는 최상위 지배층인 왕실을 정점으로 하는 조선의 신분계급구조와도 부합하는 것이었다.

이상과 같이 본말론의 사유방식과 공적인 제도화에 장점을 지닌 성리학은 조선의 위계적인 의료제도를 구축하는 데 효율적이었다. 따라서 여말선초는 신분계급질서 옹호를 지향하는 성리학이 역사적으로 부여된 역할을 담당하는 시기였다. 동시에 성리학적 사고는 조선 사람들에게 인육 치료까지 강요할 정도로 경직되어 있었다. 성리학적인 사회질서의 추구가 가져온 양면성이었다.

제3부에서는 조선전기의 질병 양상과 그 영향에 초점을 맞추었다. 먼저 조선전기에 가장 대표적인 질병으로 성장한 중풍의 사회사를 살폈다. 고려에서는 문종을 비롯한 지배층에게 중국의학의 중풍이론이 수용되었다. 고려후기 이래로는 『향약구급방』을 비롯한 대중용 의서들에서도 중풍을 다루고 있었다. 이 의서들에서는 피부질환, 나병, 류머티즘까지도 중풍으로 규정되었다. 중풍에 대한 의학지식이 확장된다는 의미인 동시에 치료가 요구되는 신체 증후들도 증가한다는 의미였다.

조선 세종대의 『향약집성방』과 『의방유취』에서는 중풍을 전면에 배치하면서 중시하였는데, 풍사론(風邪論) 같은 이론의 심화와 함께 광증과 파상풍까지 중풍에 편입되었다. 소속명탕 같은 고려시대 지배층의 치료법을 조선에서 일반 백성들도 사용하는 장면은 중풍에 대한 인식과 치료의 보편화를 보여준다. 그리고 중풍의 보편화에 상응하여 중풍 치료는 권력화되었다. 정부는 민간보다, 중앙은 지방보다, 윗사람은 아랫사람보다, 지방의 유력자는 백성보다 중풍 치료에 유리하였던 것이다. 질병에서 벗어나려는 욕망은 각자의 사회적 지위에 맞춰 차등적으로 실현되었다.

중풍을 비롯한 조선전기의 전체적인 질병 양상을 고찰한 글이 「『향약집성방』의 편찬과 질병의 창출」이었다. 『향약집성방』은 책 이름 그대로 향약으로 모든 질병을 치료하려는 종합의서였다. 이 책에서는 『향약제생집성방』을 저본으로 삼았으므로 병문의 배치 순서나 본문 형식이 유사할 뿐만 아니라 심지어 일부 문장이 동일하였다. 반면 그 내용을 분석해보면 동아시아의료에 기대어 질병의 원인과 종류와 기전과 치료를 이해하였으며, 치료 약재를 정리한 향약본초 역시 중국 본초학에 의존하고 있었다.

즉 『향약집성방』은 향약 의서의 전통을 이으면서도 동아시아의료를 적극 수용하고자 편찬되었다.

물론 동아시아의료가 무차별적으로 수입된 것은 아니었다. 전체적으로 『향약집성방』은 중국 의서의 편차를 준수하였지만, 조선 의학자들이 『향약집성방』의 병문 순서와 본문 형식 등을 결정하였다. 『향약집성방』의 수록 질병은 조선에서 창궐하는 전염병이나 소갈처럼 사회경제적 변화와 관련되기도 하였다. 수록하는 질병의 양상을 계산해보면 정종 1년(1399)의 『향약제생집성방』에서는 338병증에 2,803처방이 수록되었는데, 세종 15년(1433)의 『향약집성방』에서는 959병증에 10,706처방이 수록되었다. 불과 30년 만에 조선에서 인식하는 병증과 처방이 3배가량 폭발하였던 것이다. 조선 사람들은 급증하는 질병에 포섭되는 중이었다.

이어서 질병의 발생과 그에 대한 전형적인 대응을 살펴보기 위하여 중종 19년(1524)의 평안도 전염병을 다루었다. 전염병 초기에 실시된 구휼·시료·여제가 기존 방식의 지속이라면 불교, 도교적 대응의 폐지는 16세기의 새로운 변화를 반영한 움직임이었다. 조선 국초에 만들어진 정례적인 대응책이 변용되는 과정이었다. 그럼에도 전염병이 확산되자 중종 20년(1525)에는 『간이벽온방』이 편찬되었다. 조선초기의 의학지식을 토대로 편찬된 『간이벽온방』은 백성 개개인이 질병에 맞서도록 해주었다.

하지만 이 전염병은 너무나 극심했으므로 기존의 정례적이거나 의학적인 대응 외에도 정치적인 대응이 시도되었다. 이른바 천인상응론이 부각된 것이다. 전염병이 치성하는 이유는 전쟁·기근·형벌 등 사회적 요인으로 원억(冤抑)이 발생한 탓이라고 이해했기 때문이다. 그런데 천인상응론을 주장하면서도 국왕과 신료들 사이에는 정치적 입장에 따라 그 적용 방식이 달랐다. 중종은 백성들의 화기를 회복하기 위해서라면 형벌 사면과 부세 감면이 유용하다고 주장하였다. 신료들이 그동안 제대로 직무를 수행하지 못했다는 판단이 깔려 있었다. 하지만 신료들은 처벌받아야 할 죄수가 사면되는 것이야말로 여기(沴氣)를 야기한다고 반대하면서, 국왕의 공구수성(恐懼修省)을 요구하였다. 군주의 허물 탓에 전염병이 발생했다는 의미였다.

이상과 같이 조선전기에는 『향약집성방』 편찬을 통해 기존에는 심상(尋常)했던 다수의 신체 증후들이 질병으로 인식되었다. 중풍이나 상한이 대표적이었다. 중종 19년(1524)의 평안도 전염병처럼 심각한 피해를 끼치는 경우도 발생하였다. 질병으로 규정되면 치료가 뒤따라야 했으므로, 조선 사람들의 일상에 미치는 의료의 영향력은 강해질 수밖에 없었다. 조선사회의 의료화(醫療化)였다.

제4부에서는 치료술의 토대가 되는 약재 개발과 활용을 정리하였다. 가장 먼저 살핀 것은 한의학의 대표적인 약재인 감초의 토산화 과정이었다. 고려에서도 감초는 중요한 약재였으며, 『신집어의촬요방』과 『향약구급방』에도 감초의 효능은 설명되어 있었다. 조선초기에 들어 약재에 대한 확보 노력이 경주되었다. 특히 전염병에 대응하는 향소산·십신탕·승마갈근탕·소시호탕에는 감초가 필수적이었다. 이에 세종 30년(1448) 전라도와 함길도에서 감초를 재배하기 시작하였다.

그러나 감초 재배는 용이하지 않았다. 첫째 이유는 적합한 토질을 찾는 게 어려워서였다. 외래식물인 감초를 재배하는 과정에서 나타날 수밖에 없는 착오였다. 둘째 이유는 감초 재배 백성들이 새로 부담할 공납 때문이었다. 약재 증식을 통한 조선정부의 중앙집권화 노력과 감초 재배 백성들의 조세 저항이 충돌하고 있었던 것이다. 결국 성종대에 들어 감초는 토산화에 성공하였다. 이에 따라 의료에 대한 백성들의 접근은 훨씬 용이해졌고, 감초의 치료 범위는 확장되었다. 아이의 출생에서부터 감초를 사용하는 이문건의 모습은 조선의 일상생활에 의료가 침투하는 생생한 광경이었다.

확실히 조선전기의 약재 개발은 세종대를 기점으로 새로운 단계에 진입하였다. 세종대의 향약 개발 과정은 양(量)과 질(質)의 두 방향으로 나누어 정리할 수 있었다. 양의 측면에서는, 『경상도지리지』를 비롯한 『신찬팔도지리지』 편찬으로 전국의 약재 실태를 전수조사하면서 약재 생산 지역을 확장하는 동시에 외래약재의 토산화를 진행하였다. 질의 측면에서는, 약성(藥性)에 관한 이해가 심화되면서 향재의 채취법·포제법·사용법 연구성과를 『향약채취월령』과 『향약집성방』 향약본초 등에 담았다. 이를 통해 『향약집성방』은 조선시대 향약의 표준으로 자리를 잡았으며, 두 방향의 노력은 『세종실록』 지리지에서 종합되었다.

『세종실록』 지리지에서는 약재 384종이 수록될 정도로 약재 종류가 급증했을 뿐만 아니라 군현별로 약재 품질까지 파악하였다. 특히 '종양약재' 항목을 새로 설정함으로써 적극적인 증산정책을 펼쳤다. 생강은 재배 지역의 자연스러운 확산과 조선정부의 의도적인 증산 노력이 결부되면서 생산이 늘어나는 전형적인 사례였다. 조선전기 의술의 확대를 뒷받침하는 노력들이었다.

마지막으로는 동아시아에서 위령선이 약재로 인식되고 국가별로 전파되는 경로를 추적하였다. 으아리(위령선)로 다리 마비를 치료하는 방법은 원래 신라의 경험방이었다. 600년 전후 신라 승려가 중국 상주에서 위령선으로 환자를 치료하자 중국에서는 위령선을 약재로 활용하기 시작하였다. 위령선 산출지는 상주를 기점으로 화산·평택·섬서·하동으로 넓어졌으며, 위령선의 복약(服藥) 금기(禁忌)로는 진기(眞氣)를 손상시키는 부작용까지 논의하게 되었다. 위령선의 약성에 대한 이해가 심화되자 위령선 처방은 단방에서 복방으로 진전되었다.

고려시대에는 위령선에 대한 본초학 지식을 담은 중국 의서가 역으로 유입되었다. 하지만 위령선이 고려의 어떤 식물에 해당하는지는 몰랐다. 『향약구급방』에서 위령선의 향명으로 지목한 구미초(狗尾草)는 강아지풀이었다. 고려 의학자들의 실수였다. 드디어 노중례가 중국을 방문한 조선 세종 5년(1423)에 이르러 향재인 술위나물(거의채)이 당재인 위령선과 일치한다고 인정받았다. 한편 일본 의학자들 역시 『증류본초』 등을 검토하면서 위령선의 실체를 파악하고자 노력하였다. 이어서 일본 의학자들은 조선통신사의 일원이었던 조선 의관들에게 위령선의 품종별 차이를 문의하고, 조선산 위령선을 참고하여 일본산 위령선의 진위를 판단하였다. 이와 같이 한국을 비롯하여 중국과 일본에서는 비슷한 장면이 시기와 장소를 달리하면서 되풀이되었다. 동아시아에서 본초학 지식이 형성되고 공유되는 방식이었다.

이상과 같이 세종대로 대표되는 조선전기에는 약재 개발이 한창이었다. 향재 종류가 많아지고 약성 이해가 심화됨에 따라 치료할 수 있는 질병도 확대된 것이다. 감초의 토산화는 약재 생산의 어려움과 일상생활에 끼친 의료의 영향력을 잘 상징한다. 위령선의 사례에서 드러나듯이 의학 지식은 끊임없이 축적되고 전파되어갔다.

그러므로 조선전기에는 의료인의 전문화로 전업 의관층이 형성되고 의료기구는 중앙집권적인 방식으로 개편되었는데, 그 근저에는 성리학적인 직분론과 본말론이 자리잡고 있었다. 조선의 신분계급적 사회질서를 반영하여 의료제도가 위계적으로 구축된 것이다. 또한 조선전기에는 다양한 질병이 폭증하는 만큼 질병 치료를 위한 약재 개발도 괄목할 만했다. 의술을 향유하는 사람들이 확대되는 과정인 동시에 조선사회에 의료의 영향력이 더욱 강해지는 과정이었다.

부록

1. 조선시대 의서습독관 명단
2. 『향약구급방』의 중풍 처방과 출전 비교표
3. 중국의 위령선 기록 일람표

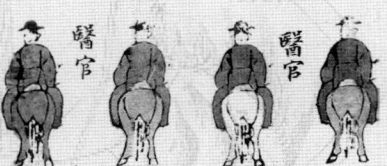

〈부록 1〉 조선시대 의서습독관 명단

번호	이름	의서습독관 시기	주요 경력	의서습독관 근거	비고
1	李孝之	세종 3년(1421)	(典醫監) 直長 (典醫監) 注簿 縣監 文科 합격 咸吉道都事 少尹 京畿經歷	『世宗實錄』卷11, 세종 3년(1421) 4월 8일(경자)	
2	李孝信	세종대?	文科 합격 縣監 典醫監 正	『端宗實錄』卷13, 단종 3년(1455) 1월 25일(신미)	
3	全循義	세종대?	行典醫監 正 上護軍 僉知中樞院事 同知中樞院事 正憲大夫(정2품) 醫生을 지도 『醫方類聚』 편찬에 참여 『鍼灸擇日編集』・『食療簒要』・『山家要錄』 저술	『端宗實錄』卷13, 단종 3년(1455) 1월 25일(신미)	
4	金智	세종대?	典醫監 正 僉知中樞院事	『端宗實錄』卷13, 단종 3년(1455) 1월 25일(신미)	
5	任元濬	세종 29년(1447)경	醫書撰集官 西班 副司正 文科 합격 工曹判書 左參贊 崇政大夫(종1품) 例兼中樞府事 典醫監 提調 內醫院 提調 西河君 『瘡疹集』 저술	『成宗實錄』卷93, 성종 9년(1478) 6월 15일(을사)	

476 조선전기의 의료제도와 의술

번호	이름	의서습독관 시기	주요 경력	의서습독관 근거	비고
6	金義鋼	세조 5년(1459)	司直 文科 합격 七學 중 醫學門에 배치 靑山縣監 訓鍊院 判官	『世祖實錄』卷18, 세조 5년(1459) 11월 22일(경자); 卷38, 세조 12년(1466) 4월 7일(정미)	세조 12년(1466) 기록에는 醫學講肄官으로 표기
7	朴孟達	세조 7년(1461)	生員試 합격	『世祖實錄』卷25, 세조 7년(1461) 8월 23일(경인)	
8	權贊	세조 8년(1462)	司馬試 합격 內醫院 主簿 工曹佐郎 宗親府 典簿 司贍寺 僉正 推忠定難翊戴功臣 正憲大夫(정2품) 工曹判書 『醫方類聚』 간행에 기여 玄福君	『世祖實錄』卷40, 세조 12년(1466) 12월 16일(계축); 『成宗實錄』卷204, 성종 18년(1487) 6월 11일(기묘)	
9	權引	세조 12년(1466)	『洪武正韻』 번역본의 교정 戶曹正郎 迎接都監 副使 延安府使 都摠府鎭撫 義禁府鎭撫 行副護軍 行司猛 黃州牧使	『世祖實錄』卷38, 세조 12년(1466) 4월 7일(정미)	醫學講肄官으로 표기
10	劉永貞	성종대?	縣監 『簡易辟瘟方』 저술	『燕山君日記』卷50, 연산군 9년(1503) 7월 10일(갑술)	

번호	이름	의서습독관 시기	주요 경력	의서습독관 근거	비고
11	白繼會	성종 19년(1488)경	白承秀의 아버지	『月沙先生集』卷48, 墓誌銘 上, 贈吏曹判書洪公墓誌銘[幷序]	
12	元柱	성종 21년(1490)	門蔭으로 將仕郞(문반 종9품) 제수 承議郞(문반 정6품)	『慕齋先生集』卷13, 墓碣銘, 習讀官元柱夫妻合葬墓碣銘	
13	郭仁和	연산군 3년(1497)경	承議郞(문반 정6품)	『東岡先生文集』卷17, 遺事, 先君子仁峯先生遺事	
14	潘士洞	연산군 4년(1498)경	별다른 관력이 없음	『簡易文集』卷2, 墓碣銘[幷序, 陰記表附], 處士潘公墓碣銘	
15	金筠	연산군 9년(1503)경	별다른 관력이 없음	『炊沙先生文集』卷3, 行狀, 先妣宜人李氏行狀; 『小山先生文集』卷10, 墓誌銘, 通政大夫僉知中樞府事金公墓誌銘	醫學習讀官으로 표기
16	柳希任	중종 1년(1506)경	朝奉大夫(종4품)	『松巖先生續集』卷6, 墓碣, 處士柳宗仁墓碣銘; 柳正厚孝李氏墓碣銘	
17	文檣	중종 10년(1515)경	늙어서는 벼슬을 하지 않음	『西潭先生文集』卷4, 墓碣, 處士文公墓碣	
18	白承秀	중종 13년(1518)경	白繼會의 아들	『月沙先生集』卷48, 墓誌銘 上, 贈吏曹判書洪公墓誌銘[幷序]; 『白沙先生集』卷3, 墓碣, 贈貞憲大夫吏曹判書洪公墓碣銘; 『慕堂集』, 附錄, 行狀	
19	金繼霖	중종 37년(1542)경	별다른 관력이 없음	『漁村集』卷9, [文], 朔氏徵士府君金公世南墓誌銘	
20	裵天錫	중종 38년(1543)	宣敎郞(문반 중6품) 秉節忠佐衛 副司果(무반 종6품)	『稻潭先生文集』卷9, 雜著, 墓碣, 秉節校尉忠佐衛副司果同果裵公宜人鄭氏墓碣	

번호	이름	의서습독관 시기	주요 경력	의서습독관 근거	비고
21	任權臣	명종 1년(1546)경	별다른 관력이 없음	『拙翁集』卷10, 碑銘·碣銘, 通訓大夫行宗廟署令任公神道碣銘[幷序]	
22	張徵之	명종 3년(1548)경	별다른 관력이 없음	『遯軒先生文集』卷2, [文], 先考西溪先生行狀	
23	琴閒先	선조 1년(1568)	護軍 訓鍊院 正	『訥隱先生文集』卷19, 行狀, 禦侮將軍訓鍊院止奉化李公家狀	
24	李庭檜	선조 2년(1569)	修義副尉(무반 종8품) 迪順副尉(무반 정7품) 承訓郎(문반 정6품) 通德郎(문반 정5품) 通禮院 引儀 司醞署 主簿 司憲府 監察 橫城縣監 軍資寺 判官 義興縣監 『松澗文集』저술	『松澗先生文集』卷2, 年譜; 『西山先生文集』卷17, 墓誌銘, 通訓大夫行義興縣監松澗李先生墓誌銘[幷序]; 『石溪先生文集』卷4, 行狀, 通訓大夫義興縣監松澗李公行狀	
25	鄭醫	선조 9년(1576)경	司馬試 합격	『遯軒先生文集』卷1, 年譜	

〈부록 2〉『향약구급방』의 중풍 처방과 출전 비교표

번호	의서	내용	출전
①	『향약구급방』	中風, 理中風, 口眼喎斜. 擣栝蔞, 絞取汁, 和大麥麵[鄕名包衣禾], 搜作餠, 炙令熱, 熨之, 正使正則止. 勿令太過 [括蔞鄕名天原乙].	『鄕藥救急方』下卷, 中風, 78~79쪽
	『증류본초』	聖惠方……又方[治中風口眼喎斜. 用栝樓, 絞取汁, 和大麥麵, 搜作餠, 炙令熱, 熨, 正使止. 勿令太, 過].	『重修政和經史證類備用本草』卷8, 栝樓, 197쪽
	『태평성혜방』	治中風, 口眼喎斜方……又方. 右以栝蔞, 絞取汁, 和大麥麵, 和作餠子. 炙令熱, 熨, 正使止. 勿令太過.	『太平聖惠方』卷19, 治中風口喎諸方, 535쪽
②	『향약구급방』	理中風, 口噤不知人, 以朮[鄕名沙邑菜] 四兩] 酒[三升] 右煮取一升, 頓服.	『鄕藥救急方』下卷, 中風, 79쪽
	『증류본초』	千金方[治中風, 口噤不知人, 朮四兩, 酒三升, 煮取一升, 頓服.]	『重修政和經史證類備用本草』卷6, 朮, 151쪽
	『천금방』	治中風, 口噤不知人者方……又方. 白朮[四兩, 切] 酒[三升] 右二味, 合煮取一升, 頓服.	『備急千金要方』第六, 卷28, 治諸風方, 299쪽
	『외대비요』	又療中風, 口噤不能言方……又方. 白朮, 四兩, 以酒三升, 煮取一升, 頓服.	『外臺秘要方』卷14, 風口噤方十首, 463쪽
③	『향약구급방』	又療中風, 大便秘澁. 威靈仙[鄕名能消]. 一名能消. 右細篩末. 煉蜜丸如桐[子大. 晩頭溫酒下六十丸. 兼理脚氣, 不能行步. 唐商州有人, 重病足不履地者, 數十年, 良醫罨支, 所親置之道傍, 以求救者, 遇一新羅僧見之, 曰此疾一藥可療, 但不知此土有否. 因爲入山, 求訪, 果得, 乃威靈仙也. 使服之, 數日能步履, 使服見, 數日能步履忌茶執麵].	『鄕藥救急方』下卷, 中風, 79쪽
	『증류본초』	威靈仙. 圖經曰……一名能消. 唐正元中, 嵩陽子周君巢, 作威靈仙傳, 云, 先時, 商州有人, 重病足不履地者, 數十年, 良醫殫技, 莫能療. 所親置之道傍, 以求救者. 遇一新羅僧見之, 曰此疾一, 藥可活, 但不知此土有否. 因爲入山, 求訪. 果及蟄蜴, 乃威靈仙也, 使服, 數日能步履. 其後山人鄧恩齊知之, 遂傳其事……但惡茗及麵湯, 以甘草栀子代飮, 可也……崔氏海上集方[……時商州有人, 患重足不履地, 經十年, 不差. 怨遇新羅僧見, 威靈仙疾病可理, 遂入山, 求之. 還請數日, 不復……痔疾秘澁, 氣痢絞結, 入在竹筒內, 半筆口, 九蒸五暴. 如乾, 洗焙末, 以好酒和令微濕, 搗爲丸, 如桐子大. 每服二十至三十丸, 湯酒下.]	『重修政和經史證類備用本草』卷11, 威靈仙, 264쪽

480 조선전기의 의료제도와 의술

번호	의서	내용	출전
③	『주후비급방』	崔氏海上方云……時尚州有人, 患脚足不屈伸, 經十年, 不瘥. 遇新羅僧云可理. 遂入山, 求之. 遣服數日, 不復. 後留此藥名而去.	『肘後備急方』 卷8, 治百病備急丸散膏諸要方第六十九, 537~538쪽
④	『향약구급방』	理人虛肥積年, 氣上如水病, 面腫, 脚不腫痛, 楮葉[鄕名茶只葉. 八兩], 以水一斗, 煮取六升, 去滓, 納米, 煮粥喫[素問云, 面腫曰風].	『鄕藥救急方』 下卷, 中風, 79쪽
	『증류본초』	『外臺秘要』……又方[有人虛肥積年, 氣上如水病, 面腫, 脚腫痛, 氣不能升, 去滓, 肉米, 煮粥, 煮粥喫.]	『重修政和經史證類備用本草』 卷12, 楮實, 300쪽
	『외대비요』	又有人虛肥積年, 氣上似水病, 眼似腫而脚不腫方. 穀楮葉[八兩]. 右一味. 以水一斗, 煮取六升, 去滓, 肉米, 煮粥. 亦當以水煮羹菜等, 皆用中多炊, 以擬秋之, 秋中多收, 慎其水, 多少濃淡, 任人, 勿拘此方. 煎蒜豬豬雞魚油膩, 重者, 三年眠之, 永差, 輕者, 一年.	『外臺秘要方』 卷20, 水病雜療方一十二首, 677쪽
	『천금방』	治面目手足有微腫. 以榖楮葉切[一升], 以水四升, 煮取三升, 去滓, 肉米, 煮作粥食. 冬則預取葉, 乾之, 準生作粥. 慎生冷一切食物.	『備急千金要方』 卷64, 消渴方, 水腫第四, 670쪽
⑤	『향약구급방』	理白虎風腫痛, 以三年釀醋[三升], 和蔥白[一升], 同煮一二沸, 漉出, 帛裹, 熱熨病上. 冷易難者, 差則止. 白虎風者 以其疼痛, 如白虎咬之謂也.	『鄕藥救急方』 下卷, 中風, 79~80쪽
	『증류본초』	『外臺秘要』……又方[治風毒腫白虎風. 以三年釀醋五升, 切蔥白三五沸, 熱煎三五沸, 當裹, 熱熨上, 差爲度].	『重修政和經史證類備用本草』 卷26, 醋, 495쪽
	『외대비요』	又療風毒腫, 一切惡腫白虎病並差方. 取三年釀醋並五升, 切蔥白三五沸, 熱煎三五沸, 漉出, 布帛, 熱裹, 當病上, 以差爲度.	『外臺秘要方』 卷13, 白虎方五首, 443쪽
⑥	『향약구급방』	理風轉筋. 取故絹, 以醋浸浸飯中蒸, 承熱, 用裹病人脚, 冷更易勿停, 差止.	『鄕藥救急方』 下卷, 中風, 80쪽
	『증류본초』	『外臺秘要』[治轉筋, 取故絹, 以釀醋浸飯甑中蒸, 及熱, 用裹病人脚, 冷更易勿停, 差止.]	『重修政和經史證類備用本草』 卷26, 醋, 495쪽
	『외대비요』	又療轉筋方. 取故絹, 多取轉筋, 以釀醋浸飯甑中蒸, 及熱, 用裹病人脚. 冷更易勿停, 差止.	『外臺秘要方』 卷6, 霍亂轉筋方一十四首, 201쪽

부록 481

번호	의서	내용	출전
⑦	『향약구급방』	理中風, 口面喎斜方. 以石灰, 和醋塗之, 向左, 即於右邊付, 向右, 即於左邊付之. 候正如舊, 即洗去, 大妙.	『鄕藥救急方』 下卷, 中風, 80쪽
	『증류본초』	斗門方…… 方治中風, 口面喎斜. 向右, 即於左邊塗之, 向左, 即於右邊塗之. 候才正如舊, 即須以水洗下, 大妙.]	『重修政和經史證類備用本草』 卷5, 石灰, 123쪽
⑧	『향약구급방』	理風轉筋入腸中. 以金底黑, 和酒服. 差.	『鄕藥救急方』 下卷, 中風, 80쪽
	『증류본초』	肘後方治轉筋入腸中欲轉者 釜底墨末, 和酒服之, 差.]	『重修政和經史證類備用本草』 卷, 鐺墨, 125쪽
	『주후비급방』	若轉筋入腸中如欲轉者…… 又方, 金底黑黑, 酒服之. 差.	『肘後備急方』 卷2, 治卒霍亂諸急方第十二, 388쪽
⑨	『향약구급방』	理中風, 半邊不遂. 用生松葉搗[六斗]·塩二升, 相和, 盛布囊中, 蒸之. 承熱, 熨患處, 冷更易, 熱不至傷肌, 日三四熨之, 良.	『鄕藥救急方』 下卷, 中風, 80쪽
	『제중입효방』	[濟衆立效] 治偏風, 手足不隨疼痛. 松葉五斗許·塩二升. ○右蒸熱, 盛布中, 冷則更蒸. 以差爲度.	『鄕藥集成方』 卷3, 風門 中風半身不遂, 103쪽

〈부록 2〉의 ①, ②, ③ 등은 『향약구급방』의 중풍 치방의 일련번호이며, 『향약구급방』 치방과 일치하는이. 높은 순으로 중국 치방들을 배치하였다. 독자의 확인을 위해 영인본의 쪽수를 옆에 중였다. 『향약구급방』 향목에 기입하었는데, 그 서지사항은 다음과 같다. 『韓國醫學大系』1, 여강출판사 영인, 1992), 證類本草』(唐愼微 編著, 張存惠 重刊, 『重修政和經史證類備用本草』, 四庫全書局 영인, 1976), 『太平聖惠方』(『太平聖惠方』, 翰成社 영인, 1979), 『千金方』(金信根 主編, 『備急千金要方』, 四庫全書本 卷735), 『外臺秘要方』(『外臺秘要方』, 四庫全書本 卷736), 『肘後備急方』(『肘後備急方』, 四庫全書本 卷734), 『鄕藥集成方』(金信根 主編, 『韓國醫學大系』3, 여강출판사 영인, 1992). 참고로 정사만 단기에 발견된 『千金要方』의 古本을 도대로 간행된 『孫眞人千金方』(북경 人民衛生出版社, 1996)에는 〈부록 2〉는 중풍 기록이 보이지 않는다. 『향약구급방』 중풍 치방의 해석은 다음 물을 참고하였다(이경록 옮김, 『국역 향약구급방』, 역사공간, 2018).

482 조선전기의 의료제도와 의술

〈부록 3〉 중국의 위령선 기록 일람표

자료	시기	산출지	약성	주치	포제 및 복용법	금기	출전
千金方	652년경			腰脚痛	威靈仙爲末, 空心溫酒調下錢匕		唐愼微, 『證類本草』卷11, 草部下品之下 威靈仙千金方(四庫全書本).
新修本草	659년	商州 洛陽縣		腰腎脚膝積聚, 腸內諸冷病	九月末至十二月採, 陰乾, 餘月並不堪採		唐愼微, 『證類本草』卷11, 草部下品之下 威靈仙(四庫全書本); 李時珍, 『本草綱目』卷18下, 威靈仙(四庫全書本).
唐會要	786년	商州		衆疾			王溥, 『唐會要』卷82, 醫術(四庫全書本).
威靈仙傳	貞元 연간(785~805년)			去衆風, 通十二經脈, 疏宣五臟冷膿宿水變病, 四肢癱瘓, 手足微疼, 並得清涼			李時珍, 『本草綱目』卷18下, 威靈仙(四庫全書本).
海上集驗方	800년경			丈夫婦人中風不語, 手足不隨, 口眼喎斜, 筋骨節風, 胎風頭風, 暗風心風, 風狂人, 傷寒頭痛, 鼻淸涕, 頭旋目眩, 白癜風, 極治大風, 皮膚風癢, 大毒, 熱毒風疾, 深治勞疾, 連腰骨節痛, 透腕風, 言語澁滯, 痰積, 宣通五臟, 腹內宿滯, 心頭吸吸水, 膀胱宿膿, 口中涎水, 好喫冰漿, 手足冷痺, 冷氣癥氣, 腰膝疼痛, 久立不得, 浮氣癥氣, 憎寒壯熱, 頭痛尤甚, 攻耳成膿帶赤, 衝眼赤亦, 小腸氣秘, 黃疸黑疸, 面無顏色, 瘰癧遍項, 產後秘澁, 婦人月蝕瘀血, 黃經熱氣, 心痛, 頭面冷腫, 頭面黃腫, 注毒脾肺氣, 痃癖熱欬嗽氣急, 坐臥不安, 抨癬等瘡, 陰汗盜汗, 鵶臭穢氣, 水不來, 動經多日, 孩子無辜, 痔疾秘澁, 氣痢絞結	采得根, 陰乾月餘搗末, 溫酒調一錢匕, 空腹服之……洗焙爲末, 以好酒和, 令微濕入生竹筒內, 緊塞, 九蒸九曝, 如丸, 添酒浸之, 以白蜜和丸梧子大, 每服二十至三十丸, 溫酒下	惡茶及麵湯, 以甘草湯代飮	唐愼微, 『證類本草』卷11, 草部下品之下 威靈仙 崔氏海上集(四庫全書本); 李時珍, 『本草綱目』卷18下, 威靈仙(四庫全書本).

자료	시기	산출지	약성	주치	포제 및 복용법	금기	출전
圖經本草	1061년	商州 上洛山, 華山, 平澤 (陝西, 河北, 京東, 江湖 주가)		諸風, 宣通五藏, 腹內冷滯, 積, 按癖氣塊, 膀胱宿膿惡水, 心膈痰水, 久積癥瘕, 無溫疫瘧, 腰膝冷疼, 折傷	九月採根, 陰乾, 仍以丙丁戊己日採, 以不聞水聲者佳		唐愼微, 『證類本草』卷 11, 草部下品之下 威靈仙 圖經(四庫全書本).
證類本草	13세기 말	商州 上洛山, 華山, 平澤	苦溫無毒	諸風, 宣通五藏, 腹內冷滯, 心膈痰水, 久積癥瘕, 膀胱宿膿惡水, 腰膝冷疼, 折傷, 無溫疫瘧	冬月丙丁戊己日採佳	忌茗	唐愼微, 『證類本草』卷 11, 草部下品之下 威靈仙(四庫全書本).
本草衍義	1116년		根性快	腸風			唐愼微, 『證類本草』卷 11, 草部下品之下 威靈仙 衍義(四庫全書本); 李時珍, 『本草綱目』卷18 下, 威靈仙(四庫全書本).
珍珠囊指掌補遺藥性賦	13세기 전반		苦 溫 無毒, 可升 可降, 陰中之陽	推腹中新舊之滯, 消胸中痰唾之結, 散苟癖皮膚之風, 利冷疼腰膝之氣		多服, 疏人五藏真氣	李杲, 『珍珠囊指掌補遺藥性賦』, 卷2(四庫全書存目叢書編纂委員會 編, 『四庫全書存目叢書』子部 41, 齊魯書社, 1995).
湯液本草	1289년		氣溫味苦甘純陽	諸風濕冷, 通五藏, 去腹內振滯, 腰膝冷痛, 治傷損, 大腸冷	鐵腳者佳, 去蘆用	忌麵及茶茗	王好古, 『湯液本草』卷中, 草部, 威靈仙(四庫全書本).
本草綱目	1596년		根氣味苦溫無毒, 氣溫味微辛鹹	脚氣入腹, 腰脚痛諸風病, 手足麻痺, 氣飲, 腰中結積, 大腸冷積, 諸骨哽咽, 飛絲纏陰, 痘瘡黑陷, 腎臟風壅, 筋骨毒痛, 男婦氣壅, 噎塞膈氣, 腸風瀉血, 痔瘡腫痛	初時黃黑色, 乾則深黑, 俗稱鐵腳威靈仙, 以此別者, 但色或黃或白, 皆不可用. 根鬚一樣, 皆可用	忌茗麵湯, 其性大抵疎利, 久服, 恐損真氣, 氣弱者亦不可服之	李時珍, 『本草綱目』卷18 下, 威靈仙(四庫全書本).

참고문헌

I. 사료

1. 국내 사료

(1) 역사서류

『三國史記』『三國遺事』『高麗史』『高麗史節要』『朝鮮王朝實錄』『承政院日記』

『經國大典』『經國大典註解』『大典續錄』『大典後續錄』『典錄通考』『大典通編』『國朝寶鑑』『國朝五禮儀』

『國朝文科榜目』『成化十九年癸卯式二月日生員進士榜目』『萬曆十六年戊子二月二十四日司馬榜目』『醫科先生案』

『慶尙道地理志』『慶尙道續撰地理誌』『新增東國輿地勝覽』『輿地圖書』

『三綱行實圖』『續三綱行實圖』

(2) 금석문·고문서류

『朝鮮金石總覽』上·下(朝鮮總督府 編, 亞細亞文化社, 1976)

『고려시대 금석문 탁본전』(성균관대학교 박물관, 2005)

『第三版 高麗墓誌銘集成』(金龍善 編著, 한림대학교출판부, 2001)

『개정판 역주 고려묘지명 집성』상·하(김용선, 한림대학교출판부, 2006)

『韓國古代中世古文書研究』上·下(노명호·박영제·박재우·오영선·윤경진·윤선태·최연식·이종서, 서울대학교출판부, 2000)

『韓國의 古代木簡』(國立昌原文化財研究所, 2004)

(3) 문집·유서류

『補閑集』『拙藁千百』『牧隱文藁』『牧隱詩藁』『三峯集』『陶隱先生文集』『陽村先生文集』『書淺見錄』『周易淺見錄』『亨齋李稷先生詩集』『春亭集』『訥齋集』『四佳集』『眞逸遺稿』『佔畢齋文集』『梅月堂集』『虛白先生續集』『秋江集』『濯纓先生文集』『慕齋先生集』『漁村集』『默齋日記』『退溪先生文集』『艮齋先生文集』『眉巖先生集』『栗谷先生全書 拾遺』『松澗先生文集』『栢潭先生文集』『松巖先生續集』『拙翁集』『簡易文集』『東岡先生文集』『慕堂集』『訥隱先生文集』『白沙先生集』『炊沙先生集』『西潭先生文集』『月沙先生集』『象村先生集』『遯軒先生文集』『石溪先生文集』『星湖先生僿說』『小山先生文集』『湛軒書』『西山先生文集』『白凡逸志』『東文選』『攷事撮要』『於于野譚』『海東文獻總錄』『山林經濟』『燃藜室記述』『經世遺表』『林園經濟志』

(4) 의서류

『新集御醫撮要方』『鄕藥救急方』『三和子鄕藥方』『備預百要方』『鄕藥濟生集成方』『鄕藥採取月令』『鄕藥集成方』『醫方類聚』『胎産要錄』『食療纂要』『瘡疹集』『救急易解方』『簡易辟瘟方』『東醫寶鑑』『本草精華』『濟衆新編』『若山好古腫方撮要』『醫宗損益』『韓國醫學大系』50책(金信根 主編, 여강출판사 영인, 1992)

(5) 한국학 연구기관

한국고전번역원 http://www.itkc.or.kr
국사편찬위원회 http://www.history.go.kr
서울대학교 규장각한국학연구원 http://kyujanggak.snu.ac.kr
한국 역대인물 종합정보시스템 http://people.aks.ac.kr
한국금석문 종합영상정보시스템 http://gsm.nricp.go.kr

2. 외국 사료

『書經』『周易』『孝經』『孟子』『朱子語類』

『舊唐書』『新唐書』『唐會要』『御選唐宋文醇』『全唐文』
『東雅堂昌黎集註』『太平廣記』『通志』『寶慶四明志』『説郛』『廣東通志』『讀史方輿紀要』
『肘後備急方』『備急千金要方』『千金翼方』『新修本草』『外臺秘要方』『太平聖惠方』
　『證類本草』『聖濟總錄』『三因極一病証方論』『蘇沈良方』『珍珠囊指掌補遺藥性賦』
　『御藥院方』『湯液本草』『本草綱目』『敦煌醫藥文獻輯校』(馬繼興·王淑民·陶廣正·
　樊正倫 輯校, 江蘇古籍出版社, 1998)
『醫心方』『朝鮮人筆談』『韓客筆譚』『和漢三才圖會』

II. 연구논저

1. 저서·역서

강명관,『열녀의 탄생』, 돌베개, 2009
강문식,『권근의 경학사상 연구』, 일지사, 2008
강진철,『高麗土地制度史研究』, 고려대학교 출판부, 1980
강진철,『韓國中世土地所有研究』, 일조각, 1989
姜延錫,『『鄕藥集成方』의 鄕藥醫學 연구』, 경희대학교 박사학위논문, 2006
계승범,『중종의 시대 -조선의 유교화와 사림운동-』, 역사비평사, 2014
구만옥,『세종시대의 과학기술』, 들녘, 2016
權悳永,『古代韓中外交史 -遣唐使研究-』, 一潮閣, 1997
金斗鍾,『韓國醫學史』, 探求堂, 1966
김두헌,『조선시대 기술직 중인 신분 연구』, 景仁文化社, 2013
金信根 編著,『韓醫藥書攷』, 서울대학교 출판부, 1987
金仁昊,『高麗後期 士大夫의 經世論 硏究』, 혜안, 1999
金澈雄,『韓國中世 國家祭祀의 體制와 雜祀』, (財)韓國研究院, 2003
김충열,『한국유학사1』, 예문서원, 1998
김택민,『난세의 극단 식인의 시절』, 신서원, 2006
김형태,『통신사 의학 관련 필담창화집 연구』, 보고사, 2011

김호, 『허준의 동의보감 연구』, 일지사, 2000
大韓感染學會 편, 『韓國傳染病史』, 군자출판사, 2009
대한뇌졸중학회, 『뇌졸중』, 이퍼블릭, 2009
도현철, 『목은 이색의 정치사상 연구』, 혜안, 2011
廖名春 외 지음, 심경호 옮김, 『주역철학사』, 예문서원, 1994
馬伯英·高晞·洪中立 지음, 鄭遇悅 옮김, 『中外醫學文化交流史』, 電波科學社, 1997
문철영, 『고려 유학사상의 새로운 모색』, 경세원, 2005
朴龍雲, 『高麗時代 蔭敍制와 科擧制硏究』, 一志社, 1990
朴珠, 『朝鮮時代의 旌表政策』, 一潮閣, 1990
박헌순·남지만·하현주 옮김, 『통색촬요(通塞撮要)』, 한국고전번역원, 2016
박훈평, 『조선시대 의관 총목록』, 한국한의학연구원, 2018
방동인, 『韓國地圖의 歷史』, 신구문화사, 2001
白南雲, 『朝鮮封建社會經濟史』上, 改造社, 1937
卞廷煥, 『朝鮮時代의 疫病에 關聯된 疾病觀과 救療施策에 관한 硏究』, 서울대학교 박사학위논문, 1984
徐仁源, 『朝鮮初期 地理志 硏究』, 혜안, 2002
孫炳胎, 『鄕藥 藥材名의 國語學的 硏究』, 영남대학교 박사학위논문, 1996
孫弘烈, 『韓國中世의 醫療制度硏究』, 修書院, 1988
宋雄燮, 『조선 성종대 公論政治의 형성』, 서울대학교 박사학위논문, 2011
宋俊浩, 『朝鮮社會史硏究』, 일조각, 1987
申榮日, 『鄕藥救急方에 對한 硏究』, 경희대학교 박사학위논문, 1994
申幼兒, 『朝鮮前期 遞兒職 硏究』, 서울대학교 박사학위논문, 2013
신전휘·신용욱, 『향약집성방의 향약본초』, 계명대학교 출판부, 2006
안덕균 주해, 『향약채취월령』, 세종대왕기념사업회, 1983
안덕균, 『세종시대의 보건위생』, 세종대왕기념사업회, 1985
안상우, 『『醫方類聚』에 대한 의사학적 연구』, 경희대학교 박사학위논문, 2000
안상우·최환수, 『어의촬요연구』, 한국한의학연구원, 2000
여인석 외, 『한국의학사』, 역사공간, 2018
연세대학교 국학연구원 편, 『高麗-朝鮮前期 中人硏究』, 신서원, 2001

연세대학교 국학연구원 편, 『중세사회의 변화와 조선 건국』, 혜안, 2005
오영교 편, 『조선 건국과 경국대전체제의 형성』, 혜안, 2004
원창애 외, 『조선시대 과거제도 사전』, 한국학중앙연구원출판부, 2014
劉承源, 『朝鮮初期 身分制 硏究』, 乙酉文化社, 1987
尹章圭, 『『鄕藥採取月令』의 국어학적 연구』, 성균관대학교 박사학위논문, 2004
이경록, 『고려시대 의료의 형성과 발전』, 혜안, 2010
이경록 옮김, 『국역 향약제생집성방』, 세종대왕기념사업회, 2013
이경록 옮김, 『국역 의방유취』 1·2, 세종대왕기념사업회, 2017~2018
이경록 옮김, 『국역 향약구급방』, 역사공간, 2018
이경식, 『韓國中世土地制度史』, 서울대학교 출판부, 2006
이경식, 『高麗前期의 田柴科』, 서울대학교 출판부, 2007
이규상 지음, 민족문학사연구소 한문분과 옮김, 『18세기 조선인물지 幷世才彦錄』, 창작과비평사, 1997
이노우에 요시야스 엮음, 김경원 옮김, 『건강의 배신』, 돌베개 2014
李玟洙, 『朝鮮前期 社會福祉政策 硏究』, 혜안, 2000
李範稷, 『韓國中世禮思想硏究』, 一潮閣, 1991
이상희·윤신영, 『인류의 기원』, 사이언스북스, 2015
李成茂, 『朝鮮初期 兩班硏究』, 一潮閣, 1980
李成茂, 『朝鮮 兩班社會 硏究』, 一潮閣, 1995
李成茂, 『韓國의 科擧制度』, 集文堂, 2000
李永魯, 『原色 韓國植物圖鑑』 改訂增補版, 敎學社, 2004
이욱, 『조선시대 재난과 국가의례』, 창비, 2009
이태진, 『韓國社會史硏究』, 지식산업사, 1986
이태진, 『의술과 인구 그리고 농업기술 -조선 유교국가의 경제발전 모델-』, 태학사, 2002
李賢淑, 『新羅醫學史硏究』, 이화여자대학교 박사학위논문, 2002
임호준, 『즐거운 식인 -서구의 야만 신화에 대한 라틴아메리카의 유쾌한 응수-』, 민음사, 2017
張東翼, 『宋代麗史資料集錄』, 서울대학교출판부, 2000

전국한의과대학심계내과학교실, 『心系內科學』, 군자출판사, 2006

全相運, 『韓國科學技術史』, 正音社, 1976

鄭多函, 『朝鮮前期 兩班 雜學兼修官 硏究』, 고려대학교 박사학위논문, 2008

정두희, 『왕조의 얼굴』, 서강대학교 출판부, 2010

정재훈, 『조선전기 유교 정치사상 연구』, 태학사, 2005

정호훈, 『조선의 『소학』 -주석과 번역』, 소명출판, 2014

조병희, 『개정판 질병과 의료의 사회학』, 집문당, 2015

주영하·옥영정·전경목·윤진영·이정원 지음, 『조선시대 책의 문화사 -삼강행실도를 통한 지식의 전파와 관습의 형성-』, 휴머니스트, 2008

陳大舜 외 엮음, 맹웅재 외 옮김, 『各家學說 中國篇』, 대성의학사, 2001

최이돈, 『조선전기 신분구조』, 경인문화사, 2017

최이돈, 『조선초기 과전법』, 경인문화사, 2017

크리스토퍼 레인 지음, 이문희 옮김, 『만들어진 우울증』, 한겨레출판, 2009

프랜시스 바커·피터 흄·마가렛 아이버슨 엮음, 이정린 옮김, 『식인문화의 풍속사』, 이룸, 2005

한국생약학교수협의회, 『본초학』, 아카데미서적, 2006

한국한의학연구원, 『『鄕藥集成方』의 데이터베이스 구축』, 2001

한국한의학연구원 편, 『한국 한의학을 만든 사람들 2』, 문사철, 2015

韓東錫, 『宇宙 變化의 原理』, 대원출판, 2001

한스 아스케나시 지음, 한기찬 옮김, 『식인문화의 수수께끼』, 청하, 1995

韓永愚, 『朝鮮前期 社會經濟硏究』, 乙酉文化社, 1983

韓永愚, 『鄭道傳思想의 硏究』, 서울大學校出版部, 1989

韓永愚, 『朝鮮時代 身分史硏究』, 집문당, 1997

한영우, 『과거, 출세의 사다리』, 지식산업사, 2013

韓亨周, 『朝鮮初期 國家祭禮 硏究』, 一潮閣, 2002

함정식, 『『桑韓唱和塤篪集』의 의사학적 연구』, 경희대학교 박사학위논문, 2009

홍순원, 『조선보건사』, 과학백과사전출판사, 1981(청년세대, 1989)

홍원식·윤창열 편저, 『증보 중국의학사』, 一中社, 2001

三木榮, 『朝鮮醫學史及疾病史』, 自家出版, 1963

三木榮,『朝鮮醫書誌』增修版, 學術圖書刊行會, 1973
和田一郎,『朝鮮の土地制度及地稅制度調査報告書』, 朝鮮總督府, 1920
Bill Schutt. *Eat me - A natural and unnatural history of Cannibalism*. Wellcome collection, 2017
Peter Conrad. *The Medicalization of Society: On the Transformation of Human Conditions into Treatable Disorders*. The Johns Hopkins University Press, 2007(정준호 옮김,『어쩌다 우리는 환자가 되었나』, 후마니타스, 2018)

2. 논문

강도현,「고려후기 성리학 수용과 질병 대처 양상의 변화」,『도시인문학연구』1(1), 2009
강명관,「『삼강행실도』-약자에게 가해진 도덕의 폭력」,『한국고전여성문학연구』5, 2002
강연석·안상우,「『鄕藥集成方』중「鄕藥本草」의 특성과 성취」,『한국한의학연구원논문집』8(1), 2002
강연석·안상우,「『鄕藥集成方』중「傷寒門」의 본초분석을 통해 본 朝鮮前期 鄕藥醫學」,『한국한의학연구원논문집』8(2), 2002
강진석,「퇴계 공부론의 실제활용과 그 의의」,『한국철학논집』39, 2013
고상현,「고려시대 수륙재 연구」,『선문화연구』10, 2011
권복규,「朝鮮前期의 역병 유행에 관하여」,『韓國史論』43, 2000
金南一,「『鄕藥集成方』의 인용문헌에 대한 연구」,『震檀學報』87, 1999
김동수,「『世宗實錄』地理志 産物項의 검토」,『歷史學研究』12, 1993
金斗鍾,「우리나라 痘瘡의 流行과 種痘法의 實施」,『서울大學校 論文集 人文社會科學篇』4, 1956
金斗鍾,「世宗大王의 濟生偉業과 醫藥의 自主的 發展」,『서울大學校 論文集 人文社會科學篇』5, 1957
金聖洙,「한국의 옛 醫書」,『古書研究』13, 1996
金聖洙,「16세기 鄕村醫療 實態와 士族의 대응」,『한국사연구』113, 2001

김성수,「朝鮮後期 西洋醫學의 受容과 人體觀의 變化 -星湖學派를 중심으로-」,『民族文化』31, 2008

김성수,「朝鮮前期 痘瘡 流行과『瘡疹集』」,『韓國韓醫學研究院論文集』16(1), 2010

김성수,「조선시대 儒醫의 형성과 변화」,『韓國醫史學會誌』28(2), 2015

김성우,「조선시대 '사족'의 개념과 기원에 대한 검토」(강만길 편,『조선후기사 연구의 현황과 과제』, 창작과 비평사, 2000)

김성우,「良賤制說의 대두와 조선 초기 사회구조에 대한 새로운 이해」,『韓國史研究』146, 2009

金良洙,「조선시대 醫員實態와 지방관진출」,『東方學志』104, 1999

김일권,「조선 중기 우주관과 천문역법의 주역적 인식: 張顯光의 易學圖說에 나타난 상수역학을 중심으로」,『泰東古典研究』22, 2006

金重權,「朝鮮初 醫書習讀에 관한 研究 -醫書習讀官을 中心으로-」,『서지학연구』15, 1998

金重權,「朝鮮初 鄕藥醫書에 관한 考察」,『서지학연구』16, 1998

金重權,「『鄕藥集成方』의 引用文獻 分析」,『서지학연구』35, 2006

김진희·안상우,「『備預百要方』에 나타난 天人觀과 醫學觀 연구」,『書誌學研究』43, 2009

金泰永,「初期 士林派의 性格에 대하여 -金宗直을 中心으로-」,『慶熙史學』6·7·8, 1980

김해영,「조선 초기 禮制 연구와『國朝五禮儀』의 편찬」,『朝鮮時代史學報』55, 2010

金炫榮,「『默齋日記』解題」(국사편찬위원회,『默齋日記』, 1998)

김현영,「16세기 한 양반의 일상과 재지사족 -『묵재일기』를 중심으로-」,『朝鮮時代史學報』18, 2001

金澔,「朝鮮前期 對民 醫療와 醫書 編纂」,『國史館論叢』68, 1996

金澔,「여말선초 '鄕藥論'의 형성과『鄕藥集成方』」,『震檀學報』87, 1999

김호,「朝鮮後期 通信使와 韓日 醫學 交流 -筆談錄을 중심으로-」,『조선통신사연구』6, 2008

김환석,「'의료화'에서 '생의료화'로: 정신장애의 사례」,『과학기술학연구』14(1), 2014

김효연,『朝鮮朝 醫書에 관한 書誌的 硏究』, 이화여자대학교 석사학위논문, 1996
金勳埴,「『三綱行實圖』보급의 社會史的 고찰」,『震檀學報』85, 1998
南豊鉉,「『鄕藥集成方』의 鄕名에 대하여」,『震檀學報』87, 1999
도현철,「조선 건국기 성리학자의 불교 인식」,『韓國思想史學』50, 2015
文光哲,「조선초기 漢學習讀官의 설치와 운영」, 충남대학교 석사학위논문, 1998
문중양,「16·17세기 조선 우주론의 상수학적 성격 -서경덕(1489~1546)과 장현광(1554~1637)을 중심으로-」,『역사와 현실』34, 1999
문중양,「18세기 조선 실학자의 자연지식의 성격 -象數學的 우주론을 중심으로-」,『한국과학사학회지』21(1), 1999
朴京男,「16·17세기 庶孼許通 上疏文 연구」,『한국한문학연구』52, 2013
박권수,「조선 후기 서양과학의 수용과 상수학의 발전: 17세기 말 천문학 지식에 대한 상수학적 해석의 시작」,『한국과학사학회지』28(1), 2006
박혜경,「우울증의 '생의학적 의료화' 형성 과정」,『과학기술학연구』12(2), 2012
박훈평·오준호,「15-16세기 조선 의학 관료의 신분 변천: 양성이씨 세전 사례를 중심으로」,『의사학』27(3), 2018
白上龍,『風의 本質과 醫學에서의 運用에 대한 考察』, 경희대학교 석사학위논문, 1994
서부일·변부형·주석중,「威靈仙의 毒性에 관한 문헌적 고찰」,『東西醫學』33(4), 대구한의대학교, 2008
成昊俊,「儒醫 의학의 사상적 배경에 관한 이해」,『大韓韓醫學原典學會誌』16(1), 2003
성호준·윤창열,「儒醫 의학의 사상적 특성」,『大田大學校 韓醫學硏究所 論文集』16(2), 2007
孫弘烈,「世宗朝의 醫療政策」,『朴性鳳敎授回甲紀念論叢』, 경희대 사학논총간행위원회, 1987
孫弘烈,「麗末·鮮初 醫書의 編纂과 刊行」,『한국과학사학회지』11(1), 1989
孫弘烈,「三國時代의 佛敎醫學」,『韓國佛敎文化思想史』上卷, 伽山李智冠스님華甲紀念論叢刊行委員會, 1992
孫弘烈,「朝鮮中期의 醫療制度 -醫療制度의 變遷과 醫書의 編纂·刊行 및 對外交流를

中心으로-」,『한국과학사학회지』15(1), 1993

孫弘烈,「鮮初 鄕藥의 開發과 鄕藥書의 編纂」,『重山鄭德基博士華甲紀念韓國史學論叢』, 景仁文化社, 1996

孫弘烈,「朝鮮後期의 醫書編纂(Ⅰ) -英·正祖代를 중심으로-」,『忠北史學』11·12, 2000

송만오,「系譜資料를 통해서 본 조선시대 中人의 사회적 지위」,『한국학논집』44, 2011

송웅섭,「중종대 사대의식과 유교화의 심화 -'『중종의 시대』'의 사대와 유교화에 대한 이해-」,『朝鮮時代史學報』74, 2015

신유아,「조선시대 내의원의 기능과 의관(醫官)의 지위」,『역사와 실학』65, 2018

沈曉燮,「朝鮮前期 水陸齋의 設行과 儀禮」,『東國史學』40, 2004

안덕균,「세종 시대의 의학」,『세종문화사대계 2』, 세종대왕기념사업회, 2000

안상우,「고려의서『비예백요방』의 고증 -실전의서의 복원 Ⅱ-」,『韓國醫史學會誌』13(2), 2000

安相佑,「高麗 醫書『備豫百要方』의 考證」,『書誌學研究』22, 2001

안상우,「본초서의 계통과 본초학 발전사」,『한국한의학연구원논문집』11(1), 2005

梁智渝,「朝鮮後期 水陸齋 研究」, 동국대학교 석사학위논문, 2002

엄연석,「김종직 경학사상의 성리학적 경향과 경세론」,『泰東古典研究』37, 2016

오재근,「『동의보감』과『향약집성방』의『증류본초』활용」,『大韓韓醫學原典學會誌』24(5), 2011

오재근,「조선 의서『향약집성방』중에 실린 상한(傷寒) 논의 연구 -인용 문헌, 의론(醫論), 처방, 본초 등을 중심으로-」,『한국의사학회지』25(2), 2012

元慶烈,「朝鮮時代 初期 慶尙道 地域의 土産物 分布에 대한 地理的 考察」,『春川教育大學 論文集』22, 1982

원창애,「조선시대 문과 급제자의 관직 진출 양상」,『朝鮮時代史學報』43, 2007

유연지,「15세기 말~16세기 중남미 원주민의 카니발리즘 기록에 대한 비판적 고찰」, 이화여자대학교 석사학위논문, 2012

尹一弘·韓相仁,「韓藥材의 需給構造 -大邱藥令市를 中心으로-」,『새마을·지역개발연구』7, 1986

李康漢,「공민왕대 관제개편의 내용 및 의미」,『歷史學報』201, 2009
이경록,「이제마의 의학론과 그 시대적 성격」,『醫史學』14(2), 2005
이경록,「조선초기『鄕藥濟生集成方』의 간행과 향약의 발전」,『東方學志』149, 2010
이경록,「조선 세종대 향약 개발의 두 방향」,『泰東古典研究』26, 2010
이경록,「『향약집성방』의 편찬과 중국 의료의 조선화」,『醫史學』20(2), 2011
이경록,「鄕藥에서 東醫로:『향약집성방』의 의학이론과 고유 의술」,『歷史學報』212, 2011
이경록,「고려와 조선 전기의 위령선 활용 -동아시아 본초학의 한 사례-」,『大東文化研究』77, 2012
이경록,「조선전기『의방유취』의 성취와 한계 -'상한'에 대한 인식을 중심으로-」,『한국과학사학회지』34(3), 2012
이경록,「고려와 조선전기 중풍의 사회사」,『泰東古典研究』30, 2013
이경록,「『향약구급방』과『비예백요방』에 나타난 고려시대 의학지식의 흐름 -치과와 안과를 중심으로-」,『史林』48, 2014
이경록,「고려후기 의학지식의 계보 -『비예백요방』과『삼화자향약방』의 선후관계 재론-」,『東方學志』166, 2014
이경록,「조선 중종 19~20년의 전염병 창궐과 그 대응」,『中央史論』39, 2014
이경록,「조선전기 감초의 토산화와 그 의미」,『醫史學』24(2), 2015
이경록,「조선초기의 성리학적 의료관과 의료의 의상」,『의료사회사연구』1, 2018
이경록,「조선초기 의서습독관의 운영과 활동」,『延世醫史學』22(1), 2019
이경록,「조선전기 의관층의 동향: 관료제와 신분제의 충돌」,『歷史學報』242, 2019
이경록,「몸의 소비: 조선전기의 인육치료」,『의료사회사연구』4, 2019
이경록,「조선전기 의료기구 개편의 성격과 그 의의」,『醫史學』29(1), 2020
이경록,「조선초기 의료진흥정책의 전개: 통유론(通儒論)과 직분론(職分論)의 대립과 절충」,『延世醫史學』23(1), 2020
이광률,「朱子의 心論에 관한 연구」,『철학논총』22, 2000
이규근,「조선후기 內醫院 醫官 연구 -「內醫先生案」의 분석을 중심으로-」,『朝鮮時代史學報』3, 1997
李圭根,「朝鮮時代 醫療機構와 醫官 -中央醫療機構를 中心으로-」,『東方學志』104,

1999

이기백, 「高麗京軍考」, 『李丙燾博士 華甲紀念論叢』, 1956

이기봉, 「朝鮮時代 全國地理志의 生産物 項目에 대한 檢討」, 『문화역사지리』 15(3), 2003

이남희, 「16·17세기 雜科入格者의 前歷과 官路 進出」, 『民族文化』 18, 1995

이남희, 「잡과의 전개와 중인층의 동향」, 『한국사시민강좌』 46, 2010

李能和, 「李朝醫藥發達史」(四), 『朝鮮』 15(9), 朝鮮總督府, 1931

이덕호·엄동명·김홍균, 「『本草精華』 草部 鄉藥名에 關한 硏究」, 『한국한의학연구원 논문집』 11(1), 2005

이민호·안상영·권오민·하정용·안상우, 「世宗代의 醫官 盧重禮의 삶과 醫史學에의 貢獻 -鄕藥 및 産婦人科 醫學의 發展과 관련하여-」, 『韓國韓醫學研究院論文集』 14(2), 2008

李炳熙, 「高麗時期 院의 造成과 機能」, 『靑藍史學』 2, 1998

이상민, 「조선 초 '칙찬권계서(勅撰勸戒書)'의 수용과 『삼강행실도』 편찬」, 『韓國思想史學』 56, 2017

이성무, 「高麗·朝鮮初期의 土地所有權에 對한 諸說의 檢討」, 『省谷論叢』 9, 1978

이성무, 「조선시대 신분구성과 그 특성」, 『朝鮮時代史學報』 39, 2006

이숙경, 「조선 성종의 향약활용과 의료정책」, 『韓國人物史研究』 18, 2012

이영자, 「성혼과 이이의 수양론과 그 현대적 의의」, 『東方學』 26, 2013

이우성, 「高麗의 永業田」, 『歷史學報』 28, 1965

이우성, 「新羅時代의 王土思想과 公田」, 『趙明基博士 華甲記念 佛敎史學論叢』, 1965

이정주, 「전국지리지를 통해 본 조선시대 忠, 孝, 烈 윤리의 확산 양상」, 『韓國思想史學』 28, 2007

李貞薰, 「高麗時代 都監의 구조와 기능」, 『韓國史의 構造와 展開』, 혜안, 2000

李泰鎭, 「庶孼差待考 -鮮初 妾子 '限品敍用'制의 成立過程을 中心으로-」, 『歷史學報』 27, 1965

이현숙·권복규, 「고려시대 전염병과 질병관 -『향약구급방』을 중심으로-」, 『史學研究』 88, 2007

전상운, 「조선 의학(醫學)의 집대성」, 『세종 시대의 과학』, 세종대왕기념사업회, 1986

鄭求先, 「朝鮮前期 吏任用制度에 대한 一考察 -權知의 別薦과 南行의 官界進出을 중심으로-」, 『東國史學』 25, 1991

鄭多函, 「朝鮮初期 習讀官 制度의 運營과 그 實態」, 『震檀學報』 96, 2003

鄭杜熙, 「朝鮮初期 地理志의 編纂(I)」, 『歷史學報』 69, 1976

鄭杜熙, 「朝鮮初期 地理志의 編纂(II·完)」, 『歷史學報』 70, 1976

정재훈, 「조선중기 사족의 위상」, 『朝鮮時代史學報』 73, 2015

정채연, 「의료화의 역사에 대한 법사회학적 반성 -새로운 의료법 패러다임의 구상-」, 『법학논집』 17(3), 2013

정호훈, 「전쟁의 기억과 정치론, 『동국신속삼강행실도(東國新續三綱行實圖)』」, 『韓國思想史學』 58, 2018

천관우, 「閑人考」, 『社會科學』 2, 1958

崔先惠, 「조선초기 태조·태종대 醮祭의 시행과 왕권 강화」, 『韓國思想史學』 17, 2001

崔異敦, 「朝鮮前期 顯官과 士族」, 『歷史學報』 184, 2004

崔異敦, 「조선 초기 서얼의 차대와 신분」, 『歷史學報』 204, 2009

최이돈, 「조선초기 賤人天民論의 전개」, 『朝鮮時代史學報』 57, 2011

최이돈, 「조선 초기 특권 관품의 정비과정」, 『朝鮮時代史學報』 67, 2013

崔異敦, 「조선 초기 公共統治論의 전개」, 『震檀學報』 125, 2015

최이돈, 「조선초기 提調制의 시행과정」, 『규장각』 48, 2016

崔在錫, 「日本 正倉院 소장 한약제를 통해 본 統一新羅와 日本과의 관계」, 『民族文化研究』 26, 1993

최주희, 「15~16세기 別進上의 상납과 운영 -강원·경상지역 사례를 중심으로-」, 『韓國史學報』 46, 2012

崔桓壽·申舜植, 「『醫方類聚』의 引用書에 관한 연구(1)」, 『韓國韓醫學硏究院論文集』 3(1), 1997

한상길, 「조선전기 수륙재 설행의 사회적 의미」, 『韓國禪學』 23, 2009

韓永愚, 「朝鮮時代 中人의 身分·階級的 性格」, 『한국문화』 9, 1988

허경진, 「조선 의원의 일본 사행과 의학필담집의 출판 양상」, 『醫史學』 19(1), 2010

洪文和, 「世宗의 鄕藥政策」, 『東洋學 學術會議 論文集』, 성균관대학교, 1975

洪文和, 「韓國藥學史」, 『韓國現代文化史大系 3』, 高麗大學校 民族文化研究所, 1977

邱仲麟,「人藥與血氣 -「割股」療親現象中的醫療觀念」,『新史學』10卷 4期, 1999

陳秀芬,「從人到物 -『本草綱目·人部』的人體論述與人藥製作」,『中央研究院 歷史語言研究所集刊』第88本 第3分, 2017

今掘誠二,「高麗賦役考覈」,『社會經濟史學』9(3·4·5), 1939

旗田巍,「高麗時代における土地の嫡長子相續と奴婢の子女均分相續」,『東洋文化』22, 1957

旗田巍,「李朝初期の公田」,『朝鮮史研究會論文集』3, 1967

旗田巍,「高麗の民田について」,『朝鮮學報』48, 1968

武田幸男,「高麗時代の口分田と永業田」,『社會經濟史學』33(5), 1967

武田幸男,「高麗田丁の再檢討」,『朝鮮史研究會論文集』8, 1971

三上喜孝,「韓国出土木簡ちらみた古代東アジアの文化交流 -慶州·雁鴨池木簡の檢討から-」(성균관대학교 사학과 BK21사업단 외,『한국·일본·중국·몽골·영국 5개국 국제학술대회』자료집, 2009)

深谷敏鐵,「鮮初の土地制度一般」,『史學雜誌』50(5·6), 1939

御影雅幸·難波恒雄,「Clematis属植物とその関連生薬の研究(第6報)「威霊仙」の本草学的考察(1)」,『生薬学雑誌』37(4), 1983

有井智德,「前近代土地所有關係 -公田論批判-」,『朝鮮史入門』, 1966

有井智德,「高麗朝にわける民田の所有關係について」,『朝鮮史研究會論文集』8, 1971

周藤吉之,「高麗朝より朝鮮初期に至る田制の改革」,『東亞學』3, 1940

Bess Lovejoy. "A Brief History of Medical Cannibalism -Curing what ails us with mummy, blood jam, and human fat-." *LAPHAM'S QUARTERLY*, November 7, 2016

Richard Sugg. "Corpse medicine: mummies, cannibals, and vampires." *The Lancet* 371, 2008

Shirley Lindenbaum. "Thinking About Cannibalism." *Annual Review of Anthropology* 33, 2004

찾아보기

ㄱ

가우보주신농본초(嘉祐補注神農本草) 401
간이벽온방(簡易辟瘟方) 61, 317, 318, 329
감초(甘草) 346, 412
감초리(甘草里) 374
감초전(甘草田) 374
강대생(姜帶生) 116
강소(薑所) 424
거의채(車衣菜) 451
검약(檢藥) 213
격치여론(格致餘論) 272
견당사(遣唐使) 437
결고노인진주낭(潔古老人眞珠囊) 413
겸관제(兼官制) 79
경국대전(經國大典) 48, 70, 204
경사증류대관본초(經史證類大觀本草) 402
경사증류대전본초(經史證類大全本草) 402
경사증류비급본초(經史證類備急本草) 70, 401
경상도속찬지리지(慶尙道續撰地理誌) 366
경상도지리지(慶尙道地理志) 358, 389, 418
고여(高呂) 99
과전법(科田法) 230
곽인화(郭仁和) 55, 478
관료제 119
구급간이방(救急簡易方) 269
구급방(救急方) 70, 269
구급이해방(救急易解方) 269, 376

구미초(狗尾草) 446
권인(權引) 45, 477
권지(權知) 41
권찬(權攢) 50, 477
귀후소(歸厚所) 199
금원사대가(金元四大家) 71, 171, 415
금윤선(琴胤先) 57, 479
김겨운(金繼雲) 56, 478
김구(金九) 128
김균(金筠) 55, 478
김극일(金克一) 148
김사월(金四月) 142
김의강(金義剛) 44
김의강(金義綱) 44, 85, 477
김일손(金馹孫) 149, 157
김종직(金宗直) 85, 148
김지(金智) 28, 32, 33, 476
김지연(金之衍) 99
김희선(金希善) 72

ㄴ

나병(癩病) 140, 266
내상론(內傷論) 264
내약방(內藥房) 201, 206
내의원(內醫院) 37, 200, 206, 237
노중례(盧重禮, 盧仲禮) 99, 281, 385, 453
녹과전(祿科田) 230

뇌공포자론(雷公炮炙論) 406
뇌효(雷斅) 406

ㄷ

단지(斷指) 136
단지할고(斷指割股) 141
당본초(唐本草) 438
당신미(唐愼微) 401
대민의료기구 234, 238
대비원(大悲院) 218
대의의국(大醫醫國) 187, 188
대전속록(大典續錄) 49
도교의학 295, 296
동국신속삼강행실도(東國新續三綱行實圖) 151
동국여지승람(東國輿地勝覽) 152, 370
동대비원(東大悲院) 218
동서대비원(東西大悲院) 195, 218
동서활인서(東西活人署) 218
동서활인원(東西活人院) 218, 220
동인경(銅人經) 70
동인경험방(東人經驗方) 300, 302
득효방(得效方) 70

ㅁ

무경습독관(武經習讀官) 29, 46
묵재일기(默齋日記) 267

문목(文穆) 56, 478
민본주의 200, 236, 238

ㅂ

박맹달(朴孟達) 45, 477
박세거(朴世擧) 116, 120
반사동(潘士洞) 55, 478
배강(背講) 42
배천석(裵天錫) 56, 478
백계증(白繼曾) 53, 478
백성들의 의료권 227, 234
백승수(白承秀) 53, 478
벽온병방(辟溫病方) 309
변계량(卞季良) 189
본말론(本末論) 173, 239
본조경험방(本朝經驗方) 258, 300, 302, 304
본초(本草) 70
본초강목(本草綱目) 433
본초경집주(本草經集注) 432
본초습유(本草拾遺) 134
부광주후방(附廣肘後方) 432
부인대전(婦人大全) 70
부인대전양방(婦人大全良方) 70
비예백요방(備預百要方) 259, 300, 302
비호인대(非鄠人對) 157

ㅅ

사인소(舍人所) 73
사적 토지소유 228
사족(士族) 81, 88, 89
사족지배층(士族支配層) 52, 89
사회적 약자 142
산가요록(山家要錄) 33
산림경제(山林經濟) 375
산서(産書) 42
삼강오륜(三綱五倫) 180
삼강행실도(三綱行實圖) 150, 151
삼강행실도언해(三綱行實圖諺解) 151
삼원참찬연수(三元參贊延壽) 189
삼의사(三醫司) 28
삼화자향약방(三和子鄕藥方) 259, 286, 300, 302, 304
상분(嘗糞) 148
상수학(象數學) 169
상약국(尙藥局) 195
상한병(傷寒病) 306, 312
생강(生薑) 424
서거정(徐居正) 88
서대비원(西大悲院) 218
성간(成侃) 189
성리학(性理學) 159, 163, 236
성제총록(聖濟總錄) 279, 295
세의득효방(世醫得效方) 70

『세종실록』 지리지 358, 417
소갈(消渴) 310
속삼강행실도(續三綱行實圖) 151
손소(孫昭) 85
수륙재(水陸齋) 324
수조권(收租權) 228
습독관(習讀官) 46
승마(子麻) 330
승마갈근탕(升麻葛根湯) 308, 317, 357
식료찬요(食療纂要) 33
식인(食人) 130
신경종(申敬宗) 110
신보종(申輔宗) 116
신분제 119
신수본초(新修本草) 438
신증동국여지승람(新增東國輿地勝覽) 152, 371
신집어의촬요방(新集御醫撮要方) 251, 300, 302, 352, 450
신찬팔도지리지(新撰八道地理志) 389
심약(審藥) 238
십사경발휘(十四經發揮) 70
십학(十學) 75

ㅇ

안현(安玹) 91
약방(藥房) 206
양생(養生) 295

찾아보기 501

양성지(梁誠之) 87
양예수(楊禮壽) 111
양인의관(良人醫官) 103, 115
양인의관층 99, 110, 111
양인지배층(良人支配層) 32, 38, 46, 52, 82, 89
양천제(良賤制) 46, 81, 89
언해구급방(諺解救急方) 270
여제(厲祭) 322
연두(燃頭) 155
연비(燃臂) 155
옥룡가(玉龍歌) 70
외감론(外感論) 176, 264, 268
외과정요(外科精要) 70
원점(圓點) 47
원주(元柱) 54, 478
월령의(月令醫) 216
위령선(威靈仙) 247, 420, 430, 446, 483
위령선전(威靈仙傳) 435, 441
유문사친(儒門事親) 43, 172
유문통(柳文通) 85
유영정(劉永貞) 60, 477
유의(儒醫) 27, 28, 38, 58, 76, 77
유지번(柳之蕃) 116, 121
유희임(柳希任) 56, 478
육기(六氣) 176
육학(六學) 72, 73
음양론(陰陽論) 174, 177
음양오행(陰陽五行) 165

의과(醫科) 67, 118
의관층(醫官層) 97, 100
의료진흥정책 71, 80, 84, 89
의료화(醫療化) 245, 277
의방유취(醫方類聚) 34, 262, 329, 360, 456
의서방(醫書房) 278
의서습독관(醫書習讀官) 26, 79, 476
의서습독청(醫書習讀廳) 40
의서찬집청(醫書撰集廳) 34
의서훈도(醫書訓導) 39
의심방(醫心方) 458
의원(醫院) 72
의토성(宜土性) 281, 381
의학(醫學) 68, 72, 212
의학강이관(醫學講肄官) 45
의학(醫學) 고강법(考講法) 84
의학습독관(醫學習讀官) 55
이고(李杲) 415
이길보(李吉甫) 85
이맹상(李孟常) 31
이문습독관(吏文習讀官) 46
이문화(李文和) 31
이색(李穡) 189
이수남(李壽男) 85
이익배(李益培) 85
이일이분수(理一而分殊) 52, 182
이정회(李庭檜) 58, 479
이존신(李存信) 31

이칭수(李稱壽) 118
이효신(李孝信) 28, 30, 476
이효지(李孝之) 28, 30, 476
인육(人肉)치료 128, 136
인재직지방(仁齋直指方) 42, 70
인제도(仁濟徒) 224
인체유래물 132
인체조직물 132
임문강(臨文講) 42
임원준(任元濬) 34, 475
임제신(任悌臣) 57, 479

ㅈ

자생경(資生經) 70
자오유주(子午流注) 70
자하거(紫河車) 134
장원소(張元素) 413
장자화방(張子和方) 42
장종정(張從正) 171
장징지(張徵之) 57, 479
전순의(全循義) 28, 32, 476
전시과(田柴科) 228
전염병 308, 314, 356
전의감(典醫監) 37, 175, 197, 209, 237
전의시(典醫寺) 195
전주전객제(田主佃客制) 228
정습(鄭習) 58, 479

정화신수경사증류비용본초(政和新修經史證類備用本草) 402
제생원(濟生院) 205, 222
제위보(濟危寶) 195
제중입효방(濟衆立效方) 250, 300, 302
조선인필담(朝鮮人筆談) 459
존휼정책(存恤政策) 234
종약색(種藥色) 210
종양약재(種養藥材) 421
중수정화경사증류비용본초(重修政和經史證類備用本草) 432
중앙집권체제 204, 233
중풍(中風) 244
증류본초(證類本草) 255, 283, 401
지주전호제(地主佃戶制) 228
직분론(職分論) 62, 86, 94, 181
직지맥(直指脉) 70
직지방(直指方) 70
진주낭(眞珠囊) 408, 413

ㅊ

찬도맥(纂圖脉) 70
찬도맥결(纂圖脈訣) 42, 70
창진집(瘡疹集) 37, 42, 70, 368
천금방(千金方) 436
천문학습독관(天文學習讀官) 46
천인상응론(天人相應論) 177, 338, 342

찾아보기 503

천인의관(賤人醫官) 115, 116
천인의관층 112
철소리(鐵所里) 373
체아직(遞兒職) 36, 49, 102, 203, 208
초제(醮祭) 324
최씨해상방(崔氏海上方) 441
추첨강(抽籤講) 42
칠학(七學) 44, 84
침경적영집(針經摘英集) 70
침경지남(針經指南) 70
침구자생경(鍼灸資生經) 70
침구택일편집(鍼灸擇日編集) 33

ㅌ

태산집요(胎産集要) 70
태평성혜방(太平聖惠方) 281, 295, 360, 446
태평혜민화제국방(太平惠民和劑局方) 70
토지제도 228
통유(通儒) 46
통유론(通儒論) 46, 62, 80, 86, 94
특지(特旨) 108

ㅍ

풍비(風痺) 247, 248
풍사(風邪) 251, 263
풍질(風疾) 248

ㅎ

한객필담(韓客筆譚) 460
한품서용(限品敍用) 113
한학습독관(漢學習讀官) 46
할고(割股) 136
해동문헌총록(海東文獻總錄) 290
해상집험방(海上集驗方) 441
향약간이방(鄉藥簡易方) 258, 278, 286, 300, 302, 304
향약고방(鄉藥古方) 258, 300, 302
향약구급방(鄉藥救急方) 253, 300, 302, 353, 358, 446, 480
향약본초각론(鄉藥本草各論) 358, 404
향약본초개론(鄉藥本草概論) 358, 404
향약제생집성방(鄉藥濟生集成方) 264, 278, 280, 285, 297, 454
향약집성방(鄉藥集成方) 262, 275, 329, 358, 360, 404, 454
향약채취월령(鄉藥採取月令) 282, 358, 398
향약혜민방(鄉藥惠民方) 258, 300, 302
허종(許琮) 93
현직(顯職) 33, 103
혜민국(惠民局) 195, 214
혜민서(惠民署) 217, 237
혜민전약국(惠民典藥局) 187, 195
혜민제생원(惠民濟生院) 226
화제방(和劑方) 70

화제지남(和劑指南) 70
화한삼재도회(和漢三才圖會) 458
활인서(活人署) 218, 220, 238
활인원(活人院) 218
황달 305
훈구파(勳舊派) 88

이경록

1968년에 태어나 연세대학교 사학과에서 학부와 석사를 마치고, 성균관대학교 사학과에서 『고려시대 의료사 연구』로 박사학위를 취득하였다. 학부를 졸업한 후 지곡서당(한림대학교 부설 태동고전연구소)에서 한문을 공부하였다. 한독의약박물관 관장으로 적지 않은 시간을 의료사 유물들과 함께 보냈으며, 현재는 연세대학교 의과대학 인문사회의학교실 의사학과 연구부교수로 있다. 그동안 『고려시대 의료의 형성과 발전』을 비롯한 한국 의료사 글들을 썼고 『향약구급방』, 『향약제생집성방』, 『의림촬요』 등을 우리말로 옮겼다. 2017년부터는 『의방유취』 번역에 참여하고 있다. 주로 고려와 조선시대 의료사를 연구 대상으로 삼아, 한국 의료의 발전 과정을 실증하는 한편 전근대에서 의료가 갖는 사회적 함의를 탐구하고 있다.

조선전기의
의료제도와 의술

초판 1쇄 인쇄 2020년 6월 19일
초판 1쇄 발행 2020년 7월 2일

지 은 이 이경록
펴 낸 이 주혜숙

펴 낸 곳 역사공간
등 록 2003년 7월 22일 제6-510호
주 소 03996 서울시 마포구 월드컵로 100 한산빌딩 4층
전 화 02-725-8806
팩 스 02-725-8801
전자우편 jhs8807@hanmail.net

ISBN 979-11-5707-408-2 94910
    979-11-5707-042-8 (세트)

- 책값은 뒤표지에 있습니다. 잘못된 책은 바꾸어 드립니다.
- 이 도서의 국립중앙도서관 출판예정도서목록(CIP)은 서지정보유통지원시스템 홈페이지 (http://seoji.nl.go.kr)와 국가자료종합목록 구축시스템(http://kolis-net.nl.go.kr)에서 이용하실 수 있습니다. (CIP제어번호 : CIP2020025072)